Dany Laferrière

La vie à l'œuvre

PETER LANG

Bruxelles · Bern · Berlin · New York · Oxford · Wien

Documents pour l'Histoire des Francophonies

Les dernières décennies du XXe siècle ont été caractérisées par l'émergence et la reconnaissance en tant que telles des littératures francophones. Ce processus ouvre le devenir du français à une pluralité dont il s'agit de se donner, désormais, les moyens d'approche et de compréhension. Cela implique la prise en compte des historicités de ces différentes cultures et littératures.

Dans cette optique, la collection « Documents pour l'Histoire des Francophonies » entend mettre à la disposition du chercheur et du public des études critiques qui touchent à la complexité comme aux enracinements historiques des Francophonies sous forme de monographies, d'analyses de phénomènes de groupe ou de réseaux thématiques. Elle cherche en outre à tracer des pistes de réflexion transversales susceptibles de tirer de leur ghetto respectif les études francophones, voire d'avancer dans la problématique des rapports entre langue et littérature. Elle comporte une série consacrée à l'Europe, une autre à l'Afrique, une aux Amériques, et une aux problèmes théoriques des Francophonies.

La collection s'inscrit dans les perspectives transverses et transfrontalières de l'Association européenne des études francophones (AEEF) dont elle a publié les actes de plusieurs grands colloques internationaux. Elle est dirigée par Marc Quaghebeur.

AEEF (AISBL)
24 Rue de Monnel
B - 7500 Tournai, Belgique
https://etudesfrancophones.wordpress.com/

Bernadette Desorbay

Dany Laferrière

La vie à l'œuvre

Suivi d'un entretien avec l'auteur

Documents pour l'Histoire des Francophonies / Amériques
Vol. 50

Illustration de couverture : © Betânia Vargas, « Totem du Nouveau monde ».

Reproduction photographique Alice Piemme / AML.

Publié avec le soutien de l'Association internationale des études québécoises.

Association internationale
DES ÉTUDES
QUÉBÉCOISES

Cette publication a fait l'objet d'une évaluation par les pairs.

Toute représentation ou reproduction intégrale ou partielle faite par quelque procédé que ce soit, sans le consentement de l'éditeur ou de ses ayants droit, est illicite.

Tous droits réservés.

© P.I.E. PETER LANG s.a.
Éditions scientifiques internationales
Bruxelles, 2020
1 avenue Maurice, B-1050 Bruxelles, Belgique
brussels@peterlang.com ; www.peterlang.com

ISSN 1379-4108
ISBN 978-2-8076-1692-9
ePDF 978-2-8076-1693-6
ePub 978-2-8076-1694-3
Mobi 978-2-8076-1695-0
DOI 10.3726/b17578
D/2020/5678/60

DANGER
LE PHOTOCOPILLAGE
TUE LE LIVRE

Information bibliographique publiée par « Die Deutsche Bibliothek »

« Die Deutsche Bibliothek » répertorie cette publication dans la « Deutsche Nationalbibliografie » ; les données bibliographiques détaillées sont disponibles sur le site <http://dnb.ddb.de>.

*If there is anything which deserves to be called miraculous, is it not love ?
What other power, what other mysterious force is there
which can invest life with such undeniable splendor ?*
Henry Miller, *Nexus* (1959), p. 37

C'est vrai qu'il faut mettre de l'humour dans la polémique. […] *le meilleur polémiste,
c'est celui qui sait garder la distance par rapport à la colère.*
Mongo Beti, *Mongo Beti parle* (2002), p. 132

Montréal au bout du petit matin
Dany Laferrière, *Autoportrait de Paris avec chat* (2018), p. 119

Table des matières

Introduction générale 13

Ire partie : Réversibilité du cours intergénérationnel. La question de la jouissance

Introduction 23

Chapitre I – Le nom propre 27
Introduction 27
La jouissance du nom propre 30
La question du père 38
Les bombes à retardement 43
Les motifs de l'exil 45

Chapitre II – Dé*h*ontologie 53
Introduction 53
Dé*h*ontologie 54
Le roi déchu 57
La dette du maître 65
Le code hermétique 71
Le piège de la paternité 76
La jouissance du maître 84
La question des origines 95
Le désir de l'Autre 101

Chapitre III – Sens et jouissance 105
Introduction 105
Ne rien faire 106

Le franchissement 111
La parthénogenèse 113
L'épreuve de castration 116
Le motif de l'inversion 122
Le dandysme 126

Conclusion 131

IIe partie : Le flottement du réel. La question de l'au-delà

Introduction 137

Chapitre I – Le flou 141
Introduction 141
La liste 143
Le sexe dans l'encrier 145
La pornographie 150

Chapitre II – Le miroir des morts 157
Introduction 157
Les morts 158
Le pays des merveilles 163
L'imago 166
Le miroir 170
La métamorphose 175
Pèlerin 179
Là-bas 184
Au seuil de la mort 188
L'acte manqué 193

Chapitre III – L'au-delà 201
Introduction 201
Dante 202
La possession 207

L'animisme 212
L'écriture automatique 215

Conclusion 225

IIIe partie : La vie à l'œuvre. Une question de style

Introduction 231

Chapitre I – La considération 235

Introduction 235
La plume-épée 239
Montesquieu 246
La blague 260
La séduction 281
Diderot 289
Le style de Céline, le ton de Gombrowicz 295
Conclusion 299

Chapitre II – Les ténèbres 303

Introduction 303
Henri Matisse 306
Magloire Saint-Aude 310
William Faulkner 314
Borges 318
Laclos : l'emprise 324
Condorcet 326

Chapitre III – Le corps 331

Introduction 331
Tanizaki, Mishima et le Japon 333
D. H. Lawrence 344
Henry Miller 352

Conclusion 361

Conclusion générale 367

Annexe (1) 379
Entretien avec Dany Laferrière 379

Annexe (2) 399
L'œuvre 399

Annexe (3) 403

Bibliographie 409
Références à l'œuvre de Dany Laferrière 409
Bibliographie générale 416
Ressources générales 438

Index 441

Introduction générale

Le titre du premier roman de Dany Laferrière *Comment faire l'amour avec un nègre sans se fatiguer* (1985) m'a longtemps intriguée. Tel un trompe-l'œil arrêtant le visiteur sur le seuil d'une alcôve emmurée, il semblait fait pour retarder la découverte du corps (du texte). Comme l'exergue l'indiquait ensuite, il était effectivement enfoui sous les décombres de cinq mots lapidaires tirés du *Code Noir* qui avait servi, de Louis XIV à Bonaparte, à réguler tout en l'entérinant le calvaire des esclaves issus de la Traite atlantique. Après ce premier impact paratextuel, un « Nègre Narcisse » (Laferrière 1985, 11) ouvrait le roman en décrivant la crasse ambiante comme s'il s'était agi de signaler, façon Adorno, que la culture n'avait pas attendu la Shoah pour ne plus être qu'ordure. Ce faisant, une insolence joyeuse et les promesses d'un gai savoir-faire mêlaient des rythmes jazz et rara-Remington 22 au concert *asexué, inhumain, inconsolable* de l'homme du ressentiment (Nietzsche) ainsi qu'au discours *interminable* du ressassement (Blanchot). Pour l'écrivain, il serait question d'*enfoncer le clou*[1] jusqu'à l'orgasme – ou percement de l'abcès. En même temps qu'une solidarité nouvelle s'annonçait en écho au roman *The Nigger of the Narcissus* (1897) de Joseph Conrad, il était clair que rien – ni la dictature duvaliériste ni des débuts difficiles à Montréal – n'aurait raison de l'intention poétique du romancier ni de sa volonté de bonheur, plus proche du vitalisme lawrencien que des lourdeurs théoriques de la volonté de puissance nietzschéenne. Avec ses fulgurances et le pressentiment d'un tout-monde révélateur d'un univers de flottements et de relations glissantiennes plutôt que de racines fixes, au mitan des années 1980 Dany Laferrière a contribué à réaffirmer, à partir du Québec, l'universalité de la condition humaine, et à restaurer par là même les conditions de possibilité de la culture. Sur la scène

---

[1] À Katy Lena Ndiaye, Dany Laferrière explique en 2004 que « quelqu'un qui a des choses brillantes à dire a peur du ressassement, il est toujours, ce qu'on appelle, en termes de séduction. […]. Alors que le ressassement, c'est l'obsession, c'est l'idée d'enfoncer le clou, si l'on peut dire. » (« Franc-Parler » 2004, 12'40''-12'53'').

médiatique québécoise où il brille dès son premier roman ainsi que dans les salons du livre, festivals, émissions et articles de presse qui le font connaître dans le monde, il n'a de cesse d'ébranler les métarécits et les préoccupations géographico-identitaires enclines à une périphérisation de sa personne et de son œuvre. Celle-ci, comptant à ce jour une trentaine de livres ainsi qu'un répertoire impressionnant d'interventions et de contributions, lui a valu de nombreuses distinctions et reconnaissances au sein des institutions les plus prestigieuses au monde[2]. J'ai partagé mon approche en trois parties, portant tour à tour sur la réversibilité du cours intergénérationnel et la question de la jouissance ; le flottement du réel et la question de l'au-delà ; la vie à l'œuvre et la question du style.

Lié au plaisir sexuel, affectif ou intellectuel en même temps qu'à la satisfaction des sens, le questionnement autour du mot « jouissance » est d'autant plus intéressant au regard de l'œuvre de Dany Laferrière qu'en droit il désigne le fait d'avoir l'usage d'un bien et d'en tirer bénéfice, voire la liberté de disposer d'une chose. Il m'a en effet semblé indicatif qu'après une dédicace jouissive « *À Roland Désir, en train de dormir quelque part sur cette planète* » (Laferrière 1985), l'auteur ait placé, en exergue d'un premier roman[3] prometteur de facilités en la matière, une disposition juridique remontant au XVIIe siècle et reprise par Napoléon en 1802 dans sa version à peine retouchée sous Louis XV : « *"Le nègre est un meuble."* (Code Noir, art. 1, 1685) »[4]. Le livre aurait pu concerner « Le Nègre Narcisse » propre à l'esthétique caribéenne de *la blès* (Patricia Donatien-Yssa) s'il ne s'était pas agi de faire figure d'individu, avec ses propres états d'âme, et de sortir d'une fatigue ancestrale liée à un 'nous' littéraire par trop ghettoïsé : « Je ne veux pas subir l'outrage géographique, être défini par ma langue ou la couleur de ma peau, entendre parler de créole, métis, Caribéen, francophone, ni de Haïtien, tropical, exilé, nègre, toutes ces notions qui ont un petit

---

[2] *V.* annexe 2.

[3] Un autre tapuscrit, malheureusement perdu, a précédé *Comment faire l'amour avec un nègre sans se fatiguer* (1985) : « (Toujours se méfier du mythe du premier roman.) » (*Je suis fatigué* 101).

[4] *Cf.* Articles 44 et 46 du *Code Noir* ; si l'article 44 déclare le 'Nègre' « être meuble », l'article 46 ajoute : « [...] Voulons [...] que la condition des esclaves soit réglée en toutes affaires comme celle des autres choses mobilières [...]. » Le numéro est supprimé lors de la réédition du roman dans *Mythologies américaines* (2015).

air postcolonial »[5] (Laferrière/Douin 2006[e]). La première partie mettra en évidence le je(u) de la jouissance et de la réversibilité, mot qui n'est pas encore au *Dictionnaire de l'Académie française*, mais que *Le Trésor de la langue française* définit comme la « qualité de ce qui peut ou doit revenir à son propriétaire » et au « caractère de ce qui peut être reporté sur quelqu'un d'autre », voire à un phénomène pouvant faire retour.

Après avoir relevé la forte coïncidence entre sens du Verbe et sens charnels chez un écrivain comme Dany Laferrière qui n'a de cesse de rappeler *l'origine physique de la pensée*, j'envisage la question de l'au-delà à partir du flottement du réel. Une citation du Coran, participant d'un décor syncrétique de substitution[6] : « La vie d'ici-bas n'est qu'une jouissance trompeuse (Sourate III, 182) » (Laferrière 1985, 13) annonce l'intérêt d'un passage autour d'un noyau oxymorique (Benalil 2007[b], 16) fusionnant au-delà et ici-bas : « Allah est grand et Freud est son prophète » (Laferrière 1985, 14). Quand le loa vaudou Legba, à la barrière du temps, n'intervient pas lui-même dans les romans qui suivent pour assurer le va-et-vient entre le visible et l'invisible, l'écrivain évoque le miroir pour son art d'instaurer un ailleurs de la représentation qui ne revienne pas qu'au même, permettant de passer, par la transposition, outre le piège de l'imago zombifiante lié à la blessure narcissique (Freud). Il effectue de même un travail sur les mythes, d'Homère à Shakespeare en passant par Sophocle et Dante, qui montre combien les gens ont tous, en tout temps et en tout lieu, à dépasser une conscience transgénérationnelle abîmée, au profit d'une conscience autonome. Selon Frankétienne, le but de Dany Laferrière était, dès le départ, de *ne pas passer inaperçu* mais de représenter ce que René Depestre, parlant de poètes tels que Magloire Saint-Aude et Davertige (*alias* Villard Denis), appelle un *phénomène personnel*. Il y est arrivé à travers une œuvre importante, qui est le fruit d'un style bien à lui et d'une longue persévérance. Celle-ci fut ponctuée par une élection remarquée à l'Académie française le 12 décembre 2013 – la compagnie du Quai Conti, qui en était à la lettre 'v', lui a donné

---

[5] « Je veux entendre le chant du monde et je refuse le ghetto. Je fuis la langue vernaculaire, car je pense qu'on peut créer la créolité sans fabriquer des images exotiques, en cultivant plutôt le classicisme le plus pur, la langue commune » (Laferrière 2006[e]).

[6] L'auteur affirme n'avoir eu aucune connaissance en la matière. Cela aurait pu être le vaudou, dont il fera un motif plus tard, mais il voulait éviter de tomber dans ce qui aurait pu passer pour du folklore antillais. Selon ses termes, il tenait par ailleurs à introduire un élément *structurant* dans un récit aux situations érotiques *débridées*.

le surnom de Vaillant – et par un remarquable discours de réception tenu sous la Coupole le 28 mai 2015. Il y occupe désormais un fauteuil à vie, un honneur pour la littérature, pour la France, le Canada, son pays d'adoption depuis près d'un demi-siècle, et une *bonne nouvelle pour Haïti* et pour lui-même en réponse notamment à l'*À-Vie*[7] d'un président mortifère responsable de l'absence du père, Windsor Klébert Laferrière, dont il porte les nom et prénoms à l'état civil.

La troisième partie porte sur le style. Il y est question de l'intronisation de l'écrivain à l'Académie française et de son rapport avec le fauteuil n° 2. Je parlerai de l'hommage appuyé qu'il a rendu à l'auteur de *L'Esprit des lois* (1748), à qui maints critiques ont pourtant cessé aujourd'hui de reconnaître une position antiesclavagiste à l'endroit de la Traite atlantique. Ce sera l'occasion de s'interroger sur le rapport que l'auteur entretient avec l'humour contre ce qui relève au contraire de l'ironie, du sarcasme et de la raillerie. Après d'autres considérations sur le XVIIIe siècle, autour de Diderot, de Laclos et de Condorcet, je parlerai des lectures qui ont marqué Dany Laferrière. Des auteurs comme Borges, maître de la réversibilité temporelle et des bibliothèques infinies, ou Faulkner pour *Absalom, Absalom!* (1936), Magloire Saint-Aude, Augustin, Proust, D. H. Lawrence – *L'Amant de Lady Chatterley* (1928) et *Apocalypse and the Writings on the Revelation* (1931) –, Tanizaki et Mishima ainsi que Henry Miller et Charles Bukowski complètent l'approche comparatiste des deux premières parties autour notamment de Jacques Roumain et Jacques-Stephen Alexis, Malraux et Tiga, Gombrowicz, Céline, Maurois, Aimé Césaire, Gabriel María Márquez, Baldwin, Walt Whitman, Philip Roth et Lewis Carroll. Pour son poids sur l'esthétique de Dany Laferrière, Bashō, grand maître du haïku, mériterait un travail à part. En attendant, il sera question de la nipponitude affichée dans *Je suis un écrivain japonais* (2008) et du désir de nipponité qui apparaît dès le premier roman, sorti cinq ans après le *Bonjour et adieu à la négritude* (1980) de l'asiaphile René Depestre[8], ainsi que dans *Éroshima* (1987)[9], où le prénom de Hoki, qui

---

[7] Duvalier père s'autoproclama président à vie en 1964 ; v. e. a. *Mémoire en colin-maillard* (2015) où Anthony Phelps évoque « les litanies à la gloire de l'À-Vie » de Baron Samedi (*alias* Duvalier) (Phelps 2015, 91).

[8] Selon le titre donné par René Despestre à son essai de 1980. Son désir d'Asie s'affirme dans « Un rêve japonais » (1993) et *Éros dans un train chinois* (1990).

[9] Elle couvait déjà dans *Comment faire l'amour avec un nègre sans se fatiguer* (1985) et un chapitre de *Je suis fatigué* (2000) lui est de nouveau consacré.

fut celui de la dernière épouse, japonaise, de Henry Miller[10], instaure le lien, par ailleurs revendiqué, avec l'américanité. Je mettrai l'accent à la fois sur le motif de l'érotisme déflagrant et de *l'explosion du pays natal*[11] ainsi que sur les tropes historiques qui portent l'auteur à ratisser large en matière d'appartenance[12].

Sensible aux raffinements érotiques et à l'*Éloge de l'ombre* (1933) de Yun'ikiro Tanizaki, qui lui parle de son propre intérêt pour les ténèbres et l'obscur, Dany Laferrière est proche aussi de Yukio Mishima, qu'il a longtemps considéré comme *quelqu'un du pays*[13]. S'il préfère toutefois à ce dernier, offrant « l'exemple de l'écrivain tombé dans le piège de la pureté identitaire » (*Je suis un écrivain japonais* 211), Bashō qui « ne voit pas le paysage comme une géographie [mais] ne perçoit que des couleurs » (210) – à l'instar plus tard des fauvistes dont il sera aussi question –, il a été marqué par les adolescents de *Confession d'un masque* (1949) inquiets de ne jamais perdre la face. Dans l'entrevue en annexe, Dany Laferrière évoque, au-delà des motifs de l'exil et du travail sur les mythes universels, qu'ils soient grecs ou haïtiens, les atermoiements du désir qui ont accompagné son adolescence à Port-au-Prince après une enfance marquée par l'exil en son propre pays, éloignement dû au fait qu'il était devenu à quatre/cinq ans le fils d'un opposant au régime duvaliériste. La terreur ne l'avait cependant pas empêché d'être heureux, sous la protection de la mère, des tantes et de Da, la grand-mère maternelle qui le recueillit à Petit-Goâve, lieu-source de son inspiration poétique. Da, qui tout en goûtant aux petites choses de la vie, avait sa façon de

---

[10] Hiroko Tokuda, dite Hoki, à laquelle Henry Miller fut lié par les liens du mariage de la fin des années 1960 à la fin des années 1970, est une chanteuse de cabaret japonaise.

[11] « C'est encore en envoyant les cartes de vœux que la plupart des Haïtiens ont remarqué avec stupeur que ce pays (Haïti) a effectivement explosé. Nous envoyons des cartes partout dans le monde. J'ai un ami qui a envoyé une carte du Japon. Il s'est marié avec une Japonaise et travaille là-bas dans une station-service » (*Les années 80 dans ma vieille Ford* 165).

[12] À Yasmine Chouaki, qui lui demande s'il a joué à la *roulette russe* en se disant écrivain japonais, il répond par ailleurs qu'« il y a quelque chose comme une étrangeté et quelque chose qui est le plus éloigné apparemment de [lui] et peut-être que le plus éloigné de soi c'est le plus proche quelque part aussi » (« En sol majeur » 2015é[6], 39'50''/40'10'').

[13] Mishima a été l'une de ses lectures en Haïti : « Pas le premier du tout, mais à l'époque je pensais que les écrivains dont je trouvais les livres chez moi étaient des gens du pays. » (40'15''/40'22'')

ferrailler avec les fantômes inter- et trangénérationnels (Abraham et Török) issus des morts sans sépulture qui s'étaient multipliés de la Traite atlantique à la zombification duvaliériste. Raison pour laquelle, si j'aborde également l'histoire et l'économie au regard des relations entre Haïti et la France, dont le *Code Noir* et la question de la réversibilité de ladite dette de l'indépendance, il ne sera question ni de militance ni de passions idéologiques mais bien de l'esthétique et de l'*h*ontologie (Lacan) que l'écrivain a mises en œuvre de 1985 à aujourd'hui ainsi que de sa préférence pour l'élégance de la considération partagée.

Dany Laferrière a réuni dans un ensemble intitulé « Une autobiographie américaine » ses onze à douze premiers livres, les ayant regardés à partir du troisième, *L'Odeur du café* (1991), comme ne devant en former qu'un seul. Il lui arrive aussi d'y placer, plus largement, toutes ses fictions. En regroupant ensuite, sous le titre de *Mythologies américaines* (2016), les romans *Comment faire l'amour avec un nègre sans se fatiguer* (1985), *Cette grenade dans la main du jeune Nègre est-elle une arme ou un fruit ?* (1993), *Fête chez Hoki* tiré de *Éroshima* (1987) et l'inédit *Truman Capote au Park Hotel*, il signale, façon Magritte, que ceci n'est pas une autobiographie mais une galerie de récits où la vie échappe à la représentation même si elle y contribue. Ce travail sur les mythes, liant les pôles de l'américanité et de la nipponité à l'universalité, est inauguré par le scénario d'un long métrage documentaire réalisé par Tahani Rached, *Haïti/Québec* (1985). Suivent des livres qui dépassent les cloisonnements habituels entre roman, entretien et essai, ainsi que quatre films, *Comment faire l'amour avec un nègre sans se fatiguer* (1989) de Jacques Benoît sur le roman éponyme (1985), *Comment conquérir l'Amérique en une nuit* (2004), dont il est réalisateur et scénariste, *Le Goût des jeunes filles* (2004) de John L'Écuyer sur le roman éponyme (1992), et *Vers le sud* (2006^f) de Laurent Cantet, d'après des passages de *La Chair du maître* (1997) réunis dans *Vers le sud* (2006) et une section de *Pays sans chapeau* (1999)[14]. Il est en outre l'auteur

---

[14] Il fait une brève intervention en tant qu'acteur dans le film de Jacques Benoît et est vedette du documentaire « Êtes-vous raciste ? » diffusé sous forme de quizz sur Télévision Quatre-saisons dans l'émission Caméra 88 produite par René Ferron, une édition qui a gagné le prix « IRIS meilleure émission, catégorie internationale » Houston, Natpe 1989. Il est également la vedette du film de Pedro Ruiz, *La Dérive douce d'un enfant de Petit-Goâve* (2010), qui dresse le portrait de l'écrivain avec la participation, notamment, de Charles Danzig, son éditeur chez Grasset, Frankétienne et Jacques Lanctôt, son premier éditeur à Montréal. Ses innombrables apparitions dans d'autres documentaires, vidéos et émissions audio-visuelles font

de trois livres entièrement dessinés et calligraphiés de sa main *Autoportrait de Paris avec chat* (2018) et *L'exil vaut le voyage*, coédités par Boréal et Grasset, ainsi que de *Vers d'autres rives*, coédité par L'Aube et Boréal. D'abord sortis au Québec, plusieurs de ses livres ont sinon été réédités en France avec un décalage qui fait qu'un dernier en date en Europe n'est pas toujours le vrai cadet[15]. J'ai aussi tenu compte des apparitions publiques de Dany Laferrière, dont la plupart sont consultables en ligne, ainsi que de l'apport de la critique. Les témoignages et la littérature secondaire relevant des domaines abordés, ne manquent pas non plus à l'appel. J'ai toutefois accordé la plus large part à l'œuvre elle-même ainsi qu'à celles des écrivains évoqués par l'auteur ou qui s'avéraient utiles à l'étude des influences, des sources et des parentés.

Ce qui m'a poussée à entreprendre ce travail, tient à l'esthétique de Dany Laferrière. S'y est ajoutée ma sympathie pour un homme qui, à son arrivée à Montréal en 1976, avait d'abord dû apprendre à ne pas perdre ses clefs. Qu'on ne s'attende pas à en trouver les doubles ici, elles n'auraient aucun intérêt au regard de la dérive poétique d'un écrivain habitué à trouver son souffle dans des bibliothèques ouvertes à tous les vents.

---

de lui un auteur très présent sur la scène médiatique. Par contre, il n'a jamais ouvert aucun site et n'adhère à aucun réseau social.

[15] La chronologie est rendue d'autant plus incertaine, qu'ils n'avaient pas non plus nécessairement paru au Québec dans l'ordre de leur écriture.

Ire partie

Réversibilité du cours intergénérationnel. La question de la jouissance

> *À [...] cette lignée interminable de femmes qui, de nuit en nuit, m'ont conçu et engendré.*
> Dany Laferrière, *L'Odeur du café* (1991), dédicace[16]

> *Aux hommes de ma lignée : [...]*
> *Pardonnez-moi de le dire ici : seules les femmes ont compté pour moi.*
> Dany Laferrière, *Le Goût des jeunes filles* (1992), dédicace[17]

---

[16] L'auteur dédie *L'Odeur du café* (1991) [2001] à Da, sa grand-mère, à Marie, sa mère, à Ketty, sa sœur, à ses tantes, Renée, Gilberte, Raymonde, Ninine, à Maggie, sa femme, et à Melissa, Sarah, et Alexandra, ses filles.

[17] « À mon grand-père, celui qui aimait tant les roses, à mon père, l'éternel absent, mort à New York au terme de trente ans d'exil. À mon oncle Yves, toujours présent, que j'ai volontairement oublié. À Christophe Charles, le mari de mon unique sœur, qui a écrit un livre sur Magloire Saint-Aude. À tous ces hommes, à leur manière sincères, courageux et honnêtes, qui trouveront un jour, j'espère, leur chantre. [...] » (*Le Goût des jeunes filles*, 2005)

Introduction

Auteur, dans les années 1970, de brefs portraits de peintres primitifs pour le quotidien *Le Nouvelliste*, Dany Laferrière revient en 2013 sur la réversibilité du processus de représentation : « Contrairement à la vision occidentale où les personnages du tableau s'attendent à ce qu'on les regarde. Les personnages de la toile primitive s'intéressent plutôt au monde d'en face. […] Ils ont l'air de nous observer pendant que nous parlons d'eux » (*Journal d'un écrivain en pyjama* 42). Si son roman *Pays sans chapeau* (1999) est encadré par deux textes intitulés « Un écrivain primitif », c'est à vrai dire l'ensemble de son œuvre qui est concerné, à commencer par *Comment faire l'amour avec un nègre sans se fatiguer* (1985) : « Dès mon premier livre, j'ai su que j'étais un écrivain primitif. Mon but était d'annuler l'esprit critique du lecteur en l'intoxiquant de saveurs, d'odeurs et de couleurs. Jusqu'à lui donner l'impression que je le pénètre autant qu'il me pénètre » (43). Dès ce roman, qui devait s'intituler *Comment faire l'amour avec un nègre quand il pleut et que vous n'avez rien d'autre à faire*[18], il serait question de *L'Art presque perdu de ne rien faire* (2014) : « L'enfant qui regarde par la fenêtre un jour de pluie, découvre la solitude » (Laferrière 2014, 32). Dany Laferrière conseille de ne pas en distraire le lecteur : « N'oublie pas qu'il est toujours possible d'écrire simplement : "Il pleut" » (*Journal d'un écrivain en pyjama* 243). Deux mots allant droit au corps, comme les traits brossés par le « peintre primitif pla[çant] le point de fuite, non au fond du tableau, mais dans le plexus de celui qui regarde » (*Journal d'un écrivain en pyjama* 42).

S'il est frappé par la peinture primitive haïtienne, dont André Malraux parlait pour sa part en termes d'"art naïf"[19], Dany Laferrière l'est aussi par les toiles de Matisse, celles-là mêmes qui, à Henry Miller,

---

[18] *Cf.* « À voix nue » 3/5 (Laferrière 27 mai 2005e3, 00,01'58") ; on en trouve une trace en 1987, dans une scène entre Keiko et Vieux : « Que faire d'une dingue sensuelle quand il pleut ? » (*Éroshima* 26).

[19] L'expression 'art primitif' désigne l'art naïf haïtien. Malraux explique comme suit les raisons de cet usage : « Nos naïfs peignaient en marge, alors que l'Église Épiscopale de Port-au-Prince a été confiée vers 1950 à la première génération de peintres populaires – ce pourquoi on les qualifie de primitifs, en pensant à Assise » (*L'Intemporel* 316).

donnaient le sentiment d'être « immergé dans le plexus même de la vie » (*Tropique du Cancer* 232). Les deux auteurs ont à leur tour marqué sa génération : « Dès qu'on [...] se plaint qu'il n'y a plus de bons écrivains comme du temps de Malraux et de Miller [...] on a vieilli, on a pris un autre rythme, et il n'y a pas de remède à cela » (*L'Art presque perdu de ne rien faire* 15). Dany Laferrière consacre aussi une section entière, dans *Éroshima* (1987), à Basquiat, grand maître de l'art *underground* et de l'esthétique naïve. Il met alors l'accent sur un expédient auquel ils auraient tous deux eu recours, consistant à jouer la carte de la négritude le temps de se faire connaître : « Que veux-tu que je te dise, si je ne délimite pas mon terrain, je n'ai aucune chance » (Laferrière 1987, 97). À la remarque qu'il attribue à Susanne Mallouk, compagne de Basquiat : « – Tu as assez de talent pour dépasser ça » (98), il fait répondre à l'artiste : « – C'est vrai. Seulement, les autres, les acheteurs, ne le savent pas encore » (98)[20]. Le succès de son premier roman permet ensuite à Dany Laferrière de passer au 'jaune', comme on dit des périodes d'un peintre[21]. Si *Éroshima* (1987) évoque bien sûr *Confession d'un masque* (1949) de Mishima, qui se termine sur l'explosion de la bombe d'Hiroshima, Céline n'est cependant pas étranger à sa nouvelle palette[22]. La section « Pékin sans fin » reprend en effet un extrait de l'entrevue « Voyage au bout de la haine... avec Louis-Ferdinand Céline », où l'auteur dit à Madeleine Chapsal : « C'est le Jaune qui est l'aubépine de la race. [...] Ce n'est pas une couleur, le blanc, c'est un fond de teint ! La vraie couleur, c'est le jaune... Le jaune a toutes les qualités pour devenir le roi de la Terre » (*Éroshima* 119). Le jaune avait de toute façon déjà, chez Dany Laferrière, l'importance d'une couleur-fétiche liée à l'amour de Vava. Au-delà de l'avis de Céline – qui ne dépasse pas l'anecdote –, c'est par besoin d'évasion que Dany Laferrière se place en 1987 aux antipodes du *bois d'ébène* avec lequel il avait répondu aux *lois du marché*. Pour parler de l'œuvre *tribale, tripale* de Basquiat, il reprend les mêmes termes utilisés dans son premier roman autour du tableau fauviste « Grand intérieur rouge » (1948) de Matisse.

---

[20] « Un photographe noir doit débuter avec des mannequins noirs, il n'y a pas à sortir de là » (98) ; Basquiat a débuté en tant que photographe, graffiteur, musicien et acteur, son parcours dans la peinture ne commence véritablement qu'au début des années 1980.

[21] Voire au vert, puisque l'amant noir anonyme est baptisé, dans le deuxième roman, Tosei, qui veut dire pêche verte.

[22] Le titre rappelle aussi celui du film, *Hiroshima, mon amour* (1959), réalisé par Alain Resnais sur un scénario de Marguerite Duras.

De la toile qui disait sa « vision essentielle des choses »[23] (Laferrière 1985, 49), il écrit plus tard : « J'avais l'impression étrange de regarder à l'intérieur de moi-même » (*J'écris comme je vis* 129). Dany Laferrière a axé son écriture sur la transitivité des personnages ainsi que sur celle de l'auteur et du lecteur – comme il le met aussi en relief avec Lewis Carroll –, une transitivité propre au rêve qui ignore la contradiction et la chronologie.

L'art pictural n'épuise pas l'énigme de l'écriture, liée au miracle génétique du verbe et, plus précisément, aux vingt-six lettres de l'alphabet. Jose Luis Borges réalise le prodige de toucher par les mots : « L'émotion chez Borges est à la fois simple et complexe. Il s'agit de dire ce que l'on ressent de la manière la plus naïve qui soit » (*Je suis fatigué* 165). Grand lecteur, Dany Laferrière sait en même temps que la littérature n'est pas quelque chose d'innocent : « Le livre est plus complexe qu'un ordinateur et aussi simple à ouvrir qu'un ciel d'été. Cet objet si tranquille que l'enfant peut le tenir sur ses genoux, comme sa mère le fait avec lui. Il peut subitement devenir aussi dangereux qu'une bombe » (*L'Art presque perdu de ne rien faire* 173). Et comme « cette bombe à fictions reste encore en activité des siècles durant avant d'exploser dans la tête d'un lecteur imprudent » (173), il convient de la traiter avec égard : enfant, Dany Laferrière croisait Magloire Saint-Aude sans savoir que l'ivrogne qu'il tournait en dérision avec ses amis, était un poète. Il l'apprend de la bouche de la mère, qui laisse percer, au-delà du mépris, une pointe d'admiration[24]. L'écrivain cédera ensuite à l'attraction du fauve. Issu d'un milieu aisé, Saint-Aude, qui avait choisi de vivre dans la révolte mais à l'écart de la politique, fit partie, comme l'écrit Dany Laferrière, de ces

---

[23] L'intermédialité est à ce point liée à un discours sur la méthode, qu'il est permis d'avancer avec Jorge Antonio Calderón que « dans les romans de Dany Laferrière, la description de peintures a pour principal but de réfléchir à l'acte de création littéraire. Par l'ekphrasis, l'auteur présente indirectement les rouages de sa manière d'écrire un roman » (« L'ekphrasis dans les romans de Dany Laferrière : analyse d'un système d'interaction textuelle » 493).

[24] « Magloire Saint-Aude siégeait à la rue Monseigneur-Guilloux, juste en face du cimetière. Quand j'allais à la messe, avec ma mère, à l'église Saint-Alexandre, on trouvait toujours Carl Brouard à son poste, et ma mère me glissait à l'oreille, de cette voix sifflante où se mêlaient mépris et admiration : "C'est un poète". Bien plus tard, la place Saint-Alexandre deviendrait place Carl-Brouard. Et quand on allait aux funérailles, je pointais du doigt ce misérable toujours dans sa vase, et ma mère, imperturbable, sifflait à nouveau : "Encore un poète !" C'était Saint-Aude en train de soigner sa chute » (*L'Art presque perdu de ne rien faire* 173).

« kamikazes qui circulaient avec, enroulés autour de leur taille, quelques poèmes en guise de bombe » (173). Après un premier roman retentissant, dont il insiste toutefois pour dire qu'il portait sur la solitude plus que sur « la baise »[25], Dany Laferrière signale que, dans son œuvre, les mots tiennent à la fois de l'inflammabilité et de la jouissance.

---

[25] Comme l'auteur le rappelle dans l'émission « A'Live » du 3 juin 2015 (22h49' et suiv.) : « Je savais que les gens se trompaient sur le thème du livre. Le livre était sur la solitude, de façon intemporelle, pouvant toucher tout le monde. Deux individus dans une ville qui se sentent bien dans leur peau mais leur peau crée un malaise dans la société et qui en fait parlent de littérature, de jazz, de trucs comme ça, alors qu'on croyait que c'était une affaire de baise. Moi dans ma tête, je savais. »

Chapitre I –
Le nom propre

> *Dans le rapport de l'imaginaire et du réel, et dans la constitution du monde telle qu'elle en résulte, tout dépend de la situation du sujet. Et la situation du sujet [...] est essentiellement caractérisée par sa place dans le monde symbolique, autrement dit dans le monde de la parole. Cette place est ce dont dépend qu'il ait droit ou défense de s'appeler Pedro.*
> J. Lacan, « La Topique de l'imaginaire »,
> dans *Les Écrits techniques de Freud* (1975), p. 130

Introduction

La vie de l'auteur n'est pas seule à l'œuvre lorsque, dans *L'Odeur du café* (1991), il fait dire à Vieux Os qui (n')est autre que lui-même : « Personne ne connaît mon nom » (Laferrière 1991, 27). L'intertextualité relève à vrai dire, comme l'indiquent tous les livres de Dany Laferrière, d'un je(u) subtil autour d'effets de transitivité entre le Moi et l'Autre, qui élargissent considérablement son champ d'appartenance. Qu'elle soit criée sur tous les toits quand il déclare *Je suis un écrivain japonais* (2008), ou implicite comme dans le cas présent, l'intention poétique de Dany Laferrière est de s'affirmer en tant que citoyen du monde : rêve inassouvi de James Baldwin, dont il a lu le premier livre, *Nobody knows my Name* (*Personne ne sait mon nom*) (1961)[26]. Dans *Je suis fatigué* (2005), miroir sans tain de *Comment faire l'amour avec un nègre sans se fatiguer* (1985), il dit, à propos du « recueil d'essais crépitant de lucidité et d'intelligence » de Baldwin,

---

[26] Livre qui évoque le premier Congrès international des écrivains et artistes noirs, qui se tint à la Sorbonne le 19 septembre 1956 et qui revient sur le discours d'Aimé Césaire, un auteur que Dany Laferrière met à son tour à l'honneur dans *L'Énigme du retour* (2009).

qu'il « annonce bien *La prochaine fois, le feu*, ce livre prophétique qui se lit en une après-midi » (*Je suis fatigué* 108)[27]. Comme il le précise aussitôt, ce minimalisme est lié au fait que « les événements filaient à une telle allure, durant ces fracassantes années 1960, qu'il fallait écrire avec la vitesse et la grâce d'un sprinter empochant le 100 m » (108). Le roman *L'Odeur du café* (1991) est la troisième partie d'« Une autobiographie américaine » comptant onze livres à lire comme un seul, que Dany Laferrière a écrits dans la même urgence.

Il s'agit cependant de faire triompher la vie sur les motifs obsédants, que ce soit celui de la dictature duvaliériste – qui a sévi en Haïti de 1957 à 1986 – ou celui de la discrimination – vécue par Baldwin à New York et par lui-même à Montréal, où il signe en 1985 le scénario d'un film *Haïti/Québec* (1985) de Tahani Rachel documentant la situation de la communauté haïtienne. Mais c'est aussi pour ne pas être dépossédé, en pleine représentation, *de l'aura du comédien*[28], que, comme l'enseigne la mythologie haïtienne, Dany Laferrière a longuement tu le 'vrai nom' du protagoniste d'« Une autobiographie américaine ». Il porte les surnoms de Vieux Os puis de Vieux, sauf dans le dernier roman, *Pays sans chapeau* (1997) où le vrai nom, Laferrière, est livré pour signaler la fin de la ruse que l'écrivain a mise en œuvre dans sa propre Odyssée. Quand il déclare que « [p]ersonne ne connaît [s]on nom, à part Da [la grand-mère] » (*L'Odeur du café* 27), Vieux Os dit la même chose, sous forme inversée, qu'Ulysse répondant au cyclope Polyphème qui avait déjà dévoré quatre de ses hommes : « Mon nom est personne. C'est personne que m'appellent et mon père et ma mère, et tous mes fidèles compagnons »

---

[27] Comme le renseigne l'édition Les mains dans la poche de James Baldwin, *La prochaine fois, le feu* (1963), il s'agit d'un « texte autobiographique où l'auteur parcourt son enfance et sa vie de jeune adulte triplement discriminé – noir, homosexuel et pauvre. Ce parcours produit aussi une analyse des mécanismes d'une discrimination raciale ne pouvant être réduite à la violence physique. Celle-ci, subie par les Noirs, est à peine évoquée et apparaît surtout comme le fait d'une police qui sert moins à garantir la tranquillité de tous qu'à maintenir l'ordre inégalitaire d'une société blanche » (http://blogs.mediapart.fr/edition/les-mains-dans-les-poches/article/190812/la-prochaine-fois-le-feu)

[28] L'auteur dit plus précisément : « Dans la mythologie haïtienne, dès que quelqu'un dit son vrai nom, c'est fini. Il a enlevé la musique. Il a montré son vrai visage. Il n'y aura pas de rappels. Comme au théâtre, quand les comédiens ont enlevé le maquillage, c'est fini, il n'y a plus de possibilité de revenir sur scène, le sacré s'est bien envolé » (Magnier 2000, 184).

(*Odyssée*, chant 9, 364)[29]. Polyphème (étym. 'nombreux messages') lui adresse à son tour un message paradoxal (Bateson), agrémenté d'une double injonction en bonne et due forme : « Personne, lorsque j'aurai dévoré tous tes compagnons, je te mangerai le dernier : tel sera pour toi le présent de l'hospitalité » (369)[30]. Si la ruse permet à Ulysse de s'enfuir à temps avec le reste de l'équipage, *Le Cri des oiseaux fous* (2002) – titre reprenant un vers de Michel Soukar[31] –, raconte pour sa part la détresse de Vieux Os, acculé à prendre la fuite en laissant derrière lui l'équipe ignare du *Petit Samedi Soir* où il travaillait en tant que chroniqueur culturel. S'il avait été, comme Ulysse, le dernier sur la liste, c'eût été la meilleure façon de protéger tout le monde, mais il est vrai aussi qu'il n'était pas le capitaine du bateau et que le dictateur n'était pas aussi disert que le cyclope. Or, au lieu d'un essai ou d'un roman à thèse sur la dictature et sur les impasses des héros de la résistance haïtienne contemporaine, ce que Dany Laferrière a mis en avant, ici comme partout ailleurs dans son œuvre, c'est le chant des sirènes, car « pour un roman, c'est le charme qui joue » (*Journal d'un écrivain en pyjama* 32). Ce chant du Moi raconte « les angoisses d'un écrivain nonchalant » (32) qui a également lu Walt Whitman.

Le poète américain illustre bien la façon dont Dany Laferrière conçoit le Moi mis en je(u) dans l'écriture : « *I celebrate myself, and sing myself, / And what I assume you shall assume, / For every atom belonging to me as good belongs to you* » (« *Song of myself* » 1)[32]. Non seulement Whitman livre, en passant, le portrait d'une Amérique esclavagiste qui ne dit pas son nom, « *The quadroon girl is sold at the auction-stand /* […] *As the woolly-pates hoe in the sugar-field, the overseer views them from his saddle* »[33] (15), mais il est aussi celui qui, en dépit d'atermoiements sur la question de l'abolitionnisme, fit entendre, à travers un Moi à

---

[29] « Κύκλωψ, εἰρωτᾷς μ' ὄνομα κλυτόν, αὐτὰρ ἐγώ τοι » (Homère, *Odyssée*, chant 9, 364) ; signalons toutefois que 'personne' n'offre pas, en grec ancien, l'ambivalence du mot français.

[30] « Οὖτιν ἐγὼ πύματον ἔδομαι μετὰ οἷς ἑτάροισιν » (369).

[31] « Je me souviens d'une merveilleuse nuit que nous avons passée ensemble en [1979 à Port-au-Prince]. Il y a des quartiers à odeur de jasmin. Soukar note : *la nuit en fleur*. Pour l'ouïe, il signale *le cri des oiseaux fous* » (*Les années 80 dans ma vieille Ford* 172).

[32] « Je me célèbre moi-même / Et ce que j'assume, tu as à l'assumer / Car chaque atome qui m'appartient, est aussi bien à toi » (c'est moi qui traduis).

[33] « La quarterone est vendue sur l'estrade / […] Les crépus binant le champ à sucre, le contremaître les observe de sa selle » (c'est moi qui traduis).

l'œuvre dans trois poèmes de *Leafs of Grass* (1855)[34], les nombreux muets d'interminables générations de captifs et d'esclaves : « *Through me many long dumb voices, / Voices of the interminable generations of prisoners and slaves* » (24) Mais c'est aussi et surtout un auteur cosmique[35], fils d'un pays qui porte le nom d'un continent, comme Ulysse celui de Personne, avec qui Dany Laferrière a en commun le désir d'*ôter les verrous aux portes et de faire sortir celles-ci de leurs gonds*. Un effet de transitivité entre narrateur et auteur, dont Dany Laferrière joue pour sa part jusqu'à dire que *c'est le lecteur qui écrit le livre*, ne permet pas, en ce sens, de parler chez eux d'un dévoilement autobiographique, mais tout au plus d'une autosimilarité, telle qu'elle a lieu dans la mise en abyme. Il en ressort l'image d'un écrivain qui, après avoir trouvé refuge à Montréal en 1976, a publié un premier roman où Vieux Os ne s'appelle plus que Vieux quand il ne s'attribue pas, précisément, le nom d'Homère. Dix livres plus tard, il lui importe de remonter la pente de l'anonymat afin de devenir une personne à part entière. De son Odyssée, il lui restera la tendance à (n') être le fils de personne au point d'avancer en 2017 : « Au fil du temps, ma vie est devenue une fiction »[36].

La jouissance du nom propre

Né le 13 avril 1953 à Port-au-Prince – bien que « natif du 88 de la rue Lamarre à Petit-Goâve » (*Les années 80 dans ma vieille Ford* (2005)[37] –,

---

[34] Comme le signale Martin Klammer, tout dépend du contexte historique au cours de la carrière de Whitman : « *Any real understanding of Whitman's writing about blacks and slavery must be understood in light of a close reading of the particular historical context at any given moment in Whitman's career* » (*Whitman, Slavery, and the Emergence of Leaves of Grass* 162).

[35] « *Walt Whitman, a Kosmos, of Manhattan the son, / Turbulent, fleshy, sensual, eating, drinking and breeding, / No sentimentalist, no stander above men and women or apart from them, / No more modest than immodest* » (24). (« Walt Whitman, un Cosmos, un fils de Manhattan, / Turbulent, charnel, sensuel, mangeur, buveur et procréateur, / Privé de sentimentalisme, de supériorité sur les hommes et les femmes ou en marge de ceux-ci, / Pas plus que modeste ou immodeste » (c'est moi qui traduis).

[36] Il s'agit pour le moins du titre d'une conférence que Dany Laferrière avait été invité à tenir à Neufchâtel le 12 mai 2017 lors de la cérémonie d'ouverture du 125ᵉ anniversaire de l'Institut de langue et de culture françaises (ILCF).

[37] « J'ai toujours été un citoyen de Petit-Goâve, la ville de mon enfance, ou plus précisément *un natif du 88 de la rue Lamarre* » (Laferrière 2005, 96) (c'est moi qui souligne). Il précise, dans une entrevue d'octobre 2015 : « C'est la ville où j'ai passé

La jouissance du nom propre 31

et baptisé Windsor Klébert comme son père, le futur écrivain porte dès l'âge de quatre ans un prénom pseudonymique, Dany, proche du surnom, Da, de la grand-mère maternelle, Mme Daniel Nelson née Amélie Jean-Marie, qui a inspiré le personnage de la grand-mère dans *L'Odeur du café* (1991) et *Le Charme des après-midi sans fin* (1997). Comme le dit Amin Maalouf dans sa réponse au discours de réception à l'Académie française prononcé par le nouvel élu le 28 mai 2015, 'Dany' est plus précisément le prénom que portait l'enfant de l'une de ses jeunes tantes maternelles, qui venait de perdre en bas âge son fils ainsi baptisé. Il est important pour la suite de souligner que, de par ce nouveau prénom, Dany Laferrière rejoint les Nelson tout en occupant, au nom de la (sur)vie, 'la place du mort'. Non seulement le nom du cousin décédé coïncide avec l'exil chez les grands-parents à Petit-Goâve, où la mère l'envoie à quatre ans pour le protéger après que le père est tombé en disgrâce sous le régime duvaliériste, mais il se retrouve aussi dans une position comparable à celle du 'garçon-cadavre' connu en Chine comme l'enfant qui, sur le char de la cérémonie des funérailles et des sacrifices funèbres, était vénéré à la place des défunts de la famille, avec tous les transferts qu'une telle place comporte[38]. Il grandit aussi, chez la grand-mère, dans l'ombre de feu l'oncle Roger, fils aîné de Da mort à trois mois, qui « a continué à grandir dans la maison, et personne ne s'est jamais référé à lui comme à un bébé puisque, étant d'un an plus âgé que ma mère, on connaissait son âge et on pouvait supposer sa taille » (Magnier 2000, 163). Il remplira cette fonction, à raison d'un décalage de quatre ans, vis-à-vis du cousin. S'il est possible de dire « Ainsi mon oncle Roger ne nous a jamais quittés » (163), c'est aussi grâce à Windsor Klébert *jr* que *feu* Dany survivra et grandira au sein de la famille Nelson.

La conjonction que le couple parental réalise entre les Laferrière et les Nelson s'avère intéressante, ensuite, au plan de la symbolique du nom de personne. Le patronyme rappelle à la fois l'imposante « citadelle Henri » ou forteresse La Ferrière bâtie entre 1804 et 1813 par le roi Christophe

---

mon enfance. Je suis né à Port-au-Prince, mais je préfère que le mot natal soit lié aux premières émotions plutôt qu'à une naissance biologique. L'éveil des sens est la vraie naissance. Donc, c'est Petit-Goâve, ma ville natale. J'y ai découvert mes premières émotions, le feu, le contact du feu, l'eau, l'odeur de la pluie et de la terre mouillée, les papillons... » (« Comment faire une interview avec un académicien sans se fatiguer »).

[38] *Cf.* Meng Zi, *Die Lehrgespräche des Meisters Meng K'o* (les enseignements du maître Meng K'o) livre VI, section A, chapitre 20, note 1.

en vue de repousser les troupes de Napoléon Bonaparte[39], et le dieu vaudou du fer Ogou feray (ferraille). Pour sa part, le patronyme du grand-père maternel Daniel Nelson, « spéculateur en denrée et officier d'état civil » (*Les années 80 dans ma vieille Ford* 145), ne peut manquer d'évoquer en Haïti la figure légendaire du vice-amiral Horatio Nelson dont la tactique mise en œuvre en 1805 dans la célèbre bataille de Trafalgar mit définitivement fin aux rêves de l'Empereur des Français – qui venait de perdre Saint-Domingue – de conquérir le Royaume-Uni. Quant aux noms de baptême, Windsor et Klébert portés à l'état civil par père et fils avant d'être occultés par la mère pour la sauvegarde de l'enfant, l'un rappelle le nom de famille anglais adopté vers la fin de la Première Guerre mondiale par la Cour d'Angleterre[40] et l'autre, le patronyme du général Jean-Baptiste Kléber (1753–1800)[41], qui prit part aux guerres révolutionnaires et se distingua ensuite, au départ de Napoléon Bonaparte et toujours sous les ordres de ce dernier, dans la guerre d'Égypte[42]. Au-delà de ce substrat, le prénom pseudonymique le prédispose, en tout cas, à tromper l'attente improbable du retour d'un enfant mort et à s'exercer dans la pratique de la réversibilité temporelle. Se crée ainsi un personnage auquel (re)donner vie, dont le destin sera néanmoins de se voir perpétuellement à la merci d'un démenti pour

---

[39] *Cf.* Giselle Hyvert, « Conservation et restauration de la citadelle Laferrière, du palais de Sans Souci et du Site des Ramiers », Rapport technique PP/1977–78§4.121.8, *Haïti. Aide aux États membres pour la préservation du patrimoine culturel et naturel et le développement des musées*, numéro de série : FMR/CC/CH/79/170, Paris, Unesco, 1979, p. 5–7.

[40] À partir de 1917, la Maison royale du Royaume-Uni de Grande-Bretagne et d'Irlande du Nord et des royaumes du Commonwealth, qui portait jusque-là le nom de Maison de Saxe-Cobourg et Gotha, choisit cet autre nom, qui était celui de l'un des châteaux de la famille, pour se protéger contre les sentiments antiallemands qui s'étaient développés au sein du peuple ; une couronne dont Dany Laferrière deviendrait l'un des sujets après l'acquisition de la nationalité canadienne.

[41] Il continue d'incarner la bravoure et le patriotisme en dépit de massacres de civils qu'il a vraisemblablement perpétrés sans le moindre état d'âme, *v.* documents de la BNF, http://data.bnf.fr/12104549/jean-baptiste_kleber/. Il fut assassiné en 1800 par un étudiant égyptien, Soleyman, suite à la brutale répression d'une insurrection au Caire.

[42] « Il commande l'armée après le départ de Bonaparte (août 1799). Signataire de la convention d'El-Arich avec les Anglais (24 janvier 1800), il bat ensuite les Turcs à Héliopolis (18 mars) et réprime la révolte du Caire (avril) où il est assassiné (14 juin) » (http://www.larousse.fr/encyclopedie/personnage/Jean-Baptiste_Kl%C3%A9ber/127625).

usurpation d'identité (avec un disparu). En hérite le fils de Christophe Charles et de Ketty, sœur de l'auteur. Le rapport entre les deux Dany porte en un sens la trace de la façon dont l'oncle a relevé les défis qu'on s'attendait à ce qu'il assume dans l'accomplissement du mandat familial. C'est un Haïtien devenu Québécois mais qui se dit Japonais, un père qui se dit engendré par ses filles et un écrivain se qualifiant de lecteur, qui dédie *Journal d'un écrivain en pyjama* (2013) à un Dany *jr* impatient de devenir écrivain : « Je réunis dans ce livre ces deux hommes. L'un encore un jeune homme qui n'a de cesse de dessiner le monde qui l'entoure, mon neveu qui vit à Port-au-Prince ; l'autre, un homme d'âge mûr qui croit que l'ignorance engendre le mépris » (Laferrière 2013, 30). Si ce dernier est convaincu que la lecture précède l'écriture[43], c'est aussi qu'il n'a pas oublié l'ignorance qui le poussait autrefois à se moquer, avec les autres enfants, du poète Magloire Saint-Aude, loque humaine dont ils n'avaient pas lu une seule ligne.

La considération ne prendra le pas sur la dérision qu'après lecture de *Dialogue de mes lampes* (1941). Quand Dany *jr* apparaît dans *L'Énigme du retour* (2009) à l'intérieur d'échanges revisitant à tâtons *Le Neveu de Rameau* de Diderot, c'est pour s'informer sur la voie à suivre pour devenir à son tour un écrivain célèbre. Or, dans *Je suis fatigué* (2005), l'oncle s'était confié sur l'envie qu'il avait jadis partagée avec l'ami journaliste Gasner Raymond : « Je ne peux dire combien de fois, lui et moi, avions rêvé de devenir célèbres, d'accomplir des choses exceptionnelles, d'écrire des livres qui pourraient changer la vie de nos lecteurs et même le destin de ce pays » (Laferrière 2005, 162). Après l'assassinat de son ami sous le régime de Jean-Claude Duvalier, Dany Laferrière a pris conscience de la mort à l'œuvre dans le désir de paraître : « Je rêve qu'on parle de moi (toujours frivole) mais sans que je sois obligé de mourir. La gloire du mort, mais sans la mort. Il paraît que c'est impossible » (163)[44]. Quand Dany *jr*

---

[43] Il venait de publier *L'Art presque perdu de ne rien faire* (2012 pour l'édition québécoise ; 2014 pour l'édition française). Dans l'émission de Jean-Michel Djian, « À voix nue », 5/2 du 26 mai 2015, Dany Laferrière se décrit comme « un lecteur qui écrit ».

[44] L'écrivain Pierre Clitandre dit le 7 novembre 2016 dans une entrevue avec le Nouvelliste que : « La mort de Gasner Raymond, à Braches le 1er juin 1976, a déterminé, en quelque sorte, la carrierre de Dany Laferrière à être l'écrivain très connu. Il faut faire une psychanalyse de l'ami-mort dans toute l'œuvre de notre célèbre académicien. Durant l'enterrement de Gasner Raymond au Sacré-Cœur, tous ses amis étaient présents : Michel Soukar, Jean-Robert Hérard, Allrich Nicolas, Gérald Dorval, Lyonel Vilfort, Carl-Henri Guiteau, Dieudonné Fardin, le directeur

exprime son besoin de notoriété, l'oncle s'attache dès lors à le 'ramener à la vie' – comme on le dit d'un (enfant) mort, très précisément – en l'attirant dans l'orbite des petites choses. Il tient, ce faisant, à se dégager de 'toute responsabilité' : si le roman de l'oncle, écrit à Port-au-Prince, est dédicacé à Dany jr, c'est en effet après une page d'exergue qui déplace le mandat familial sur l'axe du patrimoine littéraire de l'humanité. L'antienne « Au bout du petit matin… » (Laferrière 2009) tirée du *Cahier d'un retour au pays natal* (1939) que Césaire publia à vingt-cinq ans, est là, ensuite, en vue d'avertir l'aspirant écrivain du fait que la célébrité passe par la science du quotidien :

> Il s'agit aussi d'un autre Dany, c'est-à-dire moi-même qui avait commencé dans l'ignorance totale, je travaillais à l'usine à Montréal quand je me suis mis à écrire pour sortir de cette condition ouvrière et reprendre ma condition d'intellectuel que j'avais à Port-au-Prince avant vingt-trois ans au moment de quitter Port-au-Prince, poussé par Jean-Claude Duvalier, donc ce jeune homme ne savait presque rien, avait une connaissance qui venait uniquement du livre, alors je me suis dit qu'il aurait intérêt à apprendre ces petits conseils. Et c'est venu trop tard, par exemple l'importance de la vie quotidienne, l'importance de savoir faire la cuisine si on veut écrire un roman, qui avait lu des livres, ce jeune homme qui ne savait pourtant rien. (« La grande table », 1re partie, 6'45–7'32)[45]

À l'attente d'initiation du neveu répond, en attendant, un maître iconoclaste (*Comment faire l'amour avec un nègre sans se fatiguer*, 1985), vaudouisant (*Pays sans chapeau*, 1996) et nipponisant[46] (*Je suis un écrivain japonais*, 2008) qui, au lieu de fournir les arcanes des lettres et de la renommée, parle de la nécessité d'avoir un bon fessier et des talents de cuisinière. Or le fessier renvoie à l'épreuve des fourmis subie par l'oncle à cinq ans, où la douleur l'avait initié à la jouissance : « Mes cousins plus âgés m'ont laissé dans un nid de fourmis qui m'ont littéralement dévoré. Ce n'est que bien plus tard qu'on m'a retrouvé, les yeux très brillants. Je ne pleurais pas. Mes fesses étaient rouges et boursouflées » (*L'Odeur du*

---

de la revue *Le Petit Samedi Soir* » (« La tradition de la mort en Haïti. Littérature et sociologie du deuil et de la catastrophe »).

[45] Émission de Caroline Broué diffusée par *France Culture* le 13 décembre 2013, http://www.franceculture.fr/emission-la-grande-table-1ere-partie-dany-laferriere-2013-12-13 (dernière consultation le 7 juin 2015).

[46] V. aussi l'haïkaï auquel l'auteur recourt, consistant, comme dans les poèmes classiques japonais, en trois vers dont le premier et le troisième sont pentasyllabiques et le deuxième heptasyllabique.

café 29). Ce que l'oncle maternel, mi-Roger/mi-Yves, confie là à son neveu sur la jouissance, est de l'ordre de la transmission qui a cours dans les sociétés matriarcales, ce dont Haïti a pratiquement fait l'expérience sous le duvaliérisme, mais le message a d'abord été reçu comme un renvoi aux aptitudes d'une couturière ou d'une cuisinière : « On dirait un métier féminin / demande inquiet mon neveu » (Laferrière 2009, 103). La capacité de métamorphose est à vrai dire posée comme la condition *sine qua non* de l'écriture, incluant la faculté du jeune auteur de surmonter la peur de la castration pour « se changer en femme, plante ou pierre » (103). Une comparaison élémentaire, d'ordre physique, précisément, apporte la preuve des bienfaits à tirer d'un passage par l'épreuve de la castration (passivation féminine, végétale ou minérale) : « Nous pissons, mon neveu et moi / sur le bord de la falaise. / Deux jets continus. / Arcs purs. / Légers sourires de part et d'autre » (Laferrière 2009, 258). C'est aussi l'un des rares moments où maître et disciple se comprennent 'au vol'.

Le prénom 'Dany', plus facile au départ à porter pour un enfant que celui de Windsor Klébert, prêtera néanmoins à confusion. Non seulement, ce n'est pas le vrai nom de l'oncle, mais le neveu en a aussi hérité parce qu'on avait fait une croix sur l'absent, rappelant celle qui ornait au départ la sépulture du petit Dany décédé en bas âge : « Le fils de ma sœur se prénomme Dany. / On ne savait pas si tu allais revenir, me dit ma sœur. / Celui qui va en exil perd sa place » (103). De la part de la sœur, c'était aussi une façon d'adresser un pied de nez au dictateur, à qui on démontrait ainsi, comme autrefois à la mort, que rien ne servait de pousser un Dany à disparaître, car il en revenait aussitôt un autre[47]. Assimilable à un revenant, Dany *sr* en retire pour le moins l'avantage de se trouver en dehors du temps ainsi que dans un hors champ de la représentation : « Vous ne racontez jamais votre époque. / Je n'ai pas d'époque » (104). Un repère temporel persiste aussi à manquer au tableau intergénérationnel : « Mes yeux cherchent le moindre détail / afin de pouvoir remonter le temps / pour retrouver le jeune homme / que je fus avant ce départ précipité » (97). Certes, l'énergie émanant du livre permet de surmonter l'écart entre le même et l'autre et, comme dit l'écrivain, de « reculer la mort jusqu'aux frontières de l'éternité » (Laferrière 2013, 170). Mais comment se remettre dans la peau du jeune homme qui aida

---

[47] Dans l'émission « La grande table », *op. cit.*, 8'34" et suiv., Dany Laferrière dit très exactement ceci : « Ma sœur a voulu faire un pied de nez au dictateur et lui dire : "On peut mettre en exil un Dany, un autre va surgir dans la même maison". »

le père de Dany Charles à percer alors qu'il venait de publier son premier livre ? Il avait autour de dix-huit ans, lorsqu'il accompagna l'ami-poète, Christophe Charles, dans les locaux de la rédaction du *Nouvelliste* en vue d'obtenir, de la part du directeur, l'écrivain et journaliste affirmé, Léon Laleau, une note saluant la parution du recueil *L'Aventure humaine* (1971). Futur beau-frère de Dany Laferrière, Christophe Charles[48], aussi appelé Christophélès, a publié un essai, *Magloire Saint-Aude : griot et surréaliste* (1982), consacré au poète haïtien Magloire Saint-Aude dont l'auteur du *Goût des jeunes filles*, selon les termes de l'éditeur et ami Rodney Saint-Éloi, a fait *une obsession* en reprenant « pratiquement l'intégralité de *Dialogues de mes lampes* » (*La vie secrète de Magloire-Saint-Aude entretien de Rodney Saint-Eloi avec Dany Laferrière* 2013). C'est une parenté de ce genre, plus poétique que familiale, que l'oncle souhaite à Dany Charles.

La surface est-elle plus réfléchissante entre les deux Windsor Klébert ? Ici, le miroir ne renvoie plus à la lignée maternelle ni à l'enfant mort en bas âge dont il convient de prendre la place et d'assurer la représentation, mais à un homme dont le pouvoir de séduction a résisté à des années de silence et d'éloignement. Arrivé à Port-au-Prince avec une mère adoptive, quand il devint père Windsor Klébert *sr* voulut que son fils s'appelle comme lui, prédisposant malgré lui sa femme à confondre fils et mari : « C'est un étrange ballet : d'une part elle fait tout pour retrouver mon père en moi, et d'autre part elle veut oublier cet homme dont la mémoire la fait tant souffrir. C'est son drame intime » (*Le Cri des oiseaux fous* 13). Au lieu du roi Hamlet, c'est le prince Hamlet *jr* qui fait ici figure de revenant, confondant la hiérarchie des apparitions :

> Aujourd'hui, à vingt-trois ans, je suis physiquement aussi grand que mon père, et il m'arrive de porter ses cravates (ma mère les a religieusement gardées au fond de son armoire, durant toutes ces années, pour un jour pouvoir contempler l'image parfaite de mon père) pour me rendre à une quelconque conférence de presse ou à la réception annuelle de l'Association des journalistes. Souvent, dans ces moments-là, ma mère s'adresse à moi comme à mon père. Il faut dire qu'en plus de lui ressembler, je porte son prénom. Cela n'arrange rien pour ma mère, qui tente désespérément d'oublier la souffrance causée par le départ de mon père. (12–13)

---

[48] Né en 1951, il est l'auteur, sous les noms de plume Christopher Love, Christophe Philippe Charles, Jean Merdalor, d'une œuvre poétique, critique et philosophique. Il a fondé à Port-au-Prince la maison d'édition à compte d'auteur Choucoune et une école de journalisme ; *cf.* http://www.lehman.cuny.edu/ile.en.ile/paroles/charles_christophe.html (dernère consultation le 2 mars 2015).

La jouissance du nom propre

Quant au surnom 'Vieux Os', qui offre un rempart contre la destinée du petit Dany mort en bas âge, il contribue aussi à brouiller l'ordre intergénérationnel. Tout d'abord, Da est la seule à connaître son vrai nom : « Je veux dire mon vrai nom. Parce que j'ai un autre nom. Da m'appelle quelquefois Vieux Os. J'aime vraiment me coucher le plus tard possible. Quand Da m'appelle ainsi, j'ai véritablement l'impression d'avoir cent ans » (*L'Odeur du café* 27). Le surnom, qui finit par passer pour un vrai nom, entretient ensuite un mystère à l'image de celui qui entoure le père condamné : « C'est moi qui ai demandé à Da de garder secret mon nom. Je veux dire mon vrai nom » (27). Du nom secret, la grand-mère dit qu'il offre un rempart : « Da dit qu'on est à la merci de la personne qui connaît notre vrai nom. Il y a un nom pour les autres (les amis, les professeurs, les filles). Le nom officiel. Et un nom secret que personne ne doit savoir. On choisit son nom, sans jamais le révéler à personne. Il ne faut pas l'oublier sinon on est foutu » (28). Le nom du père pose effectivement problème, on l'a dit, au regard de la dictature en place. Parmi beaucoup d'autres, Anthony Phelps témoigne encore dans *Mémoire en colin-maillard* (2015) de la vengeance que, faute de pouvoir s'en prendre aux pères, les tontons macoutes exerçaient sur les fils des opposants au duvaliérisme. Il est vrai aussi que, les noms ancestraux ayant été éradiqués depuis la Traite, le patronyme n'est souvent l'héritage que du lien qui liait l'esclave à son propriétaire, voire d'un saint repéré au calendrier. Sans confondre la situation patronymique en Haïti avec celle de la Guadeloupe ou de la Martinique, telle que la décrit *Le quatrième siècle* (1964) d'Édouard Glissant[49], ni l'importance du nom secret qui en découle dans ces régions, on retiendra avec Amin Maalouf qu'on donne à l'enfant « un nouveau prénom, moins dangereux à porter […] » et qu'après que Da lui a fait comprendre qu'il serait « à la merci de toute personne qui connaîtrait [son] vrai nom » (« Réponse de M. Amin Maalouf au discours de réception de Dany Laferrière » 2015), lorsqu'il se met à écrire le petit-fils a tant et si bien intériorisé l'avertissement, qu'il fait sienne la décision de s'appeler autrement, jusqu'à forclore un temps le (nom du) père dans la fiction.

---

[49] *Cf.* Édouard Glissant, *Le Quatrième siècle*, (1964) p. 202–203.

La question du père

Quand Windsor Klébert Laferrière *sr* fait retour dans *L'Énigme* (2009), le mystère persiste sur le contenu d'une valise qu'il a déposée à la Chase Manhattan Bank. L'homonymie avec le père ouvre certes la voie : « Avec mes oncles, j'y pénètre sur la pointe des pieds. Il n'y a que dans une banque, une église ou une bibliothèque qu'on trouve cette qualité de silence » (*L'Énigme du retour* 67). Manque toutefois le code secret qui eût permis la transmission. L'héritage du père demeure enfoui dans le caveau (de la banque), soit dans ce que la psychanalyse transgénérationnelle de Nicolas Abraham et Maria Török nommerait ici la 'crypte'[50], lieu où le « dire enterré d'un parent devient chez l'enfant un mort sans sépulture » (*L'Écorce et le noyau* 297). Si le fantôme, qui n'est pas un parfait inconnu pour le fils, peut déclencher « phobies, folies et obsessions s'il « revient [...] depuis l'inconscient et exerce sa hantise » (297) auprès des générations futures, qu'en sera-t-il du non-dit que le fils de *L'Énigme* a renoncé à percer ? Windsor Klébert Laerrière *jr* s'est introduit frauduleusement en un lieu qui lui demeure inaccessible : « Mes oncles comme hébétés / devant la porte d'acier / Et moi plutôt léger / de n'avoir pas à porter un tel poids. / La valise des rêves avortés » (68). Aucun mandat intergénérationnel à prendre en charge, le fils n'insiste pas. Il ne touche pas non plus la dépouille du père mort, et ce par respect pour « la distance / qu'il a voulu maintenir entre [eux] / de son vivant » (60). Le visage du père, à la fois trop familier parce que réputé égal au sien et étranger parce que barré par un refoulement[51] durable, entretient en attendant, dans la narration, une case vide, voire une tache aveugle rappelant – meurtre en moins – l'aveuglement d'Œdipe[52].

Portrait craché du père – du moins pour certaines ressemblances liées dans la fiction aux mains, à l'aura et à un besoin vital de visibilité –, dans

---

[50] Le mot est à prendre au sens de « lieu clos », où, selon les termes de N. Abraham et M. Török, un dire barré dans les générations précédentes devient « un savoir non su, une *nescience* » (297).

[51] Dans une entrevue du 10 avril 2013, intitulée *Cinq questions pour île en île*, Laferrière rassemble à un moment donné les quelques souvenirs qu'il a de son père, en soulignant qu'il ne parvient pas à se remémorer les traits de son visage (https://www.youtube.com/watch?v=RHs-Sbv037k).

[52] « Mon père, tout près de moi, dans son cercueil. / Je le surveille du coin de l'œil. / Un astre trop aveuglant pour qu'on puisse le regarder en face. / C'est cela un père mort » (61).

son parcours le fils offre progressivement l'image inversée de l'homme qui l'a conçu. À l'âge où il se voit contraint de quitter le pays, le père venait d'être élu maire de Port-au-Prince et connaîtrait jusqu'à la trentaine un brillant début de carrière politique, journalistique et diplomatique. La déchéance commence pour lui à New York. Le fils emboîte le pas du père glorieux en devenant, à 18/19 ans, journaliste à l'hebdomadaire haïtien *Le Petit Samedi Soir* fondé par Dieudonné Fardin[53], après avoir déjà travaillé auprès du *Nouvelliste*, à *Radio Métropole* ainsi qu'au journal de 13 h de Marcus Garcia à *Radio Haïti Inter*. Après quatre années de tentatives d'expression sous le régime, cette fois, de Duvalier fils – Baby Doc –, Dany Laferrière quitte précipitamment Haïti pour échapper au sort de son ami et collègue Gasner Raymond[54], retrouvé assassiné le 1er juin 1976 près de la capitale, une semaine après la sortie d'un reportage sur la grève des ouvriers de la Cimenterie d'Haïti à Fond Mombin. S'ajoute cependant un motif plus intime, dévoilé dans *La Chair du maître* (1997) et dans *L'Énigme du retour* (2009) : « À Port-au-Prince au début des années 70, j'étais journaliste car il fallait dénoncer la dictature. Je faisais partie de la petite bande qui montrait les dents au pouvoir. Je ne me posais aucune question par rapport à moi même jusqu'à cette crise sexuelle à la toute fin » (Laferrière 2009, 152). On y reviendra. Disons, pour l'heure, que le destin de son ami le convainc d'une chose : rien de sert de *mourir*, mieux vaut partir à temps. Il aura l'occasion de se réfugier à Montréal[55]. Là il demandera qu'on lui accorde un poste de journaliste, qui aurait été pour lui une *façon de tenir salon* :

---

[53] Dieudonné Fardin se souvient ainsi de Dany Laferrière : « La 24e édition de Livres en folie me donne une occasion pour me souvenir de tout un pan de mon passé de journaliste. Je revois, parmi quelques professionnels de l'information, Dany Laferrière. Il était l'un des plus jeunes du groupe. Il était taquin, incisif, "impertinent" dans ses interventions à la radio. Il était admis à prendre la parole sur les ondes de radio Nouveau Monde avec Roger Gaillard, à Radio Haïti avec Jean Dominique et Marcus Garcia. Caustique, brillant, étincelant même, il ne laissait passer aucune occasion pour les contredire. Il venait parfois à la maison pour me demander mon opinion sur ses prises de position à la radio » (Lahens 2018).

[54] Raymond est aussi l'auteur de nouvelles posthumes, dont *Rosita* (Fardin), publiées en 1978.

[55] Dany Laferrière n'a pas choisi Montréal, c'est Montréal qui l'a choisi, comme il le dit dans l'émission « À voix nue » de Jean-Michel Djan, épisode 5/2 du 26 mai 2015, indiquant avoir bénéficié de l'aide d'une personne engagée dans l'organisation « Jeunesse Canada Monde ».

Peut-être que si j'avais trouvé du travail à la radio, parce que j'adore la radio, je n'ai pas de mot pour décrire le plaisir que j'ai d'être à la radio, plus que la littérature, plus que l'écriture, plus que le journalisme écrit, donc si j'avais pu faire ça, venir parler comme ça de littérature, je n'aurais pas écrit, c'est ce qu'on trouve dans mes livres. [...] Ça a tenu à presque rien. J'avais demandé à être journaliste ; pas à la radio, à la presse : le Quotidien de Montréal [...] le grand quotidien d'Amérique francophone [...], ils avaient changé de politique, je crois, pour employer les gens, il fallait avoir des titres, sciences politiques ou être sociologue ou quelque chose, n'ayant rien de cela je n'ai pas pu rentrer, alors je me suis dit « bon je vais faire le journal moi-même. Et je vais faire un journal un peu intemporel, ce qu'on appelle un livre, c'est ça. (« À voix nue » 2/5, 26'09–27'53)

Ce qui l'attire, c'est l'imaginaire des écrivains, alors que le père s'était pour sa part engagé sur le terrain de la politique, mais tous deux sont des intellectuels, ainsi que le souligne la notice biographique de l'Académie française consacrée au nouvel élu. En outre, c'est à Montréal, que naît le romancier qui aurait aimé être journaliste à la radio ; un territoire qui n'est ni celui du père, qui ne bougerait plus de Brooklyn, ni celui de la mère, qui, très longtemps, n'a jamais quitté Haïti[56]. Après la parthénogenèse célébrée dans la dédicace de *L'Odeur du café*, le processus créateur mène ainsi à une déterritorialisation de l'engendrement après que le père a pris le chemin de l'exil en laissant le champ libre à Œdipe et Jocaste, voire, en la présence constante de l'oncle Yves[57] « volontairement oublié » par l'écrivain (dédicace au *Goût des jeunes filles*), à Hamlet et Gertrude. Le père réel, qui ne reverra plus jamais ni sa femme, ni son fils, ni sa fille, ni sa patrie, meurt en 1983/84 à New York[58], à savoir un an ou deux avant la parution de *Comment faire l'amour avec un nègre sans se fatiguer* (1985).

En revanche, le personnage du père dans *L'Énigme du retour* décède vingt ans plus tard. En 2009, le temps des lettres a en somme prolongé

---

[56] *Cf.* e.a. la dédicace : « À ma mère qui n'a jamais quitté son pays, même pour une minute, comme elle dit » (*Pays sans chapeau*) ; dans l'entretien avec Bernard Magnier, l'auteur laisse entendre qu'à une date ultérieure, la mère a fini par déroger à la règle de la sédentarité : « À cette époque, ma mère n'avait jamais voyagé, même pas pour un bref laps de temps. Haïti était pour elle un grand malade dont il ne fallait pas quitter le chevet » (*J'écris comme je vis* 71).

[57] On trouve, dans *L'Art presque perdu de ne rien faire* (2014), un rare renvoi à l'oncle Yves, témoin de la scène des fourmis (Laferrière 2014, 263).

[58] Dans un courriel envoyé le 9 février 2001 à Ursula Mathis-Moser, Dany Laferrière écrit : « Mon père est mort en 1983 selon Maggie, ma femme. J'avais toujours pensé que c'était en 1984 » (Mathis-Moser 2003, 288, note 16).

le cours intergénérationnel, faisant du père réel un contemporain malgré lui de l'« Autobiographie américaine » du fils-écrivain. À la faveur d'un rêve, où se perçoit la vérité de l'inconscient, le narrateur de *L'Énigme* ne confond pas pour rien les traits du père légal (réel) avec ceux du père littéraire (symbolique), Aimé Césaire, décédé en 2008 : « Dans mon rêve, Césaire se superpose à mon père. Le même sourire fané et cette façon de se croiser les jambes qui rappelle les dandys d'après guerre » (Laferrière 2009, 32). Le fils-narrateur se trouve, à ce moment-là, en position 'régressive', c'est-à-dire dans une baignoire dont « l'eau brûlante [...] achève de [lui] ramollir les os » (32) et où il lit le *Cahier d'un retour au pays natal* écrit par Césaire à vingt-cinq ans. Si c'est aussi la tranche d'âge à laquelle il appartenait lorsqu'il s'exila, le fils écrivain de *L'Énigme* se retrouve en posture de père-lecteur vis-à-vis de l'auteur du *Cahier*, confirmant la réversibilité du rapport de parenté, voire la vérité selon laquelle « il n'y a dans cette vie / ni nord ni sud / ni père ni fils / et que personne / ne sait vraiment où aller » (Laferrière 2009, 21). Tandis que le dernier vers rappelle Diderot : « – Mais, pour dieu, lecteur, me dites-vous, où allaient-ils ?... Mais, pour Dieu, lecteur, vous répondrai-je, est-ce qu'on sait où l'on va ? Et vous, où allez-vous ? » (*Jacques le fataliste* 88), c'est du retour impossible vers l'Afrique (Dahomey) et de Césaire, à la fois père symbolique & fils littéraire en colère, que Laferrière se fait le chantre en 2009 et ce, pour le trait unaire qu'il établit entre lui-même & l'éternel absent. La porte du père, persuadé que Duvalier avait transformé les gens de son pays en zombis et qu'il n'avait jamais eu d'enfants, reste close le jour où le fils cherche à le rencontrer. *Pays sans chapeau* (1996), où le loa Legba médiateur entre monde visible et Dieu suprême, apparaissant sous les traits de Lucrèce, ouvrait la barrière pour une exploration d'un au-delà non spiritualisé[59], offrait en revanche une alternance entre « pays réel » et « pays rêvé », où poignaient non seulement deux patries, mais aussi, par dérivation étymologique, deux pères. L'un était mort après trente ans d'exil alors que l'autre avait disparu après avoir vécu cinquante ans « hors de sa terre / de sa langue / comme de sa femme » (*L'Énigme du retour* 63). Le sursis de vingt ans dont bénéficie le père de *L'Énigme* offre, à vrai dire, l'éventualité d'un amendement. Décédé en 2008 plutôt qu'en 1983/84, le père devient, à rebours, un potentiel lecteur de l'Odyssée

---

[59] Le poète et philosophe latin Lucrèce est un antireligieux notoire ; « Pays sans chapeau, c'est ainsi qu'on appelle l'au-delà en Haïti parce que personne n'a jamais été enterré avec son chapeau » (Exergue de *Pays sans chapeau*).

américaine sortie entre 1985 et 2009 sur l'enfance, l'adolescence et la vie de Télémaque en Amérique du Nord.

En fin de compte, le père fait figure de fantôme à l'image d'un roi Hamlet ne réclamant plus d'autre vengeance que celle du langage. Laferrière lance alors les bombes littéraires *Comment faire l'amour avec un nègre sans se fatiguer* (1985), *Éroshima* (1987) et *Cette grenade dans la main du jeune nègre est-elle une arme ou un fruit ?* (2002). Sa découverte de Césaire fut tardive. Il le connaissait mais n'était pas encore sensible, avant *L'Énigme du retour* (2009), au message du *Cahier d'un retour au pays natal*. En revanche, il avait été fasciné, dès sa sortie, par le retentissement de *Ultravocal* (1974) de l'écrivain Frankétienne (*alias* Jean-Pierre Basilic Dantor Franck Étienne d'Argent), qu'il lui arriva d'interviewer pour *Radio Haïti-Inter* : « *Ultravocal* avait fait un énorme bruit et les critiques le manipulent avec la précaution d'artificiers en train de désamorcer une bombe » (*Les années 80 dans ma vieille Ford*, 174). Figure de proue du spiralisme, groupe littéraire né au milieu des années 1960 considérant qu'une œuvre littéraire n'est jamais définitive, l'écrivain Frankétienne avait imposé un tournant. Comme l'écrivait, en 1985, Dany Laferrière qui avait reçu carte blanche de la part de la direction de l'hebdomadaire *Haïti observateur* de New York : « On a l'impression qu'avec *Ultravocal*, Franck Étienne a carrément dépassé les limites du folklore, qu'il n'est déjà plus un écrivain insulaire et qu'après *Ultravocal*, le paysage littéraire haïtien ne serait jamais plus le même » (*Les années 80 dans ma vieille Ford* 174). Pour leur part, des titres lascifs comme *L'Odeur du café* (1991), *Le Goût des jeunes filles* (1992), *Chronique de la dérive douce* (1994), *Le Charme des après-midi sans fin* (1997), *La Chair du maître* (1997/2000), *Je suis fatigué* (2001), *L'Art presque perdu de ne rien faire* (2011) et *Journal d'un écrivain en pyjama* (2013), promettront de donner voix à un sujet narratif soucieux de désamorcer les pièges à retardement du mandat intergénérationnel afin de parvenir à lui-même. Si la lasciveté côtoie les bombes, à l'intérieur d'un seul et même ensemble nommé « Une autobiographie américaine », c'est également que Dany Laferrière ne voyait ni rupture ni évolution, mais unité entre les livres « heurtés, un peu urbains » (« Marathon des mots » 02'50"-52") d'undit « obsédé sexuel » (03'49") lui ayant valu l'étiquette « d'écrivain dur, d'une certaine violence sociale » (03'-03'11"), et ceux, par ailleurs, du « fils à sa grand-mère » (02'57–02'58"), comme il appelle ceux qui suivirent.

Les bombes à retardement

Après la question, ressassée par la littérature et la psychanalyse, du dévoilement d'Œdipe, du refoulement d'Hamlet[60] ainsi que du désir du sujet et de son emprisonnement dans le désir de l'Autre (Lacan), le seuil demande désormais à être franchi. Empruntant à la figure de Legba la gestion du passage, et, de par son patronyme, à celle d'Ogou[61] l'aptitude à battre et croiser le fer, Laferrière produit des hiatus retentissants. C'est le cas dès le début de *Comment faire l'amour avec un nègre sans se fatiguer* où Bouba, le colocataire de Vieux, profère : « Allah est grand et Freud est son prophète » (Laferrière 1985, 14). Dans *Le Cri des oiseaux fous* (1985) [2002], c'est à Antigone qu'il se réfère pour signifier que la pulsion de vie est la meilleure bombe qu'on puisse placer sous le siège d'un dictateur. L'auteur aime, en effet, à souligner : « le projet de l'œuvre, c'est de témoigner de façon profonde qu'on n'a pas été soumis. Ce n'est pas de l'autofiction, il n'est pas question de moi » ; en rupture avec la littérature militante autant qu'avec la plupart des écrivains de l'exil dont le dictateur restait le principal souci, il entendait « s'échapper du projet de Duvalier de faire de nous des zombies » (*Cinq questions pour île en île*). Le souci d'Antigone de dépasser la pulsion de mort (*Até*) va de pair avec sa détermination à ne pas rester emprisonnée dans le désir de l'Autre de la répression. La vierge du *Cri des oiseaux fous* (2002) produit un effet de rupture exemplaire lors d'une représentation en créole, où elle clame devant un Créon ahuri : « Je suis faite pour partager l'amour, non la haine » (Laferrière 2002, 145)[62]. Créon laisse entrevoir un Baby Doc médusé face à *La femme dont il croyait qu'elle n'existait pas*, s'apercevant enfin qu'il ne suffisait pas, pour agir à sa guise, de continuer comme Papa Doc à se défaire des mâles en les forçant à l'exil. Le narrateur du *Cri des oiseaux fous* (2002) comparera la sœur de Gasner Raymond à Antigone.

---

[60] *Cf.* Préface de Starobinski à *Hamlet et Œdipe* (1949) d'Ernest Jones ; *v.* aussi Sigmund Freud, *L'Interprétation des rêves* et *Études sur l'hystérie* ; pour Freud, Sophocle met en scène une « révélation progressive et très adroitement mesurée » (*L'interprétation des rêves* 228) tandis que d'Œdipe à Hamlet une « mise en œuvre tout autre d'une matière identique montre (seulement) quelles différences il y a dans la vie intellectuelle de ces deux époques et quel progrès le refoulement a fait dans la vie affective de l'humanité » (230).

[61] Ogou est la transposition, en Haïti, du dieu du fer dahoméen, Gou, représenté par un amas de ferrailles.

[62] La répartie figure également en exergue.

De mère & fille, il dit : « Deux femmes qui garderont le fort en attendant le retour des hommes. Cela fait vingt ans que mon père a pris le chemin de l'exil. Tantôt, ce sera mon tour. Les Duvalier sont toujours là. Les femmes aussi. Elles dureront plus longtemps que la dictature. Duvalier le sait » (Laferrière 2002, 284). La sœur « en constante colère » (284) permet en quelque sorte à la mère de demeurer la femme « si sereine, mais profondément blessée » (284) qui le fera pencher pour le choix de la pulsion de vie. Elle lui fait en effet promettre de quitter le pays pour échapper au destin de son ami, tué en plein jour par des tueurs qui « sont allés jusqu'à jeter son cadavre sur cette plage, à Braches, près de Léogâne. Exactement comme on ferait avec un chien » (216). Le couple mère & sœur de Gasner illustre la possibilité, pour la littérature, de sortir du ressassement militant. Ainsi que l'indique le succès de la pièce jouée devant le public haïtien à l'époque de la dictature, ce qui est en mesure de réveiller le désir des sujets, c'est le courage et la noblesse de la sœur-Antigone réclamant le corps de Gasner-Polynice :

> Devant moi se tient la fière Antigone. La sœur de Gasner, comme l'Antigone de Sophocle et de Morisseau-Leroy, pleure la mort de son frère et se révolte contre Duvalier-Créon qui s'oppose à ce qu'on l'enterre selon les rites funéraires de la loi de sa famille. Combien de temps Duvalier-Créon va-t-il le garder encore ? Que veut-il du cadavre ? Craint-il que ce cadavre et ces deux frêles femmes fassent basculer le pouvoir hérité de son père ? La mère et la sœur réclament inlassablement le corps de Gasner. Ces deux femmes représentent l'honneur de cette ville. Elles parlent avec une autorité morale qui dépasse les intérêts personnels. (283)

Le narrateur de *La Chair du maître* se fait lui aussi le chantre d'Antigone contre les fils tuants/tueurs qui peuplent les milieux de la militance : « J'ai l'air un peu niais, comme ça, [...] [mais] je sais, par exemple, en observant François et ses camarades, que les militants sont encore plus paranoïaques que les militaires » (Laferrière 2000, 196) Les seules bombes valides ne sont pas celles qui causent une décharge, mais celles qui instaurent/restaurent les conditions de possibilité d'une structuration, voire d'une symbolisation. Ce sont les paroles de dignité que Antigone jeta à la face de Créon, roi de Thèbes où sévissait une peste liée à l'inceste commis par Œdipe, et celles de Raymond, roi du monde, avec son reportage publié dans un pays infesté par une violence que Papa & Baby Doc avaient instituée pour asseoir un pouvoir intergénérationnel synonymique. Les deux pestes sont perçues comme la punition de dieux en colère face à l'abjection de ce que les hommes considèrent *urbi et orbi* comme le plus condamnable des crimes, celui qui implique une réversibilité de l'ordre intergénérationnel. Si la militance ne résiste pas au désir de projeter sur le dictateur sa propre part d'abjection (œdipienne), dans son œuvre Laferrière choisit, de son côté, de désamorcer le pouvoir en place en lui ôtant sa faculté de rendre les gens paranoïaques. Pour ce faire, il convient d'entamer un travail sur les déplacements qui ont pu se produire en trente années d'exil entre le temps du traumatisme et l'aprèscoup. Laferrière se rapproche ici de Freud, dans l'intuition qu'il a du rapport de la paranoïa avec les déplacements dans le temps. Comme le relève la psychanalyste Annette Laget, « en 1915, dans "Communication d'un cas de paranoïa en contradiction avec la théorie psychanalytique", Freud notait la fréquence de déplacements dans le temps (ou d'inversions temporelles) dans la paranoïa » (*Freud et le temps* 43). Elle précise : « Un tel après coup dans l'évaluation d'impressions, un tel déplacement dans le souvenir sont justement fréquents dans la paranoïa et en sont un signe caractéristique » (p. 216) » (*Freud et le temps* 43). On verra que Laferrière y est très attentif dans la reconstitution des motifs ayant conduit à l'exil. Mais qu'en est-il tout d'abord des bombes lancées par l'équipe du *Petit Samedi Soir* ?

Les motifs de l'exil

Le numéro 176 du *Petit Samedi Soir* de la semaine du 8 au 4 janvier 1977 propose, dans son bilan de l'année écoulée, une rubrique intitulée *1976 : Les dates qui parlent*, due à Jean-Robert Hérard[63] : « 12 mai : Déclenchement d'une grève générale par les ouvriers du Ciment d'Haïti S.A. […] Ce mouvement, de revendication salariale n'a duré que 24 heures. Il y a eu négociations. Et Gasner Raymond est resté sur l'affaire » (Jean Robert Hérard 1977, 19)[64]. Découverte, ensuite, le 1er juin, « d'un cadavre dans la banlieue sud de Port-au-Prince. Le corps a été identifié comme étant celui de Gasner Raymond » (19). Réaction des collègues : « Branlebas général, on n'en croyait pas ses oreilles. Nous avons vite rédigé une

---

[63] Ambassadeur et auteur de « Le temps des souvenirs : le Mouvement démocratique en Haïti 1971–1986 », couvrant le règne de Jean-Claude Duvalier, où il dresse une série de portraits, dont ceux des morts (Jean L. Dominique, Gasner Raymond, Ezéchiel Abellard, Richard Brisson, etc.) et des survivants.

[64] « Les rédacteurs Gasner Raymond, Carl-Henri Guiteau et Jn-Robert Hérard étaient quelques heures plus tard sur les lieux » (Jean-Robert Hérard 1977, 19).

note de presse distribuée à tous les journaux et stations de radio, et aux correspondants des différentes agences de presse internationale. L'enquête est ouverte » (19). Aucun gouvernement après la Chute de Baby Doc ne s'est attaché à rendre justice à cet homme qui n'avait commis aucun crime contre son pays. L'article 26 du chapitre IV du droit public de la Constitution de la République d'Haïti proclamait en effet que « chacun a le droit d'exprimer son opinion en toutes matières et par tous les moyens en son pouvoir » (13). L'article 26 précisait cependant que « les abus du droit d'expression sont définis et réprimés par la Loi » (13). Le fait est que Gasner Raymond n'a été ni emprisonné ni traduit en justice, mais assassiné. Le pouvoir craignait-il que son soutien à la grève ne crée un effet domino ? Une puissante famille haïtienne voulait-elle empêcher la divulgation de documents dont il se disait détenteur ? Dans un article intitulé « Lutte pour la liberté de la presse. Gasner Raymond, tombé un 1er juin… » qui a paru en juin 2015 dans le journal *Haïti en marche*, Marcus Garcia rappelle qu'à cette nouvelle, une « chape de plomb tomba sur Port-au-Prince, comme si bien relaté par Dany Laferrière dans son roman *Le Cri des oiseaux fous* » (*Haïti en marche 10 juin 2015*, 6). Marcus Garcia résume ainsi les faits :

> Le régime de Jean-Claude Duvalier venait d'asséner un grand coup de pied dans la fourmilière. Comme des oiseaux fous, on devait s'enfuir dans toutes les directions. Mais ce ne fut pas le cas. Par 'on', nous entendons le tout petit groupe (petit, petit, minuscule comme dit Cyrano) qui constituait alors ce qui devait être désigné plus tard sous le qualificatif flatteur de 'la presse indépendante'. L'assassinat en plein jour de Gasner Raymond, sans même prendre la peine d'emporter sa carte de presse, devait constituer un avertissement solennel. La liberté de parole, ça suffit. C'était le 1er juin 1976. Pourtant cela durera encore plus de 4 ans. Un record historique. Digne du Guinness. Oui, jusqu'au grand coup de balai du 28 novembre 1980 avec arrestation et exil forcé pour tous les cadres et fantassins du mouvement. (6)

Il précise aussi que « l'assassinat de Gasner Raymond a été méticuleusement orchestré. La victime avait été soigneusement identifiée. Singularisée » (6). Si le journaliste a été choisi, c'est, selon lui, pour les raisons suivantes :

> Jeune homme sans fortune (pour tout salaire, les reporters du Petit Samedi Soir recevaient un lot de journaux qu'ils liquidaient eux-mêmes), casse-cou sur les bords, il menait au moins trois investigations super délicates quand il a été tué : la grève au Ciment d'Haïti, dont les propriétaires (les cimenteries Lambert, de France) étaient des proches de la famille Duvalier,

Les motifs de l'exil

le trafic des prostituées dominicaines (dont la police haïtienne tirait aussi d'importants profits) et une affaire de déguerpissement des résidents d'un terrain en conflit et fort convoité situé derrière l'hôtel Holoffson. (*Haïti en marche* 10 juin 2015, 6)

Il s'agissait de « trois dossiers super-brûlants dans l'Haïti "de la révolution économique" de Baby Doc Duvalier. Sous les ordres du colonel Jean Valmé… » (6). Si, d'après lui, « tout le monde sait (et on tenait aussi à ce qu'il se sache) qui étaient les assassins de Gasner Raymond » (6), il semble encore hasardeux de lancer la moindre accusation directe contre le SD. C'est en effet sous forme d'interrogation que Garcia parle de l'action d'un commando du Service détective situé dans les combles attenants au palais national, à l'époque « dirigé par un voyou devenu cadre de la police – pas si secrète, et toujours en complet veston, nommé Lionel Willy. Surnom : "Ti Je" ». La question est la suivante :

Gasner n'a pas été tué par balles mais étranglé. Une mort encore plus affreuse. Avec les yeux lui sortant de la tête. Et destinée par conséquent à marquer davantage les esprits. Il avait des traces de sable au cou. A-t-il été étranglé ailleurs, pourquoi pas dans les locaux de la police politique, sous les ordres du colonel Jean Valmé, sinon par celui-ci lui-même ? (6)

Le fait est que « Le colonel est encore vivant. Et il vit en Haïti. À quoi sert Amnesty ? » (6). Quant à « Lionel Willy dit "Ti-Je", il est mort (peut-être du Sida) après avoir mené une vie de millionnaire en exil à Miami » (6). Garcia rapporte aussi que « les funérailles de Gasner auront lieu en présence de tous ses confrères. Et camarades. Ces derniers déjà plus nombreux qu'on ne le croyait. De nombreux éditoriaux dénonceront le crime. On promit que son martyre ne restera pas impuni » (6). Et il se rappelle l'impact qu'eut des années plus tard en Haïti le roman de Dany Laferrière : « Cependant lors d'un séminaire pour journalistes quelques années seulement après la chute du régime Duvalier (février 1986) », rapporte Garcia, « les jeunes confrères ouvrirent de grands yeux à la lecture des pages du roman de Dany Laferrière "Le cri des oiseaux fous" » (6). En attendant, dans son bilan de l'année 1976, où a opportunément paru un rappel de la Constitution de la République d'Haïti, Hérard parle ainsi des funérailles de Gasner :

<u>15 juin</u> : Funérailles de Gasner Raymond. Ses parents ont dû attendre 15 jours avant d'avoir à disposer du cadavre. Fardin à l'époque écrivait : « Nous n'avons pas peur. Nous n'aurons jamais peur dans cette maison. Nous n'avons pas le droit d'avoir peur tant que nous élevons la voix au nom de la

JUSTICE ET DE LA VÉRITÉ. » Et Dany Laferrière, dans un texte inédit, notait : « En regardant le cadavre de Gasner Raymond à la morgue on a pu voir que ces chacals, ces hyènes comme de véritables hyènes, ces salauds comme de véritables salauds, ont bien fait leur sale besogne : visage tuméfié, arcades sourcilières littéralement fendues, boursouflures, de toutes parts, du sang partout… » L'enquête ouverte n'a jamais eu de suites. (19)

Jn-Robert Hérard signale ensuite, pour la mi-septembre : « Le PETIT SAMEDI SOIR publiait un reportage-fleuve sur la situation de la Grande-Anse un document ferme, courageux de notre collaborateur Guiteau. Tandis que, du Canada, Dany Laferrière nous bombardait son reportage sur la situation des Minorités dans ce nouvel Eldorado » (19–20). On remarquera le verbe utilisé par un ancien collègue, qui confirme la fougue avec laquelle le jeune journaliste continuait de réagir aux aberrations du monde dans lequel il vivait. Il n'avait pas oublié Gasner, qui revient avec force, on l'a vu, dans ses textes, mais la mort ne s'abat pas que sur les héros de la contestation anti-duvaliériste. À sa façon, le Québec des années 1970 manie lui aussi sa faux. De prince qu'il était pour la grand-mère à Petit-Goâve et pour la mère à Port-au-Prince, l'auteur est passé par une mort psychique dont l'écriture l'a ensuite relevé : « Les gens ne semblent pas / se rendre compte / qu'il y a / un nouveau prince / dans cette ville / même si je ne suis / qu'un clochard pour l'instant » (*Chronique de la dérive douce* 52). Si le roi, c'est en revanche Raymond (roi du monde), la dynastie de l'amitié est toutefois relativisée dans les textes par la nécessité de sortir de l'orbite duvaliériste. Autrement dit, commémorer Gasner ne doit pas se transformer en un attachement libidinal aux potentiels mandataires de son élimination[65].

L'attachement libidinal porte, en effet, au crime ou à la perpétuation du crime, ainsi que l'illustre notamment, dans *Cette grenade dans la main du jeune nègre est-elle une arme ou un fruit ?* (2002), le couple « Mère et fils » (232–238) délinquant qui a défrayé la chronique américaine au tournant du XXIe siècle[66]. S'il s'agit là d'une criminalité endogène, *Le Cri des oiseaux fous* (2002) s'en tient pour sa part à la violence exogène qui menace le couple mère & fils au pays : « Chez toute femme haïtienne,

---

[65] Rappelons qu'aucune enquête n'a permis à ce jour d'établir la responsabilité définitive de Jean-Claude Duvalier et de la milice militaire des tontons macoutes qu'il avait héritée de son père depuis leur fondation en 1958.

[66] La mère, connue à l'époque sous le nom de Sante Kimes, et son fils, Kenny, ont été condamnés en 2000 pour diverses exactions et pour meurtre.

il y a au moins deux personnalités », relève le narrateur, « l'une, très conservatrice, remettant tout à Dieu ; l'autre, totalement révolutionnaire, combattant l'injustice, remettant en question tout pouvoir absolu, et affrontant, souvent seule, n'importe quel danger qui met en péril la vie de ses enfants (surtout ses fils) » (Laferrière 2002, 281). La parenthèse est parlante et montre bien la détermination du fils à tenir compte du poids phallique qu'il revêt dans ledit couple (281). Dans l'œuvre de Dany Laferrière, Hamlet est en outre pris en charge par une mère qui a remplacé par Jésus le mari exilé, ainsi que l'énonce le narrateur de *L'Énigme du retour* : « Nous sommes sur la galerie. / Près des lauriers roses. / Ma mère me parle tout bas de Jésus, / l'homme qui a remplacé son mari / en exil depuis cinquante ans » (Laferrière 2009, 110). Jésus étant fils de Dieu plus que Dieu le Père – même si le mystère de la Sainte Trinité fait qu'il participe de la divinité paternelle –, le vers pourrait aussi faire penser que la mère a remplacé le mari par le fils, thème qui ouvre *Le Cri des oiseaux fous* : « L'affaire est que je ressemble beaucoup à mon père et, parfois, j'ai l'impression que ma mère éprouve certaines difficultés à faire la différence entre lui et moi » (Laferrière 2002, 12). Si, dans la pièce de Sophocle, la reine-mère ne perdait pas son titre suite aux noces de son fils, l'œuvre de Laferrière propose une contre-figure de Jocaste grâce à un déplacement qui permet de se concentrer plutôt sur le mythe homérique de Pénélope attendant le retour d'Ulysse. C'est de ce retour que dépend le maintien du titre de reine. Laferrière évite Jocaste en parlant d'une Pénélope disposée à renoncer à son titre en acceptant le non-retour d'Ulysse et en favorisant de surcroît le départ de Télémaque-Œdipe. Si la pulsion de vie triomphe chez la mère sur le désir de détention du phallus, il n'est cependant pas dit que l'attachement libidinal s'en trouve amoindri. Hamlet est, par ailleurs, revisité au même titre dans la facilité avec laquelle le narrateur de *L'Énigme du retour* (2009) renonce à prendre connaissance du contenu de la valise du père et à prendre en charge la réhabilitation de ses « rêves avortés » :

> J'avais quatre ou cinq ans / quand mon père a quitté Haïti. / Il était plus souvent dans le maquis qu'à la maison. / […] Dans l'étouffante solitude de l'exil / il a eu, un jour, l'idée lumineuse / de confier cette valise à la banque. / Je le vois déambuler dans les rues / après avoir mis en lieu sûr / son bien le plus précieux. / Cette valise m'attendait. / Il a fait confiance au réflexe de son fils. / Ce qu'il ne savait pas / (tais-toi donc, on n'apprend rien à un mort) / c'est que le destin ne se transmet pas de père en fils. / Cette valise n'appartient qu'à lui. / Le poids de sa vie. (*L'Énigme du retour* 69–70)

En quoi tout ceci importe-t-il en effet ? Dans *Journal d'un écrivain en pyjama* (2013), l'auteur écrit que « les angoisses petites-bourgeoises d'un prince d'un minuscule royaume au nord de l'Europe » (Laferrière 2013, 296) sont sans intérêt, comparées à « l'appétit de vivre » (296) de son créateur. On retiendra peut-être davantage, dans le contexte de l'œuvre de Laferrière, la part d'hostilité à la mère que Shakespeare a été capable de faire pressentir dans ses tragédies sanglantes et que John Updike illustre si bien dans *Gertrude and Claudius* (2000). Ce point est d'importance, en effet, pour l'auteur du *Journal d'un écrivain en pyjama* (2013), qui va jusqu'à avancer, en contrepoint du passage sur la « juvénilité communicative » (296) de Shakespeare, qu'« on ne peut être bon écrivain tout en protégeant sa mère » (297). N'est-on pas une bonne mère lorsqu'on envoie son propre enfant, pour son bien, en exil ? L'œuvre de Laferrière montre que la mère qui a envoyé Windsor Klébert *jr* à Petit-Goâve pour le protéger de possibles représailles de la part de François Duvalier, se sent en faute malgré elle : « Ce que j'ai compris plus tard c'est qu'elle vivait mal cette époque où elle avait l'impression de m'avoir abandonné » (*Journal d'un écrivain en pyjama* 78). A-t-elle paniqué ? A-t-il à son tour manqué de sang-froid après la mort de Gasner, quand un ami, occupant des fonctions importantes au sein du pouvoir en place, a averti la mère que son fils était le prochain sur la liste ? *Le Cri des oiseaux fous* (2002) tente de répondre à la question de savoir où finit la légitime défense et où commence la paranoïa. Le père semble en effet avoir sombré, à New York, dans une folie que le fils n'entend pas reproduire, ne serait-ce que pour ne pas avoir à donner raison au dictateur en place. Le refus de prendre en charge le mandat intergénérationnel, dont la fameuse valise de la Chase Manhattan Bank offrait la métaphore dans *L'Énigme du retour* (2009), dit bien le refus de sombrer dans la peur auquel les Duvalier avec leurs sbires ont exercé une population entière entre 1957 et 1986. Fallait-il demeurer au pays quitte à vivre dans la clandestinité pour échapper aux tontons macoutes/à la mafia ou, selon une expression chère à l'auteur, *changer de monde faute de pouvoir le changer*[67] ? « J'ai vingt-trois ans aujourd'hui / et je ne demande rien à la vie, / sinon qu'elle fasse son boulot. / J'ai quitté Port-au-Prince parce / qu'un de mes amis a été trouvé

---

[67] « Je ne veux pas changer le monde, je veux plutôt changer de monde » (*J'écris comme je vis* 112–113).

/ sur une plage la tête fracassée / et qu'un autre croupit dans une / cellule souterraine. Nous sommes / tous les trois nés la même année, 1953. / Bilan : un mort, un en prison / et le dernier en fuite »[68] (*Chronique de la dérive douce* 73-74). Les démons de la honte se donneront un certain temps le mot pour insinuer, dans l'esprit de celui qui a survécu, qu'il a pris la fuite et que son exil n'en était pas un.

---

[68] L'ami kidnappé s'appelle Ezequiel Abellard, il travaillait à la radio. Il est question de lui dans *Le cri des oiseaux fous*.

Chapitre II –
Dé*h*ontologie

> *Les blessures dont on a honte ne se guérissent pas.*
> Dany Laferrière, *L'Énigme du retour* (2009), p. 16

Introduction

À mi-chemin entre déontologie et *h*ontologie (Lacan)[69], j'appelle dé-*h*ontologique la démarche qui porte Dany Laferrière à guérir les blessures par l'écriture, les siennes propres et, par référence à l'ontologie, celles de l'être en tant qu'être. Il s'agit pour lui de s'attaquer à la honte et à la mortification comprise comme nécrose psychique. Si, pour Lacan, « il faut bien le dire, mourir de honte est un effet rarement obtenu » (*L'envers de la psychanalyse* 209), il admettait aussi que la dimension de la honte « ce n'est pas commode à avancer. Ce n'est pas une chose dont on parle le plus aisément » (218). Pourquoi, dès lors, s'y rapporter ? Pour Lacan, « c'est peut-être bien ça, le trou d'où jaillit le signifiant-maître » (218). Dany Laferrière s'avère proche de cette façon de voir quand il parle, par exemple, de celui où verse l'artiste à la différence du savant : « L'érudit a un regard transversal, un regard latéral, il regarde tout l'espace et un artiste, c'est quelqu'un de borné qui fait un petit trou et qui plonge dedans, verticalement, qui plonge, il est borné, il a des cornes, sinon il ne pourrait pas faire » (« À cœur ouvert avec Dany Laferrière » 4:18–4:35)[70]. Si les cornes, condition *sine qua non* du pouvoir-faire chez l'artiste, font penser au lien entre jalousie et puissance dont parle *La Confession d'un*

---

[69] Néologisme que j'emprunte à Jacques Lacan, *cf.* *Le Séminaire Livre XVII. L'Envers de la psychanalyse*, p. 209.
[70] Festival Haïti en folie 2015.

impudique (1956)[71] de Junichirô Tanizaki, auteur intéressant beaucoup Dany Laferrière, le plongeon vertical dans le trou rappelle la 'pénétration' à la fois sexuelle et cognitive mise en évidence précédemment. On verra qu'il en va, pour Dany Laferrière, du désir de l'Autre et de la jouissance du maître, soit de ce que Lacan revendique comme la nécessité d'y faire face : « Si c'était ça, ce ne serait peut-être pas inutile pour mesurer jusqu'à quel point il faut s'en rapprocher, si l'on veut avoir quelque chose à faire avec la subversion, voire seulement avec le roulement, du discours du maître » (*L'envers de la psychanalyse* 218). Celle qui traverse l'œuvre de Dany Laferrière apparaîtra dans le désamorçage des motifs *h*ontologiques, allant des raisons de la 'fuite' à Montréal au déni de réalité entretenu par la culture américaine du politiquement correct, en passant par la dette de l'ancien maître colonialiste et esclavagiste.

Dé*h*ontologie

Dans *L'Énigme du retour* (2009), on trouve deux vers « Les blessures dont on a honte / ne se guérissent pas » (Laferrière 2009, 16) qui semblent faire écho au passage suivant, tiré du *Cri des oiseaux fous* (2002) : « Mon passeport et mon billet d'avion sont dans ma poche. Je pars, et eux, ils doivent rester. Faire face à la bête sans moi. C'est ce secret honteux que je porte » (Laferrière 2002, 174). « L'autoportrait » que 'Dany' brosse dans un dialogue solipsiste avec l'imago paternelle fantasmatique 'Laferrière', indique par ailleurs, au chapitre III de *Je suis fatigué* (2001), « Portrait de l'écrivain en jeune dandy », qu'un soupçon de délit de fuite pèse sur père & fils non seulement au regard de la patrie en danger, mais aussi de l'épouse & mère bafouée. Sur ce, l'Autre (Laferrière) revient, oui et non, au Même (Dany). Un dédoublement de l'instance auctoriale anime, en effet, l'écriture de Dany Laferrière. Dans son dialogue avec 'Dany', où 'Laferrière' précise bien qu'il est 'Dany' puisque « le fils de Marie et le petit-fils de Da » (Laferrière 2001, 48), il ajoute aussitôt qu'il l'est aussi, à l'image du père Windsor Klébert Laferrière, pour « deux honnêtes femmes qui ont nourri pour moi les rêves les plus grandioses » (48). Si L. (Laferrière) est donc, en même temps, identifiable à D. (Dany),

---

[71] *Cf.* traduction française (1998) : « La passion violente que suscite la jalousie, l'exacerbation des pulsions sexuelles obtenues grâce au spectacle inépuisable de ma femme nue, tout cela me conduit à une folie qui ne connaît pas de limite » (*Journal d'un impudique* 74).

auteur de *Comment faire l'amour avec un nègre sans se fatiguer* (1985), il reste que le fils D. (Dany) a *quelque chose à (re)dire* devant l'« étalage sexuel » (48) du père L. (Laferrière). C'est Télémaque/Œdipe qui parle alors à Ulysse/Laïos : « Penses-tu quelquefois à ta femme ? » Et le père de répondre : « Tu veux dire notre femme… » (48). Or l'icône mythique Père & fils se brise là où, contrairement à ce qui se passe entre Jocaste et Œdipe chez Sophocle, l'épouse de D. « regarde comme un grand garçon fou » ce fils qu'elle a épousé (48). Si Laferrière fut attendu par Marie tel un époux, Dany ne le fut par la mère et par l'épouse que comme un fils à protéger des dangers de la vie (et de lui-même). De sa femme, l'auteur de *Je suis fatigué* (2001) confie en effet : « La seule chose qu'elle m'a demandée, c'est de ne jamais parler d'elle. J'ai choisi la lumière. Elle a préféré l'ombre. Elle me protège quand je vais trop loin » (49). Avant cela, la protection de la mère n'avait pas été sans créer une gêne ; celle qui entoura la fuite de L. père & fils à Montréal/New York : « D. : Si je me souviens bien, tu es parti sans rien dire aux amis avec qui tu luttais pour un changement en Haïti ? » (48). L. rétorque alors : « J'étais vraiment en danger. Je me souviens de cette nuit terrible où il fallait quitter Port-au-Prince le lendemain sans en parler à personne. Sauf à ma mère qui était au courant de mon départ » (48). Quand 'Dany' demande malgré tout à 'Laferrière' : « Des fois, tu ne penses pas à ceux qui sont restés là-bas ? », celui-ci précise qu'il a été confronté à un problème déontologique et n'a pas *osé* « écrire le mot *Haïti* dans [s]on premier roman : Je ne m'en sentais pas digne » (47). Tant que Laferrière/Ulysse a le sentiment d'avoir laissé à ses compagnons le soin de résister sans lui au cyclope, son départ reste indéfinissable. Voyage ? Exil ?

Comme il l'explique dans un entretien de 2011, Dany Laferrière introduit toujours deux narrateurs dans ses romans – Moi et l'Autre ou, comme ici, D. et L. –, qui se partagent le choix du voyage ou le destin de l'exil, une dualité qui continuera de l'occuper tout au long de son œuvre et qu'il transcendera en 2020 dans son livre *L'exil vaut le voyage*, dessiné et calligraphié de sa main telle la signature d'une seule et même personne. Le narrateur présentant des éléments autobiographiques « liés à [s]a perception du monde » (« Entretien avec Dany Laferrière » par Morency et Thibeault 2011, 5) refuse que son mode de vie lui soit imposé : « L'exil est une conséquence de la dictature. On ne s'exile pas, on vous met en exil. Mais ce narrateur a toujours refusé de se considérer en ce sens, préférant se définir comme un voyageur » (5). Déclarant avoir été longtemps « attentif à cette différence entre le voyage et l'exil » (5) et s'être gardé d'« imposer [s]a notion du voyage » (5) à ceux qui ont subi l'exil et ont choisi de se définir à partir de là, il confie à un narrateur collectif le soin d'évoquer la situation : « Si on est en voyage, il n'y a plus de dictateur. Mais pour ceux qui avaient une vision politique de l'affaire, c'était très important que le visage monstrueux du dictateur apparaisse sur la scène internationale. Je ne pouvais pas continuer à refuser le mot exil » (5). L'écriture permettait en somme une licence poétique, qui n'était pas le fait de tout le monde :

> Dans mon cas, il n'a jamais été question d'exil, parce que, dans ma lutte à moi, j'avais d'autres armes pour combattre le dictateur. Je pouvais ne pas le nommer. Mais tous ces gens, ébénistes, électriciens, maçons, chauffeurs de taxi ou médecins, ne pouvaient pas toujours compter sur ces armes que me confère l'écriture dans leur lutte politique et il leur fallait nommer le dictateur. Donc, par respect pour leur expérience, j'ai intégré la notion d'exil. (5)

La préoccupation déontologique qui le pousse à dédoubler son narrateur semble toutefois avoir trait, aussi, à un souci *h*ontologique. D'abord, *Chronique de la dérive douce* (2012) réitère *Je suis fatigué* (2001) sur le fait que, si Windsor Klébert Laferrière *jr*, en Amérique du Nord, refuse d'être qualifié d'exilé, c'est qu'il rejette un statut qui entretiendrait une transmission intergénérationnelle non désirée :

> Je suis allé ce matin au bureau de dépannage / des immigrés sur la rue Sherbrooke. Le type qui / s'occupe de mon dossier m'a dit que si j'acceptais de / déclarer que je suis un exilé, et non un voyageur comme / je m'obstine à le répéter, il pourra me donner soixante / dollars au lieu des vingt qu'il distribue aux simples / immigrés. Je n'ai pas été exilé, j'ai fui avant d'être tué. » (*Chronique de la dérive douce* 30)

La réalité le rejoint néanmoins, puisqu'il reçoit malgré lui deux fois la somme destinée aux exilés, ce qui fait de lui un sujet doublement exilé : « On ment en Haïti pour / survivre, et ça je peux / le comprendre, mais / qu'on ne nous demande / pas de mentir ici aussi. / À peine sur le trottoir, / j'ouvre l'enveloppe pour / trouver cent vingt dollars » (30). Or on a vu, dans le même roman, que le Moi n'hésitait pas à profiter de son attrait sur les femmes pour ne pas avoir à régler son loyer ou à payer le prix plein de la nourriture, et qu'il lui arrivait d'ailleurs de faire semblant de descendre les poubelles pour filer sans payer sa chambre. S'il refuse les soixante dollars versés aux exilés, ce n'est donc pas par excès de scrupules, mais bien par esprit d'insubordination. Personne n'a le droit de lui *dicter* sa vie, à commencer par le dictateur. La punition à laquelle revient l'exil, ne doit pas non plus répéter l'humiliation du père, dont le surnom de 'Souverain'[72] hérité du journal qu'il avait fondé dans les années cinquante *Le peuple souverain*, a fini par évoquer le tragique destin d'un roi déchu. De chroniqueur culturel qu'il était à Port-au-Prince, le fils, détournant le signifiant de l'exil pour privilégier celui du voyage, a connu l'inverse à son arrivée en Amérique du Nord : de réfugié clandestin qu'il était au départ, il est devenu une étoile de la littérature-monde. Il ne s'en est pas attribué tout le mérite, mais a rendu à Legba un hommage désormais inscrit sur l'épée d'académicien dont l'a adoubé Jean d'Ormesson le 26 mai 2015. Le loa vaudou a aidé le grand lecteur, qu'il était et est resté, à sortir des usines et autres oubliettes où les agences de placement[73] envoyaient les sans-papiers et à franchir la page-miroir en devenant auteur à Hochelaga[74]. Il a retiré de sa bohème nord-américaine des réflexes de survie qui avaient fini par manquer au 'Souverain' à New York, après qu'il avait pourtant réussi à ne pas tomber aux mains des sbires de Duvalier à Port-au-Prince.

Le roi déchu

Dans l'édition « Journée spéciale sur les routes de l'exil : souvenirs du pays natal avec Bruno Boudjelal, Dany Laferrière & Hakim Hamadouche », de l'émission « Ping Pong » diffusée par France Culture, Dany Laferrière raconte ainsi la chute du père réel : « Il s'est retrouvé à New York, fou, il avait perdu la tête. Quand je l'ai rencontré en 83/84, j'ai été chez lui à New York, et puis je ne l'avais jamais vu, et j'ai frappé à sa porte, il n'a pas voulu ouvrir » (09'00")[75]. Télémaque, qui était allé à la rencontre du père, s'aperçoit que celui-ci avait fini par perdre de vue Ithaque : « Et je l'ai entendu, derrière, dans sa chambre, j'ai entendu des bruits, et il n'a pas ouvert, et j'ai compris que j'étais arrivé trop tard. Il avait complètement basculé dans une autre sphère. » Il en avait oublié

---

[72] Duvalier sera ainsi nommé tout au long de la Constitution qui fera de lui un président à vie ; *cf.* Diederich *et al.* 2005, 272.
[73] Agence d'intérim.
[74] Bourgade amérindienne, rappelons-le, que l'explorateur breton Jacques Cartier, arrivé sur les lieux en 1525 à bord de *L'Émerillon*, appela, en l'honneur du roi de France François Ier, Mont Royal, à l'origine du nom de Montréal.
[75] La présente citation et les suivantes couvrent les minutes 09'00" à 10'45".

l'appel, par lequel Antoine Blondin résume l'Odyssée : « Ulysse, ta femme t'attend » (*Journal d'un écrivain en pyjama* 63). Or Dany Laferrière attribue ledit refoulement, amenant le père à considérer que la famille en Haïti a trépassé, à une pulsion de vie plutôt que de mort : « Pour survivre, il lui fallait comprendre qu'il n'avait plus de famille, qu'il n'avait plus de femme, plus d'enfants, et qu'il était seul, parce que les souvenirs l'assaillaient avec une telle puissance, qu'il ne pouvait pas faire face, ces vagues étaient trop fortes, et l'avaient emporté. » Il précise aussi qu'il a tenu à respecter la volonté présumée du défunt : « Quand il est mort, je me souviens, j'étais aux funérailles, j'étais assis près du cercueil, je le voyais pour la première fois. J'ai écrit dans *L'Énigme du retour* que je n'ai pas voulu le regarder parce qu'il ne voulait pas me voir de son vivant, je ne voulais pas faire quelque chose qu'il n'aurait pas voulu. » Si le roman de 2009 parlait plutôt de son renoncement à toucher le corps du père, le fait est que l'auteur n'exclut pas qu'il ait pu s'agir, de la part du père, d'une pudeur plutôt que d'un reniement de paternité : « Enfin, j'interprète, peut-être qu'il ne voulait pas que je le voie dans cet état-là, il y a toujours un rapport très fort entre le fils et le père. » Ce n'est pas pour rien qu'il ajoute : « Et dans cet état de défaite, lui qui fut un jeune homme brillant, rutilant de gloire, qui, à vingt-six ans, était ambassadeur en Argentine, et à vingt-quatre ans maire de Port-au-Prince, s'était retrouvé clochard à New York. » Soucieux de rétablir la dignité de la figure paternelle, mise à mal par la dictature qui avait fait de tous les pères des fils ou des pères humiliés, Télémaque a ramené en Haïti, non pas le corps, mais l'esprit de l'homme qui hante la mère. S'il fallait parler de complexe, il s'agirait donc moins de celui d'Œdipe dans un corps à corps avec Laïos, que de celui – non encore identifié par la psychanalyse – de Télémaque, soucieux de rétablir la fonction symbolique du père.

Ce ne sont pas les rumeurs et anecdotes, vraies ou fausses, qui manquent à son sujet. Les documents ne sont pas nombreux et leur interprétation parfois non suffisamment contextualisée. C'est, par exemple, le cas dans le court passage de *Papa Doc & the Tonton Macoutes* (2005) où Bernard Diederich et Al Burt rapportent que sept mois après l'arrivée au pouvoir de Papa Doc, dont ils omettent de répéter qu'il n'était pas encore le dictateur que l'histoire a retenu, « le maire duvaliériste de Port-au-Prince, Laferrière émit un communiqué menaçant » (Diederich & Burt 2005, 110) Sur les ondes, il aurait littéralement été jusqu'à menacer les ennemis de rétorsions dont le seul souvenir les ferait encore

Le roi déchu

trembler cinquante ans plus tard.[76] Un câble envoyé de New York par l'Inter-American Association for Democracy and Freedom contre les exactions de Papa Doc signalait qu'elle « le retiendrait responsable de la vie des prisonniers et de toute effusion de sang ou massacres » (111). Il aurait certes été relevé de ses fonctions quelques heures plus tard, mais son message aurait été clair pour les Haïtiens. Est-ce bien exact ? Devant Magnier, Dany Laferrière parle au contraire d'un père ayant fait preuve d'engagement. Lui qui n'a pas pour objectif d'être *le chantre* des hommes de la famille, retient qu'il « s'était attaqué à la puissante bourgeoisie commerçante, le secteur le moins productif de la bourgeoisie haïtienne, celle qui vit de contrebande en refusant naturellement de payer les taxes ; ils ont vite exigé sa tête. Mon père a dû quitter précipitamment le pays pour ne plus jamais revenir » (*J'écris comme je vis* 23)[77]. S'il parle de missions diplomatiques en tant que consul à Gênes et à Buenos Aires, dans ledit entretien il ne mentionne aucun mandat fictif à New York décrété par le dictateur. Lorsque je l'ai interrogé sur l'élection de la ville de New York, Dany Laferrière m'a répondu, en novembre 2014, que son père y avait des frères et que lui-même n'en savait pas davantage. Tout ceci pour dire qu'il conviendrait plutôt de parler, dans le cas qui nous occupe, d'une identification du fils au flou où le père a été plongé à l'étranger. La question qui se pose alors est de savoir comment éviter la folie qui a accompagné le flou en question.

La folie guette d'autant plus le fils identifié malgré lui au (flou du) père à New York, que la ville où il a pour sa part abouti, reproduit des

---

[76] « *Over the radio the mayor declared that the country was fully mobilized and threatened penalties which, he said, would make ennemies shudder in memory fifty years later* » (Diederich & Burt 2005, 110–111).

[77] En mai 2018, l'écrivain ajoute, autour de « la vie romanesque » de son père : « Mon père est un paysan, qui a été adopté par une famille paysanne pauvre, puis à Port-au-Prince par une famille de la classe moyenne et qui a eu un destin très rapide puisqu'il a été à 24 ans le plus jeune maire de l'histoire de Port-au-Prince [...] et qui, brusquement, a dû filer en exil, parce que les [...] grands commerçants avaient l'habitude de stocker les marchandises et d'affamer la population, pour provoquer des mouvements de ville. Et mon père qui était [...] sous-ministre du Commerce, est allé à la radio pour dire que si les gens stockent les marchandises, [...] le peuple a le droit de casser les magasins. C'était un tout jeune homme et il n'était pas au courant qu'il ne fallait pas dire ça, qu'il était devenu un notable. Donc il a dû prendre l'exil, il est mort en exil des années plus tard, et ça a fait l'objet d'un de mes livres, *L'Énigme du retour* » (« Les beaux jours de Dany Laferrière » 0:19:12–0:20:15").

scénarios d'intimidation étrangement familiers. Montréal le confronte en effet, dans les années 1970 et 1980, à une répression policière qui a de quoi donner froid dans le dos à quelqu'un qui, comme lui, a côtoyé, à Port-au-Prince et depuis sa collaboration à l'hebdomadaire d'opposition *Le Petit Samedi Soir*, des milices de tueurs : « Ce type me signale qu'il y a / un policier au coin de la rue. / – Pourquoi tu me dis ça ? / – Écoute, l'ami, t'es noir, t'es pauvre, et t'as pas l'air d'être un délateur » (*Chronique de la dérive douce* 25). Un épisode vient corroborer l'actualité de la répression :

> La voiture de police roulait tous feux éteints. / Elle s'est arrêtée derrière moi. On m'a plaqué / contre le mur, écarté les jambes, et fouillé en règle. / Le policier a pris mes papiers et est allé consulter / l'autre policier resté dans la voiture. Ils ont parlé / longuement avec le poste central. Celui qui m'avait fouillé est revenu me rendre mes papiers, mais pas le livre. /– Qu'est-ce qui se passe ? J'ai fini par demander. / – On cherche un Noir, me lance-t-il en se dirigeant vers la voiture / […] La voiture, en passant, m'a / frôlé et le policier, qui avait / procédé à la fouille, m'a / jeté ce long regard. Cette / fois c'était pour m'intimider. / L'autre policier a cherché / mes yeux pour me faire / comprendre qu'on pourrait me coller n'importe quoi sur / le dos, et ça marcherait. (*Chronique de la dérive douce* 64)

Suit une réflexion témoignant de la volonté du Moi de résister à l'emprise de l'Autre : « Que faut-il penser de cela ? / Est-ce un banal incident ou / quelque chose que je / ne dois jamais oublier ? / Cette question me taraude depuis hier soir. On a / tous nos angoisses. / Il faut savoir avec lesquelles / on accepte de passer / la nuit » (64). De nouveau, il s'agit de ne pas verser dans la peur que la répression tente d'inspirer par des contrôles d'identité au faciès et d'éviter de jouer le jeu de la déshumanisation. L'élan qui le poussait vers la culture, se renforcera d'autant plus qu'on lui en conteste le droit. Ainsi, dans *Cette grenade dans la main du jeune nègre est-elle une arme ou un fruit ?* (2002), le narrateur, parlant de la genèse de son premier roman, dit l'avoir écrit en partie pour se venger du concierge grec du 3670 rue Saint-Denis où il logeait à l'époque, qui lui interdisait d'utiliser sa machine à écrire après dix heures du soir : « Ce qui me tue, c'est que cet imbécile ne sait même pas que je suis devenu célèbre justement grâce au livre qu'il m'empêchait d'écrire. Je suis célèbre et il ne le sait pas. C'est toujours ainsi. On fait ça par vengeance et la personne est soit morte, soit partie ailleurs » (216). Et : « […] au fond, j'ai écrit ce petit livre, une bonne part, pour fermer la gueule à ce concierge grec et à tous ces vendeurs de drogue qui me regardaient comme si je valais moins qu'une mouche noire » (216). La jouissance de l'Autre amène toutefois le Moi à douter de sa culture :

> Son regard était une critique constante, terrible, implacable de ma raison de vivre. J'étais touché à l'essentiel. Suis-je un être humain ou pas ? Cette façon qu'il avait de passer près de moi, me frôlant même, sans me jeter un seul regard. C'est à cela que je devais me mesurer. Et l'ennemi était de taille. Sa confiance dans son univers mental fermé, clos me terrifiait. « Et si ce type avait raison ? » me disais-je, certains matins. « Peut-être que je n'ai aucun talent. » Mais, lui, il ne parlait pas de talent, il parlait de quelque chose de plus génétique. Il doutait de mon humanité. Pour lui, j'étais un chien galeux. Un point, c'est tout. Il ne doutait même pas. Il savait. Il s'attendait visiblement, chaque fois que je le croisais, à ce que je me mette à japper. Voilà. Et voilà aussi une motivation sérieuse pour écrire. J'ai écrit pour prouver que je ne suis pas un chien. (217)

L'africaniste de McGill, Miz Littérature, jouissant dudit contraste 'génétique', jappera dans *Comment faire l'amour avec un nègre sans se fatiguer* (1985), tandis qu'Annabelle, jeune Haïtienne issue de la classe des nantis jappera « comme une petite chienne » (Laferrière 1997, 317) entre les mains de la fille du peuple, Tina, dans *La Chair du maître* (1997). *Vers le sud* (2006) revient sur la femme du nord jappant en présence d'un homme du sud socialement inférieur à elle et ce, en réponse, notamment, au voisin vivant de l'assistance sociale, dont parlera *Chronique de la dérive douce* (2012), qui tire son plaisir solitaire du corps de Diana Ross au motif que « ce n'est qu'une négresse » et qu'il peut la « sauter » quand il veut (Laferrière 2012, 40). Le jappement est le symptôme socio-historique, voire politique comme on le verra plus loin, d'un renversement de la hiérarchie des sexes, des gènes et de la gêne dans le rapport de forces sexuel. L'enjeu n'étant cependant pas de trouver un mode de défoulement, mais bien de faire œuvre de culture[78], *Chronique de la dérive douce* (2012) montre toutefois un Moi freinant ses pulsions : « Garde précieusement / ta colère, Vieux. / Un jour, elle te servira » (40). Comme il le dit de son premier roman dans l'entretien de Denise Bombardier, diffusé le 8 novembre 1985 sur les ondes de Radio-Canada, *Comment faire l'amour avec un nègre sans se fatiguer* « est

---

[78] Le Québec s'est ensuite doté, en 1986, d'une déclaration condamnant le racisme et la discrimination raciale tandis que le gouvernement a précisé, en 1990, sa politique en matière d'immigration, favorisant les échanges interculturels et intercommunautaires ainsi que la mise en place d'une société pluraliste.

une histoire qui a été écrite sur le mode de l'humour, et peut-être de la provocation, mais c'est une histoire désespérée, au fond » (« Le fantasme selon Dany Laferrière » 07'05"-07'10"). Des 'types' s'y affrontent sans merci, avec, au cœur du récit, deux Noirs, Vieux et Bouba, qui n'ont pas voix au chapitre malgré leur érudition[79] : « Ce sont des Occidentaux, il n'y a pas de plaisanterie, [...] ils connaissent la culture, la littérature, [...] on voit ça dans les interstices qu'ils savent tout, donc ils devraient rencontrer des gens comme vous qui écrivent des livres, qui font la télévision, qui connaissent la littérature [...] » (07'13"-07'37"). Or ce n'est pas le cas, parce que, souligne-t-il, « ils sont perçus comme des musiciens ou comme marginaux. [...] » (07'40"-07'42"). Au lieu d'intérioriser la honte-haine de soi que les préjugés, véhiculés notamment par les blagues, voudraient inculquer aux minorités dont il fait partie à Montréal, Vieux prend activement part à la plaisanterie, en devenant l'auteur sans gêne d'un roman en abyme (intradiégétique), *Le Paradis du dragueur nègre*, dont la pertinence et l'impertinence n'échappent à aucun des critiques les plus connus. Sont convoqués avec leurs recensions imaginaires, Jean Éthier-Blais, Pierre Vallières, Réginald Martel et Gilles Marcotte, tandis que l'émission *Noir sur blanc* diffusée par la chaîne télévisée de Radio-Canada anticipe sur une rencontre qui réunira pour de vrai l'auteur et Denise Bombardier (Miz Bombardier). L'éditeur du *Paradis du dragueur nègre* annonce une partie serrée : « Tu auras tout le temps de jouer au cynique avec Mme Bombardier. [...] » (Laferrière 1985, 157). Dans *Je suis un écrivain japonais* (2008), l'auteur précise sa position :

> Aucune utilisation personnelle d'un cliché n'est possible, sauf le renvoyer à l'expéditeur. On sait bien que les Nègres sont paresseux. Voilà un cliché. Et quand un Blanc travaille trop, il dit qu'il travaille comme un Nègre. Un arrêt. Le cliché franchit le temps et l'espace à la vitesse de l'éclair. Son arrêt provoque toujours un silence. (*Je suis un écrivain japonais* 83)

En attendant, l'entrevue imaginaire avec Miz Bombardier, contenue dans *Comment faire l'amour avec un nègre sans se fatiguer* (1985), est là pour déjouer le cliché sur les races : « Du point de vue humain, le Noir et la Blanche n'existent pas » (Laferrière 1985, 160). L'idée est de préparer le terrain afin que l'entretien réel se joue le plus possible sur le plan de l'écriture, le seul qui importe à vrai dire à l'auteur[80]. C'est que, comme

---

[79] Vieux présente des traits communs avec l'auteur ; Bouba, avec son ami Roland Désir.
[80] En déclarant, par exemple, dans Pascale Navarro, « Dany Laferrière : La communauté ne m'intéresse pas ! » (4 février 1999), p. 9 : « [...] le fait même de

Éric Bordas l'énonce dans son étude sur Balzac, *Pour une stylistique de l'énonciation romanesque* (2003), « sans récit il n'est pas de doxa et [que] c'est à partir du récit narré que se développe le discours de la doxa » (Bordas 2003, 210). Pour y parvenir, Dany Laferrière a convoqué un personnage-narrateur du nom d'Homère, surnommé Vieux, qui lui a permis non seulement de figurer parmi les pères du récit[81], mais aussi de lancer un pied de nez par contumace au concierge grec qui n'avait aucune notion de sa propre culture[82].

En côtoyant Homère et Œdipe (*via* Freud), le Coran permettait de déterritorialiser le récit. C'est dans ce contexte qu'est posée la problématique de la sexualité : comment Vieux affirmera-t-il son humanité dans l'acte sexuel où la puissance virile est, selon lui, inversement proportionnelle à l'amour : « La haine dans l'acte sexuel est plus efficace que l'amour » (Laferrière 1985, 20)[83]. Dany Laferrière met ici en œuvre une dé-*h*ontologie qui lui permet de revisiter le statut de l'être humain issu de la Traite. Il en est question aussi dans l'entretien réel avec Denise Bombardier, devant qui l'auteur cite un aphorisme de Cesare Pavese instaurant une relation inattendue entre la femme cultivée, issue de la classe dominante, et la Traite des Noirs, qui rappelle l'atout que Vieux, descendant d'esclaves, cherche à tirer de la fréquentation des Miz WASP de l'Université McGill : « Quand la femme est riche, elle est instruite, elle est bien parfumée, elle a du pouvoir aussi, il y a quelque chose de plus aphrodisiaque même que l'histoire de la Traite des Noirs »[84] (« Le fantasme selon Dany Laferrière » (06'50''-07'01'')). En investissant son désir dans *la chair du maître*, expression qui donnera son titre au roman

---

la "communauté", quelle qu'elle soit, ne m'intéresse pas. Le Mois de l'histoire des Noirs, ça ne me touche pas du tout », Dany Laferrière montre qu'il n'est le porte-drapeau de personne. Citation mise en évidence par Ursula Mathis-Moser (2003), p. 46 ; il dit aussi, dans Lévesque, « Dany Laferrière : Le talent, ça m'irait ! » 1987, DJ (*Éroshima*) : « Je veux être quelqu'un de libre, sans rien à représenter, qui surgit et surprend », citation mise en évidence par Ursula Mathis-Moser (2003), p. 45.

[81] Dante et Himes convoquent eux aussi Homère, ainsi qu'on le verra dans la 2e partie de la présente étude.

[82] Ou, pour le moins celle de son pays, parce que lui-même se comporte en homme inculte.

[83] V. aussi http://archives.radio-canada.ca/arts_... (5:40) : « Dans les relations sexuelles, la haine est plus efficace que l'amour. Je ne parle pas de l'amour mais des relations sexuelles. Quand la haine est pure. Mais il faut que ce soit un sentiment excessif. »

[84] *Cf.* Cesare Pavese, *Il mestiere di vivere*.

de 2000, le 'Nègre' cible certes, dans le rapport sexuel, le sceptre dont les Miz sont, à ses yeux, les détentrices par procuration et les gardiennes par contumace des pères anciens colons ; mais, plus intimement, le prédateur passant à l'acte en 1985 ambitionne ce qu'Œdipe, en retard d'une reconnaissance de son origine princière, visait lui-même. Se dire 'nègre' en tant qu'auteur, attire par ailleurs l'attention sur la fatigue du *ghostwriter* : l'écrivain noir n'était-il pas traditionnellement acculé à parler au nom de 'l'espèce' plutôt qu'en son nom propre ? Or Ghila Sroka rapporte qu'en l'entendant parler de *Comment faire l'amour avec un nègre sans se fatiguer* (1985), Isaac de Bankolé, qui jouerait le rôle de Vieux dans l'adaptation cinématographique de Jacques W. Benoît[85], « avait failli [la] jeter par la fenêtre », la jugeant « raciste à cause du mot nègre », alors qu'elle estimait que l'auteur avait au contraire « légitimé le mot » (*Conversations avec Dany Laferrière* 75–81). C'est que s'il possédait une valence neutre, voire positive en Haïti – comme en témoigne, par exemple, *Gouverneurs de la rosée* de Jacques Roumain –, le mot n'en avait pas moins gardé des connotations déshumanisantes dans la conscience collective nord-américaine. Le flou était bel et bien au cœur du signifiant tel un ver dans le fruit. *Tout ce qu'on ne te dira pas, Mongo* (2015) revient sur la question. Il s'agit d'un ancien texte que Dany Laferrière présente comme *une longue lettre d'amour au Québec* et qui adresse plus précisément des conseils à un jeune immigré camerounais qui se fait appeler Mongo, comme Beti, auteur de *Ville cruelle* (1954), *Le pauvre Christ de Bomba* (1956) ou encore *Main basse sur le Cameroun : autopsie d'une décolonisation* (1972), *Dictionnaire de la négritude* avec Odile Tobner (1989) et *Branle-bas en noir et blanc* (2000). En même temps, l'auteur s'adresse à tous les survenants (Guèvremont), parmi lesquels on peut imaginer qu'il pense au *patron de la diversité*, Donald Jean, ce jeune immigré haïtien qu'il a rencontré à ses débuts au Québec et qui est désormais PDG de l'Agence de presse Mediamosaïque après des années de questionnement sur la nouvelle société à laquelle il avait affaire : « C'est extraordinaire de voir un jeune homme tout au début » (Dany Laferrière 2014[d] 02'32''-02'34''). Dany Laferrière se souvient par la même occasion de ses propres expériences à son arrivée en tant qu'immigré clandestin à Montréal. De l'Amérique du Nord et plus particulièrement des États-Unis, l'auteur de *L'Art presque perdu de ne rien faire* (2014) ne rappelait pas pour rien qu'elle était « encore gangrenée par le racisme » (Laferrière

---

[85] Le film est sorti en 1989.

2014, 65), ce que corrobore, parmi tant d'autres auteurs, Chimamanda Ngozi Adichie, dans *Americanah* (2014)[86]. Du mot 'nègre', qui saute aux yeux dans les titres de 1985, 1987 et 1993, Dany Laferrière estime en tout cas qu'il importe d'en empêcher l'occultation. On verra pourquoi.

La dette du maître

En employant le mot 'nègre', Dany Laferrière aura pour le moins contribué à éviter que, sous la pression du langage politiquement correct apparu dans les années 1980[87], une réalité socio-historique cesse d'être nommée pour ce qu'elle était, celle du racisme. Aussitôt, il convient de poser, avec Tahar Ben Jelloun, que le mot 'racisme' constitue un abus de langage : « Il existe une seule race et c'est tout, appelons-la le genre humain ou l'espèce humaine, par opposition à l'espèce animale »[88] (*Le racisme expliqué à ma fille* 45). Dans *Sortir de la grande nuit* (2010), Achille Mbembe rappelle toutefois que les sciences elles-mêmes, au service de la politique coloniale, ne manquèrent pas d'alimenter le mythe d'une possible hiérarchisation des groupes humains en fonction de leurs caractéristiques physiques. Ainsi, dans l'empire colonial français, il relève que si « la pensée raciale avait varié au cours du temps, et notamment depuis le XVIIe siècle, quand des populations non blanches furent appelées à vivre sous l'autorité de la France, [ces modèles n'en partageaient pas moins], depuis les Lumières, trois postulats » (Mbembe 2010, 65) : « Le premier concernait l'appartenance de toutes les races à l'humanité. Le deuxième affirmait que les races ne sont pas toutes égales même si, loin d'être immuables, les différences humaines sont susceptibles d'être dépassées. Le troisième mettait en avant l'étroite relation qui existait entre la race

---

[86] *Cf.* plus particulièrement la section « *What Academics Mean by White Privilige, or Yes it Sucks to Be Poor and White but Try Being Poor and Non-White* » (*Americanah* 430–431).

[87] En France, le politiquement correct n'a véritablement fait son apparition que dans les années 1990.

[88] Ben Jelloun écrit : « Chez les animaux, les différences sont grandes d'une espèce à l'autre. Il y a l'espèce canine et l'espèce bovine. Dans l'espèce canine, les différences sont si importantes (entre un berger allemand et un teckel) qu'il est possible de définir des races. C'est impossible pour l'espèce humaine, parce qu'un homme égale un homme. »

blanche, la nation et la culture françaises »[89] (65–66). L'abolition elle-même de l'esclavage ne coïncida pas, comme on sait, avec les idéaux d'égalité proclamés par la Révolution française. Tocqueville en personne, pourtant partisan avec Schœlcher et Lamartine de l'abolition, ne pouvait admettre de reconnaître aux affranchis les mêmes droits qu'aux citoyens français : abolir l'esclavage « ne veut pas dire que la société française, ni que le nègre émancipé fût sur-le-champ appelé à jouir de tous les droits que possède parmi nous [Français] l'ouvrier » (*Première Lettre sur l'Algérie (23 juin 1837)* OC tome III, 131)[90]. Or la Révolution haïtienne n'attendit pas que les Lumières mettent réellement un terme à la politique française esclavagiste et colonialiste, pour s'affranchir et fonder la première République noire indépendante au monde : « Dans l'expérience nègre », comme l'écrit Mbembe, « Haïti représente le lieu premier où cette idée moderne prend corps. Entre 1791 et 1804, esclaves et anciens esclaves se mettent debout et fondent un État libre sur les cendres de ce qui, quinze ans auparavant, était la colonie la plus profitable au monde »[91]. Pareille audace allait cependant lui compter cher. La 'dette de l'indépendance' – flagrant abus de langage – allait en témoigner. Pour Pascal Blanchard, Haïti a payé la dîme : si la France avait dû payer la Révolution française, elle se trouverait dans l'état où est Haïti aujourd'hui. Le commissaire Santonax, l'ayant bien compris, a distribué des armes aux esclaves, ainsi que le rappelle pour sa part Dany Laferrière en 2012 dans sa causerie au Café de DA de la bibliothèque d'Ahuntsic à Montréal. Qu'en disent les économistes ?

Leslie Péan explique en substance, dans *Haïti, économie politique de la corruption. De Saint-Domingue à Haïti, 1791–1870*, que, pour éviter la recolonisation d'Haïti, le gouvernement Boyer négocia en 1825 le respect de sa souveraineté contre le versement de la somme de 150 millions de francs or, soit quatre fois le budget de la France de l'époque[92]. L'ancienne

---

[89] Pour une synthèse, Mbembe renvoie en note à Maxim Silverman, *Deconstructing the nation : Immigration, racism and citizenship in Modern France* (1992).

[90] *Cf.* Seloua Luste Boulbina, « Tocqueville et les colonies : Amérique, Antilles, Algérie ».

[91] Mbembe se réfère à Laurent Dubois, *Avengers of the New World. The Story of the Haitian Revolution* (2004).

[92] « Un peu plus de 25 milliards actuels » (Péan 2003, 156) selon les calculs de Louis Doucet en 1981. L'écrivain Louis-Philippe Dalembert évalue la même somme à hauteur « d'une année de revenus de la colonie aux alentours de la Révolution, soit 15 % du budget annuel de la France » (« Haïti la dette originelle »).

puissance coloniale entendait saboter la nouvelle République haïtienne proclamée par Jacques Dessalines le 1er janvier 1804 et satisfaire aux intérêts privés de la haute finance et des négociants français ainsi que d'une partie de la classe dirigeante haïtienne. Si en 1838, la dette se réduisit à 60 millions de francs or, en 1825 Haïti avait dû emprunter à la France une somme de 30 millions pour effectuer les premières annuités. Les intérêts s'ajoutant à la dette convenue, portèrent le tout à 90 millions. Haïti effectua ces versements jusqu'en 1886. S'y ajouta jusqu'en 1922 un cycle d'emprunts sous l'occupation américaine et, dans l'ensemble, ce que Péan présente ailleurs comme « la ritournelle des dettes de 1875, 1896, 1910, 1922, 1938 qui n'ont été soldées qu'en 1947 » (« Marasme économique, transmission des savoirs et langue »). Si Haïti a ensuite bénéficié, notamment en 1972 sous Georges Pompidou et en 2010 sous Nicolas Sarkozy, d'une annulation de sa dette extérieure publique – annulations qui ne sont pas sans inconvénients, comme le souligne le président de l'Association haïtienne des économistes (AHE) Eddy Labossière[93], étant donné que le pays risquait de ne plus bénéficier de prêts face à la méfiance des bailleurs –, à aucun moment il ne fut par contre question pour la France de verser des dommages et intérêts aux descendants de la Traite. Sur ce dernier point, l'avis de Dany Laferrière est clair et correspond à ce qu'il a réussi à mettre en pratique depuis qu'il écrit, lui qui aime à répéter que, depuis qu'il est écrivain, il n'a plus eu à payer de sa poche le moindre voyage, le moindre repas au restaurant ou séjour à l'hôtel :

> Moi, je crois qu'il ne faut pas demander de l'argent dans cette affaire. Les riches n'aiment pas débourser. Il faut plutôt se faire payer en services. Par exemple : pendant cinquante ans, les Nègres (il faudrait maintenant donner des preuves concrètes de sa négrité car beaucoup de Blancs quelque peu basanés vont essayer de s'infiltrer dans les multiples interstices de la définition raciale) pourront voyager en avion, en autobus et surtout en bateau sans payer, ou manger dans des restaurants tenus par des Blancs [...] Il y aura un quota pour les postes publics et même privés (n'oublions pas que l'esclavage a fait l'affaire de tout le monde en Europe). Je vois déjà la centaine d'avocats qui vont se jeter sur une si juteuse affaire [...] Bon, certains illuminés en profiteront pour exiger que les Nègres soient placés à la tête de tous les

---

[93] « L'annulation de la dette externe d'Haïti a aussi ses mauvais côtés, car comment le pays pourrait-il bénéficier de prêts substantiels à l'avenir si les bailleurs le considèrent comme insolvable au point de devoir annuler sa dette, s'est interrogé M. Labossière » (« L'annulation de la dette d'Haïti : avantages et inconvénients »).

pays d'Europe, comme ultime rétribution à la grande douleur causée par l'esclavage, mais ils doivent savoir que l'intention n'était pas de tuer la poule aux œufs d'or. Alors, les gars, dégagez ! (Magnier 123–124)

Ceci n'est pas une boutade, aurait-il pu ajouter façon Magritte, ou « Ceci n'est pas un roman » (Laferrière 2009, 13)[94]. De la dette de l'esclavage, il explique dans son entretien avec Magnier qu'aux yeux de l'écrivain-narrateur de *Comment faire l'amour avec un nègre sans se fatiguer* (1985) la question ne se pose pas : « Le narrateur (l'écrivain dans le livre) dit bien : "L'Histoire ne s'intéresse pas à nous, et nous on ne s'intéresse pas à l'Histoire. C'est kif-kif." Il signale plus loin, afin de prendre un peu de distance avec tout ce débat à la con sur la dette de l'esclavage, que : "L'Occident ne doit plus rien à l'Afrique." » (*J'écris comme je vis* 122–123). Et quand Magnier intervient pour dire que tout le monde n'est pas de cet avis, l'auteur préfère couper court : « On en a pour vingt ans de discours, je n'ai pas de temps à perdre avec de pareilles conneries » (123). Pour illustrer son point de vue, il évoque la parfaite inutilité des revendications territoriales des Indiens d'Amérique et l'impasse des juifs eux-mêmes au chapitre de la restitution : « Les juifs, qui sont vraiment puissants et qui disposent de tous les papiers possibles démontrant que les nazis leur avaient piqué leurs biens – et on parle d'une histoire qui date d'à peine cinquante-cinq ans –, ont de la difficulté à faire valoir leurs droits » (123). Il cite l'échec essuyé par le président du Congrès mondial juif, le milliardaire canadien Edgar Bronfman, lorsqu'il « est allé rencontrer le PDG d'une puissante banque suisse à propos de biens juifs que cette banque garde encore en sa possession, eh bien, on ne lui a même pas offert une chaise » (123)[95]. Le manque total de considération auquel Bronfman fut confronté, le convainc de l'ineptie des doléances. « Tu crois qu'il faut tout oublier ? », lui demande Magnier. Sa réponse est instructive :

> Je n'ai pas l'habitude de mener des combats par principe. On se bat pour gagner. C'est l'Américain en moi qui parle. Et je n'ai pas envie d'assister à des milliers de colloques autour de cet interminable gémissement. Et les Africains qui mènent ce combat ne doivent pas trop s'exciter avec moi. Il

---

[94] Comme au départ du premier chapitre « Écrire en Amérique » de *Cette grenade dans la main du jeune nègre est-elle une arme ou un fruit ?* (2009).

[95] Edgar Bronfman s'est illustré dans les années 1990 en s'attaquant à la question des fonds juifs en déshérence en Suisse. Il réclamait trois milliards de dollars aux banques helvétiques, ce qui lui valut de passer pour un radical.

ne faut pas qu'ils oublient que je suis « la victime » dans cette affaire. C'est parce que j'ai été vendu ou capturé que je suis en Amérique. Donc, s'il faut absolument intenter une action en justice, c'est du continent américain qu'elle doit venir. (123)

Personnellement, il refuse de prendre en charge le mandat transgénérationnel des réparations et de la défense de la race (négritude) au détriment de l'intime : « Ce thème a fait énormément de tort à un certain type d'écrivains, ceux qui croient que la littérature est une affaire intime qui n'a rien à voir avec la défense de la race » (124). Il n'entend pas noyer le pois(s)on dans le ressassement militant, à moins, tant qu'à faire, de donner dans le *ressassement éternel* dont parle Blanchot, qu'il a lu à seize ans[96]. En attendant, le poison victimaire qui fige dans l'après-coup les victimes de la Shoah ou des goulags soviétiques, est exactement ce qui persiste à enchaîner les descendants des esclaves de Saint-Domingue :

> La victime a toujours raison. Donc, pendant deux cents ans, on ressasse les mêmes clichés, les mêmes mythes, les mêmes fables. Je me souviens que, enfant, je rêvais qu'on me racontait d'autres histoires à propos du passé colonial. Tout me semblait trop lisse, trop bien scénarisé. Je sentais confusément qu'il y avait des squelettes dans le placard. (124)

La réversibilité du mal est liée à un secret transgénérationnel dont la littérature se doit de prendre en charge la révélation :

> Il faut savoir que ce qui se passe en Haïti, aujourd'hui même, a un lien direct avec le passé colonial. Sinon, c'est difficile de comprendre que ces gens qui ont tant souffert passent avec cet enthousiasme du côté du bourreau. Au cœur de cette violence se cache un secret. Et c'est ce secret qui m'intéresse et non la propagande nationale qui dit que la victime ignore le mal. Tout peuple qui se forge un passé sans tache a de la difficulté à produire une littérature importante. L'écrivain doit tenter de faire monter à la surface toute la boue du passé pour pouvoir donner de l'épaisseur à ses personnages

---

[96] Il raconte à Magnier qu'adolescent il se rendait à la bibliothèque publique de Petit-Goâve où il passait les vacances d'été et où l'une de ses tantes, Renée, avait même travaillé : « Il paraît qu'un Petit-Goâvien qui avait vécu presque toute sa vie en France, et qui, au moment de mourir là-bas, avait tenu à faire don de sa bibliothèque personnelle à sa ville natale. […] il nous avait refilé des recherches sur la mort, des textes sur Blanchot, beaucoup de livres de poésie moderne. C'était étrange. Je m'y suis plongé tout de même tête baissée. Je n'avais que cela à me mettre sous la dent. […] j'avais seize ans à ce moment-là, à l'époque j'étudiais à Port-au-Prince, mais j'étais revenu pour les vacances d'été. » ; *v.* aussi Dany Laferrière, « Je sentais la solitude de Blanchot. Et aussi cette gaîté sans bruit » (2003a, 55).

et une perspective de fond à son histoire. Il nous faut créer des personnages de chair et de sang, et non des robots inoxydables. (125)

Le problème en la matière, c'est qu'« on voit immédiatement le colonisé, et on oublie souvent le pauvre colonisateur. Après une longue période de colonisation, le colonisateur a beaucoup plus besoin de l'assistance d'un psychologue que le colonisé » (*Je suis fatigué* 133–134). Il importe en somme à Dany Laferrière de s'émanciper de l'idée d'une dette du maître, afin de ne pas entretenir de liens d'appartenance postcoloniale. Il insiste sur ce point, allant jusqu'à pointer la position pathologique occupée par l'ancien maître français : « Donc, je n'ai pas de problèmes majeurs avec les Français, sauf quand ils parlent de leur culture. J'ai de la difficulté à comprendre qu'on puisse s'aimer à ce point. On est ici en présence d'un vrai cas clinique » (132). Convient-il de parler de névrose narcissique (Green), voire de syndrome de Napoléon (Adler)[97] ? À la décharge de la France, qui ne dispose guère, en la matière, de circonstances atténuantes, on peut tout au plus signaler avec Leslie Péan que « pour l'État français il y avait de fortes sommes à récupérer dans les caisses de la République d'Haïti » (156). La chasse au trésor était dans l'air du temps et Haïti, l'ancienne Perle des Antilles, demeurait le lieu de tous les fantasmes :

> Il était bruit qu'à sa mort en 1820, le roi Christophe avait laissé un trésor de 45 millions de gourdes, soit l'équivalent de 235 millions de francs de l'époque. Cette information colportée par les milieux d'affaires du *Journal du Commerce* de Paris gagna en crédibilité, surtout quand les capitalistes français arguèrent de la nécessité de ne pas laisser s'échapper cette « grande affaire » qui risquait d'être exploitée par les Anglais. L'information sur le trésor de Christophe était douteuse, ce d'autant plus que déjà en 1823, le trésor était déjà vide et que les dépenses du gouvernement Boyer excédaient les recettes. D'ailleurs, trois mois après le premier paiement, le gouvernement était aux abois car il n'avait pas d'argent pour payer les agents de la fonction publique. (156)

Le silence qui a entouré la question depuis deux siècles en France est l'indice d'un malaise. Il est possible que l'écrasement de l'armée napoléonienne, dirigée par le général Leclerc, beau-frère de l'empereur, et par Rochambeau à la mort de Leclerc, face à la résistance d'anciens

---

[97] Pour les détails, *v.* Leslie Péan, « La dette de l'indépendance », dans Leslie Péan, *Haïti, économie politique de la corruption. De Saint-Domingue à Haïti 1791–1870*, p. 156–170.

esclaves et affranchis noirs et mulâtres[98], constitue pour elle le genre de blessures à propos desquelles Dany Laferrière dit que celles dont on a honte ne guérissent pas. Dans ce contexte, et sans oublier la québécité du nouvel occupant du fauteuil n° 2, l'Académie française a été l'occasion de montrer de part et d'autre que le remède n'est ni dans le racisme – même si on a un peu trop mis l'accent sur la couleur de peau du nouvel élu –, ni dans le politiquement trop correct – l'accent québécois, dont le nouvel élu n'a pas hérité, a payé les frais de la satire –, ni dans le ressentiment – on n'en trouve aucune trace dans le discours de réception du 28 mai 2015 – le secret de la guérison reposant dans les charmes, lorsqu'il est possibile de la susciter, d'une considération partagée.

Le code hermétique

Se considérant comme le porte-parole de la poésie et non comme le porte-drapeau d'une cause aussi noble soit-elle : « Je n'arrive pas à mettre la littérature à mon service, même pour les bonnes causes qui me touchent, je suis irrécupérable » (« À la recherche de la question secrète » (00':56'- 01':08"), Dany Laferrière ne s'associe pas aux grands coups de colère d'un Mongo Beti ou d'un Aimé Césaire, même s'il n'est pas insensible à leurs positions. Interrogé en 2016 à l'issue de sa leçon inaugurale à Sciences Po : « – Ça veut encore dire quelque chose pour vous, artiste engagé ? Est-ce que vous êtes un artiste engagé ? », il réaffirme : « Moi, non. Je ne l'ai jamais vu comme ça. Engagé, oui, dans la vie, mais je crois qu'il y a l'individu, le citoyen qui est complètement dans son époque, dans son temps, et il y a aussi l'écrivain qui fait feu de tout bois » (00':37"-00':55"). C'est le cas de Césaire avec *Cahier d'un retour au pays natal* (1947) ou *Discours contre le colonialisme* (1950), un plaidoyer où il exprime son indignation contre la « civilisation dite "européenne", la civilisation "occidentale", telle que l'ont façonnée deux siècles de régime bourgeois [...] » (Césaire 1950, 7) tout en précisant que « déférée à la barre de la "raison" comme à la barre de la "conscience", cette Europe-là est impuissante à se justifier » (7). Son langage est cartésien : « L'essentiel est ici de voir clair, de penser clair, entendre dangereusement, de répondre clair à l'innocente question initiale : qu'est-ce en son principe que la

---

[98] Pour un aperçu détaillé de la défaite française et de ses effets sur la présence française en Amérique, *v.* Leslie Péan, « Haïti-Histoire : de Vertières à ce jour en passant par le Pont Rouge (1 de 4) » (2013).

colonisation ? » (8). Cela a-t-il suffi ? La génération suivante a regretté la pureté de son engagement initial ainsi que l'opacité poétique qui avait en revanche caractérisé son *Cahier d'un retour au pays natal* (1939). Dans *Écrire en pays dominé* (1997), un écrivain comme Patrick Chamoiseau critique la réversibilité des effets de parole relevables dans le *Discours* (1950) et déplore que Césaire ait finalement cédé, en 1946, à l'attraction de la Métropole : « Alors que le monde s'emballait en décolonisations, M. Césaire vivait une impasse politique. De l'espoir libertaire du *Cahier*, il avait fait la départementalisation. [...] L'élévation lucide qui fermait le *Cahier* n'avait donné que l'assimilation sociale au Centre lointain » (*Écrire en pays dominé* 67). Si la chute de style de Césaire tient, selon lui, à la séduction colonialiste à laquelle il n'a plus trouvé la force de s'opposer : « Comment écrire alors que ton imaginaire s'abreuve du matin jusqu'aux rêves, à des images, des pensées, des valeurs qui ne sont pas les tiennes ? » (17), il sera question pour la génération suivante de se méfier des « chants universalisants du Monde noir, du Nègre marron, de la Résistance héroïque, des langues non problématisées » (92). Les « martyrs indiscernables » (18) qui ont pris la plume contre la déclaration césairienne d'allégeance à la France, ont en effet mené une « résistance bien peu spectaculaire [...] quasiment opaque » (18), avec des textes *inintelligibles* » (73). S'il excepte ici Glissant, c'est que la démarche de ce dernier est, pour lui, de nature à toucher le lecteur au plus profond de son être. Le besoin qui s'est fait sentir d'en revenir au code du *Cahier* (1947) répond à un besoin d'hermétisme que Dany Laferrière n'a pas compris de la même manière. Tout d'abord, si *Le Cahier* le touche, c'est à la mort du père, qu'on retrouve au pluriel dans 're-pères' : « J'ai perdu tous mes repères » (16). Le 'retour au pays natal', dont le père aura été privé jusqu'à son dernier soupir, acquiert soudain une autre sonorité : « Après toutes ces années d'usage / il ne reste presque plus rien de spontané en moi. / Pourtant à l'annonce de la nouvelle au téléphone / j'ai entendu ce petit bruit sec / que fait un cœur qui s'arrête » (*L'Énigme du retour* 23). La suspension temporelle que Césaire rend à l'aide de son immuable refrain : « Au bout du petit matin... » (*Cahier d'un retour au pays natal* 7 et suiv.) devient, dans *L'Énigme du retour* (2009), indistinction, 'le bout' ne servant plus de re-père : « Par quel bout vais-je prendre ce jour ? / Par le lever ou le coucher du soleil. / Je ne me lève ces jours-ci que / quand ce dernier se couche » (Laferrière 2009, 24). Le temps a également perdu son rôle structurant par rapport au langage. Contrairement au code de la valise déposée à la Chase Manhattan Bank, dont le fils n'avait pas le secret, le *Cahier* (1947) a fini par livrer le sien, que *L'Énigme* (2009) a saisi pour ce qu'il était, à savoir un cri du cœur.

Pour sa part, *Chronique de la dérive douce* (2012) proposera des variations poétiques sur l'hermétisme des codes sociaux : « Pourquoi les gens ont-ils toujours / la même réaction devant le racisme ? / Comme devant le sexisme, d'ailleurs. / D'abord le nier. / Ensuite, vous faire passer pour un / paranoïaque. / Enfin, vous plaindre » (*Chronique de la dérive douce* 126–127). Ces vers rappellent le roman *Deception* (2006) de Philip Roth, souvent mentionné par Dany Laferrière dans *Journal d'un écrivain en pyjama* (2013) notamment pour son livre-culte, *Portnoy's Complaint* (1967). Dans *Deception* (2006), le narrateur, qui est juif américain comme l'auteur, se promène à Chelsea[99] en compagnie d'un ami israélien Aharon Appelfeld et de son fils Itzak. Se rendant compte qu'un homme le fixe avec insistance, il lui en demande la raison. L'inconnu finit par lui lancer : « *You don't even dress right !* » (Roth 1990, 102)[100]. Or il se trouve que leurs mises ne se différenciaient que sur des détails et que, sauf la barbe et le physique plutôt brun du narrateur, ils présentaient, à vrai dire, les mêmes caractéristiques. L'épisode le perturbe et il s'en confie lors d'un dîner à un groupe de gens du pays. S'il n'était pas surpris d'être tombé à Londres sur un antisémite – ce qui peut arriver n'importe où –, il n'en revient pas que tous soient convaincus qu'il n'a pas eu affaire à un raciste : « *Actually, to run into an anti-Semite on a London street didn't seem to me so amazing – that could happen anywhere. No, what amazed me was that every last person at the dinner was convinced that I hadn't run into an anti-Semite* » (*Deception* 104). Prétendant qu'il n'a pu s'agir que d'un excentrique, d'un lunatique ou d'un fou, et que l'épisode n'a absolument pas l'importance qu'il lui accorde, ils s'amusent de ce qu'ils prennent pour une erreur de jugement de sa part : « *They were all amused by me, by how I had, characteristically, misconstructed the meaning of his behavior. He was just eccentric, they told me, crazy – "mad" is the euphemistic Englishism – he was just some kind of lunatic, and the incident was utterly without meaning* » (104). Le comble, c'est qu'on lui ait prouvé une fois de plus à quel point il était paranoïaque en la matière : « *Except for its proving, once again, what a paranoid I am on this subject* » (104–105). Et quand il cherche à savoir en quoi sa personne a pu déclencher la 'bizarrerie' de l'inconnu, les invités, se mettant à rire, lui expliquent

---

[99] Quartier de Londres.
[100] « Vous n'êtes même pas correctement habillé » (c'est moi qui traduis).

qu'il délire. Bref, il ne s'est jamais senti aussi déplacé que face à ces gens décents et intelligents répondant à un code de déni collectif de réalité :

> *I said, "But what activated his 'madness'? What about me in particular set him off?" But they all just laughed and explained to me again how nuts I am and, I tell jou, never have I felt more displaced in any country than I did listening to all these intelligent and decent people going on and on denying what was staring them right in the face.* (105)

Quant au chassé-croisé entre racisme et sexisme, dont Roth joue plus particulièrement dans *Portnoy's Complaint* (1967), il était au cœur de *Comment faire l'amour avec un nègre sans se fatiguer* (1985). S'ajoute, chez Dany Laferrière, la question de l'esclavage, ainsi que l'indique en exergue la citation tirée du *Code Noir*, remontant à une construction occidentale du Nègre et d'une pensée racialiste qui avait pour objectif de légitimer la vampirisation par la France des hommes et des femmes qu'elle avait déportés d'Afrique pour lui permettre de s'enrichir dans les Îles du Vent. Le ton ne sera jamais, on l'a dit, celui du discours anticolonialiste de Césaire. On ne retrouve pas davantage, dans ce premier roman de Dany Laferrière, les accents du *Cahier d'un retour au pays natal* (1939). Il l'avait lu dès 1969 mais n'en avait pas encore saisi l'enjeu : « Je voyage toujours avec le recueil de poèmes de Césaire. Je l'avais trouvé bien fade à la première lecture, il y a près de quarante ans. Un ami me l'avait prêté. Cela me semble aujourd'hui étrange que j'aie pu lire ça à quinze ans » (Laferrière 2009, 57). L'ami avait-il manqué d'un pouvoir de séduction sur le narrateur-adolescent ? Et qu'en est-il de ses propres dispositions de l'époque à la jouissance ? *Le Goût des jeunes filles* (2005) la place sous le signe du contraire de l'acte qui ne soit pas seulement celui d'en écrire et il le fait sur le mode de l'hermétisme de la loi. En témoignent les vers empruntés à la poésie, réputée opaque de Magloire Saint-Aude[101], qui encadrent le texte comme des mantras en le chargeant, dans la version revue par l'auteur en 2004, d'une jouissance à la fois féminine, avec le Journal de Marie-Michèle, et masculine à travers le récit du narrateur. Si ce pas de deux, chapeauté par la loi hermétique de Magloire Saint-Aude (*alias* Clément Magloire), revient, comme Moulinier le dit de façon générale, à « dissocier la représentation d'une charge sexuelle insupportable » (*Études lacaniennes* 219), il est intéressant de souligner

---

[101] *Cf.* Stéphane Martelly, *Le Sujet opaque, une lecture de l'œuvre poétique de Magloire-Saint-Aude* (2001).

que l'écriture porte sur un poète qui interrompit la synonymie nominale avec le père. Saint-Aude ajouta en effet à son nom le patronyme maternel et rejeta le prénom du père là où Dany Laferrière en avait pour sa part été démuni au profit d'un prénom de la lignée maternelle. Le motif se retrouve dans *L'Énigme du retour* (2009) autour du neveu qui a reçu le prénom d'un oncle maternel l'invitant à soumettre sa plume à l'épreuve matriarcale. La mort du père, marquant la fin de son état de mari par contumace en même temps que de fils empêché de passer à l'acte qui ne soit pas celui d'en écrire, signe par ailleurs le dénouement d'une histoire d'émotions barrées. Et elle enseigne que l'énigme n'était pas d'ordre cognitif. *L'Énigme du retour* (2009) est un roman *qui fend le cœur*. C'est l'émotion liée non seulement à la rencontre manquée avec le père, mais aussi à la nécessité d'annoncer la nouvelle de la mort d'Ulysse à Pénélope, qui a fait que le lien a fini par s'établir entre la poésie et la *colère* de Césaire : « Je voyais bien que c'était l'œuvre d'un homme intelligent traversé par une terrible colère. Je percevais ses mâchoires serrées et ses yeux voilés de larmes. Je voyais tout cela, mais pas la poésie. Ce texte me semblait trop prosaïque. Trop nu » (57–58). Le texte parle au moment où le narrateur de *L'Énigme* va *vers* le père et qu'il s'apprête à retourner pour lui au pays natal, faute de l'y enterrer : « Et là, cette nuit, que je vais enfin vers mon père, tout à coup je distingue l'ombre de Césaire derrière les mots. Et je vois bien là où il a dépassé sa colère pour découvrir des territoires inédits dans cette aventure du langage » (*L'Énigme du retour* 58). Si l'on songe que le père réel est mort en 1983/84, l'éveil à Césaire pourrait avoir été contemporain à la rédaction de *Comment faire l'amour avec un nègre sans se fatiguer* (1985). Dans *L'Énigme* (2009), un texte intime qui est tout d'abord resté dans les tiroirs de l'auteur, on retrouve en tout cas l'idée qu'il importe de faire œuvre de culture là même où, comme chez Césaire, les mâchoires serrées de colère et les yeux voilés de larmes d'indignation empêcheraient quasiment de parler et de lire. Il en résulte un flou, qui entoure aussi le père réel.

Qu'est-il arrivé à Windsor Klébert Laferrière ? N'ayant pas été diagnostiquée, la nature de sa folie reste un mystère. Il appert toutefois que le sadisme de François Duvalier alla jusqu'à faire peser des menaces de représailles à l'encontre des Haïtiens qu'il avait éloignés du pays. Le délire de persécution, s'il en était, reposait peut-être sur des indices ayant échappé aux proches restés en Haïti. Au Québec, Dany Laferrière ne représentait pas, pour Jean-Claude Duvalier, une cible aussi directe que Windsor Klébert Laferrière *sr* aux yeux de François Duvalier. On en était désormais, de part et d'autre, à la deuxième génération. Dany Laferrière se garde bien, quoi qu'il en soit, de nourrir, à l'instar du père, une nostalgie du pays natal ainsi que d'une participation à la résistance anti-duvaliériste. Le père réel est relayé, dans l'avènement à l'individualité, par des paternités littéraires qui l'ouvrent au monde et à une faculté d'identification (Gerd Baumann) l'émancipant d'une problématique identitaire dont il a mesuré le caractère pernicieux. Rien ne sert d'être haïtien si c'est pour être *haï des siens*[102] ou si l'on y perd la vie ou la raison. En attendant de revenir sur la question du vrai/faux exil du père, il reste à souligner que le flou se reflète dans l'ensemble de l'œuvre de Laferrière dans un au-delà de l'espace-temps typique de l'univers des livres, où ainsi que l'auteur le dit dans *L'Art presque perdu de ne rien faire* (2014), *le temps n'est plus linéaire* : « Je n'ai même plus / besoin du sommeil / pour passer d'un / monde à un autre. / Les frontières sont / devenues si floues / que je ne sais plus / de quel côté je suis. / Mais où est Legba qui / laisse ainsi ouverte, / sans gardien, / la barrière du temps » (*Chronique de la dérive douce* 62–63). La paternité en devient elle-même un piège, et une énigme.

Le piège de la paternité

Dans son article sur « La notion de paternité en Haïti », Emmerson Douyon écrit que « les Haïtiens appellent tout le monde papa » (Emerson Douyon 1969, 277). Il précise avec justesse que « ce vocable peut servir à désigner aussi bien le mari, le père de ses enfants, le "personnage-monture" éperonné par les enfants dans leurs jeux que le "bourgeois francisant" de la ville, le houngan ou prêtre du Vaudou à la suite de la cérémonie dite "initiation-canzo" » (277). Les loas eux-mêmes sont des papas, ainsi que François Duvalier, qui s'était apparenté, selon une vieille tradition du pouvoir, aux divinités du vaudou[103]. Pour la génération de Dany Laferrière, le père en Haïti, c'est Papa Doc, responsable d'un régime dictatorial qui lui survivra jusqu'en 1986 à travers son fils Baby Doc : « Je

---

[102] Jeu de mots de l'auteur, recueilli lors d'une conversation privée.
[103] *Cf.* pour une approche de la rencontre entre pouvoir politique et vaudou, Leslie Péan, « La production des croyances : les mystères du pouvoir et le pouvoir des mystères », dans *Haïti, économie politique de la corruption. De Saint-Domingue à Haïti (1791–1870)* (2003), p. 244–263 et Harold Courlander et Remy Bastien, *Religion and Politics in Haiti*, Institute for Cross Cultural Research (1966).

Le piège de la paternité

suis né en 1953, j'avais donc quatre ans quand Papa Doc est arrivé à la présidence en 1957. Et les deux Duvalier (père et fils) sont restés au pouvoir jusqu'en 1986. Je suis donc un enfant de ce régime » (*La Chair du maître* 14). Le texte met en relief la familiarisation avec l'étrangeté de la métaphore paternelle : « Durant mon enfance et mon adolescence (et cela jusqu'à l'âge de vingt-trois ans, date de mon départ d'Haïti), je n'ai pas connu autre chose que le monde inventé par Duvalier. Un univers étrange » (14). Le mystère tient à la mystification du Nom du Père à laquelle François Duvalier procéda afin de garantir la survie du pouvoir absolu, en se dotant d'un *Catéchisme de la révolution* qui comprenait une profession de foi calquée sur le *Symbole des Apôtres*. Ce credo dont il imposa la récitation à la fin de chaque messe, était formulé de façon à ce qu'il passe non seulement pour « Dieu, le Père tout-puissant, créateur du ciel et de la terre », mais aussi, de façon synonymique, pour le fils de Dieu : « Jésus Christ, son fils unique, notre Seigneur assis à la droite de Dieu le Père tout-puisant, d'où il viendra juger les vivants et les morts » (*Missel collectif* 996)[104]. Tandis que la comparaison est instructive : « Je crois en Notre Doc, Notre Chef Tout-Puissant constructeur de la Nouvelle Haïti [...] monté définitivement sur le fauteuil Présidentiel d'où il dirigera », etc. (Wien Weibert Arthus 2014, 71)[105], la Trinité va jusqu'à se dédoubler : « *Dessalines, Toussaint, Christophe, Pétion, and Estimé are five distinct chiefs of state but who form only one and the same*

---

[104] Michel Wackenheim (dir.), *Missel communautaire* (1995), p. 996 : « Je crois en Dieu, le Père tout-puissant, créateur du ciel et de la terre. Et en Jésus Christ, son Fils unique, notre Seigneur, qui a été conçu du Saint-Esprit, est né de la Vierge Marie, a souffert sous Ponce Pilate, a été crucifié, est mort et a été enseveli, est descendu aux enfers, le troisième jour est ressuscité des morts, est monté aux cieux, est assis à la droite de Dieu le Père tout-puissant, d'où il viendra juger les vivants et les morts. Je crois en l'Esprit Saint, à la Sainte Église catholique, à la communion des saints, à la rémission des péchés, à la résurrection de la chair, à la vie éternelle. Amen. »

[105] « SYMBOLE DES APÔTRES. Je crois en Notre Doc, Notre Chef Tout-Puissant constructeur de la Nouvelle Haïti et en son patriotisme, Notre Sauveur qui a été Élu Président en 1957, qui a souffert pour son peuple et pour son pays, qui a été Réélu en 1968 et proclamé Président à Vie d'Haïti par le pays tout entier, est monté définitivement sur le fauteuil Présidentiel d'où il dirigera dans la dignité, le Prestige et l'honneur des destinées de la Nation haïtienne. Je crois au Duvaliérisme la Doctrine nationale, le sauvetage d'Haïti et en la pérennité de la Nation haïtienne. Ainsi soit-il » (71). Il en allait de même du *Pater noster*, et de l'*Ave Maria* détourné en l'occurrence au profit de Simone, l'épouse du dictateur.

President in François Duvalier » (*Papa Doc & the Tonton Macoutes* 279)[106]. Le vaudou complète en amont la Trinité en lieu et place du Saint-Esprit et la superstition amène par ailleurs à une mystification du chiffre 22, jour de naissance du dictateur, qui en fit son chiffre-fétiche[107]. Ce chiffre a ensuite été détourné par Vieux, qui écrit un roman « Le paradis du dragueur nègre » sur une machine à écrire qui porte le nom d'une carabine (Remington 22), confirmant une parenté avec *La prochaine fois, le feu* (1963) de James Baldwin[108].

Le double effet d'étrange familiarité et de familière étrangeté qui se crée sous le régime de Papa & Baby Doc pourrait contribuer également à situer le dédoublement de la communication maternelle évoqué dans *Le Goût des jeunes filles* (2005) : « Ma mère préfère toujours m'envoyer deux lettres au lieu d'une » (Laferrière 2005, 25). L'une est *technique*, l'autre *mystique*. Dans la première, les conseils d'ordre pratique laissent percer, ici et là, des appels à l'attachement œdipien et des mises en garde contre les risques de paternité indésirée :

> La première est, disons, plus technique, toujours bourrée de conseils pratiques : à propos des légumes, du sommeil réparateur des forces, des carottes bonnes pour les yeux, des maladies vénériennes, *des filles qui veulent à tout prix tomber enceintes de vous sans votre consentement et qui vous font plus tard des procès qui durent des années*, des avantages de prendre un bon bain le soir avant de se coucher, des faux amis, des jaloux, de l'huile de foie de morue qu'il faut toujours avoir à portée de main, de l'empoisonnement alimentaire, de la nécessité de se faire couper les cheveux au moins tous les quinze jours, *et surtout de ne jamais oublier qu'elle (ma mère) est la seule personne au monde en qui je peux avoir une confiance absolue.* (26)[109]

---

[106] « Dessalines, Toussaint, Christophe, Pétion, et Estimé sont cinq chefs d'État distincts mais qui ne forment qu'un seul et unique président François Duvalier » (c'est moi qui traduis).

[107] *Cf.* François Duvalier, *Mémoires d'un leader du tiers monde* (1969), p. 289.

[108] À la décharge de la Remington, précisons que le chiffre 22, implicite, renvoie chez Dany Laferrière non pas à une menace mais à un avertissement. Pour lui, Baldwin « est le seul qui ait promis un matin calme et serein pendant que tous les autres appelaient de tous leurs vœux le sang. "La prochaine fois, le feu", ce n'est pas lui qui l'appelle, c'est un phrase biblique d'ailleurs [*v.* l'avertissement que Dieu adresse à Noé]. Il a simplement dit : "Les Blancs ne retourneront pas en Europe, les Noirs ne retourneront pas en Afrique, il vous faudra apprendre à vivre ensemble". » (« Les beaux jours de Dany Laferrière » 1:36:00–1:36':16'').

[109] C'est moi qui souligne.

Le piège de la paternité

Contrairement à sainte Monique, mère de saint Augustin soucieuse de convertir son fils à la religion chrétienne – au point qu'il abandonnera la courtisane qui lui a donné un fils et qu'il formera ensuite une sainte famille avec sa propre mère –, Marie Nelson ne rappelle pas son fils à elle. Lorsqu'elle lui parle de Jésus, c'est dans une autre lettre qui ne lui est pas pour rien envoyée *séparément*. S'il reste lié, de façon latente, à l'image de l'amour absolu que lui voue la Vierge Marie, le Fils de Dieu a repris ses droits face au détournement dont il avait fait l'objet sous la dictature :

> L'autre lettre est plutôt mystique. Ma mère me parle de Jésus que je dois associer à tout ce que j'entreprends. De toute façon, on ne peut rien réussir sans Lui. C'est un frère, un ami, un compagnon et un bon associé. Il ne demande rien pour sa peine, pas un sou, seulement de le mettre au courant de tout ce qu'on fait. « Ses conseils sont toujours désintéressés, m'écrit ma mère. Remets ta vie entre ses mains. » (26)

De ces deuxièmes lettres dont il avait tendance à *sourire un peu*, le narrateur du *Goût des jeunes filles* (2005), dont la première version et édition chez VLB date de 1992, retire désormais un grand réconfort : « Aujourd'hui, je crois de plus en plus que cette femme, inoffensive, fragile, humble et modeste, tient en quelque sorte le destin du monde dans sa main. Le monde ne disparaîtra pas tant que ma mère sera vivante » (26). Au fils écrivain qui évoquait, dans ses deux premiers romans, l'orgasme de Belzébuth et l'érotisation de la bombe atomique, la foi de la mère offre d'invoquer Jésus pour chasser l'angoisse de l'Apocalypse. Dans l'esprit du narrateur, il doit s'agir de la révélation faite à l'Apôtre Jean. Comme on le verra plus loin, c'est en tout cas à celui-ci qu'il attribue, dans *Pays sans chapeau* (1999), le texte en question. Lecteur de la Bible ainsi que de *L'Amant de Lady Chatterley* (1928) qui lui avaient valu la révélation de la jouissance[110], il est possible qu'il ait lu plus tard la traduction française de *Apocalypse and the Writings on the Revelation* (1931)[111] de D. H. Lawrence. Or celui-ci attribue la paternité de l'Apocalypse non pas à l'Apôtre Jean, fils de Zébédée et disciple préféré de Jésus, mais à Jean de Patmos, dont il exclut qu'il puisse s'agir

---

[110] J'y reviendrai.
[111] Le livre avait été traduit en français par Thérèse Aubray sous le titre *Apocalypse*, Paris, Confluences, 1946 ; une autre traduction, due à Fanny Deleuze, était disponible sous le même titre de *Apocalypse*, Paris, Balland, 1978 ; il a depuis lors été réédité par Desjonquères (2002).

de la même personne[112]. Le détail a son importance, car dans son essai D. H. Lawrence oppose la force aimante, l'individualisme et la solitude de Jésus, de Paul et de Jean, à la *faiblesse* des communautés chrétiennes que l'Apocalypse aurait éloignées pendant deux millénaires de Jésus et de la *volonté de puissance nietzschéenne* qu'il aurait incarnée avant la lettre. Il considère à ce titre que les *saints* de l'Apocalypse, dont Lénine, ont réussi à inculquer aux peuples un « complexe d'infériorité » (73) et une tyrannie de la médiocrité, alors que chaque être a droit, en son for intérieur et dans sa vie, à son statut de Tsar. Ceci dit, D. H. Lawrence évolua, à l'égard de l'*Apocalypse*, d'un rejet initial à une reconsidération ultérieure, qui l'amena finalement à ne pas voir le dernier livre du Nouveau Testament comme un corps tout à fait étranger. Dany Laferrière a ressenti, lui aussi, la rupture qui s'était opérée entre Jésus et le Christ. C'est ce qui ressort, notamment, du credo que la mère, disciple de Jésus, lui inspire par procuration en l'aidant à sortir de la prophétie millénariste d'un Christ de substitution. Quand il dit : « Ma mère me parle de Jésus comme de quelqu'un qu'elle connaît personnellement. Et je suis sûr qu'elle le connaît effectivement. Je crois dans sa foi » (26), son narrateur se réfère à la foi d'une femme qui fut éduquée à croire en Dieu avant que François Duvalier ne détourne la formule à son profit. Il prie, certes lui aussi, le petit Jésus, mais le Christ fils de Marie, qui n'a d'autre père que *Dieu, le Père tout-puissant, créateur du ciel et de la terre*, risque de passer surtout – après qu'il a dû réciter, enfant, le *Catéchisme de la révolution* à la fin de la messe – pour le fils de *Notre Doc, Notre Chef Tout-Puissant constructeur de la Nouvelle Haïti*. La Croix du Mont Royal qui parcourt *Comment faire l'amour avec un nègre sans se fatiguer* (1985), ne fait pas pour rien partie de la même liste des nuisances séductrices où Vieux range Belzébuth – le voisin du dessus – dont la fornication produit un bruit d'enfer rappelant, précisément, le galop des chevaux de l'Apocalypse. À la familiarité que la mère a avec Jésus répond en écho, chez le fils, un sentiment d'étrangeté

---

[112] « *For a long time it was thought that the Apostle John, to whom we ascribe the Fourth Gospel, had written the Apocalypse also. But it cannot be that the same man wrote the two works, they are so alien to one another. The author of the Fourth Gospel was surely a cultured "Greek" Jew, and one of the great inspirers of mystic, "loving" Christianity. John of Patmos must have had a very different nature. He certainly has inspired very different feelings. When we come to read it critically and seriously, we realise that the Apocalypse reveals a profoundly important Christian doctrine which has in it none of the real Christ, none of the real Gospel, none of the* creative breath of Christianity [...] » (D. H. Lawrence 1931, 66).

familière et de familière étrangeté, lié en l'occurrence au piège de la paternité duvaliérienne.

C'est une sensation de pure étrangeté qui ressort en revanche de la rencontre manquée avec le père retranché à New York, et du refoulement dans lequel celui-ci a sombré : « La douleur de vivre loin des siens lui était devenue si intolérable qu'il a dû effacer son passé de sa mémoire » (Laferrière 2009, 64). Le retour du refoulé touchera, en 2009, le fils arrivé trop tard non seulement à New York, mais aussi, on l'a vu, à l'écriture : « J'étais arrivé trop tard » (64). Le reniement de la paternité crée un hiatus aussi peu inscrit au registre de l'humanité mythique qu'une répudiation de Pénélope par Ulysse : « J'avais frappé à sa porte il y a quelques années. Il n'avait pas répondu. Je savais qu'il était dans la chambre. Je l'entendais respirer bruyamment derrière la porte. Comme j'avais fait le voyage depuis Montréal j'ai donc insisté. Je l'entends encore hurler qu'il n'a jamais eu d'enfants, ni de femme, ni de pays » (63–64). À partir de là, rien de tel pour le narrateur que la vie donnée et entretenue – jusqu'à l'abus compris comme débordement d'amour – par la mère. Y participent la grand-mère, les tantes, l'épouse, les filles, à savoir toutes ces Antigone et (petites-)filles d'Antigone échappant à l'orbite de Créon, et fidèles en revanche à Œdipe. Contrairement à Duvalier fils, qui ouvrit le pays à « la musique étrangère (le jazz, le rock), à la coiffure afro, au cinéma porno, aux films violents (westerns italiens) et à la drogue » (*La Chair du maître* 11), Papa Doc était un phobique : « Le père ne voulait rien entendre du sexe (il avait formé un corps : la police des mœurs). Pour lui, le sexe était le péché absolu. Le meurtre plutôt encouragé » (11), si bien que le père-dandy de *L'Énigme* eût gagné à appartenir à la génération du fils. Dany Laferrière dit du père qu'il était « exceptionnellement brillant et courageux » (Sroka 1994, site « île en île » 2000). *Le Cri des oiseaux fous* (2002) précise aussi : « Disons tout de suite que mon père n'a pas quitté ma mère pour aller vivre avec une autre femme plus jeune et plus belle […]. Si c'était cela, connaissant ma mère, elle l'aurait détesté, ce qui aurait grandement simplifié les choses. Mais non, ces deux-là s'adoraient » (Laferrière 2002, 13). Dans son étude sur l'auteur, Ursula Mathis-Moser explique que « s'étant engagé dans ses jeunes années aux côtés de François Duvalier, Windsor Klébert – journaliste comme le sera son fils plus tard – tombe en disgrâce pour s'être trop rapproché du peuple et [qu'il] doit quitter le pays » (*Dany Laferrière. La Dérive américaine* 14). On a posé plus haut la question de savoir ce qu'il en était des bruits selon lesquels l'ancien maire de Port-au-Prince aurait lui-même recouru un temps à la violence, mettant en pratique les menaces proférées dans son communiqué radiophonique de 1958, et du fait que, selon Diederich & Burt, il n'aurait pas non plus quitté ses fonctions en raison d'un désaccord politique avec Duvalier, ou d'un différend qui ne survint que plus tard, mais sous la pression d'un câble critique émis à partir de New York. Tout d'abord, il convient de rappeler qu'à l'époque, François Duvalier n'était président de la République que d'assez fraîche date et que le dictateur ne s'était pas encore imposé. Ensuite, selon les termes de Dany Laferrière que j'ai interrogé à ce sujet, le père était « un tout jeune homme impétueux, comme tant d'autres de cette époque de transition » (Courriel du 30 septembre 2016). Enfin, on peut se demander avec Dany Laferrière pourquoi les auteurs de *Papa Doc & the Tonton Macoutes* (2005) s'en prennent à la personne du maire de Port-au-Prince alors qu'ils ne consacrent pas un mot sur d'autres figures autrement lugubres :

> La recherche scientifique est si chaotique qu'après le départ de JC Duvalier la Justice a demandé publiquement des accusations crédibles afin de condamner des gens dont tout-le-monde savait qu'ils étaient des monstres comme Luc Désir (des bourreaux qui ont sévi pendant 29 ans au su du public) et on n'a pas pu trouver tant les preuves n'étaient pas solides alors que c'était des monstres. Et là on lit presque des accusations voilées contre un jeune homme au début d'un gouvernement fragile. On parle à peine d'un an ou moins. Que ces gens trouvent plutôt des preuves pour Luc Désir, l'âme damnée de Papa Doc. (Courriel du 30 septembre 2016)

Arrêté après la chute de Baby Doc et condamné à la prison à vie, Luc Désir a en effet fini par être relâché et a pu jouir d'un exil doré, ce qui ne fut pas le cas, contrairement à l'avis des deux auteurs, de Windsor Klébert Laferrière *sr*, dont le soutien à François Duvalier n'avait pourtant pas dépassé la période d'essai. C'est à la tête du mouvement politique radical, le parti du peuple haïtien, connu aussi comme *Le Souverain*, qu'il avait été élu maire de Port-au-Prince ; avant la disgrâce, il remplit aussi de hautes fonctions politiques – il fut ministre du Commerce et de l'Industrie – et diplomatiques[113]. Il s'était fait un nom, avant l'arrivée au

---

[113] Il fut consul à Gênes et à Buenos Aires avant de se retrouver à New York, privé du mandat sur lequel il avait compté. C'est ce qui arriva à d'autres, dont le général de brigade Pierre Merceron qui aurait été à ce point rebuté par les tortures imposées à Éric Brière au Palais national, qu'il en aurait vomi ; il fut nommé « ambassadeur en France parce que Duvalier aurait été insatisfait de ce qu'il considérait comme sa trop grande modération dans le cas Brière » (*Papa Doc* 176) (c'est moi qui traduis).

Le piège de la paternité 83

pouvoir de François Duvalier, pour ses prises de position contre l'anti-constitutionnalité des objectifs du président Paul Eugène Magloire et par ses attaques non voilées contre la toute-puissance de la bourgeoisie haïtienne, dont le fils-narrateur de *L'Énigme du retour* (2009) décrit l'influence à travers les confidences d'un ami-témoin :

> Il faut que je t'explique certaines choses que tu n'as pas l'air de comprendre, ce qui est normal, après plus de trente ans d'absence. Pour toi, on est en ce moment sous un autre régime puisque ceux que tu as connus ne sont plus sur le terrain. Et leurs enfants à l'étranger. Mais ils ont été remplacés par leurs adversaires d'hier qui sont bien pires qu'eux. Ils sont frustrés, affamés et ils paniquent à l'idée de ne pas pouvoir tout rafler avant de crever. En fait, ils ne sont que des pantins que d'autres manipulent dans l'ombre. Les vrais maîtres de ce pays, on ne les voit jamais. Pour eux, c'est une histoire sans rupture. D'un seul tenant. Ils veillent au grain depuis la fin de l'époque coloniale. C'est toujours la même histoire : un groupe remplace un autre, et ainsi de suite. Si tu crois qu'il y a un passé, un présent et un futur, tu te mets un doigt long comme ça dans l'œil. (Laferrière 2009, 218–219)

Haïti pouvait en somme servir de cadre à *Cent ans de solitude* (1967) de l'écrivain colombien et Prix Nobel Gabriel Marcía Márquez, dont Dany Laferrière dit qu'« on se lance dans une danse endiablée en [le] refermant » (*Journal d'un écrivain en pyjama* 129)[114]. La roue du temps que Márquez rend par des superpositions entre passé et futur en un présent fait de mémoire et d'anticipation, brasse cependant des refoulements en série qu'on ne retrouve pas chez Dany Laferrière. Certes, le titre du deuxième chapitre de *Comment faire l'amour avec un nègre sans se fatiguer* (1985) qui transpose le *perpetuum mobile* temporel de Márquez en Occident[115], peut faire croire à une influence, mais la volonté de rupture intergénérationnelle chez Dany Laferrière est manifeste. Au sein d'un temps qu'il conçoit lui aussi comme circulaire, surgit une volonté de bonheur qui reste étrangère à la lignée masculine des Buondía. Alors qu'il n'avait pas emboîté le pas au père politisé, le fils a certes été victime, à son tour, d'un éloignement forcé. Militance ou pas, le motif de leur absence à tous deux tient aussi à l'atavisme décrit par l'ami du père. Or de brefs séjours au pays natal, que le fils accomplit dès la fin des années 1970, ne permettent pas de continuer à parler véritablement d'exil. En

---
[114] *Cf.* aussi la section intitulée « La sauce de García Márquez » (Laferrière 2013, 67–68).
[115] « La Roue du temps occidental » (Laferrière 1985, 17).

décidant un départ cette fois définitif, car la vie en Haïti sous Duvalier fils ne lui semble pas envisageable, le fils se distingue du père qui n'avait pas le choix. Il vivrait désormais ailleurs, entre Montréal, New York et Miami[116], en évitant de se réfugier dans la nostalgie passéiste où auraient pu le piéger les ghettos de la diaspora et l'idée de l'exil : « Nous vivions dans un pays où tous les intellectuels (écrivains, journalistes, médecins, ingénieurs, avocats, poètes) avaient été soit jetés en prison (Fort Dimanche), soit expédiés en exil. Tous ceux qui tentaient de faire face à Papa Doc. Les autres étaient partis d'eux-mêmes » (*Le Charme des après-midi sans fin* 13). Se gardant bien de tout attachement libidinal à l'orbite pseudo-paternelle, il tirera jouissance de l'éloignement plutôt que de s'en ressentir, et deviendra romancier après avoir travaillé un temps à l'usine. Il découle de son expérience une familiarité avec la jouissance atavique du maître.

La jouissance du maître

S'il ne porte pas sur la Traite, le premier roman de Dany Laferrière n'en aborde pas moins le contexte. Y renvoie l'exergue : « "Le nègre est un meuble", Code Noir, art. 1, 1685 » (*Comment faire l'amour avec un nègre sans se fatiguer* 9)[117]. Le jeu des signifiants qui suit dans le premier chapitre intitulé « Le nègre narcisse » (11), renverse la définition en faisant de la fusion du nègre-Bouba avec le meuble-Divan le lieu d'une jouissance du nègre 'sur' le meuble (et non plus *en tant que* meuble) : « Je dors sur un lit crasseux et Bouba s'est arrangé avec ce Divan déplumé, tout en bosses. Bouba semble l'habiter. Il boit, lit, mange, médite et baise dessus. Il a fini par épouser les vallonnements de cette pouffiasse gonflée au coton » (12). Si le 'coton' rappelle la Traite qui sous-tendit l'économie des plantations, le Divan réunit, pour sa part, Freud, un dictionnaire amputé[118] et un

---

[116] S'y ajoutent l'avion qu'il prend très souvent et les bourses de résidence ou d'écriture. Une résidence de création à Paris a, par exemple, été mise à sa disposition pour une durée de six mois du 1er janvier au 30 juin 2015, par le Conseil des arts et des lettres du Québec (CALQ) en collaboration avec la Délégation générale du Québec à Paris. Depuis lors, les séances du dictionnaire à l'Académie française, qui ont lieu tous les jeudis, l'y retiennent pendant l'année : « Je vis dans un studio près de la gare de l'Est » (*Autoportrait de Paris avec chat* 12).

[117] Il s'agit de l'article suivant : « Déclarons les esclaves êtres meubles » (*Code Noir*, art. 44).

[118] Il manque les lettres A, B, C, D et une partie du E.

volume mal en point du Coran. La majuscule rehausse la qualité et la portée freudienne du meuble en question, et le renvoi aux pages 68 et 69 de *Totem et tabou*, le sens des privations des deux colocataires acculés à partager une chambre crasseuse à Montréal. Il est en effet question, dans ce passage du texte de Freud, des rituels de privation de six mois observés chez les Natchez d'Amérique du Nord par les jeunes guerriers ayant conquis leur premier scalp[119]. Au lieu du cliché des statues géantes d'Abou Simbel qui surplombe le divan de la Bergstrasse n° 19, on trouve, au-dessus du Divan de la rue Saint-Denis 3670, une effigie de princesse égyptienne qui rappelle malgré tout les nombreuses statuettes antiques encombrant le bureau de Freud. La bibliothèque de l'archéologue manqué trouve un écho dans la collection de Bouba, composée de « livres rares sur l'art assyrien, les mystiques anglais, les Vèvès du Vaudou, la Fata Morgana de Swinburne » (15), tandis que la fresque de la Gradiva a cédé la place à une « gravure [du] corps *frais* de la Beata Beatrice de Dante Gabriel Rossetti » (15)[120] qui frappe par son extrême blancheur. C'est armé de tous ces signifiants du maître viennois de la jouissance et assisté de son nègre Pança, que Don 'Juan' de la Mancha se lance dans la conquête du corps de la *beata Beatrice*. Si Freud parlait de la femme en termes de « continent noir » pour dire en substance que la sexualité féminine était insondable (*La question de l'analyse profane*, p. 5–92), deux Nègres ne seraient-ils pas les mieux placés métaphoriquement pour en venir à bout ? D'autant que Belzébuth, à qui le Noir est assimilé dans la pensée judéo-chrétienne et jusqu'au fin fond des Lumières[121], réussit à la fin du premier chapitre à déclencher un orgasme d'une rare intensité, où le sexe en vient lui-même à s'anéantir comme sous l'effet d'une bombe :

> Le plafond descend d'un millimètre dans un nuage de poussières roses. Soudain, rien. On attend avec impatience, en haleine, la fin du monde. L'Apocalypse privée. Sur mesure. Silence. Puis ce cri tendu, en contre-ut, aigu, soutenu, inhumain, tantôt allegro, tantôt andante, tantôt pianissimo, cri interminable, inconsolable, électronique, *asexué*, sur fond de saxe Parker ; unique chant de cette aube. (16)[122]

---

[119] Dany Laferrière n'a pas lu Freud mais il connaît *Totem et tabou*, dont il m'a assuré que les pages mentionnées dans son livre l'étaient en connaissance de cause, et il a eu vent, comme tout le monde dans les années 1970, des idées de Freud, notamment sur la sexualité, qui étaient dans l'air du temps.
[120] C'est moi qui souligne.
[121] La question fera l'objet d'approfondissements dans la troisième partie.
[122] C'est moi qui souligne.

Vieux explore pour sa part la chair du maître que lui offrent en pâture Miz Littérature (la littérature) et d'autres filles WASP, comme Miz Sophisticated Lady, à qui il arrache le même cri, mot pour mot, qu'avait produit, sur fond musical noir, leur voisin fornicateur : « Cri tendu [...] me rappelant modulation pour modulation ce cri primal venu de la chambre de Belzébuth, là-haut » (82). Miz Sophisticated Lady, évoquant la *femme riche, parfumée, qui a du pouvoir*, lui permettra plus particulièrement d'expérimenter la portée *aphrodisiaque* que Cesare Pavese mettait en relation avec la hiérarchie des corps en présence dans l'acte sexuel : « Je veux baiser ton identité. Pousser le débat racial jusque dans tes entrailles. Es-tu un Nègre ? Es-tu une Blanche ? Je te baise. Tu me baises. Je ne sais pas à quoi tu penses au fond de toi quand tu baises avec un Nègre. Je voudrais te rendre, là, à ma merci » (82). C'est ici la haine (pulsion de mort), qui le pousse à la performance. Rappelant Freud qui laissa tomber les bras face à l'*insondabilité* de la sexualité féminine, Vieux est désarçonné par la force d'inertie que Miz Sophisticated Lady oppose à la pénétration masculine : « Mouvement lent du bassin. Presque monotone. Changements de rythme à peine perceptibles. Et toi ? Tu es là en pleine concentration métaphysique et je ne sais pas à quoi tu penses. Je sais pourtant qu'il n'y a pas de sexualité sans fantasmes. Tu sembles morte » (82). D'interraciale, la question finit alors par devenir intime : « À peine bouges-tu. Es-tu morte ? Es-tu indifférente ? Cela vient-il du plus profond de ton être ? » (82). *Lady Chatterley's lover* (1928) de D. H. Lawrence, un livre que Dany Laferrière a lu adolescent et qui a fortement influencé sa manière d'envisager la sexualité, offre une scène semblable. La première fois que le domestique, Mellors, la pénètre, la femme du maître se montre elle aussi absente : « *She lay still, in a kind of sleep, always in a kind of sleep* » (D. H. Lawrence 1928). À la différence de Miz Sophisticated Lady, Lady Chatterley est cependant émue. Sa tendresse autour de poussins à peine sortis de leur coquille, évoque son désir d'enfantement, une pulsion de vie qui touche Mellors et à laquelle son mari, impuissant suite à une blessure de guerre et de toute façon rétif à l'amour, n'était pas en mesure de répondre. Or, si Mellors, grâce à son activité, est le seul à parvenir à l'acmé lors du premier rapport sexuel avec Lady Chatterley : « *The activity, the orgasm was his, all his* » (D. H. Lawrence 1928)[123], c'est le contraire qui se passe dans la scène réunissant Vieux et Miz Sophisticated Lady. Ici, l'orgasme, unilatéralement féminin, survient au moment où Vieux

---

[123] http://www.gutenberg.net.au/ebooks01/0100181.txt.

La jouissance du maître 87

s'apprêtait à renoncer à toute activité, précisément parce qu'il avait fini par juger sa partenaire 'impénétrable' : « Tu t'éloignes petit à petit de la matière. Je vais me retirer de ce corps inerte, imbaisable, indifférent » (82). À l'opposé de Lady Chatterley, qui parvient plus tard à l'orgasme en jouissant du sexe de son amant, Miz Sophisticated Lady s'y abandonne au moment où le pénis de Vieux bat en retraite. N'était la note humoristique accompagnant l'acte manqué – preuve que le narrateur est le dernier à savoir 'comment faire' –, momentanément il reste privé des possibilités de dépassement de la haine (sociale) et de la jouissance partagée que D. H. Lawrence avait donné à Mellors d'explorer avec Lady Chatterley.

Le leitmotiv sexuel participe cependant de l'effet trompe-l'œil dont il était question en introduction. Non seulement Dany Laferrière renvoie ici à la lutte des classes – il a très bien reçu le film de Raoul Peck « Le jeune Marx » (2016) –, mais il ira jusqu'à qualifier le titre de 1985 d'« attrape-nigaud » (« Livres & Vous » 10'52") en soulignant que son livre portait surtout sur la littérature et la solitude d'un narrateur qui *n'arrivait pas à sortir de la semblance* à laquelle le renvoyait un rapport *à la fois rêvé et réel* avec les jeunes filles : « Il rêvait, c'était une idée, c'est pour ça qu'elles n'ont pas de nom, Miz Littérature, Miz Snob, Miz Suicide » (« Livres & Vous » 2018)[124]. Or, parmi les fictions sur la vie sexuelle qui ont éveillé chez l'écrivain des émotions et sensations physiques réelles, il convient d'ajouter *Climats* (1928) d'André Maurois sur la jalousie et la passion

---

[124] « Il s'agit beaucoup plus de littérature, de lecture dans ce livre, de jazz, de musique, et d'un jeune Noir qui était en train d'écrire – je dis bien 'noir', parce que toute la question tourne autour de cette question de la peau – qui était en train d'écrire son premier roman dans une ville nouvelle, où il entendait arpenter littéralement ce territoire et naturellement son rapport avec les jeunes filles d'une université pas très loin, *le rapport lui semblait à la fois rêvé et réel* et il dit beaucoup plus sur la solitude que sur autre chose ; *il rêvait, c'était une idée, c'est pour ça qu'elles n'ont pas de nom, Miz Littérature, Miz Snob, Miz Suicide, il n'arrivait pas* ; un peu comme les livres, j'avais lu beaucoup d'extraits de livres en Haïti, mais je n'avais pas les livres eux mêmes, l'objet livre, et donc je connaissais les choses, je connaissais leur nom mais je n'avais jamais touché aux choses, à beaucoup de choses de la vie ; par les livres j'apprenais, je savais ce qu'était la neige mais je ne l'avais jamais touchée ; ce qu'était, disons, la richesse, d'une certaine manière, l'aisance, le fait de dormir avec un réfrigérateur bourré de nourriture, de victuailles, je ne l'avais jamais expérimenté ; je savais ce que c'était d'avoir des toilettes dans la même pièce où on se trouvait mais je n'avais pas encore expérimenté, *et donc je suis passé d'un monde à la fois virtuel mais réel par les sensations, les émotions, les sentiments qui me touchaient, à un monde à la fois concret et qui permet de rêver à autre chose* » (Dany Laferrière 2018é, 10'53"-12'35") (C'est moi qui souligne).

autour des difficultés de faire coïncider modèle littéraire et femme réelle, un roman qu'il a lu en Haïti sous l'effet d'une boisson alcoolisée trouvée dans la maison où un terrible mal de dents l'avait amené, adolescent, à s'isoler par une journée de carnaval : « Il me reste dans la tête, quand je pense à *Climats*, cette journée d'ivresse. » (5'32"-5'38") Cette expérience dionysiaque, la première dans la vie du futur écrivain, se cristallise non pas dans le corps à corps avec la foule ou sur la scène allégorique des cortèges, mais sur celle de la représentation romanesque. La nouvelle de Dany Laferrière « Park Hotel » illustre le recul face à la femme réelle qu'évoque le narrateur de Maurois, déçu que la femme convoitée dans la réalité ne s'exprime pas comme Juliette ou Clelia Conti. On retrouve, dans la section « Épure » de *Mythologies américaines* (2016), cette disposition à fantasmer le désir plus qu'à le réaliser dans la rencontre avec la femme réelle : « Pour toi, on dirait une peinture abstraite… Si on faisait une ligne sur la toile et qu'on te disait que c'est une fille tu y croiras à coup sûr » (Laferrière 2016, p. 15). L'abondance de renvois littéraires tout au long de l'œuvre permet d'avancer que les dimensions imaginaires et symboliques l'emportent sur le rapport à la réalité (auto) biographique. Raison pour laquelle le motif sexuel demande – l'auteur insiste lui-même sur ce point – à être envisagé tout au plus comme un axe de lecture comparatiste.

Rappelons ensuite que le premier roman n'a pas paru sous sa forme originale. Dany Laferrière le confie à Bernard Magnier : « J'avais écrit un livre à l'intérieur de *Comment faire l'amour avec un nègre sans se fatiguer* qui s'intitulait… *Paradis du dragueur nègre* : j'insérais quelques extraits du livre dans des dialogues entre Vieux et Bouba. […] J'ai publié cette partie deux ans plus tard sous le titre *Éroshima* » (*J'écris comme je vis* 152). Selon les modalités du récit spéculaire décrites par Lucien Dällenbach, il s'agissait dès lors d'un « fragment censé inclure l'œuvre qui l'inclu[ai]t » (*Le récit spéculaire* 51), une mise en abyme réflexive et méta- ou hypodiégétique en ayant d'abord fait un objet de narration au deuxième degré, soit un « miroir interne réfléchissant l'ensemble du récit par réduplication […] ». (52) Alors que « [s]on but c'était de montrer de manière physique le travail que Vieux faisait, le livre qu'il était en train de préparer » (*J'écris comme je vis* 152), en même temps l'auteur entendait boucler innocemment la boucle coloriste et genrée en revenant, au final, au point de départ autant que s'il n'avait rien fait. L'Orient, avec son kamasutra et ses estampes érotiques nippones (*warai-e*), images pour rire alliant tendresse et satire mordante, soumettait de fait le dragueur nègre, appelé *Tosei* (pêche verte), à l'activité d'une dragueuse japonaise le maniant « comme un briquet que l'on tourne et retourne dans sa paume avant de l'allumer » (*Éroshima* 17). L'équilibre dans le rapport de forces qu'assurait le double jeu entre femme-objet et homme-objet, fut rompu lorsque l'éditeur dépouilla le texte de ce qui pouvait passer pour un excédent au regard du minimalisme alors en vogue[125]. L'auteur commence par coller des affiches dans les rues de Montréal, le représentant assis pieds nus sur un banc, machine à écrire sur les genoux, sans que figure encore le titre du roman à paraître. À l'opposé du chat qui « essaie de passer incognito » dans le livre qui a paru en 2018 (*Autoportrait de Paris avec chat* 28)[126], son premier but, comme il le dévoile au festival littéraire de Chiasso, était en effet d'être vu : « Je voulais être célèbre sans raison [...] Je ne voulais pas être lu, je voulais être connu parce que j'étais considéré comme un écrivain et un homme invisibles, je voulais être visible » (« Dany Laferrière – Chiassoletteraria » 2018, 8'28''-9'00''). Ex-felquiste d'octobre 1970 et rompu lui aussi à l'exil, après avoir échappé à une peine de rétention en se réfugiant pour sa part à Cuba, l'éditeur fut aussitôt séduit : « Je me souviendrai toujours de la première fois que je lui ai remis le manuscrit, il l'a tenu dans ses mains, il l'a soupesé, et je lui ai dit : "C'est une bombe, Jacques Lanctôt." Il m'a regardé, il n'a rien dit, parce qu'il sait, il sait ce que c'est qu'une bombe, Jacques Lanctôt » (« Dany Laferrière, Comment faire l'amour à un nègre »). Nous retiendrons enfin que l'écrivain n'a jamais dit qu'il écrit *ce qu'il* vit. Concerné par tout ce qui touche à la vie, dont le sexe, il aime souligner qu'il écrit *comme* il vit, en l'occurrence comme un lecteur des romanciers nord-américains découverts à Montréal.

Or un auteur comme Charles Bukowski, que Dany Laferrière lisait à l'époque, faisait à moins des préoccupations de D. H. Lawrence autour de la jouissance féminine. Le narrateur de *Women* (1978), Henry

---

[125] Pour un approfondissement de ces différents points, *v.* Bernadette Desorbay, « Singularités d'une trajectoire romanesque contemporaine : l'art de Dany Laferrière », Actes du colloque international « Penser le roman francophone contemporain » organisé par Romuald Fonkoua, Lise Gauvin et Florian Alix, Université Paris-Sorbonne / Université de Montréal, 16-17-18 novembre 2017, Montréal, Presses universitaires de Montréal, 2020, p. 212–222.

[126] « Un matin, j'ai trouvé devant ma porte un petit chat noir qui semble me dire : "Vous n'avez pas besoin de me dessiner, Monsieur." "Et pourquoi ?" "J'essaie de passer incognito". Je l'ai regardé. Il m'a regardé sans me voir. Il me devinait. C'était un de ces chats subtils. »

Chinaski, noyait en effet dans l'alcool, dans la promiscuité et la licence poétique – *dirty and yet funny* –, la question de l'efficacité de son pénis, et ce jusqu'à ce qu'un accès de sentimentalisme à l'approche du réveillon de Noël dénoue en lui la corde raide qui le reliait tout ce temps-là à la mère. Chinaski ne se préoccupe pas de l'acmé féminin et se demande tout au plus pourquoi ces jeunes amantes occasionnelles lui courent après alors non seulement qu'il pourrait être leur père, mais aussi que son pénis n'est *pas beau à voir* et que la fatigue et l'alcool l'empêchent régulièrement de mener à bien les opérations. Il est intéressant de relever que, comparé à Henry Chinasky, Vieux visera moins les pouvoirs et limites de l'organe génital masculin que la question du fantasme : « Ce mot a un tel succès en Occident qu'il pourrait déclencher une guerre atomique » (74). Si le code fantasmatique de Miz Sophisticated Lady reste cependant enfoui dans l'inarticulé, le sien est lié à un acte de significantisation : « Mon sexe célèbre ces poils dorés, ce clitoris rose, ce vagin interdit, ce ventre blanc, ce cou ployé, cette bouche anglo-saxonne » (82). C'est que sa jouissance tient en premier lieu à ce pouvoir de nommer la chose, qu'il se donne en écrivant :

> Pourquoi le Noir est-il plus souvent noir que le Blanc blanc ? À cause du pouvoir que détient celui qui peut nommer l'autre. Celui qui possède les médias devient le maître du jeu. Il n'a plus d'accent ni de couleur. Il peut décréter que ceux qui ne parlent pas comme lui ont un accent, et ceux qui ne lui ressemblent pas ont une couleur. Cela n'a rien à voir avec la biologie. Simple question de pouvoir. (*Tout ce qu'on ne te dira pas, Mongo* 255)

L'approche du signifiant-maître (Lacan) passe par le cliché censé faire de lui un esclave au pénis performant et de Miz Sophisticated Lady, une représentante de la chair du maître profitant de son droit de jouir (du Nègre) sans se fatiguer. Dans un réflexe qui pourrait être lié à l'habitude du *coïtus interruptus*, la Blanche répond « Oui oui oui oui oui oui oui oui oui oui ouiiiiiiiiiiiiiiiiiiii » (82) au retrait du pénis et se laisse aller à un « cri du vagin soi-même » (82). Victoire du continent noir ou semblance ? On ne sait. Vieux le compare certes au *cri primal* (Janov) produit là-haut, aux cieux de la jouissance, par Belzébuth, mais on n'apprend pas à quel sexe il est arraché, ni à quelle performance il est rattaché. Rappelons que Henry Miller, que Vieux lit au lit après l'amour, avait contribué à lever une partie du voile. Dans *Sexus* (1949), la future seconde épouse du narrateur, Mara/Mona, réagit à l'éjaculation par des orgasmes multiples, infinis : « *When I had shot my bolt she kept right on coming, one orgasm after another, and I thought it would never stop* » (Miller 1949, 52). La scène se reproduit peu après lorsque, le suppliant de ne plus jamais se retirer d'elle, elle est la proie d'un nouvel orgasme multiple, s'accompagnant ici non seulement des 'grognements et des cris perçants d'un porc qu'on égorge', mais aussi d'une 'bouche comme agrandie', totalement 'lascive', et d''yeux révulsés' suggérant une 'crise épileptique imminente' :

> *'Don't ever take it out again', she begged. 'It drives me crazy. Fuck me, fuck me !' I held out on her a long while. As before, she came again and again, squealing and grunting like a stuck pig. Her mouth seemed to have grown bigger, wider, utterly lascivious ; her eyes were turning over as if she were going into an epileptic fit.* (52)

Il croit trouver une preuve supplémentaire de sa virilité auprès de sa première épouse, dont il est en train de divorcer, mais qui tente de le retenir auprès d'elle en se déchaînant soudain autour de son pénis et en organisant un festin orgiaque avec une voisine pour l'empêcher d'aller rejoindre Mara. Tout, jusqu'à la tentative de suicide de Mara/Mona, piquée par la jalousie, le conforte alors dans l'idée qu'il détient le phallus. Les choses changent lorsque Mona qu'il a entre-temps épousée, tombe amoureuse d'une femme, Stasia, et va jusqu'à lui imposer sa présence chez eux. Or, quand la rivale (*alias* Anaïs Nin) demande au narrateur, qui a pris le nom de Val dans *Nexus* (1959), si Mona dont elle est l'amante mais dont la théâtralité l'agace, ne simule pas quand elle fait l'amour avec lui : « *'Sometimes I wonder how she behaves in bed. I mean, does she fake that too ?'* » (Miller 1959, 124), Val trouve la question saugrenue et préfère l'ignorer : « *A strange query, which I ignored* » (124). Il doit bien y avoir quelque chose, juge-t-il pourtant, qui ne va pas en lui en tant que mâle, du moins selon l'opinion commune, pour que sa femme soit si violemment attirée par une autre femme : « *Because there must be something wrong with a man – at least, so the world reasons – when his wife is violently attracted to another woman* » (12). Et tandis que le narrateur de Miller s'abandonne malgré tout, devant Stasia, à des spéculations sur les semblances dont Mona ne cesse de jouer depuis leur rencontre, il n'est pas étonnant que Vieux éprouve pour sa part un certain scepticisme devant la jouissance exorbitante de Miz Sophisticated Lady. L'effet dépasse la cause, à moins d'y inclure le tiers élément du fantasme. En attendant, l'expression 'soi-même' accolée au cri vaginal, confère au sexe féminin une autonomie phallique, sujette à dépit. La déconvenue du mâle n'est pourtant pas entière. La problématisation de la jouissance (de la fille) du maître sur l'esclave qui était survenue, plus haut dans le roman, autour de la théorie de la pyramide sexuelle hétéroraciale[127] sera en effet mise en abyme dans l'é-cri-ture primale du *Paradis du dragueur nègre*[128]. Vieux perd ici au jeu de l'activité orgasmique ce qu'il gagne du vol, à des fins narratives, de la vie (de la fille) du maître. Comme le précise en effet Dany Laferrière : « Tout écrivain est menteur, voleur. Et n'hésite pas à voler les vies des autres » (« Le Grand Débat » avril 2016 2/2, 07:33–07:39). En l'occurrence, la jouissance du *voleur* et les semblances du *menteur* ont pour effet de nourrir la nostalgie d'un vitalisme lawrencien – pré-lacanien – d'une aspiration à l'échange entre activité et passivité amoureuses se manifestant dans le coït par la privation alternée du phallus. On la trouve exprimée clairement, on l'a vu, dans *L'Énigme du retour* (2009) là où il est question de l'importance pour l'homme créatif de passer par l'épreuve de la castration (passivation féminine, minérale, végétale).

Dany Laferrière revient en 2000 sur la question de la performance hétérosexuelle dans le cadre de l'écriture et plus précisément sur celle de l'emprise, telle qu'elle avait déjà été pressentie par Choderlos de Laclos. Il situe cette fois l'histoire à Port-au-Prince, autour d'un jeune homme qui venge sa mère, modeste couturière, de l'exploitation dont il constate qu'elle est l'objet de la part d'une femme de la bourgeoisie, Mme Saint-Pierre. Max, qui se sait irrésistible, entreprend de la séduire : « J'ai toujours attiré les filles. À l'âge de douze ans, j'ai compris que je pouvais faire ce que je voulais des femmes » (*La Chair du maître* 22). Or ses proies préférées sont curieusement de la génération de la mère : « Je préfère les femmes un peu mûres, j'aime les voir perdre la tête. Surtout celles qui sont sérieuses » (22). Ce tableau de chasse œdipien est celui d'un prédateur déterminé à faire tomber les masques, à commencer par le sien, de gentil fils à maman : « C'est que j'ai un visage d'ange. Les traits de ma mère. Sauf que ma mère, comme disait mon père, est une sainte. Alors que moi, je suis pourri à l'intérieur. Je reste comme une araignée au fond de sa toile à attendre ma proie » (22). La maîtrise de l'autre féminin à

---

[127] « Il n'y a de véritable relation sexuelle qu'inégale. La Blanche doit faire jouir le Blanc, et le Nègre, la Blanche. D'où le mythe du Nègre grand baiseur. Bon baiseur, oui. Mais pas avec la Négresse. C'est à la Négresse à faire jouir le Nègre » (*Comment faire l'amour avec un nègre sans se fatiguer* 48) ; dans le film éponyme de Jacques W. Benoît, Vieux bâtit une pyramide avec des cartons de bière pour illustrer l'idée devant les Blanches qui l'écoutent.

[128] Le roman que Vieux écrit à l'image de l'auteur de *Comment faire l'amour avec un nègre sans se fatiguer* (1985).

La jouissance du maître

travers le sexe est un motif qui revient dans l'anecdote, qui clôt le roman, d'une jeune Française dont la famille fut épargnée par Dessalines lors des massacres qui accompagnèrent l'indépendance de Saint-Domingue. La jeune femme a choisi de rester au pays afin de vivre avec un ancien esclave dont la poitrine en sueur l'a rendue folle de désir et qu'elle épousera après qu'il aura échappé aux poursuites du maître en se joignant aux troupes de Dessalines. Une descendante rapporte le témoignage suivant :

> Sais-tu ce que le général Dessalines a dit à mon aïeul, en lui remettant la jeune fille dont il venait d'épargner la famille ? [...] Il lui a dit : "Tu aimes bien la chair du maître." – La chair du maître ! – C'est ainsi qu'il a désigné la jeune fille... Curieux, non ? – En effet. – Au fond [...] le désir a toujours été le vrai moteur de l'histoire. – Vous voulez dire l'amour... – Non, insiste-t-elle, le sexe... Le furieux désir de la chair du maître... (*La Chair du maître* 367)

On trouve, dans *Journal d'un vieux fou* (1962) de Tanizaki que Dany Laferrière a lu, le même motif de la séduction émanant du corps noir en sueur, et ce dans le désir qu'une jeune Japonaise éprouve à la vue des boxeurs noirs : « La poitrine de Haruhisa-san est très poilue, mais les Noirs ne le sont pas. Et quand leur corps est en pleine transpiration, leur peau semble lisse et brillante et c'est très attrayant » (Junichiro Tanizaki 1962, 34)[129]. À l'arrivée de Vieux à Montréal, où « à la bourse des valeurs occidentales, le bois d'ébène a encore chuté » (*Comment faire l'amour avec un nègre sans se fatiguer* 17), les femmes ne s'en étaient, par contre, pas suffisamment aperçues. Henry Miller avait pourtant misé sur toutes les latitudes avec *Tropiques du Cancer* (1934) et *Tropique du Capricorne* (1939). Il sera, pour sa maîtrise dans l'exercice de l'écriture de la jouissance hétérosexuelle, l'un des premiers guides de Vieux au pays des mythologies. C'est avec lui qu'il traversera la glace. S'il avait le tort de partager avec la plupart de ses contemporains une admiration pour Napoléon, alors que celui-ci avait tenté de rétablir l'esclavage en Haïti, Miller, qui « disait être né en riant » (*Journal d'un écrivain en pyjama* 191), serait malgré tout pour le narrateur comme pour son auteur un bon compagnon de route : « À l'époque je lisais surtout l'œuvre chaleureuse de Henry Miller [...]. Son œil pétillait toujours et il trouvait le suc de la vie dans le minuscule fait quotidien. Avec Henry Miller la vie était une perpétuelle fête » (191). Tandis qu'il voit en lui « un bon compagnon des mauvais jours » au point de retenir que « chaque écrivain devrait, une

---

[129] J'y reviendrai dans la troisième partie.

fois au moins, écrire un livre pour tenter de rendre un inconnu heureux » (191), Dany Laferrière ne peut qu'avoir été séduit par un auteur si peu porté à succomber aux appels du surmoi biblique dont il a pourtant parsemé son œuvre, comme Vieux le ferait ensuite du Coran : « Si je me dresse contre la condition actuelle du monde, ce n'est pas en moraliste – c'est parce que j'ai envie de rire plus, toujours plus » (*Tropique du Capricorne*). La présence du maître suprême, Dieu ou Allah a, chez les deux romanciers, une fonction restructurante au sein d'une écriture fortement déliée. Le Dieu judéo-chrétien de Miller n'est, du reste, ni triste ni ailleurs : « Je ne dis pas que Dieu n'est qu'un énorme rire : je dis qu'il faut rire dur avant de parvenir à approcher Dieu. Mon seul but dans la vie est d'approcher Dieu, c'est-à-dire d'arriver plus près de moi-même » (*Tropique du Capricorne*). Et quand il dit : « Peu m'importe le chemin. Mais la musique est très importante » (*Tropique du Capricorne*), son influence expliquerait qu'un aspirant écrivain aussi peu mélomane que Dany Laferrière ait commencé *Comment faire l'amour avec un nègre sans se fatiguer* (1985) sur le motif du ressassement musical : « Pas croyable, ça fait la cinquième fois que Bouba met ce disque de Charlie Parker » (Laferrière 1985, 11). La musique est effectivement « tonique pour la glande pinéale. La musique, ce n'est pas BACH, ni BEETHOVEN ; la musique, c'est l'ouvre-boîte de l'âme. Calme terrible en dedans de soi ; conscience que l'être est doté d'un plafond et d'un toit… [...] » (*Tropique du Capricorne*). Henry Miller a montré à Dany Laferrière qu'il n'y avait de jouissance du maître qu'en fonction de qui consentait à en rester l'esclave[130] et qu'il avait le droit d'avoir à son tour « du vin, des copains, des filles riantes, des conversations animées. On buvait, on mangeait et on écoutait du jazz. C'était un univers rêvé » qui lui apportait « tout ce qui [lui] manquait dans la réalité » (*Journal d'un écrivain en pyjama* 191). Or, bien qu'il soit resté aussi proche que possible des faits réels, *pour pouvoir y croire lui-même*, Dany Laferrière montre aussi que quand son narrateur sortira de sa tanière pour se mêler à la société de Miz Littérature, tout sera pratiquement à recommencer. Promu par la « La Roue du temps occidental » (*Comment faire l'amour avec un nègre sans se fatiguer* 17), un

---

[130] Cela concerne aussi le rapport entre le maître et l'élève dans le monde académique. À Montréal, l'auteur dit avoir suivi un mois de cours à l'Université et avoir été rebuté par la question d'un professeur, qui exigeait, au premier cours, que les étudiants de première année qu'ils étaient tous, trouvent rien moins que les limites de Max Weber. Il a préféré rentrer chez lui et lire ses auteurs préférés, installés au fond de sa baignoire (*cf.* « Le Grand Débat » 1–2 avril 2016, à partir de 12':31–13':20").

cercle vicieux continuait de soumettre l'homme du Sud à ce que l'auteur appelle 'la question des origines'.

La question des origines

Elle survient dans le premier roman, lors d'une rencontre de Vieux avec une jeune fille WASP : « – Tu viens d'où ? me demande brutalement la fille qui accompagne Miz Littérature. À chaque fois qu'on me demande ce genre de question, comme ça, sans prévenir, sans qu'il y ait été question, auparavant, du National Geographic, je sens monter en moi un irrésistible désir de meurtre » (*Comment faire l'amour avec un nègre sans se fatiguer* 114). Miz snob, appartenant à la classe des *maîtres du monde*, maintient son droit à une réponse : « – Tu viens de quel pays ? » (114). Et Vieux de lui jeter un os : « Le jeudi soir, je viens de Madagascar » (114). Un clochard prend les mêmes libertés : « – Montre-moi ton pays sur la carte. – Côte d'Ivoire. Voilà, c'est ici » (128), confirmant que ladite obsession traverse toutes les couches de la société occidentale. Ailleurs il se dit malien en réponse à l'interrogatoire auquel cherche à le soumettre un passager à l'accent français qui a pris le même avion :

> J'étais dans un avion, en direction de Miami. Assoupi. […] Mon bas-ventre me faisait si mal que je me suis réveillé. Une terrible envie de pisser. […] Je remonte la rangée vers les toilettes. Longue file d'attente. Un type arrive et se place à côté de moi. On se regarde un moment. Puis, brusquement, sans ambages : – D'où venez-vous ? me demande-t-il en anglais avec un fort accent français. Ce n'est pas la première question qu'un Américain vous poserait. […] Le Français veut plutôt savoir d'où vous venez. – De mon siège, 17 B. – Je ne parle pas de votre siège… – De Los Angeles. J'ai pris l'avion à l'aéroport comme tout le monde. Autour de nous, on commence à s'intéresser à notre conversation et le type, à se demander si je ne me paie pas sa tête. J'étais plutôt embêté par la brutalité de la question. – Je veux savoir de quel pays vous venez, reprend-il sur un ton impérieux. – Moment de gêne dans la file. – Avez-vous perdu un esclave ? je finis par lui répondre. – Une jeune femme, pas trop loin de moi, éclate de rire. […] (*Cette grenade dans la main du jeune nègre est-elle une arme ou un fruit ?* 180–181)

Celui qui se pose en maître dans ce passage appartient à un pays, la France, qui a subi une défaite retentissante au début du XIXe siècle, face à la détermination des anciens esclaves de Saint-Domingue. On a vu que, proclamée le 1er janvier 1804 par Dessalines, la République d'Haïti céda ensuite à la pression exercée par la France, qui menaçait de rétablir le colonialisme ainsi que l'esclavage dans ce qu'elle considérait comme la perle des Antilles. Leslie Péan explique comme suit les raisons de l'engagement du gouvernement Boyer à s'endetter vis-à-vis de la France au lieu de faire valoir son droit à des dommages et intérêts :

> Dans un espace-monde esclavagiste, l'exemple haïtien d'une révolte d'esclaves était trop contagieux. Il fallait donc le contrôler. À cela plusieurs partis dont l'État français, les anciens colons et commerçants, la haute finance française, mais aussi les dirigeants du système politique haïtien, y avaient intérêt. [...] Cette dette constituera un véritable boulet aux pieds de la jeune nation. [...] Mais pourquoi la dette ? Que s'est-il passé en 1804 et 1825 qui a pu porter les Haïtiens à accepter de payer pour une indépendance si chèrement acquise ? Il semble que la hiérarchie politique, afin de se débarrasser de l'épée de Damoclès d'une invasion française qui [...] maintenait la société entière en sursis, décida de négocier la dette, pour le maintien et le renforcement de l'ordre politique réalisé. (*Haïti, économie politique de la corruption. De Saint-Domingue à Haïti. 1791–1870*, 156)[131]

Que la somme ait été revue à la baisse ne résolut pas le problème, à la fois matériel et psychique, qu'entraînait la reconnaissance d'une 'dette' vis-à-vis d'un maître dont la défaite avait été prononcée. Des rapports de force interviennent, dont Leslie Péan souligne qu'ils ne sont pas réductibles au politique mais demandent une approche à la fois psychanalytique et sociologique[132]. Il avance l'hypothèse suivante :

> La quête d'indépendance n'a de valeur que quand elle reconnaît la réalité des rapports de force. Et le meilleur moyen de faire face à cette réalité, c'est d'en être le plus conscient possible sans toutefois devenir paranoïaque. Mais le passé d'esclaves et de colonisés des fondateurs permettrait-il une autre approche ? Le fait de se sentir constamment humiliés et persécutés commande des comportements d'ostentation et d'affirmation, sans commune mesure avec les possibilités matérielles réelles. Aliénés et méprisés par l'esclavage, on peut comprendre l'importance que les pères fondateurs attachaient à la fierté et à l'honneur. Mais en toute chose, l'excès nuit. Les pères fondateurs après

---

[131] *Cf.* p. 156–170.
[132] En bas de p. 160, Leslie Péan avance à ce sujet la réflexion suivante : « Marx disait dans le 18 Brumaire que "La tradition de toutes les générations mortes pèse d'un poids très lourd sur le cerveau des vivants." *Le 18 Brumaire de Louis Bonaparte*, Éditions Sociales, Paris, 1969. Il ne faut donc pas rester au politique mais trouver un poste d'observateur entre la psychanalyse et la sociologie pour comprendre les contradictions apparentes dans le comportement des pères fondateurs de la nation haïtienne. »

avoir combattu vaillamment ont ressenti le besoin d'avoir une confirmation quelque part du sentiment qu'ils avaient une valeur. Et cela vaut aussi bien pour les anciens libres que pour les nouveaux libres. Aussi ils décidèrent pour être sûrs d'eux-mêmes, pour être indépendants, de se le faire dire par leurs anciens maîtres. D'où le traité de 1825. Tout individu et a fortiori toute société a besoin de ce comblement narcissique. N'ayant pas pu ou su l'obtenir par l'engagement politique, le travail et surtout le travail social, les élites ont misé sur l'appréciation des puissances de l'heure. (160)

Autrement dit, la dignité du citoyen haïtien aurait été durablement subordonnée au bon plaisir et aux intérêts de l'ancien maître, prédisposant un peuple à cultiver le langage de ce dernier ainsi que les marques de son prestige. Or Vieux Os, dans *Le Cri des oiseaux fous* (2002), ne s'en juge pas affecté, au contraire : « Je suis imbibé de culture française : raffinée, élégante, luxueuse, bien que la France ne soit pas bien vue en Haïti depuis quelque temps » (Laferrière 2002, 38). Averti par l'expérience du père, compagnon de la première heure de Duvalier, Vieux Os se méfie d'un mouvement, celui de l'authenticité – parent de l'indigénisme et de la question des origines – qui ne reconnaît pas l'universalité du génie littéraire. Certes, « Musset c'est la France » (38) mais encore faut-il se mettre d'accord sur ce qu'il convient d'entendre par là : « J'aime bien Musset », dit le narrateur du *Cri des oiseaux fous* (2002), « J'aime son mystère féminin. [...] Trop féminin pour les mecs. Alors que c'est ce qui m'attire chez [lui]. Cette finesse d'esprit et de cœur. Je connais ce ton. J'ai été élevé par des femmes un peu excitées, toujours en attente de quelqu'un ou de quelque chose. C'est un univers très raffiné » (38). Autour de lui, on ne l'entend pas de cette oreille : « "Le français est plutôt un carcan pour nous", disent mes copains » (38). Ils le considèrent comme un marqueur social : « C'est une langue qui ne sert qu'à nous aider à grimper l'échelle sociale. On parle français pour faire savoir à notre vis-à-vis qu'on n'est pas n'importe qui. Maintenant, on veut autre chose d'une langue. Un rapport différent. Plus authentique » (38). Dans ses réflexions sur *Le pouvoir noir des années 1960*, l'auteur parlera d'une manœuvre de diversion : « Pendant que le peuple s'occupe de son identité culturelle, la bourgeoisie s'enrichit sous l'œil d'un État complice » (*Je suis fatigué* 53). Il rejette, dans la même mesure, les nationalismes d'où qu'ils soient. Raison qui l'a poussé à critiquer Mishima dans *Je suis un écrivain japonais* (2008), un auteur qui l'a marqué bien qu'il ait été fanatiquement nostalgique du Japon traditionnel et hostile au Japon moderne. Rien ne le rebute tant, en effet, que l'illusion de l'authenticité.

Quant à l'indigénisme de Jean Price-Mars, un mouvement révolutionnaire, précurseur de la négritude, qui revendiquait l'affirmation de l'Autre[133], on se rappellera qu'il a dégénéré dans le noirisme de Duvalier notamment après la rencontre de l'homme politique et futur dictateur avec l'ethnologue Lorimer Denis, nationaliste à outrance et grand expert en vaudou. Comme le rappelle Jean Florival dans *Duvalier, la face cachée de Papa Doc* (2007), était jugé inauthentique et dès lors condamné à l'exil, tout Haïtien manifestant une sympathie pour la culture 'étrangère', notamment française. De par son purisme, avec le temps Duvalier ne se démarquerait plus de Bonaparte, dont il ne ferait plus que renverser les valeurs. On a parlé, à propos de *La Chair du maître* (2000), de cette dame, descendante d'un couple formé par un esclave et la fille du maître. Percevant l'étonnement de Max devant le portrait, accroché chez elle, d'« un grand nègre à côté d'une jeune fille blanche » (*La Chair du maître* 364), elle lui raconte la « passion obscène » (Laferrière 2000, 365) dont la légende familiale veut que la jeune fille ait été éprise à la vue, alors qu'il était « en train de travailler au moulin à cannes » (365), de cet homme « très musclé » (365) que l'on pouvait imaginer « torse nu, et en sueur » (365). De son aïeule, la dame précise qu'« elle en était malade. D'autant plus qu'elle devait cacher ce sentiment démesuré à tout le monde. Une passion interdite par le code napoléonien » (365). Un soir, la jeune fille se glisse dans la case de l'esclave et « le supplie, le supplie, le supplie » (365) de la prendre : « Ils se sont battus toute la nuit. Il lui résistait. Elle était déchaînée. Cette jeune fille si délicate » (365). La résistance de l'esclave, qui « n'était pas insensible à la luminosité de ce fragile corps blanc, si rare dans la case d'un Nègre » (366) était due à la conscience de mériter « la mort au lever du jour » s'il cédait, ce qu'il finit tout de même par faire à l'aube, au prix ensuite de maintes tribulations qui le conduisirent à accomplir des actions héroïques durant la dernière bataille de Vertières (1803) pour l'indépendance.

La jeune Française fait partie de la population blanche, constituée de prêtres, de médecins, de techniciens et de quelques 'négrophiles', qui obtinrent la vie sauve lors du « massacre général des Français » (*La Chair du maître* 367) ordonné par Dessalines après le départ du reste des troupes de Rochambeau. Il s'agit là d'une légende familiale auquel le narrateur attribue une valeur de mythe fondateur. Il fallait que l'amour

---

[133] Les conférences que Price-Mars prononça à partir de 1917 sur l'indigénisme ont été reprises dans *La vocation de l'élite* (1919) et *Ainsi parla l'oncle* (1928).

fût hors du commun pour que Dessalines consente à laisser échapper l'une de ses proies. L'observateur et médecin naturaliste français Michel Étienne Descourtilz présent à Saint-Domingue entre 1799 et 1803, le décrit en effet sous les traits d'un tyran inflexible : « Moins politique que Toussaint-Louverture, mais plus ouvert et plus prononcé dans sa tyrannie, Dessalines était cruel, irascible et farouche ; il n'écoutait aucune réclamation. Que de fois une seule observation coûta la vie à l'homme qui eut l'audace de lui parler sans son ordre ! » (*Un naturaliste en Haïti. Aux côtés de Toussaint-Louverture* 158–159). Ayant perdu ses esclaves à Saint-Domingue dans la révolte menée par Toussaint-Louverture et son lieutenant Dessalines, Descourtilz écrit certes sous le coup du ressentiment, mais son récit permet malgré tout de situer le contexte dans lequel se forma le couple légendaire de *La Chair du maître* (1997). Prolixe sur les horreurs perpétrées sur les anciens maîtres blancs par les héros de l'indépendance haïtienne et par leurs troupes, le voyageur, né à l'apogée des Lumières et contemporain de la Terreur comme de l'Empire, refoule les atrocités commises par son propre pays. Victime de désinformation ou porté au révisionnisme, il va jusqu'à insinuer que les troupes envoyées par Napoléon en 1802 n'étaient pas là dans le dessein de rétablir l'esclavage à Saint-Domingue : « Tel fut le début des massacres qui précédèrent l'arrivée des Français, après laquelle il [Louverture] se décida à lever le masque et à proclamer l'indépendance, faisant croire aux noirs que nos soldats venaient pour les remettre en esclavage[134]. » Comme quoi, ainsi que le soulignait Certeau, il faut toujours se demander d'où l'on parle. C'est la question que pose précisément un roman comme *La Chair du maître* (1997), attentif aux corps en présence et au désir féminin faisant éclater l'ordre social avec la violence d'un retour du refoulé. Or, à l'écoute de la descendante, le narrateur en retire tout au plus une légende, un peu comme si l'histoire de l'ancienne relation franco-haïtienne ne pouvait s'écrire que dans le cadre d'un récit à base d'imagination dont le pays aurait le secret. L'origine géographique revêtirait une importance de

---

[134] « Dessalines, lui, disait aux siens que les hommes du général Leclerc étaient des émigrés qui voulaient s'emparer du pays et que les vrais Français viendraient ensuite » (*Un naturaliste en Haïti. Aux côtés de Toussaint-Louverture* 174) ; je me base sur la réédition, en 2009, d'une partie des récits sur la *Flore pittoresque et médicale des Antilles ou Histoire naturelle des plantes usuelles des colonies françaises, anglaises, espagnoles et portugaises* publiés par Descourtilz en 1809, sur laquelle Dany Laferrière a attiré mon attention.

premier ordre, n'était le désir qui en brouille aussitôt les coordonnées en raison de son caractère universel.

Si Dany Laferrière s'intéresse à la question des origines, c'est en effet pour la soumettre à celle du désir. Les récits de voyage du XVIIIe siècle – dont nous verrons l'influence pernicieuse sur les raisonnements de Montesquieu à l'endroit notamment de la Traite – et ceux du XIXe dont Descourtilz offre un exemple de choix à l'égard de la Révolution haïtienne, portent la marque des préjugés de classe et de race de l'époque. Un Descourtilz n'en revient pas d'avoir à se servir lui-même à table : « Que de fois, à cette époque infortunée, possesseurs de cinq lieues de pays et de sept cent cinquante noirs, nous nous servîmes nous-mêmes !... » (165) et est si obsédé par le désir de retrouver la jouissance de ses sujets et de ses biens, qu'il est incapable de ressentir, autrement que comme obscène, l'érotisme qui se manifeste, par exemple, dans les cérémonies funéraires de *calanda*. C'est dans ce milieu qu'il convient d'imaginer la jeune Française, foudroyée, dans *La Chair du maître* (1997), par la sueur (labeur) de l'un des esclaves de l'habitation paternelle, et l'importance que prend son acte de sécession face à la situation des Noirs de Saint-Domingue, privés du droit imprescriptible aux principes de liberté, d'égalité et de souveraineté contenus dans l'article 1er de la Déclaraton des droits de l'homme et du citoyen de 1789[135]. La légende dont le roman s'est fait l'écho montre qu'elle opère une Révolution française qui mérite enfin son nom (et sa majuscule). Yanick Lahens le relève elle aussi en ces termes : « [Nous avons été amenés] à réaliser l'impensable au début du dix-neuvième siècle, une révolution pour sortir du joug de l'esclavage et du système colonial. Notre révolution est venue indiquer aux deux autres qui l'avaient précédée, l'américaine et la française, leurs contradictions et leurs limites[136]. » Comme il l'illustrait pour sa part dans *Comment faire l'amour avec un nègre sans se fatiguer* (1985) et *Le Goût des jeunes filles* (1992), Dany Laferrière fait en outre ressortir le potentiel révolutionnaire du désir féminin tenant à une capacité de déchaînement par trop méconnue des dictateurs.

---

[135] À la différence des hommes de couleur (mulâtres), qui s'étaient vus reconnaître, bien qu'à plusieurs restrictions près, leurs droits de citoyens.
[136] Yanick Lahens, *Failles*, Paris, Sabine Wespieser, 2010, p. 70.

Le désir de l'Autre

L'ambiguïté du poète haïtien Magloire Saint-Aude dont les vers ponctuent *Le Goût des jeunes filles* (1992), apparaît, à l'image du sujet s'y reflétant, à l'intérieur d'un miroir-parloir opposant sur le mode de Diderot un Moi 'naïf' à l'Autre 'éclairé'. Comme dans les dialogues de Platon dont Diderot s'est inspiré[137], l'introduction sert à déterminer les rôles de chacun ainsi qu'à fixer le sujet : « [...] Je me parle devant un petit miroir ovale. Moi et l'autre. L'AUTRE. Tu fais semblant d'oublier que Magloire Saint-Aude n'a jamais été inquiété sous le régime de Duvalier. MOI. C'est une bonne chose, je trouve... » (Laferrière 1992, 33). L'AUTRE insiste sur un point important, étant donné que Windsor Klébert Laferrière *sr*, ami des premiers temps de Papa Doc, n'eut pas le loisir de vivre auprès des siens : « Peut-être, mais veux-tu savoir pourquoi il n'a jamais été inquiété ? MOI. Je préférerais voir Saint-Aude traîner ses fesses dans les rues de Port-au-Prince plutôt que dans les geôles de Duvalier. L'AUTRE. Il est resté l'ami de Duvalier jusqu'à la fin... Ils sont morts la même année, d'ailleurs » (33). Si, dans cette joute autour de Saint-Aude, l'ennemi de la 'mauvaise foi' souligne, de façon latente, les mérites de Windsor Klébert Laferrière *sr*, 'infidèle' dans ses amitiés politiques, le Moi reconnaît en Saint-Aude une contre-figure du père banni par le pouvoir, à qui le sceau poétique a manqué pour s'imposer durablement en Haïti. Le mérite du poète étant de n'avoir pas versé dans la politique : « MOI. Et alors ! Saint-Aude n'a jamais été un poète engagé » (33). Face à l'insistance de l'ennemi de la 'mauvaise foi', qui lui reprochait de *faire semblant de croire que*, le Moi rétorque que les *non dupes errent* dans leur précipitation à dire oui à l'ouï-dire : « L'AUTRE. Pourtant, il est à l'origine de cette idéologie... MOI. Des preuves » (33). Or, si le dialogue se fait de plus en plus serré, c'est, semble-t-il, qu'il en va des Noms du Père (Lacan), à savoir de la question de savoir si le sujet est, oui ou non, porteur du signifiant du désir de la mère. Dans *Le Goût des jeunes filles*, le narrateur prénommé Fanfan renvoie en effet à 'l'enfant' d'« Une autobiographie américaine » à qui des surnoms sont donnés pour qu'il ne reconduise pas au père banni (et qu'il ne coïncide dès lors pas ou plus avec les signifiants du désir de la mère). Au narrateur

---

[137] *Cf.* Raymond Trousson, « Diderot lecteur de Platon », *Revue internationale de philosophie*, vol. 38, n° 148–149 (1–2), Diderot et l'encyclopédie (1784–1984) (1984), p. 79–90.

transtextuel prisonnier, comme Hamlet, de la question d'être ou ne pas être (le phallus de la mère), Saint-Aude apporte un point de fuite :

> MOI. Et alors ! Saint-Aude n'a jamais été un poète engagé. L'AUTRE. Pourtant, il est à l'origine de cette idéologie... Moi. Des preuves. L'AUTRE. Votre Saint-Aude a signé, en juin 1938, avec Carl Brouard, un autre poète anarchiste qui a eu des funérailles nationales, le sombre Lorimer Denis et le sinistre Duvalier, *Le manifeste des griots*, qui est l'équivalent caribéen du *Mein Kampf* d'Adolf Hitler... MOI. Là, tu y vas un peu fort... Tu sais que ce texte a été à l'origine d'une prise de conscience nationale... L'AUTRE... et du duvaliérisme... Même aux pires moments de la dictature, Saint-Aude n'a jamais renié Duvalier... MOI. Son œuvre l'a fait à sa place. L'AUTRE. Qu'est-ce que tu dis ? MOI. Je dis que l'œuvre de Saint-Aude est à l'opposé de sa pensée politique. L'AUTRE. La preuve que c'est un faux-jeton. MOI. Ce n'est pas bien convaincant, mon vieux... Un silence. Nous nous regardons droit dans les yeux comme des boxeurs à la pesée. L'AUTRE. Est-il toujours, pour toi, le plus grand poète d'Amérique ? MOI. Hélas oui ! (33–34)

Il convient en effet de dire que le narrateur a découvert *Dialogue de mes lampes* (1941) de Saint-Aude dans la maison d'en face, où Miki, fiancée avec un homme riche qu'elle ne voit pas souvent, reçoit régulièrement un groupe de jeunes filles fréquentant deux hommes d'âge mur. Le livre du poète avait été oublié chez Miki par l'un des soupirants malchanceux de Pasqualine qui est aussi l'objet de son propre désir. « Le plus grand poète d'Amérique » (34)[138] a beau être resté l'ami de Duvalier jusqu'à leur mort presque concomitante, son œuvre reste porteuse de signifiants échappant à l'infamie (du désir d'Œdipe pour la mère et inversement). Le narrateur se demande pour le moins s'il est permis d'intégrer le livre dans le script du fantasme qui le fait jouir : « Hélas oui ! » (Laferrière 1992, 34)[139] s'exclame un Moi acquis à la loi du désir. La jouissance est liée ici à la lecture – l'enfermant dans sa chambre – et aux activités qu'il observe à sa fenêtre, de cinq filles du peuple, Marie-Flore, quinze ans, Pasqualine, dix-sept ans, Choupette et Marie-Erna, dix-huit ans et Miki, vingt ans, auxquelles s'ajoute une sixième fille, Marie-Michèle, dix-sept ans, issue des quartiers huppés de Port-au-Prince. Il imagine qu'il a trouvé refuge

---

[138] Interrogé par Rodney Saint-Éloi dans une entrevue (2015e1) autour du poète, Dany Laferrière le « croi[t], en Amérique, l'égal de Emily Dickinson. »

[139] Remarquons au passage le recours au point d'exclamation, rare dans l'œuvre de Laferrière.

Le désir de l'Autre

chez Miki et jouit, en observateur, des scènes qui sont censées se produire en face :

> Voilà : un petit film à faible budget, sans acteurs professionnels, avec une équipe réduite au minimum. Un tournage de trois jours. Caméra à l'épaule. Très amateur. En noir et blanc, bien sûr. Uniquement pour mon plaisir. Personne d'autre ne verra ce film. Je le passerai en séance très privée (un seul spectateur), quand je serai dans mon bain. Un jour de pluie, bien sûr. (41)

Il faut préciser aussitôt que les deux hommes qui fréquentent la bande à Miki, Frank et papa, appartiennent à la sphère macoutiste, et donc duvaliériste à laquelle Saint-Aude était demeuré attaché. Si le désir de l'Autre masculin dans lequel le désir du sujet est censé trouver son sens, demeure une énigme à l'endroit de Frantz (2000) ou du père (2009), Frank et papa (1992) se prêtent davantage au jeu : la puissance sexuelle qui leur est attribuée sur la scène du fantasme tient au fait qu'il s'agit de deux tueurs (potentiels du père). Comment ne pas penser, ici, aux *Frères Karamazov* de Dostoïevski, que Freud interprétait dans son essai sur *Dostoïevski et le parricide* (1929) comme l'histoire d'une lente prise de conscience, par Ivan, de son propre désir parricide ? Alors que le cadet a débarrassé la famille du père-tyran, Ivan s'auto-accuse du meurtre de façon d'autant plus convaincante devant les juges, qu'il désirait, à vrai dire, en être l'auteur. Or *il n'a rien fait*, et ce contrairement à Hamlet tuant à peu près tout le monde sauf Claudius, l'assassin de son père, qu'il épargne parce que porteur de son propre désir.

Le narrateur du *Goût des jeunes filles* (1992) n'a pas davantage tué le père qu'Ivan. D'abord, il est hors de portée parce qu'exilé. Ensuite, il a été barré par la mère, qui, lors des rendez-vous téléphoniques du dimanche, refusait de passer le cornet au fils en pleurs. Celui-ci a alors cinq ans. Dès cette époque, le visage de la mère aura été pour le MOI le *miroir ovale* où capter la voix de l'AUTRE : « Je n'ai jamais vraiment entendu la voix de mon père. Je ne pouvais que l'imaginer en épiant le visage aux lueurs changeantes de ma mère » (*Le Cri des oiseaux fous* 19). La mère garde l'enfant près d'elle pendant la conversation, pour éviter qu'il ne coure librement chez Mme Ambroise qui met son téléphone à sa disposition : « Ma mère craignait surtout qu'en me laissant seul un moment je n'aille briser un vase ou un bibelot dans le salon si encombré de Mme Ambroise. Elle fronçait les sourcils et j'arrêtais de respirer » (18–19). Sa position de sujet *qui n'a rien fait* allait de pair, comme il l'explique, avec un risque d'emprisonnement durable dans le désir de l'Autre maternel. L'œuvre de parole et d'identification symbolique que constitue le cycle entier d'« Une autobiographie américaine » ne s'ouvre pas pour rien sur la question dé-*h*ontologique du *comment faire* entre les deux options sur lesquelles s'interrogeait Hamlet.

Chapitre III –
Sens et jouissance

> *C'est en tant qu'elle veut ma jouissance, c'est-à-dire jouir de moi, que la femme suscite mon angoisse. Ceci, pour la raison très simple [...] qu'il n'y a de désir réalisable qu'impliquant la castration. Dans la mesure où il s'agit de jouissance, c'est-à-dire où c'est à mon être qu'elle en veut, la femme ne peut l'atteindre qu'à me châtrer.*
> Lacan, *Le Séminaire. Livre X. L'angoisse*, Paris, Seuil, 2004, p. 211

Introduction

Lors du festival « Haïti en folie 2015 », Dany Laferrière rappelait qu'« un livre est fait de rien » (« À cœur ouvert avec Dany Laferrière » 02'54''), mais aussi que « l'écrivain n'a rien que le style » (01:50), et que « des histoires, il y en a trop » (03'20'') alors que « ce dont on a besoin de vous, c'est de vos angoisses, vos rêves, c'est votre mort. C'est de ça qu'on se nourrit, dont on a besoin, nous [les écrivains] sommes des vampires » (03'23''). La capacité de 'faire le mort' tout en demeurant vivant, à laquelle l'écrivain a été appelé dans l'enfance en héritant du prénom d'un cousin, baptisé Dany et mort en bas âge, le prédispose à ressusciter et à relever les gens de leurs nécroses psychiques et sépultures vivantes. L'écrivain re-suscite le désir en déblayant les 'cryptes' dont il a été le premier à faire l'expérience. « Que le désir soit manque, nous dirons », avance Lacan, « que c'est sa faute principielle, au sens de quelque chose qui fait défaut » (*L'Angoisse* 320), Dany Laferrière creuse vertigineusement le trou où se loge ledit manque, et ce jusqu'à la frêle note dont il avait retenu l'écho. Une suspension de la démarche interprétative est alors nécessaire, car, comme le dit par ailleurs Lacan : « Changez le sens de cette faute en lui donnant un contenu – dans l'articulation de quoi ? laissons-le suspendu –, et voilà qui explique la naissance de la culpabilité et son rapport avec l'angoisse » (320). Il faut, pour parvenir au fond (du trou), l'audace d'affronter le vertige, soit *L'Art presque perdu de ne rien faire* dont l'œuvre entière de Dany Laferrière esquisse dès le départ le sens en matière de jouissance.

Ne rien faire

L'expression « Je n'ai rien fait » (321) est répétée à l'issue d'une scène sexuelle qui revêt les caractéristiques d'un fantasme autour d'un abus de jouissance. Dans le va-et-vient entre monde réel et monde rêvé d'« Une autobiographie américaine » menée à rebours par un écrivain fatigué de passer pour *un grand garçon fou*, l'acte est 'commis' par Miki (presque vingt ans) sur un narrateur autodiégétique adolescent (quinze ans)[140]. La scène s'ouvre sur la position *je ne sais rien* d'un sujet *supposé savoir* (Lacan) : « – T'as toujours la tête dans ton livre, alors que j'ai l'impression que tu sais beaucoup de choses. [...] Tu caches bien ton jeu. N'est-ce pas que j'ai raison ? dit Miki avec un sourire ambigu. – Pourquoi tu dis ça, Miki ? Je ne sais rien... – C'est ce que je vais voir... » (321). Il s'agit bien d'un assaut : « Elle monte sur le divan avec ses souliers. Je me tasse près de la petite table [...] » (321). S'ensuit, au son de *Grille ta cigarette* des Shleu Shleu et après quelques approches, un passage à l'acte sexuel qui le laisse médusé : « Elle me fait des signes désespérés de la main. Que veut-elle me dire ? D'arrêter. D'arrêter de faire quoi ? Car je ne fais précisément rien. Pas le moindre mouvement » (321). Dans cette scène, le *sujet qui ne fait rien* – à la façon d'un Valmont qui ne cesse de répéter à Mme de Merteuil : « C'est comme ça, je n'y peux rien » (*Les Liaisons dangereuses*, Valmont, lettre 141) – jouit bel et bien de ladite position. Autrefois, cela se traduisait par un *sujet arrêtant de respirer* face aux sourcils froncés de la mère, qui demandait à l'enfant de se tenir coi pendant qu'elle jouissait du père (au téléphone). Il semble revivre à quinze ans (dix-huit, voire vingt ans)[141] une équation 'coït = coi' qui fait ici de lui la proie du plaisir sexuel de la femme livrée à un autre que lui-même. Une sorte d'identification dissociative rendue vivable par

---

[140] *Cf.* Nathalie Courcy and Dennis F. Essar both speculate on the author's actual age in the story, putting him either at the age of 18 (Essar 933) or 20 (Nathalie Courcy, « Le goût des jeunes filles de Dany Laferrière : du chaos à la reconstruction du sens » (2004), p. 86), dans Lee Skallerup Bessette, « *Telling Stories from Haïti. Dany Laferrière and Authenticity and Authority in Autobiography* » (2012), p. 30.

[141] V. Nathalie Courcy (2004) et Dennis F. Essar (1999).

la fiction, permettrait à l'acte de se produire d'un Moi (Dany) 'qui ne fait rien' à un Autre (Laferrière) 'qui fait l'amour'. Le prodige se réalise dans le fantasme autour d'un pénis *toujours dur* que la femme prolonge de l'érection de tout son corps : « Tout son corps est ferme, dur, bandé comme un arc. De plus en plus ferme. De plus en plus dur. Soudain tout craque. Et le cri part, cette fois aigu. Un cri de castrat. Interminable. [...] Je reste là, sans bouger. Toujours dur » (*Le Goût des jeunes filles* 321), où l'on relèvera le renvoi au cri du castrat, c'est-à-dire à la jouissance que la femme tire de la castration. Le narrateur de *Je suis fatigué* (2005) qui clôt « Une autobiographie américaine », en a tiré un enseignement qui relativise le titre du premier livre.

L'insistance sur le *je n'ai rien fait* a en même temps des accents de passivité qui rappellent, indépendamment de l'âge 'réel' des protagonistes, ce que Freud avançait à propos de la séduction infantile : « Dire que la scène de séduction est vécue passivement ne signifie pas seulement que le sujet a un comportement passif dans cette scène, mais qu'il la subit sans qu'elle puisse évoquer chez lui une réponse » (Laplanche et Pontalis 1967, 437). Les deux auteurs du *Vocabulaire de la psychanalyse* ajoutent que pour Freud « l'état de passivité est corrélatif d'une non-préparation, la séduction produit un "effroi sexuel" » (437). Certes, l'auteur de *Je suis fatigué* (2005) dit bien qu'il ne s'est rien passé en réalité : « Ni en 1971 [date du fantasme] ni aujourd'hui [date du tournage du film de John Lécuyer], je ne suis arrivé à les toucher. Je n'ai pu que les rêver. Est-ce mieux ? C'est la vie » (*Je suis fatigué* 92). Mais sait-on les raisons d'un fantasme ainsi articulé ? Si l'on omet le fait que l'adolescent du cycle autobiographique est sans doute plus âgé, à en croire la mention de la mort de François Duvalier à la fin du roman[142], il reste que les femmes de la famille le traitent encore comme un enfant. Le nom de Fanfan est en effet lâché dans le contexte de la scène sexuelle, alors que le narrateur n'avait pas été nommé dans le reste du roman, ce qui porte à penser à une difficulté, de sa part, de sortir d'un état d'infantilisation. Dans la mesure où il est en tout cas en mesure d'avoir des représentations sexuelles – le

---

[142] « La nouvelle est maintenant officielle : François Duvalier vient de mourir » (*Le Goût des jeunes filles* 355) ; du point de vue de la réalité autobiographique, l'âge du narrateur, comme le fait remarquer Lee Skallerup Bessette (2012), serait alors plus avancé. Les quinze ans de la fiction rendent cependant le sentiment qu'a le narrateur, qui ne s'appelle pas pour rien, ici, Fanfan, d'une immaturité sexuelle.

narrateur précise que tout se passait dans sa tête –, on est pour le moins en droit de lire la scène comme celle d'une soumission au désir de l'Autre féminin :

> [...] elle se remet à déparler, à s'arracher les cheveux, à se griffer la poitrine, et toujours ce hurlement de bête blessée. Alors que je n'ai rien fait. Aucun geste. Tout se passe dans ma tête, semble-t-il, je ne bouge toujours pas. Elle perd le souffle. Quel est le secret ? Ne pas bouger ! L'amour immobile. – Laisse-moi un temps pour respirer, me dit-elle dans un souffle. Mais je ne fais rien. Je ne bouge pas, je l'ai dit. Trop impressionné par cette chose mystérieuse. Elle me parle sans arrêt et je n'y entends goutte. Je ne comprends pas son sabir. Elle s'adresse à moi, les yeux révulsés. Je sens vaguement qu'elle commence à paniquer un peu devant l'ampleur de son propre délire. Sa langue devient lourde. Elle ouvre grands les yeux et me regarde sans me voir. (320–321)

Le fait que Miki n'a rien de la *jeune fille pudique* à laquelle la mère est assimilée[143] permet au fils de faire abstraction de l'interdit de l'inceste et à Œdipe de se remplir les yeux de cette *chose mystérieuse* autrefois captée sur les traits de la mère en communication téléphonique avec le mari/père exilé : « Visage tour à tour grave et gai. Brusquement, la lumière éblouissante de cette jeune fille pudique qu'une inflexion conquérante de la voix de mon père venait de faire surgir devant mes yeux éblouis » (*Le Cri des oiseaux fous* 19). La voix toute-puissante du père exilé, dont la mère incarnait le spectre, eut des retombées sur l'adolescent qui n'avait pourtant *rien fait :* « Je repense encore à la voix de mon père dont je ne connais que les effets sur ma mère. Cette voix terrifiante qui, d'une inflexion ensoleillée ou ennuagée, pouvait changer le cours de ma semaine » (19). L'impuissance du fils s'accentuait à chaque coup de fil : « Ma mère sortait de ses conversations téléphoniques avec les reins cassés d'une petite vieille ou sa taille de jeune fille, selon les humeurs de la voix de mon père. Et rien ni personne ne pouvait modifier cette posture (la vieille ou la jeune fille) avant le prochain appel téléphonique » (19). À en juger d'après les questions innocentes que Fanfan se pose face à la jouissance de Miki, on peut penser que celle-ci lui procure la même position-*off* que la jouissance, jadis, de la mère :

> La machine à jouir s'est complètement détraquée Elle veut peut-être de l'eau ? La voilà qui touche légèrement sa bouche du bout de ses doigts. De l'eau ? Non. Elle étouffe. Elle se prend par le cou et essaie de s'étrangler

---

[143] On apprend toutefois dans *Journal d'un écrivain en pyjama* (2013) qu'elle lit Sade.

Ne rien faire

elle-même. Elle ouvre, finalement ses mains et les regarde comme si elles lui étaient totalement étrangères. Elle serre les dents, refusant de crier. Elle ouvre et ferme ses mains de plus en plus vite. […].

S'il fonctionne en tant que substitut du mâle-objet du désir de l'Autre féminin, il n'en tire aucune participation personnelle : « Dix minutes plus tard. Elle se réveille lentement, me regarde avec des yeux étonnés. – Je n'ai jamais joui de ma vie comme ça. Qu'est-ce que tu as fait ? Rien. – Rien !? – Rien » (321–322). Ce qui est significatif aussi, c'est que Miki ait trouvé avec lui *qui n'a rien fait* la jouissance qu'elle cherchait en vain non seulement chez les riches (son fiancé Max), mais aussi et surtout chez les tueurs potentiels du père :

Tu es encore plus merveilleux que je ne l'imaginais… Sais-tu que tu es un vrai petit trésor ? Tu m'apprends des choses sur moi-même… Et dire que tu étais toujours en face de moi, de l'autre côté de la rue. On va souvent chercher ailleurs ce qui est déjà à notre portée. – Mais je n'ai rien fait… – Chut !… Elle me met un doigt sur la bouche. (322)

Dans ce contexte, il resterait à rappeler que le livre de Saint-Aude était lié à la jouissance barrée d'un admirateur de Pasqualine, repoussé par celle-ci, et que c'est précisément ce vestige qui occupait l'adolescent : « C'est un type qui l'avait oublié chez elle » (*Le Goût des jeunes filles* 349). Lire Saint-Aude au milieu de femmes imposant aux hommes la loi de leur bon plaisir, tel le soupirant malheureux de Pasqualine, permet d'inverser le cours des amours auxquelles il assiste, *ébloui* mais impuissant, chez lui, en présence d'une mère fidèle à un homme absent, le seul homme capable d'éclairer d'une *lumière éblouissante* le visage de la femme : « Un visage de ma mère que je n'ai plus jamais revu après » (19). Le sujet qui *lit au lit* cherche dans le fantasme la clef de cette lumière, tel Bouba lisant dans le divan les sourates du Coran et les textes de Freud. Dans *Le Goût des jeunes filles*, la poésie est le support du fantasme se jouant autour d'une maison qui a ceci de particulier, on l'a dit, qu'y circulent des tueurs potentiels (du père). Si elle éveille la puissance sexuelle du sujet, cette circonstance ne libère cependant l'orgasme que chez la femme (qui ne lit pas) : « – Tu n'as jamais lu Saint-Aude ? – Pas le temps… Peut-être un jour… Pour être honnête, je n'aime pas lire » (*Le Goût des jeunes filles* 349). C'est que la position du *sujet qui lit au lit* au lieu de se défouler en faisant, par exemple, l'amour, illustre cet *Art presque perdu de ne rien faire* qui aura permis de créer un langage[144].

Le séjour chez Miki n'est-il que fantasmé ? En dépit de ce qu'en dit l'auteur dans *Le Goût des jeunes filles* (2005) et dans *Je suis fatigué* (2005), *Le Cri des oiseaux fous* (2002) laisse entendre qu'il a pu y avoir glissement d'un contenu imaginaire à un autre. Il se serait en effet réfugié pour de vrai chez elle pour échapper à une vindicte imaginaire des marsouins : « Tu te souviens qu'une fois, tu étais venu te cacher quelque part, croyant que les tontons macoutes te poursuivaient ? Ce que j'ai ri », dit Choupette, l'une des filles de la bande, « quand on m'a raconté toute l'histoire après ton départ » (Laferrière 2002, 294). La menace qui pousse ensuite Vieux Os à se réfugier à Montréal à 23 ans garde cette part d'imaginaire non élucidée. Était-il vraiment le premier sur la fameuse liste des journalistes du *Petit Samedi Soir* à éliminer ? Était-il réellement menacé ? C'est à peu près certain pour tout le monde, ce ne sera jamais tout à fait clair pour lui, rendant la question de l'exil de l'autre côté de l'eau (*lot bod lo*) difficile à intégrer, comme le dit Vieux Os dans *Le Cri des oiseaux fous* : « (Je déteste le terme "exil") » (Laferrière 2000, 114). Le roman de 2000 vient, en attendant, corroborer les raisons d'un refuge de l'autre côté de la rue vécu comme une expérience au centre du monde : « Je pense [...] à ces filles qui ont occupé, à un moment donné de ma vie, mes quinze ans, le centre de mon monde phantasmatique. Ces lumineuses actrices de mon cinéma intérieur » (*Le Cri des oiseaux fous* 299). Le passage indique aussi qu'il a trouvé, dans le statut de réfugié face aux sbires du dictateur, le moyen de franchir la double barrière, familiale et duvaliériste, qui le séparait de la jouissance : « Ma mère les détestait, les considérant comme des putes. Pour moi, elles étaient le symbole de la liberté, du désir sexuel et du plaisir de vivre. Elles m'ont empêché de crever d'ennui dans la capitale zombifiée par la dictature de Papa Doc » (299). La sexualité motivera également le départ à Montréal.

---

[144] La littérature n'étant pas là pour offrir un espace de défoulement mais pour créer un langage, ainsi que l'avance, de façon générale, le psychanalyste Jean Florence dans *L'Identification dans la théorie freudienne* (1984), p. 290.

Le franchissement

Le prénom du poète Magloire Saint-Aude rappelle le nom du président Paul Eugène Magloire, auquel Windsor Klébert Laferrière *sr* s'était opposé de connivence avec le futur dictateur François Duvalier. Paul Eugène Magloire fut, rappelons-le, le premier président haïtien élu au suffrage universel. Il démissionne en 1956 sous la pression des revendications populaires, laissant le pouvoir à François Duvalier, élu après quelques brefs gouvernements de transition. Pris comme pur signifiant, 'Magloire' relie pour le moins la paire fils & père Laferrière, assurant – non pas une passation de pouvoirs comme celle qui eut lieu entre Papa Doc et Baby Doc –, mais le passage intergénérationnel, combien plus intime, de la puissance. Il resterait à dire, en attendant, que si Magloire Saint-Aude ouvre au désir de l'Autre féminin à l'image du père, un autre poète, Bashō, intervient à Montréal en plus de Mishima à l'image, cette fois, d'un signifiant étranger à Haïti et au père. Le trait unaire autorisant l'auteur à se dire 'écrivain japonais' donne toutefois lieu, dans *Éroshima* (1987) à la répétition de la posture *je n'ai rien fait* vécue avec Miki : « Les mains saoules et spirituelles de Hoki font de mon corps un bel objet sexuel. Comme un briquet que l'on tourne et retourne dans sa paume avant de l'allumer » (Laferrière 1987, 17). Il y a, ici, passation de pouvoir (poétique) qui confirme le genre féminin dans un désir que l'absence des pères a rendu incontesté, ainsi que l'évoque notamment la section « Sans père » de *La Chair du maître* (1997) : « La plupart de mes amis (et moi aussi) n'ont pas connu leur père (mort en prison ou exilé). Nous avons été élevés par nos grand-mères, nos mères et nos tantes. Des femmes sans homme. Des enfants sans père. Duvalier pouvait ainsi aisément nous faire croire qu'il était notre père » (Laferrière 1997, 16). Le dictateur se fait si bien passer pour le père, que l'oncle maternel Yves, dont la présence eût pu porter à conclure à une structure familiale de type matriarcal[145], fait l'objet d'une ellipse dans l'autobiographie américaine, livrant l'adolescent à un groupe de cinq femmes en manque (d'homme), la mère, Marie, et ses sœurs Raymonde, Renée, Gilberte et Ninine. Il leur sert certes de chaperon, mais il n'est jamais que le reflet de celui qui, après son départ en exil, continue d'être regardé comme le « seul homme de la famille » (*Le Goût des jeunes filles* 23) : Windsor Klébert

---

[145] Rappelons que dans les structures matriarcales la paternité sociale de l'enfant est assurée par l'oncle maternel.

Laferrière *sr*, qui avait pour habitude de signer Windsor K. Cet homme au destin kafkaesque ne sera jamais dépouillé de son sceptre au profit de quiconque. Comme le dit tante Raymonde : « Nous les filles de Da, on a toujours fait un seul bloc face à l'adversité, on a toujours été ensemble et on restera toujours ensemble... Aucun homme ne peut nous séparer, il y a eu un seul homme dans cette famille et c'est ton père, le seul... » (23). Deux d'entre elles ont bien eu des amants, mais « c'était toujours passager, ce n'était pas vraiment important... » (23). C'est dans cette ambiance que s'instaure l'embarras pour le fils et neveu de se rapporter à un objet qui annule le réflexe d'autosatisfaction du corps agité, motilité de la chora dont relève le sémiotique. L'une des tantes n'a même jamais connu la moindre alternative à Windsor K. : « – Et tante Renée ? » demande Vieux Os, « Un cri. – Jamais ! J'avais envie de lui dire que c'est à cause d'elle si tout ça s'est passé comme ça et qu'elle a empoisonné la vie de ses sœurs avec cette idée fixe d'un seul homme, mais à quoi bon... » (23). Windsor K. demeure le pivot à partir duquel s'articule le désir des femmes de la famille, un refus de toute alternative qui lui donne tous les pouvoirs en dépit de son départ en exil, et le place malgré lui dans la position d'un dictateur par contumace.

Le problème surgissait tant que – faute de l'intercession de Saint-Aude ou de Bashō – les mots venaient à manquer pour dire la chose et qu'il ne restait que l'objet qu'on ne peut demander. C'est alors qu'intervenait le fantasme. Celui-ci oppose au groupe des cinq femmes de la maison, marquées du sceau de l'interdit de l'inceste, une bande de jeunes filles 'franchissables'. Il suffirait de passer « de l'autre côté du trottoir » (47), pour se retrouver dans la maison de Miki. Trottoir et miroir demandaient à être gravis. Le miroir (ovale) constituait la première étape du passage du sujet au pays des merveilles. Le MOI et l'AUTRE se concertant tout d'abord sur un objet – le livre – destiné à prendre la place de ce dont le sujet était privé, à savoir le phallus – celui du plus-grand-poète-américain-ami-de-Papa-Doc – et ce, pour le dire avec Lacan, « jusqu'à devenir ce véritable leurre de l'être qu'est l'objet du désir humain » (*Le Séminaire. Livre VI. Le désir et son interprétation*, 370)[146]. La problématique de l'opacité de l'Autre est lancée à partir de Saint-Aude, dont les mots renvoient à l'énigme

---

[146] J. Lacan, *Le Séminaire. Livre VI. Le désir et son interprétation* (2014), p. 370, citation commentée et mise en relief sur le site de la Nouvelle école lacanienne de psychanalyse (NLS), « "Que veux-tu ?", rivalité, amour, désir, IVes Journées de la Société bulgare de psychanalyse lacanienne » (29 et 30 novembre 2014).

La parthénogenèse 113

posée par l'être en tant qu'être parlant. Le désir de l'Autre se traduit alors dans des manœuvres d'intertextualité, d'intermédialité[147] ainsi que de transtextualité, typiques de l'ensemble de l'œuvre de Laferrière. *Le Goût des jeunes filles* acquiert plus précisément une note de transsexualité à travers l'ajout du Journal de Marie-Michèle auquel l'auteur a procédé lors d'une refonte ultérieure. Si ces différentes formes de transitivité sont typiques du rêve, la transsexualité rappelle à nouveau le conseil donné au neveu par le narrateur de *L'Énigme du retour* (2009). Marie-Michèle laisse transparaître une récrimination par déplacement à l'encontre de la mère et des femmes de la famille marquées par un inassouvissement perpétuel, à cette exception près que son Journal s'en prend à une clique de femmes appartenant au Cercle de la haute société de Pétionville : « Le temps de l'adolescence dure indéfiniment pour les dames des beaux quartiers. C'est sensuel, jamais sexuel. Ce qui en fait de constantes allumeuses » (*Le Goût des jeunes filles* 298). Que dire en effet plus directement des femmes de la maison, enfermées dans l'univers kafkaesque de leur désir pour un homme en exil ? Et du fils qui y fait figure de fantôme de par l'aura qu'il a héritée du père ? Le spectre qui apparaît dans le cycle haïtien de l'autobiographie américaine, ce n'est pas le roi Hamlet-Laferrière *sr* mais le prince, son fils, Laferrière *jr*. Ce qu'il demande ? Les femmes. Marie-Michèle y répond pour sa part si bien, qu'elle en devient malgré elle homosexuelle. Comme on l'apprend à la fin du roman et après qu'elle a précisé qu'elle n'est pas lesbienne, elle vit désormais avec une femme après avoir été la proie, autrefois, de l'attraction de Miki sur le groupe. Elle occupe – à la décharge de Vieux Os – la position d'emprisonnement dans le désir de l'Autre maternel

La parthénogenèse

En dédicaçant *L'Odeur du café* (1991) aux femmes de sa famille, « *À Du,* [sa] *grand mère, à Marie,* [sa] *mère, à Ketty,* [sa] *sœur, à* [ses] *tantes, Renée, Gilberte, Raymonde, Ninine, à Maggie,* [sa] *femme, et à Melissa, Sarah et Alexandra,* [ses] *filles, cette lignée interminable de femmes qui, de nuit en nuit,* [l']*ont conçu et engendré* » (Laferrière 1991 9), l'auteur place le roman

---

[147] *Cf.* e.a. le titre donné à la scène XV : « Femmes au bord de la crise de nerfs », qui, comme l'auteur l'indique en note, est le « Titre d'un film de Pedro Almodovar que j'ai beaucoup aimé. J'espère, Pedro, que tu feras une pareille pub pour moi, un jour » (*Le Goût des jeunes filles* 142).

sous le double signe de la parthénogenèse, et, partiellement aussi, de la réversibilité de l'ordre intergénérationnel. Il est ailleurs question, de façon très récurrente, du lézard. Il s'agit d'un animal généralement capable de se reproduire sans la semence du mâle, dont la plupart perdent la queue en cas d'agression mais qui la voient ensuite 'ressusciter'. Le reptile réunit ainsi deux facultés, la parthénogenèse et le dépassement de la (peur de la) castration. *Pays sans chapeau* (1999) lui consacre deux textes[148] qui closent l'un des chapitres intitulés « Pays réel ». C'est à la lumière de l'adage : « *Pati pas di ou rivé pou ça* (Partir ne veut pas dire que tu es arrivé pour autant) » (Laferrière 1991, 53), que sont données à lire les retrouvailles à Port-au-Prince avec le lézard vert, *une émotion de l'enfance* qui était tombée dans l'oubli au Québec où l'animal ne vit pas. La rencontre est source d'effroi : « J'ai vu cet éclair vert. Je ne me suis pas écarté assez vivement. Quelque chose s'agrippe à ma chemise. Je deviens livide. Mon cœur sort presque de ma bouche. Je n'ose même pas regarder ce que c'est. Là, sur ma chemise : un lézard vert » (Laferrière 1999, 61). Passé le moment de frayeur – les regards du reptile et de Vieux Os se sont croisés –, les retrouvailles acquièrent une portée symbolique : « L'impression aiguë que tout a été coordonné de façon que j'arrive à temps pour voir ce lézard. Le but secret de mon voyage » (Laferrière 1999, 61). Ailleurs, le lézard qui se dorait au soleil sur une tombe du cimetière de Petit-Goâve, saute en bas à l'approche de Vieux Os, enfant. Le gisant démontrait par là ses facultés de ressusciter d'entre les morts. L'irruption du lézard dans *Pays sans chapeau* (1999) acquiert d'autant plus de signification, que Vieux Os rentre à Port-au-Prince après vingt ans d'absence, pour mener une enquête sur le pays des morts et que le voyage qu'il entreprend là-bas, avec l'aide de Lucrèce, confirme une proximité entre l'ici-bas et l'au-delà bien qu'au prix de certaines inversions. Ainsi le mythe d'Œdipe devient-il celui de Marinette, fille d'Ogou dieu du fer et de la guerre, et d'Erzulie. Marinette s'est transformée en dix jeunes filles égales à elle-même, qui lavent leur robe de mariée pour monter sur le trône d'Ogou en lieu et place de la reine. Le voyage de Vieux Os au pays des morts – ainsi appelé parce que les défunts sont enterrés sans leur couvre-chef – permet de rendre compte de la volonté d'usurpation – et d'inversion du cours intergénérationnel – dont le vaudou porte le message entre mère et fille(s). En outre, la déesse jalouse de Marinette est focalisée sur un homme qui, contrairement à Joseph, est l'objet de tous les désirs. Elle inverse par là

---

[148] « Le lézard vert » et « Un rendez-vous ».

La parthénogenèse 115

le tableau de la mère qui, dans la religion catholique avec laquelle s'est opéré le syncrétisme haïtien, négligeait Joseph pour se fixer sur leur fils, Jésus. La résurrection du fils tient, dans le vaudou (re)visité par Vieux Os, non pas à son ascension à la droite du père, mais à sa redescente sur terre loin de celui-ci. La déesse voulait, en effet, séduire Vieux Os – *alias* Laferrière/Ferraille *jr* – pour qu'il aille « piquer, avec l'arme de la jalousie, le cœur de son mari, Ogou Badagris ou Ogou Ferraille, l'intraitable dieu du feu et de la guerre » (*Pays sans chapeau* 261). Le retour : « avant que tout éclate, il y a quelqu'un qui doit foutre le camp d'ici très vite » (261) a permis d'échapper à la (menace de) castration.

La déesse-mère Erzulie ne fait pas pour rien l'objet d'une caractérisation psychanalytique unique en son genre dans l'œuvre de Dany Laferrière, lorsque Vieux Os précise qu'« elle a ce rire crescendo, légèrement hystérique » (258). Le diagnostic de l'*hystérie légère* succède à l'incrédulité de Vieux Os, étonné qu'en réponse au désir féminin, fût-il celui d'une déesse, on puisse faire l'amour pendant un mois sans s'arrêter, circonstance qui rendrait téméraire pour le mâle disposé à *travailler comme un nègre* la formule gagnante de 1985 : « Écoutez, jeune homme, les humains font l'amour, mais les dieux baisent. – D'accord, mais pour baiser un mois sans s'arrêter… » (258). Bien qu'elle n'atteigne pas à la féminité de Erzulie Dantor protectrice des femmes et des lesbiennes, Erzulie Freda est bel et bien la mère d'une fille, Marinette, elle-même capable de s'automultiplier par dix, ce qui fait de la déesse-mère le contraire – au niveau des genres – de la Vierge Marie engendrant par le biais de la parthénogenèse arrhénotoque[149]. Le dogme christologique se base en effet sur le mystère d'une maternité virginale[150] et la dévotion d'une mère immaculée[151] pour un fils unique, certes fruit du Saint-Esprit et fils de Dieu, mais lié, dans les tableaux de la Vierge à l'enfant de l'iconographie occidentale, à l'idée d'une autosuffisance de Marie en matière d'engendrement. Au-delà de ces deux grandes figures de la féminité, l'une vaudou (*légèrement hystérique*) et l'autre judéo-chrétienne (*phallique*), le lézard/Lazare qui apparaît à Vieux Os dans *Pays sans*

---

[149] La vérité théologique relevant d'un autre registre que la vérité historique, ainsi que le souligne Joseph Ratzinger dans son introduction à *Jesus von Nazareth* (2007).
[150] Pour les protestants, elle ne l'est toutefois que jusqu'à la naissance de Jésus.
[151] *Cf.* le dogme de l'Immaculée conception, qui n'est partagé ni par les protestants ni par les orthodoxes.

chapeau (1999) offre la figuration poétique d'une résurrection possible de l'Homme en son séjour ici-bas.

L'épreuve de castration

Les deux premiers romans de Laferrière, *Comment faire l'amour avec un nègre sans se fatiguer* (1985) et *Éroshima* (1987), portaient beaucoup sur la question du 'faire' : « À bien y penser, c'est une expression terrifiante : FAIRE L'AMOUR. Il y a pire : FAIRE L'AMOUR AVEC UNE JAPONAISE » (Laferrière 1987, 18). La rencontre négro-nippone a tellement de force, que « tout l'Occident judéo-chrétien assista, IMPUISSANT, à ce qui se passa cette nuit-là au 4538, avenue du Parc » (18). La castration ne touche cependant pas que l'Occident judéo-chrétien. Tandis que *Thanatos* (la bombe atomique) pèse sur le monde entier, *Éros* se plaît à jouer avec les instruments de la castration. Le rasoir qui intervient en 1987 dans les préludes à l'amour (Hoki se dépile avant de s'offrir au narrateur) se retrouve également dans *Le Goût des jeunes filles*, à l'endroit cette fois de Pasqualine. Il alterne, dans les mains de Gégé, avec un couteau censé avoir servi à émasculer un marsouin (tonton macoute). Au niveau du fantasme (film), il se passe que Gégé lui a fait croire qu'il avait émasculé un tonton macoute pour le venger de la tentative d'assassinat dont il avait été victime[152]. Il s'imagine l'objet de possibles représailles, qui ne pourront prendre d'autre forme que celle d'une castration : « Je ne suis pas rentré chez moi, hier soir. J'avais trop peur. Les marsouins doivent connaître mon adresse. […] Ils commenceront par me couper les couilles. Peut-être que je vais être obligé de les manger aussi » (*Le Goût des jeunes filles* 142). En famille, il est en revanche confronté à un déni de virilité ; sauf tante Raymonde, on ne veut pas lui reconnaître un désir de FAIRE L'AMOUR même quand c'est écrit en majuscules :

– C'est la première fois qu'il fait ça, dit ma mère. – Et alors, dit tante Raymonde, il faut bien une première fois. – Mais, Raymonde, réplique ma mère en sanglotant, ce n'est qu'un enfant. – C'est un homme…, Marie, il peut être père à présent… Quand est-ce que vous allez vous ouvrir les yeux dans cette maison ? – Ce n'est pas un homme…, dit tante Renée avec

---

[152] *Cf. Le Goût des jeunes filles* (2005), p. 141.

la dernière énergie possible. IL N'Y A PAS D'HOMME DANS CETTE MAISON. (143)

La « terrible »[153] initiation chez Miki a beau être survenue sur le mode du *je n'ai rien fait*, dans *l'après-coup* un tatouage indélébile peut réveiller à tout moment la sensation qui dort : « On se demande pourquoi tel événement se fixe dans nos mémoires. Quand on imagine toutes ces histoires (de microscopiques sensations crépitant constamment à la surface de notre peau), on s'interroge sur celles qui vont se fixer sur notre corps en tatouages colorés » (31). L'émotion est ce qui entretient la réversibilité du temps. Il suffit à vrai dire d'un rien pour que le phénomène se produise : « Pas toujours ces histoires brûlantes, au premier jour, qui nous ont gardés éveillés toute la nuit. Souvent, ce sont des centaines d'émotions si furtives qu'on les a crues mineures » (31–32). Elles rejaillissent traîtreusement plus tard : « Alors qu'elles s'enfonçaient clandestinement sous notre peau, restaient sans bruit comme un espion dormant, pour refaire surface des années plus tard » (32). Or, si elle ouvre la marche au féminin, la jouissance *terrible* subit un arrêt sur image en son versant masculin. Celui-ci est abordé dans *La Chair du maître* (2000) où il est dit que « tout homme doit, un jour ou l'autre, affronter ses démons » (Laferrière 2000, 344). Max, de retour en Haïti après trente ans d'absence, partage avec le narrateur de *L'Énigme du retour* (2009) le souvenir d'une « crise sexuelle » (Laferrière 2009) survenue juste avant son départ en exil. *L'Énigme du retour* n'en dit pas plus, mais *La Chair du maître* évoque un moment où Max est le témoin d'une scène de fornication entre Frantz et sa fiancée à lui : « […] c'était il y a trente ans, il s'était fait avoir par celui qu'il croyait être son meilleur ami. C'est toujours dur pour un jeune homme de vingt ans de découvrir sa fiancée si pudique qu'elle ne lui permettait même pas de l'embrasser au cou dans une position scabreuse. Il revoit la scène une nouvelle fois. Au présent chaud. La même brûlure » (Laferrière 2000, 344). Avant de saisir l'identité de la jeune femme, il avait eu un mouvement à la fois d'attraction et de répulsion devant la violence de l'acte sexuel : « […] Max se sent violemment attiré par ce qu'il a entrevu à l'intérieur. […] On dirait un accouplement de bêtes. […] C'est surtout son ami que Max entend. Et il ne le reconnaît plus. […] Lui, Max, si chaste, si sérieux, si sévère même, n'a jamais imaginé

---

[153] « Je pense surtout à ce week-end terrible que j'ai passé chez elle, il y a près de vingt ans » (31).

l'amour humain de cette manière cannibale » (345). Les choses prennent ensuite un tour inattendu :

> Brusquement, aucun bruit. Ils se reposent. Max prête l'oreille. […] L'ami s'énerve. Il se fâche même. La jeune femme, cette fois, tente de lui résister. Il lui ordonne de se retourner. Pourquoi doit-elle lui tourner le dos ? Un début de lutte. […] L'autre réitère son ordre (« Tourne-toi ! ») de façon plus brutale. Un temps mort. A-t-elle obéi ? Un « HAN » venant de lui. Et ce CRI venant d'elle. Une bête qu'on égorge. […] Un moment après, tout s'éteint. Max ne bouge toujours pas. Les jambes flageolantes. Dix minutes plus tard, on entend un léger ronflement. Le fauve s'est assoupi. La jeune femme s'habille calmement dans la pénombre. […] Au moment de franchir la porte, dans la lumière de cet après-midi étrange, elle se retourne dans sa direction, le visage vaguement inquiet, avec le pressentiment que quelqu'un l'épie. Il la reconnaît. C'est ELLE ! Sa fiancée. Sa petite fiancée si prude. Celle qui lui interdisait de l'embrasser, même dans le cou (« C'est sale ! ») Max se mord la paume jusqu'au sang pour ne pas crier son nom. (344–346)

Ce qui frappe à la lecture de ce passage, c'est que Max n'évoque pas tant la trahison de sa fiancée, que celle de son ami. Elle déclenche en lui un réflexe meurtrier envers Frantz, et ce en lieu et place d'un éventuel passage à l'acte homosexuel signifié pour le moins par le désir qu'il ressent d'enfoncer un couteau dans le corps à présent endormi (passif) du jeune tigre. Et si le meurtre est évité, c'est en raison de l'hématophobie de Max :

> Subitement, elle n'est plus là. Il sent que ses jambes ne pourront plus le supporter une seconde de plus. Il se laisse glisser le long du mur. Max reste ainsi, un moment, dans le noir, à pleurer silencieusement. Le ronflement venant du salon augmente en intensité. Pendant un moment, Max caresse l'idée de prendre un couteau dans l'un des tiroirs de la salle à manger pour aller égorger son ami pendant son sommeil. Il chasse cette idée meurtrière parce qu'il ne supporte pas la vue du sang. Il ne se sent pas trop vaillant non plus. Ses jambes le soutenant à peine, il parvient à sortir de la maison. Dehors, le soleil. La lumière dorée de cette fin d'après-midi d'avril. Il n'a jamais parlé de cette histoire à personne. Son ami et sa fiancée n'ont jamais su qu'il les avait surpris dans leur danse sexuelle. Un mois plus tard, il quittait le pays. Et il n'a plus donné signe de vie à quiconque vivant en Haïti. Trente ans plus tard, il est de retour. (347)

La jouissance du maître est ressentie comme s'étant exercée, par femme interposée, sur sa chair à lui. Il pressent alors que la trahison reconduit à vrai dire à un désir homosexuel de la part de son ami. La

L'épreuve de castration 119

clef de l'énigme est posée, à partir de là, comme liée à l'attentat sexuel de l'Autre masculin :

> Max ne s'intéresse pas à la politique, contrairement à la majorité de ses concitoyens. Une seule chose a dominé sa vie : l'effroyable événement de cet après-midi d'avril. Pour lui, l'ordre de se retourner (« Tourne-toi ») et d'offrir les fesses, que son ami jetait si brutalement à sa fiancée, ne s'adressait qu'à lui. C'est lui, et lui seul, que l'ami voulait baiser, cet après-midi-là. C'était pourtant son meilleur ami. Max garde toujours l'intime conviction que ce fut le plus troublant moment de sa vie. Son secret. Le secret de toute son existence. Qu'il ne comprendra jamais le monde, la vie, le désir, tant qu'il n'aura pas compris cette scène, survenue ici, dans cette ville, il y a près de trente ans. (347–348)

Mais qu'en est-il du désir du Même ? Dans *Le Charme des après-midi sans fin* (1997), le narrateur-adolescent, surnommé Vieux Os, dit de Frantz qu'« [il] a toutes les filles à ses pieds, mais [qu'il] ne comprend rien aux femmes » (Laferrière 1998, 44)[154]. Vieux Os n'arrive pas à se croire l'objet du désir des femmes, surtout de Vava : « Vava ne peut aimer que quelqu'un comme Frantz. Pas moi » (115). Ce qui frappe, c'est que l'adolescent fait le détour par Frantz – il a besoin de ce détour – et qu'il reste en position d'observation de la jouissance de l'Autre. Cette posture se transforme néanmoins dans le « rêve de cap et d'épée » (194) où un chef de bande qui « ressemble étrangement à Frantz » (196) tente d'agresser Délia et sa fille Vava, et que Vieux Os se bat pour les défendre. Il confond si bien Frantz/l'adversaire, qu'il le détrône et est porté en triomphe : « Je me retourne pour voir toute la ville à mes pieds. Une salve d'honneurs. On m'emporte vers le bas de la ville. Je jette un dernier regard vers la fenêtre. Les grands yeux noirs de Vava. La joie éclatante de sa mère. L'amour rouge » (197). C'est aussi « l'irrésistible courant populaire » (197) qui porta jadis le père à la tête de la mairie de Port-au-Prince, avec cette « odeur forte du sang et de la poudre » (197) lié à « l'appel de la gloire » (197). On est loin, dans le roman sur le charme de l'enfance, de

---

[154] « Il n'a jamais été obligé d'échafauder le moindre plan pour attirer une fille dans son filet. Si ça se trouve, il ne sait même pas que ça existe. C'est simple : toutes les filles sont folles de lui. Et lui, il fait le tri. Nous, nous regardons. Parfois, il lui arrive de penser que c'est lui qui a fait le premier pas quand ça fait quatre mois que Virginie rame pour attirer son attention. Nous (Rico et moi), nous ne lui disons jamais rien. Il lui arrive (ce qui est rarissime) de soupirer après une fille quand nous avons depuis longtemps que Flore (puisque c'est d'elle qu'il s'agit) ne pense qu'à lui depuis une éternité. On n'est quand même pas là pour lui apporter la cuillère à la bouche » (44).

la soif de sang qui s'empare du narrateur adulte dans *La Chair du maître* (2000) face au *tigre* qui tire jouissance de la sodomisation. Si la violence rebute Max, l'énigme réside dans la puissance qui en émane. Dans le « livre dur » qu'est *La Chair du maître* selon son auteur[155], la haine pour le rival est un négatif qui n'attend qu'à être développé pour faire apparaître l'amour.

Entre-temps, il serait hâtif d'en conclure à un véritable sentiment de persécution[156]. Frantz reste un ami et le désir qui porte Max à vouloir poignarder Frantz, relève tout au plus d'un éclair de paranoïa que la psychanalyse interpréterait comme une défense contre l'homosexualité.[157] S'il en est question dans *Le Cri des oiseaux fous* (2002) à l'endroit de François, le bel acteur qui interprète habituellement le rôle de Créon dans *Antigone*, c'est aussi pour souligner la différence entre réalité et tendance homosexuelles : « On dit qu'il est l'amant de ce metteur en scène influent […] mais personne ne l'a jamais vu avec lui. Comment peut-on inventer de pareilles médisances ? » (179). Se dressant contre l'étroitesse d'esprit du milieu et pressentant que l'orientation sexuelle n'est pas en cause, mais tout au plus la prison maternelle dans laquelle François se laisse enfermer, le narrateur défend la dignité de la personne : « Je m'en fous qu'il soit l'amant de X ou de Y. Je ne comprends pas qu'on puisse inventer des histoires dans le but uniquement de faire du mal à quelqu'un » (179– 180). Pour ne pas passer pour ce qu'il n'est pas, il manque tout au plus à François un réflexe ostentatoire : « Pour certaines personnes, si on ne bave pas à la vue de la moindre jupe, on doit être homosexuel. J'ai plutôt

---

[155] C'est sur ces mots que se termine la dédicace que l'auteur m'a accordée.

[156] Comme l'énonce Jacques Lacan dans *Le Séminaire. Livre III. Les psychoses* (1981), p. 52 : « La première façon de nier cela, c'est de dire – *ce n'est pas moi qui l'aime, c'est elle*, ma conjointe, mon double. La seconde, c'est de dire – *ce n'est pas lui que j'aime, c'est elle*. À ce niveau, la défense n'est pas suffisante pour le sujet paranoïaque, le déguisement n'est pas suffisant, il n'est pas hors du coup, il faut que la projection entre en jeu. Troisième possibilité – *je ne l'aime pas, je le hais*. Là non plus l'inversion n'est pas suffisante, c'est tout au moins ce que nous dit Freud, et il faut aussi qu'intervienne le mécanisme de projection, à savoir – *il me hait*. Et nous voilà dans le délire de persécution. »

[157] Jean Laplanche et Jean-Bertrand Pontalis, dans *Vocabulaire de la psychanalyse* (1967), p. 300, rappellent que, pour Freud, « la paranoïa se définit […] par son caractère de défense contre l'homosexualité (2, c, 5, 6) ». Lacan, dans *Le Séminaire. Livre III. Les psychoses* (1981), p. 39, nuance ce point de vue après avoir rappelé que « la psychanalyse explique […] la paranoïa en général, par un schéma suivant lequel la pulsion inconsciente du sujet n'est autre qu'une tendance homosexuelle ».

l'impression que François est un fils à maman » (180). Signalons tout de même, à ce stade, que l'auteur ne nourrit aucun préjugé à l'égard de l'orientation homosexuelle tant qu'elle ne relève pas d'un syndrome acquis livrant la personne concernée à un choix de vie qui ne lui ressemble pas. Dans « Les Rendez-vous du mercredi du 26 novembre 2014 » où il était invité avec l'artiste Mario Benjamin, Dany Laferrière a pris l'initiative de parler de l'homosexualité de cette personnalité de l'art contemporain en Haïti, qui a participé à des événements aussi prestigieux que les Biennales de Venise, de Kwangju, de São Paulo, de Johannesburg et autres expositions aux États-Unis, inspirant du reste, à son interlocuteur, des réactions sonores proches du « chut ! » de la censure. Faisant allusion au rapport de l'artiste avec la mère et l'homosexualité, Dany Laferrière, et non Mario Benjamin, est celui qui précise que l'homosexualité est tout au plus le fait de « quelqu'un qui fait l'amour avec une personne de son sexe » (« Rencontre/débat du 26 novembre 214 au Grand-Palais/Paris). La situation de François ne lui est pas non plus étrangère : « Je peux comprendre cela. Ma mère a essayé de faire de moi quelque chose de ce genre, mais je me suis rebellé, conscient de ce danger qui menace tous les fils sans père » (180). Entre la position de François et l'effroi sexuel de Max, le narrateur pressent, en attendant, que la scène sexuelle déplacée est ce qui a nourri l'énigme d'un retour difficile en Haïti :

> Ce n'est pas tellement ce qui s'est passé – il en a vu d'autres depuis –, mais plutôt la raison de cette violence qui le taraude. Pourquoi cet homme qu'il croyait son meilleur ami a-t-il fait ça ? Pourquoi surtout ressentait-il le désir de la prendre par-derrière ? De l'enculer. Et, finalement, pourquoi cela l'a-t-il touché à ce point pendant trente ans ? (*La Chair du maître* 344–348)

Comme quand on dit qu'un train peut en cacher un autre, la scène sexuelle dont Max a été témoin entre sa fiancée et son meilleur ami, pourrait très bien, de par sa violence même, occulter le traumatisme de ce que Freud appelait la *Urszene*, à savoir la scène primitive (originaire), que les auteurs du *Vocabulaire de la psychanalyse* définissent comme une « scène de rapport sexuel entre les parents, observée ou supposée d'après certains indices et fantasmée par l'enfant. Elle est généralement interprétée par celui-ci comme un acte de violence de la part du père » (Laplanche et Pontalis 1967, 432). Max semble le pressentir, sans vraiment parvenir à nouer les deux bouts. C'est précisément que le père manque et que la mère n'a pas consenti au fils de maintenir avec le père le contact (téléphonique) qu'il réclamait de ses larmes : « Curieusement, ma mère n'a jamais voulu me passer le téléphone, même au début pour un simple babillage (j'avais cinq ans quand mon père est parti), prétextant chaque fois que mon père était en train de lui révéler quelque chose de très important » (*Le Cri des oiseaux fous* 14). Il insistait pourtant : « Je pleurais. Je lui tirais la jupe. Mais elle restait insensible à mes larmes, préférant, je le comprends maintenant, avancer seule dans les marécages de la folie douce » (15), mais sa bienveillance vis-à-vis du couple parental l'empêche d'approfondir la nature de son propre cauchemar vis-à-vis de Frantz et de sa fiancée à lui à l'époque : « Ce genre de cauchemar où l'on se trouve toujours en face d'une porte qu'on finit par ouvrir sur le mode parthogénétique pour tomber devant une autre porte qui donne sur une nouvelle porte, et cela pendant vingt ans » (15). La mise en abyme de la métaphore paternelle est ici en cause.

Le motif de l'inversion

Étant donné le contexte d'absence des pères réels qui caractérise Haïti sous les Duvalier, il est intéressant de se poser la question de ce qu'il faut entendre, sous pareil régime où le seul père admis est Papa Doc, par le 'complexe paternel' analysé de façon générale par Lacan dans le cadre de son étude du sentiment de persécution. Ainsi que le souligne la psychanalyste Chantal Cazzadori, « Lacan arrivera à une autre hypothèse que celle de l'homosexualité » (*La paranoïa ou l'échec de la métaphore paternelle*). Pour lui, « ce qui persécute un fils, c'est lorsque son père ne se reconnaît pas lui-même comme fils de son propre père, provoquant ainsi une perturbation de l'ordre des générations » (*La paranoïa ou l'échec de la métaphore paternelle*). Que faire d'un père qui ne se reconnaît pas dans la seule filiation admise ? Papa Doc a condamné à l'exil tout homme s'opposant à sa position de père absolu et usurpé aux yeux du peuple la place du père symbolique, au point de réduire les familles à des tribus de femmes sans hommes, et de mettre les fils à la merci d'un manque de confrontation intergénérationnelle. Dans l'œuvre de Dany Laferrière, le père réel continue néanmoins d'occuper jusqu'à sa mort une place indéfectible dans le désir de la mère. C'est le laurier rose, contemplé par l'épouse désirante de *L'Énigme du retour* et d'autres romans, qui résume au mieux le substitut de la métaphore paternelle permettant au fils d'échapper à la paranoïa ambiante et de faire sienne la force de la pulsion d'amour qui animait Antigone. Le laurier rose est l'écran de projection qui maintient opérante la métaphore paternelle en l'absence du père exilé et préserve le fils d'une aliénation autour de la filiation, ce que Chantal Cazzadori fait apparaître de façon générale en ces termes :

> Dans la clinique, le paranoïaque considère l'autre comme persécutant, car le « Moi » marqué d'une relative agressivité charge l'autre de ce qui lui arrive. Pas pacifié par le rapport au grand Autre, c'est d'une mise à mort de l'autre, son alter ego qu'il s'agit sous la formule : « lui ou moi », pas d'issue car pas de distance possible, le « lui et moi » n'existe pas. La tendance à l'agression sera différente de l'intention agressive du névrosé (craintes fantasmatiques, colère, tristesse active ou fatigue psychosthénique). Dans les psychoses paranoïdes et paranoïaques, la tendance à l'agression s'avère fondamentale. La métaphore du « Nom du Père » est bien inopérante. (*La paranoïa ou l'échec de la métaphore paternelle*)

Si elle reste un signifiant important dans l'œuvre de Dany Laferrière, la 'fatigue' n'affaiblit pas la capacité de Vieux Os, Vieux, Max ou autres pseudonymes du Moi narrateur, de déjouer les impasses du ressentiment, celui-ci qui se cache, par exemple, sous l'outrance, humoristiquement irrésistible, d'un roman comme *Portnoy's Complaint* (1967) de Roth autour de la *blès* juive ainsi que des effets de l'emprise d'une mère phallique ayant cru pouvoir remplacer le mari par un fils à sa merci. Pour sa part, *L'Énigme du retour* (2009) met sobrement l'accent sur l'émotion d'une épouse confrontée à l'arrêt sur image d'un amour éternel : « Quand je tombe sur cette photo, dit ma mère / j'ai l'impression d'être avec mon fils et non mon / mari. / La dernière fois qu'elle l'a vu / il était encore dans la vingtaine » (*Énigme* 201). L'écran de protection qui manquait au narrateur de Roth, trouve, chez Dany Laferrière, sa figuration dans *l'univers rose* qui transfigure la mère et qu'Œdipe a conscience de ne pas pouvoir franchir, sous peine d'aveuglement :

> Je n'ai jamais su quel monde elle allait retrouver dans cet univers rose, ni à quoi elle voulait échapper en s'y rendant. Des fois, je m'asseyais tout doucement, à l'autre bout de la galerie, pour la regarder. Et je découvrais une femme que je ne connaissais pas, avec ce sourire éblouissant que j'ignorais totalement. Elle semblait baigner dans une étrange lumière. Comme hors de ce temps. La jeune fille d'avant ma naissance, peut-être même d'avant la rencontre avec mon père. C'est une image si aveuglante qu'elle m'est insupportable. Chaque fois, je suis obligé de quitter la galerie. (Laferrière 2002, 12)

À propos de François, le narrateur du *Cri des oiseaux fous* (2002) insiste, en attendant, pour dire qu'ils sont logés à la même enseigne : « Chaque fois que ma mère est triste, elle me gave de nourriture. […] Elle travaille comme une folle pour m'habiller, me nourrir, m'envoyer à l'école privée la plus chère. Elle m'achète tout ce que je veux et même ce que je ne veux pas, mais je ne dois jamais quitter la maison » (181–182). Et le narrateur de faire remarquer : « Il y a la prison de Papa Doc, mais il y a aussi la prison des mères. Papa Doc jette les pères en prison. Les mères gardent les fils à la maison en les gavant de nourriture » (182). Mais encore : « […] quand on couche encore à vingt ans dans le même lit que sa mère (il ne me l'a pas dit, mais c'est comme ça un peu partout dans les maisons surpeuplées), l'indifférence au corps de la femme nous guette. Et on est tout heureux de découvrir que notre identité sexuelle n'a pas été altérée » (186–187). Et le narrateur de conclure : « Finalement, la même culture produit les mêmes hommes. La dictature a surtout touché la culture de l'homme. Les femmes ont continué, à quelques exceptions près, à faire ce qu'elles ont fait de tout temps : s'occuper de l'éducation, de la santé, de la maison et de tout ce qui regarde la vie quotidienne » (187). Deux fils se sont confrontés ici, François et le narrateur, autour de leur crainte de faire figure d'invertis dans l'histoire ou pour le moins de petits Jésus pris au piège de l'icône chrétienne de la Vierge à l'enfant. Loin de la mère à Montréal, il reste difficile, pour Vieux, de se défaire de l'aura en question : « À un moment donné j'ai eu des difficultés à trouver des filles pour faire l'amour avec moi » (Laferrière 1997[e], 04'58"), dit l'auteur à Julie Snyder en parlant pour lui-même. Le premier roman a répondu à un manque, ainsi qu'il le précise à François Busnel à l'occasion de sa reparution dans *Mythologies américaines* (2016) : « Il y a beaucoup de filles dans ce livre, dans ce premier roman, parce qu'il n'y en avait pas tellement à l'époque dans ma vie » (Dany Laferrière 2016[e]1, 03'48– 03'51).

Frantz semble à l'abri de ces préoccupations. *Le Charme des après-midi sans fin* (1997) et *La Chair du maître* (2000) le décrivent comme quelqu'un qui a toutes les filles à ses pieds, mais ne les remarque même pas. Lors d'un retour en Haïti raconté dans *La Chair du maître* (2000), Max, *alter ego* de Vieux, voit ses anciens amis et leur présente une jeune serveuse blonde, Johanne, qu'il a amenée pour les mettre à l'épreuve en la faisant passer pour son épouse. Il y a Frantz, Gérard, dit Gégé dans *Le Goût des jeunes filles* (2005), et puis l'ami fidèle, François : « Lui, il ne peut pas dire deux mots sans dire ton nom » (*La Chair du maître* 353), un personnage qui rappelle non seulement celui du *Cri des oiseaux fous* (2002), mais aussi celui de Philippe dans *Pays sans chapeau* (1999) : « Philippe parle de toi matin, midi, soir », lui confie sa femme, Leslie. « Je te jure que tu es plus souvent dans sa tête que moi… » (Laferrière 1999, 199). Le hasard a voulu que Max choisisse, ce soir-là, d'aller manger dans le même bon vieux restaurant où ses amis s'étaient précisément donné rendez-vous pour leur rencontre mensuelle : « Tout le monde est présent maintenant, comme il y a trente ans. Gérard, Max, Frantz (le meilleur ami qui lui a raflé sa fiancée) et François. Et cette "belle étrangère" au milieu d'eux » (*La Chair du maître* 354). Tandis que Gérard évoque la valeur de l'amitié : « C'est un véritable miracle si ce pays tient encore debout… Eh bien ! l'amitié, c'est tout ce qui nous reste. Et c'est ce qui nous sauvera à la fin, peut-être… » (354). Max a des doutes sur le sens qui lui est donné en Haïti. François ne s'est-il pas offert de prendre le relais en cas de crise et Gérard n'a-t-il pas failli perdre la tête quand Johanna s'est *honteusement frottée* contre lui : « Il m'a serrée très fort dans ses bras et s'est mis à trembler comme une feuille dans le vent. Il a bafouillé quelque chose (une excuse, peut être) en me ramenant à ma table » (357). Pour sa part, Frantz est resté de glace comme à son habitude : « Le ton âpre de Max – Et Frantz ? – Quoi, Frantz ? – Tu n'as rien dit de lui. Une lueur de colère éclaire furtivement l'œil gauche de Johanna. – Il ne m'a pas regardée une seule fois… Lui, je ne l'aime pas. Long silence » (357). S'ensuit une scène sous la douche où Max se laisse aller à un accès de paranoïa :

– Pourquoi ris-tu ainsi ? – Ah ! je ris toujours sous la douche. – J'espère que tu ne ris pas de moi. – Pourquoi le ferais-je ? Il n'y a aucune raison… L'eau glisse sur leur peau. L'eau, la merveilleuse. Pur plaisir. – Mais qu'est-ce que tu fais ? hurle-t-elle presque. – Il t'a baisée, hein ? – De quoi parles-tu ? – Tu le sais bien, salope… Moi aussi, tu vas voir, je vais te baiser jusqu'à ce que tu demandes pardon… – Ne me touche pas, Max ! – Pourquoi je ne te toucherais pas ? J'ai payé. Vous avez bien ri de moi, hein ! C'est vrai que je suis ridicule. Je lui amène une femme. – Franchement, je ne sais pas de quoi tu parles, Max, jette-t-elle en le regardant droit dans les yeux. (362)

Une vieille blessure remonte à la surface, tandis que les dénégations de cette « longue blonde au corps athlétique » (361) lui font l'effet d'un négatif, qu'il lui suffirait de développer pour revoir *la scène*, d'autant qu'elle lui avait tourné le dos – « ce dos musclé » (361) – en se dirigeant vers la salle de bain. L'interrogatoire se poursuit dans la chambre :

Ils passent dans la chambre. – Tu as couché avec Max ? – Oui. – Pourquoi ? – Parce que. – Réponds-moi. – J'aime les hommes forts. – Comment ça s'est passé ? – Il m'avait ignorée. Alors je l'ai cherché. – Et c'est comment ? – Tu veux vraiment savoir ? – Oui. – On ne pense pas quand on est près de lui. – Bon… Je vois. C'est donc ça… – Oui. – Qu'est-ce que tu comptes faire ? – Je ne sais pas, murmure-t-elle... Au fond, c'est toi que je préfère... – Pourquoi les femmes sentent-elles toujours le besoin de dire ce genre de conneries au moment de partir ? – C'est vrai... Tu m'excites le cerveau, et ça me rend plutôt euphorique. – Et lui ? – Il me vide le cerveau... Quand il est là, je ne me sens pas... Max jette un bref coup d'œil par la fenêtre. – Il t'attend devant l'hôtel. Ce léger sursaut qu'elle n'a pas eu le temps de dissimuler. (362–363)

Non seulement un jeune cireur de chaussures lui avait confirmé que le colorisme n'avait pas cessé de sévir en Haïti : « Il aimerait se marier avec une femme blanche, parce que, m'a-t-il dit, quand on est avec une femme pareille, les gens vous envient » (352), mais Frantz a l'habitude aussi de se servir de sa *fiancée*. Certes, à Johanne il présente la mise à l'épreuve de ses amis comme une démarche intellectuelle relevant d'une enquête sur *l'obsession de la femme étrangère* en Haïti : « Je veux savoir qui sont mes vrais amis. Ça peut être dangereux ici, si on ne sait pas à qui on parle » (341–342). Or ce qui l'intéresse surtout, c'est la blessure intime que Frantz lui a causée et qu'Haïti lui suggère depuis lors : « – Leur rêve, c'est surtout de coucher avec la femme d'un autre. – Mais pourquoi ? – Pour humilier le type. – Ils font ça aussi avec leurs amis ? – Surtout ! C'est un jeu pour eux, mais un jeu très cruel » (342). C'est ce besoin de se *sodomiser* par femme interposée, qui le préoccupe, alors que l'homophilie lui apparaît au contraire comme une disposition souhaitable. Contrairement à l'inversion – vécue comme un défaut par le narrateur de *Confession d'un masque* (1949) de Mishima, qui a compté dans la genèse de l'œuvre de Dany Laferrière –, l'homophilie participe de la cohabitation à l'intérieur d'un même individu, des genres, à savoir de « ce mélange de masculin et de féminin, souhaitable chez la plupart d'entre nous » (*L'Art presque perdu de ne rien faire* 351)[158] et dont le dandy donne l'impression de maîtriser si aisément la parenté.

Le dandysme

S'agissant du nom donné à l'enfant pour qu'il échappe à l'attention du régime après l'exil du père, on relèvera ici que 'Dany', qui est aussi le nom de plume de l'auteur, renvoie, à une lettre près, au dan*dy* que le père fut aux yeux de tous. Au départ du père, il hérite ainsi d'une destinée

---

[158] La citation est à replacer dans le chapitre intitulé « Hemingway, la brute au cœur fragile ».

Le dandysme 127

amputée – tel le dictionnaire de Bouba – des qualités d'un homme qu'un ancien ami n'est pas le seul à décrire comme un séducteur : « Ton père [...] savait se faire inviter par ces femmes riches que les jeunes gens insolents intriguaient toujours » (*L'Énigme du retour*, 217). Il ajoute : « Ta mère me soupçonnait de le pousser dans les bras des femmes. Mais c'était lui le séducteur, et comme tout bon séducteur il ne cherchait jamais à séduire, ignorant parfois la tempête qu'il semait sur son chemin » (217). Un trait unaire se dessine ici entre Windsor K. et Frantz, à qui Vieux et Rico étaient près de servir d'entremetteurs. De Windsor K., l'ami précise :

> Combien de fois j'ai dû lui glisser que telle femme le dévorait des yeux. Il ne pensait qu'à la politique, disons plutôt à la diffusion de ses idées. Si pour lui toute femme n'était qu'une future militante de son parti, celle-ci semblait envoûtée par la puissante énergie qu'il dégageait. C'est cette incandescence qui nous attirait chez lui. » (217)

Sous un régime fonctionnant comme « une machine à broyer les volontés masculines » (187), Vieux Os ne possède pas les arcanes du père et s'interroge entre-temps sur l'ambivalence du désir : « Papa Doc s'en est pris directement au modèle du père, ce qui a causé un grand trouble chez le fils » (187). Comme la coïncidence avec le père réel ne tient qu'à la lettre manquante, une œuvre entière serait consacrée au pouvoir de l'alphabet : « Me voilà, avec pour toute fortune au fond de ma poche, les vingt-six lettres de l'alphabet. [...] Je ne connais pas de plus vif plaisir que d'entendre, sur votre passage, une jeune fille glisser à l'oreille de sa copine : "C'est lui l'écrivain dont je te parlais". En effet, c'est moi » (*Journal d'un écrivain en pyjama* 19). *Women* (1978) de Charles Bukowski, auteur qui a compté dans la genèse de l'œuvre de Dany Laferrière, pose clairement que le statut d'écrivain attire les femmes : « *What right had I ? How could a few books of poems call this forth ? There was no way to understand it. I certainly was not about to reject it. I became very aroused* » (Bukowski 1978, 89)[159]. L'apparence physique de l'homme de lettres importe peu face à l'aura que lui confère la célébrité : « *And there I was, 225 pounds, perpetually lost and confused, short legs, ape-like upper body, all chest, no neck, head too large, blurred eyes, hair uncombed, 6 fee of geek,*

---

[159] « Quel droit avais-je ? Comment quelques livres et poèmes pouvaient-ils produire pareil phénomène ? Rien ne l'expliquait. Je n'avais certainement aucune propension à rejeter ce qui me stimulait beaucoup » (je traduis librement à partir de l'édition originale anglaise).

waiting for her » (96)[160]. Henry Chinaski derrière qui se raconte Charles Henry Bukowski, insiste sur ce point. Le pouvoir de la littérature sur les femmes va jusqu'à effacer la vacuité de l'objet de leur désir : « *I was drawn to all the wrong things : I liked to drink, I was lazy, I didn't have a god, politics, ideas, ideals. I was settled into nothingness ; a kind of non-being, and I accepted it. It didn't make for an interesting person. I didn't want to be interesting, it was too hard* » (104)[161]. Ce qui rapproche Vieux de Chinaski, c'est le refus de l'idéité au nom d'une pratique des corps. Si, dans la copulation pornographique sérielle, elle se coupe, chez Charles Bukowski, de sa dimension imaginaire et symbolique en nourrissant la crise éthylique, elle demeure toutefois liée, chez Dany Laferrière, à la déité. Allah plane sur *Comment faire l'amour avec un nègre sans se fatiguer* (1985) face à la Croix du Mont Royal et aux crises de folie de Belzébuth/Bukowski dont le cri de jouissance traduit un réel déchaîné, non maîtrisable. Legba prend ensuite la relève, mais il n'est ni Damballah, le Dieu suprême du vaudou, ni Allah le Tout-puissant des musulmans vénéré par Bouba, ni le fils de Dieu le Père des chrétiens vénéré par la mère, Marie Nelson. Legba est un intermédiaire, voire un médium, entre le visible qu'est le réel humain et l'invisible que représente le symbolique divin, à savoir le gardien de l'imaginaire sur lequel Vieux (Os) fonde son espérance de vie et de jouissance.

Chez Bukowski, le seul intermédiaire entre les femmes et l'écrivain réside dans le prestige que confère à celui-ci l'appartenance à la sphère littéraire : « *My God, how do you do it ?* » (*Women* 204)[162] s'étonne un livreur à domicile qui lui apporte des boissons et trouve chez lui deux jeunes filles. La réponse est simple : « *– Typing. I said. – Typing ? Yes, about 18 words a minute* » (204)[163]. À la différence de Chinaski, Vieux

---

[160] « Et me voilà, 225 pounds, sans cesse perdu et confus, jambes courtes, haut du corps en forme d'abeille, tout en poitrine, absence de cou, tête trop grande, yeux effacés, cheveux non peignés, *6 fee of geek*, l'attendant » (je traduis librement à partir de l'édition originale anglaise).

[161] « J'étais attiré par tous les vices : j'aimais boire, j'étais paresseux, je n'avais ni dieu, ni politique, ni idées, ni idéaux. J'étais installé dans le néant ; une sorte de non-être, et je l'acceptais. Cela ne faisait pas de moi une personne intéressante. Je n'avais pas envie d'être intéressant, c'était trop difficile » (je traduis librement à partir de l'édition anglaise).

[162] « – Mon Dieu ! Comment faites-vous ? » (je traduis librement à partir de l'édition originale anglaise).

[163] « – En tapant, répondis-je. – En tapant ? – Oui, 18 mots environ la minute » (je traduis librement à partir de l'édition originale anglaise).

n'est pas encore une star de la littérature nord-américaine. Il a chez lui des filles qui s'abandonnent au mode africain, dont Miz Littérature à qui il sert de cobaye pour la rédaction d'un mémoire sur l'Afrique qu'elle a l'intention de présenter à l'Université McGill. C'est elle qui mène le jeu dans la pratique des corps, censée l'amener à cerner l'âme africaine. Or le 'sauvage' qui lui sert d'échantillon est aussi américain qu'elle, vu qu'il est né en Haïti.[164] Le Moi se prête au jeu du fantasme féminin, comme autrefois avec la mère et les tantes qui projetaient sur lui la figure rêvée du séducteur absent. Il en ressort un style oscillant entre la colère retenue et l'élégance du dandy. Comme le relève Hidehiro Tachibana à partir de *Cette grenade dans la main du jeune nègre est-elle une arme ou un fruit ?* (1993), le style de l'écrivain reflète son envie d'écrire comme Muhammad Ali boxait[165], alliant *la puissance de l'éléphant* à *la grâce du papillon* : « [...] pour revêtir de cette "grâce de papillon" son style d'écriture, il garde la tête lucide d'autant qu'il est en colère (le ventre). C'est cela, son dandysme » (« Dany Laferrière, masque d'un romancier » 109). Il rappellera toutefois dans *L'Exil vaut le voyage* (2020) que son style lui vient essentiellement de l'écrivain haïtien Jean-Claude Charles, de quatre ans son aîné, et que son entrée en littérature a été déterminée par « ce frère intellectuel de combat » (9), cosmopolite familier du Paris littéraire autant que de la scène new yorkaise, et lecteur sophistiqué dont le « snobisme » (18) allait de pair avec l'expression d'une *douleur vraie* : « C'était la fin des années 70 et de la montée du puissant souffle charlien [...] Des titres étincelants apparaissaient dans les vitrines des libraires. Charles pouvait donner au jeune ouvrier que j'étais l'envie de devenir écrivain. C'était pour moi l'écrivain rêvé. » (Laferrière 2020, 12). Le *nègre errant*, auteur d'un essai rageur sur le racisme, *Le Corps noir* (1980), et d'un roman, *Manhattan Blues* (1985), sur une passion pour deux Blanches indépartageables, finirait par sombrer dans un éthylisme incontrôlé, préfiguré dans *Comment faire l'amour avec un nègre sans se fatiguer* (1985) par celui de l'autre Charles, l'Américain Bukowski. Averti comme Ulysse des risques de naufrage liés aux charmes de la semblance, en 1985 Dany Laferrière ne confie pas fortuitement à son narrateur

---

[164] C'est du moins ce qu'on peut conclure de la ressemblance entre Vieux et Vieux Os.
[165] « Voilà un type qui m'a toujours intéressé. Il a sorti la boxe du ring. [...] Il a amené le débat racial sur le ring en lançant à un boxeur blanc : *"Only a nigger can call me nigger"* [...] il a fait tout cela avec une élégance incroyable. J'aurais aimé écrire comme il boxait. La puissance de l'éléphant alliée à la grâce du papillon » (*J'écris comme je vis* 189).

autodiégétique, occupé à se forger une place avantageuse au « Paradis du dragueur nègre », le soin de s'identifier à la « candeur » (12) et à la « manière jazzée » (9) dont l'ami dandy avait en même temps le secret.

Contrairement à Windsor K., engagé dans la reconnaissance de la souveraineté du peuple haïtien, le fils écrivain, qui adopte dès le départ un positionnement parataopique, ne cherche pas non plus à se définir en fonction d'une appartenance, qu'elle soit géopolitique ou autre. L'image du père est l'objet d'une semblance/ressemblance et sa vie d'exilé, de l'ordre d'un savoir non su. Interrogé par Yasmine Chouaki sur l'attention qu'il accorde par ailleurs à la nipponité, il fait comprendre à travers une phrase faussement redondante, relevant de l'art du trait d'esprit, à quel point l'insu est pour lui garant de liberté : « J'ai toujours été intéressé sans m'intéresser à savoir ce qui m'intéressait exactement » (« En sol majeur » 39'51"). Seul le lien maternel résiste au semblant, comme l'œuvre entière de Dany Laferrière le relève pour l'ensemble des fils de la dictature duvaliériste. En l'absence du père, qui aurait fait office de barrière contre l'inceste en permettant au fils de ne pas avoir à se barricader face au désir de la mère, l'exil épargne à Télémaque la perte du 'goût des jeunes filles'. Le dandysme charlien auquel Vieux se destine en devenant l'auteur du *Paradis du dragueur nègre* en est le reflet et l'épreuve. Or, dans la vie de l'auteur de *Comment faire l'amour avec un nègre sans se fatiguer* (1985), l'exil a fait l'objet d'interruptions qui n'apparaissent pas dans l'œuvre, hormis ce séjour de six mois accompli en 1979 en Haïti dont il est question dans *Je suis fatigué* (2005)[166]. Après la chute de Jean-Claude Duvalier en 1986, le retour au pays reprend les couleurs d'un simple voyage dans le temps : « le temps n'étant plus linéaire dans l'univers du livre » (*L'Art presque perdu de ne rien faire* 321), il était redevenu possible de confondre passé et futur comme à quatre ans. Dans *L'Odeur du café* (2002), l'enfant a effectivement mis en déroute un officier venu arrêter le père. Il y est parvenu grâce à un flou que l'on peut véritablement qualifier d'artistique : « Papa, il reviendra hier » (Laferrière 2002, 61). L'inversion commise par le jeune Dan(d)y qui ne maîtrisait pas le futur antérieur était une question de vie et le restera lorsqu'il s'agira de faire de soi-même une *cible mobile* sur la scène littéraire.

---

[166] « Je suis arrivé à Montréal pendant l'été 1976, et je suis retourné à Port-au-Prince en 1979. Une sorte de dernier tour de piste avant l'envol définitif. J'ai passé six mois à Port-au-Prince durant ce séjour. J'avais repris mon poste de chroniqueur à l'hebdomadaire Le Petit Samedi Soir » (*Je suis fatigué* 184).

Conclusion

Dany Laferrière n'a pas lu Freud. S'il le cite, c'est, comme le Coran, par bribes recueillies dans des synthèses. Contrairement au père de la psychanalyse, il ne pense pas, par exemple, qu'il soit possible d'établir une étiologie de la jalousie. Il tient à en rester à l'histoire de chaque individu. D'abord attiré par le roman, Freud avoue avoir manqué d'un talent qui lui aurait permis de rendre, comme Shakespeare, Sophocle ou encore Schnitzler, l'essence avant tout narratologique de l'âme humaine. Il dut se contenter d'approches théoriques qui pèchent par leur projet de nivellement. Qu'en est-il cependant du motif de l'inversion et des effets de la projection ? On sait tout d'abord que, jusque dans les *Trois essais sur la théorie sexuelle* (1905), Freud désigne ainsi l'homosexualité. Après cette date et plus encore avec *Un souvenir d'enfance de Léonard de Vinci* (1910), le terme finit par perdre définitivement la valence pathologique qu'il revêtait sous la plume des psychiatres du XIXe siècle. Si Freud évoque « l'homosexualité latente des hétérosexuels dans la névrose, et plus encore dans la paranoïa » (Roudinesco et Plon 1997, 452), c'est qu'il y voit une constante liée à la nature bisexuelle de l'être humain. Comme l'énonce André Green à partir de Freud, « toute culture active, comme dans la paranoïa, suppose également un renforcement des liens homosexuels sublimés entre ses membres » (*La folie privée* 256–257). *Psychologie collective et analyse du moi* (1921) mettant en relief le fait que « la sublimation est toute relative dans la mesure où, justement, l'activité de la culture se traduit par une resexualisation considérable des rapports sociaux. Il n'est pas excessif de parler alors de paranoïa culturelle » (257). Lorsqu'une identité culturelle parvient à s'imposer abusivement sur une autre, c'est précisément en fonction d'un clivage lié à un mécanisme de projection : « Du même coup la culture étrangère est chargée de tous les maux dont l'autre se défend, au moyen d'un investissement narcissique considérable qu'elle s'attribue en rejetant l'autre dans les ténèbres extérieures » (256). La projection : « Le mal que [la culture] ne veut pas reconnaître en elle, elle le dénonce impitoyablement chez l'autre » (256), intéresse de même Dany Laferrière. *L'Art presque perdu de ne rien faire* (2014) le dit nettement lorsqu'il est question de dénoncer « ce confort qui nous fait croire sincèrement qu'il ne peut rien nous arriver. Sauf par les autres » (Laferrière 2014). Moins axé sur la névrose que sur l'art – qui intéressait certes Freud, mais dans une optique décidément plus clinique –, Dany Laferrière souligne pour sa part que l'obsession identitaire ne peut que nous faire perdre au change : « Va-t-on passer notre vie à scander des slogans du genre : notre identité ne changera pas, nos valeurs ne bougeront pas, nos principes ne sont pas négociables. Tout ça nous définit. C'est notre culture. Mais en prenant un pareil chemin on risque de ne plus croiser l'art » (157). Et l'auteur de conclure que « l'art n'arrive que si on met sa culture en danger » (157). Le flou qui en résulte dans son œuvre et dans la représentation qu'il propose de lui-même en tant qu'écrivain est de cette nature. Contrairement au père qui s'y est perdu, Dany Laferrière sait cependant s'y prendre pour créer un langage.

La désorientation spatio-temporelle de l'adulte est typique d'un état confusionnel que la psychiatrie considère comme généralement réversible avec la cause qui l'a fait naître, le maintien de la cause en question pouvant au contraire engendrer une affection durable. Étant donné que la pathologie, vraisemblablement liée à l'exil, n'a pas été diagnostiquée, toute approche du père réel reste floue : « L'exilé reste vivant bien qu'il ne possède aucun poids physique dans le monde réel. Plus de corps, plus d'odeur. Des traits de plus en plus vagues » (*L'Odeur du café* 14). Ce à quoi s'est exposée l'épouse en maintenant le contact, c'est à une avancée solitaire « dans les marécages de la folie douce. [Le] père, de l'autre côté, s'enfonçait lentement dans les eaux glauques et putrides du cauchemar éveillé » (15). Si l'épouse sait que « sans ses appels téléphoniques, il deviendra fou sous peu » (52), la dictature, de mieux en mieux installée, rend la voie dangereuse : « Si tu continues à les provoquer en gardant le contact avec un exilé, ils vont s'en prendre à ton fils » (51). C'est sa sœur, Renée, qui parle. Elle lui propose un marché : « – Écoute, Marie, ton fils en grandissant va ressembler de plus en plus à son père, alors que dans vingt ans tu risques de ne plus reconnaître ton mari si tu le croises dans la rue. […] » (51). Son idée, c'est que contrairement à Laïos, Œdipe peut être à la fois le fils et l'époux de Jocaste : « – Tu as tout à gagner, Marie. Épargner Vieux Os, c'est choisir les deux. – Comment ça, les deux ? » s'étonne Marie, « – Ton fils et ton mari à la fois », précise Renée, qui ajoute : « Tu pourras retrouver plus tard ton mari dans ton fils quand celui-ci aura l'âge qu'a son père aujourd'hui » (51). La psychanalyse pourrait juger l'offre malsaine, mais là n'est pas le propos. L'exil chez la grand-mère à Petit-Goâve et la conversion nominale (Windsor devient Dany) ont appris au fils à gérer les dérapages de la logique et à intégrer l'autre loi, évoquée par tante Renée, de la réversibilité du cours intergénérationnel. Le travail sur les mythes passe alors par un questionnement sur l'au-delà du réel.

IIe partie

Le flottement du réel. La question de l'au-delà

Je suis très heureux d'avoir confondu l'officier en mélangeant les temps. Le futur et le passé entremêlés. C'est exactement ça, ma conception du présent.
Dany Laferrière, Le Cri des oiseaux fous (2000), p. 62

L'au-delà. Est-ce ici ou là-bas ? Ici n'est-il pas déjà là-bas ? C'est cette enquête que je mène.
Dany Laferrière, Pays sans chapeau (1996), p. 69

Introduction

En confondant les sens du lecteur, Dany Laferrière recourt à une technique strictement sensorielle dont il dit qu'il l'a *piquée au peintre primitif*, qui « procède par intoxication. Il ne s'adresse pas à l'intelligence mais aux sens. Il réveille les sens de celui qui regarde le tableau. Les odeurs, les goûts, les saveurs finissent par faire tomber la solide forteresse de l'esprit logique » (*Journal d'un écrivain en pyjama* 230). Et si, comme Malraux le rappelle à propos de « nos »[167] peintres, « était tenu pour naïf, un dessinateur, maladroit selon les Officiels, qui *croyait* dessiner comme eux ou comme Léonard [...] le propre des naïfs n'est pas d'égaler leurs *Batailles* et leurs *Paradis* à Raphaël, mais de ne pas se soucier de celui-ci » (*L'Intemporel* 316)[168]. Pour Dany Laferrière, le gauchissement du style permet de proposer, à l'instar du peintre naïf, « un univers si naturel que l'autre croit qu'il est simple » (*Journal d'un écrivain en pyjama* 230). Malraux le dit crûment : « Tout tableau apparemment malhabile est de style haïtien » (*L'Intemporel* 320). On se trouve là dans le registre des apparences, où, on l'a dit, saveur et savoir confondent les sens. C'est ce qui prédispose le spectateur/lecteur à se laisser pénétrer par le vaudou. Dans un entretien avec le peintre haïtien Tiga (*alias* Jean-Claude Garoute), Malraux retirait de son versant « surnaturel » (326) une forte composante de l'art naïf : « Tout ce qui rend flottant le réel est important. Le vaudou ne me semble pas une religion, mais un surnaturel. Il rend les esprits, les morts, aussi familiers que le miracle pendant le Haut Moyen Âge » (326)[169]. C'est ce qui se passe dans *Pays sans chapeau* (1999) où un va-et-vient entre 'Pays réel' et 'Pays rêvé' – en ordre inversé par rapport au recueil de poésie d'Édouard Glissant[170] – permet une exploration inédite

---

[167] Se référant par là aux peintres européens et notamment au Douanier Rousseau.

[168] Malraux explique l'emploi du mot 'primitif' parlant de l'art naïf haïtien : « Nos naïfs peignaient en marge, alors que l'Église Épiscopale de Port-au-Prince a été confiée vers 1950 à la première génération de peintres populaires – ce pourquoi on les qualifie de primitifs, en pensant à Assise » (*L'Intemporel* 316).

[169] *Cf.* André Malraux, *La métamorphose des dieux. L'intemporel* (1976), p. 313–343.

[170] Édouard Glissant, *Pays rêvé, pays réel* (1985) ; l'inversion semble indiquer que, chez Dany Laferrière, c'est le rêve qui brise le réel et non l'inverse.

du réel en l'envisageant sur le mode d'une alternance entre immanence de l'au-delà et transcendance de l'ici-bas.

La culture haïtienne, avec ses trois pôles vaudouisant, catholique et franc-maçon[171], reste pourtant étrangère à Vieux Os. Dans *Le Cri des oiseaux fous* (2002), on le voit s'interroger, la veille du départ pour Montréal, sur la distance qu'il a toujours gardée vis-à-vis desdites institutions : « Je me demande encore comment j'ai pu échapper jusqu'à présent à cette culture pseudo-mystique, qu'une amie a qualifiée de "pornographie ésotérique". Un étonnant premier bilan, à vingt-trois ans. Je ne suis ni vaudouisant, ni catholique, ni franc-maçon » (*Le Cri des oiseaux fous* 104–105). Ces trois dénégations en appellent une quatrième : « Et surtout [je ne suis] pas athée. L'athée s'efforce de ne pas croire, alors que je suis totalement ouvert à la vie » (*Le Cri des oiseaux fous* 105). Et quand Vieux Os ajoute aussitôt : « Seulement, quand je regarde le ciel, je ne vois qu'une immensité bleue traversée par des nuages vagabonds » (105), il prend en compte le fait que le ciel n'est que ce qu'il est. Or c'est bien la définition que Dieu donna de lui-même à Moïse dans la Bible, lorsqu'il lui dit : « Je suis ce que je suis » (Lacan)[172]. On trouve ici l'idée d'une immanence pure, que Vieux Os corrige toutefois par une parabase signalant, immédiatement, *une ouverture totale* à l'extériorité : « (et les formes parfois inquiétantes, parfois joyeuses que les nuages me permettent de rêver) » (105). Cette ouverture qui permet de parler d'immanence transcendantale (Husserl)[173], fait du ciel (Dieu) à la fois un phénomène identique à soi et un horizon symbolique de sens. Il n'en va pas de même du chat noir, qui est ce qu'il est, magnifique à la limite, mais non *gros d'un plus s'étendant au-delà* : « Quand je croise un

---

[171] D'après ce que lui a expliqué, à neuf ans, l'oncle Jean au sortir du film *L'Égyptien*, adaptation cinématographique américaine de Michael Curtiz (1954) du roman *Sinouhé l'Égyptien* (1945) de l'écrivain finlandais Mika Waltari, « l'Haïtien est vaudouisant dans l'âme, catholique dans le cœur et franc-maçon dans l'esprit » (*Le Cri des oiseaux fous* 104).

[172] Fidèle à la traduction des mystiques de la tradition hébraïque, Lacan se démarque de la traduction grecque de la Septante : « Je suis celui qui est » tout comme de celle de saint Augustin : « Je suis celui qui suis » (*Des Noms-du-Père* 92).

[173] Je me réfère ici au concept de Husserl, qui parlait également d'immanence intentionnelle en la reliant à une notion de non-coïncidence à soi, tout cogito étant « gros d'un plus qui s'étend au-delà », *Husserliana*, vol. I, *Cartesianische Meditationen und Pariser Vorträge* (Méditations cartésiennes), p. 86 (citation mise en évidence par Annabelle Dufourcq dans *La dimension imaginaire du réel dans la philosophie de Husserl* (2011), p. 238.

Introduction 139

chat noir, je ne vois qu'un magnifique animal. Cela n'a rien à voir avec le vaudou, ni avec le catholicisme ou la franc-maçonnerie. Ce n'est que de la superstition. Mais je crois que toute foi commence par la magie, le surnaturel » (105). Aucun penchant mystique en tout cas, étant donné la plénitude qu'il retire de la vie à l'œuvre : « Je suis totalement imperméable à toute forme de mysticisme. La raison en est que je suis constamment émerveillé par le spectacle de la vie. Les faits les plus banals m'étourdissent, impressionné que je suis par leur richesse, leur profondeur, leur éclat caché » (105). Mais encore : « Étant déjà absorbé par la simple réalité, si subtile et si abondante, je n'ai plus besoin de l'aide du surnaturel pour rêver. Je ne rêve pas d'un autre monde. Je rêve dans ce monde. Le seul que j'aie » (104-105). Par là, Dany Laferrière se démarque nettement des auteurs haïtiens qu'influencé par Alejo Carpentier, Jacques Stephen Alexis rattachait, dans *Prolégomènes à un manifeste du réalisme merveilleux des Haïtiens* (1978) [1956], aux réalismes merveilleux et magique.

Tout en évoquant l'influence ou, pour le moins, l'importance de nombreux écrivains sur son travail, il réclame une place à part dans le paysage littéraire, au regard de l'esthétique primitive. Sa place en ce monde demeure centrale. Or un flottement au niveau des données a longtemps rendu celle-ci incertaine.

Chapitre I –
Le flou

Si l'espace est infini, nous sommes dans n'importe quel point de l'espace. Si le temps est infini, nous sommes dans n'importe quel point du temps.
Borges, Le livre de sable (1978)

Introduction

Étant « *peut-être* sur la liste noire »[174] des sbires du régime, Dany Laferrière, journaliste de 23 ans, est amené à quitter le pays : « J'ai tenu la chronique littéraire dans l'hebdomadaire culturel et politique *Le Petit Samedi Soir* jusqu'à l'assassinat par les tontons macoutes de mon collègue Gasner Raymond, le premier juin 1976, sur la plage de Léogâne. J'ai pris l'exil tout de suite après pour Montréal » (*Énigme* 177). Dans *Le Cri des oiseaux fous* (2002), on apprend que la mère, qui avait envoyé l'enfant à Petit-Goâve, a de nouveau décidé de l'éloigner de la maison familiale à Port-au-Prince, où il était revenu à l'adolescence : « Tu pars demain matin » (Laferrière 2002, 43). Parmi les amis haut placés dans le gouvernement qui ont jusque-là discrètement protégé la famille au nom d'une ancienne proximité avec le père, le colonel César a fourni à la mère un « passeport confidentiel » (45) qui permettra au fils de sortir du pays : « C'est comme un sauf-conduit. C'est un passeport légal, sauf qu'il n'est pas enregistré au ministère de l'Intérieur » (45). Cela fera de lui un « immigré illégal » (Laferrière 1991[d], 02'07''), comme l'indique notamment le documentaire produit par René Ferron en 1991 où l'auteur raconte ses débuts à Montréal. Les raisons de l'exil du fils de

---

[174] Comme il le dit lors de la *Présentation de Dany Laferrière* du 24 janvier 2014 à l'Université de Québec en Outaouais (2014c) (c'est moi qui souligne).

Windsor K. ne sont pas claires pour le colonel César, qui était absent d'Haïti lorsque Gasner Raymond fut assassiné : « Il croit que c'est à cause de ton père que tu t'es retrouvé sur la liste » (45). Le colonel est toutefois convaincu de la nécessité du départ : « Il m'a finalement avoué que tu courais un danger mortel, qu'il y avait une liste d'ennemis du gouvernement à abattre, que tu étais un des premiers sur cette liste et qu'à ce stade il ne pouvait rien pour toi, donc qu'il fallait que tu partes le plus vite possible » (45)[175]. Le fils de Windsor K. ne faisait pourtant pas de politique, s'en tenant à des articles culturels : « Il m'a répliqué que, du moment que tu étais sur la liste, ça n'avait aucune importance que tu sois innocent ou coupable » (45). Point de vue partagé par le fils : « Comme il dit, maman, ça n'a aucune importance de savoir pourquoi on se retrouve sur une liste » (45). Dans une dictature comme celle des Duvalier, où Papa Doc s'était identifié au « drapeau un et indivisible » (*L'Énigme du retour* 114) en même temps qu'au régime de la Terreur d'un Robespierre abolitionniste à quelque mutation près[176], le flou est devenu, de père en fils, une composante même de la culture.

---

[175] Matthis-Moser parle d'« une indiscrétion commise par une amie dont le mari est militaire confirm[ant] que le jeune auteur est en danger. On le cache chez une cousine ; peu après, il reçoit un billet d'avion de la part d'une Québécoise – Suzanne Bélisle – qui a pris connaissance de la menace planant sur lui » (*La dérive américaine* 25) ; Dany Laferrière l'aurait rencontrée au début de l'année 1976 à Montréal à l'occasion d'un stage de l'organisation Jeunesse Canada Monde où travaillait Suzanne Bélisle ; Facebook renseigne qu'elle fut secrétaire de police de la ville de Montréal du 27 décembre 1972 à janvier 2005 (https://www.facebook.com/suzanne.belisle.77).

[176] Comme le résume l'historien Jean-Daniel Piquet, « La position de Robespierre sur le décret du 16 pluviôse an II (4 février 1794) relatif à l'émancipation des esclaves, a été controversée. Il a pourtant bien agi pour l'application de celui-ci. Certains propos formulés en novembre 1793 ont accrédité en lui une réputation d'esclavagiste. Mais on peut les expliquer par la présence d'un député mulâtre de la Martinique, Janvier Littée, très lié aux colons blancs de Saint-Domingue. Or ce député et ces liens, Robespierre les surveillait peu avant sa mort, avec l'aide de la section parisienne de Bonne-Nouvelle qui avait anticipé de plusieurs semaines la loi d'arrestation des colons hostiles au décret et prouvé ainsi l'importance d'un mouvement populaire. Ce mouvement populaire agissant de concert avec les Robespierristes s'était déjà manifesté à Lorient en janvier 1794. Par ailleurs Robespierre a également signé au Comité de salut public en avril 1794 deux ordres d'application du décret du 4 février » (« Robespierre et la liberté des noirs en l'an II d'après les archives des comités et les papiers de la commission Courtois » 69) ; *v.* aussi S. A. Berville (dir.), *Collection des mémoires relatifs à la Révolution française* (1828).

La liste

Un flou règne en tout cas autour des raisons de l'exil, voire sur la présence du nom du fils de Windsor K. sur la liste des ennemis du gouvernement. Le colonel César aurait-il pris le nom du père pour celui du fils ? *Pays sans chapeau* (1999) revient sur le malaise de Vieux Os, qui se sent en faute vis-à-vis d'un pays qu'il a quitté en 1976, en pleine dictature. Une infirmière rencontrée à l'Hôpital général, qui a attiré son attention pour la tendresse dont elle entourait les patients, lui a avoué qu'elle aimerait voyager mais qu'elle ne pourrait envisager d'émigrer parce qu'« il y a tant à faire » en Haïti (*Pays sans chapeau* 88)[177]. Est-il coupable d'un délit de non-assistance à personne en danger ? C'est la question qu'il lui pose : « – Vous pensez que j'aurais dû rester ici, à aider, au lieu de passer vingt ans ailleurs ? » (88). Elle le rassure : « – Pas du tout… Chacun fait ce qu'il croit être juste. – Mais vous n'en pensez pas moins… – Non. Je dois vous quitter maintenant » (88). Sa bénédiction fait d'elle « l'ange de la miséricorde » (88). Plus loin on apprend, de la bouche de l'ami Philippe, qu'il était objectivement en grand danger à l'époque : « – Ta mère avait raison. Tu sais qu'ils t'ont cherché partout pendant au moins un mois » (164). L'a-t-on recherché parce qu'il était sur la liste ou parce qu'il était sorti à l'aide de papiers non enregistrés au ministère de l'Intérieur ? Les autres cibles que le colonel César n'a pas voulu nommer ont-elles à leur tour été inquiétées ? Le 'ils' renvoie-t-il aux tontons macoutes ou à la mafia industrielle ? Dans *Pays sans chapeau* (1999), Vieux Os coupe court : « Vingt ans, hein ! » (164). Les deux amis s'entendent aussitôt : « – C'est ça, dit-il, vingt ans. Et on s'embrasse de nouveau » (165). Les mères sont les seules à 'savoir'. Celle de Gasner Raymond était convaincue, elle aussi, que Vieux Os risquait la mort, raison pour laquelle elle l'a fortement poussé à fuir à l'étranger :

– Tu devrais partir, me dit tout à coup la mère, sinon on te tuera, toi aussi. Ici, on n'aime pas les esprits libres. Quand ils sentent que tu n'es pas comme eux, ils tuent comme des bêtes. Elle tourne vers moi un visage baigné de larmes. – Promets-moi, mon fils, de partir le plus vite possible. J'ai déjà perdu un fils dans la bataille, je ne tiens pas à en perdre un autre, tu m'entends ? Son

---

[177] « – Vous n'aimeriez pas voyager ? – Oh oui ! mais je n'ai presque pas eu de congés depuis que j'ai commencé ici, à l'Hôpital général. […] – Je veux dire, vous n'aimeriez pas aller travailler à l'étranger ? – Oh non ! … Il y a tant à faire ici » (*Pays sans chapeau* 88).

regard empreint de douceur et de fermeté. Sa détermination inébranlable. – Promets-le-moi, insiste-t-elle. [...] – Je vous le promets. [...] – N'oublie pas ce que je t'ai dit, mon fils... Tu reviendras un jour. Va te mettre à l'abri de ces démons. Tu seras plus utile à ton pays vivant que mort. (*Le Cri des oiseaux fous* 283–284)

Dans *Pays sans chapeau* (1999), Vieux Os n'en confie pas moins à Philippe que le départ était de toute façon dans sa nature, un besoin de liberté indépendant de la dictature : « L'horreur totale pour moi, ce serait d'être obligé de vivre toute ma vie dans le même pays. Naître et mourir à la même place, je n'aurais pas pu supporter un tel enfermement. Regarde, je viens de remarquer que dans enfermement, il y a enfer, c'est fou, hein ! » (203). S'il insiste lui aussi sur la réalité de la persécution à laquelle il était soumis, le narrateur du *Cri des oiseaux fous* (2002) évoque toutefois les causes intimes, liées à la peur de l'inceste, qui n'avaient pas manqué de faire pencher la balance du côté du départ. Autant la paranoïa a pu être envisagée par Freud comme une défense contre l'homosexualité, autant l'exil peut l'être, dans « Une autobiographie américaine », comme une défense contre l'inceste. Il n'en revient, par exemple, pas de tout ce qu'il partage avec François, que l'entourage qualifie hâtivement d'homosexuel, tout juste parce qu'il ne fréquente pas les filles. L'acteur hospitalisé pour une angine de poitrine, le renvoie à cette part de lui-même qui, en raison d'une ressemblance avec le père, s'est prêtée au désir de Jocaste/Pénélope : « Je pense tout à coup à cet ami à l'hôpital, François. [...] Il m'a dit qu'il ne savait pas pourquoi j'étais passé le voir. Moi non plus. Faut dire qu'il représentait une sorte d'énigme pour moi » (Laferrière 2002, 192). De ce frère, le narrateur dit en tout cas : « François se débat comme un brave petit diable pour sortir des jupes de sa mère » (192). Et le narrateur de conclure :

> La mère de François ne laissera pas son fils partir sans se battre. Et Sandra [fille légère correspondant au profil de la femme désirable pour François] n'est pas du genre à partager sa proie avec personne. Surtout pas avec une mère abusive. Quel juteux face-à-face en perspective ! François ne pourrait quitter une jupe que pour une mini-jupe. Il y a des types comme ça. Dis-moi qui est ta mère, je te dirai qui tu es. Ce sont souvent les fils uniques qui n'ont pas bien connu leur père (comme moi) ou qui l'ont à peine connu (comme François) qui tombent sous la coupe de filles comme Sandra. (192–193)

Or, contrairement à celle de François, la mère de Vieux Os a éloigné son fils d'elle par deux fois, en l'envoyant tout d'abord chez la grand-mère à Petit-Goâve et en exil ensuite à Montréal. Si elle représente, pour le fils, un risque de fermeture vis-à-vis des filles, c'est que celui-ci a dû y mettre du sien. D'où l'énigme. Pourquoi le fils est-il attiré par une fille aux mœurs légères pour laquelle il s'enflamme quand il la surprend en train d'embrasser un homme ? L'homme y est-il pour quelque chose ou le désir naît-il du fait que c'est le genre de femmes qui rebute la mère ? Une mère dont il apprendra, cependant, qu'elle lit Sade... Elle a, pour le moins, organisé un jour une petite fête afin que le fils, toujours enfermé dans sa chambre, prenne goût aux jeunes filles de bonne famille. Par contre, elle ne relèvera pas, dans une lettre à propos de *Comment faire l'amour avec un nègre sans se fatiguer* (1985), les aventures féminines dont Télémaque est enfin le protagoniste notamment avec une fille de très bonne famille, Miz Littérature de McGill[178]. La liste de Duvalier a été remplacée par celle de Don Juan. Si un flou continue de régner quant à sa position sur la première, Vieux est dans les premiers sur la liste des bestsellers à Montréal. Le sexe est en somme dans l'encrier[179], où il fait fureur au vu et au su de tous, sauf de la mère (et du père qui vient de décéder).

Le sexe dans l'encrier

Lectrice de Sade, la mère, qui en a pourtant vu d'autres, ne relève pas les frasques du fils-écrivain : « Mais je me suis toujours demandé pourquoi un esprit aussi aiguisé quand il s'agit de moi, même quand je vis à des milliers de kilomètres d'elle, comment cet esprit a fait pour ne pas remarquer toutes ces filles qui peuplaient mon roman » (*L'Art presque perdu de ne rien faire* 252). L'effet castrateur du déni maternel lui fait dire : « Il faut tuer la mère »[180]. Il lui accorde cependant des circonstances atténuantes : « Peut-être qu'elle n'a pas voulu entrer dans ce domaine. Ou peut-être qu'elle accepte que sur ce seul point le narrateur est différent de l'auteur » (252). Le narrateur lui-même déploie, autour de la mère, des trésors de bienveillance. C'est le cas après coup, lorsqu'il se revoit à cinq ans, implorant la mère pour qu'elle le laisse parler à son tour au téléphone avec le père et qu'*il la comprend maintenant*, au lieu de

---

[178] Le narrateur de *Chronique de la dérive douce* (2012) se décrit comme « encore vaguement puceau » (Laferrière 2012) à son arrivée à Montréal.
[179] Le destin a voulu qu'il soit également édité par la maison « Mémoire d'encrier ».
[180] Selon l'expression à laquelle l'auteur a eu recours dans son commentaire de l'extrait en question, à la conférence-lecture à laquelle je l'avais invité le 27 novembre 2014 à la Humboldt-Universität zu Berlin (HUB).

la juger plus avant. De son côté, il en viendra à barboter dans l'encre des livres, en solitaire comme la mère mais en dégustateur (de café) comme la grand-mère : « Je me retrouve seul sur une petite île entourée d'encre. [...] C'est la même encre qui coule des livres que j'ai lus que de ceux que j'ai écrits. J'aurai donc passé une bonne partie de ma vie à barboter dans cette encre qui me fait penser au café. [...] » (*Journal d'un écrivain en pyjama* 312). Comme le café, que Da offrait sur sa galerie à Petit-Goâve, l'écrit a beau s'accompagner de solitude, il renvoie toujours à une mise en relation. À défaut de pouvoir parler avec le père, le fils s'entretiendra avec les écrivains : « Une vie [...] à lire et à écrire. Cela a-t-il un sens ? Je ne le sais. C'est dans ce puits de liquide sombre que j'ai plongé la tête la première, il y a longtemps déjà. Les premières lectures sous les draps, à Petit-Goâve. Les rencontres brûlantes, à Port-au-Prince, avec ces poètes qui ont illuminé mon adolescence » (312). L'identification se fera aussi avec les poètes, plutôt qu'avec le père réel : « Les nuits passées à chercher ma musique en frottant vivement les phrases les unes contre les autres – cette vieille technique qui permet de faire du feu en forêt. Et le premier maigre récit qu'on trouve, sous l'oreiller, un matin, comme la rose de Coleridge » (312–313). La mer d'encre que le Moi a dû traverser pour arriver à l'Autre barré par la mer(e), aboutit à une musique qui reproduit la voix conquérante du père (faisant jouir la femme) : « [...] l'exil et le long tunnel de l'écriture. Ces aubes angoissantes. Mon cas n'est pas unique, car pour tout écrivain il y a une mer d'encre à traverser et cette musique à trouver » (*Journal d'un écrivain en pyjama* 312–313). C'est une musique qui parle de la mère tantôt extasiée, tantôt écrasée par les entretiens avec le père au téléphone, et dont les ravissements face au laurier rose de la maison familiale évoquent, à côté de périodes d'abattement total, la jouissance des grand.e.s mystiques devant l'au-delà.

Comme celle de *Portnoy's Complaint* (1967) de Philip Roth – un roman que Laferrière salue dans *L'Art presque perdu de ne rien faire* (2014)[181] et *Journal d'un écrivain en pyjama* (2013)[182] –, la mère d'« Une autobiographie américaine » aura aussi fait couler beaucoup d'encre : « Je

---

[181] « [*Le Maître et Marguerite* de Boulgakov est le roman] le plus drôle que j'ai lu de ma vie – avec *Portnoy et son complexe* de Philip Roth » (*L'Art presque perdu de ne rien faire* 344).

[182] « Je ne me souviens pas avoir autant ri qu'en lisant *Le Complexe de Portnoy* » (*Journal d'un écrivain en pyjama* 100) ; *v.* aussi, dans la section « Des ouvriers et leur machine », le commentaire que Laferrière fait d'une photo de Roth (152).

Le sexe dans l'encrier 147

ne cesse de revenir sur elle / dans mes écrits. / Passant ma vie à interpréter / le moindre nuage sur son front. / Même à distance » (*L'Énigme du retour* 112). Chez Roth, cela donne un long récit paranoïaque de la part d'un personnage, Alex, pris dans les filets d'un drame judéo-œdipien, que le poids d'une mère castratrice menaçait de jeter dans les bras d'un homme : « *I close my eyes, and it's not so awfully hard – I see myself sharing a house at Ocean Beach with somebody in eye make-up named Sheldon.* […] *There he is, Ma, your little gentleman, kissing someone named Sheldon on the lips !* » (Roth 1967 [2005], 125-126). Le récit d'Alex est entrecoupé d'apostrophes à l'adresse d'un psychanalyste qui n'ouvre la bouche qu'à la fin du livre pour dire, alors que son patient se croyait délivré de ses névroses par le récit[183], que c'est ici que la psychanalyse pourrait peut-être enfin commencer : « *So [said the doctor]. Now vee may perhaps to begin. Yes ?* » (274). Dany Laferrière ne relève pas les attaques fantasmatiques contre la mère qui occupent la première partie du roman, s'arrêtant en revanche sur ce « mélange de sexe et d'humour » dû au « talent particulier » de Roth (*Journal d'un écrivain en pyjama* 174). Philip Roth fait partie, avec Henry Miller[184] et Charles Bukowsky notamment, des auteurs réconfortants. La genèse de l'œuvre s'explique cependant à un niveau plus intime, le lien entre le sexe et l'écrit remontant à une période antérieure à la lecture des auteurs en question. Un épisode de *L'Odeur du café* (1991) évoque en tout cas une scène à l'école où Vieux Os fait « le pitre » (Laferrière 1991, 87) devant Auguste en mimant le professeur. Son ami en est troublé. S'ensuit une bagarre initiée par Auguste qui se solde par une séance de sexe dans l'encrier :

Aussi brusquement qu'il a commencé la bagarre, Auguste se lève et se déshabille aussi. On se couche chacun sur un bureau, et on plonge notre pénis dans un petit encrier. […] Auguste a l'air de souffrir. Je fais la même grimace que lui. Auguste me fait un sourire encore plus grimaçant. Et il

---

[183] Tout ce vécu autorise-t-il Alex à croire qu'il a grandement vécu ? « – *But at least while I lived*, I lived big ! aaaah !!!!! » (274) L'exclamation 'ah', à la ligne, forme à elle seule tout un paragraphe.

[184] L'auteur souligne pour le moins la communauté d'esprit et d'expérience qui le relie à lui : « C'est Henry Miller qui m'a aidé au début. Lui aussi a connu la dèche à Paris (il le raconte dans *Jours tranquilles à Clichy*). Je n'ai qu'à ouvrir un livre de Miller pour retrouver ma vie à mon arrivée à Montréal, sur la rue Saint-Denis. C'est grâce à Miller si j'ai choisi de vivre dans un quartier d'artistes. Il m'a présenté à ses amis qui m'ont tenu compagnie durant ces moments de solitude : Blaise Cendrars, Anaïs Nin, Delteil et tant d'autres » (*Journal d'un écrivain en pyjama* 188).

commence à émettre des sifflements avec sa bouche. Il me demande si ça vient, je réponds oui parce que ça fait un bout de temps que j'ai envie de faire pipi. Auguste me dit alors : « Si ça vient, laisse-toi aller. » Je me mets à pisser. Auguste me regarde, incrédule, avant de sauter sur moi. La pisse mêlée à l'encre fait une flaque bleue. Auguste me donne des coups de poing dans le dos. Je n'arrête pas de faire pipi. Quand je commence à faire pipi, rien ne peut m'arrêter. Auguste m'apprend que c'est comme ça qu'on fait avec les filles. Le sexe des filles : un trou noir avec du liquide à l'intérieur. Un liquide bleu. (87–88)

Un gamin finit par les dénoncer :

C'est [...] Djo qui nous a dénoncés. Comment a-t-il su ? Il est vrai qu'Auguste a amené tous les amis du quartier à notre jeu. On était une dizaine dans la classe d'Auguste quand la grande porte s'est ouverte brusquement. Nous avions nos pantalons baissés. On était tous couchés sur les bancs quand le directeur nous a surpris. Il a ramené chacun de nous chez lui pour recevoir la plus mémorable raclée de sa vie. Comme on habitait à peu près tous la même rue, on nous a plantés nus sur nos galeries respectives pour que les gens qui passent puissent voir nos pénis bleus. (88–89)

L'expérience sexuelle se solde par une punition qui a tout d'un *double bind*. D'une part, les enfants sont réprimandés pour leur indécence, d'autre part un acte d'indécence leur est infligé en guise de châtiment. Qu'elle ait vraiment eu lieu ou qu'elle ait été inventée pour les besoins de la fiction, l'exhibition du pénis fait partie de l'imaginaire poétique de Dany Laferrière. Le motif est évoqué en dehors de la fiction, lorsque l'écrivain, s'entretenant sur la littérature et la peinture haïtienne avec Rodney Saint-Éloi au café de DA en février 2012, lie à la poésie la nudité de Saint-Aude traînant son sexe dans la boue :

Je me souviens quand j'allais [...] à l'église et qu'on voyait Saint-Aude dans la boue avec – il était presque toujours mal habillé – on voyait son pénis dans la boue, tout flétri, et puis ma mère me tirait, me pressait pour aller à l'église [...] et puis je l'entendais siffler, c'est un poète [rires dans la salle], moi je ne voulais être que ça, un poète [rires], je ne rêve que [de] ça aussi, d'avoir le pénis flétri dans la boue [rires]. (Laferrière 2012 c2, 01'10''15''-53''' et suiv.)

Le lien en question se retrouvera dans le premier roman, autour de l'image du 'zob suiffé' de Vieux faisant l'amour avec Miz Littérature dans « une sale position » (Laferrière 1985, 51) au nez de la mère qui avait autrefois laissé percer un certain mépris devant l'étalage offert par Saint-Aude. Là-bas (à Montréal), le fils de Marie et petit-fils de Da retient

Le sexe dans l'encrier 149

qu'à sa mort, Saint-Aude n'en a pas moins été honoré par le pouvoir en place. Dany Laferrière se rappelle en effet la pompe qui a entouré les funérailles du poète alors que lui-même, trop jeune, l'avait jusque-là considéré comme un simple clochard :

> Je me souviens de ses funérailles, puisque je le connaissais comme clochard, pas comme poète, j'étais trop jeune, et on allait d'ailleurs le taquiner dans la rue et il nous tirait sa canne, son pied, je ne savais pas qu'il était poète, et puis un jour j'ai entendu dire que le vieillard au coin de la rue, toujours couvert de boue, est mort. Et j'étais devant la maison et je voyais passer cent vingt-trois voitures couvertes de fleurs. Vous savez, les dictateurs ont le sens des cérémonies, c'était Duvalier qui enterrait Magloire Saint-Aude. (01'09''44'''-10''-13''')

On remarquera que ce qui relativise le jugement de la mère et de la tradition catholique, c'est non seulement la poésie, mais aussi la reconnaissance officielle, celle du 'Père de la nation', quoi qu'ait pu devenir le degré de nuisance de ce dernier au fil du temps. On ne rappellera jamais assez, en effet, que, comme me le fait remarquer Dany Laferrière, « Duvalier n'a pas toujours été un dictateur »[185] et qu'il a tout d'abord été regardé par Windsor Klébert Laferrière *sr* comme une promesse de mieux-être pour le peuple haïtien. Aux honneurs rendus au poète par le pouvoir en place (substitut du père), se mêle néanmoins la *flétrissure* ('sexe flétri') dont l'une des significations renvoie à une grave atteinte à la réputation d'une personne, voire à la peine infamante exercée sous l'Ancien Régime – esclavagiste, ne l'oublions pas –, consistant à marquer le condamné au fer rouge. Le pénis, destiné à en devenir l'emblème, ne se retrouve pas pour rien, dans la fiction, en plein déshonneur sur la place publique bien qu'à sa place dans l'encrier. Plus largement, l'ambivalence qui en résulte a nourri l'écrit sur le sexe ainsi qu'une tendance à l'exhibitionnisme à l'écrit, qu'on retrouve chez beaucoup d'écrivains, dont Martin Amis ou John Updike découvrant la magie de l'écriture à partir des graffitis pornographiques qui couvrent les murs des toilettes du collège. Chez Dany Laferrière, c'est l'image d'une séance de sexe dans l'encrier avec la *flétrissure* qui s'ensuit, qui établit le lien avec la poésie.

Qu'il s'agisse d'une préfiguration ou d'une postfiguration, la scène en question fait de l'apparition publique du poète le lieu, ambivalent, d'un marquage à l'encre bleue en guise de fer rouge. En témoignent les

---

[185] Courriel du 18 décembre 2016.

réflexions que se font sur la castration les narrateurs de *Comment faire l'amour avec un nègre sans se fatiguer* (1985), *Éroshima* (1987), *La Chair du maître* (1997), *Le Goût des jeunes filles* (2005) et, plus précisément, *Vers le sud* (2006) avec la mise à mort de Legba, séducteur de femmes du nord. *La Chair du maître* (1997), dont est tiré *Vers le sud* (2006), allait pour sa part jusqu'à la pornographie, en accord, on l'a dit, avec 'le goût de la mère'. Quand Ghila Sroka lui demande si sa mère a lu le roman en question, il lui répond pourtant : « Je ne sais pas. Je vais sûrement le lui envoyer parce que ma mère est une lectrice du marquis de Sade, ce que j'ai appris un jour par hasard d'un ami, qui habite à Montréal » (Sroka 1997). Il ne sait pas ce qu'elle en pensera, car elle « est très pieuse en même temps. C'est quelqu'un qui va à l'église et qui en même temps lit Sade » (Sroka 1997). Dans *Journal d'un écrivain en pyjama* (2013), il va jusqu'à parler d'un vrai engouement : « Je connaissais une dame très gentille, pieuse même, qui était folle du marquis de Sade. C'était ma mère » (Laferrière 2013, 78). Or on apprend en fin de compte que celle-ci, tout comme l'épouse de l'auteur, n'a pas lu *La Chair du maître* (1997) à sa sortie. En cela, l'épouse est comparée à la mère, même refoulement de leur part, mêmes précautions de celle de l'auteur : « Maggie n'a pas lu le livre. Je l'ai prévenue que j'avais été très loin, que j'avais vidé la question. Maggie est comme ma mère. Quand *Comment faire l'amour avec un nègre* est sorti, ma mère m'a dit : "Du moment que tu as du succès, mon ami, je suis bien contente." » (Sroka 1997). On se rappellera les honneurs rendus à Saint-Aude par le pouvoir en place. Un déni est-il à l'œuvre sur le reste, le sexe, l'écriture ? L'auteur se limite à formuler une critique générale autour de la réception du livre : « Personne n'a encore osé pointer le caractère pornographique du livre ; tout le monde fait semblant de parler de tout sauf de la porno » (Sroka 1997). Si donc *La Chair du maître* (1997) reçoit malgré tout le placet de la mère (et de l'épouse), c'est comme si le fils (et époux) n'avait rien écrit, là où, après Sade, il a pourtant trempé à nouveau dans l'encre l'organe génital (selon l'étymologie du mot 'pornographie'). L'organe génital peut-il provoquer la révolution ?

La pornographie

L'auteur de *La Chair du maître* (1997) concède que « quelque part, c'est sûr que l'univers du livre est assez *hard*… » (Sroka 1997). Le désir, l'initiation étant les *grands thèmes mythologiques* de l'adolescence, il lui importait d'intégrer le sexe dans les années de formation. Celui-ci a

La pornographie 151

néanmoins à ses yeux une portée politique et un impact socio-économique indéniables :

> Je voulais expliquer cette génération et ce moment de la société haïtienne par une métaphore qui ne soit pas folklorique, tropicale, qui ne soit pas un décor ou un paysage. Et le sexe comme métaphore politique m'a paru l'élément fondamental, quelque chose d'extraordinaire parce que, dans une société où les rapports de classe sont si terrifiants, où l'écart entre les riches et les pauvres est si grand, où l'humiliation, le dédain, le mépris de l'autre sont si importants, la seule chose qui peut rapprocher celui-ci de celle-là, ou celle-là de celui-ci, c'est le désir. Et le désir de transgresser. Ce n'est pas une sexualité innocente que je décris, c'est une sexualité comme instrument de pouvoir politique, de pouvoir social, de pouvoir économique. (Sroka 1997)

Sade, dont on croit trop souvent qu'il aurait porté à la révolution, a-t-il influencé le point de vue de Laferrière par-delà les thèses psychanalytico-révolutionnaires des gourous des années 1970 ? Pour Pierre Klossowski[186], frère aîné du peintre Balthus dont Dany Laferrière fait grand cas, Sade voyait à vrai dire dans la Révolution un rival. Et c'est surtout le souci d'avoir la vie sauve qui aurait dicté son civisme[187]. Par ailleurs, il est intéressant de relever, avec Alain Fleischer, que les textes de Sade répondent à l'expérience d'une mère castratrice. Comme l'écrit l'auteur de *Sade scénario* (2013) : « C'est sans doute à Pierre Klossowski que l'on doit la première analyse du rôle castrateur de la mère dans la psychologie sadienne, un rôle traditionnellement détenu par le père dans le complexe d'Œdipe » (Fleischer 2013, 162). Si Dany Laferrière recourt à la pornographie dans certaines de ses fictions, il sera intéressant de se demander si ce n'est pas, comme chez Sade, pour évoquer, à la manière codifiée du fantasme sexuel, la part maternelle castratrice que le fils

---

[186] *Cf.* « Sade et la révolution », dans Pierre Klossowski, *Sade, mon prochain* (1947).
[187] Dans Jean Baptiste Jeangène Vilmer, *Sade moraliste* (2005), p. 162, Vilmer indique que « "Sade et la Révolution" est très certainement l'un des chapitres de la vie du marquis des plus complexes, envers lequel il faut faire preuve d'une gigantesque prudence. Une lecture simpliste des opuscules politiques et des démonstrations de civisme dont il fait preuve amène certains interprètes à faire de l'auteur un révolutionnaire, sans considérer une seconde le contexte de ses déclarations, c'est-à-dire la nécessité, pour sauver sa tête, dans laquelle il était placé de débiter avec une ironie et une ambivalence soigneusement dissimulées les idées citoyennes, pour que le citoyen fasse oublier le marquis. Comme le dit fort bien M. Hénaff, Sade conçoit la révolution dans son sens premier, conservé en astronomie, de tour complet sur soi-même. Et, de ce point de vue, c'est dans l'œuvre et non dans la vie qu'il est révolutionnaire. »

aimant ne parvient pas à cerner dans les mots. Dany Laferrière ne s'en demande pas moins si les chapitres les plus durs de *La Chair du maître* (1997) n'ont pas eu pour effet de « démontrer que les choses, arrivées à un point extrême, allaient peut-être déboucher, à la fin, sur la révolte contre Jean-Claude Duvalier et son départ, parce que cette société ne pouvait plus vivre dans cet univers presque artificiel du sexe où l'on peut perdre son identité même » (Sroka 1997). Cela va des rencontres hétérosexuelles, teintées de coke, d'héroïne, d'alcool et d'argent, à quelques scènes homosexuelles, masculines et féminines[188] d'une « violence inouïe » (Sroka 1997). Dans « Un jeune tigre dans la jungle urbaine », Laferrière met, par exemple, en présence un garçon du peuple et un délinquant :

> Un énorme type aux petits yeux chassieux me regarde, l'air vaguement idiot. Je connais le genre. Ces salauds refusent de faire la moindre différence entre le bien et le mal. Ils peuvent aisément vous trancher la gorge pour beaucoup moins qu'une ligne de coke. Généralement, ils font partie d'organisations criminelles qui travaillent assez souvent main dans la main avec la police. Je décide de l'affronter. Pour le plaisir. (295)

L'homme veut sa part d'une double ligne de coke que le jeune tigre s'apprêtait à inhaler dans les toilettes. Celui-ci lui répond alors : « Faudrait que tu m'encules d'abord, papa » (295). Réaction de l'homme en question : « C'est justement ce que je vais faire. Brusquement, il sort son gros machin violacé » (295). Le jeune tigre renverse cependant les rôles :

> D'un bond, je suis sur lui, le plaquant brutalement contre le mur. Comme j'ai l'air d'un freluquet de seize ans, la surprise a dû être totale pour lui. [...] J'ai pu nettement voir, l'espace d'un éclair, un léger étonnement au fond de ses yeux rougis par le mauvais alcool et le manque de sommeil. L'étonnement de l'éléphant se retrouvant avec un jeune tigre furieux sur le dos. Dix secondes m'ont été amplement suffisantes pour neutraliser le stupide colosse complètement soûl et à moitié endormi. Je le déculotte rapidement pour m'emparer de son pénis. [...]. (295)

S'ensuit une scène qui laisse l'inconnu pantois : « Il a glissé le long du mur. Bouche ouverte. Les yeux encore écarquillés d'étonnement. Il ne s'attendait vraisemblablement pas à une attaque d'une telle fulgurance. Ni de cette nature » (296). Côté femmes une fille du peuple, Tina, en manque d'héroïne, affronte Annabelle, jeune fille de la classe supérieure haïtienne : « Je vais te baiser, sale chienne », lance Tina, qui « embrasse

---

[188] *V.* « L'ange exterminateur » (317–320).

longuement et violemment Annabelle. Elle relève la tête brusquement. La bouche en sang. L'autre l'a mordue. – Merde ! dit-elle en s'essuyant la bouche. Et elle flanque un solide coup de poing à Annabelle » (317). Tina passe ensuite à l'acte d'une manière brutale qui fait jouir comme une chienne la jeune fille élégante qui intimidait tant le jeune Fanfan, prouvant que, dans le sexe, il n'y a pas de classes sociales qui tiennent :

> [Tina] enfonce brutalement sa main jusqu'au poignet dans le vagin. Un cri déchirant d'Annabelle. Le buste relevé. Elle balance sa tête à droite et à gauche. Tina maintient la pression. – Tu vas demander pardon, salope. Toute la force de Tina dans son poignet. Annabelle n'arrive plus à respirer. Tina relâche doucement la prise, écarte les grandes lèvres et passe sa langue légèrement sur le clitoris. L'orgasme brutal comme un coup de poing au plexus. On dirait les chutes du Niagara vues à l'envers. Des cris de fillette en train d'accoucher. Tina continue à lui caresser le clitoris de sa langue. Doucement. Très doucement. La plus haute violence. La douceur extrême. Un orgasme n'attend pas l'autre. – Je n'en peux plus…

Tina ne lâche pas prise, décidée qu'elle est à amener l'élégante à un point de non-retour :

> – Écoute, bébé, on vient à peine de commencer à s'amuser. La langue de Tina recommence à fouiller. Droite comme un esturgeon hors de l'eau. Le visage d'Annabelle se referme. Concentration. Le corps arqué. Seules les épaules touchent le sol. De nouveau la main de Tina plonge dans le vagin d'Annabelle jusqu'au poignet. Un cri rauque. Annabelle se prend la tête à deux mains. La douleur se lit sur son visage. Madone des douleurs. Lèvres légèrement retroussées. Les canines. (319)

Tandis que les 'canines' annoncent la métamorphose d'Annabelle en ce que Tina entendait faire d'elle, la fille du peuple se transforme elle-même en une chienne lorsque, 'gueule ouverte', elle se prend au jeu de la jouissance sadique :

> [...] Tu vas japper, bébé. Plus bas, la main. Le travail incessant du poignet. Les yeux vides d'Annabelle. Où est-elle ? Va-t-elle revenir ? Visage terriblement placide de Tina. – Tu vas japper comme une petite chienne. Les yeux fixes d'Annabelle. Elle n'est pas là. Plus avec nous. – Jappe ! Le visage d'Annabelle se crispe tout de même, comme si elle allait subitement se mettre à pleurer. Elle gémit un aboiement à peine audible. – Plus fort ! Le mouvement du poignet accompagne l'ordre. Un sursaut. Annabelle jappe. – Plus fort ! Annabelle s'exécute. – Plus fort ! Tina semble déchaînée. – Jappe plus fort! ELLE JAPPE. ELLE JAPPE. ELLE JAPPE. ELLE JAPPE. ELLE N'ARRÊTE PAS DE JAPPER. UNE VRAIE CHIENNE. – Encore !

gueule Tina. Elle jappe. Tina se met à frotter son entrejambe contre la longue cuisse d'Annabelle. – AAAAAHHHHHH-HH ! Tina roule enfin sur le côté. La gueule ouverte. – Merde ! cette salope m'a fait jouir. (319–320)

Dany Laferrière serait-il parvenu à démentir l'obstacle savamment commenté par Lacan, selon lequel « il n'est pas possible d'écrire le rapport sexuel » (*Le Séminaire. Livre XIX… ou pire*, 23) ? D'un côté, l'auteur l'admet : « En fait ce n'est pas si facile d'écrire sur le sexe » (*Journal d'un écrivain en pyjama* 172). De l'autre, la mère lui a démontré, dès l'enfance, la force de l'érotisme. On se rappelle, par exemple, ce passage du *Cri des oiseaux fous* (2002), et « la lumière éblouissante de cette jeune fille pudique qu'une inflexion conquérante de la voix d[u] père venait [brusquement] de faire surgir devant mes yeux éblouis » (Laferrière 2002, 19). À l'instar d'Annabelle et de Lisa – pudique comme la mère – qui trouvait sales les baisers que le fiancé lui donnait dans le cou mais se laissait sodomiser par Frantz – conquérant comme le père –, la mère, qui lit pourtant Sade, refoule les passages de *Comment faire l'amour avec un nègre sans se fatiguer* (1985) où le fils a plongé son sexe dans l'encrier. C'est ce qu'on apprend dans « La lettre de ma mère » (*Journal d'un écrivain en pyjama* 51–53)[189] comme si la pornographie du fils lui était intolérable après ou malgré Sade. La lecture de Sade était-elle seulement une question de goût personnel ? Ou lui était-elle inspirée par le besoin d'élucider la sexualité de Windsor K. ?

L'esthétique est-elle par ailleurs compatible avec la pornographie ? Pour Freud, si « la vue [des organes génitaux] détermine la plus forte excitation sexuelle, [ceux-ci] ne peuvent jamais être considérés comme beaux » (*Drei Abhandlungen zur Sexualtheorie* 55, note 1). Un écrit postérieur apporte néanmoins une nuance : « [Ils] ne peuvent *presque* jamais être considérés comme beaux » (*Das Unbehagen in der Kultur* 443)[190]. Laplanche en retire, pour sa part, l'idée suivante :

> Si l'on suit cette notation, au moins pour l'art jusqu'à une période récente, la 'feuille de vigne' n'est pas seulement une marque de pudibonderie, [mais] signe peut-être une des conditions fondamentales de l'esthétique,

---

[189] (51–53) ; l'auteur insistait lors de la conférence qu'il a tenue à la Humboldt-Universität zu Berlin le 27 novembre 2014 sur le fait que la mère avait éludé, dans ses commentaires, les scènes où Vieux racontait ses aventures avec les Miz.

[190] C'est moi qui traduis et qui souligne.

celle justement d'un certain déni du génital comme condition nécessaire à l'avènement de la beauté. (*Problématiques III. La sublimation* 114)

Les romanciers démentant ce présupposé ne sont pas rares, c'est le cas de Henry Miller, de D. H. Lawrence, de John Updike et de Philip Roth parmi tant d'autres. On trouve toutefois nombre d'écrivains ayant eu recours à un pseudonyme, indiquant qu'une dissociation a pu se produire entre le nom du père et le nom de la chose : Yambo Ouologuem, par exemple, qui, après *Le Devoir de violence* (1968), signe plus tard les *Mille et une bibles du sexe* sous le pseudonyme de Utto Rodolph[191]. Ce qui est sans doute *quelque part* en jeu chez les auteurs publiant des textes érotico-pornographiques sous pseudonyme, c'est le fait d'avoir ou de ne pas avoir la jouissance de la femme au nom du père, à savoir celle de s'adonner, en un déplacement autorisé, à ce que la psychanalyste Mélanie Klein appelle de façon générale des « assauts phantasmatiques contre la mère ayant surgi à un moment où la pensée du sujet ne passait pas encore par les mots »[192]. En effet, comme le dit par ailleurs Lacan à propos de Sade, à qui il reconnaît « le mérite d'avoir appelé les choses par leur nom » : « Jouir, c'est jouir d'un corps. Jouir, c'est l'embrasser, c'est l'étreindre, c'est le mettre en morceaux. En droit, avoir la jouissance de quelque chose, c'est justement ça, c'est pouvoir traiter quelque chose comme un corps, c'est-à-dire le démolir […] » (*Le Séminaire. Livre XIX* 32). Dans le contexte de la dictature duvaliériste, où le sexe était *le péché absolu* et *le meurtre plutôt encouragé*, c'est la jouissance substitutive que Papa Doc a sur le corps social haïtien et qui se mesure au pouvoir qu'il a de le démolir[193].

---

[191] Le roman a été réédité en mai 2015 sous le nom de l'auteur aux éditions Vents d'ailleurs, par Jean-Pierre Orban, avec une préface de ce dernier et de Sami Tchak.

[192] « Les assauts phantasmatiques contre la mère suivent deux lignes essentielles : l'une est constituée par la pulsion surtout orale de sucer complètement, de mordre, de déchirer, de voler les contenus "bons" du corps de la mère. […] L'autre ligne d'attaque dérive des pulsions anales et urétrales et implique l'expulsion de substances dangereuses (excréments) hors du moi et vers l'intérieur de la mère. En même temps que ces excréments nocifs, expulsés dans la haine, des parties clivées du moi sont aussi projetées sur la mère ou, pour mieux dire, dans la mère » (Klein 1966, 282). Extrait mis en évidence par André Green (*Pourquoi les pulsions de destruction ou de mort ?* 231).

[193] *Cf.* la section consacrée à la question du « père ex-orbitant » (Ire partie) ; dans Jean Florival, *Haïti : Duvalier, la face cachée de Papa Doc* (2007), Jean Florival témoigne néanmoins d'une passion de Papa Doc pour sa secrétaire privée, France Saint-Victor.

Chapitre II –
Le miroir des morts

> *La mort vient de dérober*
> *Un long miroir à la vie,*
> *Une poignée de cerises*
> *Où titube du soleil.*
> Supervielle, « Le Miroir », dans *Gravitations* (1925)
>
> *Je couve de l'inquiétude : celle de quitter un jour ce monde sans avoir*
> *découvert ce minuscule détail qui nous relie...*
> Alain Mabanckou, *Le Sanglot de l'Homme Noir* (2012), p. 134

Introduction

Dany Laferrière compare son rapport avec le surnaturel avec sa foi en l'Enfant Jésus : « Je suis obligé d'y croire [aux revenants], comme je crois à l'Enfant Jésus. C'est mon devoir de croire au surnaturel, sinon je suis bon pour un autre métier » (*J'écris comme je vis* 169). Malgré l'argument professionnel qu'il avance comme pour s'en justifier, il s'agit bel et bien d'une relation 'naturelle' : « C'est durant cette époque magnifique, mon enfance au cœur de la magie, que ma sensibilité a été formée. Je ne discute pas de la véracité de tels événements. Ce sont des choses qui m'habitent profondément » (169). Le phénomène de la *décorporation* lui est aussi familier : « Il arrive qu'un esprit quitte son corps pour aller séjourner dans un autre corps. C'est une communion assez rare car le plus souvent l'esprit entend plutôt posséder l'autre » (*L'Art presque perdu de ne rien faire* 169). Il va jusqu'à avancer l'idée que chaque corps est colonisé par un esprit – ne serait-ce que le sien – et qu'il est surprenant qu'une matière si subtile se soit disposée à y séjourner : « On s'étonne encore que l'esprit, cette flamme vacillante du cerveau, ait pu coloniser une telle masse de chair, d'os et de sang : le corps humain » (169). Le corps serait en somme le zombi de l'esprit : il « l'occupe le jour en le poussant à réaliser des choses auxquelles [il] n'aurait jamais pensé. Et la nuit en refusant de se reposer jusqu'à produire ces myriades d'idées noires qui mènent droit au cauchemar » (169–170). Dany Laferrière lui préfère cette « intelligence primesautière qui ne soit pas tournée vers la volonté de dominer » (170). On la reconnaît à cette « simple joie » des corps qui se dénudent à la belle saison : « Un corps en sueur que l'été habite. Nous vivons à ce moment-là en pleine féérie : le vert des arbres, le sourire gratuit d'un inconnu que vous croisez, la musique des conversations sur les terrasses des cafés » (170). Le désir reprend ses droits avec « le vin qui rosit les joues des étudiantes […], un jeune homme qui passe torse nu sur son vélo, tout cela donne l'impression que la guerre est finie » (170). Il parle du long hiver québécois, qui rend l'été magique.

Voilà ce que son « corps d'homme du sud ignorait » (394) avant son arrivée à Montréal en 1976 : « Toute une nouvelle culture engendrée par le froid » (394). Sa théorie du climat, clin d'œil sur son passé d'annonceur météo, est centrée sur l'idée que le corps et l'esprit vivent une sorte de dissociation : « Notre corps ne vit pas toujours dans la même saison que notre esprit. Le corps et son insatiable appétit de plaisir en été. Notre esprit si sombre et tortueux en hiver. L'impression qu'il y a deux êtres en nous : un docteur Jekyll ensoleillé et généreux, et un mister Hyde tatillon et avaricieux » (394). Un miroir est alors nécessaire pour rétablir le passage entre pulsion de mort et pulsion de vie chez « ces demi-dieux nordiques si prompts au carnaval des corps s'apprêt[a]nt à plonger, la tête la première, dans le lac de la dépression nerveuse et des folies identitaires » (395). Le XVIIIe siècle français, dont il sera question dans la troisième partie, en avait fait son obsession, et tout indique qu'il en est resté quelque chose.

Les morts

Une coutume animiste, d'origine africaine, s'est maintenue dans la société haïtienne. Alors que Vieux Os s'apprête à boire son café comme il le ferait à Montréal, la mère l'arrête pour lui rappeler l'usage. Ici on jette d'abord « la moitié de la tasse par terre en nommant à haute voix ses morts » (*Pays sans chapeau* 37). C'est qu'« il faut en donner aux morts d'abord. Ici, on sert les morts avant les vivants. […] N'importe quel mort devient subitement l'aîné de tous ceux qui respirent encore » (36).

En d'autres termes, une réversibilité du cours temporel se produit lors du décès. Le cadet devient l'aîné, le fils prend la place du père ainsi que le prospectait tante Renée, tout gisant méritant une préséance, quelle que soit sa place dans l'ordre intergénérationnel. Là, en effet, où il est à présent, le mort vous précède et vous anticipe autant que s'il vous avait à la fois engendré et eu pour géniteur : « Le mort change immédiatement de temps. Il quitte le présent pour rejoindre à la fois le passé et le futur. Où vit-on maintenant ? Dans l'éternité » (*Pays sans chapeau* 36). Ayant quitté l'espace, qui est du domaine du visible, pour rejoindre le temps qui, lui, relève de l'invisible, le défunt peut tout aussi bien être un de ces vivants privés de visibilité, à savoir, aux yeux de la classe dirigeante et à ceux de la communauté internationale, un Haïtien démuni, faisant partie des 56 pourcents de la population n'occupant que 11 pourcents du territoire[194]. Dans cette partie de la ville, un cireur de chaussures fait remarquer à Vieux Os : « Tous ceux que vous voyez dans les rues en train de marcher ou de parler, eh bien ! la plupart sont morts depuis longtemps et ils ne le savent pas. Ce pays est devenu le plus grand cimetière du monde » (56). Nous sommes en 1996 lorsqu'il remet les pieds au pays natal. Comme le cireur de chaussures, sa mère lui garantit que le pays a changé : « Tu sais, Vieux Os… Tu ne peux pas savoir, tu n'étais pas là, mais c'est bien plus grave qu'on ne le croit, ce qui s'est passé, ici, dans ce pays » (102). La démolition à laquelle Papa & Baby Doc se sont livrés a durablement enfermé les gens dans la logique de la pulsion de mort :

> – On a l'impression d'être déjà mort, ici. Tout le monde, je veux dire les justes et les méchants. Tu vois, on trouve des charniers un peu partout. Les tueurs ne sont pas plus vivants que les tués. Nous sommes tous déjà morts. Il a bien dit : « Laissez les morts enterrer leurs morts. » Tu vois, j'ai passé ma vie à essayer de comprendre ce que le Christ voulait dire par là. Je le sais maintenant. Tout est clair pour moi, aujourd'hui. Nous sommes déjà morts. (102)

N'était-ce pas l'avis du père, qui refusa d'ouvrir au fils venu frapper à sa porte, au motif que la dictature avait transformé en zombis les Haïtiens restés au pays ? Or l'idée n'était peut-être pas aussi folle qu'il y

---

[194] V. la section « Les chiffres » : « 56 % de la population occupe 11 % du territoire. 33 % de la population occupe 33 % du territoire. 11 % de la population occupe 56 % du territoire » (*Pays sans chapeau* 40).

paraît, étant donné que la mère, qui a « les deux pieds sur terre » (16)[195], la formule à son tour, à cette différence près, cependant, qu'elle reçoit le fils et l'invite même à dormir dans son lit (il manque un matelas, le fils insistera pour qu'on en fasse l'acquisition). Mais voici tout d'abord comment Vieux Os rapporte à la mère les retrouvailles manquées avec le père à Brooklyn :

> – J'étais allé le voir dans ce petit appartement de Brooklyn. J'ai frappé à la porte. Aucun bruit. J'ai continué à frapper tout en appuyant mon oreille contre la porte. Finalement, j'ai entendu quelqu'un marcher vers moi. – qui est là ? – Ton fils, dis-je. Je n'ai pas d'enfants, tous mes enfants sont morts. – C'est moi, papa, je suis venu te voir. – Retourne d'où tu viens, tous mes enfants sont morts en Haïti. – Mais je suis vivant, papa. – Non, il n'y a que des morts en Haïti, des morts ou des zombis. Il n'a pas ouvert la porte et je suis parti. Ce fut notre unique conversation. (244)

Intervertissant la chaîne de cause à effet : « – Il pensait que nous étions morts, dit lentement ma mère, et c'est ça qui l'a rendu fou » (244), la mère 'épouse' la logique du mari défunt. Il est vrai que Vieux Os s'est limité à rapporter le reniement dont les enfants ont fait l'objet dans les propos du père, sans mentionner que celui-ci, selon la version de *L'Énigme du retour* (2009), avait inclus sa femme dans le déni du passé. Depuis le décès du père, le fils a hérité d'une énigme qu'il est venu élucider en Haïti, en enquêtant sur la conception de la mort au pays natal : « – Depuis douze ans, j'ai cette conversation qui me trotte dans la tête. Pourquoi a-t-il dit qu'il n'y a que des zombis en Haïti ? Comme si ce pays n'était à ses yeux qu'un immense cimetière » (*Pays sans chapeau* 244). La mère renchérit :

> – Comme si nous étions tous morts sans le savoir, continue ma mère. Ton père était un homme très intelligent, tu sais. Il savait des choses très délicates, des choses qu'on ne peut percevoir qu'en plissant les yeux… Il avait une sensibilité exacerbée. Alors, peut-être qu'il voyait des choses que nous ne pouvions percevoir à l'œil nu… (244–245)

Héritier d'un père sensitif, le fils se sent conforté dans le projet d'écrire un roman dantesque avec, pour guide, au lieu de Virgile, émule de Homère dans *L'Énéide*, l'aîné de Virgile, Lucrèce, auteur du *De rerum*

---

[195] « – Où sont tes bagages ? me demande ma mère avant même que je l'embrasse. Toujours les deux pieds sur terre » (*Pays sans chapeau* 16).

natura, traité désenchanté sur Épicure et sur la mort, présentée comme un passage ne débouchant sur aucun au-delà[196]. L'affect perce cependant à la fin du récit du reniement, à travers le signifiant de 'l'épuisement' et l'image du *hurlement inconsolable d'un chien*[197]. Vieux Os s'est moins consolé qu'il n'y paraît ou qu'il ne le laisse paraître, du refus du père de lui ouvrir sa porte. L'affect déplacé se perd, en attendant, dans l'entreprise de déconstruction des croyances que Lucrèce avait menée en son temps. Le syncrétisme entre visions vaudouisantes et mysticisme catholique se retrouve, certes, dans *L'Énigme du retour* (2009), mais la formule est alors plus proche du diagnostic psychiatrique. Une dizaine d'années séparent *Pays sans chapeau* (1999) de *L'Énigme du retour* (2009). Pour clore son enquête sur le pays des morts, pays où l'on ne porte pas de chapeau, il restait à enterrer l'esprit du père tourmenté[198]. C'est ce que le narrateur de *L'Énigme du retour* (2009) accomplit en se rendant dans le village du père à Baradères, où il se joint – significativement – à l'enterrement, qui se tient ce jour-là, d'un inconnu. Le père acquiert, par substitution, la valence d'un défunt inconnu, à qui rendre hommage sans mandat de transmission. L'ami Manu, membre du trio qu'il forme avec Philippe, avait redressé le tir dans *Pays sans chapeau* (1999) en remplaçant l'idée que les Haïtiens sont tous morts, par celle d'un pays habité par des fous : « Ce que les gens ne savent pas, c'est que nous sommes devenus fous » (*Pays sans chapeau* 215). Vieux Os pense encore qu'il s'agit là d'un art de la simulation : « – Graham Greene disait que les Haïtiens étaient des comédiens... » (213), mais Manu lui assène une vérité sur l'état de la population haïtienne qui dément la foi de la mère en une vérité supérieure, méconnue, dont le père eût été dépositaire à la façon du Christ : « On n'est plus des comédiens. On ne joue plus de rôle, on est vraiment fous. Tu ne remarques pas qu'il n'y a plus de fous qui courent les rues ? Sais-tu pourquoi ? Tout le monde étant fou, il n'y a plus de cas individuels. Un fou ne peut se moquer d'un autre fou » (213). De fait, les raisonnements de la mère sont corroborés par le voisin :

---

[196] *V.* la traduction française d'Henri Clouard, *Lucrèce, De la nature* (1964).
[197] « Je sens que tu ne peux plus garder les yeux ouverts. – C'est vrai, maman. Je suis totalement épuisé.   Alors, bonne nuit, Vieux Os. – Bonne nuit, toi aussi. – Je ne pense pas que je pourrai dormir. J'ai trop de choses dans la tête. Le hurlement inconsolable d'un chien » (245).
[198] Le corps du père n'a pas été ramené en Haïti.

Pierre, tu sais, notre voisin [...], il m'a dit l'autre jour qu'il connaît un homme, un tueur. Eh bien ! cet homme lui a confié qu'il ne sait pas pourquoi il tue, que ça ne sert à rien, que c'est comme s'il passait sa vie à se laver les mains pour les resalir immédiatement après. Il ne pouvait pas dire les choses clairement, mais Pierre le comprenait. Il a dit aussi à Pierre qu'il a même déjà rencontré dans la rue des gens qu'il avait tués auparavant... Ou bien nous sommes tous morts, ou bien nous sommes tous vivants. On ne peut pas être les deux à la fois. Moi, j'ai la certitude que nous sommes déjà morts et que personne ne nous l'a dit. (102–103)

La mère émet ici un avis qui rejoint, à vrai dire, les thèses de plusieurs experts occidentaux en parapsychophysique. Dans *La Vie après la mort terrestre* (1992)[199], le physicien allemand Werner Schiebeler s'est intéressé à la « situation des morts qui errent en pleine ignorance dans un univers intermédiaire » (Schiebeler 1992, 71). Le Père François Brune a lui-même consacré un long travail sur les morts, affirmant notamment que « beaucoup de trépassés n'ont même pas conscience de leur nouvelle condition » (*Les Morts nous parlent* 354). Pour sa part, le médecin psychiatre américain Carl Wickland[200] a beaucoup écrit sur les « trépassés attardés » (350), à qui il faut faire comprendre qu'ils ne sont plus de ce monde et qu'ils doivent rejoindre l'au-delà[201]. *Pays sans chapeau* (1999) s'est en revanche limité à tenir compte du discours de la mère. Contrairement au père, celle-ci affirme que le fils est bien vivant et qu'il ne doit pas se laisser gagner par la pulsion de mort : « – Cette ville est un grand cimetière. Toi, tu n'es pas encore mort, alors fais attention. Ne fais confiance à personne. Ici, il n'y a ni bons ni méchants, juste des morts » (*Pays sans chapeau* 103). Or, même

---

[199] Werner Schiebeler, *La Vie après la mort terrestre* (1992), p. 71, cité par François Brune, *Les Morts nous parlent* (2005), p. 354 ; Werner Schiebeler, né en 1923 à Brême, est un physicien qui, suite à des témoignages recueillis sur le front russe pendant la Seconde Guerre mondiale, a poursuivi des recherches dans le domaine de la parapsychologie et de la para-psychophysique.

[200] Carl Wickland (1862–1937), auteur de *Thirty years among the dead* (1974), est un psychiatre américain d'origine suédoise qui fit intervenir la méthode spirite dans la cure des malades mentaux.

[201] Au début de ses études de médecine, Carl Wickland disséqua la jambe d'un cadavre ayant appartenu à un homme d'une soixantaine d'années. Rentré chez lui, il constate que sa femme a un malaise. Alors qu'il cherche à l'épauler, celle-ci lui demande : « Qu'est-ce qui vous prend de me découper comme ça ? » Aux protestations du médecin, elle répond : « Mais bien sûr si ; vous découpez ma jambe ! » : « C'est alors que le jeune étudiant en médecine comprit que l'esprit de l'homme en question l'avait suivi chez lui et s'était emparé de sa femme » (Brune 2005, 350).

si elle lui parle cimetière, la voix de la mère lui fait l'effet d'une berceuse. En tout cas, elle le plonge dans un état de demi-sommeil qu'on qualifierait d'hypnose s'il n'était survenu de nuit, au moment où mère et fils se sont mis au lit pour dormir : « Je ne sais pas exactement quand le sommeil m'a emporté, mais ce n'était pas assez profond puisque la voix de ma mère me parvenait encore, parlant toujours de cette fine frontière qui sépare la vie de la mort » (103). Le flottement du réel, qui caractérise le trépas autant que l'endormissement, n'a rien de surnaturel. Il relève tout au plus de la dimension du rêve et des merveilles qu'il propose.

Le pays des merveilles

Dans son étude sur *La gamme du fantastique : l'éclatement des genres et l'écriture migrante haïtiano-québécoise* (1979–2001), Amy J. Ransom précise, avec Jacques Pradel, Jean-Yves Casgha et Wade Davis[202], que ce que l'Occidental trouve prodigieux constitue en fait une part naturelle du monde réel du paysan haïtien. Elle rappelle, que pour Jacques Stephen Alexis, à la recherche d'un commun dénominateur antillais, « un art qui célébrait le quotidien du peuple haïtien ne pouvait que peindre les merveilles de ce monde : "[L']art haïtien présente en effet le réel avec son cortège d'étrange, de fantastique, de rêve, de demi-jour, de mystère et de merveilleux." » (Ransom 2013, 252–253)[203]. À son sens, « cette attitude magico-réaliste [se retrouve] chez Dany Laferrière, surtout dans les romans d'une "Autobiographie américaine" qui ont lieu en Haïti, *L'Odeur du café*, *Le Cri des oiseaux fous* (2000) et *Pays sans chapeau* (2006 [1997]) » (253). Elle s'en explique : « Quand il peint la vie au pays natal, Laferrière révèle toutes les possibilités magiques d'un monde où les croyances vaudoues jouent un rôle central, où une vision de monde occidentale n'a jamais pu dominer la majorité de la population, les paysans et le peuple urbain noirs » (253). C'est en s'appuyant sur le terrain glissant de l'identité – que Dany Laferrière qualifie en 2014 d'*emmerdant*[204] –

---

[202] Jacques Pradel et Jean-Yves Casgha, *Haïti, la République des morts vivants* (1983), p. 52 ; Wade Davis, *Passage of Darkness : The Ethnobiology of the Haitian Zombie* (1988), p. 46 et 55.

[203] (1978 [1956], p. 46).

[204] Dans un entretien publié par *Le Nouvel Observateur*, « Dany Laferrière : un académicien pas comme les autres » (2014e), il déclare : « Depuis cinquante ans on nous emmerde avec l'identité, c'est l'expression à la mode. On dirait qu'on a été pris

qu'elle conclut ensuite à une influence de la culture française sur les facultés rationnelles de l'auteur : « Comme il raconte cette vie depuis une position identitaire hybride – il a passé plusieurs années de son enfance à la campagne et a vécu totalement en créole avant de s'inscrire à l'école française (Brown) –, son œil observateur d'écrivain présente un monde "réaliste" » (253)[205]. La magie tiendrait-elle à la culture créole ; et le réalisme, à l'apport culturel français ? Pareilles dichotomies remontent à des stratégies culturelles colonialistes, dont l'œuvre de Dany Laferrière se veut dès le départ étrangère. Amy J. Ransom n'en considère pas moins qu'« en même temps, à des moments privilégiés, son rationalisme d'occidentalisé bascule et [qu']il entre de plein jeu avec toutes les possibilités du monde magique de son pays natal » (253). La distance critique du narrateur serait alors reconductible à une tactique narrative, à une « distance que le narrateur cherche parfois à établir par le truchement d'un certain scepticisme, une complicité avec son lecteur implicite (québécois, français ou haïtien francisé) » (253). Pourquoi les pointes réalistes ne feraient-elles pas plus simplement partie du naturel du narrateur ? Lorsqu'elle parle, par exemple, de *L'Odeur du café* pour dire que l'« alter ego [de Laferrière], Vieux Os, est un *tout* petit enfant qui accepte sans les questionner les récits des fantômes, des bêtes fantastiques, voire des zombis qui déambulent dans les alentours de son petit village » (253) et que « ces êtres plus propres au merveilleux ou au fantastique qu'au récit autobiographique réaliste y prennent leur place sans conteste » (253), elle se range à l'avis d'un pédagogue et psychologue comme Bruno Bettelheim pour qui « tous les enfants croient au magique et [qu']ils ne cessent de le faire qu'en grandissant (à l'exception de ceux qui ont été trop déçus par la réalité pour en attendre des récompenses) » (*Psychanalyse des contes de fées* 184–185). Certes, le catholicisme maternel et la lecture de la Bible auraient eu de quoi entretenir, dans l'œuvre de Dany Laferrière, la nostalgie latente d'un monde magique. Comme le formule, en effet, Bettelheim, « les histoires de la Bible, avant tout, ne proposent qu'une solution aux aspects asociaux de l'inconscient : la répression de toutes les pulsions (inacceptables) » (83), alors que « les enfants, qui ne contrôlent pas leur ça de façon consciente, ont besoin d'histoires qui autorisent au

---

en otages par une bande de psychologues, de psychiatres ou de psychopathes. Quel que soit ce que vous faites, c'est une question d'identité. En Haïti, on a un surplus d'identités. »

[205] Elle se réfère à Anne Brown, « Le Parcours identitaire de Dany Laferrière », p. 39–58 et plus précisément p. 50.

moins une satisfaction imaginative de ces "mauvaises" tendances, et […] de modèles spécifiques pour les sublimer » (83). La psychanalyse freudienne autoriserait pour sa part à penser qu'entre la Bible et les livres auxquels Vieux Os a accédé à Petit-Goâve et à Port-au-Prince, la magie des contes de fées a bâti des passerelles entre Idéal du Moi (Surmoi) et Moi idéal (prestige).

Dans son séminaire sur *Les Écrits techniques de Freud*, Jacques Lacan avance qu'« une unité comparable au moi […], n'est pas présente depuis le début dans l'individu, et [que le Moi] a à se développer »[206] (Lacan 1975, 184). Comme le résument par ailleurs Roudinesco et Plon, pour Lacan « le Moi idéal, formation essentiellement narcissique, se construit dans la dynamique du stade du miroir ; il relève alors du registre de l'imaginaire et devient une "aspiration" ou un "rêve" » (*Dictionnaire de la psychanalyse* 4//). Par stade du miroir, il convient en synthèse d'entendre le « moment psychique et ontologique de l'évolution humaine, située entre les six et les dix-huit premiers mois de la vie, durant laquelle l'enfant anticipe la maîtrise de son unité corporelle par une identification à l'image du semblable et par la perception de sa propre image dans un miroir » (1008). Or, comme l'énonce Ransom, quand, dans *Le Cri des oiseaux fous* (2002), « les loas vaudou interviennent dans le Port-au-Prince autrement réaliste et autobiographique de la dernière nuit de l'écrivain en Haïti avant son exil. […] Laferrière relie les expériences de son protagoniste au monde merveilleux que rencontre l'Alice de Lewis Carroll […] : "Vieux Os au pays des merveilles. Mon livre préféré : l'histoire de cette petite fille qui traverse le miroir." » (154)[207]. Il en est question aussi dans « Tiens, Alice vient de traverser le miroir », section de *L'Art presque perdu de ne rien faire* (2014), consacrée à *De l'autre côté du miroir* (1931), traduction française de *Through the Looking-Glass and What Alice Found There* (1871). De

---

[206] En allemand : « *muss entwickel[t] werden* » ; une meilleure traduction serait « doit être développée ».

[207] Citation que Ransom tire du *Cri des oiseaux fous*, p. 67–68. Laferrière en parle beaucoup dans *L'Art presque perdu de ne rien faire* (2014) (v. « Tiens, Alice vient de traverser le miroir », p. 385-387) ainsi que dans *Journal d'un écrivain en pyjama* (2013), p. 54 : « Je voudrais que ma vie épouse le contour des événements qui me façonnent. Je refuse d'être une pierre immobile au milieu de la rivière. Pour cela, il faut avoir l'intrépidité de la petite Alice qui n'a pas hésité à suivre le lapin dans son terrier. » Et p. 247 : « Il y a de gros livres qui ne suscitent aucun commentaire et de minces ouvrages (*Alice au pays des merveilles*) qui entraînent dans leur sillage un fleuve d'encre. »

l'autre côté du miroir (1931), qui est la suite des *Aventures d'Alice au pays des merveilles* (1869), entraîne la fillette de sept ans et demi dans un monde à l'envers (*'a looking-glass world'*) où l'on fait du surplace en courant et où l'on recule là où l'on pensait avancer, modalités spatio-temporelles présentes dans *Pays sans chapeau* (1999) lors du voyage que Vieux Os accomplit au pays des morts après que Lucrèce lui a fait franchir la barrière. Avant cela, le miroir avait servi de critère d'identification du semblable.

L'imago

Le semblable, c'est le vivant, à savoir le contraire du zombi, *esclave parfait* mais aussi *éternel*, hantise durable, comme l'écrit Gasner Joint à partir d'Amy Wilentz : « L'état de *zombi* ne signifie ni plus ni moins qu'un esclavage éternel. Un esclavage par-delà la mort est le plus grand malheur que pouvaient imaginer les Noirs de Saint-Domingue. Après l'indépendance, c'est encore ce qu'il pourrait arriver de pire à un Haïtien » (*Libération du vaudou dans la dynamique d'inculturation en Haïti* 132). Il ajoute : « La zombification fait échec à la libération et au salut du vaudouisant, car elle le retient prisonnier et esclave dans ce monde, l'empêche ainsi de rejoindre le paradis des ancêtres en Guinée »[208] (132). Ou, ainsi que le définit pour sa part Christian Rudel, « le zombi [est] un être humain ne jouissant que d'une conscience limitée, obéissant sans réticence aucune à n'importe quel ordre, donc esclave parfait » (*Haïti, les chaînes d'Aristide* 89). Neuf jours après la cérémonie du bois Caïman présidée par Buckman, assisté de Cécile Fatima, prêtresse vaudoue, une révolution éclata le 23 août 1791. Elle déboucha sur une abolition du système esclavagiste. La défaite des troupes de Napoléon Ier placées sous le commandement du beau-frère de l'empereur, le général Leclerc qui avait pour mission de rétablir l'esclavage en Haïti, ainsi que la proclamation, le 1er janvier 1804 par le lieutenant du chef de la Révolution haïtienne Toussaint Louverture, Jacques Dessalines, de la première république noire au monde, ont instauré, en Haïti, une imago unique en son genre dans l'histoire des temps modernes. Qu'entendre par le terme d'imago ? Dans son acception freudienne, il s'agit d'un « schème imaginaire acquis,

---

[208] Citation mise en évidence par Gasner Joint dans *Libération du vaudou dans la dynamique d'inculturation en Haïti* (1999), p. 132 ; l'auteur se réfère à Amy Wilentz, *The Rainy Season, Haiti since Duvalier* (1989), p. 174.

[d']un cliché statique à travers quoi le sujet vise autrui » (Laplanche et Pontalis 196)[209]. Pour Lacan, plus particulièrement, « l'imago est cette forme définissable dans le complexe spatio-temporel imaginaire qui a pour fonction de réaliser l'identification résolutive d'une phase psychique, autrement dit une métamorphose des relations de l'individu à son semblable » (*Propos sur la causalité psychique*)[210]. La métamorphose a-t-elle eu lieu en Haïti après 1804 ? Comme le relève le philosophe et historien Achille Mbembe, « le passage d'une conscience abîmée à une conscience autonome exige que les esclaves s'exposent et qu'ils abolissent cet être-hors-la-loi qui fait précisément leur double » (*Sortir de la grande nuit* 62), ce que, estime-t-il, l'histoire postcoloniale haïtienne n'a pas mis en œuvre. Dès lors, « une seconde abolition est nécessaire et elle est bien plus complexe que la première dans la mesure où celle-ci ne représente au fond qu'une négation immédiate » (62). En effet, et c'est ce que Dany Laferrière n'a pas manqué de réaliser en refusant que sa vie soit 'dictée' par le dictateur, désormais « il ne s'agit plus d'abolir l'Autre : il s'agit de s'auto-abolir en se délivrant de la part servile de soi et en travaillant pour l'accomplissement de soi en tant que figure singulière de l'universel » (62). À Vieux Os, il semble de fait, comme l'indique *Pays sans chapeau* (1999), que les Haïtiens sont restés captifs d'une hantise de la servitude se traduisant par la conviction d'être entourés de zombis, voire d'être eux-mêmes, à leur insu, devenus de ces *esclaves parfaits* en quoi la France, les États-Unis et les dictateurs locaux rêvaient de pouvoir les transformer. Mais qu'est-ce au juste qu'un zombi ? Comme l'explique Christian Rudel :

> Il est aujourd'hui établi, sur quelques cas irréfutables, que les « bokò », ou sorciers vaudous, à l'aide de poisons connus d'eux seuls, provoquent la mort apparente d'une personne, laquelle, déterrée rapidement de nuit, est ramenée à une simple vie végétative par des contrepoisons qui sont l'autre spécialité des « bokò ». Devenu instrument docile, le zombi est vendu comme esclave, à moins qu'il ne reste au service du sorcier. La zombification a parfois été présentée comme une sanction, dictée par une sorte de tribunal populaire vaudou à l'encontre de certains malfaiteurs. Il semble plutôt qu'elle soit, pour les bokors, à la fois un instrument de domination des populations (par

---

[209] Précisons aussi, avec Laplanche et Pontalis, que ne devant pas « être comprise comme un reflet du réel, même plus ou moins déformé [...] elle peut [...] aussi bien s'objectiver dans des sentiments et des conduites que dans des images » (196).

[210] « Propos sur la causalité psychique » fut prononcé aux Journées psychiatriques à Bonneval le 28 septembre 1946 et publié dans *L'Évolution psychiatrique*, 1947, fascicule I, p. 123–165.

la crainte et par la peur) et de domination économique. Il est impossible d'évaluer l'importance de cette armée d'esclaves : ce qui est évident, c'est que la rumeur publique la grossit considérablement. (*Haïti, les chaînes d'Aristide* 89)[211]

Dans *Pays sans chapeau* (1999), mère et fils s'entretiennent à un moment donné de l'armée de zombis que le « vieux président avait menacé de lancer contre les Américains s'ils osaient mettre un seul pied sur le sol d'Haïti » (Laferrière 1999, 64). Les zombis occuperaient la nuit et les Américains, le jour. Or le problème c'est, selon la mère, qu'ils sortent aussi le jour : « – Qui ça "ils" ? » (65) s'enquiert le fils, « – L'armée des zombis. Tu blagues peut-être, Vieux Os, mais c'est sérieux, ce que je te dis là. Va faire une visite au cimetière, tu verras » (65). Il ne parvient pas à la rassurer en lui garantissant que les Américains riposteraient : « – Les Américains, mon fils, me dit ma mère, avec un sourire au coin des lèvres, ils n'arrivent même pas à distinguer un Noir instruit d'un Noir illettré, et tu leur demandes maintenant de faire la différence entre un Noir mort et un Noir vivant » (65–66). Windsor K., exilé à New York, aura fait l'expérience du préjugé de couleur régnant aux États-Unis et s'en sera confié lors de ses entretiens téléphoniques. Comme l'écrit en tout cas Françoise Morin dans « Entre visibilité et invisibilité : les aléas identitaires des Haïtiens de New York et Montréal », « aux États-Unis la couleur prime sur la culture » (Morin 1993, 163). Vieux Os est d'autant plus désarmé par la vérité qui sort de la bouche de la mère, qu'il n'est pas sans savoir – comme il le rappelle à son ami Philippe au risque de passer pour un nationaliste, lui qui vit à l'époque à Miami[212] – que, « lors de la première occupation de 1915, le gouvernement américain avait envoyé, pour mater les Nègres d'Haïti, les pires racistes du sud des États-Unis » (187)[213]. Sûre de son fait, la mère lui offre un instrument de détection du semblable : « Ma mère sort promptement un tout petit miroir de sa poche et elle me le tend. – Les

---

[211] « Quoi qu'il en soit », comme l'auteur le précise, « sorcellerie et zombification, dérivés du vaudou, ont contribué à masquer, sinon à occulter totalement le vaudou, à le sataniser et à provoquer contre lui de multiples attaques » (89).

[212] « Enfin, je parle comme un nationaliste pur crin, alors que je vis à Miami » (*Pays sans chapeau* 187).

[213] Ayant de surcroît établi un pacte avec les mulâtres à la défaveur des Noirs, l'occupant américain avait renforcé un déséquilibre qui donna naissance au mouvement indigéniste, dont firent partie e.a. J. Roumain et R. Depestre. En est issue la Revue à portée sociopolitique des *Griots* fondée par C. Brouard et à laquelle collaborèrent Denis et Duvalier.

zombis n'ont pas de reflet [...] » (66), lui garantit-elle, sans toutefois réussir à le convaincre : « Ce qui est tout à fait faux, d'ailleurs, puisqu'un zombi n'est pas un fantôme ni un revenant » (66). Les zombis ne sont pas non plus une particularité locale. Le Nouveau Testament aurait en effet ses propres exemplaires : « Jésus a fait revenir Lazare sur la Terre. Cela fait longtemps que je n'ai pas ouvert la Bible, mais si ma mémoire est bonne, je ne crois pas que cette résurrection fût un succès. Lazare sentait encore la mort et avait l'air d'une coquille vide. L'esprit ne l'habitait plus. Un zombi » (137). Le miroir, à la fin du roman, permet à Vieux Os de savoir s'il a rêvé ou s'il a réellement fait l'expérience d'une transitivité entre le visible et l'invisible. Lucrèce est-il un semblable ou appartiendrait-il à l'autre monde ? « Je sors brusquement le petit miroir ovale que m'avait donné ma mère pour le placer en face de Lucrèce. Naturellement, pas de reflet » (262). N'ayant fait que passer de l'autre côté d'une barrière et non du miroir comme Alice, Vieux Os ne s'est pas non plus trouvé dans un monde renversant : « Je suis maintenant dans le monde réel, et je ne vois aucune différence avec le monde rêvé » (262). Cette continuité est corroborée par le fait que, par après, Lucrèce « s'amène, le chapeau à la main » (264), prouvant qu'il est en vie même si le miroir ne renvoyait pas l'image d'un semblable. Est-ce pour dire que la chute de Duvalier en 1986 et les tentatives de gouvernance qui ont suivi, n'ont pas entraîné l'abolition de ce que, parlant des Haïtiens, Mbembe appelait *cet être-hors-la-loi qui fait précisément leur double* ? Vieux Os regarde l'être hors-le-temps dont le pays rêvé est habité à l'image de la campagne haïtienne du peintre primitif : « Quand un dieu, ou simplement un paysan, vous dit que ce n'est pas bien loin, méfiez-vous. Leur conception de la distance diffère de la nôtre. Je ne sais pas si j'ai marché des jours ou des heures, ou même des années, puisqu'on est à l'échelle de l'éternité ici » (*Pays sans chapeau* 256). Par ailleurs, lorsqu'il s'agissait de l'évolution du pays réel, il qualifiait d'*illusion* la sensation de surplace qui ressortait du *perpetuum mobile* agitant la ville (Port-au-Prince où il écrit) :

> Je suis là, devant cette table bancale, sous ce manguier, à tenter de parler une fois de plus de mon rapport avec ce terrible pays, de ce qu'il est devenu, de ce que je suis devenu, de ce que nous sommes tous devenus, de ce mouvement incessant qui peut bien être trompeur et donner l'illusion d'une inquiétante immobilité. (*Pays sans chapeau* 37–38)

Or, qu'elle relève ou non d'une illusion, cette inscription dans l'intemporalité menace de faire du *double* que les Haïtiens n'auraient pas aboli, plus que des *hors-la-loi* politiques, des êtres hors-les-lois de la physique, dont les seules chances de métamorphose ne seraient plus de ce monde. *Tout bouge autour de moi* (2011) revient sur la question en évoquant la médiatisation dans le monde entier de *gens déambulant sans cesse avec une étrange détermination* dans un Port-au-Prince qui venait d'être ravagé par le séisme du 12 janvier 2010 : « Ils semblent indifférents à la douleur qu'ils portent avec cette élégance qui suscite l'admiration universelle. La planète est déjà vissée devant le petit écran pour assister à une étrange cérémonie où les vivants et les morts se frôlent tant et si bien qu'on ne les distingue plus » (*Tout bouge autour de moi* 26). Les vivants, qui semblent ainsi flotter au-dessus des lois de la physique, sont de fait habitués à ce *chemin secret* que l'auteur de *L'Intemporel* (1976) avait flairé chez leurs peintres naïfs : « Si Malraux, à la veille de mourir, s'était rendu en Haïti, c'est qu'il avait l'impression que les peintres de Saint-Soleil avaient intuitivement découvert quelque chose qui rend futile toute agitation face à la mort. Un chemin secret » (26). Il s'agit néanmoins, pour Laferrière, qui se garde de toute vision essentialiste, voire particulariste sur Haïti, de cette facilité qu'éprouvent ceux qui possèdent peu, d'accepter le grand départ, ainsi que de cette dignité que les institutions avaient occultée : « Ce désastre aura fait apparaître sous nos yeux éblouis, un peuple que des atavismes et des systèmes corrompus empêchaient de s'épanouir. Il aura fallu que ces institutions disparaissent un moment du paysage pour qu'on voie surgir, sous une pluie de poussières, un peuple à la fois fier et discret » (26). Au lieu d'une métamorphose, les Haïtiens auraient davantage besoin d'un miroir non déformant.

Le miroir

Les stéréotypes sur le surplace, voire le recul d'Haïti depuis la proclamation de la première République noire au monde, ne sont pas innocents. Aujourd'hui encore, la France préfère se voir charitable (aide humanitaire) ou constructive (accords de coopération) plutôt que redevable vis-à-vis d'Haïti et ce, malgré les bénéfices économiques qu'elle a autrefois tirés de la Traite et de ladite 'dette de l'indépendance'. Complétons-en brièvement l'histoire en tenant compte des divergences entre les critiques. Ainsi que l'a écrit, par exemple, au lendemain du séisme, le poète et essayiste québécois Joël Des Rosiers[214], il se serait agi de « 150 millions de francs or » ayant fait l'objet d'un remboursement

---

[214] Issu d'une famille originaire d'Haïti.

Le miroir

« par Haïti de 1825 jusqu'en 1972, date à laquelle », selon lui, « elle fut finalement apurée, en échange de sa reconnaissance diplomatique par la France », ce qui correspondrait « en valeurs actualisées à plus de 23 milliards d'euros » (Joël des Rosiers 2010)[215]. Comme en témoigne le médecin, journaliste, politologue et diplomate haïtien, le docteur Frantz Bataille, l'extinction de la 'dette' en 1972 tient bel et bien à l'annulation de celle-ci par le président Georges Pompidou. L'économiste et ex-collaborateur de la Banque mondiale Leslie J.-R. Péan parlait quant à lui d'une somme de 150 millions de francs or, mais pour préciser qu'elle était ensuite passée à 90 millions et qu'elle avait demandé, de la part d'Haïti, un emprunt de 30 millions à la France pour le versement de la première tranche dudit remboursement. Or Léon-François Hoffmann, écrivain et spécialiste des littérature et culture haïtiennes, affirme pour sa part, d'une façon que Frantz Bataille regarde comme quelque peu révisionniste, que la France n'aurait jamais exigé de la part du gouvernement haïtien qu'il lui verse de l'argent, l'initiative en revenant exclusivement à l'ancienne colonie[216]. On doit, enfin, à Benoît Joaquim une analyse détaillée de la complexité des rapports d'Haïti avec l'ancienne métropole colonialiste, qui, grâce entre autres à l'habileté du baron de Mackau[217], obtint la confirmation de la dette « par le traité du 12 février 1838 qui la ramena à 90 millions de francs : somme encore trop lourde pour le budget du jeune État, et dont la difficile liquidation allait "peser comme une chape de plomb" sur

---

[215] Mais ne s'agit-il pas de l'annulation de la dette extérieure ?

[216] Selon une conversation qui a eu lieu en novembre 2013 lors d'une conférence à Bruxelles.

[217] « Au baron de Mackau, envoyé à Port-au-Prince pour transmettre, expliquer et faire accepter sans discuter – la décision française, les commissaires haïtiens déclarèrent que son "projet" était irrecevable dans sa forme et dans son contenu. Ils sortirent de leurs gonds quand l'émissaire de la Restauration, suivi d'une escadre de 12 bâtiments réunissant 494 canons – une petite armada – les menaça d'un blocus des ports. Mais au dernier moment, Mackau circonvint le président Boyer lui-même ; n'est-ce pas celui qui, un an auparavant, avait demandé comme préalable à un traité, que la France proclame la reconnaissance [de l'indépendance d'Haïti] par une ordonnance royale ? Seulement Boyer n'avait pas prévu une ordonnance aussi draconienne. En tout cas, pour l'instant, et après les explications du baron sur la bonne foi de son souverain, Boyer ne voulut y voir que le premier acte juridique étranger qui reconnaissait explicitement l'indépendance de son pays. Il la fit approuver dans cet esprit par les hauts fonctionnaires convoqués à cet effet et par un Sénat composé de ses féaux ; puis il la présenta au peuple comme une victoire » (« La reconnaissance d'Haïti par la France (1825) : naissance d'un nouveau type de rapports internationaux » 393).

l'évolution du jeune État » (« La reconnaissance d'Haïti par la France (1825) : naissance d'un nouveau type de rapports internationaux » 395). Une chaîne d'endettements a compromis le devenir d'Haïti, à commencer par la somme empruntée à la France, permettant de parler, à vrai dire, d'une double dette contractée vis-à-vis de l'ancien colon[218]. Comme Péan l'explique plus précisément : « Le système d'endettement mis en place a donné naissance aux emprunts extérieurs de 1825, 1875, 1896 et 1910 qui ont eu des effets dévastateurs sur le plan intérieur en poussant les taux d'intérêt à des niveaux scandaleux. Sur ce sujet, une ignorance sans limites a été soutenue et maintenue » (« Haïti-1915/100 ans : L'occupation américaine et les Volontaires de la Servitude Nihiliste », *Alter Presse*, 2 janvier 2015). S'y ajoutèrent « les pratiques financières insensées » (Péan 2015) des commerçants allemands et le 'cambriolage' de la Banque centrale haïtienne[219] auxquels Péan se réfère quand il parle des « opérations scabreuses de Roger Farnham, président de la National City Bank de New York, de la Banque Nationale de la République d'Haïti, et du chemin de fer haïtien » (Péan 2015) ainsi que l'impact des gouvernements états-uniens dans l'appauvrissement

---

[218] « Tous les emprunts extérieurs contractés depuis l'emprunt de 30 millions de 1825 pour payer le premier versement de la dette de l'indépendance de 150 millions de francs sont garantis par de nouvelles taxes sur le café, donc sur les paysans. Ces emprunts extérieurs sont la source d'une corruption sans précédent. Par exemple, de l'emprunt de 1910 qui était de 65 millions de francs, l'État haïtien ne reçut que 40 millions de francs. La différence de 25 millions de francs a été répartie en commissions et pots-de-vin entre de nombreux intermédiaires français et haïtiens. Les autres emprunts connaissent le même sort » (Péan 2015).

[219] Pour plus de détails, *v.* le site www.associationarchive.com : « À tour de rôle, [Farnham] les menaçait [les Haïtiens] d'une intervention américaine directe ou de bloquer les fonds du gouvernement s'ils refusaient de déléguer le contrôle des bureaux de douane haïtiens à la National City Bank. Pour défendre l'indépendance haïtienne, les législateurs refusèrent à chaque moment. Finalement, en 1914, avec le déclenchement de la Première Guerre mondiale, Farnham réussit à convaincre Washington que la France et l'Allemagne représentaient des menaces directes pour les États-Unis par leur présence en Haïti. Chacun de ces pays avait une petite colonie de gens d'affaires là-bas. En décembre 1914, Farnham prit un arrangement avec les Marines américains pour que ces derniers débarquent à Port-au-Prince, entrent dans la Banque Nationale d'Haïti et volent deux coffres-forts contenant $ 500,000 en monnaie haïtienne et naviguent jusqu'à New York, où l'argent fut placé dans la New York City Bank. Avec cette manœuvre, le gouvernement haïtien devint totalement dépendant de Farnham en ce qui a trait aux finances nécessaires aux opérations. »

Le miroir 173

chronique d'Haïti[220]. Pour Péan, « l'occupation américaine, ses causes et ses conséquences, est un sujet trop souvent négligé dans l'analyse de nos malheurs » (Péan 2015)[221], ce qui ne l'empêche pas de préciser que c'est bel et bien « la progression exponentielle de la dette publique commencée avec la dette de l'indépendance de 1825 [qui] est à la racine des malheurs du pays » (Péan 2015). Raison pour laquelle la France reste au cœur de la question.

Interrogé le 24 mai 2015 par les journalistes de l'émission « Internationales » sur TV5 Monde/RFI, Dany Laferrière rappelait qu'un abus de langage autour de ladite 'dette' occultait les conditions historiques de l'Indépendance. L'entretien se déroulait peu après la visite à Port-au-Prince du président de la République française, François Hollande, à l'occasion de laquelle le chef de l'État français et son homologue haïtien, Michel Martelly, avaient tenu des discours autour des conditions de possibilité d'un remboursement 'moral' ou compensatoire de ladite 'dette', celle-ci continuant d'osciller, au niveau des estimations, entre les 17 et les 23 milliards d'euros. Dany Laferrière se disait peu intéressé par les discours politiques et plus curieux, en revanche, de savoir ce qui adviendrait concrètement dans les discussions entre avocats, secrétaires et sous-secrétaires d'État. Il ne prononce pas le nom de la France, mais celui du *colon*, du *chef*, du *maître*, ayant forcé la main à un pays démuni après avoir pourtant été vaincu par lui :

> Il n'y a pas de dette de l'indépendance parce que l'indépendance haïtienne a été faite de manière implacable, intraitable. Il y a eu guerre coloniale et Haïti a chassé l'armée napoléonienne du territoire haïtien. C'est des décennies plus tard, que Charles X, voulant négocier quelque chose pour se faire payer – [...] manipulant la scène politique internationale, disant qu'Haïti ne pourrait pas entrer dans le commerce international s'il ne payait pas cela –, a forcé la jeune République déjà pauvre à payer cette – non pas dette – mais réparation, qui est une invention du colon, du chef, du maître. Donc, pour moi, c'est deux choses complètement différentes. L'indépendance ne doit pas aller avec cela, c'est forcer la main de quelqu'un de plus faible, Haïti voulant entrer dans le concert des nations, en voulant vendre, a accepté de payer cette réparation. Mais il paraît même qu'on aurait pu [...] l'éviter si la

---

[220] Plus de 80 % de la dette actuelle aurait été contractée sous les régimes de François et Jean-Claude Duvalier, « sous l'œil bienveillant des États-Unis » (http://www.associationarchive.com/?page=dossiers&ID_art=277).
[221] V. aussi Leslie Péan, *L'État marron 1870–1915* (2005).

diplomatie haïtienne avait négocié de manière plus sérieuse, plus forte, sur cette question-là. (« Il n'y a pas de dette de l'indépendance »)

Dans une causerie sur l'histoire d'Haïti présentée au Café de Da à Montréal[222], il observait la difficulté pour la France, tous bords confondus, de se regarder dans le miroir qu'Haïti lui tendait à l'occasion du deux centième anniversaire de l'indépendance. Il dit en substance que le magazine français *Le Nouvel Observateur*, reparcourant le passé d'Haïti, a cité toutes les dates à part celle, précisément, du 1er janvier 1804. Dany Laferrière en a retiré l'impression qu'il s'est produit comme un mouvement de la presse française de gauche autant que de droite – et jusque chez un anticolonialiste comme Jean Daniel[223] – pour ne pas la prononcer. Dans la foulée, il déconstruit aussi l'argument selon lequel l'état actuel en Haïti prouverait qu'en s'affranchissant, les esclaves n'auraient pas gagné au change. Pour Dany Laferrière, le droit qu'ont des esclaves de combattre pour leur liberté, est inconditionnel et le problème, s'il en est, de leurs descendants ne tient pas à un manque mais bien à un excès d'identité, toujours palpable en Haïti où tout citoyen rêve de devenir un jour président[224]. Les relents actuels de l'ostracisme qui a frappé le pays après 1804, illustrent à quel point l'enjeu économique fut et demeure important. Pour la nation française, 'honteusement' battue par des 'biens meubles' (*Code Noir*) s'étant autoproclamés leurs semblables, il en va, on l'a dit, de la difficulté de surmonter les retombées d'une blessure narcissique. Alors qu'elle venait de se proclamer une et indivisible, elle s'est en effet retrouvée amputée d'un membre – la perle des Antilles – qui lui assurait la majorité de ses revenus en provenance des colonies. Quant à la question de la 'repentance', Dany Laferrière précise que ce n'est pas au bourreau et à ses descendants de décider quand le moment est arrivé, pour la victime, d'accorder son pardon et que, d'ailleurs, il conviendrait d'accompagner la démarche d'une interrogation sur ce qu'il en est des ressources soustraites ayant permis à la nation bénéficiaire d'échafauder la légende d'un mérite économico-culturel propre[225]. Dans *Tout ce qu'on ne te dira pas Mongo* (2015), il plaide de la même manière pour qu'on laisse parler le réfugié au lieu de parler sur lui et

---

[222] Autour de la 01'16'' de la causerie de Dany Laferrière à la bibliothèque d'Ahuntsic (2012c).
[223] Éditorialiste du *Nouvel Observateur*.
[224] *V.* causerie de Dany Laferrière (2012c).
[225] *Cf.* « Un après-midi d'été avec Dany Laferrière ».

à sa place. Les commentateurs « qui font le compassionnel ou qui se réticent » (« Cet écrivain qui a le monde dans sa poche » 17'00"-17'07), oublient qu'il convient plutôt de parler *avec* lui en renonçant à vouloir lui inculquer son propre Idéal : « Nos valeurs, comme si chacun n'était pas une valeur universelle » (17'40"-17'45"). Après Aimé Césaire dans *L'Énigme du retour* (2009), c'est – à travers un personnage qui porte son prénom – au tour de Mongo Beti (*alias* Alexandre Biyidi) de faire figure de fils littéraire sous l'effet de la réversibilité temporelle propre à la poésie. En outre, Mongo, qui débarque en Amérique du Nord plutôt qu'à Paris, rappelle la soif de conquête du jeune Dany Laferrière à son arrivée au Québec. Les clichés qui couraient sur les Haïtiens sont ici d'une autre nature. S'ajoutent, à ceux que Françoise Morin a étudiés, les lieux communs que les Américains héritèrent de leur contact avec la population haïtienne sous l'occupation (1919–1935) et que *Pays sans chapeau* (1999) évoque entre *pays réel* et *pays rêvé*. Dans ce livre comme dans tous les autres, il en va de ces 'ajouts renversants' que la narrativité laferrérienne apporte, façon Borges, au cœur des sciences et des débats. À la revendication militante et aux métarécits, Dany Laferrière préfère en effet les nuances de la poésie et du rêve. Non seulement, comme il le souligne dans « Le monde naît de la nuit », « notre univers est trop pensé et pas assez rêvé » (*L'Art presque perdu de ne rien faire* 87), mais il rappelle aussi, dans la section « La rose du rêve », qu'« il fut un temps où les grands mathématiciens étaient d'abord poètes, car ils croyaient que la poésie était la science du futur » (89). L'écrivain et mathématicien anglais Charles Lutwidge Dodgson, connu sous le nom de plume de Lewis Carroll, fait partie de ces artistes de la nuit qui répondent à la loi de la genèse.

La métamorphose

La fable d'*Alice au pays des merveilles* (1865) et la suite de ses aventures dans *De l'autre côté du miroir* (1931) mettent une fillette imbue des préceptes de la classe victorienne en présence de non-semblables qui lui apprennent à s'identifier à eux plutôt qu'à cette Reine odieuse qui coupe la tête aux gens au gré de ses caprices. Dans la première fable, elle comprend ainsi que la souris n'ait pas envie qu'on glorifie le chat, qui, de son point de vue, n'a rien d'un matou mais représente, bien au contraire, l'ennemi numéro 1 de sa race[226]. Alors que la souris, méfiante, s'est éloignée, Alice la rappelle *doucement*, à savoir sur un ton qui indique qu'une émotion a amené la fillette à s'identifier avec la victime pluriséculaire (de l'impérialisme anglais) : « Ma petite Souris ! Revenez, je vous en prie, nous ne parlerons plus ni de chien ni de chat, puisque vous ne les aimez pas ! » À son tour, la souris se retrouve métamorphosée. C'est sur le même mode, en effet, qu'à ces mots elle fit « volte-face et se rapprocha *tout doucement* ; elle était toute pâle (de colère, pensait Alice). La Souris dit d'une voix basse et tremblante : "Gagnons la rive, je vous conterai une histoire, et vous verrez pourquoi je hais les chats et les chiens." » (28)[227]. Dans *De l'autre côté du miroir* (1931), Alice aura traversé la glace trônant sur la cheminée du salon victorien pour se retrouver dans l'étrangeté familière de la « pièce du miroir » (Caroll 1931, 8) où tout est inversé et animé (sexué). Pour sa part, Vieux Os, à l'âge adulte, ne voit pas de différence une fois dans *l'autre monde* vanté par Lucrèce : « On a franchi la petite barrière, et la rue n'avait pas changé à mes yeux » (*Pays sans chapeau* 249). C'est qu'à la date où il en écrit, la métamorphose, chez lui, s'était déjà accomplie par le passage sur l'autre bord de l'eau (*lot bod lo*). *L'Art presque perdu de ne rien faire* (2014) revient, pour sa part, sur l'adolescence, époque où il a lu les aventures d'Alice en s'intéressant à autre chose qu'au dictateur/à la Reine castratrice. Il relève en effet qu'à l'époque, ce qui attire son attention, ce n'est pas le réel/irréel de la

---

[226] « *Dove è il mio gatto* ? » récite Alice à partir de son manuel d'italien, « c'étaient là les premiers mots de son livre de dialogues. La Souris fit un bond hors de l'eau, et parut trembler de tous ses membres. « Oh ! mille pardons ! » s'écria vivement Alice, qui craignait d'avoir fait de la peine au pauvre animal. « J'oubliais que vous n'aimez pas les chats. » « Aimer les chats ! » cria la Souris d'une voix perçante et colère. « Et vous, les aimeriez-vous si vous étiez à ma place ? » « Non, sans doute », dit Alice d'une voix caressante, pour l'apaiser. « Ne vous fâchez pas. Pourtant je voudrais bien vous montrer Dinah, notre chatte. Oh ! si vous la voyiez, je suis sûre que vous prendriez de l'affection pour les chats. Dinah est si douce et si gentille. » Tout en nageant nonchalamment dans la mare et parlant moitié à part soi, moitié à la Souris, Alice continua : « Elle se tient si gentiment auprès du feu à faire son rouet, à se lécher les pattes, et à se débarbouiller ; son poil est si doux à caresser ; et comme elle attrape bien les souris ! – Oh ! pardon ! » dit encore Alice, car cette fois le poil de la Souris s'était tout hérissé, et on voyait bien qu'elle était fâchée tout de bon. « Nous n'en parlerons plus si cela vous fait de la peine. » « Nous ! dites-vous », s'écria la Souris, en tremblant de la tête à la queue. « Comme si moi je parlais jamais de pareilles choses ! Dans notre famille on a toujours détesté les chats, viles créatures sans foi ni loi. Que je ne vous en entende plus parler ! » (Carroll 1869, 26).

[227] C'est moi qui souligne.

La métamorphose

dictature en place mais les mécanismes oniriques : « C'est la seule tentative réussie de description d'un rêve du point de vue d'une rêveuse encore endormie » (Laferrière 2014, 385). Le narrateur se souvient aussi, dans *Pays Sans chapeau* (1999) du conseil de Lucrèce de ne pas se laver avant de se mettre en route, qu'il y ait barrière ou glace à franchir : « – C'est un voyage qu'on fait en gardant sur soi l'odeur du sommeil » (*Pays sans chapeau* 248). Qu'il s'agisse donc d'un rêve ou d'un voyage dans l'au-delà à la façon de Dante guidé par Virgile, la quête d'une transcendance de l'universelle tragédie de l'homme, telle qu'elle est menée dans *La Divine Comédie* à partir notamment de *L'Énéide* et de l'Apocalypse de saint Paul[228], cède la place, chez Dany Laferrière, au travail sur l'imago opéré par les contes de fées et les fables. La métamorphose des relations de l'individu à son semblable poursuivie dans *Pays sans chapeau* (1999) ne s'effectue pas pour rien autour de deux miroirs ovales rappelant la forme du visage de l'homme. Si celui du *petit*-fils (offert par la mère) est petit[229], celui de la *grand*-mère est grand[230] à l'instar de la glace qu'Alice contemple sur la cheminée dans *De l'autre côté du miroir* (1931). C'est aussi devant la glace de Da, qu'il se tient à la fin de l'adolescence quand il lit la fable de Carroll : « Je passais mes après-midi, couché sur le plancher du salon, en face du grand miroir que ma grand-mère a ramené avec elle en déménageant de Petit-Goâve à Port-au-Prince » (*L'Art presque perdu de ne rien faire* 385). Il est seul comme Alice face aux arcanes du rêve, quand il cherche « à deviner les règles étranges de ce monde absurde qui ressemble tant au nôtre » (385). Et c'est dans cet état de familière

---

[228] « *L'Apocalypse de Paul* décrit la vision dont parle Paul dans la IIe Épître aux Corinthiens (xii, 2). Le Christ confie à Paul la mission de prêcher la pénitence à l'humanité, mise en accusation par toute la création. Puis un ange le conduit au lieu où séjournent les âmes justes et à la merveilleuse cité du Christ. Ensuite, il le conduit à la rivière de feu, où souffrent les impies. [...] Michel est le guide des âmes vers le Ciel. Son rival est le Tartare, qui les conduit en Enfer. Cet écrit, fulgurant d'imagination, a profondément marqué la littérature et l'art du Moyen Âge latin. Dante s'en est inspiré dans *La Divine Comédie* et il y fait allusion au chant II de l'*Enfer* (vers 28).» (Universalis.fr).

[229] Le petit miroir ovale que Vieux Os évoque dans *Le Goût des jeunes filles* (2005) p. 32 (*v.* la section « Le désir de l'autre » dans la 1re partie de la présente étude) est celui que la mère a donné à Vieux Os dans *Pays sans chapeau* afin qu'il puisse repérer les zombis.

[230] Le grand miroir ovale et la statue de la Vierge sont, avec la vieille cuvette blanche cabossée et le verre où elle déposait son dentier, « les seules choses que [Da] a voulu apporter de petit-Goâve » (*Pays sans chapeau* 24).

étrangeté comme d'étrange familiarité, qu'il se reconnaît dans son semblable[231] : « C'était elle tous ces personnages aux comportements si étranges qui s'agitaient dans cette histoire qui n'avait ni queue ni tête. Elle était le lapin, la reine, le chat, et même le paysage » (386). Ayant « perdu tout contrôle de ses humeurs » (386), la petite Alice était « devenue aussi nerveuse que le lapin, aussi implacable que la reine, ou circonspecte que le chat » (386). À l'époque victorienne, Alice se rebelle contre un interdit qui rejoint celui où Vieux Os se débattit lui-même jusqu'en 1970 sous le puritanisme dicté par François Duvalier. À la fin de l'adolescence, il est pour le moins question, pour celui qui répondit autrefois aux sbires de Duvalier venus arrêter le père, que celui-ci *reviendrait hier*, de « régler à nouveau l'horloge » (386). Dans tout ceci, il reste en tout cas à relever que, comme on le constate chez Freud, qui s'avoua toujours redevable de la littérature, le futur écrivain avait été jusqu'à entrevoir, dans la fable de Carroll, la proximité entre travail onirique et processus de lecture :

> Je ne sais pas pourquoi j'ai compris cette histoire de cette manière. Je ne connaissais pas Freud à l'époque, pas plus qu'aujourd'hui d'ailleurs, et prenais les choses qu'on me racontait au pied de la lettre. C'est comme si mon esprit tout à coup soupçonnait que les mots sont de minuscules personnages qui cherchent à nous guider vers ce chemin secret qui nous permettra de passer de l'autre côté des choses. Nous connaissons l'endroit, on nous montre l'envers. Pour avoir une idée complète de ce qu'est notre vie, il nous faut les deux côtés de la médaille. Car tout un monde grouille derrière chaque page de cette étrange fable. On n'a qu'à fermer les yeux pour traverser le miroir. (386–387)

Le rêveur est comme « le lecteur [, qui] cherche à passer de l'autre côté du miroir afin de voir les êtres dans leur nudité » (*Journal d'un écrivain en pyjama* 102). Le surplace et la marche à reculons font partie de ce dépouillement caractéristique du rêve. Alors qu'Alice s'étonne : « Ce qu'il y avait de plus curieux, c'est que les arbres et tous les objets qui les entouraient ne changeaient jamais de place : elles avaient beau aller vite, jamais elles ne passaient devant rien » (Carroll 1931, 27), Vieux Os se fait la réflexion suivante : « En tout cas, j'ai plus d'une fois en chemin

---

[231] Il s'agit, d'ailleurs ici, d'une identification à l'autre féminin, dont l'oncle-écrivain explique à son neveu, dans *L'Énigme du retour* (2009), qu'elle est nécessaire pour faire un bon écrivain. Dany Laferrière va jusqu'à dire, dans *L'Art presque perdu de ne rien faire* (2014), que, s'il n'a pas réussi à Hemingway, « le mélange de masculin et de féminin [est] souhaitable chez la plupart d'entre nous » (*L'Art presque perdu de ne rien faire* 351).

désespéré d'atteindre ce maudit figuier. Et quand je l'ai vu, au fur et à mesure que j'avançais vers lui, il reculait » (*Pays sans chapeau* 257). C'est ce qui se passe aussi dans le dialogue suivant de la fable de Carroll, où Alice a accéléré le pas avec la Reine pour rester au présent : « – C'est toujours ainsi lorsqu'on vit à reculons, fit observer la Reine d'un ton bienveillant. Au début cela vous fait tourner la tête… – Lorsqu'on vit à reculons ! répéta Alice, stupéfaite. Je n'ai jamais entendu parler d'une chose pareille » (Carroll 1931, 66). Et là où la Reine précise que « cela présente un grand avantage : la mémoire opère dans les deux sens » (66), on est même proche d'une discipline qui faisait fureur à l'époque victorienne, celle de la métapsychie ou science de l'au-delà des choses physiques. Quand elle aura franchi la barrière : « Tu seras reine quand tu auras franchi le ruisseau » (*De l'autre côté du miroir* 112), Alice sera capable non seulement d'appréhender les choses sensibles réputées hors de la portée de l'observateur, mais aussi de connaître, comme la Reine, les phénomènes passés et futurs ainsi que les pensées échappant d'ordinaire à l'esprit. Or la mère dans *Pays sans chapeau* (1999) n'est pas loin d'attribuer les mêmes dons à Windsor K. lorsqu'elle dit *qu'il voyait peut-être des choses que nous ne pouvions percevoir à l'œil nu*. Dans l'optique de la fable, le passage de la barrière/ruisseau ferait de Vieux Os un roi. Il la/le franchit dans la perspective de savoir à son tour des *choses très délicates, des choses qu'on ne peut percevoir qu'en plissant les yeux*. Si, dans *Le Goût des jeunes filles* (2005), il remplit sa fonction première qui est en l'occurrence de servir de support pour décider si Magloire Saint-Aude fut ou non un zombi aux ordres de Duvalier, dans *Pays sans chapeau* (1999) le petit miroir ovale a mis en relief les distorsions subies par l'être-au-monde haïtien. Un pèlerinage se déroule alors sur les lieux de ce que le nationaliste considère comme la mémoire d'un peuple de déportés et d'exilés.

Pèlerin

Sur le plan manifeste, on ne trouve aucune trace du père au pays des morts. Ce que Vieux Os trouve 'là-bas' – de l'autre côté de la porte que Windsor K. avait refusé d'ouvrir –, ce n'est en tout cas rien qui ressemble au 'mauvais œil'. Le père est un esprit qui *reviendra hier*[232], à savoir un

---

[232] V. *L'Odeur du café*, p. 61 et, pour le commentaire, la section « L'inversion » dans la 1re partie de la présente étude.

revenant qui se trompe d'époque, à jamais fixé, comme tant d'autres Haïtiens, sur Duvalier : « Si Lewis Carroll était né en Haïti, sa délicieuse petite Alice aurait eu plus de mal à se tirer d'affaire avec Papa Doc qu'avec la reine du "pays des merveilles" qui professa ce goût particulier pour les têtes tranchées » (*L'Art presque perdu de ne rien faire*, 411). Des retrouvailles n'ont pas davantage lieu avec l'ami Gasner Raymond ou les ancêtres, mais ce qui frappe c'est que le père n'est pas sur la liste des morts que Vieux considère comme *siens* quand, selon la coutume, il jette par terre la moitié de sa tasse de café. Il nomme la grand-mère Da ainsi que des membres de la famille, sinon absents dans l'œuvre, comme Borno, Arince, Victoire et Iram[233], « mais surtout Charles, l'ancêtre, celui qui a fondé la dynastie (soixante enfants selon les estimations les plus modérées) » (*Pays sans chapeau* 37). Là-bas, il tombe par contre sur une simple épicière qui lui vend sandwich et limonade sans réclamer d'argent[234] et qui, au lieu de lui dire ensuite à-dieu, lui adresse ce vers de celui qu'il regarde, dans *Le Goût des jeunes filles* (2005), comme le *plus grand poète d'Amérique* : « Bonne route, pèlerin » (*Déchu I*, 51)[235]. Comme *il n'y a ni père ni fils*[236], c'est une indication qui l'amène à renoncer à la route toute tracée vers le sanctuaire des ancêtres, dont l'ennui est qu'elle couvre le pèlerin de poussière, à savoir de cet élément dont l'homme provient et auquel il est censé retourner dans la conception biblique de la vie et de la mort[237] :

> Cette fine poussière sur la peau des gens qui circulent dans les rues entre midi et deux heures de l'après-midi. Cette poussière soulevée par les sandales des marchandes ambulantes, des flâneurs, des chômeurs, des élèves des quartiers populaires, des miséreux, cette poussière danse dans l'air comme

---

[233] Le nom réapparaît dans l'histoire que Da raconte à Vieux Os dans *Le Charme des après-midi sans fin* (1998) : « […] elle devait passer trois jours chez le parrain d'Iram, mon frère […] » (Laferrière 1998, 189), mais ne donne pas lieu au développement d'un personnage. Les autres noms se retrouvent dans l'invocation quotidienne, mentionnée dans le contexte du couvre-feu : « Comme chaque jour, Da a salué nos morts, les morts de notre famille, en jetant de l'eau trois fois par terre. – Brice, Arince, Inélia Beautrun, Lavertu, Charles Nelson… Débrouillez-vous afin de nous sortir de ce guêpier » (207).
[234] La monnaie courante, *ogou*, semble ne pas exister.
[235] Le vers est précédé de « Pour mes lampes trépassées », Magloire Saint-Aude : *Dialogue de mes lampes* suivi de *Tabou* et de *Déchu* (1970), p. 51.
[236] *Cf. L'Énigme du retour* (2009) p. 21.
[237] Tu es poussière et tu retourneras à la poussière.

un nuage doré avant de se déposer doucement sur les visages des gens. Une sorte de poudre de talc. C'est ainsi que Da me décrivait les gens qui vivaient dans l'au-delà, au pays sans chapeau, exactement comme ceux que je croise en ce moment. Décharnés, de longs doigts secs, les yeux très grands dans des visages osseux, et surtout cette fine poussière sur presque tout le corps. C'est que la route qui mène à l'au-delà est longue et poussiéreuse. Cette oppressante poussière blanche. (*Pays sans chapeau* 69)

C'est aussi celle qui envahit les personnages et les paysages de *Gouverneurs de la rosée* (1944) de Jacques Roumain où la sécheresse et la misère font du village, Fonds Rouge, un enfer sur terre. Les paysans cherchent à résoudre leurs problèmes dans les rites vaudous, ce qui n'empêche pas qu'un rival en amour assassine le héros en lui faisant revêtir, de façon christique, « le rôle d'une victime expiatoire » (Michel Prat 1986, 17). Au lieu de tolérer l'enfer/mement en Haïti[238], Vieux Os, sachant que *les chemins mènent tous quelque part* et que Rome (l'héritage judéo-chrétien) n'est pas la seule destination, opte alors pour le « sentier parfumé » (*Pays sans chapeau* 253) de l'art primitif et du pays rêvé par ses peintres. En témoigne l'histoire que Vieux Os/Dany Laferrière situe comme étant « peut-être à l'origine de ce livre » (275), où un journaliste du *New York Times* interroge un peintre haïtien que l'auteur a bien connu : « – Baptiste, lui demande-t-il, pourquoi peignez-vous toujours des paysages très verts, très riches, des arbres croulant sous les fruits lourds et mûrs, des gens souriants, alors qu'autour de vous, c'est la misère et la désolation ? » (276). La réponse, après un « moment de silence » (276), tombe comme l'une de ces lourdes mangues qui, dans le roman, ont frôlé à plusieurs reprises la mère, les voisins et l'écrivain installé au jardin face à sa machine à écrire/chevalet : « – Ce que je peins, c'est le pays que je rêve. – Et le pays réel ? – Le pays réel, monsieur, je n'ai pas besoin de le rêver » (276). Son périple au pays des morts ressemble alors à un pèlerinage au sanctuaire de la poésie et de l'amour *Journal d'un écrivain en pyjama* (2013) l'énonce lui aussi à partir de Saint-Aude : « L'un des poèmes de la trilogie poétique (*Dialogues de mes lampes*, *Tabou* et *Déchu*) se termine par "Bonne route, pèlerin". C'est ce qu'on devrait dire à ceux que nous aimons » (Laferrière 2013, 90). Le sanctuaire fait bel et bien partie de la quête à la fois poétique et amoureuse de Vieux Os. Un syncrétisme, hérité notamment de tante Renée, lui permet de lier les deux

---

[238] Selon un jeu de mots de Vieux Os (*Pays sans chapeau* 203), v. « La liste » dans la 1re partie de la présente étude.

dimensions : « Tante Renée est une catholique fervente. Elle croit dans le Christ et en même temps dans les pouvoirs de Lucrèce. La possibilité qu'il a de traverser les frontières comme bon lui semble. De changer de monde, selon ses désirs. D'aller du côté des vivants comme de celui des morts » (*Pays sans chapeau* 136). La tentation est forte d'être plus qu'un roi, une fois traversé le ruisseau. Ce qui s'offfre à lui, c'est d'être celui qui accompagne Allah dans la célèbre formule de *Comment faire l'amour avec un nègre sans se fatiguer* (1985) :

> Et cet homme [Lucrèce] me fait le plus terrible marché qu'on puisse faire à un écrivain, lui proposer de le conduire au royaume des morts. Au nom de ce lien mystérieux qui l'unit à mon grand-père, il me donne aujourd'hui la possibilité d'être plus grand que Dostoïevski, aussi grand que Dante ou que l'apôtre Jean, dit le bien-aimé, à quoi on a fait voir, un jour, la fin du monde. Il me donne la possibilité d'être plus grand qu'un écrivain. De devenir un prophète. Celui qui a vu. Séjourner parmi les morts et revenir chez les vivants en rendre compte. Traverser le voile des apparences. Vivre un temps dans le vrai de vrai. Plus de comédie, plus de tragédie. Seulement la vérité. L'éclatante vérité. Le plus vieux rêve des hommes. […] Ce que me propose Lucrèce semble beaucoup plus intéressant [que la résurrection de Lazare, un zombi]. J'irai voir comment cela se passe là-bas, puis je reviendrai parmi les hommes. Un reporter au pays sans chapeau. (*Pays sans chapeau* 136–137)

Dans *Le Charme des après-midi sans fin* (1997), une vieille femme, Nozéa, lui avait du reste prédit un destin hors du commun. Après avoir voyagé, il rentrerait néanmoins au pays pour y mourir : « […] elle me jette un regard d'une douceur insoutenable – Tu voyageras, répète-t-elle, mais tu reviendras mourir à Petit-Goâve » (Laferrière 1997, 99). Et Vieux Os de penser à part soi : « Comme pour me consoler. » (99) Dans *Le Charme des après-midi sans fin* (1997), Josaphat, dit Nèg-Feuilles, a lui aussi une vision : Vieux Os au « nom très puissant […] ne craint pas le temps. Vieux n'a pas peur du temps. Le temps court dans le même sens que Vieux Os. Tu es le fils bien-aimé de la mémoire » (*Le Charme des après-midi sans fin* 127). Il se rappelle qu'à sa naissance, la mère n'a pas voulu de lui et qu'il a fallu attendre que celle-ci s'endorme d'épuisement pour qu'on puisse s'occuper de lui. C'est lui, Nèg Feuilles, qui s'en est chargé : « Je lui ai donné son premier bain de feuilles. Ce garçon est plus végétal qu'animal » (128). Invité à s'expliquer, il précise en disant de Vieux Os que « si jamais il ne peut pas faire autrement, il pourra aisément passer quelques heures sous l'eau sans se noyer » (128). L'idée se retrouve dans *Le Goût des jeunes filles* (2005), où Vieux Os reste un moment dans l'eau sans bouger, « noyade. Devenir un des éléments de l'eau » (26) avant de se mesurer à la vision de Nèg Feuilles qui faisait de lui un être vivant, tel le poète, à la limite de l'autre monde : « J'essaie de voir combien de temps je peux rester sous l'eau sans respirer. Un peu plus d'une minute. Plus de six minutes, c'est un autre univers qui m'attend. Un initié du vaudou peut passer plus de trois jours sous l'eau. Saint-Aude vivait à la frontière de l'autre monde » (36). Quand il affirme de Vieux Os qu'« il n'est pas comme les autres » (129), le notaire, Loné, qui a assisté à la scène, exprime, par un « sourire au coin des lèvres » (129), la distance qu'il entend garder face aux prophéties et n'hésite pas, ensuite, à mettre Vieux Os en garde contre les suggestions dont il vient d'être l'objet. Ce qui est troublant, pour Vieux Os alors adolescent, c'est que Nèg Feuilles et Nozéa parlent tous deux dans le même sens. La rencontre qui a lieu des années plus tard dans *Pays sans chapeau* (1999) avec le professeur J. B. Romain a le mérite de le distraire de la prophétie de Nozéa (nausée) qui liait un futur retour au pays natal à la dernière échéance. Pour sa part, J.-B. Romain lui prédit qu'en faisant leur propagande dans son livre, les dieux du vaudou lui offriront une protection digne de celle dont bénéficièrent, de la part de la symbolique chrétienne, des artistes comme Michel-Ange et Léonard de Vinci :

> Comment pensez-vous que l'Église catholique a pu imposer sa volonté au monde occidental, si ce n'est grâce aux Michel-Ange, Léonard de Vinci, et même Galilée d'une certaine manière, et je ne parle pas de l'Inquisition, des armes, de l'argent, des missionnaires et des salles de torture. Tous ces musiciens, poètes, peintres ont entonné la plus scandaleuse (dans les deux sens de l'expression) propagande de l'histoire humaine. (*Pays sans chapeau* 270)

Quand le professeur s'éloigne, Vieux Os reconnaît « à sa démarche ondulante [...] Damballah le magnifique [...] toujours représenté par une couleuvre dans l'imagerie vaudou. Ce matin, il avait pris les traits de l'estimable professeur J.-B. Romain pour venir tenter, personnellement, de me convaincre d'écrire un livre sur ce curieux pays où personne ne porte de chapeau » (*Pays sans chapeau* 271). C'est le pèlerinage qu'il accomplit, après vingt ans d'absence, lors d'un retour au pays où il tente de renouer avec des réalités passant ailleurs pour magiques ou délirantes.

Là-bas

En quittant Port-au-Prince pour aller vivre sur l'autre bord de l'eau (*lot bod lo*) à Montréal (Mont Royal), Vieux Os a accompli la même transformation qu'Alice devenue reine après qu'elle a traversé le ruisseau. À quarante-trois ans, il est un écrivain célèbre, comme on l'apprend à la fin de *Pays sans chapeau* (1999), lorsque la voisine rapporte les propos d'une amie qui vit à Montréal : « Elle m'a dit [...] qu'il est très connu là-bas » (*Pays sans chapeau* 263). Comme la mère, la voisine a cependant tendance à parler de 'là-bas', s'agissant de Montréal. Un passage est consacré au déni dont la mère entoure la ville sur le trône de laquelle Télémaque s'est éloigné d'elle : « Ma mère ne dit jamais Montréal. Elle dit toujours là-bas » (28). S'ensuit un dialogue où Vieux Os tente en vain d'amener la mère à nommer la chose, à savoir le lieu de sa seconde naissance. Rien n'y fait, Marie, la mère, a entre-temps compté les jours d'absence de Télémaque pris pour Ulysse : « Marie achète un calendrier chaque année, juste pour toi, lance tante Renée. Elle fait une croix sur chaque jour qui passe » (28). Là où Mbembe dit de l'histoire postcoloniale d'Haïti, qu'elle n'aurait pas mis en œuvre le passage d'une *conscience abîmée* (dans l'ère esclavagiste et, ajouterons-nous, sous les pratiques néo-esclavagistes duvaliéristes) à une *conscience autonome*, Dany Laferrière tient plutôt à pointer la problématique de la position du sujet dans sa propre famille. 'Là-bas', compris comme lieu de l'avènement du sujet, est alors celui d'une conscience parvenue à influer sur le monde et à s'en retrouver à son tour engendrée. Cette seconde naissance redressant la première venue au monde à travers le sexe de la mère, se présente comme le dépassement d'un inceste originaire, dont la seule légitimité tiendrait à un principe naturel de non-répétabilité. À cela, le catholicisme ajoute une clause de non-intervention du père dans l'acte procréateur, laissant à l'enfant le loisir d'imaginer que le père n'est pas passé 'par là'. Face au professeur J.-B. Romain, qui n'en disconvient pas, Vieux Os juge de fait qu'« une vierge qui enfante, c'est pas mal » (*Pays sans chapeau* 266). Certes, le chrétien a ses péchés mignons, dont celui de croire, comme Sienne, toute modeste qu'elle fût, qu'elle ait pu « avoir été l'instrument de Dieu » (126)[239], mais, contrairement

---

[239] « – C'est vrai aussi, Sienne, que tu m'as toujours soutenue dans les pires moments... Et Dieu aussi. – S'il te plaît Marie, ne me mets pas sur le même pied que Dieu. C'est simplement Jésus qui t'a permis de traverser ce calvaire. – Mais c'est lui qui

Là-bas 185

au vaudou, son dogme contient des mystères portant à une inscription dans la littérature mondiale : « Je vais faire mon livre malgré tout, mais je vous avertis que ce n'est pas avec ce ramassis d'anecdotes ternes, de clichés imbuvables que les dieux du vaudou se feront une réputation internationale » (265). C'est sur l'insistance du scientifique autorisé par sa position au sein de la Faculté d'ethnologie de l'Université d'État d'Haïti, que Vieux Os reconsidère malgré tout les *chicanes de famille* dont il a été le témoin entre les dieux vaudous, Ogou, sa femme Erzulie et leur fille Marinette. Si, comme l'écrit Anne-Gaëlle Saliot, « ces dernières sont présentées sous un jour fort trivial, et mises en scène dans un cadre de mauvais goût digne d'un vaudeville » (« *Le Cri des oiseaux fous* et *Pays sans chapeau* de Dany Laferrière : départ, retour, rabordaille »)[240], c'est que Laferrière adresserait aussi « un clin d'œil au roman de Marie Chauvet *Fonds de Nègres*, lui-même une variation parodique de *Gouverneurs de la rosée* de Jacques Roumain »[241] (*Écrits d'Haïti* 432). Peut-on dire pour autant que, pour Laferrière, le professeur Romain soit, ainsi qu'elle le sous-entend avec Munro, la caricature[242] – par assonance et point de vue – de l'écrivain nationaliste Jacques Roumain, fondateur du Bureau d'ethnologie haïtienne ? D'abord, la citation de Jacques Roumain figurant en exergue du *Charme des après-midi sans fin* (1998)[243] contredit

---

t'a mise sur mon chemin. Sienne ferme doucement les yeux comme pour accepter pleinement le fait d'avoir été l'instrument de Dieu » (*Pays sans chapeau* 126).

[240] « Drôle de situation que d'être assis là, dans ce salon kitsch, à regarder Erzulie Fréda Dahomey, la plus terrible des déesses de la cosmogonie vaudou, tentant de me séduire pour que j'aille piquer, avec l'arme de la jalousie, le cœur de son mari, Ogou Badagris ou Ogou Ferraille, l'intraitable dieu du feu et de la guerre » (*Pays sans chapeau* 261).

[241] Pour une analyse précise de la réécriture par Marie Chauvet de *Gouverneures de la rosée*, Saliot renvoie à Dash J. Michael, *The Other America : Caribbean Literature in a New World Context*, p. 110.

[242] « Comme le note Munro, J.-B. Romain apparaît comme le travestissement d'un représentant officiel de la littérature haïtienne obnubilé par le folklore et l'ethnologie » (Saliot 432). Saliot se réfère à M. Munro, *Exile and Post-1946 Haitian Literature : Alexis, Depestre, Ollivier, Laferrière, Danticat* (2007) [2013], p. 190.

[243] « Si l'on est d'un pays, si l'on y est né comme qui dirait natif-natal, eh bien on l'a dans les yeux, la peau, les mains, avec la chevelure de ses arbres, la chair de sa terre, le os de ses pierres, le sang de ses rivières, son ciel, sa saveur, ses hommes et ses femmes… J. Roumain » (*Le Charme des après-midi sans fin*, exergue).

tout parti pris, voire toute velléité contre sa *Weltanschauung*[244]. Ensuite, le docteur Jean-Baptiste Romain a réellement existé. Né le 10 juin 1914 au Cap-Haïtien, il est aussi « le père de l'anthropologie physique en Haïti [et] fonda ou participa à la fondation de plusieurs institutions dont la Faculté d'Ethnologie et le Centre de Recherche en Sciences Humaines et Sociales »[245]. Or, si Vieux Os a recours ici et là à des arguments le rapprochant de Jacques Stephen Alexis et de la cause ethno-nationaliste de Jacques Roumain, ou, plus dangereusement, de l'indigénisme et de l'essentialisme racial du couple Duvalier/Lorimer, métastase des *Griots* de Carl Brouard, cela ne l'empêche pas de prêter l'oreille au point de vue de l'ethnologue haïtien J.-B. Romain notamment sur la question de l'inspiration. S'il est en désaccord avec celui-ci sur la vocation de l'écrivain, dont il juge qu'il n'est pas là pour chanter les racines du peuple haïtien : « – [...] le mot *racine* d'où qu'il vienne me fait dresser les cheveux sur la tête »[246], Vieux Os partage l'idée, qui est également celle des peintres primitifs, que l'inspiration provient des dieux : « Pouvez-vous me garantir que les dieux seront à mes côtés ? – Absolument » (270). Les chefs-d'œuvre de l'art occidental sont, de même, le fruit d'une assistance divine : « – Je suis sûr, pour ma part, que Léonard de Vinci n'était pas comme on dit "seul" quand il peignait... » (270). À quoi le professeur J.-B. Romain répond, en universalisant la foi des Haïtiens en une instance supérieure, qu'il pourra compter sur la même assistance de la part des *loas*.

Un autre point sur lequel l'ethnologue et l'écrivain se rencontrent, tient à la question de la connaissance. Dans un dialogue précédent, où Vieux Os demandait à J.-B. Romain son avis sur la possibilité d'explorer l'au-delà et d'en revenir sain et sauf pour en écrire, le professeur finissait par admettre que le mot 'impossible' n'était pas scientifique et que d'ailleurs la science occidentale ne couvrait pas tout le champ de la recherche :

> – Eux, les Occidentaux, ils ont choisi la science diurne, continue le professeur, qu'ils appellent la science tout court. Nous, on a pris plutôt la science de la nuit, que les Occidentaux appellent dédaigneusement la superstition. Je dois

---

[244] Il va jusqu'à dire le 3 mars 2015 à la Bibliothèque de l'Hôtel de ville de Paris : « Si quelqu'un veut se fâcher avec moi, qu'il me dise qu'il n'aime pas *Gouverneurs de la rosée* » (« La bibliothèque idéale de Dany Laferrière » 04'25"-04'30").

[245] http://www.haiti-reference.com/histoire/notables/necrologie-1990.php.

[246] Vieux Os ajoute : « Si on le fait pour nous, pourquoi on l'interdirait aux Allemands ? » (*Pays sans chapeau* 269).

dire que s'ils ont fait d'indéniables progrès dans leur zone, nous n'avons pas chômé non plus. (*Pays sans chapeau* 161)

Précisons aussitôt que c'est probablement le personnage qui parle ici et non la personne réelle qui a, pour sa part, manifesté une certaine inquiétude à la lecture de *Pays sans chapeau*, craignant que sa réputation scientifique ne souffre des licences poétiques dont Dany Laferrière l'avait chargé[247]. Le professeur est également là pour préciser que 'là-bas', à savoir chez les dieux vaudous, « ça vit » et que « les sentiments sont poussés à l'extrême » (266) au lieu de s'annuler, comme entre Marie et Joseph, dans l'un de ces fréquents mariages forcés, répondant à une pratique courante admise par la Bible, entre une « toute jeune vierge » et un « vieux barbon » (260). Erzulie offre ici l'exemple et le modèle de la femme qui revendique, en revanche, son droit à la jouissance d'un homme encore en mesure de prouver ses capacités viriles et d'être le père biologique de sa progéniture plutôt que de servir de prête-nom à des enfants conçus par l'Esprit. Erzulie n'en est pas pour autant à l'abri des tracas domestiques. Alors que le professeur l'encourage à se concentrer sur le miroir ou sur le mystère du temps infini autant que sur le drame plus trivial de la rivalité entre mère et fille dont il a été témoin entre Erzulie et Marinette, Vieux Os regrette de n'avoir rien trouvé de plus sublime ou, pour le moins, de plus nouveau chez les dieux vaudous : « Je ne m'attendais pas à ce qu'ils se mettent à imiter Shakespeare » (266). Revient alors en force – cette fois sur le plan mnésique – l'argument de l'apport de l'au-delà dans l'inspiration de l'artiste :

> – Là, vous avez tort, cher ami, ce ne sont pas les dieux qui imitent Shakespeare, c'est Shakespeare qui imite les dieux... Il y a un poète qui a dit, une fois, que l'homme est un dieu tombé qui se souvient des cieux, peut-être que je ne cite pas exactement le vers, mais c'est à peu près l'essentiel... Et c'est tout à fait vrai. Ce qu'on oublie de dire, c'est que les rêveries des poètes sont souvent une explication scientifique de la réalité, réalité matérielle, physique, vulgaire... (266-267)

Et Vieux Os de lui demander de s'expliquer sur la catégorie du vulgaire :

---

[247] Selon ce que Dany Laferrière m'a confié lors d'une rencontre début juillet 2014 ; J.-B. Romain est l'auteur de textes scientifiques comme *Quelques mœurs et coutumes des paysans haïtiens*, Port-au-Prince, Imprimerie de l'État, 1959 et *À propos de la campagne « antisuperstitieuse »*, Port-au-Prince, Imprimerie de l'État, 1942.

– Je me rappelle, continue-t-il en levant les yeux vers le ciel, Dante parlant de Homère : « À tire d'ailes vole Homère au-dessus de nos têtes, il est le plus grand, car il est le poète de l'ordinaire, du quotidien et du terre à terre. » Tout ça pour dire que les poètes disent souvent la stricte vérité. Quand le poète dit que l'homme se souvient des cieux, ce n'est pas une parole en l'air, il veut dire que si nous construisons nos maisons ici, c'est parce qu'il y a des maisons là-bas d'où il vient, que si nous offrons des fleurs aux gens que nous aimons, ce n'est pas par hasard, c'est parce que c'est ainsi qu'on fait là-bas, que si nous écrivons, si nous faisons l'amour, si nous sommes jaloux, ou si nous encombrons nos maisons de bibelots, c'est toujours parce que c'est comme ça qu'on vit là-bas. (267)

Alors que pour Da, « la mort c'est tout ce qu'on ne sait pas » (*Le Charme des après-midi sans fin* 65), pour le docteur J.-B. Romain, là-bas s'explique par l'*hic et nunc*. Où l'on remarque, toutefois, que le discours du professeur n'a pas tout à fait conquis Vieux Os, c'est lorsqu'il relève le « ton du pasteur baptiste » qu'il prend pour conclure : « Donc, cher ami, […] Shakespeare imite les dieux parce qu'il se souvient mieux que les autres hommes de la vie qu'on mène là-bas… » (267). Il tient aussi à souligner que 'là-haut' n'est pas une expression appropriée et qu'il s'agit là « d'une vision erronée de l'autre monde que le christianisme a contribué à populariser » (267–268). L'expression 'là-bas' sert en somme – chez le professeur d'ethnologie comme chez la mère de Vieux Os et ses amies – de référent unique pour parler de cet autre bord de l'eau (Océan ou Styx) d'où l'on vient (la naissance et l'Afrique) et où l'on disparaît (par la mort, l'émigration ou l'exil). L'aventure que Vieux Os recherche en explorant l'invisible – l'au-delà et *lot bod lo* – s'inscrit comme la suite d'un séjour entre la vie et la mort qu'il se souvient avoir fait enfant.

Au seuil de la mort

La carcasse d'un chien crevé surgit dès la première page de *Pays sans chapeau* (1999) lors du retour, après vingt ans d'absence, de Vieux Os en Haïti, où il est précisément venu enquêter sur le pays des morts : « Je suis chez moi dans cette musique de mouches vertes travaillant au corps ce chien mort, juste à quelques mètres du manguier » (11). C'est le même spectacle d'un chien crevé, « le ventre gonflé tout couvert de mouches aux reflets verts » (Laferrière 1998, 90) qui, dans *Le Charme des après-midi sans fin* (1998), ravive le souvenir d'une expérience de mort imminente vécue, enfant, par Vieux Os : « – Des fois, je pense à la mort… », confie-t-il à Franz, « Ne plus être là... Je me demande toujours ce qui se passe après » (Laferrière 1998, 90). Or, si *la mort, c'est tout ce que l'on ne sait pas*[248], comme dit Da, qui lui répondait ailleurs : « Tu verras... » (*L'Odeur du café* 46), le mystère ne peut qu'être entier : « J'essaie d'y penser, mais je n'y arrive pas. Des fois, je vois quelque chose... » (90). C'est qu'un an auparavant, la fièvre a failli l'emporter : « C'est arrivé l'année dernière. J'avais une forte fièvre. J'étais seul dans ma chambre. Da était sur la galerie. Brusquement, tout était devenu jaune. Je voyais tout distinctement, mais en jaune. La chambre, les lits, la penderie même la statue de la Vierge » (90). Il précise : « C'était jaune partout, et ça sentait la fleur d'oranger... » (90). En plus du parfum que Da mettait dans son bain quand il avait la fièvre[249], une couleur s'est depuis lors associée au trépas : « Jaune... la mort est jaune » (90). Or c'est la couleur de la robe que portait Vava, la fillette dont l'enfant est épris dans *L'Odeur du café* (1991) et *Je suis fou de Vava* (2006). Dans la fiction, il semble que la fillette ait succombé à la malaria. On la trouve en effet, dans le dernier chapitre « L'adieu », sur la liste des « copains (Franz et Rico), avec qui [il a] fait les quatre cents coups, et [d]es « filles (Vava, Edna, Fifi, [s]a cousine, Didi, Sylphise), qui ont illuminé [s]on enfance », dont Vieux Os dit, sur le mode de la parabase, que « (la plupart reposent dans le cimetière fleuri de Petit-Goâve, emportés par l'épidémie de malaria qui a fait rage en 1964) » (*Le Charme des après-midi sans fin* 296). Lors de l'édition du 22 au 24 mai 2010 d'*Étonnants voyageurs*, Maëtte Chantrel a évoqué la disparition de Vava, devant Dany Laferrière qui n'a pas démenti : « C'est une jolie histoire d'amour entre Vava et Dany, qui dure, qui durera toujours, même si Vava n'est plus là » (*Étonnants voyageurs France-Russie 2010*, 55'00"-55'59") Dans l'entretien avec Magnier, l'auteur parle toutefois d'une Vava bien en vie mais qu'il n'aurait pas revue, pas davantage que les autres :

> Je les ai perdus de vue totalement. Beaucoup sont morts. Certains depuis très longtemps. On lit, comme tout le monde, que l'espérance de vie en Haïti est de quarante et quelques années, on n'y croit pas jusqu'à ce qu'on

---

[248] Cf. *Le Charme des après-midi sans fin* (65).
[249] « Tante Renée a rempli d'eau tiède la cuvette de Da. – L'eau est bonne, tante Renée. – Elle était au soleil, Vieux Os. J'y avais mis quelques feuilles d'oranger, ça détend les muscles. Tu ne sens pas l'odeur de la fleur d'oranger ? Je me penche pour goûter l'eau. – Oui... Da me préparait des bains comme ça quand j'avais la fièvre » (*Pays sans chapeau* 30).

approche de ses cinquante ans, et que, brusquement, on remarque que beaucoup de ses amis d'enfance ne sont déjà plus. L'épidémie de malaria qui a ravagé Petit-Goâve après le cyclone Fora, la tuberculose, la malnutrition, la dictature sont pour beaucoup dans cette hécatombe. J'ai eu des nouvelles de Frantz, il y a quelques années, il était complètement drogué à New York, irrémédiablement perdu. Vava était à Port-au-Prince, à un moment, elle avait mal tourné, elle était devenue une "la fraîcheur", une semi-prostituée, le genre de filles qui pullulent dans *Le Goût des jeunes filles*. Quelqu'un me l'a dit, mais je n'ai pas cherché à la revoir. (*J'écris comme je vis* 173)

« Que sont mes amis devenus ? / Que j'avais de si près tenus. / Et tant aimés ? / Ils ont été trop clairsemés. / Je crois le vent les a ôtés. / L'amour est morte », disait la complainte de Rutebeuf. Il reste l'énigme de cette petite fille rêvée, morte à huit ans : « Je me souviens d'une petite fille morte si jeune, on avait le même âge. La question s'est imposée à moi : si elle est morte, pourquoi continue-t-elle à vivre en moi ? Pourquoi m'arrive-t-il des années plus tard de la voir en rêve (elle est morte à huit ans, mais dans le rêve elle en avait seize » (*J'écris comme je vis* 162). Si Vieux Os quitte Petit-Goâve à l'âge de dix ans en emportant avec lui le baiser de Vava, la fillette en question serait quelqu'un d'autre, dont il n'aurait cependant pas été question dans la fiction sauf dans *Je suis fou de Vava* (2006), où l'auteur la révèle sous le nom de Jennifer dans une lettre en exergue. Quoi qu'il en soit, le jaune revient dans l'ensemble de l'œuvre de Dany Laferrière tel un leitmotiv reconduisant à une forte émotion. Si celle-ci est présentée, dans *Je suis fou de Vava* (2006), comme étant à la source de la fièvre dont il est lui-même atteint, dans *L'Odeur du café* (1991) elle n'en menace pas moins de le porter à la mort. En aucun cas, l'expérience de mort imminente n'apparaît à Vieux Os comme ayant constitué une rupture avec le monde matériel :

> J'entendais la voix de Da, très loin. Elle négociait avec la marchande de poules qui refusait son prix à chaque fois avec le même argument qu'elle perdrait de l'argent si elle lui vendait la poule à ce prix. J'avais l'impression d'être au seuil de la mort, mais que mon cerveau continuait, sans raison, d'enregistrer cette conversation. (90–91)

Alors que Frantz pense à un rêve, Vieux Os maintient qu'il n'avait pas quitté le registre du réel :

> Non, Frantz, c'était la réalité. Da me l'a confirmé. La marchande de poules était effectivement passée. Le plus étonnant, c'est que de la chambre je n'arrive jamais à l'entendre quand elle est sur la galerie. Tous mes sens étaient à ce point aiguisés. Et il y avait cette odeur de fleur d'oranger qui

m'étouffait. Je suffoquais littéralement. À partir d'un certain moment, j'ai commencé à me sentir bien. Très bien même. Je ne souffrais plus. C'était merveilleux. (91)

Les expériences de mort imminente (EMI), aussi appelées expériences aux frontières de la mort (EFM)[250], ont été l'objet de nombreuses études au sein des sciences occidentales depuis la sortie de *Life After Life* (1975) du philosophe et psychiatre américain Raymond Moody[251]. L'expression est celle du psychologue et philosophe français Victor Egger, qui l'emploie à la fin du XIXe siècle dans *Le Moi des mourants* (1896)[252]. Il s'agit de phénomènes intéressant aujourd'hui la philosophie et la médecine, mais dont étaient depuis longtemps familiers les spécialistes des textes sacrés et des mythes de la littérature mondiale. Si les récits de voyage dans l'au-delà sont présents dans la mythologie égyptienne, avec *Le Livre des morts*, on en trouve aussi dans diverses *Upanishad* de la religion hindoue et dans le livre tibétain des morts, *Bardo Thödol* ; ils appartiennent également à la mythologie grecque, avec l'histoire d'Er le Pamphylien[253] relatée par Platon (428–348) et la transe de Timarque ainsi que le mythe de Thespesios de Soles respectivement rapportés par Plutarque (46–120) dans le *De genio Socratis*[254] et le *Moralia*[255]. Quant au Moyen Âge chrétien, il a lui aussi ses témoins, dont le moine anglo-saxon Bède

---

[250] NDE en anglais.

[251] Raymond Moody, *Life After Live* (1975) est sorti en français sous le titre de *La Vie après la vie. Lumières nouvelles sur la vie après la vie* (1977–1978) ; d'autres recherches sur la '*Near-death-experience (NDE)*' ont suivi, dont celles de Michaël Sabom, *Souvenirs de la mort* (1983) ; Kenneth Ring, *Sur les frontières de la vie* (1982) ; George Ritchie, *Retour de l'au-delà*, (1986) ; Karlis Osis et Erlendur Haraldsson, *Ce qu'ils ont vu… au seuil de la mort* (1977) ; ouvrages renseignés par François Brune dans *Les Morts nous parlent* (2005), p. 103.

[252] Victor Egger, « Le moi des mourants », *Revue philosophique* 1896, XLI, p. 26–38.

[253] Platon, *République. Livre X* (614b-621b).

[254] Jean Hani, « Le Mythe de Timarque chez Plutarque et la structure de l'extase » (1975), p. 105–120.

[255] Dans Jean-Louis Siméons, *Actualité des mythes de la mort chez Platon et Plutarque*, on trouve cette précision intéressante de la part du biophysicien Jean-Louis Siémons : « On pourrait sans peine souligner les différences entre les NDE, mais ce serait oublier le langage symbolique et les exigences du mythe : l'auteur grec [Platon] ne se soucie pas d'établir des faits scientifiques mais de frapper son public par des mots et des images puissantes afin de l'amener à changer de vie et conformer sa conduite à une éthique supérieure. Cette préoccupation de moraliste est aussi celle de Plutarque de Chéronée, mais, chez ce platonicien tardif, l'information évoquant les NDE apparaît beaucoup plus clairement dans ses mythes eschatologiques. »

le Vénérable (673–735), qui raconte, dans son *Historia ecclesiastica gentis Anglorum*, l'expérience de mort imminente de son ami Drythelm. Or ces récits ont ceci de particulier qu'ils présentent de fortes similitudes avec les milliers de témoignages recueillis par le Raymond Moody Institute depuis 1975. Il y est question de sortie du corps, de révision de vie, de sentiment de bien-être et d'élévation à un niveau de connaissance non discursive, proche de l'omniscience, tandis qu'on retrouve partout l'image d'un tunnel au bout duquel se trouve une lumière invitant à l'ascension.

Dans *Pays sans chapeau* (1999), il s'agit en revanche d'une expérience induite, une sorte de voyage initiatique que Vieux Os aimerait entreprendre compte tenu des remarques de Lucrèce qui relève l'incongruité de son projet de parler des morts sans en être : « J'aimerais savoir comment pouvez-vous écrire à propos des morts quand vous n'avez jamais été mort ? » (Laferrière 1999, 133). L'imagination ne peut remplacer l'expérience : « Supposons [...] que vous soyez mort... [...] et que, après quelque temps, vous – il pointe vers moi un doigt énergique – vous estimiez avoir l'expérience nécessaire pour écrire votre ouvrage sur les morts. [...] – Je ne connais personne, du moins aucun écrivain, qui ait réussi un tel exploit, finis-je par balbutier » (Laferrière 1999, 134). Vieux Os connaît certes des textes qui parlent de NDE : « Il y a des gens qui racontent qu'ils sont allés très proche de la mort, sur la frontière entre la vie et la mort, et qu'ils ont vu une lumière aveuglante et, paraît-il, une porte aussi... » (134). Dans le récit qu'il en faisait à Frantz, dans *Le Charme des après-midi sans fin* (1998), il n'était pas question de porte et sans doute est-ce la raison pour laquelle, dans l'après-coup, il ne considère pas son expérience à ce titre. En revanche, il avait joui, ne serait-ce que pour quelques minutes, de la faculté d'entendre à distance, faculté dont, si elle lui revenait, il pourrait faire bon usage en tant qu'écrivain. C'est la tentation de l'omniscience, mais aussi la crainte d'éventuelles lésions physiques, qui le poussent, dans *Pays sans chapeau* (1999), à se renseigner auprès du docteur J.-B. Romain. Face au scepticisme de ce dernier : « – Personne ne peut vous faire une telle proposition sans qu'il n'y ait aucun risque » (Laferrière 1999, 159), il soumet l'ethnologue à la tentation de la connaissance :

– Oui mais, professeur, le savoir absolu... La possibilité de tout comprendre, de tout voir, de tout sentir d'un coup... Là, vous émettez des hypothèses, vos réflexions sur la mort ne sont pas définitives. On peut contester vos explications des symboles de la mort dans le vaudou. Mais ce serait différent à votre retour. Vous pourriez dire de manière catégorique : « La mort ne sent pas la fleur d'oranger, mais plutôt les aisselles, point final. Plus de débat. » (159)

Là où il est évident qu'il parle surtout pour lui-même, c'est quand il évoque le parfum de la fleur d'oranger. On a vu, en effet, qu'elle fait partie de ses propres réminiscences, au-delà de la lumière jaune aperçue au seuil de la mort. Ce sont là des indices qui permettent de relier concrètement le récit de Vieux Os, enfant, aux témoignages de NDE présents dans les mythes et recueillis depuis 1975 par la science. Dans son ouvrage *La Vie après la vie. Ils sont revenus de l'au-delà* (2003), préfacé par la psychiatre suisse-américaine Elisabeth Kübler-Ross, Raymond Moody rapporte notamment le témoignage suivant, où la mort, porteuse de bien-être, apparaît comme étant liée au blanc tirant sur le jaune :

> Je savais que j'allais mourir et que je n'y pouvais plus rien, parce que personne ne pouvait plus m'entendre... [...] J'ai été d'abord très bouleversé, mais c'est alors qu'est intervenue cette lumière brillante. Au début, elle m'a paru un peu pâle, mais tout à coup il y a eu ce rayon intense. La luminosité était prodigieuse, rien à voir avec un éclair d'orage, une lumière insoutenable, voilà tout. Et cela dégageait de la chaleur, je me suis senti tout chaud. C'était d'un blanc étincelant, tirant un peu sur le jaune — mais surtout blanc.

Ce que Brune souligne pour sa part dans *Les Morts nous parlent I* (2005), c'est que « le mourant se retrouve en dehors de son enveloppe charnelle [...]. Il peut voir, souvent entendre tout ce qui se passe en ce monde, traverser les murs et les plafonds, se déplacer instantanément et se retrouver où il le souhaite à volonté » (Brune 2005, 103). Vieux Os y parvient lorsqu'il lui arrive de dormir dans la chambre du grand-père défunt, évoquant non plus l'expérience d'une mort imminente, mais celle d'une bilocation (décorporation) à la faveur du rêve. On y reviendra. Il resterait, en attendant, à souligner que, s'ils permettent de situer l'expérience vécue par Vieux Os, enfant, au plan du récit les témoignages étudiés par les scientifiques n'épuisent pas le sujet. Ainsi la fièvre qui a failli lui coûter la vie dans *L'Odeur du café* (1991), se traduit par une intolérance au jaune bien avant qu'il n'ait frôlé la mort.

L'acte manqué

L'enfant ne voulait pas se rendre à la fête de Nissage, car il savait que « Vava serait dans les parages » (103). Il s'y rend malgré tout et la voit dans une mise qui, sauf la couleur, rappelle celle d'une mariée. La fillette lui apparaît « dans sa nouvelle robe jaune. Une robe avec beaucoup de dentelle et une sorte de traîne » (*L'Odeur du café* 103). C'est une apparition, en tout cas, qui l'indispose et lui fait même perdre connaissance : « Je n'aime pas cette robe sur Vava. Je transpire. J'ai mal. Il faut que je rentre. [...] » (103). Vieux Os, dont l'évanouissement annonçait une fièvre, appréhende ensuite le « tunnel » (103) avec, toutefois, l'attraction d'une lumière jaune : « Quand je ferme les yeux très fort, je vois de petites lueurs jaunes. Ce n'est jamais le noir total. Même si la chambre est dans le noir » (103). À l'odeur de la fleur d'oranger qu'émanait le bain préparé par Da, s'ajoute celle du camphre : « Da me fait respirer du camphre. J'aime l'odeur. Elle me picote le nez et me monte à la tête. Alors je ferme les yeux pour voir les lueurs jaunes. Des cercles un peu flous avec un noyau dur. J'ai l'impression de m'enfoncer dans un tunnel sans fin » (105). Il semble avoir alors été suspendu entre la vie et la mort : « Je veux toucher la source de la lumière jaune. Je m'enfonce de plus en plus. La lumière jaune m'attire. Je me sens léger. Je m'approche du centre de la lueur » (105). Et : « Je commence à respirer avec difficulté. Malgré tout, je veux y aller. Atteindre le cœur du jaune » (105–106). À l'instar des témoins de NDE qui disent invariablement avoir été attirés par une lumière les attendant au bout d'un tunnel sombre, Vieux Os est d'abord aux prises avec un trou noir ayant englouti toute matière et toute énergie :

> Il fait terriblement chaud. Je suis en sueur. Je sens les gouttes de sueur sur mes paupières. Je continue ma route vers le septième cercle. Cela devient insupportable. Je vais me brûler. Le feu jaune. La robe de Vava. Les grands yeux noirs. LES TERRIBLES GRANDS YEUX NOIRS. Le centre de la lumière est un trou noir très froid. (106)

Le *septième cercle*, étape du voyage de Dante aux enfers, annonce un passage. Le regard de Vava est indicateur d'un deuil et d'une descente de Vieux Os dans les ténèbres de l'acte manqué. Il faudrait remonter le temps, examiner les signes. Parmi ceux-ci, il y aurait cette histoire des dix centimes de Da, qu'il cède à une marchande de volailles au lieu de s'acheter des sucreries. L'épisode, raconté dans *Le Charme des après-midi sans fin* (1998), porte sur la tentation de la connaissance à laquelle il est aussi peu armé pour résister, qu'Ève dans la légende biblique. Il raffole certes des sucreries mais il est piqué par la curiosité. La marchande-serpent lui vend alors la mèche franc-maçonne pour dix centimes, révélation qui revient tout au plus à l'initier à l'existence de l'homosexualité masculine : « [...] ils se réunissent généralement dans une minuscule pièce éclairée par

L'acte manqué

des bougies. Ils se déshabillent. Ils sont maintenant nus. Et chacun va déposer un baiser sur la fesse gauche de son vis-à-vis. C'est ça le secret des francs-maçons » (*Le Charme des après-midi sans fin* 281). Les femmes n'y sont pas admises et, pour prouver sa bonne foi, elle lui a lancé un crachat dans la paume de la main gauche, réputée à la fois impure et propre aux rituels magiques[256]. Or c'est aussi la partie du corps où, selon elle, se scellerait le lien franc-maçon (homosexuel)[257]. Loin de se fixer sur le *baiser homosexuel*, le dégoût s'est attaché au geste de la marchande qui a précédé la révélation du secret : « J'ai peur qu'elle me crache dans la main, comme l'a déjà fait la vieille Nozéa. Évidemment, c'est la première chose qu'elle fait. Un crachat épais et visqueux. Je n'ose même pas jeter un coup d'œil sur ma main » (281). Le déplacement se poursuit du crachat à la couleur jaune qu'il aperçoit dans le ciel quand il la regarde ensuite s'éloigner vers le petit cimetière : « Un cerf-volant jaune dans le ciel bleu. Je suis subitement pris d'une irrépressible envie de vomir. Ce que je cours faire contre le manguier, à l'entrée du marché du dimanche […] » (281). Or c'est précisément sous le manguier, qu'il a souillé de son triple dégoût

---

[256] Dans Laura Makarius, Raoul Makarius, « Ethnologie et structuralisme de la main gauche » (1968), p. 195–211, les auteurs expliquent en substance que, universellement liée à l'impureté et à la femme, la main gauche sert aussi, dans maints rituels magiques observés par l'ethnologue spécialiste des sociétés africaines, à contre-attaquer avec leurs propres armes les esprits maléfiques agissant toujours par la gauche. Contre la thèse structuraliste, qui tend à ramener la différence droite/gauche à une distinction structurant la pensée, les auteurs précisent : « C'est dans l'expérience des efforts et des dangers quotidiens, dans l'angoisse de survivre, coulée dans les craintes imaginaires qui devaient fournir les médiations aptes à introduire les comportements les mieux ajustés aux exigences de l'évolution sociale – que les humains ont élaboré la coutume d'attribuer aux deux mains des fonctions distinctes et opposées. Cette distinction était un moyen immédiatement offert de symboliser la dichotomie entre les sexes et la manière transposée dont elle était vécue : la dichotomie entre ce qui est *impur* donc dangereux, le sexe féminin – et ce qui est "exempt de danger", le *pur*, le sexe masculin. L'*impur* ayant acquis, par la violation rituelle du tabou, une valeur d'efficacité magique, le symbolisme de la latéralité se configure dans les concrétions : *"gauche, féminin, impur, dangereux, rituellement efficace"* et *"droite, masculin, exempt de danger, pur ou purifié"*. L'interprétation du symbolisme de la gauche et de la droite, qui se résume ainsi, ne permet plus de considérer la distinction entre la droite et la gauche ainsi que le voudraient les "structuralistes", comme "une opposition logique élémentaire" ou comme "le reflet conceptuel d'un élément nécessaire dans la structure de la pensée" » (210–211).

[257] Aucun rejet de sa part vis-à-vis de ceux qu'elle définit comme ses meilleurs clients : « Ce sont des gens bien même s'ils sont mécréants, enfin, chacun fait ce qu'il veut » (279).

pour la bave, la couleur jaune et la mort (cimetière), que Vava réapparaît au chapitre de « L'amour » : « Je me retourne sans raison, et je la vois. Elle est en train de bavarder avec ma cousine Didi. Là, sous le manguier où je viens de vomir » (283). La scène se passe lors d'une vaccination qui a réuni les enfants de Petit-Goâve, et Rico, dont l'inconstance en amour paraissait presque enviable à Vieux Os, vient d'être emmené à Port-au-Prince pour des analyses après qu'une infirmière s'est aperçue que deux cœurs battaient dans sa poitrine. C'est ce qui fait dire à Vieux Os, épris de la seule Vava : « Je n'ai qu'un cœur, moi, et il s'est arrêté » (283). Respirant avec peine – au crachat, au baiser homosexuel et au manque de sucre s'ajoute qu'il n'a rien mangé depuis la veille –, il doit s'asseoir, et Frantz lui conseille de fermer les yeux. Vieux Os a alors une *vision* de Vava en jaune, couleur où s'engage le combat entre la flamme de l'amour et le dégoût pour la bave et la mort, qui lui fait finalement perdre connaissance :

> Je vois Vava encore plus nettement que quand j'avais les yeux ouverts. Une flamme jaune au-dessus de laquelle dansent deux magnifiques yeux noirs d'une insoutenable douceur. Je reste immobile pour ne pas perdre cette vision. Même si elle me brûle, je veux garder cette flamme jusqu'au bout. Tout tourne autour de moi à une vitesse vertigineuse. J'ai de nouveau envie de vomir. Cette sensation de glisser dans un puits sans fond. Je n'arrive plus à m'accrocher aux parois. Aucune aspérité. Brusquement, je ne sens plus rien. Quelque temps plus tard, j'entends des voix. Des voix qui semblent venir de loin. De très loin. – Tu nous as fait peur, Vieux Os, me dit Frantz. – J'ai eu un étourdissement... – Je pensais que tu étais en train de mourir. (284)

Ce que Frantz prend, chez Vieux Os, pour le retour d'une expérience de mort imminente, n'est plus, ici, qu'un étourdissement, à savoir un acte manqué lui permettant de sortir à temps, comme ce sera le cas aussi pour l'exil, de l'h/Histoire. Au-delà des connotations sexuelles qu'on pourrait lui prêter, la bave qu'il recrache en vomissant n'épuise pas les possibilités du signifiant. De la bave *nauséeuse* de Nozéa à la bave *visqueuse* de la marchande liée à la bave (sur la fesse) *gauche* posée entre hommes nus, le texte laisse pressentir la proximité existant entre le crachat (humiliation et mise à mort du Christ) et le baiser (trahison de Judas). Quant à la bave *cadavérique* de Timise dans *L'Odeur du café* (1991)[258], elle est présente dans le baiser funeste que vient lui donner, dès qu'il est malade, cette parente qui a perdu son unique fille. Si, pour Vieux Os, il est très tôt

---

[258] *Cf.* section suivante.

question d'échapper à l'étreinte de la mort, il importe encore plus de se libérer de la bave qui risquait d'éteindre le goût des jeunes filles. Le signifiant de la bave ne revient pas pour rien dans ce passage du *Cri des oiseaux fous* (2002) où Vieux Os se demande, devant François en qui il reconnaît *un fils à maman*, pourquoi *pour certaines personnes, si on ne bave pas à la vue de la moindre jupe, on doit être homosexuel*. Il sait en effet reconnaître les impasses, au regard du désir, de l'icône de la Vierge à l'enfant Jésus auxquelles il a été exercé et qui font de lui, à son retour après vingt d'ans d'absence, un messie, à savoir l'éternel célibataire que Dany Laferrière a projeté dans son œuvre :

> On s'est agenouillés au milieu de la chambre. C'est Da qui m'a appris ma première prière. Une prière au petit Jésus. Je me souviens de la statue de la Vierge tenant le petit Jésus dans ses bras. Dans la grande chambre à coucher, à Petit-Goâve. Tout à coup, ma mère et tante Renée lèvent leurs bras au ciel en criant : « Gloire à l'Éternel ! Gloire au Ressuscité ! Que son nom soit béni ! Alléluia ! Alléluia ! Alléluia ! » Elles font une petite danse autour de moi en battant des mains et en chantant : « IL EST REVENU ! » Ce n'est qu'au moment de franchir la porte que j'ai remarqué qu'elles pleuraient. (*Pays sans chapeau* 33-34)

La mère et tante Renée ne sont pas les seules à pleurer pour lui. Vava se désespère, accompagnée du chant, *pur, aigu*, de l'oiseau :

> Didi qui me dit que Vava veut me voir. Elle m'attend dans la cour. La robe jaune sous le manguier. Vava me dis que je la fais souffrir. Moi ? Et puis, il y a cet oiseau. Elle n'arrive pas à dormir à cause de moi. Non, non. C'est moi qui ne trouve pas le sommeil parce que je la vois même quand j'ai les paupières closes. Le chant de l'oiseau. Aigu. Pur. Comme mon amour pour Vava. Les yeux de Vava. Ses grands yeux noirs. Comment Vava peut-elle m'aimer ? (115)

La réciprocité lui paraît exclue en raison d'un manque ne pouvant tenir qu'à lui. C'est alors que le doute s'installe : « J'ai repassé dans ma tête au moins cinq fois cette scène. Je veux détecter la plus infime faille. Vava se moque-t-elle de moi ? Non, ce n'est pas son genre. Et Didi ? Didi, c'est ma cousine. Et pourtant il y a quelque chose qui cloche » (115). Il ne peut avoir la jouissance de Vava qui revient à l'Autre masculin, à savoir Frantz le tigre, et, *à la rigueur,* Tony Auguste qui l'a initié au sexe dans l'encrier. Face aux paires fantasmatiques Vava + Frantz, Vava + Tony Auguste, il passe à son sens, comme devant la scène originaire redoublée de la scène téléphonique mère + Windsor K./Jésus, pour un tiers forcément exclu : « Pas moi » (115). De par sa faculté de confondre les temps à l'endroit du père (*Papa, il reviendra hier*), Vieux Os, à quatre ans, avait déconstruit le baiser de Judas qui aurait permis à l'officier de procéder à l'arrestation – et à Œdipe d'accéder au trône. En temps normal, le lapsus aurait prêté à sourire, d'autant que l'enfant paraissait si sérieux : « On voyait bien que tu réfléchissais à sa question » (*Le Cri des oiseaux fous* 61). Le piège que l'enfant a flairé à l'époque – la mère, prise de panique, avait failli s'évanouir[259] – et dont il n'est venu à bout, malgré lui, qu'à l'aide d'une phrase l'exposant à la dérision, s'est refermé sur lui et sur ses actes les plus purs en donnant lieu à une appréhension durable. Lors de la fête chez Nissage, un moment de paranoïa l'amène à convertir le chant de l'oiseau, qui lui avait pourtant paru si *aigu*, si *pur*, en un présage de railleries : « L'oiseau voulait-il m'avertir de quelque piège ? Peut-être qu'ils sont tous en train de rire de moi en ce moment » (115). C'est à un acte manqué, qu'il se livre ensuite lorsque, le jour des vaccinations, il entrevoit Vava et que *son cœur s'arrête* en indiquant un surplace contredit par le *point de côté*. Quand il revient à lui, Vava – comme Lisa plus tard devant le cinéma où il était arrivé à la fois trop tôt et trop tard[260] – « n'est plus là. Déjà partie » (284). Il se renseigne auprès de Didi, geste qui rajoute au malaise : « Elle sait que Vava m'habite totalement. Elle peut le voir dans mes yeux. Alors pourquoi se moque-t-elle de moi ainsi ? Je me sens mal à nouveau » (285). Vava ne réapparaîtra qu'au mauvais moment, alors que des garçons *beaucoup plus forts* l'auront *traîné sur le dos* devant tout le monde : « J'entends les rires, venant de toutes les maisonnettes environnant le marché. Je suis au centre. Je ne fais aucun mouvement » (286). La scène n'est pas sans rappeler, à cet égard, l'exhibition honteuse à laquelle avaient été soumis les garçons – et Vieux Os avec eux – après avoir plongé le sexe dans l'encrier. Ce qu'il donne cette fois en spectacle, ce n'est cependant pas son sexe bleui par l'encre, mais une posture de passivation dont Vava est témoin : « Le visage de Vava sur fond de ciel bleu. Frantz et Didi m'aident à me relever. Je referme les yeux de honte. Je ne veux pas voir Vava » (286). Quand on l'éloigne ensuite de Petit-Goâve où se prépare une épidémie de malaria, en guise d'adieu Vava se penche

---

[259] « Finalement, au moment de partir, l'officier s'est rapproché de toi. J'ai eu un moment de panique. Il t'a demandé où était ton père. J'ai failli m'évanouir » (*Le Cri des oiseaux fous* 61).
[260] On le verra dans la section qui suit.

à la fenêtre et lui envoie un baiser qui lui *arrête le cœur* : « – Ferme la fenêtre, Valentine. La fenêtre se referme doucement, comme une caresse sur ma joue. Je suis mort » (291). C'est que la série d'actes manqués qui le faisaient mourir de honte se dissolvent dans l'émotion d'un *baiser mauve* dont on fleurit les tombes.

Chapitre III –
L'au-delà

> [...] *et nous voyons des noms qui jadis signifièrent sagesse, comme des panneaux indicateurs dans des villes fantômes, et seules les tombes sont réelles.*
> Charles Bukowski, « Ces choses » (2011), p. 23

Introduction

Comme l'énonce Bertrand Méheust, la validité d'une vision dépend du dispositif mythico-culturel où elle se déclare, à savoir d'« un agencement d'affects, de représentations, de gestes, de croyances, qui permet de canaliser l'énergie psychique vers des formes culturelles réglées » (*Les miracles de l'esprit* 236). Parlant de l'institution divinatoire, il relève qu'« en Occident, [celle-ci] a disparu, et un dispositif inhibiteur s'est peu à peu mis en place dont la fonction est de produire l'individu insulaire que nous connaissons aujourd'hui » (236). Il explique en substance qu'il s'agit de facultés officiellement évacuées de l'expérience intime de l'homme occidental et ayant fondu « comme la neige au soleil de la raison » (236). Or les témoignages dont la fiabilité a été éprouvée, montrent que ce qui a disparu, ce ne sont pas les phénomènes inexplicables mais leur droit de cité, à savoir « le dispositif mythico-rituel qui les canalisait et leur donnait forme et signification » (237). Il serait intéressant d'interroger non seulement le rôle de la littérature à cet égard, mais aussi celui des politiques éditoriales. Que faire, par exemple, d'une œuvre qui reprendrait les paramètres de la *Divine Comédie* de Dante à une époque, la nôtre, où les lieux de la mort, l'enfer, le purgatoire et le paradis passent pour des espaces poétiques, à savoir pour des lieux irréels, et où l'amour qui mène au septième ciel ne se déclare plus sous forme de béat(r)ification ? Dany Laferrière se pose la question au regard du dispositif mythico-rituel haïtien. Déjà présent dans *L'Odeur du café* (1991), Dante est à nouveau convoqué dans *Pays sans chapeau* (1999) pour dire qu'à première vue les loas ne donnent pas matière à une œuvre comparable à la *Divine Comédie*. Y perd-on ? Y gagne-t-on ?

Dante

L'évanouissement qui se produit dans *Le Charme des après-midi sans fin* (1998) et *L'Odeur du café* (1991), s'accompagne en 1991 d'une topique, celle du *septième cercle*, invitant au rapprochement avec *La Divine Comédie*. Rappelons que le poète a perdu connaissance face à Béatrice au Chant XXXI du Purgatoire : « *Di pentir sí mi punse ivi l'ortica, / che di tutte altre cose qual mi torse / più nel suo amor, più mi si fé nemica. /Tanta riconoscenza il cor mi morse, / ch'io caddi vinto ; e quale allora femmi, / salsi colei che la cagion mi porse* » (*La Divina Commedia* 2006, 419)[261]. La raison en est *le repentir* de Dante après que Béatrice, rencontrée au Purgatoire, lui a ouvert les yeux sur les fautes qu'il a commises sur terre, l'éloignant de son amour pour elle. Or Vieux Os 'évite' lui aussi la femme qu'il aime, Vava dans *L'Odeur du café* (1991) et *Le Charme des après-midi sans fin* (1998), tandis que le remords pour s'être éloigné de l'amour (paradis terrestre) se lit au mieux dans la répétition de l'acte manqué vis-à-vis de Lisa :

> La machine à remonter le temps travaille à une vitesse infernale. J'essaie de faire surgir de ma mémoire le moindre indice. – Je n'arrive pas à croire une chose pareille, finis-je par balbutier. – Et pourtant, dit-elle avec un sourire un peu triste, c'est la vérité. J'étais folle de toi. – Toi ! Dis pas ça, Lisa, ça me fait trop mal. – Oui, et tu ne me regardais jamais. – Moi ! je ne te regardais jamais ! dis-je, le souffle coupé. – Oh ! bien sûr, tu étais gentil avec moi, mais on sait ce que ça veut dire. Le temps s'est arrêté, un instant,

---

[261] Dante Alighieri, *Divina Commedia* (2006) [1993], p. 419 ; '*ricononscenza*' ne renvoie pas à la 'reconnaissance', mais, comme l'a bien vu Lamennais, au remords : « Un remords si vif me déchira le cœur que je tombai vaincu ; et ce qu'alors je devins, le sait celle de qui en venait la cause » (trad. par Lamennais) ; une autre traduction possible serait 'connaissance' : « Si fort me poignit dans cet instant l'ortie du repentir, / que, parmi toutes les choses diverses, celle qui m'avait égaré / le plus loin de mon amour pour elle me devint ennemie / Une connaissance si nette de ma faute me mordit le cœur, / que je tombai vaincu, et, ce qu'il advint de moi, / celle-là le sait qui en fut la cause » (Dante Alighieri, *La Divine Comédie. Le Purgatoire*, (1932), trad. française par Louise Espinasse-Mongenet.

pour moi. – Oh ! non, pas ça. Tout, mais pas ça. Je ne peux pas croire une chose pareille. Toi, Lisa, tu étais amoureuse de moi ? (Laferrière 1999, 180)

Le Cri des oiseaux fous (2002) revient aussi sur la question : « Jusqu'à présent, je n'ai aimé que deux filles dans ma vie. Vava à Petit-Goâve. Et Lisa à Port-au-Prince. Et chaque fois, je tombe sur des filles aussi timides que moi. Lisa n'est peut-être qu'un prolongement de Vava. On aime toujours la même personne. Le même esprit dans différents corps » (Laferrière 2002, 141). Le chapitre sur « L'amour (7 h 15) » (124–128) revient, quant à lui, en ces termes sur le motif de l'amour barré : « J'aime rêver en flânant. Mais j'aime par-dessus tout Lisa. Cela fait un certain temps que je garde en moi ce secret. Rien ne m'interdit de l'aimer ni même de lui dire que je l'aime, mais je n'arrive pas à le faire » (124). C'est que Sandra l'en distrait : « Ce que j'ai souffert sous les griffes de cette tigresse de Sandra ! Les affres de la jalousie. Les plus noires tentations. Combien de fois l'ai-je découpée en morceaux ? Le pire, c'est ce petit rire de gorge qui ne la quitte jamais, vous donnant l'impression qu'elle détient un secret (le secret du désir) […] » (126). Rien de cela chez Dante, où Béatrice ne l'accuse pas de s'être détourné d'elle en la trahissant avec d'autres femmes, mais lui reproche tout au plus ses infidélités intellectuelles au regard du bien où elle l'entraînait en tant que personnification de la théologie[262] : « *Si tosto come in su la soglia fui / die mia seconda etade e mutai vita, / questi si tolse a me, e diessi altrui. / Quand di carne a spirto era salita, / e bellezza e virtù cresciuta m'era, / fu' io a lui men cara e men gradita ; / e volse i passi suoi per via non vera, imagini di ben seguendo false, / che nulla promession rendono intera* » (*Purgatoire* chant XXX, l. 124–132, p. 414–415)[263]. Si, pour sa part, Vieux Os est en droit

---

[262] « Il est certain que si, à la lettre, Béatrice semble reprocher à Dante ses infidélités en faveur de quelque autre femme, le sens mystique de ce passage a une bien autre portée . les infidélités que Béatrice reproche à Dante furent intellectuelles ; elle veut le convaincre de l'erreur que fut en lui l'orgueil intellectuel qui l'inclina à poursuivre l'étude des sciences profanes et de la philosophie, comme si elles eussent porté en elles-mêmes leur fin et l'accomplissement de tous ses désirs. C'est le seul point sur lequel portent en réalité les reproches de la Dame élue, en qui nous devons considérer la personnification de la théologie, c'est-à-dire de la Sagesse et de la Science suprêmes où s'illumine l'esprit de l'homme, à la clarté de la Foi, par la Vérité révélée. Dans ce domaine, Virgile païen n'avait plus de compétence ; c'est pourquoi il disparaît à cet endroit même où Dante ne peut plus avancer que dans la lumière de la Révélation » (*Le Purgatoire* 1932, 114–115).

[263] Le passage entier, traduit par Louise Espinasse-Mongenet, *La Divine Comédie, Le Purgatoire* (1932), p. 114–116, est le suivant : « Durant un temps, je le soutins par

de se reprocher une quelconque infidélité intellectuelle, c'est celle d'avoir pénétré dans l'enceinte d'un hôtel prestigieux où avaient l'habitude de descendre les écrivains et où se donnait ce jour-là une soirée mondaine, curiosité qu'il satisfait au prix de manquer un rendez-vous avec Lisa au cinéma, qui promettait pourtant de leur offrir l'occasion d'un premier baiser[264]. Le désir de changer de monde et l'acte manqué empêchant la déclaration d'amour – mot trop puissant pour être prononcé –, le désir et l'émotion sont ce qui prend la place, chez Dany Laferrière, du flou mystique dont Dante Alighieri avait entouré la rencontre entre Béatrice et lui-même.

Le *septième cercle* évoqué dans *L'Odeur du café* (1991) renvoie quant à lui à l'Enfer. Vieux Os marche comme Dante vers le donjon du Chant XII où sont punis les « *violents contre leur prochain* » (Rivarol 1785, 141)[265]. Le motif politique n'appartient pas au plan manifeste. C'est

---

mon visage : lui laissant voir mes jeunes yeux / je le menais avec moi par les droits chemins. / Sitôt que je fus sur le seuil / de ma seconde existence et eus quitté ma vie mortelle, / celui que voilà se reprit à moi et se donna à d'autres. / Alors que je m'étais élevée de la chair à l'esprit / et que beauté et vertu avaient grandi en moi, / je lui devins moins chère et moins agréable. / Et il s'en alla par les voies de l'erreur, / poursuivant la vision mensongère de faux biens / qui ne tiennent vraiment aucune de leurs promesses. / Inutiles furent les inspirations que j'implorai pour lui / et par lesquelles, soit en songe soit autrement, / je le rappelai, si peu il en eut de souci. / Il tomba si bas, que tout argument pour son salut était déjà sans force, / hormis de lui monter le peuple de ceux qui sont perdus à jamais. / À cet effet, je visitai le seuil des morts / et à celui qui l'a conduit jusque sur ces hauteurs, / en pleurant, je portai mes prières... / L'ordre suprême de Dieu serait enfreint / si l'on passait le Léthé et si d'un tel aliment / on goûtait la saveur, sans payer son écot / avec le repentir qui fait couler les larmes. »

[264] « [...] je passais par hasard devant l'hôtel Oloffson pour aller au cinéma Eldorado où m'attendait Lisa. L'Eldorado s'était spécialisé dans les films d'amour et on croyait tous qu'il était plus facile d'avoir un premier baiser quand on en voyait un en gros plan sur l'écran. Les filles se méfiaient de ces invitations à l'Eldorado qu'elles prenaient pour des arnaques ou n'acceptaient d'y aller qu'en groupe. Alors quand l'une d'elles finissait par t'accompagner à un film d'amour (à éviter les films français qui sont plutôt bavards), on peut dire que la moitié du chemin était fait. [...] J'étais amplement en avance quand j'ai atteint l'[hôtel] Oloffson. [...] J'allais m'allonger le pas quand un projecteur m'accrocha l'œil gauche. Et pour la première fois je me glissai dans la cour de l'hôtel. Au lieu de grimper l'escalier qui mène à la réception, j'ai continué tout droit vers la piscine. Des invités en tenue de soirée, assis autour de petites tables couvertes de victuailles et de boissons. Et d'autres qui semblaient plus importants, allongés sur des chaises longues, le long de la piscine fortement éclairée. [...] Quand j'arrivai à l'Eldorado le film était commencé depuis un moment et Lisa, bien sûr, ne m'avait pas attendu » (*L'Art presque perdu de ne rien faire* 412–413).

[265] Rivarol cite le ch. XI, v. 37.

tout au plus au niveau du message latent, qu'il sera donné de comprendre que « le Minotaure qui se nourrissait de chair humaine, emblème des tyrans et des assassins » (141) et gardien des lieux, figure Duvalier, et que les Centaures, « monstres malfaisants, qui avaient ensanglanté le festin de noces de Thétis et Pélée » (146)[266] et décochent des flèches sur leurs victimes en les entraînant dans un fleuve de sang, évoquent, de leur côté, les tontons macoutes. Si *La Divine Comédie* est mentionnée dans *Pays sans chapeau* (1999) et si la politique est plus apparente dans *Le Cri des oiseaux fous* (2002), l'enfer décrit dans *L'Odeur du café* (1991) met en évidence des motifs intimes absents de l'œuvre de Dante. L'enfer renvoie alors à une répulsion sexuelle synonyme de damnation. Peu après la scène de l'évanouissement, Vieux Os voit fondre sur lui une vieille femme rebutante, Timise. C'est une cousine du grand-père qui a perdu son unique fille et qui, telle la mort armée de sa faucille, surgit à chaque maladie de Vieux Os : elle « embrasse tout le monde sur la bouche ; une bouche remplie d'une bave cadavérique » (*L'Odeur du café* 108) et menace des « feux de l'enfer » (108) les garçons de Petit-Goâve qui, apeurés par cette femme toujours de noir vêtue, lui lancent des pierres : « Elle lève ses bras maigres vers le ciel et prend saint Mathias à témoin. Les garçons brûleront jusqu'à la septième génération » (108)[267], le saint invoqué ayant été, selon la tradition établie par l'historien français Tillemont, lapidé par les juifs à Jérusalem. Si, comme l'atteste le roman pour la jeunesse intitulé *Le baiser mauve de Vava* (2014), la fillette est en mesure de guérir Vieux Os de sa répulsion pour le baiser de Timise, elle n'en a pas moins été, dans un rêve, la figure de la castration. Elle est à la fois la flamme qui ouvre la série des actes manqués de Vieux Os en matière amoureuse, et la réincarnation de Béatrice, femme sublime papillonnant de fleur en fleur dans les prés du paradis terrestre : « *e là m'apparve, si com'elli appare / subitamente cosa che disvia / per maraviglia tutto altro pensare, / una donna soleta che si gia / cantando e scegliendo fior da fiore / ond' era pinta*

---

[266] Rivarol signale en outre : « Ce sont eux que Voltaire a pris pour des ombres qui se promènent à cheval dans les Enfers. »
[267] Figure de l'Église chrétienne, Matthieu fut désigné pour remplacer Judas, le traître, dans le groupe des 12 apôtres témoins de la résurrection du Christ. L'historien français Tillemont raconte qu'il aurait été lapidé puis décapité par les juifs à Jérusalem, ce qui expliquerait pourquoi Timise invoque ce saint plutôt qu'un autre.

tutta la sua vita » (*Divina Commedia* 398)[268]. Vieux Os la compare à un papillon : « Les paupières de Vava. Des papillons noirs. Deux larges ailes. Un battement doux, ample. J'ai mal au cœur. Noir. Rouge. Je choisis le jaune » (*L'Odeur du café* 106). C'est en somme la robe de Vava qui l'emporte sur son corps, un peu comme si le vêtement – dont Vieux Os tirera sa couleur-fétiche – servait d'écran de projection de l'a/mor. C'est que, comme le souligne le psychanalyste André Green, la mort représente la forme suprême de la castration. Vieux Os y avait été initié lors d'une nuit qu'il avait passée seul dans la chambre du grand-père défunt. La castration s'était exercée dans la double expérience de la mort et du désir sexuel : il s'était envolé et avait rêvé qu'il pénétrait (dans la chambre de) Vava mais il s'était soudain retrouvé en présence d'une couleuvre. Le rêve tendait-il à la satisfaction du désir de pénétration sexuelle ou traduisait-il le contexte d'une possession vaudou où la femme est appelée, à l'instar de Beatrice, à transmettre le message divin ?

On a vu que dans l'imaginaire haïtien la couleuvre pouvait représenter la divinité. Comme l'indique Jean Price-Mars au chapitre VI, « Le sentiment religieux des masses haïtiennes », d'*Ainsi parla l'oncle. Essais d'ethnographie* (1928), le culte ophidien des cérémonies vaudou[269] prévoit une communication avec la divinité à travers la couleuvre. Attentif aux références chrétiennes, Price-Mars se demande par quel truchement s'obtient la communication avec celle-ci : « Serait-ce que la couleuvre aurait recouvré le privilège de se servir du langage humain comme autrefois, au jardin de l'Éden, "étant le plus fin de tous les animaux des champs que l'Éternel Dieu avait faits", selon l'expression de la Genèse ? » (*Ainsi parla l'oncle* 120). Après une recherche qui lui a permis d'écarter les hypothèses de possession neuro-psychotique ou de suggestion hystérique, Price-Mars soutient que « l'opération est infiniment plus subtile » (120) et qu'au fond « il ne s'agit de rien d'autre que d'une incarnation spirituelle » (120). Dans les rites vaudous, il dégage du témoignage rapporté par Moreau de Saint-Méry au XVIIIe siècle, le rapport privilégié entre le serpent de la connaissance et la femme : « Connaissance du passé, science du présent, prescience de l'avenir, tout appartient à cette couleuvre qui ne consent néanmoins à communiquer son pouvoir [...] que par l'organe

---

[268] « Là, comme apparaît subitement une chose qui, émerveillant, détourne de toute autre pensée, m'apparut / Une Dame qui, seulette, allait chantant et cueillant çà et là les fleurs dont était diapré tout son chemin » (Lamennais, 1863, 211).

[269] Telles que Moreau de Saint-Méry en offre la description dès l'ère coloniale.

La possession

d'un grand prêtre [...] et plus encore par celui de la négresse que l'amour de ce dernier a élevé au rang de prêtresse » (121). Et ce qui est encore plus frappant, il repère *l'intervention merveilleuse* où la Reine est appelée par le Roi, autrement actif dans l'affaire qu'Adam, à servir de corps-conducteur de la connaissance en se laissant pénétrer par le dieu-couleuvre : « Le Roi Vaudoux se recueille, l'Esprit agit en lui. Tout à coup, il prend la boîte où est la couleuvre, la place à terre et fait monter sur elle la Reine Vaudoux. Dès que l'asile sacré est sous ses pieds [...] elle est *pénétrée* du dieu, elle s'agite, tout son corps est dans un état convulsif, et l'oracle parle par sa bouche » (121)[270]. Ayant un rôle sacré dans la transmission de la connaissance divine, la Reine vaudoue se rapproche de la Béatrice de Dante tout en s'en éloignant aussi dans la figuration de la possession sexuelle.

N'étant pas à la merci d'une séduction diabolique mais d'une *pénétration* à laquelle l'invite le Roi, elle diffère enfin de l'Ève biblique à qui le serpent suggère d'offrir à Adam le fruit défendu, inaugurant l'arbre généalogique, qui sera responsable de la mortalité du couple originel dans la représentation monogénétique de l'humanité. Pour sa part, Vava figure ici l'impasse imaginaire du syncrétisme entre couleuvre vaudou sexualisée et serpent biblique de la castration. Le rêve de la couleuvre que Vieux Os fait dans la chambre du grand-père défunt, s'en présente en tout cas à la fois comme le reflet et l'épreuve.

La possession

Comme s'il était possédé par l'être désormais subtil du grand-père maternel défunt quand il lui arrive de dormir dans la chambre de celui-ci, Vieux Os rêve qu'il est dans une ville inconnue et qu'il la survole : « Je n'ai qu'à étendre les bras pour voler. Je vole au-dessus des marais et je pénètre chez les gens en passant par la fenêtre » (114). Comme il le fera en réalité avec Lisa dans *Le Cri des oiseaux fous* (2002), en rêve il pénètre, enfant, (dans la chambre de) Vava et la regarde dormir. Plutôt que le bleu ciel, c'est avant cela le rose qui aura dominé : « Vava couchée dans un petit lit à drap rose » (*L'Odeur du café* 114–115). Mais alors qu'il quittera la chambre de Lisa sans l'avoir embrassée, il avait osé, enfant, s'avancer vers Vava, pour n'en retirer toutefois qu'un grand effroi : « Je m'approche

---

[270] C'est moi qui souligne.

pour l'embrasser et c'est une couleuvre que je vois à la place de Vava. Je pousse un cri de frayeur. La couleuvre relève vivement la tête. Je veux quitter la chambre, mais je n'arrive pas à prendre mon envol » (105). Suit l'histoire suivante racontée par Da, qui illustre, par effet d'identification projective – car ici la couleuvre, c'est lui, doté du pénis en érection –, la peur de la castration que la psychanalyse décrirait comme relevant d'une phase homosexuelle typique du garçon à cet âge :

> C'est l'histoire d'une jeune fille trop belle pour se trouver un mari. Elle était si belle qu'aucun homme de la ville ne semblait digne d'elle. Un jour, un étranger est arrivé. Il était habillé tout de noir sur un cheval noir. Ses yeux étaient légèrement bridés. L'homme s'est dirigé tout droit vers la maison de la belle jeune fille pour la demander en mariage. La mère finit par accepter et la date du mariage fut fixée pour le dimanche suivant. Toute la ville s'étonna de la rapidité des événements. Ils firent un mariage très intime. La mère de la jeune fille n'avait pas beaucoup d'amis dans la ville. Et le mari n'avait pas plus de famille. Le couple passa la nuit de noces dans la petite chambre que la jeune femme occupait avant son mariage. La mère dormait dans la pièce d'à côté. Au milieu de la nuit, on entendit un cri de frayeur. (*L'Odeur du café* 115–116)

Le récit enchaîne sur le dialogue et le dénouement suivants, où il appert que ce n'est pas Vava qui faisait courir à Vieux Os le péril d'être détaché de son sexe (la couleuvre) lors de la pénétration (dans la chambre) de la femme aimée, mais la mère castratrice. Y répond l'histoire que Da raconte, après avoir entendu le récit du rêve de la couleuvre :

> – Maman, dit la jeune mariée. Il y a une couleuvre dans mon lit. – Ce n'est pas grave, ma fille. Une heure plus tard. – Maman, maman, la couleuvre est en train de m'avaler... – Mais non, ma fille, n'aie pas peur... Quelque temps plus tard. – Maman, j'ai peur... Je vais mourir... La couleur m'avale. – Non, ma fille, quand j'avais ton âge, j'ai connu ça... Et comme tu vois, je suis toujours vivante. – Maman, c'est une vraie couleuvre... Voulant en avoir le cœur net, la mère quitta enfin son lit pour aller voir ce qui se passait dans la chambre nuptiale. En effet, la couleuvre allait engloutir la tête de sa fille. D'un mouvement vif, la mère s'empara d'une machette et lui fit sauter la tête. La couleuvre se changea en un bel homme à la tête coupée.

La mère de Lisa, Mme Villefranche, en offre le parfait exemple lorsque, dans *Le Cri des oiseaux fous* (2002), elle est comparée, malgré elle, au Cerbère, une figure que Dante, s'inspirant de *L'Énéide*, évoque au Chant VI de *L'Enfer*. La castration est, cette fois, liée à l'image de la guillotine. Vieux Os a demandé à un ami de lancer un message sur les ondes à l'adresse de Lisa. La mère de Lisa a capté le message : « – J'ai entendu son nom à la radio hier soir. C'est toi qui l'as fait appeler ? – Oui, dis-je. J'attends le verdict. La tête sous la guillotine. Long moment de silence pendant lequel j'ai le temps de visualiser la tranchante lame me couper la tête » (*Le Cri des oiseaux fous* 273). Or la mère, comprenant qu'il est amoureux, lui ouvre au contraire la porte de sa fille :

> Une vraie chambre de conte de fées. Lisa est si belle que j'en ai le souffle coupé. Les paupières si gracieuses [...] Faites, mon Dieu, qu'elle soit en train de rêver l'histoire qui se déroule en ce moment. Celle d'un jeune prince qui a terrassé, avec un sourire, le Cerbère, avant de pénétrer dans la chambre de la princesse endormie. Me voilà dans le conte de mon enfance. Mais mon cœur bat trop vite. J'ai l'impression d'être allé trop loin. Je touche au centre du mythe. (277)

Il referme alors la porte du paradis :

> Il me faut quitter cette pièce immédiatement. Le cœur humain n'est pas assez résistant pour vivre trop longtemps dans un conte de fées. Je n'arrive plus à respirer. Il n'y a pas d'oxygène dans cet univers-là. Je dois sortir tout de suite, sinon ma poitrine va éclater. Je m'appuie un moment contre le chambranle de la porte afin de reprendre mon souffle. Puis je sors en prenant soin de refermer doucement la porte derrière moi. L'image de Lisa endormie dans sa petite chambre bleue, j'en suis convaincu, m'accompagnera tout au long de mon existence. (277)

Le bonheur entrevu dans l'expérience de mort imminente est confondu avec le conte de fées. En témoigne la porte réversible que, comme en réfèrent les témoins de NDE, il est donné de gagner ou de ne pas franchir définitivement. Le bien-être entrevu lors d'une NDE, qui s'accompagnait du choix de la mort (ou d'une autre vie), est ce qui l'empêche d'approcher Beatrice/Vava/Lisa. Le cœur humain n'étant pas fait pour pareille intensité. Frantz n'aura pas ce scrupule, lui qui obéit aux désirs d'un autre (le grand-père défunt Philéas appartenant déjà à l'autre vie). Sauvé *in extremis* par le docteur Cayemitte, Vieux Os est en tout cas revenu à lui, mais il est désormais habité par une interrogation sur l'au-delà qui le distrait quelque peu de son désir de conquêtes féminines. S'il a joui d'un bien-être au seuil de la mort et qu'il a dès lors fait l'expérience du retour à ce repos auquel aspire le vivant et que Freud décrit comme une pulsion spontanée de retour à un état anorganique synonyme d'une réduction complète des tensions, Vieux Os craint, soudain, que tout le monde ait disparu. Et c'est le jaune qui déclenche là, le sentiment de la fin, ainsi que le cerf-volant de même couleur aperçu dans *Le Charme des après-midi sans fin* (1998). Le sentiment d'être resté seul, avec Da, en deçà du seuil, ressemble à vrai dire à une prémonition, car la plupart de ses amis disparaîtront effectivement en 1964 lors de l'épidémie de malaria à laquelle il n'aura échappé que parce qu'on l'a envoyé en contre-exil à Port-au-Prince :

> Ce silence. Da est sur la galerie, sa place pour l'éternité. Oginé vient de partir avec le cheval de Fatal. J'ai l'étrange sensation d'être seul au monde. Tous les autres sont morts. Sauf Da et moi. J'ai mal au ventre. Des gouttes de sueur perlent sur mon front. Ma tête tourne. Je me sens mal. Où sont les autres ? Pourquoi leur disparition me fait-elle si mal ? Un nœud dans la poitrine. On dirait une ville fantôme. Il n'y a plus personne. Ils sont tous morts ou partis sans rien nous dire. Je sais que ce n'est pas vrai, que cela ne peut être vrai alors pourquoi est-ce que je n'arrête pas de penser à ça ? Même les animaux sont partis. Le cheval de Fatal n'existe plus. Da n'a besoin que de son café, mais moi, sans les amis, je ne survivrai pas. Moi, je veux me rappeler toujours des yeux de Vava. (37–38)

Et puis, quand la voix d'une marchande rompt soudain le silence, c'est pour disparaître presque aussitôt. Il en va de la vie comme de l'éclat d'une comète : « Cette voix si puissante, il y a quelques instants, va s'éteindre. Da dit que c'est ainsi la vie. Un moment, vous êtes là, on ne voit que vous, on n'entend que vous, on ne parle que de vous, et un autre moment, on ne se souvient même pas de votre visage » (38). Si Frantz se préoccupe peu, pour sa part, de son inscription dans la mémoire individuelle ou collective : « J'aimerais être le seul vivant sur la terre » (92), c'est que, à l'opposé de Vieux Os, il reste insensible à l'amour. Dans *La Chair du maître* (1997), il ira jusqu'à profaner celui de son ami. L'inversion peut avoir dicté sa conduite, mais, au-delà, il est possible de voir un lien entre son hostilité vis-à-vis de « l'émotion [qui] annule le temps » (*L'Art presque perdu de ne rien faire* 77) et la vision de la vieille Nozéa, qui le dit possédé : « Oui, il y a quelque chose de trouble. On dirait quelqu'un... C'est ça. C'est quelqu'un. Il y a quelqu'un en toi que je n'arrive pas à identifier. Il se cache. Je me demande pourquoi » (*Le Charme des après-midi sans fin* 98). Les paroles de Nozéa ont touché un point sensible que personne n'aurait jamais soupçonné en lui : « Frantz devient tout pâle. Lui qui tout à l'heure, au cimetière, affirmait que la mort ne l'impressionnait pas. Celui qui voulait rester seul sur la planète » (98). Et Nozéa, après avoir identifié l'esprit en question, de révéler le motif de l'aspiration de Frantz à être *le seul vivant sur la terre* : « – Tu n'es pas seul, mon fils, finit-elle par murmurer » (99). D'après elle, il serait habité par son grand-père, feu Philéas.

Un autre cas de possession se présente plus loin, en la personne d'une fillette Verginia, à ce point semblable à son arrière-grand-mère ultra-centenaire, qu'elle se croit le double de l'aïeule encore en vie : « J'ai une photo d'elle quand elle avait mon âge. Malgré le fait que le temps a rendu la photo toute jaune, j'étais persuadée, la première fois que je l'ai vue, que c'était moi. C'est moi… Pas seulement à cause de la ressemblance extrêmement frappante » (156). Un *elle ne sait quoi* la pousse à être dans la peau de l'aïeule ou inversement : « C'est moi jusqu'au fond de moi… – Pourtant, je balbutie, elle est dans la petite chambre. Elle continue à regarder au loin, sans but apparent. Un soleil rouge plonge doucement dans la baie de Petit-Goâve. – J'ai peur de mourir quand elle mourra, murmure-t-elle » (156–157). La psychanalyse situerait à sa façon la hantise en question. Si l'ordre intergénérationnel se présente ici aussi comme réversible, c'est que la *crypte* où des secrets de famille ont figé l'émotion, entraîne des retombées sur la descendance qui peuvent ne pas être proportionnelles à la cause première : « Le fantôme est une formation de l'inconscient qui a pour particularité de n'avoir jamais été consciente […] et de résulter du passage, dont le mode reste à déterminer, de l'inconscient d'un parent à l'inconscient d'un enfant » (Abraham et Török 1987, 495). Et les auteurs de préciser :

> Le fantôme est le travail dans l'inconscient, du secret inavouable d'un autre (inceste, crime, bâtardise, etc.). Sa loi est l'obligation de nescience. Sa manifestation, la hantise, est le retour du fantôme dans des paroles et actes bizarres, dans des symptômes (phobiques, obsessionnels…) etc. [ ] Ainsi se montre et se cache […] ce qui gît comme une science morte-vivante du secret de l'autre. (*L'Écorce et le noyau* 429)[271]

Ou, comme l'énonce l'auteur de *L'Art presque perdu de ne rien faire* (2014), « l'émotion annule le temps » (Laferrière 2014, 38), ce qui pourrait en expliquer la réversibilité dans un milieu comme la famille, lieu par excellence de la tragédie. En versant la moitié de sa tasse de café au sol et en nommant *ses* morts, Vieux Os est invité à accomplir un rite animiste lui permettant de maîtriser des formes de possession qui font par contre de Frantz le jouet de Philéas. Le *M'vondu*[272], ainsi que le souligne Omi Gasner Joint, dans *Libération du vaudou dans la dynamique*

---

[271] *Cf.* aussi A.-A. Schützenberger, *Aïe, mes aïeux* (1993), p. 60.
[272] Comme l'explique Gasner Joint, le mot désigne, dans la langue des Fons du Dahomey, les esprits des ancêtres ou loas : « Selon une longue tradition qui remonte

d'inculturation en Haïti (1999), se distingue de l'animisme par le fait que
« les forces de la nature ne sont pas divinisées ni les objets dotés d'une
âme [et que] les esprits ne font l'objet d'aucun culte direct » (Gasner Joint
1999, 37)[273] mais il semble possible de le considérer comme une branche
de l'animisme en ce que certains rites, à défaut d'une connaissance des
mythes originaires, ont survécu aux déportations et à l'éloignement
par rapport à l'Afrique-mère. Ce qui nous intéresse ici, c'est le fait que
l'animisme pratique l'intergénérationnel.

L'animisme

Si Freud a surtout retenu les bienfaits de la *catharsis* de la Grèce
antique, il ne déconsidérait pas pour autant ceux de l'animisme. Il a certes
tendance, dans certains textes, à y voir une forme de pensée infantile
propre aux 'sauvages', dans la conception et selon le vocabulaire de son
milieu et de son époque. L'animisme aurait survécu chez les névrosés,
mais il n'en considère pas moins, dans *Totem et tabou*, qu'il s'agit d'un
« système intellectuel [...] permet[tant] de concevoir le monde comme
un vaste ensemble, à partir d'un point donné » (*Totem et tabou* 120). Il
retire de ses lectures positivistes que l'humanité a connu trois grands
systèmes : « conception animiste (mythologique), conception religieuse
et conception scientifique » et en retire l'idée que « de tous ces systèmes,
l'animisme est peut-être le plus logique et le plus complet, celui qui
explique l'essence du monde, sans rien laisser dans l'ombre » (120). Il
souligne également que, si « l'animisme subsiste encore dans la vie de nos
jours, soit sous la forme dégradée de la superstition, soit en tant que fonds
vivant de notre langage, de nos croyances et de notre philosophie [...], il
est aussi évident que le mythe repose sur des éléments animistes » (121).
Or ceux qui opèrent chez Dany Laferrière font véritablement œuvre de
liaison. Dans la foulée freudienne, la psychanalyse transgénérationnelle
dirait ici qu'ils empêchent que *le dire enterré d'un parent devienne chez*

à la conception dahoméenne de la divinité, les *loas* sont censés assurer la médiation
entre les humains et l'Être Suprême, à la fois immanent et transcendant, principe
et fin de la création, mais trop éloigné des hommes pour que ceux-ci puissent le
rencontrer directement » (Gasner Joint 1999, 18) ; l'auteur se réfère à la définition
de Marcus Bach dans *Vaudou, religion, sorcellerie, magie* (1955), p. 113.

[273] « Le vaudou », précise-t-il avec L.-F. Hoffmann (L.-F. Hoffmann, *Haïti : couleurs, croyances, créole*, 113), « doit être considéré comme étant de l'ordre des religions cosmiques et monothéistes » (Gasner Joint 1999, 37).

l'enfant un mort sans sépulture [un savoir non su, une *nescience*] *et exerce sa hantise en induisant phobies, folies, obsessions*. C'est dans une certaine mesure ce que l'auteur du *Journal d'un écrivain en pyjama* (2013) voit se produire au niveau du processus de la création : « On n'a pas forcément raison, mais c'est difficile de comprendre pourquoi certains jours, contrairement à tant de mauvais jours, on a l'impression d'être habité. De ne pas être seul » (Laferrière 2013, 88). Et l'auteur de préciser, en regardant le phénomène comme potentiellement positif à ce niveau : « On dirait que ce sont des idées, comme des émotions, qui cherchent un esprit à coloniser » (88). Dans *Pays sans chapeau* (1999), Vieux Os dit en tout cas de ses morts qu'ils répondent à son geste :

> Et à chaque nom prononcé, je sens vibrer la table. Ils sont là tout autour de moi, les morts. Mes morts. Tous ceux qui m'ont accompagné durant ce long voyage. Ils sont là, maintenant, à côté de moi, tout près de cette table bancale qui me sert de bureau, à l'ombre du vieux manguier perclus de maladies qui me protège du redoutable soleil de midi. Ils sont là, je le sais, ils sont tous là à me regarder travailler à ce livre. Je sais qu'ils m'observent. Je le sens. Leurs visages me frôlent la nuque. Ils se penchent avec curiosité par-dessus mon épaule. Ils se demandent, légèrement inquiets, comment je vais les présenter au monde, ce que je dirai d'eux, eux qui n'ont jamais quitté cette terre désolée, qui sont nés et morts dans cette même ville, Petit-Goâve, qui n'ont connu que ces montagnes chauves et ces anophèles gorgés de malaria. (Laferrière 1999, 37)

Tandis que la *table vibrante* évoque à chaque fois une séance de spiritisme, *la nuque frôlée par les visages* des défunts suggère la présence, dans la pièce où Vieux Os écrit, de corps subtils et non de simples fantômes. En se penchant sur son travail, les morts prouvent qu'ils ne possèdent pas leur descendant, mais qu'ils maintiennent une certaine distance et se conduisent en observateurs de la vie que l'écrivain leur rend ou leur donne. Il n'en va pas de même du sergent américain dont le psychiatre Legrand Bijou parle un jour à Vieux Os. Alors qu'il avait disparu depuis une dizaine de jours, « on a fini par le retrouver dans une petite maison abandonnée, seul, nu et s'exprimant dans un sabir complètement incompréhensible. En réalité, il employait un mélange de créole, de langues africaines et d'anglais » (192). Chose étonnante, il ne connaissait ni l'Afrique ni le créole et il tenait des propos insensés : « Quand on a enfin compris ce qu'il disait, ce n'étaient que des obscénités. Personne ne pouvait l'approcher. Naturellement, j'ai interrogé ses collègues », précise le psychiatre, « et ils sont tous formels : un excellent militaire, un homme courtois et responsable, bon père de famille et sportif accompli » (192). Son supérieur conclut de cet épisode et d'autres cas de possession, eux aussi connotés de sexualité, que le surnaturel joue des tours à l'armée américaine stationnée en Haïti : « J'ai vu le colonel américain, ce matin », confie le psychiatre, « il m'a clairement fait savoir qu'il avait plus de problèmes, ici, avec les dieux qu'avec les hommes » (193). Sous d'autres latitudes, on aurait parlé de djinns, comme au Maghreb, par exemple, où bon nombre de musulmans affirment qu'ils côtoient dans la vie quotidienne des esprits bénéfiques ou maléfiques qui sont en mesure de leur jouer des tours pouvant aller jusqu'à la possession[274]. Les Américains en Haïti pensent en revanche à la prétendue malfaisance des loas, à leur indécence et aux obscénités auxquelles donneraient lieu les cérémonies vaudou aux yeux de l'opinion publique judéo-chrétienne et haïtienne elle-même influencée par des campagnes anti-superstition ainsi que par des ouvrages reçus comme relevant de la recherche scientifique[275]. Comme le souligne Gasner Joint :

> Les cas d'orgie [sur lesquelles se concluraient les cérémonies vaudou] ne sont attestées ni par A. Métraux ni par J. Price-Mars. Ce dernier témoigne, au contraire, que le vaudou est doué d'une morale authentique qui suppose une discipline de la vie privée et une conception de l'ordre social assez efficaces pour « brider les instincts de l'individu dans une certaine mesure et préserver la dissolution de la communauté » (J. Price-Mars, *Ainsi parla l'Oncle*, 323) Dans le même ordre d'idées, A. Métraux présente les *loas* comme des « gardiens de la moralité publique » (A. Métraux, *Le Vaudou haïtien*, 323). L.-F. Hoffmann, pour sa part, ne prend pas au sérieux les auteurs qui exagèrent l'aspect érotique du vaudou « en s'obstinant sur la

---

[274] *Cf.* pour le Maroc, le récit-témoignage de Elias Zahid, *Possédé par un djinn. Une victime raconte son enfer* (2013) : « Cet été 2005 [...] j'étais loin de penser que ma vie était sur le point de devenir un vrai cauchemar qui durerait les trois années à suivre. [...] Pour comprendre cette expérience, le monde entier doit savoir que certaines choses considérées comme paranormales – taboues faute de témoignage, ou par peur de l'inconnu – sont bel et bien réelles » (Elias Zahid 2013, 5).

[275] Comme le dénonce Gasner Joint, le vaudou passe encore souvent pour une *religion immorale* : « On soutient [...] que les cérémonies vaudou donnent lieu à toute sorte d'indécences et d'obscénités (*cf.* J. Verschueren, *Le culte du Vaudoux*, 103) et qu'elles se terminent par des orgies sexuelles. D'aucuns n'hésitent pas à présenter la plupart des *houngans* comme des détraqués mentaux ou des homosexuels. On lit par exemple dans Verschueren : "Les papalois mènent la vie la plus dépravée ; mais comme ils ont beaucoup d'influence et qu'on les craint très fort, ils peuvent faire tout ce qui leur plaît" (J. Verschueren, *Le culte du Vaudoux*, 53) » (*Libération du vaudou dans la dynamique d'inculturation en Haïti* 198).

lascivité des danses et met cette incrimination sur le compte de leur imagination ou de leur désir de discréditer le vaudou » (L.-F. Hoffmann, *Haïti : couleurs, croyances, créole*, 159–162). (*Libération du vaudou dans la dynamique d'inculturation en Haïti* 198)

Aussi la possession qui a affligé le jeune sergent américain ne serait-elle pas liée à Haïti, mais à un phénomène indépendant des marges géographiques, si l'on en croit, par exemple, les confidences de Franchezzo qu'aurait recueillies le médium italien Farnese par le biais de ce que l'on appelle l'écriture automatique' (psychographie)[276]. Selon Franchezzo, c'est à leur insu que les vivants seraient plus souvent qu'à leur tour colonisés par les esprits :

> Très peu de gens dans leur enveloppe charnelle [...] comprennent que des esprits parviennent à prendre complètement possession du corps d'un homme ou d'une femme au point que tout se passe momentanément comme si le corps n'appartenait plus à l'esprit incarné mais bien plutôt à l'esprit désincarné. Beaucoup de cas de prétendue démence sont à imputer à l'influence de bas esprits aux désirs vils qui, profitant de la faible volonté d'une personne terrestre, parviennent à dominer l'esprit de cette personne et à utiliser son corps. (*Franchezzo. Aventures dans l'autre vie* 54)[277]

On en trouve la trace, chez Dany Laferrière, dès *Comment faire l'amour avec un nègre sans se fatiguer* (1985), où une partie de la genèse du roman en abyme « Paradis du dragueur nègre » entrepris par Vieux, est présentée comme étant redevable à quelqu'un d'autre que lui-même.

L'écriture automatique

Non seulement Vieux est un être de papier et l'auteur, une personne réelle agissant à l'instar d'un 'esprit' invisible, mais le texte aurait de plus été rédigé, pendant son somme, par la machine elle-même agissant

---

[276] Terme utilisé par Allan Kardec à la fin du XIXe siècle pour désigner tout texte écrit sous la dictée d'un esprit.

[277] Source signalée par François Brune dans *Les morts nous parlent*, tome 2 (2006), p. 88–96 ; Franchezzo, qui a réellement existé, lui aurait confié y avoir été invité : « Viens avec nous, nous te montrerons comment jouir encore de la vie bien que tu sois mort. Puisque nous n'avons plus de corps pour nous divertir, nous pouvons en emprunter un à un mortel quelconque durant quelque temps. Viens avec nous, nous te prouverons que toutes les joies ne sont pas encore perdues » (35–36).

en tant qu'objet animé. La Remington 22 sur laquelle Vieux écrit est plus précisément phantasmée comme ayant appartenu à Chester Himes, contemporain de James Baldwin et Richard Wright, et auteur the *If he hollers let him go* (1945) portant sur le racisme et sur la relation femme blanche/homme noir face au préjugé raciste, sujet qui, au-delà de toute conclusion animiste, conforte la thèse comparatiste :

> *I jumped out of bed and went over and picked up the picture. It set me up to have a chick like her. It gave me a personal pride to have her for my girl. And then I was proud of her too. Proud of the way she looked, the appearance she made among white people ; and the credit they gave her ; and her position and prestige among her own people. I could knock myself out just walking along the street with her ; and whenever we ran into any of the white shipyard workers downtown somewhere I really felt like something.* (Chester Himes 1945, 8)[278]

Un personnage du nom de Homer complète le tableau, bien que, contrairement à ce qui se passe chez Dany Laferrière, il n'en soit pas le protagoniste. Quant à Vieux (*alias* Homère), il tient à présent compte de *l'esprit qui anime* la machine à écrire : « NOUVELLE CHRONIQUE DE MA CHAMBRE AU 3670, RUE SAINT-DENIS (description faite avec l'accord de ma Remington 22) » (*Comment faire l'amour avec un nègre sans se fatiguer* 110). Or, parmi les choses répertoriées, on a un réfrigérateur contenant un « sac de carottes » (111) qui, à moins d'un ajout ultérieur, doit avoir échappé à l'attention de la mère. Celle-ci, comme on l'apprend dans *Journal d'un écrivain en pyjama* (2013), critiquait en effet, en réaction à la lecture du roman, le régime alimentaire de son fils à Montréal : « Je ne mangeais pas assez de légumes, encore moins de carottes » (Laferrière 2013, 52). La Remington 22 cible aussi le DIVAN, où « Bouba lit Freud en écoutant du jazz à longueur de journée » (*Comment faire l'amour avec un nègre sans se fatiguer* 111) et une caisse de bouquins contenant vivants et morts de la littérature-monde :

> Hemingway, Miller, Cendrars, Bukowski, Freud, Proust, Cervantès, Borges, Cortázar, Dos Passos, Mishima, Apollinaire, Ducharme, Cohen,

---

[278] « Je sautai du lit en me tournant pour prendre la photo. Ça me faisait du bien d'avoir une fille comme elle. Ça me rendait fier qu'elle soit ma copine. Et j'étais fier d'elle. Fier de ses apparences, de sa façon d'être parmi les gens ; et du crédit qu'ils lui accordaient ; et de sa position ainsi que de son prestige au milieu des siens. Je m'extasiais rien qu'à me promener avec elle dans la rue ; et quand il nous arrivait de tomber sur un travailleur blanc au port, au bas de la ville, je me sentais alors vraiment quelqu'un » (c'est moi qui traduis).

Villon, Lévy Beaulieu, Fennario, Himes, Baldwin, Wright, Pavese, Aquin, Quevedo, Ousmane, J.-S. Alexis, Roumain, G. Roy, De Quincey, Marquez, Jong, Alejo Carpentier, Atwood, Asturias, Amado, Fuentes, Kerouac, Corso, Handke, Limonov, Yourcenar. (111–112)

La mère relève à nouveau une lacune : « Et surtout le nom de Jésus n'est pas mentionné une seule fois dans le livre, alors que je ne cessais de lui répéter dans mes lettres que je faisais régulièrement ma prière du soir » (*Journal d'un écrivain en pyjama* 52). Or, si on apprend dans *Journal d'un écrivain en pyjama* (2013) qu'il arrive à l'auteur de prier *le petit Jésus* par fidélité avec la foi de son enfance, pour qu'il l'assiste dans l'écriture, on s'aperçoit que *l'homme qui a remplacé auprès de la mère le mari en exil*[279] fait, sur le personnage du premier roman, l'effet de l'eau bénite sur le diable : avec « cette saleté de Croix dans l'encadrement de la fenêtre » (*Comment faire l'amour avec un nègre sans se fatiguer* 111). Présente depuis le début[280], une possession culturelle l'enfermant dans le couple de la Vierge et de l'enfant Jésus, amène Vieux à opérer un renversement et à considérer la Croix comme le symbole même de la sorcellerie. On a vu l'interférence duvaliériste qui empêche Vieux de se reconnaître dans la foi en Jésus sans l'intermédiaire de la mère, dont la religion remonte à une époque qui a précédé le *Catéchisme de la révolution*. En attendant, tout se passe à l'époque comme si un exorcisme latent, commandé par la mère judéo-chrétienne, menaçait de compromettre l'entreprise littéraire de transcommunication avec les démons de Harlem, James Baldwin surtout et Chester Himes pour la machine qui lui aurait appartenu. Assis sur un banc public à Montréal, Vieux s'assoupit et voit en rêve deux cultes de la littérature de son époque : « Miller et Cendrars au Café Saint-Louis. Juste à côté de moi. Je m'approche. Ils vont s'échapper en fumée. Vapeurs. Non, ils sont encore là, à causer tranquillement. Je peux même les toucher » (*Comment faire l'amour avec un nègre sans se fatiguer* 109). La police embarque ensuite une loque humaine rappelant Magloire Saint-Aude : « Un type en sang. C'est Bukowski » (109). On pourrait croire, au cœur de Montréal, à des revenants, comme l'indique le mot *vapeurs*, n'était le rêve signalé dès le début du passage. En revanche, le texte qui s'est écrit tout seul pendant qu'il dormait ne vient pas de lui :

---

[279] V. *L'Énigme du retour* (2009) p. 110.

[280] On trouve dans la chambre occupée par Vieux et Bouba « une cuisinière aux foyers aussi glacés que des tétons de sorcière volant par –40 degrés. Avec, en prime, la Croix du Mont Royal, juste dans l'encadrement de notre fenêtre » (Laferrière 1985, 12).

– Réveille-toi, Vieux, ça fait une heure que tu dors sur la machine, sinon tu vas attraper un torticolis. – Une heure ! – Montre en main, Vieux. – Alors, j'aurais rêvé tout ça. – Qu'est-ce que c'est que ce rêve ? – Oh ! c'est complètement fou, j'ai rêvé que je bavardais avec tu ne devineras jamais qui ? – Miller, Cendrars et Bukowski. – Merde. Comment le sais-tu ? Comment, comme je le sais ? C'est écrit, ici, Noir sur Blanc. Qu'est-ce qui te prend, c'est sûrement toi qui as tapé ça. – Tapé quoi ? Tapé ce passage. Nous sommes deux, ici. Toi et moi. Alors, c'est qui ? Ta Remington, peut-être ? – Possible. Possible que ce soit ma Remington, Bouba. N'oublie pas que c'est une machine qui a appartenu à Chester Himes. – T'as besoin de repos, Vieux. (Laferrière 1985, 109–110)

Si, pour les peintres primitifs, l'œuvre d'art est le fruit d'une inspiration divine, Vieux écrit son livre sur le mode médiumnique, et ce à la faveur d'un rêve où les monstres sacrés de la littérature mondiale que sont, pour lui à cette époque, Miller, Cendrars et Bukowski se sont mêlés à l'acte de création, l'esprit de Chester Himes ayant servi de dactylo. Certes, Vieux n'est pas dupe face à l'argument commercial de celui qui lui a vendu sa Remington 22, s'il n'a pas tenu à l'attribuer lui-même à Himes pour les besoins du récit, voire de la mythologisation. Le roman que Vieux rêve d'écrire est de fait destiné à naître sous le signe de la génialité du père, qu'un fou qui ne l'apostrophe pas pour rien dans *Le Cri des oiseaux fous* (2002) en raison de sa ressemblance avec Windsor K., décrit comme « un homme exceptionnel » parce qu'il « gardait contact avec les deux mondes » (*Le Cri des oiseaux fous* 162). Alors qu'il se trouvait en prison avec lui et un autre détenu qui « disait tout le temps qu'il pouvait quitter la cellule quand il le voulait » (161), le fou a manqué l'occasion de s'évader pour ne pas y avoir cru. Le détenu en question « n'arrêtait pas de répéter qu'il suffisait que je le croie pour qu'on parte ensemble. J'ai compris que, pour que son truc marche, il lui fallait un croyant. Il a dit la même chose à ton père qui, lui, a immédiatement marché » (161). Le détenu qui proposait une évasion, aurait dessiné un bateau sur le mur et y aurait mis le pied gauche ainsi que Windsor K., disparaissant aussitôt de la cellule. Désappointé pour ce qu'il a alors pris, de sa part, pour un complexe de saint Thomas, le codétenu devient ensuite crédule au point d'être exploité par le premier venu. Pour sortir de ce qu'il appelle « le labyrinthe du temps » (162) où il est depuis lors enfermé en échange de la cellule dont on l'a entre-temps congédié, le fou aimerait retrouver celui qu'il avait pris pour un fou et qui ne l'était vraisemblablement pas. Plus encore que ce dernier, il aimerait revoir l'homme qui a eu le don de croire à l'évasion par l'imaginaire (au croquis sur le mur) : Windsor K.

L'écriture automatique

Hypnose ? Hallucination ? Les deux évadés n'ont pas pour rien mis le pied gauche dans l'ombre d'un bateau pour *lot bod lo* dont rêvèrent des générations de victimes de la Traite et des plantations enfermées sur l'île de Saint-Domingue. Vieux Os, à la veille de sa propre traversée de l'Océan, s'intéresse, pour l'heure, à la question de savoir avec quels mondes le père avait gardé le contact. Et le fou de lui répondre : « Le monde de la raison, de la logique, et celui du surnaturel, de l'invisible. Très peu de gens ont accès à deux mondes parallèles en même temps. Généralement, on finit par faire un choix » (163). Le problème du fou étant qu'il ne sait pas dans lequel des deux il vit. Était-ce aussi devenu celui du père à New York ? La mère juge, à son accent comme à celui du fils, qu'il est devenu « étrange » (*Le Cri des oiseaux fous* 346) :

> J'ai appelé ma mère vers six heures du matin, pour lui annoncer la nouvelle de la mort de l'homme de sa vie. Elle a simplement remarqué que j'avais une voix étrange. – C'est l'émotion, maman. – Non... On dirait que tu as déjà pris un accent, m'a-t-elle dit doucement avant de raccrocher. La mort de mon père. La douleur de ma mère. L'accent de l'exil. Ma vie d'homme commence. (346)

L'accent de Vieux Os, en exil à Montréal depuis huit ans, rappelle, à la mère, celui d'un homme, Windsor K., peu à peu possédé par d'autres esprits : « – Qu'est-ce qui se passe quand on vit dans plusieurs temps à la fois ? » demande Vieux Os au fou qui a reconnu en lui Windsor K. Ce qu'on devient ? Eh bien, on devient ce fou furieux qui vous traite de zombi et vous refuse en hurlant l'accès de sa chambre minuscule à Brooklyn : « Regard furieux. – Fou... On devient fou. Comme moi. Sa réponse m'atteint en pleine poitrine avec la violence d'une balle tirée à bout portant » (158). Contrairement au récit qu'il en fait dans *L'Énigme du retour* (2009), il convient de préciser que l'annonce à la mère de la mort du père s'est faite au téléphone et non lors d'un retour en Haïti. C'est aussi au téléphone que le couple s'entretenait le dimanche, en laissant à l'enfant l'impression d'assister, en tierce position, à des échanges amoureux dont la mère sortait possédée tantôt par l'esprit bénéfique du mari aimé, tantôt par les esprits maléfiques qui habitaient celui-ci dans sa solitude à New York. Quand, dans *Comment faire l'amour avec un nègre sans se fatiguer*, Miz Littérature plaisante sur la génialité de Vieux : « – Tu es pauvre, Nègre et génial, c'est bien ça ? » (97), il ne lui répond pas pour rien qu'il échangerait volontiers sa position avec elle, riche héritière et étudiante de McGill : « – Qu'est-ce que j'ai contre les riches ? Eh bien, je crève de jalousie, je meurs d'envie. Je veux être riche et célèbre »

(*Comment faire l'amour avec un nègre sans se fatiguer* 97). Il faudra que la génialité du père s'accompagne d'un succès que celui-ci avait connu très tôt, mais dont Duvalier l'avait privé en le dépossédant de sa famille, de sa position sociale et de ses rêves.

Windsor K., qui avait sur lui, pour quelque mystérieuse raison, le numéro de téléphone, à Montréal, d'un fils tenu pour mort-vivant (zombi)[281], espérait-il établir une transcommunication avec lui ? Les tentatives paternelles auraient-elles échappé au fils, trop incrédule à l'époque pour croire qu'il suffit de mettre le pied gauche dans le dessin d'un bateau pour revenir à la vie ? Pour Da et pour les gens de Petit-Goâve, les revenants sont une réalité, ainsi que l'illustre le dialogue suivant entre Da et Rodriguez :

– Qu'est-ce qu'il y a ? Vous ne semblez pas dans votre assiette, Da. – C'est qu'il vient de m'arriver quelque chose d'étrange… J'ai vu un homme qui m'a semblé plus jeune que quand je l'ai connu, il y a vingt ans. – Cela arrive, Da. – Quand je dis plus jeune, Rodriguez, je veux vraiment dire plus jeune. – C'était qui ? – Nabuchodonosor, je ne sais pas si tu le connais. – Le fils de Jonas, bien sûr que je le connais ! Le problème, Da, c'est qu'il est mort depuis vingt ans. – C'est ce que je me disais, dit simplement Da. – Alors, je ne sais pas qui vous avez rencontré, Da ? – Un esprit. – C'est assez courant dans la région, Da… (*Le Charme des après-midi sans fin* 226–227)

Le temps serait donc bel et bien réversible : « [...] remontons le temps (j'adore cette facilité de parole », écrit l'auteur de *L'Art presque perdu de ne rien faire* (2014) (Laferrière 2014, 241). Il suffirait de changer de couloir pour laisser revenir « ce temps fluide fait des émerveillements de la vie » (*L'Art presque perdu de ne rien faire* 29) :

[...] la première fois qu'on a vu la mer, la lune ou le vaste ciel étoilé, la naissance du désir, le voyage en rêve, un cheval au galop, une libellule au vol soyeux, l'odeur de la terre après une brève pluie tropicale, le premier visage aimé qui ne soit pas celui de la mère, un cerf-volant dont on ne voit plus le fil, les grands yeux noirs d'une petite fille en robe jaune, un après-midi sans fin passé à pêcher des écrevisses avec ses cousins, l'odeur du maïs boucané au début des grandes vacances, un vélo rouge appuyé contre un mur, une nuit à grelotter de fièvre sous les draps parce qu'on pense trop à la petite voisine,

---

[281] « Je ne savais pas que mon père était malade, et je n'imaginais pas non plus qu'il avait mon numéro de téléphone. Je suis allé voir mon père une fois, à New York, mais il ne m'a pas ouvert sa porte. Il affirmait qu'il n'avait pas d'enfant puisque Duvalier a fait de tous les Haïtiens des zombies » (*Le Cri des oiseaux fous* 345).

et cette joie si intense de la revoir au matin qu'on a mal au côté gauche. C'est la nostalgie de ces moments éblouissants qui crée en nous cette tristesse que nous gardons, au fond de notre poche, comme une pépite. (29-30)

L'émerveillement tiendra aussi, en 1985, à la découverte qu'il est possible de répéter, en littérature, l'exploit d'Hector Hyppolite en peinture, son succès ainsi que l'ébahissement de l'intelligentsia française incarnée à l'époque par Breton, lorsqu'il découvrit ses toiles lors de son passage en Haïti en 1945. Hyppolite disait en effet avoir d'abord été l'instrument des loas et avoir ensuite obtenu de ceux-ci l'autorisation de peindre en son nom propre, au point que « l'indéfinissable atmosphère poétique » (Sheldon Williams)[282] baignant son œuvre malgré la gaucherie de certaines toiles effectuées à la hâte, serait regardée en 1973 par Pierre Apraxine, curator mythique de la collection Gilman, entre-temps vendue au Metropolitan Museum of Art de New York, comme le fruit d'une inspiration supérieure : « La personnalité d'Hyppolite du point de vue psychique, ses pouvoirs médiumniques autant que ses relations étroites avec le monde surnaturel, expliquent le climat spirituel qui imprègne chacune de ses peintures » (*Haitian Painting : The Naive Tradition* 35)[283]. C'est pour lui un artiste inspiré : « [...] le sujet de ses toiles dépasse l'interprétation littérale pour se donner des implications mystiques » (35) qui présente l'intérêt, pour Vieux influencé par son colocataire lecteur du Coran et de Freud, d'avoir été perçu en si haut lieu comme un artiste alliant psychanalyse et spiritualité au nom d'une mémoire raciale : « À cause de ses qualités médiumniques, plus qu'aucun autre peintre haïtien, Hyppolite a pu lier ses images aux courants profonds de l'inconscient. Ses peintures renvoient aux notions de mémoire raciale – il est probable qu'il n'ait jamais mis les pieds en Afrique – de d'inconscien[t] collecti[f] » (35)[284]. C'est ainsi que, lors de son séjour en Haïti en 1975, Malraux percevra aussi l'œuvre du fondateur de l'école de Saint-Soleil, le peintre

---

[282] Cf. Michel Philippe Lerebours, *Haïti et ses peintres, de 1804 à 1980. Souffrances & espoirs d'un peuple*, tome I (1989), p. 309-316.

[283] Citation mise en évidence par Lerebours, *ibid.*, p. 310.

[284] Avis pleinement partagé, en 1989, par Lerebours : « Tout ceci est vrai et important. La lumière qui émane de plusieurs de ses personnages ou qui leur font un halo, dit assez les liens étroits qu'Hyppolite établit entre notre monde et le monde supra-naturel » (*Haïti et ses peintres* 310). Il rappelle, en effet, que « [Hyppolite] se voulait lui-même en contact permanent avec les esprits (loas protecteurs, âmes des défunts) qui lui prédisaient l'avenir ou lui inspiraient ses œuvres. Il était prêtre vaudou donc détenteur d'un pouvoir surnaturel » (310).

Tiga (*alias* Jean-Claude Garoute), contemporain de Dany Laferrière, dont Lerebours explique qu'il entendait « reprendre l'art haïtien à la base et le reconsidérer à la lumière des "principes cosmiques du vaudou" » (Lerebours I, 216). On reviendra sur le 'goût du cosmos' qui, pour Dany Laferrière, préserve les artistes haïtiens d'une réduction à un folkore local en les reliant à l'imaginaire japonais. Soulignons, pour l'heure, que le voyage de Malraux en Haïti a lieu un an avant le départ pour Montréal de celui qui travaillait comme chroniqueur culturel auprès du *Petit Samedi Soir* et qu'il l'a brièvement rencontré à cette occasion : « J'ai croisé Malraux à Port-au-Prince en 1975. J'avais 22 ans. […] Il est accueilli par de jeunes peintres. […] J'étais présent car je travaillais pour un hebdomadaire culturel et politique et que j'avais écrit le premier article sur Saint-Soleil » (*Autoportrait de Paris* avec chat 103–106). En 1985, il peut avoir lu, dans *L'intemporel. La métamorphose des dieux* (1976), l'avis de Malraux qui, on l'a vu, regardait les artistes de Saint-Soleil, non pas comme les messagers d'une religion, mais comme les interprètes d'un surnaturel auquel se ramenait selon lui le vaudou.

Si, dix ans plus tard à Montréal, Dany Laferrière dote son narrateur d'une disposition à vivre la même expérience dans l'écriture, c'est, cette fois, à la faveur d'un assoupissement propice à l'irruption de l'inconscient. En 2013, le phénomène est clairement ramené à sa dimension profane, voire à l'opération d'accouchement (maïeutique) rendue par l'expression française 'coucher sur le papier' : « Je tournais en rond dans la chambre, comme hypnotisé par la machine à écrire qui semblait me faire toutes les promesses du monde. Je savais qu'elle gardait dans son ventre toutes les phrases de mon roman. Je devais les extirper une à une » (*Journal d'un écrivain en pyjama* 15–16). L'œuvre aura consisté en un assemblage de lettres de l'alphabet gravitant autour de l'accouché : « C'est moi ce long roman qui se décline en plusieurs séquences. Dans mon cas c'est un monologue qui dure depuis près de trente ans. Pendant toutes ces années, j'ai joué à mettre ensemble ces vingt-six lettres de l'alphabet afin d'exprimer le plus nettement possible ma vision des choses » (33). Loin donc de coïncider avec la vie de l'auteur : « Je dois préciser que ce moi n'a rien à voir avec l'autofiction. C'est le berger avec son chien (le dictionnaire) » (33), la constante discursive va et vient entre le visible et l'invisible, entre le pays des vivants et celui des morts, avec l'aisance du peintre naïf (Malraux), que Dany Laferrière préfère pour sa part appeler primitif au sens où ses œuvres ne présentent « en fin de compte […] aucune naïveté [et] mériteraient qu'on les observe du point de vue de l'artiste qui les a conçues, et non d'un critique occidental qui les examine comme s'il ne pouvait exister qu'une seule façon de regarder l'univers » (43). Le surnaturel et la magie où s'aventure le réalisme magique relèvent, pareillement, d'un abus de langage dont il convenait de se débarrasser dans l'approche des textes de Dany Laferrière. Le flottement du réel et la question de l'au-delà se posant chez lui à l'aune de la poésie et de ses interrogations universelles : « Qu'est-ce qu'un pur esprit ? » demande le frère Hervé. « J'ai envie de répondre : l'oiseau qui vole » (*L'Odeur du café* 203).

Conclusion

Dans *Pays sans chapeau* (1999), le professeur J.-B. Romain aimait à préciser, parlant de l'au-delà avec Vieux Os : « Remarquez, je ne dis pas là-haut, là-haut est une vision erronée de l'autre monde que le christianisme a contribué à populariser » (Laferrière 1999 267–268). Vieux Os n'y a pas moins recours après que Lisa lui a révélé qu'elle était *folle* de lui, autrefois, et qu'*il ne la regardait jamais :* « Quelqu'un, là-haut, s'est moqué de nous. Mais pourquoi ? Seigneur, pourquoi à seize ans tu ne m'as pas donné Lisa ? » (181). Quand il se rebelle contre l'injustice divine, c'est bel et bien à la voûte céleste qu'il s'en prend : « J'ai la bouche amère rien que d'y penser. Une telle méchanceté est indigne d'un dieu ! Elle m'aimait. Je l'aimais. En quoi cela nuisait-il ? Si je continue, je vais me mettre à jurer. Je ne comprends pas. Je montre mon poing au ciel » (181). Si, pour sa part, tout persuadé qu'il soit de l'horizontalité du rapport entre l'ici-bas et l'autre monde, le professeur J.-B. Romain se tourne lui aussi vers le ciel : « – Je me rappelle, continue-t-il en levant les yeux vers le ciel, Dante parlant de Homère » (267), c'est parce qu'il cite un vers de *La Divine Comédie* : « À tire d'ailes vole Homère au-dessus de nos têtes » (267). Dans son commentaire, il en revient toutefois à une localisation entre un ici-bas et un là-bas aussi contingents l'un que l'autre, entretenant entre eux un rapport purement spéculaire : « Tout ça pour dire que les poètes disent souvent la stricte vérité. Quand le poète dit que l'homme se souvient des cieux, ce n'est pas une parole en l'air, il veut dire que si nous construisons des maisons ici, c'est parce qu'il y a des maisons là-bas d'où il vient. [...] » (267). L'allégorie platonicienne de la caverne n'est pas loin non plus, où Platon parle en substance d'hommes prisonniers d'une cavité où ils ne perçoivent que l'ombre des choses évoluant à l'extérieur. Quand l'un d'entre eux sort et reconnaît après maintes résistances que les ombres n'étaient pas la réalité mais seulement le reflet de celle-ci, il revient le dire aux prisonniers, qui refusent néanmoins de lui accorder le moindre crédit[285]. Toutes proportions

---

[285] Platon, *République*, Livre VII, 514 et suiv.

gardées[286], il n'est pas rare que les témoins de NDE soient reçus avec le même degré de scepticisme par leurs pairs. Or, lorsqu'il met sur le même plan l'ici bas et l'au-delà en leur attribuant une parfaite symétrie de comportements – on manifesterait son amour par des fleurs, on ferait l'amour et on serait jaloux, on s'attacherait aux choses –, ce n'est pas sur le mode de Platon et de la réminiscence qu'il semble à Vieux Os que le professeur J.-B. Romain s'exprime, mais sur *le ton du pasteur baptiste* : « Donc, cher ami... » (267). Et Vieux Os de s'étonner des « anathèmes » (268) lancés par le professeur contre le christianisme. Le dialogue s'inscrit dans le cadre d'une dialectique qui permet de placer face à face deux autres mondes : l'Occident judéo-chrétien qui a fait passer le vaudou pour une superstition, et l'univers du vaudou qui aurait besoin de la publicité des artistes et des écrivains *natif-natals* afin de trouver à son tour son heure de gloire.

Les deux mondes – qu'il s'agisse de l'ici-bas et de l'au-delà ou de l'Occident chrétien et de l'univers vaudou – sont envisagés par l'ethnologue haïtien selon un rapport spéculaire dépourvu des promesses d'*Alice*. Reconnaissant à l'ici-bas une transcendance dans la faculté qui est la sienne de le faire rêver et, déçu par un au-delà par trop contingent, Vieux Os se serait résigné à croire que les dieux vaudous n'évoluaient pas du bon côté de la glace, si une révélation ne s'était pas produite au moment où le professeur s'en est allé. Il croyait avoir affaire au scientifique, quand il s'aperçoit, au moment où il le quitte, que Damballah avait pris sa place pour lui signifier qu'il était à vrai dire en présence d'un trompe-l'œil : le savoir qu'il cherchait en Haïti sur l'au-delà n'était pas d'ordre cognitif, mais spirituel. Or, « Damballah le magnifique [...] toujours représenté par une couleuvre dans l'imagerie vaudouesque » (271) est également la bête qu'il avait trouvée en lieu et place de Vava, qui s'en trouve depuis lors béatifiée. Vava-couleuvre ne sera toutefois pas investie du Tout-Savoir que Dante prêtait à la divine Beatrice, lorsque, pour étayer les préjugés racistes de son temps, il lui faisait, par exemple, dire dans le Chant VII du *Paradis* que la punition infligée aux Hébreux se justifiait en raison de leur participation à la mise à mort de Jésus[287]. Ne possédant pas non plus les pouvoirs de séduction de l'Hélène d'Homère, c'est à son insu

---

[286] Il est clair qu'il en va, chez Platon, d'une réflexion sur la connaissance et que l'allégorie en question est au cœur, chez lui, d'une théorie des Idées ; elle est l'« image », comme l'explique Jaspers, « de notre condition humaine et interprétation de l'activité et de la connaissance que l'homme peut avoir dans cette situation » (*Les Grands Philosophes*, tome 2, p. 86).

[287] Dante Alighieri, *Divina Commedia, Paradiso VII*, p. 475, v. 45–51.

que Vava est au cœur d'une rivalité fantasmatique opposant/attachant Vieux Os à Rico et Frantz. La fillette figure ainsi à la fois la naïveté et la spiritualité de l'école anti-académique « Saint-Soleil » d'un Tiga, à la source du 'gai non-savoir' dont Dany Laferrière, qui aime faire l'éloge de l'ignorance, a fait son esthétique dans le champ littéraire : « L'ignorance, c'est un état de bonheur, c'est un état que je recherche » (« Le 9.5 reçoit Dany Laferrière » 03'19"). Se disant aux antipodes de l'essai, qui tend à éclairer, il cherche en effet ce qu'il y a d'obscur et ce qui, de cet obscur, résiste en tant que tel.

IIIe partie

La vie à l'œuvre. Une question de style

Ma vérité se trouve d'abord dans le style.
Dany Laferrière, *J'écris comme je vis* (2000), p. 179

Introduction

Dans *J'écris comme je vis* (2000), Dany Laferrière répond à Bernard Magnier, qui l'interroge sur ce que représente pour lui l'engagement dans une cause, qu'en la matière il a déjà fort à faire : « Pour ma part, j'ai déjà une cause. Elle occupe tout mon esprit. C'est le style. Ou plutôt parvenir à l'absence de tout style. Aucune trace. Que le lecteur oublie les mots pour voir les choses. Une prise directe avec la vie. […] Voilà ma cause. Ce genre de truc peut te bouffer toute une vie, tu sais » (Laferrière 2000, 44). Il précise aussi : « Je n'ai jamais pensé à l'art pour l'art. Je n'ai pas non plus pensé à l'art engagé » (112–113). Il n'a jamais connu non plus l'engagement politique dans un parti : « Connais pas » (118). Sa compréhension du politique est relative à la vie de la cité. Son livre le plus politique est, à ses yeux, *Le Goût des jeunes filles* (2005) « parce que la question se pose sur un plan privé comme sur un plan public. Le sexe dans un contexte de dictature » (118). Ce qu'il leur trouve d'intéressant, à ces jeunes filles, c'est que « […] leur combat n'est pas seulement contre la dictature mais contre tous ceux qui tentent de détruire la vie, qui vous font périr d'ennui, qui vous emmerdent, et cela de quelque bord qu'ils soient » (118). La morale, du reste, est la dernière chose à laquelle se soit jamais rapportée la censure en Haïti. « On n'a pas la notion de censure morale en Haïti. […] La censure est toujours politique chez nous » (51). Quant aux livres racistes, ils ne sont pas l'objet d'une censure officielle, mais d'un rejet spontané de la part des lecteurs haïtiens : « Les gens pensent que le raciste est un ennemi, et sur ce point je partage l'avis de mes compatriotes. Il n'y a aucune raison de lire des insultes » (51). Cela ne l'empêche cependant pas de lire les livres qui en contiennent, car il ne s'en remet qu'à sa propre expérience de lecture : « Je ne fais pas confiance aux gens quant à savoir si je dois lire un livre ou pas. Souvent ils confondent la critique négative avec le racisme » (51). La question est d'importance, car, ainsi qu'on le verra dans cette troisième partie, Dany Laferrière a pris la peine de parcourir des textes ambigus remontant notamment auxdites Lumières. En fait partie le célèbre chapitre V du Livre XV de *L'Esprit des lois* (1748), face auquel il lui est arrivé d'opérer un revirement complet.

L'intéressent les écrivains qui « mêlent leur vie avec leur œuvre » (54). Si ce n'est pas le cas de Jorge Luis Borges qu'il admire au plus haut point « malgré ses défauts » (*Je suis fatigué* 164), c'est celui, par exemple, de Junichiro Tanizaki ou de Proust, qui font eux aussi partie de ses lectures. Or c'est bien ce qui manque en Haïti : « Pour les écrivains haïtiens, en général, l'art ne sert qu'à faire passer un message politique ou social » (64). Saint-Aude fait exception dans ce concert du 'nous' politisé, en prenant, comme le relève Stéphane Martelly, le risque du 'je'. Le pronom 'je' ne revient pas pour rien dans quatre titres de Dany Laferrière : *Je suis fatigué* (2005), *J'écris comme je vis* (2000), *Je suis fou de Vava* (2006) et *Je suis un écrivain japonais* (2008). L'écrivain opte également pour le français, langue de scolarisation en situation diglossique, dont l'apprentissage lui a tout de suite paru douteux : « Il me fallait connaître le français si j'espérais être traité comme un être humain, car ceux qui parlaient uniquement le créole étaient perçus comme des sauvages » (*Je suis fatigué* 128). Après avoir réfuté les arguments des adultes qui faisaient de la langue française un outil de communication avec le monde ainsi qu'une « langue de civilisation » (129), l'enfant s'est retrouvé dos au mur : « La conclusion semblait simple : j'avais le choix entre rester un petit sauvage créole ou devenir un être civilisé » (129)[288]. L'imposition du français gardera un arrière-goût de barbarie, qui n'encouragera pas l'écrivain, de toute façon rétif aux étiquettes aussi bien qu'aux empires de tous bords, à apprécier qu'on le qualifie de francophone : « Poser un tel fusil contre la tempe d'un enfant de quatre ans ne me semble pas aujourd'hui un acte vraiment civilisé » (129)[289]. À l'opposé de son ami journaliste Gasner Raymond, que « la moindre erreur du typographe dans son texte [...] mettait hors de lui » (*Un art de vivre par temps de catastrophe* 29), Dany Laferrière laisse apparaître dans son œuvre des 'fautes de français' lui permettant de gauchir son style et d'adoucir, par là, les rigueurs du Surmoi linguistique

---

[288] « On me faisait voir qu'en parlant français j'aurais la possibilité de converser avec des gens venant de presque tous les pays du monde. Et si je ne voulais pas leur parler ? On m'expliquait alors que la très grande majorité des livres, et même ceux qui racontaient mon univers haïtien, étaient écrits en français, et qu'en fin de compte c'était cela une langue de civilisation » (128–129).

[289] À la question que Ghila Sroka lui pose en 1999 pour « La Tribune juive » de savoir ce qu'évoque pour lui « le mot même, la notion même de "francophonie" », Dany Laferrière répond : « [O]n a l'impression que la France est en train de se constituer un empire. On a vu les Américains qui se sont bien installés dans le monde, et maintenant ce serait au tour de la France de s'organiser. » (« De la Francophonie et d'autres considérations… »).

qui hantait Gasner Raymond à l'instar de ses compatriotes : « Des discussions sans fin à propos du style – il en était obsédé » (29). Chez Dany Laferrière, il sera certes question d'adopter la nouvelle langue, mais il restera exclu de témoigner d'une allégeance inconditionnelle au bel usage (de la cour du roi de France), l'idéal étant d'aboutir à une absence de toute trace de style[290].

Sa vérité est dans l'écart qu'il maintient vis-à-vis d'une langue d'adoption dont il refuse de se faire le disciple inconditionnel, ce parfait zombi haïtien dont rêvait Napoléon avant de donner l'ordre, à ses hommes dépassés par la détermination d'une armée d'affranchis luttant contre le rétablissement de l'esclavage, de *les tuer tous*. Dany Laferrière aime à souligner que l'Empire fut précédé d'une promesse révolutionnaire d'amélioration pour les populations réduites en esclavage et rappelle que Choderlos de Laclos fit le portrait, à deux doigts de la Révolution, d'une aristocratie gavée de 'Raison', qui ne voyait pas venir, à ses dépens, le désastre qu'elle tolérait et favorisait même dans ses colonies. On peut dire ainsi qu'elle fut aveugle sur le 'micro-génocide' dont elle était sur le point de pâtir, pour l'avoir été tout ce temps-là face au 'génocide utilitariste' (Sala-Molins) qu'elle perpétrait *ante letteram* dans les colonies françaises d'Amérique.

---

[290] Comme il le dit dans le discours qu'il a tenu le jour de son adoubement par Jean d'Ormesson, il a aussi retenu la leçon de Lucien Montas, le directeur du *Nouvelliste* qui publia ses premiers papiers : « Leur première qualité c'est d'être bref, m'a-t-il dit » (« Le discours de Dany Laferrière avant de recevoir son épée d'académicien »).

Chapitre I –
La considération

Weaving his way like an inspired drunkard, the writer tells his tale, lives and breathes, is honored or dishonored. What a role ! Jesus protect us ![291]
Henry Miller, *Nexus* (1959), p. 138

Introduction

L'accession de Dany Laferrière au rang des Immortels, scellée par un important discours de réception le 28 mai 2015, a soulevé l'enthousiasme. Au-delà de l'éloge traditionnel dû au prédécesseur, feu l'écrivain Hector Bianciotti qui lui cédait sa place au fauteuil n° 2, il a rendu hommage au dieu des écrivains, le loa Legba, et à trois autres prédécesseurs, Montesquieu dont il a salué l'esprit critique en matière d'esclavagisme, François-Jean de Beauvoir, marquis de Chastellux, ami de Voltaire qui participa à la guerre d'indépendance américaine, et l'auteur de *La Dame aux camélias* (1848), Alexandre Dumas *jr*. Il a aussi été question de Borges et d'autres écrivains comme Depestre, Émile Ollivier, Césaire ou Senghor, de Garcia Márquez, de Gaston Miron et de son poème « Compagnon des Amériques » ou encore – autour de Bianciotti – de Valéry, Victoria Ocampo, Alberto Savinio, Tommaso di Lampedusa, Casares, Octavio Paz, Ernesto Sabato ainsi que Rilke. L'histoire était également au rendez-vous, Saint-Domingue et les crimes de Rochambeau *jr*, « qui fit venir de Cuba des chiens pour chasser les esclaves en fuite » (Laferrière 28 mai 2015), la défaite de l'armée napoléonienne à Vertières,

---

[291] « Frayant son chemin comme un ivrogne inspiré, l'écrivain fait son récit, vit et respire, est honoré ou déshonoré. Quel rôle ! Jésus, protégez-nous ! » (c'est moi qui traduis).

Bolívar mais aussi l'agression américaine en 1915, contre laquelle le poète haïtien Edmond Laforest protesta en se jetant dans sa piscine avec un dictionnaire Larousse au cou. Un suicide qui illustre par ailleurs la puissance symbolique du français en Haïti. Comme Dany Laferrière l'énonce, « après une effroyable guerre coloniale on a mis la France esclavagiste d'alors à la porte tout en gardant sa langue. Ces guerriers n'avaient rien contre une langue qui parlait parfois de révolution, souvent de liberté » (« Discours de M. Dany Laferrière »). De son côté, la secrétaire générale de la Francophonie, Michaëlle Jean, a félicité le nouvel élu et, avec lui, « l'ouverture voulue par l'Académie française à des personnalités représentatives de tous les horizons de l'espace francophone » (Michaëlle Jean 28 mai 2015). Elle rappelle aussitôt que « cette ouverture au monde, salutaire, est inscrite dans l'évolution même de notre langue commune qui se nourrit, jour après jour, de la diversité des peuples qui la parlent, la cultivent et assurent son avenir » (Michaëlle Jean 28 mai 2015). Mais qu'en est-il, plus précisément, de l'héritage de la vénérable institution du Quai Conti, dont Bernard Pivot disait, le lendemain sur les ondes de Radio-Canada, qu'elle avait évolué[292] ?

L'intronisation de Dany Laferrière est en effet l'occasion de se poser des questions sur le respect pluriséculaire d'un *bel usage* dicté au nom de l'Académie française par Vaugelas[293], qui renvoie ni plus ni moins à « celui de la Cour et des gens de qualité, fréquent[a]nt pour la plupart les salons parisiens et en particulier ceux de l'hôtel de Rambouillet » (Walter 1988, 100–101). La préciosité qui naquit ici eut beau être tournée en dérision par Molière[294], le français demeurerait marqué par le prestige que la marquise et ses habitués – dont Malherbe, Corneille, Madame de Lafayette, Madame de Sévigné et Vaugelas – lui conférèrent de 1607 à 1671 en matière de bon goût et de bienséance. Il en résulterait, pour les descendants de ladite communauté, des formations narcissiques inconscientes donnant lieu à d'éventuelles fixations phobiques et

---

[292] « L'intronisation de Dany Laferrière, qui n'est pas Français, mais dont "la patrie est la langue française", montre une certaine évolution de l'Académie française » (Bernard Pivot, entrevue du 29 mai 2015 à *24/60*).
[293] *Cf.* Claude Favre de Vaugelas, *Remarques sur la langue française utiles à ceux qui veulent bien parler et bien écrire* (1647 [rééd. 1981, p. 10, 19 et 33]).
[294] Ceci dit, c'était l'un des rares salons à placer les femmes au devant de la scène.

mégalomaniaques (Widlöcher)[295]. Celle-ci considérerait comme empruntées les manières des autres francophones au point de contourner aujourd'hui encore sa propre appartenance à la francophonie en se réservant l'usage exclusif de la qualification française. La difficulté tient à la reconnaissance de la jouissance de la langue au sens notarial, censée échapper aux locuteurs de l'ancien empire colonial français tout comme aux descendants des pionniers des terres d'Amérique du Nord, dont le parler, à l'origine déjà veiné de résonances normandes, bretonnes ou basques, n'a pas évolué selon les modes de l'Île-de-France. Une fixation phobique, observable au sein d'une bonne partie de la communauté francophone de France, accents, origines et usages confondus, tient bel et bien au besoin de se démarquer, au nom de ladite appartenance nationale française, de ce que *Le Dictionnaire de l'Académie française*, définit comme reconduisant à des *manières dépourvues d'aisance, de naturel, gauches, embarrassées*, celles-là mêmes que la compagnie entendit dès le départ éradiquer dans le Royaume.

L'objectif que s'était fixé l'Académie de préserver, en perpétuant le français du roi, la pureté et l'élégance du français ainsi que son aptitude à traiter des arts et des sciences, n'est pas non plus remis en cause à la Révolution. Celle-ci a certes apporté des changements en consacrant, par exemple, la victoire de la prononciation populaire en [wa] de la graphie [oi] – 'le roi c'est moi' prononcé 'le *rwè* c'est *mwè*' à la Cour se dira désormais 'le *rwa* c'est *mwa*' –, mais lorsqu'en 1794 l'Abbé Grégoire préconise à la Convention nationale l'usage d'une « langue unique et invariable » pour « une république une et indivisible » (« Notre langue et nos cœurs doivent être à l'unisson »), il n'a pas cessé, malgré les récentes visées égalitaires, d'être question du prestige que le français tire des manières de la Cour :

> Si notre idiome a reçu un tel accueil des tyrans et des cours, à qui la France monarchique donnait des théâtres, des pompons, des modes et des manières, quel accueil ne doit-il pas se promettre de la part des peuples à qui la France républicaine révèle leurs droits en leur ouvrant la route de la liberté. (Abbé Grégoire 1794)

---

[295] *Cf.* Daniel Widlöcher (dir.), *Traité de psychopathologie* (1994), p. 435 : « fixation narcissique à des représentations de soi dans une relation phobique d'objet dans l'hystérie, formation mégalomaniaque et sadique dans la névrose obsessionnelle ».

Bien que prônant l'usage de ladite *langue de la liberté*, le mythe fondateur de la République française perpétue malgré lui des maniérismes monarchiques et des emphases comme celles que, dans *L'Intention poétique* (1969), Édouard Glissant relève *chez certains Français* dans l'usage du mot 'soleil' après Louis XIV. Le mimétisme colonial restera à la source d'autant plus de comportements en trompe-l'œil, que le français continuera de faire office de marqueur social aux Antilles françaises notamment. Or Dany Laferrière indique précisément, dans l'émission « Internationales » du 24 mai 2015, que le problème ne se pose pas en Haïti comme c'est le cas en revanche en Martinique ou en Guadeloupe, deux îles n'ayant pas accédé à l'indépendance et où la situation, dit-il, frise le tragique. En résulte de fait, chez ces populations, un sentiment d'infériorité pointé par Césaire dans *Discours sur le colonialisme* (1950) ainsi qu'une névrose collective analysée dans sa portée linguistique et psychiatrique par Fanon dans *Peau noire, masque blanc* (1952), sur laquelle Glissant est revenu dans *Le Discours antillais* (1981).

Si la culture du *bel usage* n'a pas empêché la France de plonger dans l'abjection de la Traite – les tenants des Lumières s'étant ensuite confondus en raisonnements chargés de *double lien* (ironie) ou *double contrainte* (Watzlawicz)[296] –, Dany Laferrière est fier d'être devenu le *collègue* de Montesquieu et, tout en étant rétif à l'étiquette d'écrivain francophone, il ne pense pas que le français soit marqué par son histoire, le regardant, au contraire, comme ce que chaque locuteur et chaque écrivain en fera personnellement. En outre, il affirme que l'indépendance a permis de tourner la page : « En Haïti on n'a pas de névrose coloniale […] chacun dans les Caraïbes va chez son maître ; les Haïtiens vont partout » (*À voix nue* 5/5). Quant au créole, qui permettrait de faire à moins de la langue de l'ancien maître ainsi que besoin semble malgré tout en être aux yeux de certains Haïtiens, Dany Laferrière, dont le créole est la première langue, estime qu'il « n'offre pas suffisamment de lecteurs […] Pour l'instant, on a atteint le niveau pour les poètes mais pas encore pour le roman » (*À voix nue* 5/5). Précisons du reste que le créole, langue dans laquelle les tontons macoutes torturaient leurs prisonniers, ne peut

---

[296] *Cf.* Paul Watzlawick, Janet Helmick Beavin, Donald deAvila Jackson, *Une logique de la communication* (1972), p. 211–232 et p. 212 ; rappelons avec eux que « les effets du paradoxe dans l'interaction humaine ont été décrits pour la première fois par Bateson, Jackson, Haley et Weakland dans une communication intitulée "Vers une théorie de la schizophrénie", publiée en 1956 ».

se targuer plus que d'autres langues, dont le français, d'un dossier vierge. Ici, Dany Laferrière, qui combat l'attribution de toute valeur morale à une langue, m'a fait remarquer que s'il lui est arrivé de dire que les tontons macoutes de Duvalier torturaient en créole, cela n'avait pas été sans ajouter aussitôt que « c'est en français que les délateurs dénonçaient les Juifs sous l'Occupation allemande. Et la colonisation, c'était en français ; et la torture en Algérie, en français aussi ; l'Allemagne n'en parlons pas » (courriel du 24 janvier 2017). Par là, il fallait en tout cas entendre les gens parlant ces langues et non les langues en soi : « Bon, enfin il faut bien admettre que ce sont des gens qui parlent une langue et qu'il y a partout des bons et des mauvais » (courriel du 24 janvier 2017). En d'autres termes, le temps n'est plus à l'essentialisme. Il est clair qu'aucune langue ne peut se vanter de servir de garde-fou en matière de crime contre l'humanité et que les discours qui persistent aujourd'hui à faire passer le français pour la langue de la rationalité, relèvent de visions politiques impérialistes. Dans les rites de l'Académie française, Dany Laferrière reconnaît enfin la valeur symbolique de l'épée d'académicien que Louis XIII permettait à des civils de porter en sa présence, leur accordant symboliquement le droit de le haranguer et de ne pas être forcément d'accord pour entériner les choix linguistiques de la Cour.

La plume-épée

L'épée d'académicien de Dany Laferrière est une œuvre d'art. Comme le renseigne Arnaud Robert dans *Le Temps*, elle porte les insignes de la symbolique et du savoir-faire haïtiens : « Sur la poignée d'acier détrempé et de bois rare, le sculpteur Patrick Vilaire, 73 ans, spécialiste en céramologie et en énergies nouvelles, l'artiste caraïbe par excellence – c'est-à-dire toujours en déplacement – a gravé le symbole du dieu vaudou Legba » (« Legba, un dieu vaudou sur l'épée de Dany Laferrière » 29 mai 2015). Elle est ornée de Vèvès, ces formes mystérieuses qu'« en Haïti, les nuits de petite lune, les nuits d'avant la pluie, les initiés du vaudou tracent à même la terre d'une poudre farineuse » (Robert 29 mai 2015). Il s'agit d'un « quadrilatère de frises en croix, d'étoiles et de feuilles symétriques que l'on exécute toujours au début d'une cérémonie » (Robert 29 mai 2015). À propos de Legba, le journaliste précise que :

> Tout le Sud des États-Unis, toute la culture populaire américaine sont donc hantés par Legba, le Trickster, le « fripon divin » comme dit Jung,

le « décepteur » comme dit Lévi-Strauss, l'enfant espiègle lové à l'intérieur de l'académicien vénérable, pense Dany Laferrière. Un dieu africain qui a conquis l'Amérique, avec même quelque chose d'européen : le sociologue haïtien Laënnec Hurbon, grand spécialiste du vaudou, compare Legba à Prométhée, ce Titan qui a créé les hommes à partir de restes de boue minéralisée, qui a caché le feu du savoir divin dans une tige avant de le remettre aux hommes (le sculpteur Patrick Vilaire, c'est un détail, a caché une bulle d'encre dans son épée). Legba est donc ce dieu triangulaire, ce dieu des migrants, de l'impossible retour. Dans son discours d'académicien, Laferrière dit : « On ne retourne pas au point de départ car le mouvement est incessant. Ces écrivains de l'exil ont redonné un nouveau sens au mot voyage. » (Robert 29 mai 2015)

L'auteur des *Trois mousquetaires* (1844) a dû fêter l'événement dans sa tombe, cet auteur de cap et d'épées originaire d'Haïti, dont le fils, auteur d'une Miz aux camélias, siégea en ce même fauteuil n° 2 : « Les Dumas ont de profondes racines en Haïti puisque c'est une "négresse", selon l'appellation de l'époque, qui a donné naissance au général Dumas, le grand-père de notre confrère Alexandre Dumas fils » (« Discours de réception de M. Dany Laferrière à l'Académie française »). Dany Laferrière a tenu aussi à mettre en relief le fait qu'il portait le nom de la mère : « Je dois souligner que le nom Dumas ne vient pas du père, le marquis de La Pailleterie, mais de la mère, une jeune esclave du nom de Marie Louise Césette Dumas » (« Discours de réception »). L'appartenance à la lignée maternelle est porteuse non seulement de créativité, mais aussi d'un grand potentiel révolutionnaire, dont la réversibilité temporelle vient une nouvelle fois de marquer sa propre vie : « Ces Dumas ont le sang vif de ces mousquetaires qui osèrent affronter notre fondateur le cardinal Richelieu. Enfant, j'étais du côté de d'Artagnan, aujourd'hui je me range derrière le Cardinal. Le temps nous joue de ces tours » (« Discours de réception »).

La liesse fut générale. Côté Haïti, citons le « vibrant hommage » que le président de la République de l'époque Michel Martelly a rendu sur son blogue à l'écrivain Dany Laferrière, dont l'intronisation « constitue un motif de grande fierté pour le peuple haïtien dans son ensemble. C'est avant tout un honneur pour les Haïtiens, qui ont toujours honoré le savoir et l'esprit d'ouverture de ce grand auteur, digne fils de Petit-Goâve » (Martelly News – May 28 2015, 11:35). Le site *Haïti libre* le relaie, le lendemain, rapportant la « pluie de félicitations à l'académicien Dany Laferrière », provenant notamment de la ministre de la Culture Dithny Joan Raton ainsi que de la secrétaire générale de la Francophonie

La plume-épée

Michaëlle Jean, toutes deux présentes à l'événement. Pour la ministre de la Culture, qui a exprimé au nom de son pays la fierté du gouvernement haïtien « de voir un fils du terroir devenir un immortel » et souhaité voir « l'immortalité dont Dany Laferrière jouira rejaillir sur Haïti », l'intronisation de Dany Laferrière « projette une nouvelle image d'Haïti à l'extérieur ». Et la secrétaire générale de la Francophonie de saluer, après son prédécesseur Abdou Diouf, « le choix judicieux des Immortels, qui, après avoir voté en faveur de Dany Laferrière, l'accueillent aujourd'hui dans la plus prestigieuse institution dédiée à la langue française », un écrivain en qui elle voit « l'une des figures majeures de la Francophonie des Amériques » (« Haïti – Littérature : pluie de félicitations à l'académicien Dany Laferrière »). La photo que Valérie Marin La Meslée a publiée dans *Chérir Port-au-Prince* (2016), illustrant, le jour de son élection, la jubilation de l'écrivain et celle des jeunes Haïtiens qui l'entouraient devant le Centre culturel Fokal, montre par ailleurs le succès dont Dany Laferrière jouit dans son pays natal. Côté Canada, le Premier ministre Philippe Couillard en 2015 et autres hauts responsables et anciens ministres, qui assuraient la représentation du Québec sous la Coupole avec les amis de longue date de l'écrivain, ont à leur tour publié les éloges les plus vifs. Pauline Marois et Maka Kotto ont réagi par voie de communiqué. Pour celle qui occupait les fonctions de Première ministre du Québec en décembre 2013, « l'œuvre de M. Laferrière fait honneur à la langue française. Il saura apporter à l'Académie française une contribuion exceptionnelle et y faire entendre une voix originale » (Radio-Canada 12 décembre 2013). Le ministre de la Culture éprouve à la même date « un mélange de fierté, d'admiration et de reconnaissance. C'est la littérature québécoise et la littérature haïtienne qui entrent avec [Dany Laferrière] à l'Académie française », et c'est « une grande nouvelle pour la culture québécoise » (Radio-Canada 12 décembre 2013). Il n'a pas manqué de recevoir les félicitations d'autres hautes personnalités politiques et académiques, tels que le président de la République française de l'époque François Hollande, qui l'a honoré de sa présence le jour de son intronisation, privilège que la tradition lui impose de réserver à un seul nouvel élu, et le secrétaire perpétuel de l'Académie royale de langue et littérature françaises de Belgique Jacques De Decker. Il en a été de même de la part de l'ami-éditeur et poète Rodney Saint-Éloi, des amis-écrivains, Louis-Philippe Dalembert, Alain Mabanckou, etc., ainsi que des admirateurs que l'écrivain, grand voyageur, compte dans le monde entier, qui ont exprimé, dans les réseaux sociaux, leur satisfaction de voir l'Académie française accueillir en son sein un grand écrivain et une personnalité aussi unique en son genre. On trouvera en annexe (3) quelques avis, recueillis à la veille et après l'élection de Dany Laferrière, donnant une idée du large assentiment dont il a joui par ailleurs en Haïti. On se référera aussi à la section aux résonances césairiennes « Montréal au bout du petit matin » d'*Autoportrait de Paris avec chat* (2018) où l'auteur rapporte, accompagnée d'un portrait, la réaction de Danielle Sauvage, ex-directrice du Conseil des Arts de Montréal : « Pour moi cet événement est très important et j'entends que Montréal y prenne part. Dany, depuis ton premier roman avec ce titre j'ai su qu'il allait se passer quelque chose d'inhabituel dans cette ville et je veux en faire partie. Je veux être au cœur de cette fièvre » (Laferrière 2018, 121). Si elle considère qu'il se passerait aussi un réveil dudit monde noir, il convient de souligner que Dany Laferrière a toutefois dégagé celui-ci de toute assignation à l'aide d'une série de portraits de couleur égale sous toutes les latitudes.

L'arrivée d'un confrère noir a-t-elle soulagé ou servi à réhabiliter certains membres et feus membres de l'Académie française dont Odile Tobner avait situé les inconvenances dans *Du racisme français* (2007) ? Il est possible que Senghor ait servi d'alibi et qu'il se soit prêté au jeu de l'estabishment français dès les années 1950 pour des questions de réalisme politique ou d'ambition personnelle. Ce qui est certain, c'est que son amour de la langue française le destinait à l'occupation d'un fauteuil à l'Académie. Pour sa part, Dany Laferrière n'a jamais aspiré à devenir président de la République d'Haïti et ne considère pas non plus la défense de la langue française exercée sous la Coupole comme une menace pour la langue – le créole – parlée par la majorité de la population de son pays natal. Personne ne l'empêchera non plus de considérer qu'« Haïti est là où on se sent haïtien » (*Tout bouge autour de moi* 155) et de juger que la scène littéraire n'est pas une tribune politique. La politique, s'il en est, devient chez lui symbolique. Un détail de la redingote confectionnée dans l'atelier montréalais Sartorialto, où elle a été conçue par Jean-Claude Poitras et réalisée par l'équipe de Marc-Patrick Chevalier, renvoie ainsi au héros de l'indépendance Toussaint Louverture. Il s'agit du col officier qu'il a voulu tout spécialement et qui signale rien moins que l'acte manqué de Bonaparte, autour duquel il imagine en 2015 un scénario réconciliateur où Toussaint et Napoléon, ayant eu le loisir de se donner la main, rient de bon cœur à l'évocation

La plume-épée

d'un jeu de l'enfance[297]. Dans sa réponse au discours de réception de Dany Laferrière, Amin Maalouf ne renvoie pas pour rien à un accord manqué entre les deux hommes : « Napoléon exprimera, dans le *Mémorial de Sainte-Hélène*, son remords pour la manière dont il avait agi. "C'était une grande faute que d'avoir voulu soumettre cette colonie par la force ; je devais me contenter de la gouverner par l'intermédiaire de Toussaint…" » (Maalouf 28 mai 2015). En voulant rétablir l'esclavage, et faute de rencontrer son opposant, le consul, futur empereur, causa la révolution qui aboutirait à la proclamation de la République d'Haïti. Comme Toussaint Louverture (*alias* Toussaint Breda) qui sut choisir et envisager les alliances nécessaires à l'avancement de son projet de libération des esclaves de Saint-Domingue[298], Dany Laferrière fait la différence, en France comme ailleurs, entre alliés et ennemis de la liberté. La sienne, selon la formule qui avait fait recette en 1985 et qu'il reproposerait en 2004 dans le film *Comment conquérir l'Amérique en une nuit*, consistait en tant qu'"immigré noir' à conquérir la 'femme blonde' symbolisant l'Amérique. Que l'enfant *bercé comme il le fut en Haïti par les guerres de libération* ait fini par la trouver à l'endroit de l'Académie française[299] fondée par Richelieu, prouve bien que la liberté de l'individu est aussi fonction de ses capacités de résilience.

L'écrivain n'en est pas moins fatigué. Il l'avait déjà signalé en 2001[300] et n'aura de cesse de développer de nouvelles stratégies en la matière[301]. C'est que la résilience comprend, tout comme la sublimation, à la fois le refoulement et l'échec de celui-ci. Dans ses recherches sur la résilience,

---

[297] « 59 Toussaint : Cette poignée de main valait ce long voyage depuis l'Afrique… J'ai des contacts en Amérique, et vous connaissez quelques rois et princes en Europe… Si on mettait nos billes ensemble… / 60 Bonaparte (riant) : Vous me rappelez que j'ai beaucoup joué aux billes dans mon enfance. / 61 Les deux hommes riaient encore quand le ministre de la Marine pénétra dans le bureau » (« La poignée de main » 133).

[298] *Cf.* « L'ascension de Toussaint Louverture (1794–1798) » par Jacques Adélaïde-Merlande (1992).

[299] « Ma blonde, c'est l'Académie française », déclarait Dany Laferrière le 9 juin 2018 au public du Wolfskino de Berlin-Neukölln qui venait de voir son film « Comment conquérir l'Amérique en une nuit » (2004).

[300] Dans son livre précisément intitulé *Je suis fatigué*.

[301] Cf. Bernadette Desorbay « Stratégies de la résilience. Jean Bofane et Dany Laferrière face aux avatars de la modernité », dans Marc Quaghebeur (dir.), *Résilience et modernité dans les littératures francophones*, Bruxelles, PIE Peter Lang, coll. « Documents pour l'Histoire des Francophonies », Bruxelles, PIE Peter lang.

Boris Cyrulnik relève que le psychiatre et psychanalyste John Bowlby « parlait d'"adaptétude" comme Senghor parlait de "négritude", en entendant par là la condition d'un Noir qui, pour vivre psychiquement, doit s'adapter aux idées que les autres se font du fait d'être noir » (Cyrulnik 2006, 16). Ce qui compose le monde psychique, ce sont les « transactions incessantes toujours négociables, entre ce que pense le sujet et ce que son entourage pense de lui » (16), au nombre desquelles figure la bouffonnerie : « Moi, on m'a aidé parce que je passais mon temps à faire le pitre », confie Cyrulnik, un rescapé des razzias antisémites (« Entretien avec Jean-François Duval » 3 janvier 2001). Dany Laferrière a souvent eu recours, en Amérique du Nord, au procédé de l'humour. Denise Bombardier le lui reconnaissait dès leur entretien à Radio Canada à la sortie de *Comment faire l'amour avec un nègre sans se fatiguer* (1985) : « C'est tellement fait avec humour, vous savez, avec l'humour on pardonne beaucoup de choses » (« Le fantasme selon Dany Laferrière » 03'10"-03'14"), relève-t-elle. Et lui de répondre : « Oui ! parce qu'il y a beaucoup de tendresse dans l'humour. Dès que l'humour arrive, ça veut dire que ce que vous lisez là, il y a quelque chose qui est une distance dans ce qui est un petit désespoir secret de celui qui tient, qui parle avec cet humour-là. C'est un regard toujours tendre, l'humour » (03'15"-03'31"). Le rire, hérité d'une enfance et d'une adolescence protégées des réalités duvaliéristes par un cordon (ombilical) de femmes, n'empêche pas le surgissement, face aux réalités ouvrières[302] et racistes nord-américaines, d'une *dérive – dérire* – que pointe l'adverbe 'tellement' ; motif qui réapparaîtra, accompagné de la tendresse annoncée, dans le titre d'un autre roman sur ses débuts à Montréal, *Chronique de la dérive douce* (1994). La dérive était-elle destinée à prendre fin sous la Coupole ? Depuis son intronisation, l'écrivain pourrait désormais compter sur une filiation littéraire – à travers le fauteuil n° 2 jadis occupé par Montesquieu et par Dumas –, le dispensant théoriquement des transactions de survie psychique dont parle Cyrulnik en rapport avec la négritude de Senghor. Cette position ou nouvelle 'posture de l'écrivain' promettait en somme une épargne d'énergie. Or la sublimation, versant actif de la résilience, jusque-là assurée par la création littéraire allait faire reculer l'écrivain.

L'épuisement réapparaît en effet alors qu'il travaille sur un tapuscrit de 600 pages proche du registre de *Journal d'un écrivain en pyjama*

---

[302] Rappelons que Dany Laferrière a travaillé à l'usine à Montréal avant de percer sur la scène littéraire.

(2013) et de *L'art perdu de ne rien faire* (2014). Il décide pour cette raison de se réfugier dans un projet *Autoportrait de Paris avec chat* (2018) dont le dernier chapitre, « Comment faire ce qu'on ne sait pas faire », indique qu'il repousse ce qui risquait de répondre désormais à une recette : « Tout mon mérite vient du fait que peu de gens qui dessinent aussi mal que moi ont osé faire un livre de ce genre. De quel genre est celui-ci ? Je ne saurais le dire, mais je ne me suis jamais senti aussi libre de ma vie d'écrivain » (Laferrière 2018, 307). Il entend par là que ce livre de 320 pages, comptant 1200 dessins et une multitude de capsules et textes brefs, lui a permis d'échapper à l'attente rhétorique qui pesait sur lui depuis son entrée à l'Académie française : « L'autre jour, au métro, quelqu'un m'a apostrophé ainsi : "Tu vas nous faire un grand livre d'académicien, j'espère." Au lieu de cela, je recule, ici, jusqu'à l'enfance de l'art » (314). Il a aussi fallu le convaincre d'arrêter. Proche de l'idée borgésienne de « créer l'infini le plus court possible » (*Le livre de sable* 85), il a toujours écrit des livres courts, quitte à les étoffer lors de rééditions successives. Cette fois, il était parti pour goûter indéfiniment à la liberté que le dessin et l'écriture à la main lui accordaient par rapport à cette langue qu'on attendait de lui en tant qu'Académicien. Son désir de se remettre en jeu va de pair avec ce recul pris par rapport à la langue que Barthes qualifiait de 'fasciste', au sens où « le fascisme, ce n'est pas d'empêcher de dire, c'est d'obliger à dire »[303], car « dès qu'elle est proférée, fût-ce dans l'intimité la plus profonde du sujet, elle entre au service d'un pouvoir » (« Leçon inaugurale »). Et cela ne tient pas qu'à l'éloge du prédécesseur que tout nouveau membre est tenu de faire dans son discours d'intronisation à l'Académie. Après que celui d'Hector Bianciotti ne lui a pas donné de fil à retordre, Dany Laferrière a ressenti la nécessité de changer de discours en publiant en 2018 un livre fait à la main. Il ne s'agit pas là d'une bouffonnerie de sa part, mais au contraire d'une véritable soif de liberté.

Dany Laferrière, il importe de le souligner dans un contexte où il a récolté un nombre aussi impressionnant d'adhésions à son élection à l'Académie française, n'a jamais été dupe du surmoi linguistique qui pèse sur tout Haïtien : « Dans ce pays, on tient la grammaire en haute estime. Un ministre peut perdre son poste à cause d'une faute de grammaire qui s'est glissée dans son discours » (*Le Cri des oiseaux fous* 89). Ce dont il se

---

[303] « La langue, comme performance de tout langage, n'est ni réactionnaire, ni progressiste ; elle est tout simplement : fasciste ; car le fascisme, ce n'est pas d'empêcher de dire, c'est d'obliger à dire » (Barthes 1977).

méfie néanmoins, c'est de *l'authenticité* visée par les défenseurs du créole. Leur discours est évoqué dans *Le Cri des oiseaux fous* (2002) : « On parle français pour faire savoir à notre vis-à-vis qu'on n'est pas n'importe qui. Maintenant, on veut autre chose d'une langue. Un rapport différent. Plus authentique » (Laferrière 2002, 38). Les amis du narrateur opposent à son désir de la langue de Musset, qu'« auparavant, le français ne servait qu'à bien montrer qu'on était allé à l'école, qu'on avait été formé par une culture universelle, qu'on était quelqu'un de civilisé. Maintenant, on veut autre chose. [...] On veut retrouver nos racines, notre culture et d'abord notre langue. C'est le début de ma génération » (38–39). Une langue n'empêchant pas l'autre, le créole intervient dans *Pays sans chapeau* (1999) ainsi que dans ses entretiens. Et s'il est vrai qu'il n'a jamais eu l'ambition de se faire le chantre ni de l'instauration d'un équi-bilinguisme en Haïti ni du projet altéritaire de la Négritude, il n'hésite pas, en revanche, à se prononcer sur une question qui a marqué Saint-Domingue, celle de l'esclavagisme. Il en est question dès son premier roman, qui s'ouvre sur une citation tirée du *Code Noir*, à trois cents ans de son instauration[304], et il n'est pas rare qu'il revienne sur la question dans ses entretiens. Le ton, toutefois, ne sera jamais militant mais, au contraire, riche en questionnements, voire en repositionnements. En offre un exemple l'évolution de sa perception de Montesquieu, qui occupa de 1728 à 1755 à l'Académie française le fauteuil n° 2 auquel il allait être lui-même élu le 12 décembre 2013.

Montesquieu

Lors de la Causerie qui s'est tenue au Café de DA de la bibliothèque d'Ahuntsic à Montréal le 25 février 2012, Dany Laferrière disait de Montesquieu qu'il avait contribué à dédouaner les négriers en persuadant l'opinion publique européenne que les peuples d'Afrique subsaharienne n'avaient pas d'âme : « Montesquieu l'a dit. Comment voulez-vous qu'une âme si blanche puisse se loger dans un corps aussi noir, disait Montesquieu » (« Dany Laferrière raconte l'histoire d'Haïti – causerie », 11:18–11:30). Dany Laferrière se réfère au passage de *L'Esprit des lois* (1748) de Montesquieu régulièrement proposé au baccalauréat en

---

[304] Ainsi que le relève Yves Chemla dans sa contribution à *Dany Laferrière : mythologies de l'écrivain, énergie du roman (2016)*, p. 130.

France dont, selon Gabriel Deeh Segallo, le futur écrivain Mongo Beti refusa pour sa part de disserter lorsqu'un professeur français du petit séminaire d'Akono[305] le lui soumit à l'examen de fin d'année alors qu'il n'avait que quatorze ans : « Ceux dont il s'agit sont noirs depuis les pieds jusqu'à la tête et ils ont le nez si écrasé qu'il est presque impossible de les plaindre. On ne peut se mettre dans l'esprit que Dieu qui est un être sage ait mis une âme, surtout une bonne âme dans un corps tout noir » (Montesquieu 1748, Livre XV, chapitre V)[306]. Interrogé le 27 novembre 2014 sur la réaction de l'auteur qu'il avait connu, Dany Laferrière m'a répondu que Mongo Beti, grand écrivain dont il a toujours apprécié la spontanéité, était aussi « un grand nerveux »[307] et que lui-même avait désormais pris conscience de l'ironie contenue dans ledit extrait, les remarques d'une amie, Catherine Volpihac-Auger, coéditrice des *Œuvres complètes* de Montesquieu, lui ayant fait changer d'avis[308]. Précisons aussitôt que, si pour Montesquieu la nervosité de l'homme du sud dérive du déterminisme physique et climatique dont il parle dans *L'Esprit des lois* (1748), pour Dany Laferrière, comme il le fait dire au narrateur de *L'Énigme du retour* (2009), « il n'y a dans cette vie / ni nord ni sud » (Laferrière 2009, 21). Ce qui le rapproche en revanche de Montesquieu est lié aux traits d'esprit qui prolifèrent dans *Les Lettres persanes* (1721) ainsi qu'à la finesse avec laquelle est envisagée la question de l'esclavage

---

[305] Dans *Mongo Beti parle*, interview réalisée et éditée par Ambroise Kom, Beti dit toutefois n'être « resté que quelques mois » (Beti 2002, 37) au petit séminaire d'Akono et avoir été renvoyé pour d'autres raisons : « Ils m'ont mis à la porte au niveau de la cinquième parce que je n'avais pas le profil requis. Je m'ennuyais en histoire sainte. [...] Ils m'ont dit : "Ce n'est pas un futur prêtre, ce n'est pas quelqu'un qui a le profil du sacerdoce." Et ils m'ont viré » (37). Il précise aussi n'avoir « jamais suivi un cours sur l'esclavage des Noirs. En histoire, c'était le fameux bouquin Mallet et Isaac. [...] Il n'y a rien sur la traite des Noirs dans Mallet et Isaac [...] » (41). S'il parle plus loin de Montesquieu, c'est tout au plus pour évoquer *Les Lettres persanes*.
[306] Cité par Gabriel Deeh Segallo dans *Lire* Ville cruelle *d'Eza Boto* (2010), p. 24–25.
[307] Je reproduis librement les propos recueillis lors d'une conversation privée que j'ai eue sur ce sujet avec l'auteur le 27 novembre 2014, à l'issue d'une conférence que je l'avais invité à tenir à la Humboldt-Universität zu Berlin. Il précise en substance que Mongo Beti est avant tout un grand écrivain mais qu'il passait en une heure de la grande colère à la plus grande amabilité sur le même sujet. C'est cela qu'il avait trouvé charmant chez lui, cette spontanéité (courriel du 24 janvier 2017).
[308] Catherine Volpihac-Auger est professeure à l'ENS-Lyon, présidente de l'Association Montesquieu et coéditrice au sein du laboratoire IHPC des *Œuvres complètes* de Montesquieu chez Garnier.

dans *L'Esprit des lois* (1748). Ceci dit, l'ironie qu'il décèle dans cet essai tient au premier chef à l'interprétation antiesclavagiste du chapitre V du Livre XV. Elle rejoint incidemment celle dont dépend la réussite au baccalauréat des étudiants francophones nourris au mythe des Lumières françaises. Comme il s'agit de sentiers battus et que Dany Laferrière a toujours été le premier à débusquer ceux qui dérivent du révisionnisme colonialiste, il sera intéressant d'y regarder de plus près. D'autant qu'après avoir durablement imposé ses propres représentations narcissiques à l'ensemble de la Francophonie, l'école française fait aujourd'hui l'objet d'une relecture féconde[309]. Qu'en est-il au juste de la thèse de l'ironie ?

S'il est habituel de relever l'ironie des propos de Montesquieu dans ce chapitre, au niveau surtout de la préparation au baccalauréat, il est plus rare qu'on relativise la position du philosophe au regard des considérations qu'il tint sur la logique de l'esclavage appliquée à certaines régions du monde. La théorie du climat de Montesquieu amène en effet celui-ci à concéder qu'« il y a des pays où la chaleur énerve le corps, et affaiblit si fort le courage, que les hommes ne sont portés à un devoir pénible que par la crainte du châtiment : l'esclavage y choque donc moins la raison » (chapitre VII). La question que se posait son siècle étant de savoir si l'argument de la nature relevait d'une contingence ou d'une nécessité[310], Montesquieu admet bien qu'à la cause physique (climat) s'ajoutent des causes morales (législation du sage), mais celles-ci étaient pour lui l'apanage des 'peuples civilisés'. Comme le souligne Léon Poliakov dans « Les idées anthropologiques des philosophes du Siècle des Lumières »

---

[309] Enseignera-t-on un jour que *Tintin au Congo* est ironique et qu'il a été conçu par Hergé pour ridiculiser l'entreprise coloniale de Léopold II ? Qu'à ce jour le colon belge prête à rire plus que la représentation infantile des Congolais ne change rien à l'interprétation qu'il convient de donner de l'esprit paternaliste et colonialiste à la source de l'inspiration d'Hergé dans les années 1930. Réagissant au procès intenté contre Casterman par Bienvenu Mbutu Mondondo qui réclamait l'interdiction de vente d'une édition non commentée dudit album, Alain Mabanckou dresse pour sa part la comparaison avec certain passage de *L'Esprit des lois* (1748), pour dire néanmoins qu'il serait ridicule de joindre à ce genre de productions un texte pédagogique, risquant en outre d'effacer les traces de l'idéologie coloniale : « Pourquoi ne pas, alors, le faire aussi dans *L'Esprit des lois* de Montesquieu, où il est dit que les gens du sud sont faibles comme des vieillards et que les gens du nord sont forts comme des jeunes hommes ? À ce train-là il va falloir relire tous les livres du monde et rajouter des pages pédagogiques ici et là ! » (« *Tintin au Congo*, le procès continue » !!!).

[310] *Cf.* André Charrak, *Contingence et nécessité des lois de la nature au XVIIIe siècle. La philosophie seconde des Lumières* (2006).

(1971) : « [Montesquieu] pensait que ces causes morales ne pouvaient jouer pleinement que dans l'état de civilisation, chez les peuples éduqués [et] écrivait expressément : "La nature et le climat dominent presque seuls chez les sauvages" » (Poliakov 1971, 266). Sauf René de Bonneval qui persifla les vues de Montesquieu : « On peut, dans le siècle où nous sommes / Par les seuls degrés du soleil / Calculer la valeur des hommes » (266)[311], les penseurs du XVIIIe siècle étaient très coutumiers de ce genre d'opinions, ainsi qu'en témoignent, par exemple, les réflexions sur la question de l'origine et de la couleur des Noirs publiées dans *La Vénus physique* (1742) – texte contemporain de *L'Esprit des lois* (1748) –, par Maupertuis[312], grand ami de Montesquieu. Tout en reconnaissant sa contribution à la remise en question du principe de l'esclavage, Poliakov relève en tout cas que Montesquieu a cautionné la Traite atlantique en la faisant passer pour intrinsèque à la nature même des peuples de l'Afrique subsaharienne : « On ne s'étonne pas de constater, dans ces conditions, que tout en critiquant avec la dernière vigueur l'esclavage, il estime que dans les pays tropicaux, compte tenu de la paresse naturelle des hommes noirs, celui-ci est pratiquement inévitable » (266). Montesquieu n'écrivait-il pas aussi, au mépris des témoignages contraires des premiers voyageurs portugais sur le continent africain, que :

> La plupart des peuples des côtes de l'Afrique sont sauvages ou barbares. Je crois que cela vient beaucoup de ce que des pays presque inhabitables séparent de petits pays qui peuvent être habités. Ils sont sans industrie ; ils n'ont point d'arts ; ils ont en abondance des métaux précieux qu'ils tiennent immédiatement des mains de la nature. *Tous les peuples policés sont donc en état de négocier avec eux avec avantage ; ils peuvent leur faire estimer beaucoup des choses de nulle valeur, et en recevoir un très grand prix.* (*L'Esprit des lois*, Livre XXI, II)[313]

Il s'agit là d'un passage tiré de la quatrième partie de *L'Esprit des lois* (1748)[314]. Le chapitre II sur « Les peuples d'Afrique » prouve

---

[311] Citation mise en évidence par Léon Poliakov dans « Les idées anthropologiques des philosophes du Siècle des Lumières » (1971), p. 265–266.

[312] Le philosophe, mathématicien et homme de lettres Pierre-Louis Moreau de Maupertuis (1698–1759) était déjà membre de l'Académie de Berlin lorsqu'il fut également élu, grâce à Montesquieu, à l'Académie française.

[313] C'est moi qui souligne.

[314] Portant sur « Les lois dans le rapport qu'elles ont avec le commerce, considéré dans les révolutions qu'il a eues dans le monde ».

que Montesquieu parlait sérieusement quand il considérait, dans le Livre XV, chapitre V de la troisième partie, que les 'nègres' méritaient leur sort : « Une preuve que les nègres n'ont pas le sens commun, c'est qu'ils font plus de cas d'un collier de verre que de l'or, qui, chez des nations policées, est d'une si grande conséquence » (Montesquieu 1748, Livre XV, chapitre V). À la lumière du chapitre II du Livre XXI, on se rend compte qu'il serait pour le moins hâtif de voir ici la preuve d'un recours au procédé de l'ironie.

Parlant des Indes, on remarquera aussi, dans la quatrième partie, que le philosophe restait sous le coup de la déception suite au crash financier provoqué en 1720 par les actions pourries de la Compagnie du Mississippi dont se composait l'essentiel du capital de la Banque Générale[315]. Il dit en effet, en guise d'avertissement, que « dans tous les temps, ceux qui négocieront aux Indes y porteront de l'argent, et n'en rapporteront pas » (*De l'Esprit des lois*, Livre XXI, chapitre I). Raison de plus pour le récupérer d'une manière ou d'une autre : « Le sucre serait trop cher, si l'on ne faisait travailler la plante qui le produit par des esclaves » (IIIe partie, Livre XV, chapitre V). Il analyse beaucoup, dans le Livre XIV[316], l'influence du climat sur le rendement et la vertu, allant jusqu'à dire que « la chaleur du climat peut être si excessive que le corps y sera absolument sans force. Pour lors l'abattement passera à l'esprit même : aucune curiosité, aucune noble entreprise, aucun sentiment généreux ; les inclinations y sont toutes passives ; la paresse y sera le bonheur » (*De l'esprit des lois*, IIIe partie, Livre XIV, II) L'homme du midi est certes concerné par sa critique, mais, si l'on suit sa logique, ses conclusions concernent d'autant plus l'Afrique subsaharienne, au climat tropical, qui fournit à l'époque des masses d'esclaves destinés aux plantations du Nouveau Monde. On se rappellera le traitement que Dany Laferrière réserve pour sa part à cette

---

[315] Le banquier écossais John Law, chargé par le régent Philippe d'Orléans d'enrichir la France, fit de la publicité, à partir de la Banque Générale qu'il avait créée, pour des actions promettant des dividendes de 40 % avec progression de 2000. Toutes les couches sociales en France achetèrent lesdites actions entre 1716 et 1718. La bulle éclate en 1720 en signant la fin de la Banque Royale (du nom de la Banque Générale après sa nationalisation en 1718). Le capital de la SG se composait principalement des actions de la Banque du Mississipi, qui détenait plusieurs monopoles pour l'exploitation des matières premières en Amérique avec autorité pour y collecter les taxes. John Law, et donc la BG avec lui, détenait le monopole commercial en Louisiane. La Compagnie du Mississipi fut elle-même reconvertie en Compagnie des Indes.

[316] Portant sur les « lois dans le rapport qu'elles ont avec la nature du climat ».

légende : « On sait bien que les Nègres sont paresseux. Voilà un cliché. Et quand un Blanc travaille trop, il dit qu'il travaille comme un Nègre » (*Je suis un écrivain japonais* 83). Montesquieu a-t-il contribué au double langage dont le narrateur de *Je suis un écrivain japonais* (2008) indique qu'il n'a pas cessé de sévir à l'aube du XXIe siècle ? Poliakov observe que la concession amenant Montesquieu à admettre que « Comme tous les hommes naissent égaux, il faut dire que l'esclavage est contre la nature » (Livre XV, chapitre VII), n'empêche pas le même penseur de défendre, aussitôt après, le principe que « dans certains pays il soit fondé sur une raison naturelle ; et il faut bien distinguer ces pays d'avec ceux où les raisons naturelles mêmes le rejettent, comme les pays d'Europe où il a été si heureusement aboli » (Livre XV, chapitre VII). La référence de Montesquieu à Plutarque va dans le même sens, lorsqu'il tire de la *Vie de Numa* l'affirmation selon laquelle « du temps de Saturne, il n'y avait ni maître ni esclave » et qu'il en déduit que « dans nos climats, le christianisme a ramené à cet âge » (Livre XV, chapitre VII) Il ressort de l'ensemble que le philosophe n'était pas aussi contraire qu'on l'a dit à l'esclavage, qui lui paraissait en revanche 'naturel' dans certaines régions du monde. Ce qu'on est tout au plus en droit de conclure, c'est qu'il n'en faisait pas une question de mélanine, mais de climat et qu'il n'était donc pas forcément 'raciste'.

Comme Pierre Pluchon le formule dans *Nègres et juifs au XVIIIe siècle. Le racisme au Siècle des Lumières (1984)*, *L'Esprit des lois* (1748) est en tout cas un livre de juriste qu'on ne peut réduire à l'esprit des *Lettres persanes* (1721). À qui insiste pour croire que Montesquieu reproduisait avec ironie et pour s'en démarquer les opinions de son temps, il répond que c'est « effectivement, [...] ce que soutiennent un certain nombre d'universitaires et de philosophes [alors que] d'autres affirment le contraire » (Pluchon 1984, 107). Il fait personnellement partie de ceux-ci : « *L'Esprit des lois* », dit il, « ce n'est pas *Les Lettres persanes*, ce n'est pas un petit pamphlet, c'est un livre sérieux, un livre de juriste, de politologue. Je pense que, sous les couleurs de l'humour, Montesquieu dit en réalité ce qu'il pense » (107). Voilà, en revanche, ce qu'avançaient André Lagarde et Laurent Michard, auteurs d'un légendaire manuel scolaire qui s'est vendu à plus de vingt millions d'exemplaires :

> Pour combattre l'esclavage des nègres, Montesquieu emploie le procédé de l'*ironie* ; il feint de parler en partisan de l'esclavage, mais les arguments qu'il apporte sont ridicules, absurdes et odieux ; la thèse esclavagiste s'en trouve absolument déconsidérée, et cette méthode indirecte se révèle donc

plus *efficace* qu'un plaidoyer ému en faveur des nègres. D'ailleurs, sous la froideur affectée de l'ironie, il est aisé de discerner les véritables sentiments de l'auteur : sa généreuse *indignation* est sensible dès le début ; d'abord contenue, elle éclate à la fin du chapitre. L'action des philosophes aboutira à la suppression de l'esclavage par la Convention en 1794. (*XVIIIe siècle. Les grands auteurs français du programme*, IV, 108)

Lagarde et Michard émettent sur Montesquieu des jugements de valeur qui, selon les latitudes et les habitudes, peuvent paraître gratuits[317]. Il n'est pas donné à tout le monde, en effet, de repérer la « généreuse *indignation* » dont le penseur aurait fait preuve « dès le début ». Or le narcissisme républicain n'a eu de cesse de confirmer cette thèse, dont la répétition a fini par produire un effet de vérité là où l'on avait tout au plus affaire à des opinions. Dans *Du racisme français. Quatre siècles de négrophobie* (2007), la veuve de Mongo Beti, Odile Tobner critique ainsi le fait que la réussite au baccalauréat de français reste liée à la thèse de l'ironie et d'un réquisitoire inconditionnel contre la servitude, et ce malgré la présence d'autres chapitres où Montesquieu s'accommode du système esclavagiste en allant d'ailleurs jusqu'à le justifier aux tropiques : « Il est possible que ce texte ait pu rendre une certaine saveur ironique avec le temps, mais créditer son auteur d'une intention ironique dans sa rédaction est un anachronisme patent et un contresens sur l'ensemble du livre » (Tobner 2007, 105). Non seulement Montesquieu omet de parler du *Code Noir*, « qu'il ne pouvait ignorer, en spécialiste du droit qu'il était, bordelais de surcroît » (108), mais il adhère aux opinions de son époque, se limitant à « expliquer les faits existants » (109) : « *Je n'écris point pour censurer ce qui est établi dans quelque pays que ce soit. Chaque nation trouvera ici les raisons de ses maximes* » (109)[318]. On ne se basera pas non plus sur lui pour plaider en faveur de l'abolition de la Traite. Élie de Jacourt, un grand admirateur de Montesquieu, ne le cite effectivement pas dans *L'Encyclopédie* (1751-1772) à l'intérieur de son article sur la « Traite des Nègres » : « Croit-on que, si le texte de Montesquieu avait été lu alors comme ironique, il se serait privé de le citer ? » (119). Tobner note que l'interprétation ironique du texte de Montesquieu naît de façon

---

[317] Le manuel scolaire en plusieurs tomes de Lagarde et Michard, publié à partir de 1948, est longtemps demeuré un classique de l'enseignement secondaire en France et dans les pays francophones, et continue d'être utilisé aujourd'hui malgré les nombreuses critiques dont il a pu faire l'objet à partir de 1968 pour son orientation réactionnaire.

[318] Tobner cite la préface de *De l'esprit des lois* (1748).

inattendue sous la plume de l'auteur des *Réflexions sur l'esclavage des Noirs* (1781) : « Condorcet est choqué par le discours de Montesquieu sur la loi, ou plutôt sur les lois. On n'en est que plus surpris de l'interprétation qu'il propose du chapitre *De l'esclavage des nègres* » (133). Celle-ci provient d'une faute de raisonnement autour d'une anecdote rapportée en note du chapitre IX intitulé « Des moyens de détruire l'esclavage des nègres par degrés ». Il s'agit plus précisément d'un passage où il est question, en Jamaïque, de reconnaître aux mulâtres les mêmes droits qu'aux Blancs. Un détracteur s'y oppose en prenant appui sur le chapitre V du Livre XV de *L'Esprit des lois* (1748) : « L'assemblée ne manqua point de prendre cette ironie sanglante contre ceux qui tolèrent cet exécrable usage, ou qui en profitent, pour le véritable avis de l'auteur de *L'Esprit des lois* ; et les mulâtres de la Jamaïque restèrent dans l'oppression » (134). D'après ce texte, le renvoi à Montesquieu aurait dû suffire pour que les gens de couleur, comme on les appelait à l'époque, voient leurs droits reconnus par l'assemblée. Or c'est le contraire qui se passa. Il faut donc en conclure qu'ils n'ont pas saisi *l'ironie sanglante* que Condorcet prête à l'auteur de *L'Esprit des lois* (1748) et qu'il est celui qui a inauguré ce type d'interprétation suite à une projection de ses propres positions et non pas à la lecture que les gens de l'époque en avaient faite. Commentaire de Tobner : « Le fameux contresens sur le texte de Montesquieu vient probablement du besoin qu'avait Condorcet d'invoquer d'illustres cautions pour ses opinions, très nouvelles en France. Ce contresens s'est aujourd'hui généralisé » (134–135). S'ajoute « l'intérêt de ceux qui ne veulent pas qu'on réexamine les conceptions d'un des pères de la pensée politique occidentale » (134-135). Le mot d'ordre invitant à lire Montesquieu au second degré continue de passer pour un procédé légitime dans l'enseignement. Selon Tobner, il serait au contraire utile de le prendre au mot et de s'interroger sérieusement sur la raison pour laquelle le chapitre V du Livre XV ne fit pas scandale au moment de sa sortie.

Pour sa part, le professeur de philosophie politique Louis Sala-Molins qualifie le Livre XV de « bric-à-brac » (*Le Code Noir ou le calvaire de Canaan* 227)[319] dont la mise en code aurait « renforc[é] davantage

---

[319] Sala-Molins fait partie de ceux qui, comme Tobner, dénoncent le « standard unique, ce chapitre [V du Livre XV de *L'Esprit des lois*] traditionnellement ânonné aux écoliers, aux lycéens, aux étudiants, systématiquement isolé de tout ce livre XV où il est écrit avec abondance de détails ce qu'il convient de faire pour *tenir les Nègres*

encore [que le *Code Noir*] le pouvoir du maître » (228). Il rappelle aussi, dans *Lumières et esclavage. L'esclavage et l'opinion publique en France au XVIIIe siècle* (2008), que personne au siècle des Lumières – Montesquieu, Diderot, Rousseau, Voltaire, Condorcet – n'a réclamé la suspension immédiate du *Code Noir*. Il conseille enfin de « lire tout le livre XV de *L'Esprit des lois*, déborder le chapitre V, voir ce qui se passe avant et après, car Montesquieu se situe, donne des conseils pour maintenir l'esclavage : la pitié, la miséricorde, moins de coups, pour que les choses restent ce qu'elles sont » (*Le français dans tous ses états* n° 38). L'idée rejoint la première hypothèse émise, après analyse du Livre XV, dans la section « Les élégances de Montesquieu » du *Code Noir ou le calvaire de Canaan* (1987 : « Montesquieu connaît le Code Noir […], voit des "abus" et indique des "dangers" »[320] mais s'« il dit comment parer aux uns et aux autres », c'est « au bénéfice de ceux qui commandent et pour que l'esclavage afro-antillais puisse durer à perpétuité sans danger ni pour la maîtrise des maîtres ni pour la souveraineté des rois, ni pour la vertu des uns et des autres » (Sala-Molins 1987, 228). Il en conclut que « dans ce cas, il serait insensé de parler d'antiesclavagisme chez Montesquieu » (229). L'autre hypothèse porte sur la brièveté du chapitre V, caractéristique renvoyant, pour lui, à une gêne sur la question de la Traite atlantique : « Le génocide de son temps, de sa nation, de son gouvernement, de sa ville (Limoges et Clermont-Ferrand n'avaient déjà pas de port négrier, Bordeaux si) mérite toute une page, une entière d'un ouvrage qui en comporte un millier seulement de même format, nous le savons » (229). Montesquieu lui semble en tout cas très brouillon quand il lui revient d'appliquer sa théorie du climat au destin des Africains déportés vers l'Amérique :

> Montesquieu, fidèle au thème de l'importance des climats sur les destins, ne sait plus en fin de compte si c'est la paresse qui fait l'esclavage ou l'esclavage qui fait la paresse, si c'est la chaleur qui fait la bassesse qui fait l'esclavage ou si c'est l'esclavage qui fait la bassesse lorsqu'il fait torride. Il s'y perd. Les

---

et gérer au mieux leur esclavage sans mettre en danger la précieuse moralité des maîtres » (*Le Code Noir ou le calvaire de Canaan* X).

[320] « Il le lit au moins partiellement chez Savary et intégralement chez quelques autres, auteurs et compilateurs dont il utilise d'ailleurs les travaux. » Sala-Molins renvoie à la note de Montesquieu au chapitre 4 du Livre 15 d'*EL* : « Le P. Labat, *Nouveau voyage aux îles d'Amérique*, t. IV, p. 114, 1722 » et signale que c'est dans le *Voyage du chevalier Des Marchais* que Labat, qu'il a lu, transcrit intégralement le Code de 1685 et de 1724, livre qui a paru en 1730, à savoir dix-huit ans avant *L'Esprit des lois* (1748).

sauvages l'embêtent. Il liquide en une quarantaine de lignes et en jouant les esprits forts le thème irrecevable de la bestialité des Noirs. (*EL* 15, p. 393)

Ce qui renforce cette impression, c'est que Montesquieu passe aussitôt à autre chose, qui n'a plus rien à voir avec le monde afro-antillais « juridiquement inexistant dans la pleine rigueur des termes "esclavage" et "droit" qui s'excluent réciproquement [*EL* 15, 2, p. 390–391] »[321]. Sala-Molins en conclut que, pour Montesquieu, « il ne se passe rien ni en Afrique ni dans les terres françaises de l'Amérique du Vent qui relève véritablement du droit » (229). De plus, l'auteur des *Lettres persanes* (1721) se conduit, dans *L'Esprit des lois* (1748), en parfait moraliste et défenseur de la tempérance (sexuelle) dont il déplore le manque dans les colonies françaises d'Amérique : « Ce qu'on vous a raconté malgré tout relève éventuellement ou de l'esthétique des choses, ou d'un système de sanctions apparenté à la normativité des vertus chrétiennes – ou de la vertu romaine – et à elle seule » (229–230)[322]. Pour Sala-Molins, le bilan d'une lecture approfondie n'est pas positif. Il invite à arrêter d'entonner de façon grégaire le chant de « la République de nos lettres sur la grandeur souveraine de *L'Esprit des lois* et de son auteur » (Sala-Molins 1987, 227). Montesquieu se serait-il distingué par des *élégances* desservant moins la cause de la raison, que celle du bel usage en vigueur à son époque et dont on aurait aujourd'hui oblitéré l'impact ?

L'historien de la littérature française du XVIIIe siècle Jean Ehrard n'omet pas de souligner, de son côté, les ambiguïtés de l'auteur de *L'Esprit des lois* (1748). À ce jour président d'honneur de la Société Montesquieu, il a exploré dès son livre sur *L'Idée de nature en France à l'aube des*

---

[321] « Cette besogne accomplie, avec des siècles de retard par rapport à ce qu'avait imposé sur ce chapitre la discursivité théologienne, il revient sans plus du tout songer au monde afro-antillais – juridiquement inexistant dans la pleine rigueur des termes 'esclavage' et 'droit' qui s'excluent réciproquement [*EL* 15, 2, p. 390–391] – et nous parle de tout autre chose. [...] Il nous raconte non pas ce qu'il conviendrait de réglementer ici et maintenant pour là-bas entre les maîtres et les esclaves, mais ce qu'il aurait fallu règlementer entre ces deux-là en Lacédémonie [*EL* 15, 16, p. 401] pour éviter que les esclaves ne s'y révoltassent, à l'exemple de ceux des Grecs et des Romains, jamais rassasiés de magistrale tendresse. [*EL ibidem*] » (Sala-Molins 1987, 229).

[322] « Par la tempérance, les maîtres qui ne se tiennent pas bien sortiront un jour de leur impudicité, au grand bénéfice des esclaves dont la pudicité sera enfin préservée comme dans toutes les nations du monde » (229–230).

lumières (1970), les « zones d'ombre du siècle des lumières »[323] en mettant l'accent sur le « choix ambigu de Montesquieu » en matière de libertés (Ehrard 1969, 286). Il précise toutefois que « le problème de l'esclavage a préoccupé Montesquieu pendant plus de vingt ans : « l'embarras même de certains chapitres du livre XV, avec leurs hésitations et leurs repentirs, prouve le sérieux intellectuel qu'il apporte à sa discussion » (289). C'est qu'en comparaison de celle des prédécesseurs – Locke, Richard d'Aube, Pufendorf –, la position de Montesquieu « apparaît » à ses yeux « infiniment plus généreuse, plus novatrice et plus cohérente » (290). Le jugement de valeur, celui de la 'générosité' cher à Lagarde et Michard, va ensuite de pair chez lui avec une foi absolue dans l'antiesclavagisme de Montesquieu : « La timidité relative des conclusions pratiques de son livre XV n'enlève rien de sa netteté à la double condamnation du principe qu'il formule contre l'esclavage » (290). C'est une qualité qu'il avance cependant au prix d'une sorte de lapsus. On peut en effet tout aussi bien lire que Montesquieu a *nettement et doublement condamné le principe anti-esclavagiste par lui avancé.*

Ehrard est revenu sur la question du positionnement de Montesquieu face à l'esclavage, et ce dans un article sur la réception du Livre XV de *L'Esprit des lois* dans « L'*Encyclopédie* et l'esclavage : deux lectures de Montesquieu » (1988) ainsi que dans une contribution au colloque qui s'est tenu en 1994 à Paris à l'occasion du bicentenaire de l'abolition de l'esclavage[324]. Il repère trois phases dans l'évolution de la « conscience morale des lumières françaises » ; la phase de « l'indifférence » caractérisant la première moitié du XVIIIe siècle ; celle de la « gêne » relevable dans le Livre XV de *L'Esprit des lois* (1748) ; et celle de la « révolte » s'instaurant dans les années 1770 pour déboucher sur le mouvement abolitionniste des années 1780. Lorsqu'il en reparle dans *Lumières et esclavage. L'esclavage et l'opinion publique en France au XVIIIe siècle* (2008), il qualifie certes Montesquieu de « réformiste timoré » (Ehrard 2008, 157), mais continue aussi de voir en lui un antiesclavagiste convaincu en dépit du fait qu'il n'a nulle part proposé l'abolition inconditionnelle de la Traite et encore moins celle du *Code Noir*, qu'il ne nomme d'ailleurs nulle part. Pour Ehrard, le double langage de Montesquieu tient à des difficultés liées

---

[323] Sous-titre du chapitre I « Nature et merveilleux » de la première partie « Nature et système du monde ».

[324] *Cf.* Jean Erhard (b), « L'esclavage devant la conscience morale des Lumières françaises » (1988) [1998], p. 247–256.

à la censure sociale. C'est qu'avant 1789, « il n'y a pas d'espace public contradictoirement unifié, mais des lieux d'opinion, groupes, cercles, salons, parmi lesquels informations et idées circulent sans doute, mais sans structurer un espace mental commun » (Erhard 2008, 18). Il est vrai, comme Ehrard le dit dans son ouvrage de 1969, que « le libéralisme de l'auteur des *Lois* demeure plus théorique que concret » (*L'Idée de la nature en France à l'aube des lumières* 291) et que les économistes (Savary Des Brûlons, Jean-François Melon, Véron de Forbonnais) dictaient la marche avec, comme il le précise en 2008, des calculs de rentabilité qui rendaient illusoire toute tentative de gagner l'opinion publique à une autre cause que la leur :

> Il fallait que la voix des moralistes, le cri des âmes sensibles fussent accompagnés par des calculs de rentabilité, par les raisonnements prosaïques des entrepreneurs, des financiers et des politiques ; alors seulement finirait par s'imposer, avec une nouvelle philosophie du droit, une certaine idée de la dignité humaine. (*Lumières et esclavage*, 121)

En attendant, Ehrard rejette l'idée qu'on puisse ne pas reconnaître, chez Montesquieu, que si « la fermeté de ses principes ne le conduit nullement à demander l'abrogation de la traite et de l'esclavage colonial […] malgré ses hésitations et sa timidité, la portée de sa critique apparaît clairement quand on la replace dans son contexte » (*L'Idée de nature en France à l'aube des lumières* 291). Pour lui, Pluchon dans *Nègres et juifs au XVIIIe siècle. Le racisme au siècle des Lumières*, 1984) ainsi que Sala-Molins dans *Le Code Noir ou le calvaire de Canaan*, 1987 et *Les Misères des Lumières. Sous la raison, l'outrage*, 1992), auraient fait preuve de « jugements tendancieux » (17), procédant dans leur critique de l'ambiguïté du philosophe « comme si les Lumières étaient un état, non un mouvement ; comme si leurs promoteurs n'avaient pas eu à soulever et réinventer le monde pour inventer les droits de l'homme » (16). La position d'un Sala-Molins est pourtant claire : « J'essaie de lire toute cette tragédie en me glissant, autant que je le peux, non dans l'épiderme lisse et pommadé du penseur parisien, ou genevois ou bordelais ou d'où qu'il soit, mais dans la peau écorchée par le fouet et le corps mutilé de l'esclave noir aux Îles » (*Le Code Noir ou le calvaire de Canaan* X). Et est-ce *dénigrer* Montesquieu, comme le lui reproche Ehrard, que de se poser la question d'Alain David, relayée par Derrida, de savoir « quel est l'Homme des droits de l'homme ? » (« La forme et la façon » IX et 281) quand on sait notamment que l'esclavage issu des climats tropicaux échappe pour lui à la question du droit ? Si Montesquieu n'en devint pas moins une référence en matière de critique antiesclavagiste[325], il faut garder à l'esprit, avec Tobner, que *De l'esprit des lois* (1748) n'a pas été critiqué à sa sortie pour son passage sur la Traite. Montesquieu lui-même n'a pas senti le besoin d'en reparler dans *Défense de* De l'esprit des lois (1750). Ce dernier ouvrage permet malgré tout d'éclairer – au-delà de toute polémique – la manière dont il convient de lire le chapitre V du Livre XV. Quand il écrit que « le critique ne connaît que les qualités positives et absolues » (*Défense de* De l'esprit des lois 30–31), Montesquieu se réfère aux réactions soulevées par ses réflexions sur l'usure maritime : « Je demande à tout homme sensé si l'auteur vient de décider que les usures maritimes sont justes ; ou s'il a dit simplement que la grandeur des usures maritimes répugnait moins à l'équité naturelle que la grandeur des usures de terre » (30). Et ce qui nous intéresse ici, c'est qu'il reproche au critique de ne pas percevoir les nuances qu'il a apportées à son discours :

> Il [le critique] ne sait ce que c'est que ces termes *plus ou moins*. Si on lui disait qu'un mulâtre est moins noir qu'un nègre, cela signifierait selon lui qu'il est blanc comme de la neige : si on lui disait qu'il est plus noir qu'un Européen, il croirait encore qu'on veut dire qu'il est noir comme du charbon. Mais poursuivons. (30–31)

Transposé à la lecture qu'il convient de faire du chapitre V sur la Traite, le conseil donné par Montesquieu en personne serait dès lors de ne le lire ni au premier ni au second degré, mais entre les deux. Le ton du *plus ou moins* lui a en tout cas permis de satisfaire les antiesclavagistes autant que les esclavagistes, et ce à une époque où la Traite florissait comme jamais. Des 27 000 esclaves présents en 1678 aux Antilles françaises, on arrivera en 1789 à 700 000 esclaves, après être passé en 1726, dans la seule Saint-Domingue, à 100 000 esclaves. Dans ces mêmes années 1720, le succès des *Lettres persanes* (1721) lui ouvre en outre les portes des salons parisiens, dont celui de l'influente marquise Lambert, qui parviendra à vaincre les réticences de Louis XV, aux yeux de qui un écrivain si 'frivole' était peu idoine à revêtir l'habit. Au-delà des qualités de l'auteur et de l'incertitude que *De l'esprit des lois* (1748) laisse planer sur la question de la Traite

---

[325] D'autres arguments auraient mérité d'être mis en évidence de part et d'autre. Ces brèves considérations n'ont pas pour ambition d'épuiser le sujet, mais de situer aussi brièvement que possible le contexte intellectuel dans lesquels Dany Laferrière a vu évoluer ses considérations sur l'auteur qui occupa jadis le fauteuil n° 2 de l'Académie française.

atlantique, il ne fait aucun doute que c'est l'homme, avec ses blessures, qui doit avoir retenu l'attention de Dany Laferrière. Car Montesquieu faisait partie de ces écrivains, à l'accent gascon – accent qu'il soignait avec fierté – que la Cour n'admettait pas au rang des défenseurs du bel usage. Comme le formule Albert Sorel, biographe de Montesquieu :

> La cour le dédaigna. Il en fut blessé. L'amertume qu'il en garda se traduit en traits qui, pour le sentiment et l'expression, rappellent La Bruyère : « J'ai eu d'abord pour la plupart des grands une crainte puérile ; dès que j'ai eu fait connaissance, j'ai passé presque sans milieu jusqu'au mépris. » « Je disais à un homme : Fi donc ! Vous avez les sentiments aussi bas qu'un homme de qualité ! » (Sorel 1887, 23)

Ce mépris de toute affectation de supériorité, Dany Laferrière, *alias* Windsor Klébert Laferrière, le partage avec Charles Louis de Secondat, qui hérita de son oncle le patronyme de Montesquieu adopté par la postérité[326]. Dans le passage de son discours de réception sous la Coupole, où il salue Montesquieu parmi ses prédécesseurs au fauteuil n° 2, Dany Laferrière s'est rangé à la thèse courante en disant que « Montesquieu, avec ses observations critiques et ironiques sur l'esclavage, pourrait se retrouver facilement dans un manuel d'histoire de l'Amérique, puisque l'esclavage est à la base de la prospérité de ce continent » (« Discours de réception à l'Académie française » le 28 mai 2015). C'est en droite ligne avec la thèse controversée de Condorcet, qu'après avoir rappelé le sort de ses propres pères et mères en Amérique il exprime la même admiration dans sa préface à la réédition en 2014 de *De l'universalité de la langue française* :

> Je me demande ce que dirait Rivarol s'il apprenait que c'est l'Afrique, qui n'aurait à ses yeux aucune existence propre, qui pourrait bien sauver le français. Et qu'un natif de Saint-Domingue, ce terrifiant camp de travail où l'on a parqué durant plus de trois cents ans des millions d'Africains, siège aujourd'hui sous la Coupole, au fauteuil de Montesquieu, le même qui a écrit dans *De l'esprit des lois* un commentaire d'une ironie mordante sur « l'esclavage des nègres ». J'ai l'impression que Rivarol accorderait sa faveur à cette nouvelle situation : tout bien pensé, il ne fut rien d'autre qu'un amoureux fou de la langue française, et ceux qui aiment ont toujours raison. (« Notes sur un discours », p. 28)

---

[326] « Les auteurs sont des personnages de théâtre » (23), disait Montesquieu.

Dans sa réponse, Amin Maalouf s'est ensuite fait l'écho de sa position : « Il n'y a aucun mérite à s'indigner deux siècles après les faits » (Maalouf 2015). Amin Maalouf parlait plus précisément du « rendez-vous manqué » (Maalouf 2015) entre Napoléon Bonaparte et Toussaint Louverture ainsi que des regrets que l'Empereur conçut à Sainte-Hélène pour ne pas avoir saisi les intérêts pour la France de l'alliance proposée par Louverture. Par ces mots, Amin Maalouf a mis au cœur de son discours un point crucial de la pensée de son nouveau confrère : Dany Laferrière n'accorde aucun intérêt à l'entretien d'un ressentiment historique quel qu'il soit. Lui qui n'aime pourtant ni les moqueries ni le sarcasme, est somme toute ravi d'être devenu le confrère d'un grand maître de la raillerie. En serait-il ? Rien de moins sûr. Très tôt, Dany Laferrière a donné de lui une impression erronée, comme celle qu'entretint, avant de changer d'avis, le prêtre spiritain et critique littéraire, Max Dominique, qui trouvait le jeune Dany Laferrière des années 1980 « trop caustique, ironique, fielleux et méchant » (*Les années 80 dans ma vieille Ford* 138)[327]. Montesquieu cherchait, pour sa part, à plaire au sérail – et tant pis pour le bétail[328]. On ne trouve, par exemple, aucune velléité de double langage dans les éloges qu'il adressa selon l'usage à Louis XV dans son propre discours de réception le 24 janvier 1728 et s'il fait preuve d'ironie dans *Les Lettres persanes* (1721), il convient aussi de se rappeler qu'il ne les publia pas tout de suite à son nom. On est en somme en droit de se demander ce que représentaient plus précisément, pour Dany Laferrière, l'esprit critique et le propos ironique qu'il prêtait sous la Coupole à l'auteur du chapitre V du Livre XV de *L'Esprit des lois* (1948) après avoir pourtant cru, un temps, à la vérité d'une lecture au premier degré.

La blague

Flaubert et Balzac entendaient la blague comme l'ultime recours en des temps troublés : « Nous ne pouvons aujourd'hui que nous moquer. La raillerie est toute la littérature des sociétés expirantes[329]. » Ou, comme

---

[327] *Les Confessions de saint Augustin*, un livre « important » (138) pour le futur écrivain, dont Max Dominique venait de faire l'acquisition à Montréal, finit par les rapprocher.

[328] C'est là un bien grand mot encore pour désigner les esclaves dont les négriers de la Traite atlantique faisaient moins de cas que d'animaux.

[329] Balzac, préface à la 1re édition de *Peau de chagrin*.

La blague

le dit Flaubert de son époque, « nous sommes dans le temps de la blague, et rien de plus »[330]. Or, qu'est-ce que la blague, sinon ce qui provoque le rire d'une société donnée aux dépens des sujets dont l'exclusion s'en trouvera, par là même, réaffirmée ? Comme l'écrit Chaïm Perelman dans *Rhétoriques* (2012), « le rire sanctionne l'inobservation non justifiée du normal dans l'argumentation et, suite à cette réaction, le normal devient socialement normatif » (Perleman 2012, 310). Il considère qu'« il serait fort instructif de suivre, dans l'histoire d'une société ou d'une discipline déterminée, l'évolution de ce que l'on y considère comme allant de soi, comme normal, comme raisonnable, et de dégager les causes et les raisons de cette évolution » (310). À la consolidation de la formation d'un groupe social donné s'ajoute ensuite que « l'historicité de la raison est toujours liée à son insertion dans une tradition, où l'innovation doit fournir ses lettres de créance » (310). C'est dès lors ce qui explique « pourquoi, si souvent, la meilleure justification d'une conduite, celle qui dispense de toute autre raison, consiste à montrer qu'elle est conforme à l'ordre reconnu, qu'elle peut se prévaloir de précédents incontestés » (310). Ou de ce que Michel de Certeau appelait une fiction non déclarée. S'il est vrai, comme il l'écrit, que « l'historicité de chacun s'institue toujours à partir de ce qu'un autre fait croire » (*Histoire et psychanalyse* 252), on peut avancer que Dany Laferrière fait éclater la fiction de l'Autre en ce qu'elle fonde ici une historicité manquée du Même. Pour continuer avec Certeau, il en ressort alors cette faculté que possède en propre Dany Laferrière, de produire « un énoncé que l'énonciation du sujet locuteur prive de son sérieux en offrant par là, à l'instar du champ analytique, un discours dont l'opérativité repose sur le fait qu'il est touché par l'affect » (124).

C'est le cas, par exemple, lorsque le narrateur de *Chronique de la dérive douce* (1994) subit en silence les blagues néoesclavagistes du patron (maître) et du comptable (économe) de l'usine québécoise (habitation sucrière à Saint-Domingue) où il travaille en tant qu'ouvrier sous-payé (esclave), exposé à des risques d'amputation du bras[331] (punition infligée

---

[330] Flaubert, lettre du 24 janvier 1868 à Mlle Leroyer de Chantepie. Site Gallica, « Gustave Flaubert, Correspondance 1859–1871 » ; citation, ainsi que la précédente, mises en évidence par Mohamed Aït-Aarab (2013).
[331] « Le gars qui travaillait sur la machine / avant moi a eu l'avant-bras broyé. / Au lieu de changer / la machine défectueuse qui coûte / une fortune, il faut le dire, / la direction a préféré donner le poste / à un travailleur immigré. / Les gars font tout ce qu'ils peuvent / pour qu'il m'arrive quelque chose. / Avec deux accidents / dans la même semaine, / le boss serait obligé d'acheter une machine neuve » (90).

au nègre marron) : « Le boss m'a convoqué / dans son bureau et a / fait des plaisanteries / avec le comptable sur / l'endurance sexuelle / des Nègres » (Laferrière 1994, 111–112). Le désir de la secrétaire, qui garde la tête baissée mais dont la nuque a rougi à cette évocation, indique que la réparation à l'injure historique ne passera pas par l'argumentation mais par la réponse à un appel (symptôme), celui du rougissement (honte et désir). C'est aussi ce qui donnera son titre au départ d'une opération d'envoûtements en série. Comme le relève « La fictionnalisation de la négritude dans *Comment faire l'amour avec un nègre sans se fatiguer* de Dany Laferrière : ses au-delàs et ses limites » édité en 2007 par la chercheuse universitaire en matière d'affaires intergouvernementales et d'identité québécoise, Mounia Benalil, dans le premier roman de Dany Laferrière « le narrateur se place souvent dans la position d'un historien pour creuser quasi archéologiquement les clichés qui englobent la référence à une race ou à une autre » (Benalil 2007ᵃ). Si « les années 70 sont des années glorieuses pour les Amérindiens et les Noirs d'Afrique. Et l'année de la crise d'octobre, "l'âge d'or nègre" (CFA 84) pour les Noirs d'Afrique » (Benalil 2007ᵃ)[332], c'est que, comme l'indique le dossier 1 du *Rapport préparé pour la Commission de consultation sur les pratiques d'accommodement reliées aux différences culturelles* de mai/ décembre 2007 de Victor Piché[333] et Dominique Laroche[334], « jusqu'aux années 1980, les pays de l'Europe de l'Ouest dominent nettement comme pays pourvoyeurs d'immigrants et d'immigrantes. Par la suite, on voit quelques pays de l'Europe de l'Est, mais surtout les pays d'Asie et du Moyen-Orient » (Piché et Laroche 3). Alors que les Haïtiens, qui commencent à arriver plus massivement en 1970, se trouvent en tête, en 2007, de la classification de l'immigration spécifique au Québec : « Haïti 91 %, Algérie 87 %, Maroc 82 %, Tunisie 74 %, France 72 % » (8), leur présence dans les années 1980 ne devait déjà plus avoir rien de très exceptionnel face aux Néo-Québécois qui commençaient à arriver en provenance des pays d'Asie et du Moyen-Orient.

---

[332] La crise en question est liée à l'enlèvement, le 5 octobre 1970, du délégué commercial britannique James Cross par des membres du Front de Libération du Québec (FLQ) et à celui, suivi de son assassinat, du ministre québécois du Travail et de l'Immigration Pierre Laporte.

[333] Professeur honoraire à l'UQAM et conseiller principal, migrations internationales et droits de la personne, Action Canada pour la Population et le Développement.

[334] Agente de recherche au Département de démographie de l'UQAM.

C'est ce qui fait dire à Vieux que « si à la bourse des valeurs occidentales, le bois d'ébène a encore chuté, le jaune remonte le courant » (Laferrière 1985, 17). Ajoutant, dépité : « C'est propre, le Japonais, ça prend pas de place et ça connaît le Kama Sutra comme sa première nikon » (18). Et : « Si vous voyiez ces poupées jaunes (1 m 25, 110 livres), aussi portatives qu'une boîte de maquillage, au bras de ces longues filles (mannequins, vendeuses de grands magasins), c'est à vous arracher des gémissements bleus » (18). En attendant, un passage hilarant est consacré à la question du succès, dans les années 1970, du mâle amérindien auprès des étudiantes blanches : « Ce n'est pas rien de baiser avec un type dont le nom exact est Taureau Fougueux » (18) et de la cote du Noir à la même époque, autour notamment du signifiant du 'rasoir' (castration et fatigue) : « Le grand Nègre de Harlem baise ainsi à n'en plus finir la fille du Roi du rasoir, la plus blanche, la plus insolente, la plus raciste du campus » (19). Le chapitre se termine ensuite sur une pointe du plus grand intérêt : il y a tout d'abord mention, pour les années 1980, de la débâcle du Nègre à l'intérieur de la chaîne signifiante 'faire sauter la planète' (faire exploser/faire l'amour) : « Le Nègre était la dernière bombe sexuelle capable de faire sauter la planète. Et il est mort. Entre les cuisses d'une Blanche. Au fond, le Nègre n'est qu'un pétard mouillé, mais ce n'est pas à moi de le dire » (20) et, après renvoi au triomphe nippon : « Ce sont les Japonais qui mènent la danse sur le volcan » (20), évocation latente du désir d'être un écrivain japonais, comme Bashō, le poète voyageur et grand maître du haïku évoqué dès *Éroshima* (1987), qui deviendra manifeste dans le titre de 2008 après avoir inspiré la forme poétique de *Chronique de la dérive douce* (1994) également présente dans *L'Énigme du retour* (2009). Il en va de cette suspension poétique que Roland Barthes décrit comme une libération : « Le Haïku semble donner à l'Occident des droits que sa littérature lui refuse, et des commodités qu'elle lui marchande. Vous avez le droit, dit le haïku, d'être futile, court, ordinaire » (*L'Empire des signes* 405). Dany Laferrière partage cette façon consistant, comme dit Barthes, à enfermer dans un *mince horizon de mots* ce que l'on voit et ce que l'on sent et d'intéresser à partir de soi : « Vous avez le droit de fonder vous-même (et à partir de vous-même) votre propre notable ; votre phrase, quelle qu'elle soit, énoncera une leçon, libérera un symbole, vous serez profond ; à moindres frais, votre écriture sera *pleine* » (405). En somme, sa nipponité n'est pas une blague.

Si Dany Laferrière rejoint le *Manifeste pour une littérature-monde* (2007), il ne faut dès lors pas s'y tromper. Certes, il aime voyager mais ce qu'il continue de privilégier, ce sont les Japonais et *leur goût du cosmos*, ainsi qu'il me le rappelait dernièrement. Il a dû se sentir chez lui dans les allées de l'exposition consacrée à la collection d'art japonais contemporain du psychiatre et collectionneur japonais Ryûtarô Takahashi qui s'est tenue du 7 octobre 2015 au 23 janvier 2016 à la Maison de la Culture du Japon à Paris. Le communiqué de presse a mis en évidence que la plupart des artistes japonais contemporains ne visent consciemment ni la tradition et les particularismes japonais ni un ralliement au style occidental : « S'ils s'attachent à développer un univers basé sur l'observation minutieuse de situations de leur quotidien, leurs oeuvres ouvrent cependant un passage vers le dehors, vers le monde illimité qui s'étend au-delà. L'intime ouvre sur le cosmos » (« COSMOS / INTIME La collection Takahashi », communiqué de presse 5). L'événement aura également retenu l'attention de Dany Laferrière pour le rapprochement qu'il est possible d'établir entre certaines œuvres et celles des peintres primitifs haïtiens : « The Return-Sirius Odyssey » (2004) de Tomoko Konoike et « Ailleurs » (2004) de Jean-Louis Senatus ou encore « Sans titre » (2007) de Izumi Katô et « Loa » (1954) de Denis Smith[335]. Dany Laferrière aura en tout cas retiré un sentiment de familiarité devant des œuvres « attest[a]nt que l'exploration de soi poussée à l'extrême est de même nature que l'immensité du monde » (« COSMOS / INTIME »). Le titre de son livre de 2018 atteste aussi d'une proximité avec le peintre japonais des années folles Édouard Tsuguharu Foujita, et son « Autoportrait au chat » (1927), pour l'esprit de conciliation avec lequel tous deux envisagent Paris où ils créent leurs œuvres : « Aucun autre artiste japonais avant lui n'a osé transgresser les conventions de son pays. *Les précieuses estampes nishiki-e l'enchantent au même titre que les madones du gothique et de la Renaissance* », écrit Sylvie Buisson, éditrice du catalogue général de l'œuvre de Foujita. Les dessins que Dany Laferrière propose dans *l'Autoportrait de Paris avec chat* (2018) ressortent, de même, d'un mélange de styles,

---

[335] Même si Takahashi voit tout au plus, dans ce tableau de Katô, la représentation de la « "néoténie" désignant en biologie du développement, le fait d'atteindre la maturité sexuelle tout en conservant cet état de fœtus. Ceux que peint Katô », dit-il, « expriment le trouble de l'espèce humaine, désorientée d'être sujette à un tel phénomène. Dans le mélange d'inquiétude et de fragilité qui en découle, nous pouvons déjà nous représenter ce que seront les hommes du futur. Et prendre conscience qu'avec notre inachèvement, mais aussi avec la seule arme que nous nous sommes donnée au fil des siècles : la force, nous nous métamorphosons peu à peu en êtres inquiétants » (« Réflexions de Ryûtarô Takahashi sur quelques œuvres exposées » 7).

relativisant le label d'écrivain primitif haïtien qu'il s'était attribué dans *Pays sans chapeau* (1996). Ayant compris les mécanismes de la modernité, Foujita avait par ailleurs fait de sa vie d'artiste à Paris une monstration perpétuelle proche de l'autoportrait, à laquelle, n'était l'inversion proposée – de Paris s'autoportraitisant à travers lui – correspondrait la visibilité de Dany Laferrière sur les ondes françaises. Ceci dit, son rapport de séduction avec le Japon dépasse à la fois la simple question identitaire et le Japon lui-même. Après la dictée de Pivot qu'il avait été chargé de lire à Pékin devant 29 jeunes Chinois réunis dans le cadre de la Journée internationale de la Francophonie en mars 2017, il plaisantait sur l'idée d'intituler son prochain livre *Je suis un écrivain chinois*. Une boutade qui signale combien le charme de la rencontre l'emporte chez lui sur les repères nationaux et l'identité linguistique.

Ses personnages en portent la trace dès le début. Ce sont des êtres inanimés au sens où le comprend la langue japonaise : « Comme beaucoup de langues », relève Barthes, « le japonais distingue l'animé (humain et/ou animal) de l'inanimé, notamment au niveau de ses verbes *être* ; or les personnages fictifs qui sont introduits dans une histoire (du genre : *il était une fois un roi*) sont affectés de la marque de l'inanimé » (*L'empire des signes* 355). Il convient de se le rappeler dans l'étude de l'œuvre de Dany Laferrière, car, comme le fait remarquer Barthes, « alors que tout notre art s'essouffle à décréter la "vie", "la réalité" des êtres romanesques, la structure même du japonais ramène ou retient ces êtres dans leur qualité de produits, de signes coupés de l'alibi référentiel par excellence : celui de la chose vivante » (355). Issus d'une région indéterminée du monde, les deux personnages *tout moun* Bouba et Vieux – *êtres de papier* que les paramètres de la langue française confondent avec les personnes réelles Dany Laferrière et Roland Désir – sont des sujets qui échappent aux statistiques sur l'immigration mais la langue qu'ils parlent ne les dispense pas des statistiques de la Francophonie qui venait de gagner du terrain dans une région du monde étant parvenue à faire du français sa langue officielle[336]. Dany Laferrière aura beau avoir dit à son traducteur américain à propos de son premier livre : « C'est déjà écrit en anglais, seuls les mots sont en français » (*L'Art presque perdu de ne rien faire* 172), il sera malgré tout regardé comme un 'écrivain francophone', terme qu'il préférera pour sa part éviter en raison de *son petit air colonial*. Comme

---

[336] Rappelons que « La Charte de la langue française » (loi 101), introduite par Camille Laurin, venait d'être adoptée au Québec en 1977.

le souligne Oana Panaïté à partir de *J'écris comme je vis* (2000), de toute façon « pour lui le langage n'a souvent qu'une importance secondaire, car ce n'est qu'une strate superficielle », explique-t-elle, « que l'écrivain doit s'efforcer de rendre imperceptible » (« Mondialisation culturelle et mondialité poétique chez Dany Laferrière » 201). Et si « certains de ses romans trahissent la langue dans laquelle ils ont été écrits, le français en l'occurrence, car ils ont été conçus en créole ou en américain » (201), ce qu'il déplore, c'est « la nécessité de choisir une langue pour écrire car la littérature [...] devrait être fondée dans la culture et l'expérience vécue plutôt que dans l'usage d'un idiome particulier » (201)[337]. À Ghila Sroka il objectait, en attendant, que la Francophonie « est une notion très ambiguë » (« De la Francophonie et autres considérations... »). C'est, indique-t-il, qu'« on n'est jamais très sûr si le mot inclut la France elle-même, ou s'il ne s'applique pas uniquement aux pays où on parle français à l'exception de la France. Cette distance crée une situation extrêmement désagréable ; on a l'impression que la France est en train de se constituer un empire » (Sroka 1999). L'emprise francophone : « Les empires ne sont plus économiques, ils sont linguistiques, on vise de grands rassemblements » (Sroka 1999), trouvera huit ans plus tard un contrepoids dans le « Manifeste pour une littérature-monde en français » dont Dany Laferrière a été l'un des quarante-quatre signataires ainsi que dans l'ouvrage éponyme auquel il a contribué avec un article intitulé « Je voyage en français ». Comme il le confie en 2016 à Yolaine Parisot, c'était aussi l'occasion de rappeler ce qu'il avait tenté de poser dans *Je suis fatigué* (2000), à savoir qu'il en avait assez de la *constante assignation à résidence* qu'on continuait de lui faire :

> J'avais l'impression que je ne pourrais jamais sortir de ce tunnel et que quel que soit ce que j'écrivais, j'étais toujours ramené à cela. J'avais beau écrire *Cette grenade dans la main du jeune nègre est-elle une arme ou un fruit ?* ou *Comment faire l'amour avec un nègre sans se fatiguer*, j'étais toujours cet écrivain haïtien, caribéen, et moi, je n'arrêtais pas de dire que j'étais écrivain et haïtien, pas forcément « écrivain haïtien ». J'avais vu que c'était impossible de faire changer le point de vue, parce que ça signifiait beaucoup de choses, et pour l'université et pour les médias, d'identifier l'auteur à son lieu d'origine. Surtout ceux qui viennent du Sud ou de pays très pauvres. Je me disais qu'on ne pourrait jamais parvenir à être écrivain tout court, comme Hemingway l'est, comme Mauriac l'est, comme Günter Grass l'est. J'avais l'intention

---

[337] *Cf.* Dany Laferrière, *J'écris comme je vis*, Paris, La Passe du vent, 2000, p. 180–182.

La blague

d'arrêter d'écrire, j'étais épuisé. C'était pour cette raison-là. (« C'est un long tissu, c'est comme un ruban de Möbius » 285-286)

Qu'il cosigne le *Manifeste pour une littérature-monde* (2007) tiendra ensuite un peu du hasard : « Il se trouvait que j'étais à "Étonnants Voyageurs" et que ces sujets-là occupaient l'ensemble des écrivains du Sud et quelques écrivains du Nord, si on peut appeler les choses hâtivement comme ça. Et on a voulu faire un manifeste "Pour une littérature-monde" » (286). Le Manifeste lancé dans le cadre du festival « Étonnants Voyageurs » répondait à une bataille qui n'était cependant qu'en partie la sienne : « Je mène cette bataille-là, mais elle n'est pas directe. [...] Je ne la mène pas de façon frontale en faisant un manifeste » (286). Autrement dit, il n'a pas fait l'objet d'une adhésion totale de sa part :

> Dans les manifestes, on ne signe pas tout. Si on signe soixante-dix pour cent, c'est déjà beaucoup, il reste toujours trente pour cent. Le ton ne m'allait pas. Je le trouvais un peu trop pamphlétaire. Mais l'idée d'embêter certaines personnes, en disant « littérature-monde », ce qui repoussait l'ancien centre dans les marges, puisque, ce qui restait, c'était la littérature française... ! Ce qu'ils avaient fait d'ailleurs en repoussant tout le monde dans les marges, en disant « littérature francophone sauf la France »... Là, je repousssais la France dans ses marges. Nous sommes « littérature-monde » ! J'ai trouvé que ça m'allait, cette idée-là. La manière de présenter cette idée dans le manifeste ne m'allait pas forcément. Quand on signe un manifeste, on est globalement d'accord. (286-287)

Il y serait même étranger : « Donc ça n'avait rien à voir avec la bataille que je menais » (287). Sa bataille se produit sur deux plans : « Je la mène toujours contre moi-même, c'est-à-dire contre ma propre culture. Je suis même en rupture avec la vision littéraire, esthétique de cette culture qui m'a fait. On conteste toujours sa propre culture » (287). L'autre plan a trait à l'étiquetage : « Et je suis aussi en rupture, non pas avec le lectorat international, mais plutôt avec les représentations que donnent les médias et l'université en cherchant toujours à mettre un cadre et à pointer du doigt » (287). Rien contre l'adjectif haïtien : « J'ai bien compris que c'était fait avec bonne volonté et qu'on voulait que ces livres, qui étaient un peu dans l'ombre, apparaissent sous une certaine lumière, la lumière de la francophonie ou la lumière de la situation géographique, du lieu » (287). L'ennui, c'est que l'écrivain catalogué disparaîtra à la prochaine saison : « Mais quand la lumière s'éteint, pour aller éclairer d'autres groupes, elle ne revient pas souvent sur ces livres-là. Donc, je préfère être parmi la foule des écrivains, tout simplement » (287). Quand Yolaine

Parisot lui demande ensuite de s'expliquer sur la lutte qu'il engage contre sa propre culture, Dany Laferrière avance que : « Tout écrivain prend la parole pour contester quelque chose de ce qu'il est » (287). Il dit plus précisément ceci, qui concerne de près la genèse de son œuvre :

> [...] intimement, nous savons bien qu'il y a un manque, une situation de frustration. Elle peut être d'ordre social, mais plus profondément aussi il s'agit de contester une culture nationale, son lyrisme et sa manière de regarder le monde, pour dire : « Moi, je veux regarder le monde d'une manière différente. » C'est d'abord cela, il y a une rupture. Plus tard, l'écrivain comprend que tout le monde a fait cette rupture, qu'il n'est pas le premier. Mais c'est ce moteur-là. Et après, il se présente au monde et voit que le monde pourrait lui être hostile. À ce moment-là, il rassemble une deuxième énergie pour aller affronter ce monde-là. Et, dans tout cela, il ménage un espace aussi pour dire l'émerveillement, la beauté du monde. Donc, il y a ce mouvement, ce tourbillon qui est à la naissance d'une œuvre. (287-288)

S'il était resté à Port-au-Prince, Dany Laferrière n'aurait peut être jamais ovationné la langue française, qui faisait partie de sa propre culture avec le créole, mais Montréal a pu l'y amener face à l'hégémonie de l'anglais. C'est du moins ce que l'on peut entendre lorsqu'il souligne que : « Il [l'écrivain] ne prend pas la parole pour applaudir sa culture. Sauf quand il est dans un pays étranger ou quand sa culture est internationalement décriée, comme pour la Négritude » (287). Comme Gaston Miron pour le français parlé au Québec ou Frankétienne pour le créole haïtien et Émile Célestin-Mégie qui fut responsable de la rubrique « Défense et illustration du créole haïtien » du *Petit Samedi Soir*, il estime que « les écrivains peuvent alors s'élever pour faire ce qu'on appelle une défense et illustration. La langue française l'avait fait aussi... Défense et illustration de la langue française, défense et illustration de la créolité » (287). Si le titre du manifeste « Littérature-monde en français » qui avait paru dans *Le Monde des livres* du 16 mars 2007 a perdu l'ajout « en français » dans la publication collective de la même année, cela ne veut pas donc pas dire que Dany Laferrière ait été forcément séduit par l'élision. En effet, ainsi qu'il le dit au début de sa contribution quand il évoque un passé de résistances vis-à-vis de sa francité linguistique et culturelle, à ce jour il ne voit plus aucune raison pour lui de s'en démarquer :

> J'ai perdu trop de temps à commenter le fait que j'écris en français. Et à débattre du fait que ce ne soit pas ma langue maternelle. Finalement, tout cela me paraît aujourd'hui assez théorique, et même un brin ridicule. Cette

langue française s'est infiltrée dans mes neurones, et son chant rythme mon sang. Je pourrais reconnaître sa cadence dans une ruelle obscure de Bornéo. Autrefois, je n'aurais jamais admis une telle vérité par peur de découvrir en moi le colonisé. Mais le colonisé, je peux le dire, c'est celui qui ne se voit ni ne s'entend. Il se nourrit de mensonges. Sa vie est une fiction. À plus de cinquante ans, il est temps que je mette un peu d'ordre dans ce grenier rempli d'idéologies ringardes qu'est mon esprit. J'écris et je lis en français partout dans le monde. C'est cette langue qui m'accompagne en voyage. (*Pour une littérature-monde* 87)

Il a entre-temps décidé de rejoindre la place parisienne en acceptant de poser sa candidature à l'Académie française. La secrétaire perpétuelle, l'historienne Hélène Carrère d'Encausse, l'avait approché trouvant qu'il avait le profil adéquat, et avait sollicité personnellement sa candidature[338]. Membre du jury du Grand Prix de Monaco, rassemblant des académiciens issus de l'Académie royale de Belgique, des Académies romande et française, ou encore du Goncourt, il a aussitôt trouvé des appuis, dont celui de Bernard Pivot, qui lui ont semblé suffisamment convaincants pour qu'il fasse ensuite le pas. L'idée ne lui avait, par contre, jamais traversé l'esprit auparavant. Le prix Nobel aurait moins surpris. En attendant, il fait avancer, par sa participation régulière aux séances du dictionnaire, des travaux qui en étaient à la lettre 'V' de la 9e édition, mais son droit de vote lui permet aussi de contribuer à une remise de médailles honorant des artistes de talent, qu'ils bénéficient ou pas du label hexagonal. Jusque-là, la force d'attraction exercée par la place parisienne, résultant, pour Marc Quaghebeur, « d'une Histoire, et d'une Histoire nationale qui s'est proférée et drapée dans les pourpres de l'Universel » (« Comparatisme intrafrancophone et réinvestissement de la Littérature ») aura effectivement engendré une « situation monopolistique [qui] est à la fois une des causes de la stagnation relative des mondes littéraires de langue française – de leur absence de circulation archipélagique – et le point d'ancrage de réseaux, voire de prébendes » (Quaghebeur 2011). Dany Laferrière pourrait contribuer à sortir les littératures francophones d'une situation issue, pour Quaghebeur, d'un « processus pluriséculaire, qui s'est affirmé ouvertement à partir du XVIIe siècle », une « concentration n'a[yant] jamais connu d'hiatus symbolique ou de

---

[338] L'idée d'une candidature à l'Académie française lui a plus précisément été suggérée par des académiciens qui faisaient partie du jury du prix littéraire Prince Pierre de Monaco, dont il était l'un des membres. Jean d'Ormesson lui avait déjà témoigné un grand attachement dans leurs échanges épistolaires.

remise en cause fondamentale. Ni au moment de l'extension de l'empire colonial français[339] ni à l'heure des décolonisations » (Quaghebeur 2011).

En ce qui concerne le « Manifeste pour une littérature-monde en français » (2007) auquel Dany Laferrière a adhéré, il resterait à signaler qu'il a suscité des polémiques de la part des spécialistes des études francophones. Il pourrait toutefois s'être agi d'un simple signal que certains, comme l'indiqueront les directeurs de l'ouvrage qui suivra sous le titre de *Pour une littérature monde* (2007), auraient ressenti le besoin d'adresser à une littérature de langue française tantôt assujettie à l'idéologie (engagement), tantôt coupée du monde et du référent (structuralisme) ainsi qu'à une scène littéraire française discriminante et imbue d'elle-même. C'est le cas, par exemple, d'Anna Moï, qui pointe « les raisons à tout le moins suspectes » d'un milieu littéraire faisant « volontiers classer comme "français" les auteurs blancs du Nord (Beckett, Kundera, Cioran) et comme "francophones" les auteurs du Sud à la peau noire, ou jaune » (« L'Autre » 24). Mentionnons par ailleurs Glissant, qui mise pour sa part sur *le rapport fondamental entre politique et poétique* et pour qui « le plus haut degré, c'est le "tout-monde", le chaos-monde actuel, c'est ce qui nous est donné et que nous n'avons pas encore exploré. Car, si les explorations terrestres et marines sont terminées, celles des relations des cultures dans le monde », relève-t-il, « ne le sont pas […] » (« Solitaire et solidaire » 83–84). Dans son propre article, Mabanckou exprime cela en termes d'univers à comprendre, au sens latin, comme le monde *tout entier* :

> De ce fait, aucune autorité quelle qu'elle soit ne devrait s'arroger le droit de décréter ce qui relèverait de l'universel et ce qui n'en relèverait pas. L'universalité est le constat que nous faisons de l'état de notre intelligence, de nos rencontres et du mélange de nos cultures. Par conséquent, l'universel formant un tout, il n'y a plus d'universel lorsqu'il manque à cette totalité les éléments, qui, réunis les uns aux autres, forment un ensemble *disparate* mais *cohérent* ! Au fond, on le sait déjà, l'universalité « c'est le local moins les murs ! » Faut-il ajouter que la littérature-monde en langue française devrait s'inscrire dans cette démarche ! (« Le chant de l'oiseau migrateur » 63–64)

Le mot 'francophone' nécessiterait tout au plus une revisitation. Ce à quoi invite également Alain Mabanckou lorsqu'au micro avec Dany Laferrière de l'auteur-journaliste français Christophe Ono-Dit-Biot en

---

[339] La négritude ne s'attaque pas à elle, elle se dit à travers elle. (Note dans le texte).

juin 2016, il ne rejette pas forcément l'appellation, précisant lui aussi que « ça dépend de ce qu'on met à l'intérieur d'"écrivain francophone' » (« Le marathon des mots » 25 juin 2016, 26'20"-26'32"). Il considère en effet que :

> La France est un membre de la Francophonie, au même titre que le Congo-Brazzaville, au même titre que le Gabon, etc. nous sommes à l'intérieur, et quand on regarde même, comparé au nombre de gens qui parlent la langue française à l'extérieur de la France, la France est minoritaire. Donc, si on considère que la Francophonie c'est la continuation de la politique étrangère française par des moyens détournés, nous ne sommes pas ces Francophones-là. Si on considère que la francophonie est un vocable qui sert à balkaniser les écrivains pour rappeler qu'ils viennent de côtés ensoleillés et qu'ils viennent enrichir votre langue comme ils disent – oui, vous le dites, « faire danser la langue » , oui, je ne souhaite pas être dans cette sorte de Francophonie, il nous faut une Francophonie culturelle dans laquelle nous aurons pour partage cette langue française qui n'appartient plus qu'à la France. (26'48"-27:43")

On pourrait en débattre indéfiniment. Pour sa part, Dany Laferrière ne tient pas à passer sa vie sur des contrôles d'identité :

> Bon ! Vous savez, on devrait être en train d'écrire, on devrait être en train d'écrire, un écrivain c'est cela. Et on passe notre temps, bon ! peut-être que c'est notre forme de culture, à se définir, à se contre-définir, à essayer, parce qu'on a pris la décision de dire que l'écrivain est d'abord un intellectuel. Et en France, où nous avons l'habitude d'ailleurs de converser – d'analyser – de la nourriture que nous sommes en train de manger, de parler du vin que nous sommes en train de boire, c'est une manière intéressante, elle est intéressante mais elle est épuisante. (27'45"-28'15")

La faiblesse du « Manifeste pour une littérature-monde en français » tient bel et bien à ce ressassement qu'il n'a fait que déplacer et que l'expert en études postcoloniales, le professeur Dominic Thomas, pointe en reprochant, par exemple, à ces mêmes idéateurs qui réclamaient une ouverture sur le monde et un dépassement du repli sur soi de la France, d'avoir passé sous silence les avancées postcoloniales qui ont fait évoluer la perception des littératures de langue française à partir du monde anglo-saxon. Il ne manque pas de renvoyer à Dany Laferrière, là où celui-ci dit, dans *Je suis un écrivain japonais* (2008), en avoir assez de la question des origines à laquelle la Francophonie traditionnelle n'arrête pas de le renvoyer : « Moi, je n'en ai rien à foutre de l'identité […]. Je l'ai fait précisément [écrire un livre ayant un tel titre] pour montrer qu'il n'y a pas de frontières... J'en avais marre des nationalismes culturels » (Laferrière 2008, 197–198). Ici aussi Dany Laferrière aimerait l'avoir dit une bonne fois pour toutes : « – Je ne comprends pas qu'on n'ait pas compris que si on écrit, comme on lit, c'est pour être ailleurs, pour devenir quelqu'un d'autre, le temps de cette lecture, de cette écriture, donc pour moi j'avais qualifié d'injure géographique cette idée toujours d'épingler l'écrivain sur le lieu d'où il vient » (« Le Marathon des mots », 05'30"-05'55"), rappelle-t-il en 2016 à Ono-Dit-Biot, ajoutant ce trait *on the road* à la Kerouac : « J'écris précisément pour quitter ce lieu et je lis pour quitter ce lieu, quand je lis un écrivain c'est pour partir avec lui chez lui, sur les routes » (05'55–06'04"). Lorsque le journaliste relève : « – En même temps, on reste un natif-natal, pour paraphraser un écrivain que vous aimez beaucoup, Romain [*sic*] », il rebondit aussitôt en rappelant quels sont les véritables enjeux : « – Oui, Jacques Roumain, il l'a dit, oui ! bien sûr, le lieu est incontournable, Glissant l'a dit, et c'est très bien, la question n'est pas là, et si je laisse les jupes de ma mère et que je prends la grande route, ça ne veut pas dire que je l'ai oubliée, au contraire » (06'04"-06'25"). Et pour ceux qui ne comprendraient toujours pas, il a ce dessin à son répertoire : « Et c'est ainsi que je définis l'identité d'ailleurs, comme une bicyclette. Quand vous montez sur une bicyclette, si vous regardez la roue, eh! bien, vous allez tomber. Il faut regarder devant, il faut regarder l'horizon » (06'04"-06'35"). Cet appel du large qui distingue Dany Laferrière ainsi que les écrivains du festival Étonnants-voyageurs qui est à l'origine du Manifeste, Dominic Thomas l'avait bien perçu et c'est ce qui le pousse à se demander, avec Achille Mbembe, pourquoi :

> En ce siècle dit de l'unification du monde sous l'emprise de la globalisation des marchés financiers, des flux culturels et du brassage des populations, la France – et au-delà, l'Europe – s'obstine [...] à ne pas penser de manière critique la postcolonie, c'est-à-dire, en dernière analyse, l'histoire de la présence du monde en son sein aussi bien avant, pendant, qu'après l'Empire. (« La république désœuvrée : la France à l'ère post-coloniale » 159)

Il estime, tout comme le spécialiste des études francophones Marc Quaghebeur, que « le changement viendra d'une décentralisation de[s] sites de production, de publication et de dissémination, et d'une réévaluation de l'économie de la consommation/du lectorat et de la circulation textuelle » (« La Littérature-Monde »). Cela se réalisera, comme il le formule pour sa part avec Ngùgì wa Thiong'o, en « formant un lien avec les langues dans lesquelles les acteurs du théâtre social du changement parlent réellement »[340] tout en reconnaissant aussi que la migration de, et dans d'autres langues, constitue une composante indissociable de la mondialisation » (« La Littérature-Monde »). Si, pour Quaghebeur en 2015, les choses ne se résoudront que lorsque la France aura reconnu qu'elle est désormais entrée dans la troisième phase de son histoire et qu'il est grand temps pour elle de se reconnaître comme l'une des filles de la Francophonie, Thomas rappelait encore, en 2007, que, comme l'écrit Jean-Claude Moura, « au plan des relations internationales, l'héritage colonial a produit des configurations étatiques complexes, [et que] la politique étrangère de maints États est influencée par les liens tissés pendant la période coloniale » (*Littératures francophones et théorie postcoloniale* 2). Thomas en concluait, avec Mbembe et Bancel, qu'il restait encore et toujours à déconstruire les « représentations et formes symboliques ayant servi d'infrastructure au projet impérial et légitimant la domination » (Mbembe et Bancel 2007, 85)[341]. Le signifiant 'postcolonial' ne risquait-il cependant pas, en soi, d'occulter la persistance, sur le terrain, d'un néocolonialisme économique, notamment françafricain, qui ne dit pas son nom ?

Le pragmatisme de Dany Laferrière l'amenait à déclarer en 1999 : « Je suis prêt à parler anglais, allemand, chinois ou yiddish demain matin, si cela peut m'offrir une meilleure vie, à moi, à mes amis, aux gens qui me sont proches et, disons-le tout bonnement, à mon pays » (Sroka 1999). Il tenait à ce point à ce que celui-ci sorte de la misère, qu'il lui souhaitait, en dépit du traumatisme lié à l'occupation américaine (1915–1934), de rallier le drapeau états-unien : « D'ailleurs, je suis prêt à accepter qu'Haïti, **et je le souhaite même ardemment**, se place sous la bannière américaine. Pour une fois, on serait du côté des gagnants » (Sroka 1999)[342]. La donne a changé en 2013 avec son élection à l'Académie française, qui a eu pour double effet collatéral d'attirer l'attention sur le Québec, mais aussi et surtout sur Haïti – et les Haïtiens ayant émigré en France où ils paient le prix de leur non-appartenance aux Drom – puisque c'est à Port-au-Prince,

---

[340] Ngũgĩ wa Thiong'o 56 ; cité par Dominik Thomas dans « La Littérature-Monde ».
[341] Cités par D. Thomas dans « La Littérature-Monde ». Ce qu'il met en relief, c'est que « les récents débats en France sur les études postcoloniales ont souvent ignoré les avancées faites dans d'autres contextes culturels et politiques sur ces questions, les intellectuels "nationaux" ont également eu tendance à obscurcir la portée des contributions et recherches existantes » (« La Littérature-Monde »).
[342] Les caractères gras sont dans le texte.

qu'il a choisi d'attendre l'issue du vote et non à Paris, où il aurait pu effectuer quelques dernières visites en vue de consolider sa position[343]. L'Académie peut aussi servir à cela. Dans son émission de juin 2016, Christophe Ono-Dit-Biot demeure, en attendant, très impressionné lorsqu'il s'adresse à Dany Laferrière et à Alain Mabanckou, titulaire pour sa part de la chaire de création artistique au Collège de France :

> – Quand on vous regarde tous les deux, donc on a le Collège de France et l'Académie française réunies, une sorte de quintessence de cette vénérable institution, parce que, c'est valable aussi pour vous, Dany Laferrière, vous êtes totalement, maintenant... vous qui étiez tous les deux périphériques, en fait, vous parlez souvent des marges... vous voilà vraiment au centre, on a l'impression que le combat il est gagné par KO au Collège de France et à l'Académie française, quand même, ça pèse. (« Le marathon des mos » 17'20"-17'46")

L'occasion, pour Dany Laferrière, de signaler que le *knock-out*, s'il en est, a eu lieu bien avant sa naissance, à savoir en 1804. Peu enclin à parler le langage d'une névrose coloniale qu'il ne partage pas, Dany Laferrière préfère aussi rappeler que le vrai combat fut remporté haut la main par les femmes qui l'ont protégé, enfant, contre la violence duvaliériste, et ensuite par les livres qu'il a publiés :

> Oh ! je ne sais pas si... où est l'intérêt de cette histoire. Parce que le combat a été gagné il y a très, très longtemps, j'ai eu cette enfance heureuse, élevé par ma grand-mère dans une petite ville d'Haïti à Petit-Goâve, je crois que c'est là que tout s'est passé, quand toutes ces femmes, mes tantes, ma mère et ma grand-mère m'ont entouré d'un cercle de tendresse pour me protéger de la dictature de Duvalier. C'était un combat beaucoup plus fort que l'Académie française. – Oui, mais vous-même disiez... (Ono-dit-Bio) – C'est de ces tantes-là et de cette petite tasse de café de ma grand-mère que j'ai puisé pour écrire mes livres. Le premier, le combat, le seul vrai combat, c'est la littérature. Parce que ce n'est pas une décision du Collège de France ou de l'Académie française de dire : « Il est temps de prendre un Noir », sinon, bon ! ils sont en retard de 400 ans, c'est tout simplement parce que j'ai écrit ces livres. Et pour moi, c'est bien moins important que le moindre de mes livres. (17'47"-18'46")

Quand on pense à la terreur duvaliériste qui régna en 1963 ainsi qu'en 1964 en réponse à la tentative de putsch des *Camoquins* agissant à partir de la République dominicaine et à celle, la même année, du commando

---

[343] Il a été élu avec 13 voix sur 23 votants.

Jeune Haïti, basé aux États-Unis, on voit mal, en effet, comment l'entrée à l'Académie française pourrait soutenir la comparaison aux yeux de l'auteur, qui avait entre dix et onze ans à l'époque des faits. Les représailles de la part de Duvalier furent en effet terribles. S'il était dans ses habitudes de s'en prendre à tous les membres de la famille de ses opposants déclarés, en 1964 il lui suffirait d'apprendre par ses espions à New York qu'un exilé haïtien s'était absenté de son domicile pour en conclure qu'il avait gagné la base du commando à Miami et donner à ses sbires l'ordre de massacrer sa famille en Haïti[344]. Le zèle dont ceux-ci firent preuve en trucidant femmes et enfants se passe de commentaires[345]. Les contacts entre Windsor K. et sa famille en Haïti avaient beau s'être interrompus et quelle qu'ait été la position de celui-ci vis-à-vis du régime, la paranoïa de Duvalier n'épargnait personne, pas même ses alliés ou les paisibles notables d'une petite ville de province : « – C'est le grand rassemblement. [...] Et ce qui est incroyable, Da, c'est que personne, et j'ai parlé avec tout le monde, ne connaît la raison précise de ces arrestations. – C'est ce qui est inquiétant, dit Da » (Laferrière 1998, 174), lit-on ainsi dans *Le Charme des après-midi sans fin* (1998). C'est cela l'Histoire, comme Fatal le dit à Vieux, après qu'il l'a surpris en train d'écouter les adultes : « Reste, dit subitement Fatal, c'est l'Histoire et ce n'est pas seulement dans les manuels scolaires qu'on doit apprendre ces choses-là. L'Histoire se déroule sous nos yeux, mon garçon, et, un jour, tu pourras dire : "J'étais là quand ils ont arrêté tous les hommes de cette ville." » (176). Ce n'est cependant pas sur l'Histoire passant *sur son char de feu*, ainsi que Fatal nomme les événements en Haïti, que Dany Laferrière a l'habitude de mettre l'accent. Il insiste, une fois de plus, pour dire que le prestige que l'on prête à l'Académie française ne vaudra jamais celui de la littérature elle-même :

> Je ne renie pas, je suis bien content, tout content aussi pour Montesquieu d'avoir un tout jeune homme qui se trouve sur son fauteuil, on parle de lui depuis [éclats de rires dans le studio], mais quand je disais que j'ai éprouvé de la satisfaction à voir ces livres-là revenir, je parle du livre lui-même, je ne parle pas de la décoration, je ne parle pas..., je parle du livre lui-même. » (19'07"-19'25")

---

[344] *Cf.* Diederich & Burt 2005, 289.
[345] *Cf.* Diederich & Burt 2005, 299.

Au journaliste français qui revient sur le motif de la marginalisation que le Manifeste lie au vocable 'francophone', pour souligner que l'entrée à l'Académie française et au Collège de France offre une solution, Mabanckou répond en substance que les symboles ne suffisent pas et qu'il faut aussi voir ce qui se passe à côté : « Il faut », dit-il, « la même considération pour un écrivain comme Aboudahaman Waberi, pour un écrivain comme Fiston Mwanza Mujila, pour un écrivain comme Emmanuel Dongala ou Makenzy Orsel... – Il faut que le combat continue... » (20'10"-20'46"). Laferrière enchaînera sur une blague, lui servant de prélude à une mise au point sur le prestige qu'il reconnaît à l'Académie française :

> – Oui, c'est cela... Quand on acceptera à l'Académie française un mauvais écrivain noir [éclats de rires dans le studio], parce qu'il y a beaucoup de mauvais écrivains blancs. – Voilà ! (Mabanckou) – J'ai écrit vingt-six livres, je suis traduit dans quinze langues, je travaille sans cesse depuis trente-cinq ans, on m'a accueilli à l'Académie française, je suis très heureux, mais je ne vois pas matière à sauter au plafond. Et si l'Académie s'enorgueillit, ou si la France s'enorgueillit d'une telle situation, il y a problème. Il y a problème. On devrait dire plutôt : « Il était temps ! Enfin ! » (20'47"-21'20")

Comptait-on, en France, sur des retrouvailles avec la négritude, celle dont Vieux déplorait en 1985 qu'elle soit passée de mode en faisant de lui une épave aux yeux des filles, après que Léopold Sédar Senghor, qui venait d'être élu à l'Académie française, n'avait pas prononcé le mot une seule fois dans son discours de réception de 1984 ? Dany Laferrière la mentionnera dans son propre discours de réception, rétablissant par là, trente et un ans plus tard, les droits de jouissance dont son narrateur de 1985 déplorait la disparition en ces termes :

> Ça va terriblement mal ces temps-ci pour un dragueur nègre consciencieux et professionnel. On dirait la période de la Négritude née, *has been, caput, finito*, rayée. Nègre, *out. Go home Nigger*. La Grande Passe Nègre, finie ! *Hasta la vista, Negro. Last call, colored*. Retourne à la brousse, p'tit Nègre. Faites-vous hara-kiri là où vous savez. Regarde, maman, dit la jeune Blanche, regarde le Nègre coupé. Un bon Nègre, lui répond le père, est un Nègre sans couilles. Bon, bref, telle est la situation en ce début des années 80 marquées d'une pierre noire dans l'histoire de la civilisation nègre. (Laferrière 1985, 17)

Qui dira encore que « la "sexualité bicolore" du narrateur est dénuée de profondeur, de subtilité sentimentale et qu'elle ne dévoile que le "psittacisme" d'une revanche cannibalesque sur l'histoire coloniale des

Noirs » (Benalil 2007ᵃ) ? Le mythe du Nègre cannibale serait-il à ce point inscrit dans la langue française ? Or il y a plus grave encore. La remarque que Vieux fait devant « Miz Chat », au risque de passer, puisqu'il parle en français, pour le Nègre éternel 'mangeur de chatte' : « Tu sais, chez moi, on mange les chats »[346] illustre le fait, relevé par Tachibana, que « l'imaginaire a la vie dure ; le Nègre mythique est profondément inscrit dans la langue et donc dans la société. Il découle des "principes de vision et de division du monde" » (« Dany Laferrière, masque d'un romancier » 112). Tachibana se réfère au prologue de *La Noblesse d'État*, où Bourdieu parle d'« une correspondance entre les structures sociales et les structures mentales, entre les divisions objectives du monde social – notamment en dominants et dominés dans les différents champs – et les principes de vision et de division que les agents leur appliquent » (Bourdieu 1989, 7). Pour lui, « Dany Laferrière sait bien de quoi il s'agit : "Au début, je voulais tout bêtement détruire ces clichés... Ah ! Ah ! Ah !... Quel naïf j'étais ! Je suis tout de suite arrivé à cette conclusion qui m'a littéralement terrifié : la plupart des clichés sur les rapports sexuels entre le Nègre et la Blanche sont vrais." » (112)[347]. Les Lumières françaises, elles-mêmes prises dans les rets de la langue en plein essor de la Traite, étaient-elles en mesure d'y changer quelque chose ? Sony Labou Tansi regardait en tout cas celles de son époque comme une mauvaise plaisanterie : « [...] je ris de Sartre qui parla d'existentialisme dans un monde où la moitié des humains n'existent pas » (« Lettre à Françoise Ligier du 8 février 1978 » 217). Il précisait : « Je ne suis pas un con, mais non plus hais l'intellectualisation à outrance de la condition humaine. À la poubelle toutes les belles théories de la vie » (247). Pour Labou Tansi comme pour Laferrière, si vous chassez la chair ('viande'), elle reviendra au galop. La langue est en effet une partie du corps, comme il le rappelle sous forme de plaisanterie à la fin d'un entretien accordé en 1990 à Julie Snyder : « Pour sauver la langue, je vends mon corps » (Laferrière 1990e). Certes, il a posé nu pour le magazine *Lui*, mais la boutade renvoie plus précisément, dans le contexte québécois, au sort des femmes-pondeuses. Il en est question

---

[346] Il s'agit d'un expédient contre la famine. À Julie Snyder il dira qu'en Haïti on mange aussi les pigeons, *v*. « Dany Laferrière. Le poing J de Julie Snyder (émission en direct de Boucherville Québec 1997 ».

[347] *Cf. Cette grenade dans la main du jeune nègre est-elle une arme ou un fruit ?*, Paris, Le Serpent à plumes, 2003, p. 158.

dans la section de *Tout ce qu'on ne te dira pas, Mongo* (2015), consacrée à
« La démographie » :

> Pour sauver la culture québécoise dans les années 50, l'Église avait pris en charge sa démographie. Elle a donc mis au travail la femme, en exigeant d'elle un certain nombre d'enfants. Au-delà du raisonnable. D'où cette explosion démographique. Si ce rêve d'habiter complètement ce vaste territoire a réussi, c'est parce qu'on avait fait du ventre de la femme un trésor national et un bien d'État. Après avoir fourni des bébés par milliers, afin qu'on puisse faire du français une langue vivante, mieux encore, une langue durable, la moutarde commença à monter au nez de celles qui fournissaient les bébés. Sinon, ça n'allait pas arrêter, car il y avait encore de vastes espaces non habités où envoyer de jeunes prêtres. Les femmes ont regardé la carte et ont hurlé : « Ça suffit ! » L'État a compris qu'on allait manquer de lait, d'écoles, d'arénas[348], enfin qu'on ne s'était pas équipé pour aller aussi vite, et il a ordonné d'arrêter la machine à bébés. On reprendra plus tard. (Laferrière 2015, 26)

La langue est aussi liée, tout simplement, à la faim, ce dont la philosophie ne parle pas. Vieux soutient en effet, façon Labou Tansi, que « [p]our le Nègre affamé, l'Être hégélien est une des plus sinistres plaisanteries judéo-chrétiennes » (Laferrière 1985, 86)[349]. Pour Tansi, dit en substance Xavier Garnier, il reste à renouer avec le corps que l'impératif sartrien a refoulé et à proposer à cet effet une littérature engageante et riante en lieu et place d'une littérature engagée, car si de Gaulle estimait, à la décharge de l'auteur de *Qu'est-ce que la littérature ?* qu'on n'arrête pas Voltaire, l'écrivain non hexagonal surtout s'il est né dans un pays du Tiers-Monde appartenant encore, malgré lui, à l'imaginaire impérialiste français, n'a pas a priori le même crédit. L'écrivain, ancien ambassadeur de la République du Congo à Paris et parrain de Sony Labou Tansi, Henri Lopès, n'a pas pour rien adopté, dans ses romans, le ton du *pleurer-rire*. Ce fut aussi celui de l'auteur de *Comment faire l'amour avec un nègre sans se fatiguer* (1985). Il en va de même de l'hilarité de Vieux dans *Chronique de la dérive douce* (1994), après que son collègue indien, connaissant bien les conditions de sécurité très précaires dans lesquelles il travaille à l'usine, lui demande quand il rentrera dans son pays : « – Je

---

[348] Patinoire.
[349] Dans « Si le sexe est sain, il n'est pas innocent », Ching Selao rappelle que, « si les femmes blanches sont, dans les livres de Laferrière, des "bêtes assoiffées de sexe" (*CM*, 200), le Noir est un être affamé de nourriture » (Ching Selao 2016, 178).

La blague 279

ne sais pas. / On se regarde un moment / C'est ça, tu laisses tes frères / en enfer pendant que tu mènes / la belle vie ici. / On a ri à se rouler sous la table » (Laferrière 1994, 112–113). On a vu que Jn-Robert Hérard s'était permis, dans le numéro de la mi-septembre 1976 du *Petit Samedi Soir*, de plaisanter sur le *nouvel Eldorado* d'où son ancien collègue lui avait envoyé un reportage rendant compte du drame des Minorités au Québec. Comme le comprend pour sa part Yves Chemla dans sa contribution à *Dany Laferrière : mythologies de l'écrivain, énergie du roman* (2016), « le rire n'est sans doute pas motivé pour les mêmes raisons chez les deux hommes » (« La Confidence de l'arrivée » 141), compte tenu, par exemple, des questions que se posent D. et L. dans *Je suis fatigué* (2000) au regard de la petite-souris colocataire de la rue Saint-Denis, qui figure sans doute un peu « la conscience du narrateur » (142). On peut pour le moins avancer que le rire adoucit le malentendu qui frappa Ulysse à son départ d'Haïti en 1976, pour les sirènes de l'usine qui lui furent offertes à Montréal en lieu et place des fabuleuses femmes-poissons.

Tant qu'à jeter l''encre' dans les eaux troubles, l'écrivain a tout à gagner de la distance que l'humour lui permet de maintenir dans la polémique. Ce n'était pas le fort de Mongo Beti, il s'en rendait parfaitement compte. Ce sera celui de Dany Laferrière. Si en 1985 il dote Vieux de ce que Benalil appelle « une sexualité à prétention anodine d'un mal d'être où la femme blanche est passible d'un traitement animal » (Benalil 2007a)[350], n'est-ce pas parce que, comme l'écrit de Certeau avec Lévi-Strauss[351], « le roman est l'exténuation du mythe ? » (*Histoire et psychanalyse* 214). La blague est tout ce qui reste à 'l'écrivain de la périphérie francophone' face à l'aggravante du psittacisme qui lui sera imputée. Elle permet de proposer un *récit* qui ait l'air d'être « le développement d'une raison, et d'une raison dont tout historien s'attache à faire croire que c'est "la nôtre" » (214) et de montrer séance tenante qu'elle erre à vrai dire entre

---

[350] Benalil ne tient pas compte du fait que, sur les conseils de l'éditeur Jacques Lanctôt, *Comment faire* a été amputé de scènes inversées où le protagoniste, aux prises avec une Japonaise du nom de Hoki, faisait lui-même office d'objet sexuel. Les scènes en question, comprises dans la section « Le zoo kama-soutra », furent publiées à part, deux ans plus tard, dans *Éroshima*. *Cf.* Je reviens sur la question dans Bernadette Desorbay, « Les inattendus d'une trajectoire romanesque, l'art de Dany Laferrière », dans Lise Gauvin, Romuald Fonkoua et Florian Alix, Actes du colloque *Penser le roman francophone contemporain*, Colloque international, Université Paris-Sorbonne – CIEF-CELLF/Université de Montréal – CRILCQ, 16-17-18 novembre 2017, Montréal, PUM, 2020, p. 212-222.
[351] *Cf.* Claude Lévi-Strauss, *L'Origine des manières de table*, Paris, Plon, 1968, p. 106.

syllogisme, sophisme et paradoxe. Parmi les pointes les plus subtiles que Vieux ait faites sur la culture et sur l'histoire, il en est une qui concerne trois séquences coloristes : « Rouge, Noir, Jaune. Noir, Jaune, Rouge. Jaune, Rouge, Noir » (20) où manque le signifiant 'blanc'. Dany Laferrière, qui insiste pour dire qu'on lutte toujours contre sa propre culture, a donné à son narrateur la liberté de blaguer, me semble-t-il, sur l'histoire de la confection du drapeau national haïtien et sur les mythologies qui l'accompagnent. Rappelons qu'au départ 'bleu, blanc, rouge', le tricolore devint bicolore après que Dessalines eut décidé d'éliminer le blanc, trop lié à la 'roue du temps occidental'[352]. À la mort de Dessalines, Pétion qui gouvernait l'Ouest et le Sud du pays, rendit horizontale la disposition du bicolore, mais Christophe, qui régnait au Nord, au Nord-Ouest et sur l'Artibonite, adopta le drapeau noir et rouge. Ce n'était pas terminé, car à la mort de Christophe, Boyer qui avait succédé à Pétion, souscrivait à l'élision du blanc en ralliant l'ensemble du pays sous le bicolore bleu et rouge horizontal, tandis que Duvalier, au XXe siècle, en reviendrait au drapeau initial de Dessalines : « À une époque où le peuple haïtien donne sa pleine adhésion à une mystique rejoignant celle des ancêtres de la nation, il s'impose de consacrer de nouveau cet emblème » (Diederich & Burt 273). Dans son communiqué émis en 1964, Duvalier mettait l'accent sur la *puissance mystique* du noir-et-rouge : « Aucun étendard ne peut mieux exprimer la joie de la nation se trouvant à nouveau dans la puissante mystique, la foi de ses ancêtres, que le drapeau noir-et-rouge de Dessalines » (273). Si l'on considère, en outre, que le jaune renvoie en Haïti aux mulâtres et le rouge, aux mulâtres moins clairs de peau, on comprendra que l'alternance dont le narrateur joue autour des couleurs préférentielles de la jouissance, telle qu'il l'observe à d'autres chefs dans le Québec des années 1970 et 1980, renvoie, à vrai dire, à un érotisme de façade. Elle prouve par-dessus tout que l'Histoire elle-même est une vaste blague.

---

[352] Alexandre Pétion avait eu vent de l'interprétation que les Français avaient donnée du tricolore bleu, blanc, rouge exhibé par les combattants de Saint-Domingue. Ils en avaient retiré l'idée qu'ils ne visaient pas l'indépendance.

La séduction

Chez Dany Laferrière, la blague est un remède à l'angoisse en même temps qu'un rempart contre la militance et la paranoïa qui la guette. Elle entretient la *nonchalance* d'un écrivain qui dit « changer d'avis comme [il] change de chemise » (*Journal d'un écrivain en pyjama* 32) et qui, ne s'estimant pas doté d'« assez de rigueur pour écrire un essai » (32), signale son choix de s'en tenir aux « réflexions d'un amateur en pyjama » (32). Au discours scientifique, qu'il soit issu des études francophones, postcoloniales ou autres, Dany Laferrière préfère le roman pour lequel *c'est le charme qui joue*. Dans ces derniers, comme dans ses entretiens et jusque dans ceux de ses livres qui jouent avec les limites du genre romanesque en optant pour le mode réflexif, il écrit comme un peintre primitif qui aurait échangé le pinceau contre la plume. Son dernier livre en date *Autoportrait de Paris avec chat* (2018) illustre bien le bénéfice qu'il compte tirer de l'affaiblissement salutaire du signifiant qu'offrent la peinture et le dessin[353]. Comme le souligne Romuald Fonkoua, il lui importe toutefois d'« écrire la peinture » avant d'« écrire avec la peinture » (« Dany Laferrière et la peinture » 247), l'objectif étant d'échapper à la chape des signifiés qui guette l'écriture et de se prémunir en même temps contre les « assignations à signification » (256)[354]. Comme l'humour, l'ekphrasis est, chez Dany Laferrière, un mode narratif qui contribue au charme de l'œuvre et à la réussite de l'artiste, empêchant toute cristallisation autour d'une cause précise, susceptible de distraire l'œuvre de sa vocation à l'universalité ou de s'aliéner une partie du lectorat. Les couleurs font partie du jeu, mais elles ne guettoïseront pas davantage l'œuvre de Dany Laferrière que celle d'un Walt Whitman qui insistait, dans *Leaf of Grass* (1855), pour être la voix des Noirs, des Jaunes, des Rouges et des Blancs et celle de l'esclave autant que celle du maître. Lecteur de Walt Whitman, Dany Laferrière adopte le même mode. Ainsi Bouba, dérivé du nom africain (Boubacar), fait-il penser en 1985 à l'ourson brun ami des Indiens dans le dessin animé éponyme créé

---
[353] *Cf.* Bernadette Desorbay, « Brachylogia ou l'art du dépouillement. Dany Laferrière entre haïku et peinture primitive haïtienne », dans *Entre-deux et Nouvelle Brachylogie : convergences et divergences de deux concepts*, Mansour M'Henni *et al.* (dir.), Naples, *Conversations* n° 8, second semestre 2019, p. 61-69.

[354] « En rapprochant la littérature de la peinture, Laferrière essaie de détacher cette dernière des conditions postcoloniales de sa lecture et de son interprétation, qui ont souvent conçu des romans comme des traités ou des prêts-à-penser » (256).

par Nippon Animation et diffusée entre le 7 juin et le 6 décembre 1977 sur TV Asahi[355]. L'ourson a beau être noir/brun, il n'en est pas moins assimilé à la communauté des Peaux rouges[356], tandis que l'écrivain lui-même – selon la couleur fétiche héritée de la robe de Vava – se dira jaune dans *Je suis un écrivain japonais* (2008). Le titre du dernier chapitre, intitulé « On ne naît pas Nègre, on le devient » (Laferrière 2015, 169), détourne ensuite la formule existentialiste en reliant, dans un même rejet de l'essentialisme, les vestiges de la négritude autant que de la féminitude.

Dany Laferrière ne se range pas pour autant dans le projet existentialiste, dont il ne partage pas la vocation militantiste. Étranger aux idéologies comme aux constructions de l'esprit, l'Ulysse qui couve en lui surmonte les pièges, allant jusqu'à esquiver les questions des journalistes sur la situation politique et économique d'Haïti ou sur l'indépendance du Québec lorsqu'il est interrogé par les journalistes Philippe Dessaint, Sophie Malibeaux et Christophe Ayad du *Monde*, pour le numéro « Internationales » du 24 mai 2015, diffusé par TV5Monde et RFI. Non seulement il tient à éviter de fractionner son lectorat, mais il se conçoit comme un écrivain et non comme un spécialiste. Quand il arrive à l'auteur de *Comment faire l'amour avec un nègre sans se fatiguer* (1985) et d'*Éroshima* (1987) de parler de Mao, c'est certes pour reproduire la propagande du ministre chinois des Affaires étrangères de l'époque, l'ingénieux Zhou Enlai qui parvint à cacher au monde les réalités des grandes famines orchestrées par Mao et fit croire que celui-ci « n'a pas fait la révolution pour que chaque Chinois puisse disposer d'une Chinoise mais plutôt pour que chaque Chinois et chaque Chinoise puissent disposer d'un bol de riz par jour » (*Comment faire l'amour avec un nègre sans se fatiguer* 88). Aussitôt, Vieux met toutefois l'accent sur la séduction érotique et sur la façon de la détourner à son profit, une dimension

---

[355] *Bouba* (シートン動物記　くまの子ジャッキー, *Seton Dōbutsuki Kuma no ko Jacky*) est une série télévisée d'animation japonaise en 26 épisodes créée par Nippon Animation et diffusée entre le 7 juin et le 6 décembre 1977 sur TV Asahi. La série est basée sur une histoire d'Ernest Thompson Seton, *Monarch, the Big Bear of Tallac* (1904). En France, la série a été diffusée à partir du 21 décembre 1981 sur FR3 dans une émission pour la jeunesse ; Bouba a reçu son nom du petit Indien, Moy, qui, avec son père, l'a recueilli ainsi que sa sœur Frisquette, après la mort de leur ourse-mère Amandine (Wikipédia).

[356] Ainsi que sont désignés en Haïti, à partir du drapeau national, ceux qui ne sont ni noirs ni mulâtres mais 'entre les deux'.

apparemment frivole mais qui, à la différence de l'analyse politique et idéologique, n'a pas vieilli.

Après avoir dit son désir chimérique d'une star blanche québécoise – « Carole Laure, esclave d'un Nègre. Qui sait ? » (*Comment faire l'amour avec un nègre sans se fatiguer* 28) –, il se verrait en effet plus chanceux parmi les Jaunes, *microbes baisant par millions avec une telle frénésie*, qu'il ne leur viendrait aucunement à l'esprit de se formaliser devant la *crasse* qui règne chez lui : « J'imagine ainsi la planète et parmi ces millions de microbes jaunes, il m'arrive de rêver que sur les 500 millions de Chinoises, il y en a peut-être au moins 500 pour qui j'aurais été le Mao Nègre » (28). Rappelons qu'à l'époque l'Occident vivait une phase de Mao-manie qui n'avait pas échappé à l'attention de Dany Laferrière. Ayant découvert Mao grâce à Malraux, il peut avoir été séduit par la « supercherie » (Andrieu 1996, 55) que l'auteur des *Antimémoires* (1967 [1972])[357] avait tirée de son entretien du 3 août 1965 avec Mao et garnie d'une série d'emprunts à l'hagiographie de Mao par Edgar Snow, *Étoile rouge sur la Chine* (1937). Le mythe du bol de riz fait partie des arrangements que Malraux avait apportés en 1972 aux notes prises en chinois et en français lors de l'entretien[358]. Dany Laferrière a ainsi prêté à son narrateur le désir d'un Mao imaginaire, celui que Malraux avait fait à son image. Or, quand il revient sur la question en 2015, il relève non pas le leurre mais la puissance de l'écrivain : « [...] au lieu de raconter la rencontre comme un journaliste, il l'a fait comme un écrivain. Ceux qui avaient pris des notes lors de la rencontre se sont demandé s'ils avaient assisté à un autre événement. En fait, c'est la version de Malraux qui est la meilleure » (*Tout ce qu'on ne te dira pas, Mongo* 109). Il en va non pas des grandiloquences derrière lesquelles Malraux se souciait de dissimuler ses échecs lors de la rencontre mais de la vérité de la fiction à laquelle il avait atteint en tant qu'écrivain et du rêve que lui-même nourrissait à l'époque d'en faire autant : « [Malraux] a vu et entendu autre chose que ce qu'on nous donnait à voir et à entendre. C'est ce que j'ai toujours rêvé de faire, mais je ne suis pas ce jeune homme brillant qui a écrit en 1933, à trente-deux ans, *La Condition humaine* (l'âge que j'avais à la publication de mon premier roman) » (109). Le *carnet noir* est éloquent : « Je n'ai jamais hésité

---

[357] Le texte a reparu, revu et corrigé, en 1972.
[358] « Voici en effet ce que Mao lui dit dans sa version, mais pas dans les deux autres : "Nous n'en sommes plus à manger des écorces, mais nous n'en sommes qu'à un bol de riz par jour. Accepter le révisionnisme, c'est arracher le bol de riz." » (59).

à déformer les faits pour leur faire rendre tout leur jus. Si vous restez collé à ce que la réalité veut bien vous montrer, vous ne saurez jamais ce qu'elle cache dans son ventre. Il faut savoir la retourner comme un gant » (109). C'est que « la réalité est une pure construction de l'esprit » (109). Les motivations de Malraux étaient-elles de cet ordre ? lui qui ne se présentait pas en écrivain devant Mao[359] mais se disait investi par le président de la République Charles de Gaulle d'une mission politique qu'il n'hésitait pas à qualifier de plus importante que celle de la délégation parlementaire française qui avait elle aussi obtenu audience. On est pour le moins tenté de se demander, avec le chargé de recherches au Centre d'études sur la Chine moderne et contemporaine (EHESS) Jacques Andrieu, si le « verrouillage littéraire » (« Mais que se sont donc dit Mao et Malraux ? » 61) *habilement mis en œuvre* ici par Malraux n'a pas été « au service d'un mensonge caractérisé [...] de même nature que les incessantes opérations de réécriture de l'Histoire dont les régimes communistes, et la Chine en particulier, étaient coutumiers ou que l'entreprise négationniste du "révisionnisme français" » (61). La question est d'autant plus pertinente que, comme l'écrit Andrieu, « le montage discursif de Malraux n'a pas eu que des effets littéraires » (Andrieu 1996, 61) :

> Il n'a pas uniquement permis à Malraux de survivre à l'échec de son entretien avec Mao et de panser les blessures qui en ont résulté pour son amour-propre, qu'il place tellement plus haut que son devoir d'intellectuel, que [...] alors qu'il a parfaitement compris le triste sort qui attendait ses confrères, les écrivains chinois (je songe à Lao She, retrouvé mort dans un lac de la banlieue de Pékin, le 24 août 1966, et à tant d'autres), il a choisi délibérément de n'en rien dire, parce que cela contrariait trop directement son projet de reconstitution fictive. (61)

Le souci que Dany Laferrière manifeste à l'égard de l'ami, journaliste et écrivain, Gasner Raymond victime comme tant d'autres de la répression duvaliériste, dément tout penchant de sa part au négationnisme. Ce que relève tout au plus le *carnet noir* de *Tout ce qu'on ne te dira pas, Mongo* (2015), c'est que Malraux fut sensible à la condition humaine et que, tant qu'à faire de l'autoportrait sur le compte de Mao – et en faveur de celui-ci – il était temps de prêter aussi à la Chine des traits 'négroïdes' : « On nous a toujours fait croire que la Chine nous était totalement inconnue alors que nous sommes plus inconnus de la Chine que la Chine ne l'est de nous »

---

[359] Il préfère d'ailleurs se qualifier d'intellectuel après avoir saisi que les projets de purges fomentées par Mao concerneraient les écrivains.

La séduction

(109). Pour lui, l'auteur des *Antimémoires* (1972) s'est tout au plus laissé guider par son sens de l'empathie. Un sentiment qu'il partage avec lui et qu'il exprime de façon moins narcissique sous forme de boutade, pour son « envie de [se] mettre à la place d'un milliard de gens. On se sent moins seul » (108–109)[360]. En 1985, Vieux visait déjà, tout au plus, la clef de la jouissance universelle que Mao paraissait posséder. Le deuxième roman de Dany Laferrière renchérit sur l'érotisme qui émanait du grand Timonier, tandis qu'un mot d'esprit rompt aussitôt le charme. Face à une jeune Asiatique entrevue lors d'un trajet en train, le narrateur d'*Éroshima* (1987) aimerait être celui que les jeunes Chinois de la Révolution culturelle suivirent aveuglément dans les années 1960 :

> Elle porte un T-shirt aux couleurs de l'Université McGill. Longue, les yeux bridés et le regard tourné vers l'intérieur. Le genre de fille à s'appeler Lo. Lo est entrée dans le train et a trouvé une place libre en face de moi. Je n'en demandais pas tant. Pourquoi les Asiatiques m'intéressent-ils autant ? Parce que c'est loin, l'Asie. Lo est assise sagement, le visage tourné vers la Chine. Je voudrais être Mao. Elle me jette un regard, style bande-des-quatre. Je n'ai pas insisté. » (*Éroshima* 115)

L'espoir de séduction est cependant barré par le regard de la jeune femme, qui le renvoie à la mise au ban du groupe de dirigeants chinois arrêtés en 1976 peu après la mort de Mao et emprisonnés ou condamnés à mort pour avoir été les instigateurs de la Révolution culturelle orchestrée par le grand Timonier, avant que celui-ci décide de la juguler en 1969 parce qu'elle échappait à son contrôle. À ce jour considérée comme une tragédie nationale[361], la Révolution culturelle passait encore, dans les années 1980, pour un mouvement révolutionnaire reposant sur un projet intègre, dont la déviance aurait été le fait, non de Mao lui-même, mais de la bande des quatre à laquelle appartenait notamment sa femme. La littérature offre ici un champ d'investigation privilégié à la quête d'une vérité tenant compte de celle de l'inconscient, dont Dany Laferrière démontre qu'il la tient en considération au même titre que le registre du fantasme. Si, comme il le formule, la séduction dépend du rapport

---

[360] La biographie *André Malraux* par Curtis Cate, dont la version française a été publiée par Flammarion en 1994, a réhabilité la vérité de l'auteur sur certains épisodes, hâtivement décriés, de sa vie.

[361] À l'exception de certains pays, dont la Chine elle-même qui continue de proclamer que les dommages causés par Mao ne dépassent pas le tiers de l'ensemble de ses actions.

que l'on a avec le miroir – « suivant notre rapport avec le miroir on est séducteur ou séduit » (« Discours de réception à l'Académie française ») –, il en ira oui et non de l'image spéculaire, car, comme l'énonce Lacan de façon générale, « ce n'est pas l'image spéculaire, c'est de l'ordre de l'image, c'est ici le fantasme. Je n'hésite pas en l'occasion à le recouvrir par la notation de l'image spéculaire » (*Séminaire. Livre X. L'angoisse* 35). La séduction manquée dans *Éroshima* (1987) était liée à la rencontre de trois facteurs. Le premier émanait du désir suscité, dans le premier roman, par le 'T-shirt aux couleurs de l'Université McGill'. Le second dérivait de la menace de castration liée au signifiant de la 'bande-des-quatre'. Enfin, le troisième avait trait à l'appel du large (*lot bod lo*) figuré par l'Asie lointaine et plus précisément par la Chine, ainsi qu'au fantasme de Mao. L'échec de la prédation « Je n'ai pas insisté » (*Éroshima* 115) était quant à lui précédé du désir du narrateur de s'identifier au fantasme de la proie : « Je voudrais être Mao » (115), où l'on reconnaît sans peine ce dont Lacan parlait lorsqu'il disait que « ce désir est désir en tant que son image-support est l'équivalent du désir de l'Autre » (35). La passagère « aux yeux bridés » (35) que le prédateur nomme Lo – comme dans *lot bod lo* – a « le regard tourné vers l'intérieur » (35) et figure par là la proie contemplant l'objet – Mao – lui manquant à elle-même. Autrement dit, les éléments étaient bel et bien réunis dans *Éroshima* (1987) pour que le séducteur parvienne à ses fins. À en croire la conclusion de Lacan à la fin de son séminaire du 21 novembre 1962 sur « L'angoisse. Signe du désir », la « recette » (*Séminaire. Livre X. L'angoisse* 38) était en effet viable, au sens où elle prévoyait un détour que le narrateur avait bel et bien mis en route :

> Je dis à l'autre que, le désirant, sans le savoir sans doute, toujours sans le savoir, je le prends pour l'objet à moi-même inconnu de mon désir. C'est-à-dire, dans notre conception à nous [psychanalystes] du désir, je t'identifie, toi à qui je parle, à l'objet qui te manque à toi-même. En empruntant ce circuit obligé pour atteindre l'objet de mon désir, j'accomplis justement pour l'autre ce qu'il cherche. Si, innocemment ou non, je prends ce détour, l'autre comme tel, ici objet – observez-le – de mon amour, tombera forcément dans mes rets. (*Séminaire. Livre X. L'angoisse* 38)

Dans *Éroshima* (1987), le regard 'assassin' de la proie renverse néanmoins la situation, exposant le séducteur à sa propre angoisse. À ce stade, il ne sera pas inutile de rappeler que cette dernière, en se focalisant sur le père et ses substituts, école, parole, exil, etc., séparant au nom de la loi la mère de l'enfant, est un phénomène structurant destiné à libérer

La séduction

le sujet de la nécessité de se prémunir contre la peur de l'inceste en se forgeant un système défensif à l'égard de la mère et, plus tard, du genre féminin. Le complexe de castration renvoie en revanche à une fixation inconsciente de ladite angoisse, renforcée, dans le cas présent, par les vestiges d'une menace de castration issue de la répression esclavagiste. Dany Laferrière y fait en effet allusion dès son premier roman, lorsque Vieux associe la scène où Miz Littérature lui « fait une de ces pipes » (*Comment faire l'amour avec un nègre sans se fatiguer* 49) à une chanson racontant le lynchage et la castration d'un jeune Noir :

> Je ne sais pas pourquoi – ça n'a rien à voir avec ce qui se passe ici –, je pense à une musique que j'ai entendue, il y a très longtemps. C'était un type de mon village qui avait un de ces disques Motown. Ça parlait du lynchage. Du lynchage, à Saint-Louis, d'un jeune Noir. On l'avait pendu et ensuite châtré. (49)

L'incise contenant la dénégation freudienne 'ça n'a rien à voir avec ce qui se passe ici' renforce, au lieu de l'inférer, la relation entre la fellation en cours et le lynchage de Jesse Washington survenu à Waco (Texas) le 15 mai 1916, où le jeune homme de dix-sept ans, accusé du viol d'une Blanche, avait aussi été torturé, amputé, brûlé à petit feu et châtré par la foule. Vieux, qui se réfère sans doute à la version de Sammy Price de « Hesitation Blues » y faisant référence[362], se pose une question qui, dit-il, ne le quittera plus : « Pourquoi châtré ? Cette interrogation me poursuivra toute ma vie » (Laferrière 1985, 49). Les photos prises lors de ce genre d'événements[363], dont on tira des cartes postales, montrent des Blancs hilares assistant à la torture comme à une blague que seuls des gens dépourvus d'humour n'eussent pas appréciée. Vieux insiste : « Pourquoi châtré ? Hein ! Pouvez-vous me le dire ? » (49). Aucun penseur – des Lumières à l'existentialisme en passant par Freud et l'auteur de *La Condition humaine* (1933) – ne répondra à la question : « Naturellement, personne ne voudra se mouiller sur un pareil sujet » (49). Ou plus précisément : « Qui voudra se compromettre sur un tel sujet ? » (49). C'est que « le monde est pourri d'idéologies » (49), rendant durable l'énigme de la double équation raciste-sexiste : « Bon dieu ! J'aimerais bien savoir,

---

[362] Les critiques font généralement référence à « Strange fruit » interprété par Billie Holliday, mentionné plus tôt dans le roman, mais le texte de la chanson ne parle pas de castration.

[363] *Cf.* http://www.rawstory.com/2015/02/this-is-the-charred-body-of-jesse-washington-and-whites-from-waco-not-isis-burned-him-alive/.

être tout à fait sûr », s'écrie Vieux, « que le mythe du Nègre animal, primitif, barbare, qui ne pense qu'à baiser, être sûr que tout ça est vrai ou faux. Là. Direct. Définitivement. Une fois pour toutes » (49). Et comme tout, en la matière, semble se réduire à la gamme chromatique, autant vaut s'en remettre à la peinture et à cette toile de Matisse, précurseur de l'art non figuratif, où la couleur a remplacé la forme :

> En tant que Noir, je n'ai pas assez de recul par rapport au Nègre. Le Nègre est-il ce cochon sensuel ? Le Blanc, ce cochon transparent ? Le Jaune, ce cochon raffiné ? Le Rouge, ce cochon saignant ? Seul le Porc est Porc. Je ne sais pas pourquoi j'ai toujours imaginé l'univers comme cette toile de Matisse. Ça m'avait frappé. C'est ma vision essentielle des choses. La toile, c'est « Grand intérieur rouge » (1948). (Laferrière 1985, 49)

Vieux n'avait pas trouvé réponse à la question chez Henry Miller. L'auteur de *Plexus* (1953) en était effectivement resté à la même énigme que lui lorsqu'il énonçait qu'au sein d'une société américaine anti-nègre et anti-juive – « *This ain't no country for niggers – nor for jews. Makes me creepy...* » (Miller 1953, 442)[364] – la chaleur expliquait presque tout, sauf le lynchage : « *(In the South, the heat explains almost everything, except lynching.)* » (439). Qu'en était-il plus précisément de celui du Nègre ? Benalil rappelle à partir de *Peau noire, masque blanc* de Frantz Fanon qu'« historiquement [...] "nous savons que le nègre coupable d'avoir couché avec une Blanche est castré. Le nègre qui a possédé une Blanche est fait tabou par ses congénères" (1952 : 60) » (Benalil 2007[a]). Dany Laferrière dira pour sa part, dans de récents entretiens télévisés, que le public féminin assistant à l'exécution pouvait avoir été impressionné par l'érection accompagnant la pendaison de l'esclave 'coupable'. Le cliché du Noir hypersexué pouvant dériver de là. Quand il était revenu en 2009, de manière plus générale, sur la question de la castration, Dany Laferrière l'avait néanmoins fait avec la riante naïveté d'un Woody Allen, éternel client judéo-freudien de l'*analyse sans fin* :

> Je me souviens de mon effroi devant un premier baiser. Et si l'autre me mangeait la langue ? C'est d'abord mon meilleur morceau de viande que je lui confie aveuglément. "Donne-moi ta langue" n'a pas la même signification au nord qu'au sud. Mon esprit erre par tous les chemins. Je ne vais pas commencer à lui mettre des barrières. (*Je suis un écrivain japonais* 89)

---

[364] Propos qu'il fait tenir au médecin juif Kronski, ami du narrateur, Henry, et de sa femme, Mona.

La question avait pour ainsi dire été remise aux calendes japonaises, après que Louis-Ferdinand Céline avait affirmé à ses frais que Blancs, Noirs et Rouges finiraient par sombrer *anthropologiquement* dans la gamme dominante du Jaune. La question n'est pas, ici, de savoir si Céline avait raison ou si les Asiatiques étaient destinés à prendre le relais de la 'menace' juive qui l'avait hanté avant et pendant la Seconde Guerre mondiale, mais de faire ressortir qu'il avait pu avoir le mérite, aux yeux de Dany Laferrière, d'oser se *compromettre* sur la question chromatique. L'auteur semble aussi avoir retrouvé, dans le *Journal* de Gombrowicz, l'impertinence sur laquelle Céline avait jeté le discrédit depuis ses pamphlets douteux. Même s'il ne parle guère de lui, Céline avait de quoi retenir son attention. Sur la question juive, Dany Laferrière met par contre en évidence dans *Éroshima* (1987), où il cite un passage de la célèbre entrevue de Madeleine Chapsal, la grande proximité entre haine et désir qu'il n'a pas manqué de faire valoir dans le premier roman. Il resterait à situer les plans où la séduction s'est exercée, en commençant par les réflexions subversives de l'écrivain-philosophe Diderot auquel Dany Laferrière est très attaché.

Diderot

Si *Jacques le fataliste et son maître* (1796) offre à Max dans *La Chair du maître* (1997) un f/philtre contre la jalousie : « S'il est écrit là-haut que tu seras cocu, Jacques, tu auras beau faire, tu le seras ; s'il est écrit au contraire que tu ne le seras pas, ils auront beau faire, tu ne le seras pas ; dors donc mon ami » (Diderot 525), *Le Neveu de Rameau* propose pour sa part une conversation entre MOI et LUI, dont on a vu que Dany Laferrière faisait aussi usage. Dans la section « La conversation, cet art en voie de disparition », l'admiration qu'il exprime en 2014 concerne toutefois le style que Diderot déploie dans l'introduction plus que la conversation à laquelle il consacre le reste de son livre : « On se souvient des premières pages du *Neveu de Rameau* (mes préférées dans l'œuvre de Diderot), si éclatantes de vitalité qu'on a l'impression de voir les idées courir sur la page comme si c'était du vif-argent » (*L'Art presque perdu de ne rien faire* 373). Ce sont les « catins » (*Le Neveu de Rameau* 5) auxquelles MOI compare ses pensées, celles qui l'occupent sur le banc d'Argenson où il est assis, « toujours seul », rêvant comme d'Alembert, « abandonn[ant] son esprit au libertinage », le laissant « maître de suivre la première idée sage ou folle qui se présente ». Ces idées qui se présentent chaque fois à

MOI comme l'une de ces courtisanes « à l'air éventé, au visage riant, à l'œil vif, au nez retroussé », sur les pas desquelles on voit marcher « dans l'allée de Foy nos jeunes dissolus [...] quitt[ant] celle-ci pour une autre, les attaquant toutes et ne s'attachant à aucune », Dany Laferrière les a pratiquées de la même façon, au sortir de l'adolescence, à une époque où il ne possédait rien à part *le temps libre* et *l'art de ne rien faire* : « Je m'asseyais sur un banc du parc, comme le Diderot du *Neveu de Rameau*, et mon esprit partait en chasse » (Laferrière 2015, 93). Le goût des jeunes filles, et plus précisément celui qu'elles ont de la vie, est proche, chez lui, non seulement du goût japonais du cosmos, mais aussi de celui que Diderot avait conquis à partir du délire de d'Alembert[365]. Il a coutume de s'entretenir avec Diderot, comme avec les autres écrivains morts dont il découvre, à l'occasion d'un rangement, qu'ils gisaient physiquement chez lui : « Des gens que je n'ai pas vus depuis longtemps : Boulgakov, Diderot (*Le neveu de Rameau*), Hrabal, Whitman, Cortázar, Woolf, Selby, Camus, Salinger, et même ce bon vieil Érasme. Je trouve dans cette boîte (n° 8) plein d'écrivains avec qui j'aime discuter. J'en suis tout étourdi » (*Je suis fatigué* 78). En 2013, Dany Laferrière recommande à ses lecteurs de *parler longuement* avec les classiques et de donner la parole à celui qu'ils viennent de lire : « Puis écoutez, et il vous dira ses souffrances cachées à l'intérieur du livre. Ses phrases sont des ruisseaux de sang. Ses pages des plages de douleur. Le livre que vous avez en main, malgré le fait qu'il ait été poli par le temps, respire toujours » (*Journal d'un écrivain en pyjama* 249–250). Il s'agit non seulement de visiter le livre dont *le temps (et pas seulement) a fait un classique* : « On n'a qu'à poser la main dessus pour sentir son souffle » (250), mais aussi, bel et bien, de le revisiter : « On ne le questionne malheureusement plus. Et cela est mortel. N'hésitez pas à écrire votre opinion dans la marge. Et à revenir sur celle-ci durant la lecture si vous avez l'impression d'avoir commis une erreur » (250). C'est à cela qu'on a vu Dany Laferrière s'adonner avec Montesquieu ou Malraux, un traitement que d'autres grands classiques, comme Diderot ou Condorcet, méritent à leur tour même s'ils ne font l'objet chez lui que de courtes mentions ou d'un bref éloge.

Diderot est au nombre des écrivains qui l'ont *structuré* en lui offrant de s'approprier une *certaine syntaxe* et une *manière sophistiquée de voir les*

---

[365] *Cf.* Hélène David, « Le *Rêve de d'Alembert* : les lumières de d'Alembert à l'ombre du songe, ou comment d'Alembert perdit la raison et conquit le cosmos » (2016).

choses, mais dont il a en même temps su se maintenir à distance : « Aborder les classiques avec attention et désinvolture, comme les collègues qu'ils sont. On est tous dans le même bateau de l'écriture » (249). La conversation qui a lieu dans *L'Énigme du retour* (2009) entre un oncle célèbre et un jeune neveu affamé de reconnaissance sera, par exemple, imprégnée d'une tendresse que, de son côté, la jubilante insolence du neveu de Rameau ne parvint pas à inspirer à son interlocuteur, et ce malgré ses prouesses vocales et ses acrobaties au clavecin. Après des pantomimes délirantes, il finit tout au plus par récolter la compassion du Moi censeur : « LUI : Adieu, monsieur le philosophe. N'est-il pas vrai que je suis toujours le même ? MOI : Hélas ! oui malheureusement » (*Le Neveu de Rameau* 212). Le neveu de Rameau n'en a pas moins plusieurs longueurs d'avance sur son temps : « LUI : Que j'aie ce malheur-là seulement encore une quarantaine d'années. Rira bien qui rira le dernier » (212). Proposant un avant-goût de la nouvelle ère qui s'ouvrirait avec la Révolution de 1789, le livre que Diderot rédigea en grand secret de 1762 à 1773 met à l'honneur une impertinence dont l'auteur du chapitre sur « L'esclavage des Nègres » pouvait sembler avoir manqué dans la lecture que Dany Laferrière lui avait au départ accordée. Sans approfondir ici l'évolution de la position de Diderot en la matière, je rappellerai, avec James Hanrahan, que *Le rêve de d'Alembert* (1769) pose lui aussi le problème de l'esclavage lorsque Bourdeu, l'un des trois intervenants, s'interroge incidemment sur l'intérêt que pourrait avoir pour la société une race issue du croisement de l'homme et de la chèvre. L'élevage d'êtres hybrides, les *zombies parfaits* dont rêvait la France esclavagiste, cesserait alors de déranger la morale tout en garantissant la rentabilité des colonies : « C'est que nous ne dégraderions plus nos frères », dit l'un des trois interlocuteurs, le médecin Bourdeu, « en les assujettissant à des fonctions indignes d'eux et de nous » (« *Diderot on Origins, a zone d'ombre of Enlightment thought* » 165)[366]. Ce que Dany Laferrière retient de la façon de voir au siècle classique, c'est, on le voit, plus que l'idée en soi, l'énergie créatrice que recèlent l'audace et l'impertinence de certains de ses penseurs. Diderot a payé le prix de ses 'insolences' d'une peine d'incarcération qui lui a laissé de très mauvais souvenirs et qu'il a pris soin de ne plus s'attirer ensuite par des propos inconsidérés. Montesquieu

---

[366] DPV, XVII, 205.

a pour sa part intégré l'institution en étant notamment élu à l'Académie française malgré les réticences initiales de la Cour. Montesquieu et Diderot n'en étaient manifestement pas au même point.

Pour Ehrard, il convient de tenir compte de l'évolution des Lumières d'une génération à l'autre. La chronologie a son importance, car, comme le relève Pierre Saint-Amand dans « Insolence et incivilité chez Diderot » (2000), la classe qui a suivi celle de Montesquieu ne se laisse plus séduire par les lumières de la Cour et des salons : « Les égards, chers à Montesquieu, n'ont pas [...] leur place chez Diderot. Le premier témoigne de l'attachement à l'ordre déclinant des dignités. Ce qu'il appelle l'"avilissement des dignités" est la cause de désordres, liés à la dévalorisation des égards » (Saint-Amand 62). Pour Diderot, au contraire, « l'admiration instituée dans les mœurs est menacée dans son principe même, "elle n'est pas amusante" » (63)[367]. Le critère n'est plus celui de la vertu, mais du plaisir et l'envie, reconnue comme une inclination naturelle, n'a plus à s'enfoncer dans le double langage : « Je n'en ai jamais entendu louer un seul [grand homme] que son éloge ne m'ait fait secrètemet enrager. *Je suis envieux.* Lorsque j'apprends de leur vie privée quelque trait qui les dégrade, je l'écoute avec plaisir. Cela nous rapproche : j'en supporte plus aisément ma médiocrité » (p. 54–55 ; je souligne) (64). Et Saint-Amand de conclure à une modernité radicale de Diderot et d'avancer que « l'envie, qui constitue l'affect négatif par excellence, ronge la relation admirative de l'intérieur, entrave le devoir de respect, la relation idéalisante à l'Autre » (64). Il va jusqu'à voir chez Diderot les premières lueurs d'une philosophie nietzschéenne : « On comprend alors que Diderot, dans le *Neveu*, puisse anticiper la généalogie morale de Nietzsche. L'envie de Rameau préfigure le ressentiment. Elle apparaît comme le ressort de la société inégale, figée dans ses distinctions » (64). Le narrateur de *L'Énigme du retour* (2009) en tire les conditions de possibilité d'un dialogue avec un neveu rongé par l'envie (de devenir à son tour un grand maître de l'écriture) : l'oncle a pris des notes en vue de publier un livre sur un motif, celui du tremblement de terre survenu le 12 janvier 2010 à Port-au-Prince, que le neveu considère, au contraire, comme la propriété intellectuelle de ceux qui, comme son père Christophe Charles, sont restés au pays au prix d'un 'marronnage' ne leur ayant pas permis de percer sur la scène internationale. Le neveu

---

[367] L'auteur se réfère à la page 18 de l'édition de 1983 du *Neveu de Rameau* chez Flammarion.

aspire en somme à une conjonction historiquement et familialement non donnée entre l'Idéal du Moi (Surmoi) représenté par le père et le Moi idéal (prestige) dont l'oncle est l'incarnation. Or ce qui lui échappe, et que l'oncle essaie de lui faire comprendre, c'est que la maîtrise n'est pas le but du créateur. Comme Diderot ou Gombrowicz, l'écrivain est appelé à cultiver son infériorité afin de *rester* vivant, ce qu'il réalise dans ses livres dessinés et entièrement écrits à la main, alors qu'il ne sait faire ni l'un ni l'autre sauf par conjonction : « Déjà Cocteau signalait que l'écriture n'était que du dessin organisé » (Laferrière 2018, 314). Et, s'il est appelé à donner une classe de maître, comme dans le cadre des 150es Correspondances d'Eastman, c'est en se disant qu'il a encore tout à apprendre de la culture du Même comme de celle de l'Autre : « Donner une classe de maître, c'est si peu moi ! » dit Dany Laferrière dans un entretien à *Ma Presse* :

> Je ne suis pas un maître ! Et ce n'est pas de la modestie. Un maître, ça a fini d'apprendre. Pour moi, rester vivant, c'est être un inférieur, comme dit mon vieux maître [Witold] Gombrowicz. C'est rester inférieur. Il n'y a que les inférieurs qui sont cultivés parce qu'ils doivent connaître leur propre culture et la culture des maîtres ! (« Dany Laferrière : "Écrire permet de mieux lire" »)

Diderot s'était donné le mot. C'est ce qui appert non seulement de son mode de collaboration à *L'Encyclopédie*[368] et des réécritures auxquelles il a procédé dans *L'histoire des deux Indes* au chapitre de l'esclavage, qu'il finit par dénoncer sous l'inspiration de l'Abbé Roubaud[369], mais aussi du ton qu'il adopte dans un texte comme *Le neveu de Rameau*. De Diderot, Goethe soulignait pour le moins qu'à l'avis de tous, amis ou ennemis, il « était dans sa conversation, l'homme le plus étonnant de son siècle », preuves en étaient les dispositions suivantes :

---

[368] Plutôt qu'aux emprunts, à la limite du plagiat, signalés par Sylvaine Albertan-Coppola, dans « Réécriture dans *L'Encyclopédie* à partir de quelques exemples » (2001), je me réfère ici à la relecture des textes entreprise par Diderot.

[369] Ann Thomson, « Diderot, Roubaud et l'esclavage » (2003) démontre que la critique de l'esclavage insérée par Diderot dans le Livre XI de l'édition de 1780 de *L'Histoire des Deux-Indes* tire son inspiration « sans doute en partie de la dénonciation de l'esclavage faite par l'abbé Pierre-Joseph-André Roubaud, journaliste physiocrate, dans le tome XII de l'*Histoire générale de l'Asie, de l'Afrique et de l'Amérique* publié en 1771. Le dialogue entre *L'Histoire des Deux-Indes* et l'abbé Roubaud, concernant notamment la couleur des Africains, contribue à l'affirmation d'une attitude plus nettement anti-esclavagiste dans la dernière édition de l'ouvrage dirigé par Raynal, en 1780. »

Les discours étudiés, travaillés, des plus éloquents orateurs auraient pâli devant ses brillantes improvisations ; s'énonçant avec une chaleur entraînante, [...] naïf sans trivialité, sublime sans effort, plein de grâce sans afféterie, et d'énergie sans rudesse ; qu'il fît entendre la voix de la raison, de la sensibilité et de l'imagination, le génie avait toujours la parole. [...] Nul n'est entré plus avant dans l'esprit de ceux qui l'écoutaient ; nul n'a plus subjugué les âmes par la puissance de ses discours. Dans ce genre de triomphe, il n'avait point de modèles et n'a point laissé de successeurs. (« Diderot et son ouvrage : *Le Neveu de Rameau* » IX)

S'il n'a pas trouvé de successeur immédiat, Diderot aura pour le moins bénéficié, trois siècles plus tard, de la présence au monde d'un écrivain partageant les mêmes qualités. Se présentant comme un *réécrivain*, Dany Laferrière est en effet l'auteur de textes où ça parle autant, si pas davantage, que dans *Le neveu de Rameau*, un texte dont Goethe remarque qu'il présente « la forme d'une conversation libre et animée », Diderot s'étant « placé sur le terrain le plus avantageux pour lui [et s'étant] choisi le cadre qui convenait le mieux au caractère de son talent » (« Diderot et son ouvrage : *Le Neveu de Rameau* » IX). Soulignant que « tout a coulé de source », Goethe ne fait en fait en fait que décrire, *ante letteram*, les œuvres d'écrivains de langue française qui ont éventuellement lu Diderot, pour en tirer la conviction que, pour être créatrice, la littérature gagnait à ne pas poursuivre la maîtrise requise par l'institution. Même s'il était destiné, à la différence de Diderot, à rejoindre, quelques années plus tard, l'Académie française et même si, à l'avis notamment de Bernard Pivot, celle-ci a évolué, Dany Laferrière resterait l'un des représentants les plus convaincants de ce que l'on peut considérer, depuis la proposition de Sony Labou Tansi, comme l'œuvre d'un *homme engageant*[370].

Dans *L'Énigme du retour* (2009), le neveu retiendra enfin que la politique n'a pas grand-chose à voir avec la littérature et que celle-ci est avant tout affaire de lecture et de style. C'est aussi la leçon que Céline donna le 14 juin 1957 à Madeleine Chapsal dans l'entretien que Dany Laferrière cite dans *Éroshima* (1987). L'extrait était là pour illustrer une écriture aux prises, comme la sienne, avec l'obsession coloriste, à cette exception près que le motif qui renvoyait à la 'menace' de voir l'humanité 'tourner au jaune' en raison de la surpopulation régnant en Chine et de la 'supériorité biologique' que le médecin prêtait à la race issue de

---

[370] Ainsi que Sony Labou Tansi l'avance dans sa préface à *La Vie et demie*, « à ceux qui cherchent un auteur engagé, [il] propose un homme engageant » (*La vie et demie* 9).

l'homme de Java, acquiert chez lui tous les bénéfices du désir-monde de l'écrivain japonais. Sans avoir jamais été acquis aux thèses phobiques de Céline, Dany Laferrière a pour le moins été fasciné par le ton et l'oralité de l'écrivain, proche, jusque dans ses excès, de la virtuosité du neveu de Rameau. Chapsal ne souligne-t-elle pas elle-même avoir été éblouie par la virtuosité verbale de l'écrivain au-delà des contenus qu'il déployait ? Étonnée par son 'délire', elle avait en même temps été impressionnée par une expression orale qui n'avait nécessité aucun changement au moment d'être transférée à l'écrit. C'est une qualité dont Dany Laferrière restera soucieux d'accompagner ses propres entretiens.

Le style de Céline, le ton de Gombrowicz

Même s'il ne l'a guère lu, des rapprochements sont envisageables entre Dany Laferrière et Céline en ce qui concerne le souci du style. Céline s'en disait, par exemple, possédé : « Je suis un styliste, si je peux dire, un maniaque du style, c'est-à-dire que je m'amuse à faire des petites choses » (Chapsal 1957), précisant qu'il s'agissait là non pas d'un récit mais d'« une certaine musique, une certaine petite musique introduite dans le style, et puis c'est tout. C'est tout. L'histoire, mon Dieu, elle est très accessoire. C'est le style qui est intéressant » (Chapsal 1957). Lors de la rencontre « À cœur ouvert avec Dany Laferrière » du 24 juillet 2015, l'auteur se montre bel et bien de cet avis : « La preuve peut-être que quelqu'un ne sera pas un écrivain, c'est quand il dit : "J'ai un bon sujet". S'il a un bon sujet, c'est qu'il est un grand penseur. [...] Parce qu'un écrivain est vraiment un artiste. Il entend la musique. Il entend une musique » (« Un livre est fait de rien », 01':20"). Quand on lui propose un jour un marché, celui de tirer un livre de l'histoire rocambolesque qu'on va lui confier – avec partage ensuite des bénéfices –, il rappelle que la littérature n'est pas faite d'histoires, mais d'un style et d'une musique que l'artiste perçoit et sur laquelle il se concentre :

> Et souvent les gens me disent : ma vie, elle est extraordinaire. Il y a plein de choses terribles qui me sont arrivées. Vous allez en faire un roman... Il y a des gens qui disent : « Bon ! je vais vous dire une chose M. Laferrière. Comme vous êtes un homme honnête... » C'est toujours très mauvais. Je ne connais pas d'écrivains honnêtes. « Alors je vais vous dire une chose. Je vais vous donner l'histoire, vous allez l'écrire, vous mettez votre nom parce que ça va se vendra mieux, et on partage les recettes. » Alors je dis : « Écoutez, Madame, je trouve que ce que vous faites là, c'est très bien. Vous me faites

une proposition exquise. Magnifique. Je vais vous en faire une autre. Je vais trouver un sujet. Je vais l'écrire et on partage, cent pourcent pour moi, zéro pour vous. » Donc ça veut dire que ce n'est pas le sujet, ce n'est pas parce que vous avez connu des choses extraordinaires, vous avez pris le bateau, il a chaviré, il y avait un poisson, le poisson est tombé amoureux de vous, non : ce n'est pas ça qui fait un livre. Le livre est fait de rien. (02',20"-03'-00")

En outre, Dany Laferrière parle argent, notamment dans *L'Art presque perdu de ne rien faire* (2014), pour dire, comme Céline, que l'entrée en littérature l'en a libéré. Il est rare qu'un écrivain confie candidement s'être mis à écrire notamment pour se libérer de l'usine. Pour sa part, Céline provoquait la réflexion en avançant :

> J'ai écrit pour me payer un appartement. [...] Dabit, tous ces gens-là produisaient des livres. Et j'ai dit : moi, je peux en faire autant. Ça me ferait un appartement et je n'aurai plus l'emmerdement du terme. Sans ça je ne me serais jamais lancé. À l'heure actuelle, si on me faisait une rente, je ne me lancerais pas du tout. Je renoncerais à toute cette salade et je me reposerais. Tout le monde parle de la retraite à quarante-cinq ans. J'en ai soixante-trois. (Chapsal 1957)

Il est assez frappant, ensuite, de retrouver, chez les deux auteurs, le même ralliement à la démarche du peintre : « Les peintres se sont débarrassés du sujet, une cruche, ou un pot, ou une pomme, ou n'importe quoi, c'est la façon de le rendre qui compte » (Chapsal 1957). Le choix de l'humour les apparente encore plus clairement, même si les situations vécues ne sont aucunement comparables : « La vie », écrit Céline, « a voulu que je me place dans des circonstances, dans des situations délicates. Alors j'ai tenté de les rendre de la façon la plus amusante possible [...] pour ne pas embêter, si possible, le lecteur » (Chapsal 1957). Et Céline de souligner l'importance de son ton qu'il a « cru différent des autres » (Chapsal 1957). Il tient à dire qu'il ne se conçoit pas en tant que penseur : « Je n'envoie pas des messages au monde. L'Encyclopédie est énorme, c'est rempli de messages. Il n'y a rien de plus vulgaire, il y en a des kilomètres et des tonnes, et des philosophies, des façons de voir le monde... » (Chapsal 1957). Ce que Dany Laferrière affirme, à son tour, lorsqu'il répond, par exemple, à Magnier l'interrogeant sur l'avenir du couple mixte : « D'abord, je ne suis ni psychologue ni conseiller matrimonial. J'écris des choses proches de moi, des trucs qui me touchent, je ne fais pas dans la psychologie sociale » (*J'écris comme je vis* 179). S'il s'est ensuite dit *écrivain japonais*, pour sa part Céline, en dépit (ou en raison) de sa hantise d'une 'dérive jaune' de l'humanité, se serait volontiers déclaré *écrivain chinois* : « Je ne peux pas faire tout à fait comme les autres », dit Céline, « Je n'écris pas en chinois. Mais je suis un petit peu différent » (Chapsal 1957). Enfin le futur auteur de *Je suis fatigué* (2000) confiant à Magnier que *l'écriture peut bouffer toute une vie*, se rappelle ce que Céline pointait en disant qu'on en demande *énormément* à l'auteur : « La grosse illusion du monde moderne, c'est de demander à l'homme d'être à chaque fois un Lavoisier ou un Pasteur, de tout faire basculer d'un coup. Il ne peut pas ! Un type qui trouve un petit quelque chose de nouveau, c'est déjà beaucoup, il est déjà fatigué. Il en a pour la vie » (Chapsal 1957). On l'a toutefois souligné, Dany Laferrière tient en même temps à formuler, dans le même roman où il donne la parole à Céline, une déclaration de désir irrépressible à l'adresse d'une jeune juive, qui n'est autre que la fille du grand rabbin de New York. Cette cohabitation en dit long sur l'intuition qu'il a, comme Philip Roth qui appartient plus que Céline à sa bibliothèque, des sources profondes de la haine antisémite et des moyens de s'en prémunir.

Philip Roth fait tenir à son narrateur des propos tellement grotesques sur un rival noir, que le texte en devient un contrepoison. Le narrateur juif de *Deception* (1990) s'adresse à Andrew, son rival qui se trouve être noir, de façon politiquement incorrecte : « *I don't say "black person", I say "nigger"* » Roth 1990, 86) et lui adresse des injures après avoir pesté contre le sexe des Noirs qu'il juge capable – dans la folie de projection à laquelle le réduit sa jalousie – de procurer l'orgasme à une femme frigide comme la sienne : « *You shitface ! You lying, pampered American shitface !* » (92). Ce qui doit en somme retenir l'attention, c'est l'attirance que Dany Laferrière ressent vis-à-vis des auteurs impertinents. Gombrowicz fait partie de ceux dont il se sent proche et ce, d'autant qu'à la différence de Céline, il a eu l'intelligence de transcender l'antisémitisme des années trente et quarante - à Varsovie, en France, et en Argentine où il était resté après l'invasion de la Pologne par l'Allemagne nazie -, et qu'il a choisi de s'abstenir de tout jugement politique pour ne s'en tenir qu'à sa seule personne : « Ma littérature doit rester ce qu'elle est : surtout ne pas jouer le jeu de la politique et ne pas se laisser utiliser par elle. Moi, je fais une seule politique : la mienne. Je suis un État à part » (*Journal* 1958). Dany Laferrière le lit régulièrement, le soupçonnant « d'être l'un des esprits les plus singuliers de notre temps » (*L'Art presque perdu de ne rien faire* 346). Il parle de ce feuilleton, d'abord publié dans une revue littéraire de la diaspora polonaise (*Kultura*), comme d'une opération de hara-kiri (*seppuku*) : « Dans son *Journal*, il s'ouvre constamment le ventre pour montrer ses entrailles, étalant ainsi au grand jour ses moindres faiblesses » (346). On retrouve ici Mishima, qui ne cessa d'exposer *ses tripes* et qui se suicida du reste de cette manière. En plus d'être lui aussi *tripal*, le *Journal* de Gombrowicz est enfin un livre-bombe, à savoir un texte dont « le ton libre fait penser à ces journaux secrets destinés à éclater au visage du lecteur cinquante ans après la mort de l'écrivain » (346). Quant à « sa morgue » (347), elle lui « vient du fait qu'il est un provincial honteux » (347). Dany Laferrière salue en tout cas l'inscription *h*ontologique par lui mise en œuvre :

> Et sa force c'est qu'il inscrit cette honte, d'une façon souterraine certes, au cœur de son œuvre. Les vrais artistes n'hésitent jamais à montrer ce que d'autres cachent au plus profond de leur être. Étrangement, plus ils se livrent, plus le mystère s'épaissit. L'impression qu'ils disparaissent dans le trou noir de leur douleur qui se change alors en souffrance universelle. (347)

Si, contrairement à Louis-Ferdinand Céline, Witold Gombrowicz n'apparaît pas dans la fiction à proprement parler de Dany Laferrière, les liens de parenté ne manquent pas entre les trois écrivains. Leur pensée impertinente tient à l'originalité de qui, comme disait Cocteau, essaie de faire comme tout le monde mais n'y parvient pas. C'était le cas aussi de Bukowski, dont l'insolence fit la fortune littéraire, et qui disait du reste de Céline : « *They ripped out his guts and he laughed, and he made them laugh too. A very brave man* » (*Women* 207)[371]. Il ne prenait pas non plus son antisémitisme au sérieux[372]. Il le dit dans ses textes et son biographe, Howard Soumes, le confirme : Céline était pour lui *le plus grand écrivain depuis 2000 ans*. N'ayant pas, lui-même, produit de textes antisémites[373], il ne voyait pas où était le problème. Les figures de l'hyperbole, voire de l'adynaton sur lesquels les pamphlets de Céline sont bâtis pousseront ensuite les inconditionnels du *Voyage au bout de la nuit* (1932) à soutenir, comme d'autres face à l'auteur des *Lettres persanes* (1721) se commettant

---

[371] « Ils lui arrachaient les boyaux et il riait, et il faisait rire les autres avec lui. C'est quelqu'un de bien » (je traduis librement à partir de l'édition originale anglaise).
[372] *Cf.* lettre du 19 août 1970 à Robert Head et Darlene Fife : « Un écrivain doit avoir la possibilité de traiter tous les sujets. Céline fut accusé d'être antisémite et lorsqu'on l'interrogea sur un passage en particulier – "Le pas lourd du Juif...", il déclara, "je n'aime pas les gens, c'est tout. Dans ce cas précis, ça s'avère être un Juif." Certains groupes sont plus sensibles au fait d'être mentionnés que d'autres » (*Charles Bukowski et l'écriture*).
[373] *Cf.* Gerald Locklin, *Charles Bukowski : A Sure Bet* (1995).

sur la Traite des Noirs, la thèse de l'ironie plutôt que celle de l'intention. L'époque de Montesquieu et de Diderot était au racialisme ; celle de Céline, au racisme antisémite. Au-delà de tout discours épidictique qu'on puisse tenir *a posteriori* sur ces auteurs, il reste qu'aucun n'a échappé au piège de l'intention. Gombrowicz relevait pour sa part que celle-ci avait manqué à Rabelais, qui « écrivait, comme un gosse fait pipi contre un buisson, simplement pour se soulager. Il attaquait ce qui le mettait en fureur ; il combattait ce qui entravait sa route ; il écrivait pour la volupté, la sienne et celle des autres » (*Le Journal*, tome I, 1953–58). Après avoir évoqué la jouissance de l'écrivain se soulageant aux côtés du neveu de *L'Énigme du retour* (2009), Dany Laferrière ne dit pas pour rien de Gombrowicz que ses calembours allaient de pair avec une disposition à se livrer au lecteur : « On ne parle pas ici de secrets d'alcôve, mais de sa pensée la plus secrète. Il clame en public ce qu'on ne chuchote que dans l'intimité » (*L'Art presque perdu de ne rien faire* 346). Devant Denise Bombardier qui l'interviewait à la sortie de *Comment faire l'amour avec un nègre sans se fatiguer* (1985), il soulignait déjà le *petit désespoir secret* se cachant dans l'humour, où il y a surtout *beaucoup de tendresse*. L'affect l'emporterait chez lui sur le double langage et les idées.

Conclusion

Dans *Journal d'un écrivain en pyjama* (2013), Dany Laferrière parle d'une écriture de soi tenant compte, de façon postmoderne, de ses limites énonciatives : « On écrit le plus près de soi possible, et c'est ce qui nous rapproche le plus des autres. [...] » (*Journal d'un écrivain en pyjama* 82). Il précise : « Naturellement, je comprends la responsabilité sociale. Mais il y a d'autres genres plus propices à cela : l'essai, le pamphlet, la presse de propagande, le tract » (82). Après que s'y furent essayés – avec plus ou moins de bonheur – Montesquieu, Voltaire, Rousseau, Diderot ou Condorcet au siècle de la Raison, ainsi que Sartre, Malraux ou Céline à celui des idéologies, une autre grammaire s'imposait : « En écrivant par et pour le peuple, on prive ce peuple de la lecture. Il devient simple sujet. Faites-lui une fenêtre sur le monde afin qu'il puisse s'intéresser à autre chose que sa réalité » (Laferrière 2013, 81). Ce n'était de toute façon pas à la victime et à ses descendants qu'il revenait de prouver l'ignominie de l'idéologie esclavagiste. Est-on obligé, parce qu'on compte des esclaves parmi ses ancêtres, de parler de la Traite ? Sartre était mal parti pour trancher sur les politiques génocidaires, qu'elles soient utilitaristes ou racistes. Avant de se tromper lourdement sur Staline et sur Mao, il n'avait pas perçu non plus la gravité du national-socialisme à ses débuts. Comme l'explique sa biographe Annie Cohen-Solal : « [...] lorsqu'à l'automne de l'année 1933 – soit neuf mois après l'accession d'Hitler au pouvoir – il arriva à Berlin, il ne fut ni plus ni moins perspicace que les autres » (*Sartre 1905–1980*, 192). Dans *Carnets de la drôle de guerre* (1983), il lui arrive certes de railler les Allemands et d'écrire « J'ai vu avec horreur à Berlin », mais l'ironie vise tout au plus une scène quotidienne de réjouissance collective. Comme l'explique Cohen-Solal, Sartre faisait en effet partie d'un « groupe français isolé dans une Allemagne bruissante et monstrueuse » (195), qui était tout au plus attentif aux « petites scènes d'un microcosme déphasé [...] imperméabl[e] parfois au contexte alentour » (195). Comment une vision exacte aurait-elle pu se développer au sein de ce qu'elle décrit comme les « conversations françaises d'intellectuels français soudés entre eux par la langue, la complicité, les références communes, n'accédant jamais – ou presque – à la réalité du III⁰ Reich, puisque confinés dans leurs travaux, leurs lectures, leurs horaires, leurs habitudes » (195) ? Les auteurs des Lumières ne formaient rien de très différent, si l'on songe en outre à la distance qui les séparait des Antilles françaises. Certes, les ports négriers œuvraient *sous leur nez*, mais n'étaient-ils pas perdus dans des discussions théoriques – comme Montesquieu et Maupertuis – sur les causes de la couleur de la peau et sur ce qu'ils regardaient, du haut de leur statut et de leur situation géo-économique, comme la *laideur des Noirs*[374] ?

---

[374] Dans la seconde partie de la *Vénus physique* (1742) sur les « Variétés dans l'espèce humaine », chapitre I, Maupertuis tient à plusieurs reprises des propos très négatifs sur les Noirs, qu'on retrouve au chapitre V du Livre XV de *L'Esprit des lois* (1748) : « Depuis le tropique du Cancer jusqu'au tropique du Capricorne l'Afrique n'a que des habitants noirs. Non seulement leur couleur les distingue, mais ils diffèrent des autres hommes par tous les traits de leur visage : des nez larges et plats, de grosses lèvres, et de la laine au lieu de cheveux, paroissent constituer une nouvelle espèce d'hommes. Si l'on s'éloigne de l'équateur vers le pôle antarctique, *le noir s'éclaircit, mais la laideur demeure* : on trouve *ce vilain peuple* qui habite la pointe méridionale de l'Afrique » (c'est moi qui souligne) ; *v.* aussi début du chapitre IV ainsi que le chapitre VII : « Que des Géans, que des Nains, que des Noirs, soient nés parmi les autres hommes, l'orgueil ou la crainte auront armé contre eux la plus grande partie du genre humain ; et l'espèce la plus nombreuse aura relégué *ces races difformes* dans les climats de la Terre les moins habitables. [...] » (c'est moi qui souligne). Du moins, comme l'indique notamment le début du chapitre II, Maupertuis tentait-il de comprendre l'origine de l'Homme, ne doutant pas qu'elle fût commune.

Comme l'illustre Carminella Biondi dans « *Mon frère, tu es mon esclave !* » *Teorie schiaviste e dibattiti antropologico-razziali nel Settecento francese* (1973)[375], ledit siècle de la Raison est marqué par des délires scientistes ayant trouvé leur place dans les encyclopédies et autres textes qui ont forgé les civilisations de langue française. Dany Laferrière, grand lecteur des classiques français, devait-il revenir sur tout ceci ? S'il invite ses lecteurs à converser avec eux et à crayonner dans les marges du livre qu'ils tiennent en main, c'est que la littérature a besoin d'une relecture pour survivre à elle-même, voire d'une revisitation. On a cependant vu, à l'exemple des arrangements que Malraux apportait à la réalité de son entretien avec Mao et de ce qu'il en disait de son côté en 2015, que Dany Laferrière était du côté de l'écrivain pour l'empathie qu'il avait suscitée à l'égard de la Chine. Il repérait, dans les semi-vérités énoncées par Malraux, le trompe-l'œil lié au fait que le discours lui-même est semblant et que la fiction peut précéder la réalité à la façon d'une *self fulfilling phrophecy* (Merton). Le sens qu'il a de la réversibilité temporelle lui permet de lire *Les Antimémoires* (1967) verticalement, et non de gauche à droite comme les Occidentaux attachés à la ligne chronologique. Sa considération pour ceux qui aiment : « ceux qui aiment ont toujours raison » (« Notes sur un discours » 28) le pousse à donner raison à Malraux ovationnant Mao, autant qu'à Rivarol, *fou* comme lui *de la langue française*, dont il a l'impression qu'il applaudirait, du haut d'un XVIIIe siècle tirant sur sa fin, au discours tenu, à partir du fauteuil de Montesquieu, par un descendant d'esclaves. La tradition de l'Académie française imposant l'éloge du/des prédécesseurs, a été l'occasion de tenir un discours dont l'art consiste à dépasser les incitations à la haine de soi et de l'autre minant parfois, jusqu'à le fausser, le regard militant posé sur l'histoire et la littérature. Ainsi, le livre de Tobner sur le racisme français a-t-il pu lui paraître excessif dans sa condamnation de ce qui pouvait passer, ici ou là, pour de simples dérapages. Dans tout ceci, il lui importe en tout cas de ne pas oublier le présent (synonyme de sa présence au monde) : « C'est en tentant de se décrire le plus honnêtement possible qu'on finit par décrire les autres. Surtout ceux de sa génération » (*Journal d'un écrivain en pyjama* 81), dit-il, en ajoutant qu'« il ne s'agit pas de regarder son nombril, mais de s'observer en train de bouger parmi les autres. On s'est analysé durant toutes ces années. Une telle expérience devra être mise

---

[375] *Cf.* « *Il colore delle tenebre* », « *Il grande enigma del colore nero : cause esogene* », p. 187–237.

à contribution dans ce projet d'écriture de dénuder la vie » (81). *Tout ce qu'on ne te dira pas, Mongo* (2015) rappelle toutefois l'utilité, pour le survenant (Guèvremont) – l'immigré et, au sens ontologique, l'être jeté dans le monde (Heidegger) – de s'informer sur les ténèbres qu'il aura tout d'abord à traverser.

Chapitre II –
Les ténèbres

*But let the flesh touch with flesh,
and watch the fall of all the eggshell shibboleth
of caste and color too*[376].
Faulkner, *Absalom, Absalom !* (1990), p. 111–112

Introduction

Dans son obscurantisme, la tradition philosophique et théologienne européenne a soutenu, à travers les siècles, une équivalence entre 'Afrique noire' et 'ténèbres'. Les généalogies bâties sur le chapitre III de la « Genèse », « Du déluge à Abraham », font remonter les ténèbres à la faute de l'un des fils de Noé. Cham surprend le père dans sa nudité à laquelle il s'était abandonné parce qu'il était ivre, et appelle ses deux frères, qui couvrent le corps du père d'un manteau en marchant à reculons pour éviter de (re)connaître la vérité. S'apercevoir que le roi est nu, c'est découvrir un défaut de phallus chez le père, constat qui valut à Cham d'être maudit par Noé et de voir le châtiment retomber sur son fils Canaan. Selon les vœux de Noé, sa lignée (Sodome et Gomorrhe), serait vouée à la dépravation et à l'esclavage : « Maudit soit Canaan ! Qu'il soit pour ses frères le dernier des esclaves » (*La Sainte Bible* 17–18). Ottobah Cugoano (*alias* John Stuart), ancien esclave africain libéré en Angleterre, précise : « Les personnes qui croient à la Bible disent que Cham et toute sa postérité ont été maudits de Dieu ; elles ajoutent que l'Afrique a été vraisemblablement peuplée par les descendants de Cham » (Cugoano 1788 [1968], 53). Une autre version, signalée par Louis Sala-Molins, veut que l'ensemble des Africains descendent de

---

[376] « Mais que la chair touche la chair et vous verrez tomber toutes les écailles d'une tradition de caste aussi bien que de couleur. »

Chus, un autre fils de Cham, issu de la violation de la loi paternelle castratrice : « Désobéissant à Noé qui avait interdit à ses fils d'avoir des rapports sexuels avec leurs femmes dans l'Arche, Cham conçut un enfant durant le déluge : c'est Chus. Dieu le maudit et le fit naître noir » (*Le Code Noir ou le calvaire de Canaan*, 24, n. 1). Cet acte de naissance alternatif lia tous les peuples d'Afrique à une désobéissance de Cham et de sa concupiscence : « Dans la couleur de Chus, Dieu désignait une source constante de corruption pour toute l'humanité » (24, n. 1). Les deux légendes concoururent en tout cas à entretenir un lien entre 'Noir' et 'impudicité', sur lequel Vieux s'est penché dans la 'paranoïa de légitime défense' que Dany Laferrière s'attribue à la date de la rédaction de son premier roman[377].

Si les penseurs anticléricaux des Lumières s'émancipèrent de l'idée d'une genèse négative consécutive à une faute originelle retombant sur Cham/Chus, la défense des victimes de la Traite eut surtout pour effet – comme en témoignent les réactions – de ridiculiser l'Église aux yeux des partisans de la Raison. Dans une *Histoire véritable* – écrit entre 1730 et 1738, c'est-à-dire en pleine rédaction de *L'esprit des lois* (1748) dont on sait qu'elle dura vingt ans –, Montesquieu, philosophe franc-maçon, représentait encore le *mauvais génie* en des termes qui n'annonçaient pas une prise de conscience de l'humanité des victimes de la Traite atlantique : « Et l'on me mit sous la puissance de mon mauvais Génie, qui étoit un petit esprit noir, brûlé et malin, qui devoit me conduire dans toutes mes transmigrations » (Montesquieu 1730–1738, 8)[378]. Quant à Condorcet, dont les *Réflexions sur l'esclavage des Nègres* (1781) sont placées très haut dans *L'Art presque perdu de ne rien faire* (2014), le moins qu'on puisse dire est qu'il fut plus clair. Dany Laferrière range cet ouvrage – rédigé dans ce qu'Ehrard appellerait la phase de maturité des Lumières – aux côtés de Mozart, de Rousseau et de Kant. Il ne signale ni les atermoiements auxquels Condorcet invitait les législateurs en matière d'abolition de l'esclavage, ni les dérapages

---

[377] V. *Je suis fatigué* ou *J'écris comme je vis*.
[378] Passage cité et commenté en ces termes par Carminella Biondi : « Même dans l'*Histoire générale* de Montesquieu, le "mauvais génie" est représenté à l'aide de la couleur noire. Le protagoniste raconte les vicissitudes de son âme, qui passe à travers les incarnations les plus diverses. Ayant séduit une jeune femme et le mari ayant été tué, il est condamné à passer par le corps de plusieurs animaux » (Mon frère, tu es mon esclave ! 241).

Introduction

de Rousseau, ni le racisme dont Kant fit ouvertement preuve dans ses écrits mais ne s'était pas privé, dans *Comment faire l'amour avec un nègre sans se fatiguer* (1985), de donner à Vieux l'occasion de taxer Kant d'obscénité au motif que la fatigue émanant de sa pensée était tout le contraire d'un antidote contre les tentations de Belzébuth, le voisin du dessus, dont la fornication l'excitait *honteusement* face à Miz Littérature : « J'essaie de penser à des choses déplaisantes comme *La Critique de la raison pure*. Kant est un auteur porno. *La Critique* fait bander » (Laferrière 1985, 47). *L'Art presque perdu de ne rien faire* (2014) retient symptomatiquement l'importance, en revanche, de Choderlos de Laclos au regard des failles qu'il a mises en évidence dans *Les Liaisons dangereuses*, inhérentes au triomphe absolu de la 'Raison'. Dany Laferrière n'est pas dupe des ombres au tableau du XVIIIe : « On n'est pas chez les encyclopédistes, furieusement occupés à mettre en place la mythologie du siècle des Lumières en nous entretenant de science et de philosophie. Laclos, lui, nous décrit le côté sombre de ce lumineux XVIIIe siècle qui place si haut la raison » (*L'Art presque perdu de ne rien faire* 340). S'il s'émerveille : « Regardez un peu le menu de l'année 1782, celle de la parution des *Liaisons dangereuses* : Kant publie la *Critique de la raison pure* ; Condorcet ses *Réflexions sur l'esclavage* ; Rousseau fait paraître *Les rêveries d'un promeneur solitaire* ; et Mozart crée *Idoménée*. Pas un mauvais cru » (340), Laclos remet chacun à sa place.

Son *Iliade*, Dany Laferrière la mènera avec son épée d'académicien qui n'a rien à voir avec l'épée-plume des Mousquetaires de Dumas, ancêtre de l'un de ses prédécesseurs au fauteuil n° 2 et lecture assidue de son enfance. Son épée à la fois précieuse et massive symbolise le membre conducteur avec lequel il écrit. C'est que, comme le dit l'un des personnages de D. H. Lawrence, « la vraie connaissance provient du corps entier de la conscience ; de votre ventre et de votre pénis autant que de votre cerveau et de votre esprit » (*Lady Chatterley's Lover*)[379]. Mais avant de revenir sur l'influence de D. H. Lawrence, il resterait à parler des lumières fauvistes de Matisse, à qui Miller a consacré plusieurs pages dans *Tropique du cancer* (1934).

---

[379] Je traduis librement à partir de l'édition anglaise : « *Real knowledge comes out of the whole corpus of the consciousness ; out of your belly and your penis as much as out of your brain and mind* » (D. H. Lawrence, *Lady Chatterley's Lover*).

Henri Matisse

La toile « Grand intérieur rouge » (1948) de Matisse, considérée, on la vu, comme *vision essentielle des choses* pour Vieux, est évoquée dans un chapitre de *Comment faire l'amour avec un nègre sans se fatiguer* (1985), « Et voilà Miz Littérature qui me fait une de ces pipes », encadré par les écrivains Henry Miller : « Miller dit qu'il n'y a rien de mieux que faire l'amour à midi. Miller a raison » (Laferrière 1985, 45) et Charles Bukowski : « Pas question de douche pour moi après l'amour. Je garde l'odeur. J'ouvre le bouquin de Bukowski » (52). Tandis que Vieux précise que la toile agit sur lui pour des raisons qui lui échappent : « Je ne sais pourquoi. J'ai toujours imaginé l'univers comme cette toile de Matisse » (49), l'auteur réaffirme dans la conférence-débat du 26 novembre 2014 organisée au Grand-Palais par Valérie Marin La Meslée en présence de l'artiste Mario Benjamin (« Rendez-vous du mercredi à l'auditorium du Grand-Palais »), l'importance de cette toile *tribale, tripale*. En 1985, il avait fait dire à Vieux : « C'est une peinture primitive, animale, grégaire, féroce, tripale, tribale, triviale » (Laferrière 1985, 50). Ces considérations sont à replacer dans le contexte d'une scène sexuelle avec Miz Littérature. La jeune fille est *hautement consentante*, comme toutes les autres Miz tour à tour présentes dans l'intimité du narrateur[380] : « – Tu es mon homme. […] – Attends, me dit-elle dans un souffle. – Qu'est-ce qui ne va pas ? – Tu es la première personne à qui je dis ça. – … – Je veux être à toi » (*Comment faire l'amour avec un nègre sans se fatiguer* 51). La déclaration de Miz Littérature aurait, en soi, de quoi étouffer dans l'œuf rumeur et risque de châtiment traditionnellement réservé au Nègre qui, tel Cham face à la loi paternelle castratrice, était supposé déployer, du temps de l'esclavage, sa prétendue sensualité en dehors des règles prescrites par le maître. Celui-ci n'utilisant pour *le bel usage* qu'un étalon chargé de multiplier le 'cheptel' en engrossant sur commande les négresses de son domaine. Dans le roman de Dany Laferrière, Vieux, au début de la trentaine, n'est pas qu'un lecteur de romans autobiographiques américains contemporains, il a aussi lu les classiques français et les constructions que ceux-ci ont produites sur l'Afrique et l'esclavage en se basant tantôt sur la Bible, tantôt

---

[380] « Je leur proposais un peu de danger. Sans drogue, ni brutalité, je fonctionne plutôt dans les phantasmes. […] Je leur proposais, disons le narrateur leur proposait, faut pas que je me confonde avec ce veinard, une liberté de mouvement absolue » (*J'écris comme je vis* 128).

sur les Grecs, tantôt sur la science. Un siècle avant le début de la Traite négrière en France et alors que le Portugal et l'Espagne montraient le chemin, la littérature française ne dénonçait pas la bestialité européenne, mais s'ingéniait à raconter des légendes sur la monstruosité africaine. Ainsi Rabelais, convaincu que « L'Afrique est coutumière toujours choses produire nouvelles et monstrueuses » (*Pantagruel* 3) ou Jean Bodin disant des Africains qu'« ils ne peuvent se contenir, et [qu']une fois lancés dans la débauche, ils se livrent aux voluptés les plus exécrables. De là », disait-il, « ces rapports intimes entre les hommes et les bêtes qui donnent encore naissance à tant de monstres en Afrique » (*La méthode de l'histoire*)[381]. Au XVIIe siècle, la France est ensuite « pratiquement muette sur l'esclavage des Noirs » et d'avis que « ce n'était pas son affaire. L'Indien, encore une fois, posait problème. Le Noir n'en posait aucun. S'il existait, son statut était réglé depuis toujours par la série définitive d'"à-peu-près" que l'on sait » (*Le Code Noir ou le calvaire de Canaan* 40). Il ne sera pas inutile d'en offrir, pour rappel, le résumé avec Sala-Moulins :

> Lorsqu'il y aura débat, ce sera entre une monogenèse orthodoxe et une polygenèse sentant la fronde antithéologienne. On retrouvera la possibilité d'un recours à l'aristotélisme et on dépoussiérera le thème de l'esclavage 'naturel'. On insistera jusqu'à l'écœurement sur l'ethnocentrisme blanco-chrétien. On remettra à la mode le « monstruaire » des Grecs, des Romains et des médiévaux pour charger le continent [africain], naturellement, de toutes les calamités et lui réserver, évidemment, quelques curiosités amusantes. On moquera le récit noachique au bénéfice d'une série d'explications scientifiques des perversions diverses des races diverses. On bestialisera à outrance. (40)

Or, si dans le premier roman de Dany Laferrière, la question de l'animalité se pose, c'est dans un contexte d'intertextualité/intermédialité participant de l'insu (*je ne sais pas pourquoi – ça n'a rien à voir*). La peinture prend le relais de la musique, surgie sur le mode de ce que Proust appelait la mémoire involontaire. Les six pages que Henry Miller a consacrées à Matisse dans *Tropique du Cancer* (1934), servent de toile de fond aux réflexions de Dany Laferrière. Face aux tableaux du fauviste, Miller se dit « ramené entre les véritables limites de l'humanité » (*Tropique du Cancer* 232). Il s'en exprime longuement :

---

[381] Citations mises en évidence par Sala-Molins, dans *Le Code Noir ou le calvaire de Canaan* (1987), p. 42, n. 22.

Sur le seuil de cette grande salle, dont les murs flamboient maintenant, je m'arrête un moment pour me remettre du choc que l'on ressent lorsque le gris habituel du monde se déchire subitement, et que la couleur de la vie s'étale en chant et en poésie. Je me trouve dans un monde si naturel, si complet, que je suis perdu. J'ai la sensation d'être immergé dans le plexus même de la vie, de me trouver au foyer central, quelle que soit ma place, la position ou l'attitude que je prenne. (232)

À partir de Proust et de Matisse, Miller parle aussi d'une lumière *tripale* menant droit au cœur :

Perdu, comme le jour où je m'enfonçai dans l'ombre des jeunes filles en fleurs, et où je m'assois dans la salle à manger de ce gigantesque monde de Balbec, saisissant pour la première fois le sens profond de ces silences intérieurs qui manifestent leur présence par l'exorcisme de la vue et du toucher. Debout sur le seuil de ce monde que Matisse a créé, je ressentis une nouvelle fois la puissance de cette révélation qui avait permis à Proust de déformer l'image de la vie au point que, seuls ceux-là qui, comme lui, sont sensibles à l'alchimie du son et du sens, peuvent transformer la réalité négative de la vie et lui donner les formes substantielles et significatives de l'art. Seuls ceux qui peuvent admettre la lumière dans leurs entrailles peuvent traduire ce qui se trouve dans le cœur. (232–233)

Aux yeux de Miller, Matisse est « le sage à l'esprit clair, le voyant léger, qui, d'un mouvement de pinceau, détruit l'échafaud hideux auquel le corps de l'homme est enchaîné par les faits irréversibles de la vie [...] Aucune recherche de formules, pas de crucifixion d'idées, pas d'autre obligation que créer » (234–235). La toile de Matisse, qui donne pour sa part l'occasion à Vieux de s'interroger sur *le rôle des couleurs dans la sexualité*, débouche alors sur l'expérience jubilatoire d'une victoire des sens, à comprendre à la fois comme jouissance et comme triomphe du sens sur les délires de la raison (esclavagiste) et sur les velléités castratrices du maître. L'emprise que Vieux parvient à acquérir sur la personne de Miz littérature devait surtout être lue comme une conquête du terrain perdu jusque-là par la littérature : « On y sent », dit le narrateur-écrivain et à travers lui l'auteur lui-même, « un cannibalisme bon enfant avoisinant avec ce bonheur immédiat. Direct, là, sous le nez. En même temps, ces couleurs primitives, hurlantes, d'une sexualité violente (malgré le repos du regard), proposent dans cette jungle moderne une nouvelle version de l'amour » (50). Précurseur de l'art non figuratif, Matisse, qui rendit les formes par la couleur plus que par le dessin, donne à Vieux l'illusion de pouvoir résoudre l'inhibition de la sexualité entretenue par l'idéologie raciste :

> Quand je me pose ces questions – Ô combien angoissantes – sur le rôle des couleurs dans la sexualité, je pense à la réponse de Matisse. Elle m'accompagne depuis. Je ne savais pas encore que ce n'était pas suffisant pour faire face à l'orage de la vie et que je mourrai probablement avec les dents de ce problème enfoncées dans la gorge.

L'angoisse de castration se transforme en une jouissance fulgurante qui fait perdre la face à La blanche : « Sans avertissement, j'éjacule – d'un jet puissant, éclaboussant tout le visage de Miz Littérature » (50). S'ensuit une scène de *fellatio* où La littérature quitte le champ de l'art naïf pour satisfaire l'appétit d'un fauve (Matisse) : « Elle suce, je grandis. Elle me chevauche. Ce n'est plus une de ces baises innocentes, naïves, végétariennes dont elle a l'habitude » (50). Le fantasme a changé la donne : « Elle rejette brusquement la tête en arrière et j'ai le temps de voir une curieuse lumière au fond de ses yeux » (50). Les signifiants renvoyant à la castration recommencent alors à parsemer la scène : « Et elle replonge, bouche ouverte, vers mon pénis comme un piranha » (50) ; « c'est une baise carnivore » (50) ; « le vase de pivoine, au-dessus de ma tête, menace à tout moment de nous fendre le crâne » (50–51) ; « Je fais l'amour au bord du gouffre » (51). L'acte est décrit crûment : « Miz Littérature s'est accroupie dans une sale position et elle monte et descend lentement le long de mon zob. Un mât suiffé » (51), ce qui fait dire à Vieux que la demande est bien là : « Elle se met tout à coup à me lancer de rapides et violentes saccades et un son rauque lui monte à la bouche : "Baise-moi" » (51). Et alors qu'il se demandait si la 'primitivité' était l'exclusivité des Noirs, alors donc qu'il se posait *the question*, une autre pointe dans son esprit : « Ah ! merde alors, c'est incroyable ! Je passe mon temps à me faire du mauvais sang à cause de cet animal de Belzébuth qui réduit la sexualité au niveau de la bête mais voilà que je me rends compte que le type là-haut ne faisait que chanter à gorge déployée les fantasmes de Miz littérature » (51). Comme s'il avait lu le bêtisier du siècle des Lumières, la question chromatique lui semblait certes cruciale au regard de la sensualité : « En tant que Noir, je n'ai pas assez de recul par rapport au Nègre. Le nègre est-il ce cochon sensuel ? » (49). Mais on se rappellera également l'effroi de Max dans *La Chair du maître* (2000) surprenant son meilleur ami en train de se comporter 'telle une bête' avec sa fiancée à lui et l'interrogation qui n'a cessé de le poursuivre durant trente années d'exil. Si Max avait surpris Frantz en flagrant délit de sodomisation avec Lisa, Vieux a ici pris la place de Frantz sur la scène de la 'bestialité', à cette exception près que l'acte répond cette fois, à ses yeux, au bon plaisir de la femme et qu'il n'interroge plus la nature du rapport d'amitié entre les deux hommes. En position de spectateur impuissant, on ne trouve plus, en effet, Max, mais un Bouba immunisé contre l'acte en cours : « Miz Littérature m'embrasse pieusement sur le front et part en jetant un regard étonné sur le Divan où Bouba dort encore, la gueule ouverte et les bras en croix » (*Comment faire l'amour avec un nègre sans se fatiguer* 52). Le baiser *pieux* de Miz Littérature montre que la scène a perdu son caractère diabolique et que s'il en est, il faut s'en prendre à Belzebuth, l'immatériel fornicateur dont on ne connaît ni l'âge, ni l'orientation sexuelle, ni la couleur.

L'intérêt de *Comment faire l'amour avec un nègre sans se fatiguer* (1985) tient au fait que la question est posée à la première personne. C'est la littérature, la Miz ainsi nommée, qui permet de dire 'je' là où d'autres s'en tiendraient au 'nous les Noirs'. Vieux ne manque certes pas de préciser, devant Miz Bombardier, qu'il s'agit d'un type plus que d'un personnage, mais le pas a été franchi. En Haïti, où régna jusqu'à la révolution stylistique d'un Frankétienne, une écriture classique par trop respectueuse de la norme de l'ancien colon, c'est au poète Magloire Saint-Aude mis à l'honneur par l'auteur du *Goût des jeunes filles* (2005) que revient le mérite d'avoir fait passer la littérature du 'nous' identitaire au 'je' singulier.

Magloire Saint-Aude

Comme l'écrit Stéphane Martelly dans *Le sujet opaque. Une lecture de l'œuvre poétique de Magloire Saint-Aude* (2001), à l'époque où prédominent en Haïti l'indigénisme et la négritude, récupérés à des fins totalitaires par Duvalier, « les discours des écrivains socialisants ou marxistes qui parlaient eux aussi de collectivités, discours du "nous" ou de l'identité, la poésie de Magloire-Saint-Aude, difficile alchimie, prend le risque du "je" » (Martelly 2001, 115–116). C'est une chose que Jimmy Thibeault met pour sa part en relief à propos de Dany Laferrière dans « "Je suis un individu". Le projet d'individualité dans l'œuvre romanesque de Dany Laferrière » (2011). Il relève l'insistance avec laquelle l'auteur signale que son premier roman était moins destiné à évoquer la question raciale dans le Québec des années 1980, qu'à proposer une *réflexion sur lui-même* : « Les gens pensaient que je parlais d'eux ("Comment nous voyait-il ?") alors

Magloire Saint-Aude

que je ne parlais que de moi. Comme j'étais à leurs yeux un écrivain noir ou un écrivain haïtien, ils ont pensé que mon regard ne pouvait porter que sur l'entourage (les choses et les gens), alors qu'il pointait plutôt vers l'intérieur » (JSF, 101–102)[382]. Ce qui intéressait Dany Laferrière et que le public de l'époque eut du mal à saisir, c'est que le roman ouvre une fenêtre intérieure : « Il leur a été presque impossible de croire que mon projet n'était pas d'éclairer les autres, mais de jeter la pleine lumière sur moi. De descendre dans les ténèbres de ma pauvre âme » (101–102). Thibeault met en relief le travers déshumanisant, évoqué par Vieux dans *Comment faire l'amour avec un nègre sans se fatiguer* (1985), consistant à n'envisager les Noirs qu'en fonction de l'espèce : « On dit que le tigre est un très bel animal, mais [...] on ne parle jamais de tel tigre. On dit "le tigre". C'est pareil pour "les Noirs". C'est une espèce. Il n'y a pas d'individu » (Laferrière 1985, 163). Ce que Dany Laferrière a retenu chez Saint-Aude, c'est, dans cette optique, le tour de force d'un poète qui a réussi à n'appartenir à rien, allant même jusqu'aux limites du ralliement aux conventions de la langue française. Comme l'avance Martelly, « la plus grande subversion du sujet saintaudien aura été peut-être dans ce repli qui le met face à lui-même et qui le pousse à rechercher la solitude et la pudeur exigeante de l'opacité » (*Le sujet opaque* 116)[383]. Qu'entendre par là ?

Axée sur la nomenclature glissantienne de la créolisation, Martelly considère que « la plus grande quête [de Saint-Aude], dans ce mépris du verbiage et de la communication, [est liée à] la recherche de l'authenticité », et que « ce choix difficile de la parole singulière, exprimant son opacité "comme [une] gloire qu'il aurait façonnée", le sujet saintaudien l'assume face aux "nous" des discours ambiants » (116)[384]. Pour elle, « cette solitude n'est pas amoindrie par l'appellation de 'surréalisme' que l'auteur utilise parfois pour parler de son œuvre » (Martelly 2001, 115–116). Elle estime que sa quête poétique « ne part pas du surréalisme » et que « cette dénomination lui vient d'ailleurs, même s'il se l'approprie, mais récupère

---

[382] Citation mise en évidence par Jimmy Thibeault (2011).
[383] *Cf.* Magloire Saint-Aude, « Le surréalisme ce qu'il est », dans *Le Nouvelliste* (26 janvier 1942), p. 1.
[384] *Cf.* Magloire Saint-Aude, *Parias*, p. 100 [FIC : M2a44] ; en note Stéphane Martelly signale que « Jacques Roumain ne s'y est d'ailleurs pas trompé car il écrit de Magloire-Saint-Aude : "Ce révolté antirévolutionnaire [...] qui se refuse à changer le monde [...] le nie, par l'artifice amer d'une réinvention du langage..." (Roumain 1995, 9). »

des éléments de ce mouvement » (115-116). Il ne fait aucun doute pour elle que Saint-Aude « ne peut pas être étiqueté de cette dénomination, même si le rôle de ce qu'il entendra par surréalisme est important » (115-116). Mais faut-il à tout prix poser partout des étiquettes et refuser, par souci d'authenticité – mot qui a connu les dérives duvaliéristes qu'on sait – de parler d'influences littéraires transfrontalières parce qu'originaires du fief de l'ancien maître esclavagiste ? Dans un article sur « Le Surréalisme ce qu'il est », Saint-Aude écrit qu'« il n'y a pas de genre obscur » (*Le Nouvelliste*, 27 janvier 1942). Il s'intéresse pour sa part à l'« hermétisme », à comprendre comme « 'concentration', [...] dernier échelon de la Pudeur » (*Le Nouvelliste*, 27 janvier 1942). Cet hermétisme propre, selon lui, aux surréalistes au nombre desquels il lui arrivait de se compter, ne reconduisait pas seulement à Mallarmé – « Le sens trop précis rature. Ta vague littérature » (*Le Nouvelliste*, 27 janvier 1942)[385] – mais aussi au plus grand supplice qui fût pour Montaigne, celui d'avoir « l'âme vifve et affligée sans moyen de se déclarer » (*Essais* 186)[386]. D'autres croisements esthétiques susceptibles de situer les affinités entre Dany Laferrière et Magloire Saint-Aude sont relevables dans l'article de Saint-Aude, là où il signale, avec Herbert Read, que « le surréalisme s'oppose à toute intellectualisation de l'art » et que « l'inspiration poétique est en parallèle exact avec la formation du rêve » de même que là où Saint-Aude parle avec Cassou de « poésie du subconscient et de l'autopsychanalyse » (*Le Nouvelliste*, 27 janvier 1942). Avant tout intéressé par les ténèbres de l'âme, Dany Laferrière dit, parlant du mouvement de la créolité – un concept à ne pas confondre avec la créolisation – que la couleur locale, source d'opacité, n'est pas son champ de prédilection. En tout cas, le travail de la créolité sur la langue ne le convainc pas :

> C'est le côté le plus suspect. Cette langue me paraît trop travaillée, trop formelle, trop colorée. Dans le meilleur des cas, on se rapproche du réalisme merveilleux de Carpentier (dont on sait aujourd'hui l'échec retentissant de cette manière trop baroque qui nous éloigne totalement de la vie réelle des jeunes Sud-Américains ou des Caraïbéens). Dans le pire des cas, on se trouve en présence d'un bon catalogue du ministère du Tourisme. On attire trop l'attention du lecteur sur les mots, ces mots si appétissants, si tropicaux, si juteux, mais qui nous éloignent de l'histoire tragique qu'on veut d'abord

---

[385] Saint-Aude cite les deux deniers vers de « Toute l'âme résumée » de Stéphane Mallarmé, *Poésies* (1914), p. 143.

[386] Cité par Saint-Aude dans l'article en question.

raconter. D'autre part, cette langue fourmille d'allusions sociales, de clins d'œil historiques, de jeux de mots, au point que cela devient presque opaque, pratiquement illisible. Je précise que l'opacité n'a rien à voir avec l'obscurité, voire les ténèbres, que j'affectionne. (*J'écris comme je vis* 183)

Si l'auteur du *Goût des jeunes filles* (2005) place l'univers crypté du fantasme sexuel sous le signe de la poésie saint-audienne, ce n'est donc pas pour faire usage, comme dirait Glissant, du *droit de chacun à l'opacité*, mais pour se doter d'un renvoi à l'Autre du signifiant absolu, qui lui permette de « transcender son drame personnel » (92). L'idée est de ne pas « rester englué dans la gangue sociale » (*J'écris comme je vis* 92). Comme Saint-Aude qui ne s'est pas laissé embrigader dans l'obligation du signifié, il entendait tromper l'attente du lectorat : « Je n'étais pas un névrosé, et ça la plupart des Américains ne peuvent pas le comprendre. Le Blanc peut aborder tous les sujets. Le nègre n'a à sa disposition que le racisme et la dictature. Les choses semblaient très claires jusqu'à ce que je commence à brouiller les pistes » (92). *Comment faire l'amour avec un nègre sans se fatiguer* (1985) et *Le Cri des oiseaux fous* (2002) ont certes livré un message sur le racisme et sur la dictature, mais tous les autres livres, qui n'en parlent que « par ricochet » (93), ont fait passer au premier plan l'esthétique de l'intimité et de l'individualité chère à l'auteur. L'intention poétique de Dany Laferrière rappelle en tout cas ce que Martelly nomme l'*audacieuse chimère* de Saint-Aude : « Y avait-il une place pour le "je" dans l'Haïti d'alors – ou même dans celle d'aujourd'hui – où régnait soit l'urgence de dire, soit une subjectivité constamment menacée, dans l'état dictatorial et tortionnaire, par le déni d'humanité ? » (116–117). Dans la conférence qu'il a tenue en 2009 à l'Université d'Alberta, Dany Laferrière soulignait que la misère déshumanise les peuples du Tiers-Monde aux yeux des pays riches, dotés pour leur part de technologies d'autodéfense contre les clichés négatifs : « On a l'impression que pour beaucoup de gens en Occident (en Amérique comme en Europe) il ne reste plus beaucoup de dignité à ceux qui ne jouissent pas d'un minimum de confort. En dessous d'un seuil pareil, on n'est plus humain, c'est-à-dire qu'on perd la capacité de rêver comme d'apprendre » (*Un art de vivre par temps de catastrophe* 4). S'opposant à l'idée que la misère éroderait totalement la sensibilité de ceux qui en sont touchés, il dément les clichés qui courent sur la capacité des gens, où qu'ils soient, de partager la condition humaine en faisant preuve de la même dignité et de la même puissance créatrice : « On se demande, comment est-on arrivé à croire de tels clichés comme celui qui insinue que les pauvres du Tiers-Monde ne pensent qu'à la survie ? Que ces gens ne sont pas sensibles à la poésie de la vie ? Et que l'art est un luxe au-dessus de leurs moyens ? » (5). Le 'nous' auquel il recourt exceptionnellement dans le cadre de ladite conférence où il a soin de se présenter comme un corps étranger – « Je ne suis pas un vrai conférencier » (3) – pose sinon un problème d'ordre esthétique : « Ma position d'écrivain, c'est de faire entendre la voix de ces anonymes désarmés qui se retrouvent face à une élite économique toujours assoiffée de sang, d'argent et de pouvoir. Mais comment parler de tout ça dans un roman sans l'alourdir ? » (9). Ce problème, qu'il se pose chaque matin quand il entre dans la petite chambre où il travaille, il le résout à force de *concentration* (Saint-Aude) sur la quotidienneté et l'individualité : « J'y arrive en plongeant dans la vie quotidienne qui, tel un fleuve, emporte tout sur son passage : les drames personnels comme les événements historiques. Il suffit de suivre la vie (sans protection) d'un individu ordinaire pour que se déroule une époque sous nos yeux » (9–10). C'est là aussi ce qui l'intéresse dans sa lecture de Faulkner.

William Faulkner

Le boy haïtien avec qui June, jeune Américaine de dix-sept ans née à Manhattan (37) fait l'amour dans *Vers le sud* (2006) s'appelle Absalom : « Je [Christina] l'ai découverte [ma fille, June] en train de chevaucher le boy qui travaille chez nous... Oh ! Seigneur ! je n'aurais pas dû te dire cela. Je n'ai même pas encore trouvé le courage de lui en parler. Je ne sais pas quoi faire avec ça... » (Laferrière 2006, 196). C'est ce que la mère de June, Christina, de parents juifs new-yorkais, confie à Mme Saint-Pierre, « bourgeoise de Pétionville » (*Vers le sud* 27). Quant à June, elle porte un « nom qui ne lui va pas » (37–38), car elle est le contraire du personnage de Henry Miller, « une sorte de femme fatale qui aurait fait connaître tous les enfers à Miller. Et tous les paradis aussi » (38)[387]. Harry, le père de June, qui « travaille à l'Ambassade américaine en qualité d'attaché culturel » (37) avait tenu à donner à l'enfant ce nom qui l'avait profondément marqué. C'est cette jeune fille blanche que Dany

---

[387] Il s'agit de Juliette Edith Smerdt, dite June, seconde épouse de Henry Miller. Elle apparaît sous le nom de Mona dans *Tropique du Cancer* (1934) et de Mara dans *Tropique du Capricorne* (1939). Elle a aussi inspiré le personnage sulfureux de Mara/Mona dans la trilogie autobiographique composée de *Sexus* (1949), *Plexus* (1953) et *Nexus* (1960).

Laferrière met dans la position qui, en 1985, fut celle de Miz Littérature. Étant donné l'importance que l'auteur accorde à l'explication du nom de June et à la référence littéraire qui se cache derrière le choix du père, on peut imaginer que celui du boy remplit, lui aussi, une fonction narrative intertextuelle et que le renvoi va à *Absalom, Absalom !* (1936) de Faulkner, un roman polyhistorique qui a beaucoup frappé Dany Laferrière et qui se déroule avant, pendant et après la Sécession, autour des délires racistes du Sud des États-Unis. La répétition du nom et l'interjection renvoient au verset 19 du *Livre 2 de Samuel*, où Absalom, qui avait été assassiné, était pleuré par son père, le roi David : « Mon fils Absalom ! Mon fils, mon fils Absalom ! Si seulement j'étais mort à ta place ! » (*Samuel* 2, 19). Absalom chevauchait un mulet qui pénétra sous un grand térébinthe aux branches intriquées. Sa tête y resta accrochée et, tandis que, encore vivant, il restait suspendu en l'air comme un pendu, il reçut trois javelots en plein cœur : « Dix jeunes gens [...] entourèrent Absalom et le frappèrent [ensuite] à mort » (*Samuel* 2, 15). Son trépas pourrait avoir annoncé, aux yeux de Faulkner, les Noirs lynchés dont parle « Strange fruit ». La chanson ayant été interprétée pour la toute première fois par Billie Holliday trois ans après la parution du roman de Faulkner, et ce d'après le poème que Lewis Allan (*alias* Abel Meeropol) avait publié en 1937, il convient d'envisager, comme je l'ai fait précédemment, l'autre source que pourrait avoir constitué « Hesitation Blues » de Sammy Price, une des premières chansons à avoir jamais été enregistrées et dont l'histoire, portant sur Jesse Washington lynché et torturé à Waco le 15 mai 1916, rappelle davantage celle du livre de Samuel.

La critique que Dany Laferrière formule, par ailleurs, à l'égard de James Baldwin dénonçant les atermoiements de Faulkner en matière de reconnaissance des droits de l'Homme en faveur du monde noir, est intéressante au regard de la bienveillance que lui-même garde face à des penseurs éclairés comme Montesquieu ou Condorcet qui, à leur époque, conseillèrent aux législateurs de ne pas précipiter les choses en matière d'abolition. Baldwin avait-il vu juste en qualifiant Faulkner de « vieux con nostalgique du temps de l'esclavage » (*Je suis fatigué* 34) ? Dany Laferrière n'adhère pas au verdict : « Baldwin, bien qu'il soit, à mon avis, l'esprit en activité le plus aigu au cœur de cette fournaise américaine des années 1960 (les années où le sol a commencé à trembler sous les pieds du WASP), m'a semblé s'être trompé sur un certain nombre de sujets importants » (34). Notamment sur la circonspection de l'auteur de *Absalom, Absalom !* (1936) : « Faulkner avait déclaré qu'on risquait de trop brusquer les petits Blancs du sud si on accordait trop vite tant de droits aux Nègres » (34). C'est qu'il entrevoit, dans la critique de Baldwin, l'effet d'un ressentiment : « Bien que je partage l'avis de Baldwin, je continue à penser qu'il avait poussé le bouchon un peu trop loin dans cette histoire. La vérité c'est que Faulkner, en devenant le plus grand écrivain vivant, ne lui accordait que l'espace restreint de l'Amérique noire » (34)[388]. Repérant une blessure narcissique chez celui qui n'avait pas atteint les sommets d'une écriture universelle, il présume que « lui, Baldwin, ne pouvait être que le plus grand écrivain noir d'Amérique, et il en était affreusement blessé. En un mot, je sentais une sorte de rancune derrière les arguments de Baldwin, et plus celui-ci devenait cinglant, moins il avait de chance de me convaincre » (34). Il n'en reconnaît pas moins le mérite qu'il avait d'avoir ouvert le débat « sur les rapports compliqués entre la littérature et la politique. Était-il possible qu'un aussi grand créateur de formes nouvelles (un révolutionnaire en quelque sorte) soit en même temps, sur un autre plan, un si pesant conservateur ? » (34-35). Dany Laferrière demeure indécis sur ce point : « Ne devrait-on pas l'écouter plus attentivement, ou devrait-on se dire qu'une bêtise est une bêtise, de quelque bouche qu'elle sorte ? Le débat sur Faulkner avait duré parce qu'il s'agissait de deux sujets qui me passionnaient à l'époque : la littérature et le racisme » (35). De quoi s'agit-il plus précisément ?

Dans cette sombre saga, le fils octoron Charles Bon n'obtient aucune audience auprès du père, Thomas Sutpen, propriétaire terrien et chef de la horde, pour des raisons liées à son taux de mélanine. La déchéance qui s'abat sur la famille Sutpen après son assassinat, perpétré malgré leur profonde amitié par un demi-frère attentif à la pureté de la race ainsi qu'à l'interdit de l'inceste, symbolise la faute dont le Sud ne se remet pas parce qu'il est tout simplement indéfendable. Le ton, cependant, n'est jamais moralisateur, ce qui peut laisser parfois planer un doute sur le camp choisi par l'écrivain. Comme le relève Glissant à propos de Faulkner : « Le

---

[388] Il en est question dans les trois éditions de *Cette grenade dans la main du jeune nègre est-elle une arme ou un fruit ?* (1993, 2002 et 2016) : « Je peux comprendre Baldwin. Baldwin contre Faulkner. Ce Faulkner qui voulait que les Nègres patientent encore un peu pour ne pas trop perturber la psychologie trop fragile du Blanc du Sud. Le grand écrivain du Sud, Prix Nobel, le gentleman-farmer aux mœurs rustaudes face à ce génial maigrichon de Harlem. Faulkner est un immense écrivain qui n'a jamais pu se mettre dans la peau d'un Nègre du Sud. Il est resté aveugle devant le plus grand scandale : l'esclavage. Aveugle, sourd et muet. Le plus grand chantre de l'Amérique. On a tous nos limites » (Laferrière 2002, 88).

monologue intérieur ne sera jamais propre au personnage noir, et ce qu'on surprendra le plus souvent de celui-ci ce sera un grommellement, et non pas des conduites mais des suites d'attitudes » (*L'intention poétique*, 176-177). Il fallait, pour étayer une thèse aussi hasardeuse, le concours des penseurs. Comme l'indique Glissant : « Drame de l'intellectuel : la gamme complète des illusions (de soi) ne vaudra jamais l'assentiment d'un seul coupeur de cannes. Les intellectuels *se croient*. Voilà pourquoi, vendus ou pusillanimes, prétendument libres ou faussement aboyeurs, ils servent toujours ceux qui exploitent la canne » (189). Glissant ajoute que « (leur classe de lettrés fut créée à cette fin) » (189). Pour Glissant, comme pour Baldwin et d'une certaine manière aussi pour Dany Laferrière, Faulkner fait partie de ces intellectuels dont on ne sera jamais sûrs qu'ils n'aient pas été racistes[389]. Pour Glissant, « [...] tout Américain d'une manière ou d'une autre vit le vertige dont le racisme est une des données », car « en tuant des Nègres, en exterminant au nom du "monde libre" ou, comme Faulkner, en prenant dramatiquement à charge l'opacité de l'Autre pour soi », l'Américain agit ses phobies et Faulkner, sa hantise : « L'opacité du Nègre pour Faulkner est, bien entendu, son impénétrabilité : autant que la peau noire, l'âme obscure » (*L'intention poétique* 176). Ce que Glissant appelle la « négativité révélatrice » (176) des personnages noirs de Faulkner, qui est à la fois leur force et leur damnation, relève, pour lui, d'une *opacité terrible* qui maintient l'Amérique dans la *barbarie*. Si la culture du *bel usage* n'empêcha pas la France de plonger dans l'abjection de la Traite – les tenants des Lumières s'étant ensuite confondus en raisonnements chargés de double lien (ironie) –, le rêve américain n'aura pas non plus amené à « (convertir l'opacité brute en opacité consentie, mutuellement exercée) » (176). Cet acte manqué, que Glissant énonce sur le mode parabasique en le liant tour à tour au refus du Blanc de concevoir le 'Nègre' « quitte à le tuer » (176) et à l'ambition du 'Nègre' de se confondre avec le Blanc, apparaît à l'état brut chez l'auteur de *Absalom, Absalom!* : « [...] telle est la force de l'opacité chez Faulkner qu'elle envahit tout le système de l'énoncé, lequel est bientôt et tout entier axé sur cette opacité, offerte à une tragique entreprise de dévoilement » (177). Entre l'usage de la double contrainte et l'énoncé brut, Glissant pose la question essentielle de savoir « comment assumer la relation à l'Autre, quand on n'a pas (encore) d'opacité (savante) à lui opposer, à lui proposer ? » (51). Tournant le dos aux solutions savantes, Dany Laferrière offre, quant à lui,

---

[389] *Cf.* Édouard Glissant, *L'intention poétique* (1969), p. 176.

une réponse qui jaillit directement du corps. Ce qui était susceptible de retenir son attention dans les ténèbres d'*Absalom, Absalom !* (1936), tient à ce passage où le serviteur noir apaise sa maîtresse, dans un moment de détresse, en la touchant :

> *Because there is something in the touch of flesh with flesh which abrogates, cuts sharp and straight across the devious intricate channels of decorous ordering, which enemies as well as lovers know because it makes them both : – touch and touch of that which is the citadel of the central I-Am's private own : not spirit, soul ; the liquorish and ungirdled mind is anyone's take in any darkened hallway of this earthly tenement. But let the flesh touch with flesh, and watch the fall of all the eggshell shibboleth of caste and color too.* (Faulkner 1936, 111–112)

Bien que peu enclin à subir l'insulte, Dany Laferrière ne suit pas nécessairement les mises en garde des écrivains, que ce soient celles de Baldwin ou celles de Glissant. Il aime en effet se forger une opinion personnelle avant de tourner le dos à ce qui s'avère éventuellement ressortir d'un colonialisme invétéré. Dany Laferrière apprécie trop la liberté qu'il respire dans les bibliothèques où, dit-il, ne règnent ni sexe ni race, mais un nombre tout à fait captivant de fenêtres ouvertes sur le monde. C'est ce qui l'a fasciné dès qu'il a ouvert *Fictions* (1944) de Borges dans une librairie de Montréal où le hasard avait guidé ses pas alors qu'il travaillait à l'époque à l'usine. Il découvre la magie des mots et la formule qui permet, selon une expression qui lui est chère, de *changer de vie* à défaut de pouvoir la changer.

Borges

Dany Laferrière confie que l'éditeur québécois de la première heure Bernard Lanctôt à qui il est resté fidèle aime l'entendre lui parler de Borges ou de Sophocle[390]. Le rapprochement entre les deux écrivains est instructif. De Borges qui « reste pour lui le seul écrivain contemporain à saveur antique » (*L'Art presque perdu de ne rien faire* 363), il précise toutefois, dans son entretien avec Magnier, que « Borges n'a pas toujours été Borges. On ne naît pas Borges, on le devient. J'aime bien cet écrivain qui est entré dans la fiction, un peu comme Alice passant de l'autre

---

[390] « (Il aime m'entendre parler de Borges ou de Sophocle et moi, j'admire sa curiosité insatiable.) » (Magnier 2000, 143).

côté du miroir » (*J'écris comme je vis*, 66). La fiction a de fait permis à Borges de faire face à une imago maternelle (Jung) intrusive. Comme en témoigne un habitué de la maison, Alberto Manguel, la vie du célèbre écrivain chez qui il se rendait, étudiant, pour lui lire des pages que la cécité lui voilait, la mère se retirait dans sa chambre à son arrivée et il n'entendait que sa voix « proféra[n]t de temps à autre une instruction ou une recommandation » (*Chez Borges* 20). Il lui donnait le sentiment de hanter la maison à l'instar du chat : « Doña Leonor et Beppo, le gros chat blanc, étaient en ce lieu deux présences fantomatiques » (20). Animal totémique de la famille symbolisant l'exploration de l'inconscient, voire de l'inconnu sur le versant fantastique de la magie blanche, le gros chat blanc « se lovait volontiers » (21) dans le lit de l'écrivain argentin. De la mère, il souligne dans la foulée l'attitude « farouchement protectrice » (21) qui était la sienne envers son fils : « Georgie, n'oublie pas ton chandail, il pourrait faire froid ! » (20). Il rend compte aussi de ce lapsus mémorable :

> Un jour, au cours d'un entretien destiné à un documentaire pour la télévision française, elle commit une gaffe délicieuse qui aurait enchanté le Dr Freud. En réponse à une question relative aux fonctions de secrétaire qu'elle occupait auprès de son fils, elle expliqua qu'elle avait autrefois assisté son mari aveugle et qu'elle en faisait désormais autant pour son fils aveugle. Elle voulait dire : « J'ai été la main de mon mari ; maintenant je suis la main de mon fils » mais, ouvrant la diphtongue comme ont tendance à le faire les hispanophones, elle dit : « J'ai été l'amant de mon mari ; maintenant je suis l'amant de mon fils. » Ceux qui connaissaient son tempérament possessif ne furent pas surpris. (21)

Sophocle et Borges, un couple qui devait intéresser Laferrière.

Les deux écrivains se rencontrent en outre autour de saint Augustin. Borges, comme l'écrit Manguel, « admirait l'usage métaphorique que faisait saint Augustin des symboles chrétiens. "La croix du Christ nous a sauvés du labyrinthe circulaire des stoïques", citait-il avec délectation. Il ajoutait : "Mais je préfère tout de même ce labyrinthe circulaire" » (64)[391]. Le labyrinthe dont parle saint Augustin dans *La Cité de Dieu* est surtout celui de l'erreur cognitive dans laquelle errent les impies (stoïciens)[392]. Pour sa part, Dany Laferrière évoquait, lors de sa conférence

---

[391] Il doit s'agir de « La Cité de Dieu », où il est question du labyrinthe d'erreurs des stoïciens, mais pas du temps circulaire ni, me semble-t-il, de la croix du Christ qui nous en aurait sauvés, ou bien de « Philosophie – Catéchèse – Polémique ».

[392] *Cf.* Saint Augustin, *La Cité de Dieu*, Livre XII, chap. XVII, p. 257–258 : « Il en est tout autrement, quand on conçoit la création comme un cycle qui revient toujours

à l'Odéon de janvier 2015, le « fils de Monique, qui est sainte elle-même » (*La bibliothèque idéale du cosmopolite*, 16 janvier 2015, 52:40–52:50) tout en rappelant, avec Borges, qu'Augustin ouvrit la voie à une notion proprement occidentale de l'écriture et de la lecture. Non seulement celui-ci est le premier à tourner le regard sur lui-même, mais il a aussi ouvert la voie à une nouvelle façon de lire :

> Augustin a noté la première scène de l'histoire de la littérature dans l'histoire occidentale où l'on voit quelqu'un en train de lire. Une lecture silencieuse. [...] C'est Jérôme qui le voit en train de fureter dans des manuscrits et on n'entendait pas sa voix et il semblait que ses yeux couraient sur des phrases et c'est un des grands moments de l'écriture occidentale parce que la lecture silencieuse amène un autre type d'écriture. Si on sait qu'on n'est pas obligé de lire à haute voix ce que vous dites, ça doit être Valéry. (53'00"-54'03")

Pour Dany Laferrière, Augustin est en outre un « prêcheur, pamphlétaire et militant » qui possède *l'une des rares qualités de l'écrivain*, celle de « ne pas se voir dans le miroir. Il a », dit-il, « un moteur intérieur qui lui permet de ne pas se voir dans le miroir » (55:00–55:10). Comme il le déclare dès ses chroniques des années 1984–1985, les premiers écrits d'Augustin d'Hippone occupent une place non négligeable dans sa vie : « *Les Confessions* est un livre très important pour moi » (*Les années 80 dans ma vieille Ford* 138). Dans sa conférence à l'Odéon, il retient la débauche qui a précédé la conversion d'Augustin survenue sous l'influence de la mère catholique, sainte Monique. Dans *Les années 80 dans ma vieille Ford* (2005) et plus précisément dans « Danger : le plaisir de détruire », il confie qu'adolescent, il « voulai[t] être un saint » (162). Au lieu de quoi il écrivit plus tard un premier livre au titre licencieux, que la mère, fervente catholique telle sainte Monique, n'accueillit qu'au prix d'un refoulement systématique des Miz ornant l'album de la vie de son fils à Montréal. Chez Borges, le désir de se conformer au désir de l'Autre maternel a, en revanche, tenu toute une vie. Il apparaît notamment dans la dédicace que Borges adresse à sa mère lors de la publication des

---

sur lui-même ; car alors, soit qu'on rapporte cette série circulaire de phénomènes à un monde permanent dans sa substance, soit qu'on suppose le monde périssant et renaissant tour à tour, on évite dans les deux cas d'attribuer à Dieu ou un lâche repos ou une téméraire imprévoyance. Sortez de ce système, vous tombez nécessairement dans une succession indéfinie de créatures que nulle science, nulle prescience ne peuvent embrasser. Je réponds qu'alors même que nous manquerions de raisons pour réfuter ces vaines subtilités dont les impies se servent pour nous détourner du droit chemin et nous engager dans leur labyrinthe [...]. »

œuvres complètes : « Nous sommes ici en train de parler tous les deux et tout le reste est littérature, comme l'a écrit, avec excellente littérature, Verlaine »[393]. Un trait unaire et non des moindres qui relie Borges à Laferrière tient enfin à la couleur jaune : dernier rempart contre la nuit pour l'un[394] : « Au fil du temps, sa vue s'est mise à baisser et le jaune fut la dernière couleur qu'il parvenait à identifier » (*L'Art presque perdu de ne rien faire* 366)[395], tandis qu'il est *couleur fétiche* pour l'autre : « Vava fut [...] mon premier amour. J'avais dix ans [...]. Elle arrivait toujours dans mon dos, dans cette robe jaune qui est devenue depuis ma couleur fétiche » (*J'écris comme je vis* 173). Dany Laferrière insiste néanmoins sur un point : Borges n'a pas influencé sa propre écriture. Au-delà de *Fictions* (1951), le livre qu'il admire le plus, c'est la personne de l'auteur qui l'a marqué :

> J'aurais pu choisir Bukowski, Baldwin, Montaigne, Tanizaki, Diderot, Horace ou Gombrowicz, des écrivains que je ne cesse de relire. Alors, pourquoi j'ai répondu Borges quand ce journaliste rasta est revenu tout à l'heure me poser sa stupide question : (« Une dernière, et après je te foutrai la paix, *man*. ») Donc, c'est Borges parce que, malgré ses défauts, chaque fois que je me sens un peu triste, je sais ce qu'il me reste à faire : un bain chaud, une demi-bouteille de rhum Barbancourt, et Borges. Je n'ai pas dit un livre de Borges. J'ai dit Borges. Un ton personnel, un sens si particulier de l'humour, ce sourire à fleur de pages et cette façon inimitable de retourner les habitudes de penser comme un gant. (*Je suis fatigué* 164)

Comme Joël Des Rosiers, notamment, l'a mis en évidence, Borges n'est cependant pas un ange. Pour lui accorder foi, il convient de surmonter un obstacle, celui d'un racisme primaire dont il ne sut se départir. Manguel dit qu'en dépit d'un *profond humanisme*, Borges nourrissait des

---

[393] Gustavo Tieda, « Borges, sa mère et la littérature. Et son père » : « C'est par ces mots que se clôt la dédicace que Borges fait à sa mère de ses œuvres complètes. On est en train de parler toi et moi – écrit-il – et le reste est littérature. Selon cet aveu, c'était elle, la seule chose qui passait avant les belles lettres. [...] Sa cécité très avancée, vers 1956, il dépendait complètement d'elle qui est devenue son scribe. La mère, le fils, et la littérature. Un tout. »

[394] « [...] il se lamentait de ne plus distinguer le noir dans le brouillard gris qui l'entourait et se réjouissait du jaune, la seule couleur qui restait à ses yeux, celle de ses chers tigres et de ses roses préférées, particularité qui poussait des amis à lui offrir à chaque anniversaire des cravates d'un jaune éclatant et Borges à citer Oscar Wilde : "Seul un sourd porterait une cravate pareille." » (17).

[395] « Je crois que le jaune lui est resté fidèle jusqu'à la fin » (*Je suis fatigué* 166).

préjugés tenaces. Ceux-ci « le rendaient d'une affreuse et surprenante puérilité » (*Chez Borges* 71) et l'amenaient à « manifester à l'occasion un racisme ordinaire absurde qui, soudain, transformait momentanément le lecteur intelligent et avide en un balourd qui donnait pour preuve de l'infériorité de l'homme noir l'absence d'une culture africaine d'importance universelle » (71). Dany Laferrière est au courant de ces failles, qu'il contextualise sans les nommer : « Borges est né en Argentine, le pays de l'épuration ethnique la plus achevée de l'Amérique (plus aucune trace d'Indiens aujourd'hui » (*J'écris comme je vis* 66). Il préfère explorer la face cachée d'une vie qu'il sent à l'œuvre chez Borges : « J'ai cherché à tout savoir de Borges. Sentant vaguement que sa vie intime (qui affleure rarement dans son œuvre) avait une influence déterminante sur celle-ci » (*Je suis fatigué* 168). *Ficciones* (1944) de Borges[396] a marqué un tournant, comme il le confie notamment le 11 décembre 2014 dans l'émission « La Grande Librairie spéciale "Les 20 livres qui ont changé votre vie" » de la chaîne de télévision France 5. Comme Borges, lisant les livres qui se trouvaient à portée de main quand il accompagnait son père à la Bibliothèque nationale, Laferrière tombe par hasard sur cette encyclopédie des encyclopédies issue des lectures fortuites de Borges. Il suit le tracé du futur écrivain, qui, « Trop timide pour demander un livre » (*Chez Borges* 26), tombait sur des articles en tous genres : « Parfois, la chance lui souriait […] Il n'abandonna jamais cette habitude de s'en remettre au hasard bien ordonné d'une encyclopédie » (26). Entre Borges et Laferrière s'établit un lien vital :

> C'est arrivé très simplement, je suis entré dans une petite librairie, et j'ai trouvé par hasard un livre dont le titre est *Fictions* de Jorge Luis Borges. Je ne connaissais pas l'auteur, j'ai appris plus tard que c'était un aveugle mais immédiatement je fus happé par le livre. Quelque chose de mystérieux s'est passé, puisqu'il ne s'agit pas du sujet, qui était très difficile, mais j'étais en lien étroit, puissant, avec l'auteur. (Laferrière 2014, « Les vingt livres qui ont changé votre vie » 00'00"-00'30")

Ce lien entre Borges et Laferrière est de l'ordre de l''apparition' (*Erscheinung*), notion renvoyant à l'esthétique du dévoilement conçue par Kant comme un plaisir désintéressé, à savoir une situation d'exception où nous nous abstenons de manier les catégories du 'vrai' et du 'faux' et où nous ne poursuivons plus aucun intérêt précis[397]. Dany Laferrière est, de

---

[396] Traduit en 1951 par Roger Caillois sous le titre de *Fictions. La bibliothèque de Babel*.
[397] *Cf.* Martin Seel, *Ästhetik des Erscheinens* (2000).

fait, attiré à une époque où l'envahit le réel de l'usine où il travaille pour gagner sa vie, par un livre capable de faire tomber les *forteresses de l'esprit logique*, celles dont il reparlera dans *L'Art presque perdu de ne rien faire* (2014) pour dire qu'il convient de réveiller les sens du lecteur plutôt que de chercher à lui transmettre le sens du Verbe :

Ce qu'il [Borges] disait, que je ne comprenais pas trop, était exactement ce que je cherchais à ce moment-là. J'étais un jeune ouvrier à Montréal et ma vie s'est trouvée transformée. Ce livre dit simplement qu'on peut écrire, rêver, penser, ce que l'on veut et on peut changer le mode même de l'imaginaire. Et j'étais là, tout simplement avec cette vie réelle qui m'en imposait trop et je trouvais quelqu'un qui m'ouvrait une fenêtre sur l'imaginaire. Voilà comment j'ai trouvé ce livre. Un livre qui change une vie, c'est un livre qui apparaît dans votre vie au moment précis où vous en aviez le plus besoin. (00'30"-01'15")

Il insiste beaucoup sur le désespoir dans lequel il se trouvait à l'époque : « J'étais dans un moment très difficile et ce livre ne fut pas seulement un livre mais la fenêtre qui m'a permis de découvrir la bibliothèque Jorge Luis Borges » (01'15"-01'27"). Il le soulignait encore en janvier 2015 à l'Odéon : « Les livres sont la chose qui m'ont empêché de sombrer dans le désespoir » (1:02'50"-1:02'55"). S'il est lecteur assidu de Borges, Dany Laferrière déclare, dans un entretien imaginaire du *Journal d'un écrivain en pyjama* (2013), que l'auteur n'a pas exercé sur lui une influence proportionnellement déterminante : « Q. Quelles sont vos influences littéraires ? R. L'écrivain que je lis le plus, Borges, est celui qui m'influence le moins » (*Journal d'un écrivain en pyjama* 280). Ce qu'il retire, en revanche, de décisif, c'est la leçon de bonheur donnée par Borges et dont témoigne Manguel : « Il y a des écrivains qui tentent de mettre le monde dans un livre. Il y en a d'autres, plus rares, pour qui le monde *est* un livre, un livre qu'ils tentent de lire pour eux mêmes et pour les autres » (*Chez Borges* 75). Manguel en conclut qu'il « était de ceux-là. Il croyait quelles que fussent les circonstances, que notre devoir moral consiste à être heureux. » Borges confie en effet à Manguel : « Je ne sais pas pourquoi je crois qu'un livre nous apporte la possibilité du bonheur [...] Mais je suis profondément reconnaissant pour ce miracle » (75). Il en va de même chez Dany Laferrière, pour qui le livre est une fenêtre qui offre le salut : « La bibliothèque, [...] c'est ça qui m'a sauvé la vie, c'est la plus grande chose qui m'est arrivée dans la vie [...] j'ai toujours cru que les livres allaient me sauver de tout [...] cette fenêtre sur le monde [...] cette bibliothèque où je suis entré et, pour dire comme Borges, d'où je ne suis plus sorti [...] » (« La bibliothèque idéale du cosmopolite » 45'49"-49'08"). L'auteur de *Je suis fatigué* (2005), *J'écris comme je vis* (2000), *Journal d'un écrivain en pyjama* (2013) ainsi que de *L'Art presque perdu de ne rien faire* (2014) ne cesse, dans ses conférences, de rendre hommage à l'écrivain qui le sortit de la vie à la chaîne (de l'usine). Le discours de réception à l'Académie française, le 28 mai 2015, lui offre aussi l'occasion de glisser un mot sur Borges, et ce au nom de l'admiration que son prédécesseur au fauteuil n° 2, Hector Bianciotti, lui portait lui aussi : « Il y a une nouvelle de Borges dans *Fictions*, "Funes ou la mémoire", qui raconte l'histoire d'un jeune garçon qui se rappelait tout ce qu'il a vu, tout ce qu'on lui a dit, tout ce qu'il a lu » (*Discours de réception à l'Académie française*). Phrase unique où apparaît ce portrait qu'à son insu et par la magie de la réversibilité temporelle, Borges a brossé de lui, Dany Laferrière, enfant.

Comme il l'indique en janvier 2015 à l'Odéon, il croit, comme Borges, que le travail de la mémoire est plus important que la compilation. Il va jusqu'à adhérer à la comparaison que Daniel Loayza effectue entre la 'mémoire de la mémoire' dont parle saint Augustin dans le Livre X des *Confessions*, et celle de Borges. Sous la Coupole, il dira aussi qu'elle n'est « pas loin du cauchemar » car elle « ne sait pas faire le tri » (*Discours de réception à l'Académie française*). Si le rêve, pour Freud, est une réalisation de désir, qu'est-ce que le cauchemar sinon le passage d'un résidu de sentiments pénibles, du stade latent du refoulement à leur représentation manifeste[398] ? La bibliothèque – lieu du père – est le labyrinthe où Borges cherche à faire perdre sa trace à une mère fusionnelle. S'il donne en cela la main à saint Augustin autour de l'*Œdipe roi* de Sophocle, Dany Laferrière réserve à l'emprise maternelle une lecture bienveillante, reconnaissant en cette femme *humble* et *modeste* le mérite de l'avoir poussé à fréquenter les institutions, substituts de l'instance paternelle, en mesure de le préparer à un avenir digne de lui.

Laclos : l'emprise

Le motif de l'emprise intéresse beaucoup Dany Laferrière, grand lecteur des *Liaisons dangereuses* (1782), qu'il a commenté en janvier 2015 à

---

[398] *Cf.* Freud, « Réalisations des désirs », dans *Introduction à la psychanalyse* (1922) [1961], p. 198–212.

l'Odéon et dont il parle dans *L'Art presque perdu de ne rien faire* (2014). Comparant le livre de Laclos à « une machine de guerre qui continue à faire des ravages parmi les lecteurs, trois siècles plus tard » (Laferrière 2014, 338), il en a été et en reste marqué à vif : « L'effet fut si foudroyant […]. J'ai souvent relu ce livre, et à chaque fois, j'ai ressenti la même brûlure. Foudre et brûlure sont des termes qui disent très justement mon rapport avec le roman de Laclos » (338). Il ne s'agit pas d'un coup de foudre de l'ordre amoureux, mais d'une sorte de possession : « Mon sentiment reste à ce jour ambivalent : je ne sais pas s'il faut admirer ou détester ce livre – ce qui est sûr c'est qu'on ne peut pas l'aimer » (338). On ne peut, de fait, qu'être emporté dans son orbite par une force d'attraction irrésistible : « Le roman de Laclos garde intacte sa force, comme s'il venait tout juste d'arriver en librairie. Pourtant on le lit depuis le mois de mars 1782, juste sept ans avant la Révolution » (339). Ce qui fait sa force ne tient pas à la question morale, qui « finit par s'émousser avec le temps » (339), ni à la jouissance qui semble en émaner au point de passer ensuite pour un atout indispensable : « Il y a tant de perfidie dans chaque lettre qu'on doute que l'auteur n'y trouve aucun plaisir. Beaucoup de gens, après la lecture des *Liaisons dangereuses*, ont cru que pour être intelligent il fallait être cruel » (339). Dany Laferrière insiste, au lieu de cela, sur la puissance transgénérationnelle de l'amour qui perçait sous les couches de raison dont le XVIIIe siècle s'était couvert :

> L'amour est subversif parce qu'il n'a pas besoin de l'intelligence pour fonctionner. Pour se venger d'un sentiment si autonome, l'esprit entreprend de ridiculiser toute émotion. Mais il doit y avoir une raison qui justifie une pareille fureur. La moindre parcelle d'émotion peut coloniser tout un système. Est-ce pourquoi les encyclopédistes se sont tenus si loin de tout sentiment. Sauf Rousseau. C'est pourtant cette émotion (l'amour qui soude, malgré les apparences, la marquise au vicomte), échappée à la vigilance du stratège Laclos, qui éclaire la route aux *Liaisons dangereuses* dans ce voyage à travers les siècles. (342)

Cette « guerre de salon aussi impitoyable qu'une guerre de tranchées » (339), qui se passe à quelques années seulement de la Révolution française, laisse pressentir l'emprise que les émotions exerçaient d'autant plus qu'elles étaient refoulées, sur une époque qui considérait l'amour comme *l'affaire des manants* : « C'est tellement un siècle d'ironie et de sarcasme, qu'il est impossible de dire la chose la plus simple : je t'aime » (« La bibliothèque idéale du cosmopolite » 39:00). Un tel goût pour l'artifice ne pouvait mener, conclut Dany Laferrière, qu'à des *convulsions*. Dans

Le paradoxe du menteur. Sur Laclos (1993), Pierre Bayard ne relevait pas pour rien la proximité de l'emprise avec la perversion et, sur le plan des mécanismes, avec la double contrainte (Watzlawicz) : « Ainsi l'emprise conduit-elle à cette aliénation intégrale où le sujet, confronté à l'impossible d'un choix, n'a d'autre solution que de se détruire lui-même » (Bayard 1993, 152). La *pensée du paradoxe* à quoi l'œuvre de Laclos introduirait fondamentalement était-elle présente à l'esprit de l'auteur ? Si « une telle figure [est] trop proche de problématiques de la logique du XXe siècle pour convenir parfaitement au XVIIIe siècle » (37), on retiendra avec Bayard qu'« elle est moins inscrite dans le texte qu'elle ne forme le point de rencontre entre ce qui cherche à se formuler chez Laclos et ce que notre modernité peut tenter de proposer comme schéma heuristique temporaire et partiel » (37–38). Pour sa part, Dany Laferrière critique l'époque pour son *impossibilité*. Celle-ci a été entretenue par les artifices jetés sur des choses aussi naturelles que l'amour et sur l'importance de l'esprit aux dépens du corps. Pointant, avec Malraux, « l'érotisation de la volonté » (« La bibliothèque idéale du cosmopolite » 36'13") relevable dans *Les Liaisons dangereuses* (1782), Dany Laferrière ne manque pas de dire le souci du couple Valmont-Merteuil de se doter des clefs de la jouissance au lieu de se donner. Ce qui intéresse, en attendant, Dany Laferrière, sensible aussi, depuis *Le Goût des jeunes filles* (2005), aux stratégies de l'emprise développées par Sagan dans *Bonjour tristesse* (1954), c'est la place que Laclos a réussi à se tailler au milieu des génies de l'époque, « monstres littéraires (Voltaire, Diderot, Rousseau, Condorcet) » (*L'Art presque perdu de ne rien faire* 340). En 2005, Dany Laferrière se disait fatigué des conseils de lecture au second degré prodigués au nom de la différence entre l'art et la vie : « On n'a pas toujours tort de prendre les choses au premier degré, récupérant ainsi en passant son cœur d'enfant. Et la douleur est toujours un roi nu » (*Je suis fatigué* 153). Condorcet s'y prête davantage que Montesquieu, son aîné, même s'il ne pousse pas jusqu'au bout le raisonnement en matière de critique de la Traite.

Condorcet

Dans *Réflexions sur l'esclavage des Nègres* (1781), Condorcet, fustigea l'esclavage sans recourir au double langage qui avait caractérisé les rares textes de ses prédécesseurs : « On prétend », écrit-il clairement, « qu'il est impossible de cultiver les colonies sans Nègres esclaves. Nous admettrons ici cette allégation, nous supposerons cette impossibilité absolue. Il est clair qu'elle ne peut rendre l'esclavage légitime » (Condorcet 1781, 13). Il ajoute un argument apte à frapper l'imagination des économistes, dont dépendait, selon Ehrard, l'évolution des mentalités : « En effet, si la nécessité absolue de conserver notre existence peut nous autoriser à blesser le droit d'un autre homme, la violence cesse d'être légitime à l'instant où cette nécessité absolue vient à cesser : or il n'est pas question ici de ce genre de nécessité, mais seulement de la perte de la fortune des colons » (13). Il poursuit sur le même ton limpide : « Ainsi demander si cet intérêt rend l'esclavage légitime, c'est demander s'il m'est permis de conserver ma fortune par un crime. Le besoin absolu que j'aurais des chevaux de mon voisin pour cultiver mon champ ne me donnerait pas le droit de voler ses chevaux » (13), ce qui l'amène à poser la question suivante : « Pourquoi donc aurais-je le droit de l'obliger lui-même par la violence à le cultiver ? Cette prétendue nécessité ne change donc rien ici, et ne rend pas l'esclavage moins criminel de la part du maître » (13). Dans le Livre III intitulé « De la prétendue nécessité de l'esclavage des Nègres, considérée par rapport au droit qui peut en résulter pour leurs maîtres », il en revient néanmoins au double langage typique des penseurs qui l'avaient précédé, lorsqu'il souligne le crime consistant à proroger une loi injuste et la nécessité de pourvoir malgré tout à des atermoiements :

> Tout législateur, tout membre particulier d'un corps législatif, est assujetti aux lois de la morale naturelle. Une loi injuste qui blesse le droit des hommes, soit nationaux, soit étrangers, est un crime commis par le législateur, où dont ceux des membres du corps législatif qui ont souscrit à cette loi, sont tous complices. Tolérer une loi injuste, lorsqu'on peut la détruire, est aussi un crime ; mais ici la morale n'exige rien des législateurs au-delà de ce qu'elle prescrit aux particuliers, lorsqu'elle leur impose le devoir de réparer une injustice. Ce devoir est absolu en lui-même, mais il est des circonstances où la morale exige seulement la volonté de le remplir, et laisse à la prudence le choix des moyens et du temps. Ainsi dans la réparation d'une injustice, le législateur peut avoir égard aux intérêts de celui qui a souffert de l'injustice, et cet intérêt peut demander, dans la manière de la réparer, des précautions qui entraînent des délais. Il faut avoir égard aussi à la tranquillité publique, et les mesures nécessaires pour la conserver peuvent demander qu'on suspende les opérations les plus utiles. (*Réflexions sur l'esclavage des Nègres* 15)

Il précise aussitôt qu'« il ne peut être ici question que de délais, de formes plus ou moins lentes » (16) et qu'« il est impossible qu'il soit toujours utile à un homme, et encore moins à une classe perpétuelle d'hommes, d'être privés des droits naturels de l'humanité », car, souligne-t-il, « une association où la tranquillité générale exigerait la violation du droit des citoyens ou des étrangers, ne serait plus une société d'hommes, mais une troupe de brigands » (16). Mais ce qui suit se passe de commentaire :

> C'est ainsi qu'il y a quelques droits naturels dont les enfants en bas âge sont privés, dont les imbéciles, dont les fous restent déchus. De même si par leur éducation, par l'abrutissement contracté dans l'esclavage, par la corruption des mœurs, suite nécessaire des vices et de l'exemple de leurs maîtres, les esclaves des colonies Européennes sont devenus incapables de remplir les fonctions d'hommes libres : on peut (du moins jusqu'au temps où l'usage de la liberté leur aura rendu ce que l'esclavage leur a fait perdre) les traiter comme ces hommes que le malheur ou la maladie a privés d'une partie de leurs facultés, à qui on ne peut laisser l'exercice entier de leurs droits, sans les exposer à faire du mal à autrui ou à se nuire à eux-mêmes, et qui ont besoin, non seulement de la protection des lois, mais des soins de l'humanité. (16)

Condorcet n'avait-il raisonné, au début de son discours, que pour mieux férir ensuite ? Il n'hésite pas, en effet, à avancer une contre-utopie où, selon l'adage de Montesquieu, le mieux est l'ennemi du bien :

> Si un homme doit à la perte de ses droits l'assurance de pourvoir à ses besoins, si en lui rendant ses droits, on l'expose à manquer du nécessaire, alors l'humanité exige que le législateur concilie la sûreté de cet homme avec ses droits. C'est ce qui a lieu dans l'esclavage des noirs comme dans celui de la glèbe. Dans le premier, la case des Nègres, leurs meubles, les provisions pour leur nourriture appartiennent au maître. En leur rendant brusquement la liberté, on les réduirait à la misère. [...] Ainsi, dans de pareilles circonstances, ne pas rendre sur le champ à des hommes l'exercice de leurs droits, ce n'est ni violer ces droits ni continuer à en protéger les violateurs, c'est seulement mettre dans la manière de détruire les abus la prudence nécessaire, pour que la justice qu'on rend à un malheureux devienne plus sûrement pour lui un moyen de bonheur. (16)

Pour que les choses soient bien claires, Condorcet avance « par exemple », qu'« avant de placer les esclaves au rang des hommes libres, il faut que la loi s'assure qu'en cette nouvelle qualité, ils ne troubleront point la sûreté des citoyens » (17). De même, « il faut avoir prévu tout ce que la sûreté publique peut, dans un premier moment, avoir à craindre de la fureur de leurs maîtres offensés à la fois dans deux passions bien fortes, l'avidité et l'orgueil, car l'homme accoutumé à se voir entouré d'esclaves ne se console point de n'avoir que des inférieurs » (18). Critiquant les théories sur le climat, il précise toutefois, dans « De l'injustice de l'esclavage des Nègres, considérée par rapport au législateur », que « ce n'est ni au climat, ni au terrain, ni à la constitution physique, ni à l'esprit national qu'il faut attribuer la paresse de certains peuples ; c'est aux mauvaises lois qui les gouvernent » (19). Certes, Condorcet recourt à l'argument aussi tendancieux que fallacieux – est-il besoin de le dire ? – qui circule encore de nos jours face, par exemple, auxdits problèmes de mauvaise gouvernance en Haïti, argument selon lequel certains peuples seraient incapables de se gouverner eux-mêmes, mais il reconnaît pour le moins le malaise dans lequel le plonge sa propre logique :

> Si les raisons que nous venons d'exposer paraissent suffisantes pour ne point employer le seul moyen de détruire l'esclavage, qui soit rigoureusement conforme à la justice ; il y en a d'autres qui peuvent, du moins à la fois, adoucir l'état des Nègres dès les premiers instants, et procurer la destruction entière de l'esclavage à une époque fixe et peu éloignée. Mais si nous les proposons, c'est en gémissant sur cette espèce de consentement forcé que nous donnons pour un temps à l'injustice, et en protestant que c'est la crainte seule de voir traiter l'affranchissement général comme un projet chimérique, par la plupart des politiques, qui nous fait consentir à proposer ces moyens. (26)

Le patrimoine littéraire mondial est riche en raisonnements nécessitant une revisitation. À cet effet, Dany Laferrière tient à ce qu'on se rappelle l'« origine physique de la pensée » (Laferrière 2016c, 34'00''). Loin de lancer des anathèmes anachroniques contre des penseurs du XVIIIe siècle comme Montesquieu et Condorcet ou contre des écrivains du XXe siècle tels que Faulkner et Borges, il établit une nette différence en la matière entre négativité et racisme. C'est la nuance qui l'amène à se concentrer sur la chair ; ce que les penseurs des Lumières, trop occupés à mettre l'esprit à l'honneur, omirent vraisemblablement de prendre en compte. Comme Laclos le fait pressentir et comme Dany Laferrière l'exprime à l'Odéon – ou au Café de Da lorsqu'il dit qu'« on fait de la métaphysique au lieu de sentir » (Laferrière 2016c, 36':36''-36':39'') –, l'époque avait oublié le corps. Au-delà des facteurs socio-économiques invoqués, c'est sans doute ce qui a aussi amené un Condorcet à conseiller, comme beaucoup de ses contemporains, de ne pas abolir trop vite l'esclavage. Or, pour faire ainsi abstraction, dans le raisonnement, de la souffrance physique des victimes de la Traite, il fallait être atteint d'une irrémédiable frigidité.

Chapitre III –
Le corps

> *On ne cesse de vous faire savoir partout que vous êtes noir, et malgré cela il vous arrive, certains matins, de l'oublier. Surtout si une rage de dents prend le dessus, comme à son habitude, sur les autres tracasseries de la vie quotidienne.*
> Dany Laferrière, *Tout ce qu'on ne te dire pas Mongo* (2015), p. 254

Introduction

Depuis *L'Odeur du café* (1991), l'art primitif l'emporte sur l'esthétique *underground* et le rêve est ce qui permet de penser le monde, voire, à en croire Héraclite que Dany Laferrière aime citer, de construire l'univers : « […] on n'a qu'à penser aux toiles des primitifs, ces peintres haïtiens qui préfèrent montrer le pays rêvé tout en lorgnant du coin de l'œil le pays réel, ce qui n'est pas loin de ce que je tente de faire dans mes romans » (*Je suis fatigué* 90). Dany Laferrière a toutefois Bashō en vue dès son deuxième roman, et il percera de plus en plus dans la poétisation de sa prose. Il en va du paysage avec lequel le poète fait corps. Quant à la question raciale, elle reste présente chez un auteur comme Tanizaki qui confie, par exemple, à une demi-prostituée le soin de relever la beauté physique des boxeurs noirs, et au narrateur, modèle au Soleil-levant du mâle nippon dominant, celui de la démentir sur ce point. Il en allait de même, sous d'autres latitudes, dans *Women* (1978) de Bukowski, où Lydia Vance, qui ouvre la collection des *bad girls*, se demandait ce qu'elle faisait avec le narrateur, de vingt ans son aîné, alors qu'elle aurait pu avoir ce beau garçon noir, élancé, qui passait devant eux sur la plage californienne. Et le narrateur de Bukowski de dire, plus loin, son aversion pour les matchs de boxe opposant des Blancs ou des Noirs : « *The only bad fights were when whites or blacks fought, especially the heavyweights* » (*Women* 100)[399]. Au-delà du ring, il n'a aucune prévention contre ceux-ci, qu'il préfère d'ailleurs, pour la bonté qui émane de leur visage, à la Rousse qu'il a pour amante à ce moment-là : « *We were in a black district. They watched us walking by : the readhead with the long hair, stoned, and the old guy with gray in his beard walking behind her, wearily. I glanced at them sitting on their stoops ; they had good faces. I liked them. I liked them better than I liked her* » (*Women* 145)[400]. On ne peut exclure qu'il s'agisse d'une façon, chez lui, d'exprimer son mépris vis-à-vis de la femme qui l'obsède sexuellement, étant donné que *Post Office* (1971) amène par ailleurs le narrateur à parler d'un Noir comme d'un singe (*monkey*). Ce sont là des accidents communs à bien d'autres écrivains et que l'esthétique *trash* de Bukowski ne pouvait manquer de produire[401].

Dans ce roman de Bukowski, le Noir est en tout cas opposé au Roux, circonstance qui avait inspiré à Montesquieu un rapprochement en matière de dénigrement : « On peut juger de la couleur de la peau par celle des cheveux, qui, chez les Égyptiens, les meilleurs philosophes du monde, étaient d'une si grande conséquence, qu'ils faisaient mourir tous les hommes roux qui leur tombaient entre les mains » (*L'Esprit des lois*, Livre XV, chapitre V). Or, Dany Laferrière le note aussi, et de façon pour sa part univoque : « On peut refuser quelqu'un pour son odeur, sa couleur (avec des variantes comme la couleur des cheveux – on fait souvent la vie dure aux roux), son sexe ou son amour du sexe (Claudel parle de "cette haine contre ceux qui jouissent"), sa religion, son accent (je parle, il perle), sa classe sociale » (*Tout ce qu'on ne te dira pas, Mongo* 102). Il relève en même temps que la 'race' n'offre pas le seul prétexte à l'exclusion d'une part de l'humanité : « Ce qui est terrible, c'est que cette discrimination trouve, quotidiennement, de multiples raisons pour s'exercer, et elle ne concerne pas uniquement la race : rien n'est pire que la haine du semblable » (102). En attendant, s'il est question de racisme d'un bout à l'autre du monde,

---

[399] « Les seuls mauvais combats, c'étaient ceux qui opposaient des Blancs ou des Noirs, surtout les poids lourds » (je traduis librement à partir du texte original).

[400] « Nous étions dans un quartier noir. Ils nous regardaient passer : la rousse aux longs cheveux, bourrée, et le vieux à la barbe poivre et sel qui la suivait avec lassitude. Je les regardai dans les porches où ils étaient assis ; la bonté de leur visage. Ils me plurent. Ils me plaisaient plus qu'elle ne me plaisait » (je traduis librement à partir du texte original).

[401] « *– Are you anti-black ? – I'm anti-everything* » (*Women* 195). « – Tu es contre les Noirs ? – Je suis contre tout. » (je traduis librement à partir de l'édition originale).

c'est en somme que celui-ci attend encore d'être rêvé à l'enseigne du désir. Tanizaki en a exploré les potentialités au niveau des déviations sexuelles, tandis que D. H. Lawrence visait les classes sociales. Henry Miller invitera pour sa part à l'érection d'une cathédrale abritant *le grand désir incestueux*.

Tanizaki, Mishima et le Japon

Quand Tanizaki, dans *Journal d'un vieux fou* (1962), place dans la bouche de Satsuko, belle-fille du narrateur, une appréciation positive sur le corps des Noirs, c'est à vrai dire une 'mauvaise fille' qui s'exprime sur le sujet. Satsuko exploite en effet les faiblesses du beau-père, d'autant plus obsédé par le sexe qu'il est impuissant. C'est à ce vieil homme, qui lui offrira des objets de valeur contre des compensations fétichistes, qu'elle confie son intérêt pour Breno Mello, protagoniste de l'*Orphée noir* (1959) de Marcel Camus[402], adaptation au grand écran de la pièce de théâtre *Orfeu da conçeicão* (1954) de Vinicius de Moraes. Les acteurs du film qui se déroule à Rio de Janeiro pendant le carnaval sont tous noirs, raconte-t-elle au beau-père, qui vient de remarquer son bronzage au bras droit après un tour en voiture qu'elle a fait avec son amant japonais Hahurisa[403]. Mello, un footballeur brésilien à la paupière tombante repéré dans la rue par Camus qui l'engagea pour sa prestance et qu'elle-même trouve « plutôt beau » (*Journal d'un vieux fou* 32)[404], lui rappelle le visage du boxeur philippin, Leo Espinosa, noir lui aussi. Ce qui la séduit, c'est leur poitrine glabre : « Et quand ils ont tout le corps en sueur, leur peau semble lisse et brillante et c'est très attirant » (34). C'est aussi la partie du corps que Mello montre tout le long du film, après les premières scènes

---

[402] « À la veille du Carnaval de Rio, Eurydice se sauve d'un homme qui veut la tuer. Elle arrive en ville pour rejoindre sa cousine Serafina. Eurydice y rencontre Orphée, conducteur de tramway adoré de tous dans les favelas grâce à ses talents de danseur et de guitariste. Mais la nouvelle venue se fait dès lors une ennemie, Mira, la fiancée d'Orphée. Drame franco-brésilien de Marcel Camus, sélection officielle du Festival de Cannes 1959 (Palme d'or). Avec Bruno Mello (Orphée), Marpessa Dawn (Eurydice), Lourdes de Oliveira (Mira), Léa Garcia (Serafina)... » ; https://perspectivesgeopolitiques.wordpress.com/2008/05/27/orfeu-negro-de-marcel-camus-1959/.

[403] Il est intéressant de remarquer qu'elle fait abstraction de quelques rares comparses blancs, officiers de police, marchands ou médecins, qui disparaissent de fait dans la mêlée.

[404] Selon ma traduction de la version italienne, Junichiro Tanizaki, *Diario di un vecchio pazzo* (2009), p. 34.

où il apparaît en uniforme de conducteur de tramway. Son goût pour le corps des Noirs contraste avec ce qu'en pense le beau-père, lorsqu'il est question du chien, Leslie, dont il dit qu'il a « un air aristocratique, il y a de la noblesse en lui et peut-être est-il plus distingué qu'Haruhisa [l'amant de Satsuko] qui a quelque chose qui rappelle les Noirs » (91)[405]. La séduction que le film de Camus a exercée sur Satsuko se traduit par l'acquisition d'un œil de chat, bague très coûteuse, que le beau-père lui offre en échange d'un attouchement pervers le consolant de son impuissance sénile et de la laideur de son visage à la bouche édentée. Le vieux Japonais hideux contraste avec les beaux corps noirs de Mello et de Espinosa, tandis que l'œil de chat, renvoyant dans la tradition japonaise à un animal de mauvais augure pouvant tuer une femme pour en prendre la forme, se substitue aux acteurs de *Kabuki*, capables, à s'y méprendre, de jouer des rôles de femmes et dont le vieux est obsédé depuis sa jeunesse. Dany Laferrière s'intéresse aux auteurs qui mêlent la vie, fût-elle frigide ou impuissante, à la pensée, et ne perd pas de vue que la négativité récurrente à l'égard des Noirs peut se lire comme l'envers d'un amour qui eût été possible si le Vieux Monde – guetté par l'impuissance sénile – n'avait pas cultivé des clefs de jouissance barrant la voie à l'amour. Des auteurs comme Tanizaki et Mishima osent s'attaquer au problème de la relation entre la pensée et la préoccupation sexuelle.

Le motif de la bague, qui apparaît dans le film au doigt de la provocante Mira, fiancée d'Orphée, renvoie à la femme fatale (phallique). Le bijou est en effet porté par des séductrices – Mira dans le film et Satsuko dans le roman –, qui l'exhibent toutes deux tel un trophée arraché à l'homme zombifié. À l'instar de la semi-prostituée Marie-Erna du *Goût des jeunes filles* (2005), Satsuko pourrait s'exclamer : « Je ne veux pas d'argent, je veux tout ce qu'on achète avec l'argent, tu comprends ? » (Laferrière 2005, 331). Et comme elle, la tigresse de Tanizaki sait que l'homme qui la paie n'est de toute façon pas en mesure d'exercer sa virilité. Si le vieillard doit se contenter des pieds ou du creux du genou de la belle-fille et que ça lui suffit afin de se sentir encore en vie, les 'durs' avec qui Marie-Erna sort sont tous frigides : « Le sexe n'intéresse pas ces types » (*Le Goût des jeunes filles* 331). Là où Tanizaki évoque la fixation phallique du pervers, Dany Laferrière pointe l'hystérie des hommes qui paient et pour qui « c'est la parade qui compte » (331). Marie-Erna ne peut pas préciser « le nombre

---

[405] C'est moi qui traduis d'après la version italienne.

Tanizaki, Mishima et le Japon

de types qui dorment après [l]'avoir à peine touchée. Ils [la] supplient de les laisser dormir. [...] Ils veulent tous être vus avec une jeune femme qui a l'air d'une tigresse. Comme ça, ils ont l'air d'en avoir » (331-332). Les deux auteurs s'arrêtent par ailleurs sur une zone du corps : la nuque. Dany Laferrière en parle en réponse à ma question, dans l'entrevue en annexe[406]. Chez Tanizaki, la nuque, que Satsuko qualifie de « point faible » (*Journal d'un vieux fou* 49), frappe dans un autre texte par sa blancheur, lorsque le fils décrit la silhouette de la mère morte, vue en rêve sous les traits d'une jeune femme qu'il n'est pas parvenu tout de suite à identifier : « [Elle] marchait la tête légèrement penchée, la nuque dénudée, extraordinairement candide, peut-être parce qu'illuminée par la lune »[407] (*Nostalgie de la mère* 123). Vieux Os est pour sa part touché par la *nuque fragile* de sa mère, « c'est de là que sort sa voix » (*Pays sans chapeau* 103) et par celle de tant d'autres personnages, féminins et masculins, qu'il est permis, chez lui aussi, de parler à cet égard de leitmotiv. Le nombre de rapprochements entre les deux auteurs est tel, qu'il mérite encore quelques réflexions. Elles se rapporteront à un autre roman de Tanizaki dont Dany Laferrière parle dans *L'Art presque perdu de ne rien faire* (2014) sans qu'on sache s'il est possible de parler de source, voire d'influence : « J'ai beau chercher mais je n'arrive pas à me rappeler quand Tanizaki est entré dans ma vie de lecteur. Il l'a fait de manière si discrète » (Laferrière 2014, 327). Le *Journal d'un vieux fou* (1962), qui rime avec *Journal d'un vieux dégueulasse* (1969) de Bukowski[408], laisse peu à peu apparaître, sous des couches de jouissance masochiste, l'humanité d'un homme aux prises avec un amour qui se cherche derrière l'infirmité sexuelle :

> Pendant longtemps ma préférence allait à *La Confession impudique* qui décrit les rapports sexuellement pervers dans un couple traditionnel. Aujourd'hui je relis le *Journal d'un vieux fou* avec plus de plaisir qu'avant. Il me paraît plus torturé, plus humain aussi, sans toutefois perdre de cette audace qui fait la modernité de Tanizaki. (328)

La clef. La confession impudique (1956) [1998] qui avait d'abord retenu l'attention de Dany Laferrière entretient un rituel de rapports conjugaux

---

[406] *Cf.* aussi « Sa nuque » dans « Truman Capote au Park Hotel », dans Dany Laferrière, *Mythologies américaines* (2015).

[407] Je continue de traduire librement le texte de Tanizaki à partir de l'édition italienne.

[408] Auteur que Vieux lit après l'amour à la fin du chapitre VIII de *Comment faire l'amour avec un nègre sans se fatiguer* (1985).

menés jusqu'à l'effort léthal par un homme prêt à tout en vue de pousser son désir à la nième puissance et que la jalousie, par lui orchestrée, a de fait amené à rendre sexuellement plus performant. Dans les relations sexuelles à l'œuvre dans *Comment faire l'amour avec un nègre sans se fatiguer* (1985), Vieux recourait, pour sa part, à des clefs de jouissance historiquement et économiquement connotées, comme la haine qu'il qualifiait de « plus efficace que l'amour » (Laferrière 1985, 20). Devant Bombardier, l'auteur affirmait également avec Pavese que « quand la femme est riche, elle est instruite, elle est bien parfumée, il y a quelque chose de plus aphrodisiaque même que la traite des Noirs » (« Le fantasme selon Dany Laferrière »). Vieux Os avait poursuivi la geste sexuelle en la plaçant, ensuite, sous le signe de la poésie japonaise : « Pour faire l'amour avec Hoki, il faut connaître Bashō. Bashō est un poète vagabond du vieux Japon (1664). C'est un maître de ce genre de poème bref : le haïku » (*Éroshima* 17). Nulle citation, contrairement à ce qui se passera dans *Le Goût des jeunes filles* (2005) à partir des vers de Saint-Aude, mais une première partie intitulée « Zoo Kama Sutra » avec de brefs chapitres appliquant l'haïku au roman[409]. Ce que Dany Laferrière aime dans cet art, ainsi qu'il le confie à Yasmine Chouaki sur les ondes de RFI, c'est « cette capacité de ramasser en un tour de main les émotions tout en tenant compte du paysage » (« En sol majeur » 2015é7, 39'05"/39'14"). Les descriptions de paysage que le lecteur occidental a tendance à sauter, chez Flaubert et d'autres, parce qu'il les trouve ennuyeuses, Bashō les place au cœur même de son écriture : « Le paysage extérieur qui finit par révéler l'âme intérieure, c'est le principe même du haïku » (39'27"/39'34").

Il avait précédemment eu sa « période Mishima » (*L'Art presque perdu de ne rien faire* 328), dont le style n'est toutefois comparable ni au sien ni, d'ailleurs, à celui de Tanizaki : « Ni Mishima, ni Kawabata. Le maître, c'est Tanizaki » (*Éroshima* 165). Quand il parle de lui en 1987 en signalant avoir lu *Journal d'un vieux fou* (1962) et *Confession impudique* (1956), c'est pour signaler son aptitude à placer une appréciation sur *un Noir* à la même hauteur que tout le reste : « Tanizaki me plaît parce qu'il parle de Tokyo, d'Alain Delon, de la cuisine française, d'un boxeur noir, de la photographie, de la pornographie, tout cela avec une distance implacable. Presque avec dédain » (165). Le Noir fait chez lui partie d'une chaîne signifiante parfaitement étale : « Et pourtant Tanizaki ne suggère

---

[409] L'auteur les avait, de surcroît, numérotés à la manière de Bukowski dans *Women* (1978).

aucun cynisme chez le lecteur. C'est sans intelligence. C'est-à-dire sans aucune complicité avec le lecteur. Un constat froid. Une tragédie sans les cris » (165). *Éroshima* (1987) ne s'en inspire pas moins de *Confession d'un masque* (1949) de Mishima, un roman qui se déroule au Japon pendant la Seconde Guerre mondiale et dont le dénouement coïncide avec l'explosion, en 1945 à Hiroshima, de la bombe atomique. Mishima raconte l'histoire d'un jeune homme impuissant et inverti, qui se plaint d'être l'esclave d'une « mauvaise habitude » (*Confessions d'un masque* 38) (onanisme) entretenue à partir de fantasmes sadomasochistes. Désorienté depuis l'enfance par une image en trompe-l'œil de Jeanne d'Arc qu'il avait prise pour un héros masculin, et séduit ensuite par la représentation du corps de saint Sébastien transpercé des flèches du désir, il désespère de parvenir à une érection en la présence de Sonoko, la sœur de l'un de ses amis. Il lui manque, à chaque rencontre, le code de jouissance qui l'aurait rendu « capable d'embrasser Sonoko sans hésitations, avec toutes [s]es facultés et de l'aimer sincèrement. Tout doute et pressentiment funeste eussent été balayés, et [il] aurai[t] pu dire "Je t'aime" du plus profond de son cœur » (Mishima 1949, 167–168)[410]. La bombe atomique explose ensuite dans sa vie à lui, à Tokyo, sur le mode d'une fulguration, celle que lui procure la vue d'un corps d'homme du peuple, bronzé et torse nu, occupé à bander sa taille et sa poitrine à l'aide d'un linge de coton (tel un blessé). L'homme en question s'entretient, sous un soleil implacable, dans la cour de la discothèque où Sonoko et lui-même ont dérivé. Il disparaît ensuite avec les trois autres, laissant derrière lui un « vide d'un éclat incandescent » (*Confessions d'un masque* 219), tandis que, sur la table désertée où le groupe avait renversé une boisson, reluisent des « reflets luisants, menaçants » (219) faisant penser à l'explosion qui vient d'avoir lieu à Hiroshima. La puissance que la bombe dégage finalement dans le corps du narrateur de Mishima est celle du livre qui arrache les masques : « On a dit qu'on ne reconnaîtra plus personne après » (*Éroshima* 171), dit Vieux lorsqu'il reprend la métaphore de Mishima, laissant comprendre la relativité de l'identité : « Je ne sais rien du Japon et le Japon ne sait rien de moi. J'aime la Bombe parce qu'elle EXPLOSE » (171). Il signale tout au plus : « J'aurai une fleur rouge à la main » (171) pour ne pas manquer le rendez-vous avec les filles qui, ce jour-là, seront *plus radieuses que jamais*.

---

[410] Je traduis librement à partir de l'édition italienne, Yukio Mishima, *Confessioni di una maschera* (2013), p. 168.

Les masques continuent de tomber dans *Je suis fatigué* (2005), lorsque Vieux – à la façon du vieillard de Tanizaki confronté à Satsuko – avoue sa fatigue à Keiko, amie de Hoki : « – Je suis fatigué. – Repose-toi alors. – Non, ce n'est pas une fatigue qui se contente d'un repos. Elle allait ajouter quelque chose quand, subitement, elle se tait. [...] – Tu sais que je suis très jalouse de ta fatigue » (*Je suis fatigué* 29–30). Dans *Éroshima* (1987), Keiko s'était contentée de se masturber en sa présence par respect pour Hoki, amie en titre de Vieux. Dans *Je suis fatigué* (2005), Keiko, qui est en retard d'un corps-à-corps, le couvre de *baisers pointus*. N'était la fatigue d'« Une autobiographie américaine » qui *lui a bouffé toute une vie*, il aurait offert à Keiko des émotions extrême-orientales : « Tanizaki m'avait touché avec son *Journal d'un vieux fou* et sa *Confession impudique*. J'ai été alerté par cette descente dans l'enfer des phantasmes chez ce vieil écrivain japonais » (*J'écris comme je vis*, 64). L'auteur est touché par les traits de perversion élémentaires qu'on trouve chez lui, dans l'effort de satisfaire un désir compromis par l'impuissance : « Ce qui est magnifique avec Tanizaki, c'est que ce ne sont pas des phantasmes tordus, mais quelque chose de simple (le pied de la belle-fille du narrateur du *Journal d'un vieux fou*) qui finit par devenir une obsession. C'est si humain » (64). Les traits en question diffèrent-ils tant que cela de ceux de Mishima ? Le fétichisme du pied féminin est en effet précédé, chez Tanizaki, de discrètes confidences sur le goût du narrateur pour les jeunes acteurs de théâtre jouant des rôles féminins. On connaît les représentations religieuses du XVIIe siècle qui mettaient en scène la prêtresse Okuni déguisée en homme pour fréquenter les quartiers malfamés. Objets de scandale, ces spectacles d'abord interdits furent ensuite repris par des prostituées, avant d'être exclusivement confiés à des auteurs masculins jouant à s'y méprendre les rôles féminins. Le *Journal d'un vieux fou* (1962) commence par une dénégation freudienne : « Je n'ai jamais eu la tendance à la pédérastie, mais depuis quelque temps je reconnais en moi une étrange attraction érotique pour les jeunes acteurs de *kabuki* qui interprètent des rôles féminins » (Tanizaki 1962, 4). Le vieillard n'en finit pas moins par prendre conscience de certaines tendances à l'inversion : « Non pas quand ils sont sans maquillage (et hors de la scène). Seulement sur scène et en habits de femme. Peut-être, à bien y penser, n'est-il pas exact de dire que je n'ai absolument aucun penchant pédéraste » (4–5). Dans sa jeunesse, il lui était arrivé de faire l'amour avec l'acteur Wakayama Chidori, « un très beau garçon qui interprétait des rôles féminins » (5) et qui, à trente ans, passait ensuite à s'y méprendre pour une « femme dans la fleur de l'âge » (5). Ce qu'il en dit, à soixante-dix-sept ans, a de quoi compléter, aux yeux d'un écrivain comme Dany Laferrière – le tableau de la *condition humaine* brossé par Malraux dans sa trilogie asiatique – « Malraux était-il un génie ou un clown ? » (*J'écris comme je vis* 113). À la différence de Malraux, Tanizaki n'enveloppe toutefois d'aucune brume idéologique la réalité de l'impuissance et de l'ambivalence du désir :

> Pour grande qu'ait été son habileté, cela n'était pas de mon goût, raison pour laquelle je me limitai à cette unique fois pour satisfaire ma curiosité ; je n'eus plus jamais aucun rapport avec des personnes de mon propre sexe. Mais alors pourquoi, à présent que j'ai soixante-dix-sept ans et que je suis désormais impuissant, commencé-je à me sentir attiré, non pas par la « belle vêtue comme un homme », mais par l'un de ces beaux garçons habillés en femme ? Seraient-ce les souvenirs de jeunesse de Wukayama Chidori qui me reviendraient ? Je crois plutôt que cela a à voir avec la vie sexuelle d'un vieil impuissant. Oui, il existe une vie sexuelle aussi des impuissants. (*Journal d'un vieux fou* 6)

N'était le grand âge du narrateur, on pourrait penser, avec Freud, que cette substitution du fétiche à l'objet sexuel acquiert la valeur de substitut du pénis chez la femme : « Le regard de l'enfant dirigé vers l'organe sexuel de la mère s'arrête sur l'image du pied ou du soulier, pour permettre au sujet de maintenir, conformément à sa croyance, l'existence d'un organe masculin chez la femme » (*Trois essais sur la théorie de la sexualité*, 52, n. 21). La démence sénile évoquée dans *Le Journal d'un vieux fou* (1962) fait, en tout cas, émerger ce que les psychanalystes de la Fondation du champ freudien décrivent comme le « substitut d'un objet qui n'existe pas » (*Traits de perversion* 28), à savoir le pénis qui 'manque' à la femme : « Il répond au constat de la castration maternelle fait par l'enfant, et c'est en fonction de la signification du pénis de la mère que le fétiche trouve la sienne. Face à la perception de l'absence du phallus féminin, le sujet se défend par une castration, un autre la dément » (28). Ce que Freud décrivait comme la tendance à « érige[r] un monument en créant ce substitut » (*La vie sexuelle* 135), le vieillard de Tanizaki la réalise en prévoyant une stèle funéraire destinée à orner sa tombe sous le signe d'un piétinement féminin : il reposera aux pieds de sa belle-fille, dont il a confié le calque à celui qu'il a chargé des préparatifs de sa sépulture. Le masochisme qui accompagne sa perversion consiste à prendre sur lui le manque qui reviendrait à la femme et à lui attribuer – par effet de dénégation – ce qui permettrait un retour de puissance sexuelle. Il revit en somme le leurre du petit garçon décrit par Freud, qui déduit, de l'élection qu'il a faite du pénis dans l'économie libidinale, *une possession universelle de l'organe* : « L'objet sexuel doit posséder l'organe et "la femme réelle", dans la mesure où elle est dépourvue de pénis, "demeure" impossible, comme objet sexuel » (27). Parlant de démence sénile masculine, le psychiatre Krafft-Ebing offrait pour sa part un exemple intéressant. Il commentait le cas d'un certain M. X. âgé de quatre-vingts ans, jouissant d'une haute position sociale, qui avait manifesté, jeune homme, une nette préférence pour l'onanisme, ce qui ne l'avait pas empêché d'avoir plus tard sept enfants. La *dementia senilis incipiens* diagnostiquée chez le vieillard, s'accompagna de troubles de la mémoire et de « véritables explosions d'amour pour certains de ses domestiques hommes, particulièrement pour un garçon jardinier » (*Tableau des névroses sexuelles*) qu'il comblait de cadeaux et auquel il avait inféodé sa famille. Dans *Journal d'un vieux fou* (1962), cela se produit à l'endroit de la belle-fille Satsuko, qu'un vieillard comble de dons très coûteux et qui devient pratiquement la personne la plus influente de la maison. Satsuko n'acquiert toutefois ce pouvoir que dans la mesure où elle est complétée par le phallus d'un amant que le vieil homme l'a incitée à prendre et qu'il a invité à venir utiliser, avec elle, la salle de bain qui se trouve à côté de la chambre où il est cloué au lit. La belle-fille satisfait le penchant masochiste du vieil homme à la jalousie, rappelant le cas de M. X. : « En ce qui concerne la sexualité pervertie et le complet affaissement du sens moral de ce malheureux, il est à remarquer, comme fait curieux, qu'il questionne les servantes de sa belle-fille pour savoir si cette dernière n'a pas d'amant » (*Tableau des névroses sexuelles*).

L'autre livre de Tanizaki dont parle Dany Laferrière, *La clef. La confession impudique* (1956), met davantage à l'avant-plan le motif de la jalousie en tant que renfort de la virilité. S'épuisant à faire l'amour avec une épouse insatisfaite, le narrateur, qui tient comme sa femme un journal dont le conjoint est censé ignorer l'existence, fait en sorte qu'elle engage une relation avec Kimura. Il est à ce point inspiré par la jalousie qu'il a lui-même fomentée, qu'il finit par en mourir. Le motif de l'emprise mortelle de l'épouse et de la belle-fille renvoie, chez Tanizaki, à la nostalgie vis-à-vis de la mère morte, qui lui avait inspiré une nouvelle « Nostalgie de ma mère » (1919) écrite deux ans après son décès. L'emprise maternelle ne sera jamais dite au premier degré mais tout au plus exprimée grâce à un déplacement, notamment sur la chatte dans *Le chat, son maître et ses deux maîtresses* (1936) où le fils investit toute sa libido sur l'animal

Tanizaki, Mishima et le Japon

domestique en laissant le champ libre à une mère phallique. Un acte manqué, que l'on trouve aussi dans le premier roman de Dany Laferrière à l'endroit de Miz Chat, avec qui Vieux a dû renoncer à « se commettre » (*Comment faire l'amour avec un nègre sans se fatiguer* 140) pour lui avoir malencontreusement raconté qu'en Haïti la faim poussait les gens à les manger. Non seulement elle en possédait deux, qui étaient maîtres en la demeure : « J'ai tout de suite compris que l'appartement leur appartenait en propre » (137) – telle la chatte de Jean Cocteau dont le collier signalait une inversion des rapports d'appartenance –, mais ses murs étaient couverts un peu partout de photographies de chats :

> Des chats célèbres. Des chats littéraires. Des chats critiques d'art. Des chats communistes. Des chats snobs. Des chats végétariens. Lustrée et Fourrure, les chats de Malraux à Verrières-le-Buisson, Bébert, le chat de Céline. La chatte de Léautaud. Le chat de Remy de Gourmont. Le chat de Huxley. Le chat de Claude Roy. La chatte de Cocteau. La chatte gourmande de Colette. Le chat pendu de McCullers […]. (138)

On les verra réapparaître dans *Autoportrait de Paris avec chat* (2018), en plus du gros chat de Borges. En même temps un recadrage s'est opéré sur Miz Chat, renvoyant à une condensation entre Haïti et Québec :

> J'avais une voisine, à Port-au-Prince, qui avait une chatte mais elle la gardait toujours près d'elle de peur qu'elle ne finisse sur un grill car les alcooliques du samedi soir raffolaient de la grillade. À Montréal, j'avais invité une femme qui avait deux chattes, mais elle les avait cachées dans un placard. Elle avait entendu dire qu'on mangeait les chats en Haïti, comme on mange les grenouilles en France. En fait je n'ai jamais vu moi-même quelqu'un en train de manger un chat à Port-au-Prince, ni une grenouille à Paris. (Laferrière 2018, 311)

Une lettre, postérieure, indique que les chats déplorent le rapport manqué non seulement avec les draps (le lit), mais aussi avec le poète alcoolique (Magloire Saint-Aude), qui, l'un comme l'autre, inspiraient à la mère une grimace de mépris : « Plus tard. "Monsieur, on aimerait finir une de nos vies dans le ventre d'un poète alcoolique à Port-au-Prince plutôt que sur un divan à Montréal. Les siamois" » (311). Dans ce contexte, Tanizaki offrait un espace saint-audien de substitution au futur auteur de « Comment faire ce qu'on ne sait pas faire » (305). Comme le renseigne Sadami Suzuki, professeur de littérature japonaise et spécialiste de l'histoire de la pensée japonaise auprès du Centre international de recherches en Études japonaises à Kyoto, « la fantaisie, l'inconscient et/

ou le comportement psychique aberrant ou déviant, à son tour stimulé par le développement d'une psychopathologie est une caractéristique importante du culturalisme Taishō » (Sadami Suzuki 1996, 29) auquel se rattache de façon anticipative une partie des textes de Tanizaki, qui fut aussi le précurseur du *ero guro nansensu*, un phénomène lié à « une culture de l'érotique, du grotesque et de l'absurde, ainsi qu'à une littérature de la fantaisie » (23)[411]. Dans la fiction, Tanizaki est loin des politesses amoureuses traditionnelles ainsi que des non-dits nippons sur la sexualité qu'il a décrits dans son essai sur *L'amour et la sensualité* (1931). Dany Laferrière aime « ce style sec qui va si vite, coupant court à toutes ces pesantes mythologies qui alourdissent généralement la littérature japonaise » (*J'écris comme je vis* 64). Il brosse son portrait vivant à travers l'anecdote suivante :

> Quelqu'un raconte qu'il avait vu Tanizaki dans une petite fête à Tokyo. C'était à l'époque un homme assez âgé qui se faisait couper sa viande par sa femme. Il semblait si timide qu'il avait gardé la tête baissée toute la soirée, ne s'adressant qu'à sa femme. Sauf une fois : il était visiblement intéressé par un tableau accroché sur le mur en face de lui. À un moment donné, il s'est levé pour aller grimper sur le divan sans se soucier des gens qui y étaient assis et se planter en face du tableau qu'il avait si longuement regardé. C'est tout Tanizaki. (64)

Au-delà de la révolution d'un Tanizaki, la littérature japonaise qui accorde une grande part aux émotions, au point de proposer un éventail lexical impressionnant en la matière, intéresse également Dany Laferrière par son goût du cosmos et l'écriture au pinceau qui la rapproche de la peinture. Rappelons enfin le saut qu'elle lui permet d'accomplir au-delà de son insularité natale ainsi que sous le signe d'une insularité commune. Après un premier livre américain, l'auteur d'*Éroshima* (1987) dit avoir choisi d'aller « encore plus loin dans ce que les Haïtiens ne font jamais, puisque le personnage central était une Japonaise » (« De la Francophonie et autres considérations… »). Si le Japon était présent dès le premier roman, c'était d'abord sous forme de 'paravent', à savoir à travers un meuble. Le signifiant 'meuble' est d'importance au-delà de la déshumanisation du Nègre au programme du *Code Noir*. Si Vieux et Bouba logent dans « une chambre exiguë, coupée en deux par un affreux paravent japonais

---

[411] « Le terme de 'ero guro nansensu' renvoie aux principales caractéristiques de la culture japonaise de masse à la fin des années 1920 et au début des années 1930 » (23–24).

à grands oiseaux stylisés » (*Comment faire l'amour avec un nègre sans se fatiguer* 14), un lien apparaît en effet entre Jaune et Noir dans la chaîne signifiante 'Divan : Nègre ; table : écriture ; réfrigérateur : cœur *constamment en état de palpitation* ; et paravent : Japon'. C'est la chaîne sur laquelle la littérature dionysiaque, représentée par Miz Littérature un jour d'ivresse, bute en dansant : « Elle a le vin euphorique. Elle se met brusquement à danser dans la pièce. Elle danse avec la grâce d'un albatros en se cognant sans cesse contre le Divan, la table, le réfrigérateur et le paravent japonais » (63). Le motif du meuble réapparaît dans le roman de 2008, adressé à « tous ceux qui voudraient être quelqu'un d'autre » (*Je suis un écrivain japonais*, dédicace). Le titre, qui fait office de paravent : « c'est simplement un titre » (162), renverse l'*affreux* meuble japonais exhibant, rue Saint-Denis, la « rue fétiche » du narrateur (142), de grands oiseaux stylisés. En assumant, au seuil d'un livre en trompe-l'œil, la position de l'élément perturbateur dans le conflit traditionnel entre le *naka* (l'intérieur) et le *soto* (l'extérieur), le narrateur de *Je suis un écrivain japonais* (2008), suit en même temps l'invitation de Legba à dépasser les bornes et à s'affranchir, comme il le dit dans un dialogue avec Midori, des fixations identitaires :

> Ils sont en ce moment là-bas [au Japon] dans un gros débat sur l'identité, et toi, mine de rien, tu arrives avec un livre pareil. [...] là-bas, ils sont vraiment là-dessus... Complètement obsédés par la question identitaire. – Moi, je n'en ai rien à foutre de l'identité. – Tu dis ça, et tu écris un livre avec un pareil titre... Qu'est-ce que tu veux dire ? – Je l'ai fait pour sortir précisément de ça, pour montrer qu'il n'y a pas de frontières... J'en avais marre des nationalismes culturels. Qui peut m'empêcher d'être un écrivain japonais ? Personne. (*Je suis un écrivain japonais* 162)

À la laideur de la stylisation répond une leçon de style par Bashō : « Première leçon de style / les chants de repiquage / des paysans du nord. Bashō » (Laferrière 2008, exergue). C'est ce que des écrivains comme Mishima ou Tanizaki, Henry Miller, Bukowski ou Choderlos de Laclos, ont tenté de développer au cœur, cette fois, de la sexualité et de ses artifices, le fétichisme, la jalousie, le masochisme, le sexe monnayé, l'amour ivrogne, l'obsession de l'emprise et la peur d'aimer. La question posée par Dany Laferrière dans son premier roman de savoir si *le Noir est ce cochon sensuel ; le Blanc, ce cochon transparent ; le Jaune, ce cochon raffiné*, etc., était bel et bien de cet ordre, bien que D. H. Lawrence lui ait très tôt montré qu'un livre comme *L'Amant de Lady Chatterley* (1928) qui dénouait les liens d'appartenance – dans un pays rangeant la caste aristocratique dans la catégorie raciale – pouvait exploser dans son corps par la force du style, plus que par sa sensualité affichée. Tout comme Renoir évoqué par l'un des personnages de D. H. Lawrence : « *Renoir said he painted his pictures with his penis...* » (*Lady Chaterley's Lover*)[412], Dany Laferrière dira écrire *au pénis* :

> Il y a une scène dans un de mes livres, *L'Odeur du café*, où de tout jeunes garçons qui se trouvent dans une école un samedi, dans une petite ville d'Haïti, discutent à propos de ce qu'est l'acte sexuel. L'un dit à l'autre, en trempant son pénis dans de l'encre violette : « C'est comme ça à l'intérieur des femmes, c'est liquide et c'est coloré et tu trempes. » Un jour, on m'a dit que j'écrivais beaucoup de livres qui parlent de sexe et que ma plume, c'était mon pénis, et j'ai trouvé cela joli, bien que j'aie aussi écrit beaucoup de livres où il ne s'agit pas de sexe. Donc voilà, j'écris au pénis. (« De la Francophonie et autres considérations... »)

D. H. Lawrence

Dany Laferrière a lu *L'Amant de Lady Chaterley* (1928) de Lawrence à quatorze, quinze ans, chez sa grand-mère Da à Petit-Goâve où il passait l'été. Il dit en avoir joui jusqu'à l'orgasme (« La bibliothèque idéale du cosmopolite » 35'00"-37'00"), tandis que Laclos n'a touché que son cerveau (36'00"), Tanizaki et Mishima proposent plus tard à l'auteur d'autres lectures de désir déviant en situation d'impuissance. Chez Lawrence celle de Lord Clifford Chatterley, infirme de guerre, est complétée par la frigidité des hommes de son entourage. Un dramaturge invité par son mari alors qu'il est la bête noire de la bonne société anglaise, fait croire un certain temps à sa femme Lady Constance à la possibilité d'un rapport entre hommes et femmes. Elle est cependant la proie d'un homme qui souffre d'éjaculation précoce et qui finit par projeter sur elle son problème sexuel. Mortifiée, elle sombre bientôt dans la dépression, jusqu'à ce que sa rencontre avec l'un des employés de son mari la fasse renaître. Il s'agit d'Olivier Mellors, significativement chargé du rôle de garde-chasse dans le roman. La virilité du subalterne est présentée comme directement proportionnelle à l'échec du maître, tandis que des réflexions sur la liberté de la sexualité féminine face à des hommes *faisant*

---

[412] Il s'agit de l'artiste peintre Tommy Dukes, qui aime les femmes mais ne les désire pas, se contenant de leur représentation (il leur demande de poser pour lui).

L'amour comme des chiens, démentent toute synonymie entre puissance et pouvoir. La civilisation du maître va jusqu'à apparaître à Dany Laferrière, après cette lecture qui a influencé l'homme et l'écrivain (*J'écris comme je vis* 50)[413], comme un obstacle à l'érection, ainsi que l'indique le dialogue tenu, au début du film de 2014, par deux Haïtiens, Gégé et Fanfan, à la sortie de l'aéroport de Montréal. Alors que Gégé, dont c'est le premier séjour, s'arrête pour observer un couple 'pure laine'[414], en train de s'embrasser, Fanfan, rompu aux us et coutumes du monde occidental, se montre plus sceptique : « – Ils vont faire l'amour, le type va exploser. – Mais non, si ça se peut le type n'a même pas d'érection. Allons, viens. – Ah ! bon ? – Oui, c'est ça la civilisation. Ça peut monter, monter et ne jamais exploser » (*Comment conquérir l'Amérique en une nuit* 00:37–00:45). Le roman *Le Goût des jeunes filles* (2005) fait dire la même chose de la bourgeoisie haïtienne à Marie-Michèle, lectrice de Sagan, à savoir qu'une grande majorité des femmes du cercle Bellevue minaudent devant les hommes, sans rien conclure avec eux.

L'accent est par ailleurs mis sur la frigidité des rapports : « Ce qui m'énerve, c'est que les deux parties savent bien que cela n'ira pas plus loin. Tout le monde flirte avec tout le monde, et c'est ce qu'on appelle un cocktail – il y en a un tous les vendredis au cercle Bellevue et les autres jours, à tour de rôle, dans une ambassade quelconque » (93). D. H. Lawrence n'est pas loin, ensuite, de l'adultère consommé avec un homme socialement 'inférieur' : « Naturellement, elles s'arrangent pour prendre un amant dans un autre cercle. Je devrais plutôt dire dans un autre univers. Ce sont souvent des hommes de condition sociale inférieure à la leur [...] les chances sont nulles que cela parvienne un jour à l'oreille de leurs maris » (93). L'idéal étant même d'entretenir une relation avec un sujet lié au maître de la maison, tel *l'esclave parfait* à certaine époque ou l'être domestiqué que représente Olivier Mellors chez D. H. Lawrence : « Qui va raconter, sans preuves irréfutables – on entend par là des photos véritablement compromettantes –, à un homme d'affaires influent que sa femme couche avec le jardinier, justement celui qui lui répond toujours la tête baissée ? Le domestique parfait » (93). La distribution des rôles à l'intérieur de ce rapport de jouissance

---

[413] « Ce livre, *L'Amant de Lady Chatterley*, m'a poursuivi très longtemps et a eu une influence certaine dans ma manière de voir la sexualité en tant qu'écrivain et, bien sûr, en tant qu'être humain aussi. »

[414] 'Pure souche'.

est susceptible de variations impliquant, plutôt que le mari, le père et ses substituts. C'est le cas des Miz dans *Comment faire l'amour avec un nègre sans se fatiguer* (1985) que le 'nègre' satisfait au nez et à la barbe de l'Université McGill. Dans la villa opulente des parents de Miz Littérature, il est là *pour baiser la fille*, surmontant par là l'arrêt sur érection où s'était retrouvé l'adolescent du *Goût des jeunes filles* (2004) face à Miki, la voisine qui recevait chez elle des 'Papas' menaçants (tontons macoutes). Son érection, mise à profit par Miki, ne l'empêchait pas d'occuper la position de l'impuissant qui *n'a rien fait*. Comme le narrateur de *Confession d'un masque* (1949) de Mishima, il réagit à l'approche de la femme sans se départir d'une posture d'observation qui le retient de jouir d'elle. Ce qu'il resterait à en dire, c'est que le plaisir tiré de l'opposition entre puissance et impuissance masculines telle qu'elle est représentée dans le roman de D. H. Lawrence, libère l'adolescent d'une impasse liée à l'ambivalence de son désir.

Ce qui se passe dans la séquence de la scène XXXV intitulée « Le dur désir de durer » (318) (Éluard)[415] rappelle ce que Freud analyse chez l'homme en arrêt, lorsqu'il dit de la méduse qu'elle symbolise le sexe dépourvu de pénis de la mère[416] au spectacle duquel le mâle se fige comme pour répondre, par une érection substitutive de tout le corps, à l'image de la femme inapprochable le détournant de toute envie sexuelle.

---

[415] Le narrateur attribue au contraire ce vers à Valéry : « Oui, tu l'as trouvé, c'est bien de Valéry (un ami personnel, je profite de l'occasion pour le dire) » (318).

[416] « Es ist [...] bekannt, wie viel Herabwürdigung des Weibes, Grauen vor dem Weib, Disposition zur Homosexualität sich aus der endlichen Überzeugung von der Penislosigkeit des Weibes ableitet. Ferenczi hat kürzlich mit vollem Recht das mythologische Symbol des Grausens, das Medusenhaupt, auf den Eindruck des penislosen weiblichen Genitales zurückgeführt » (aus *Internationale Zeitschrift für Psychoanalyse*, IX, 1923, Heft 1). « Ich möchte hinzufügen », écrit Freud dans une note en bas de page, « daß im Mythos das Genitale der Mutter gemeint ist. Athene, die das Medusenhaupt an ihrem Panzer trägt, wird eben dadurch das unnahbare Weib, dessen Anblick jeden Gedanken an sexuelle Annäherung erstickt. » *Cf.* aussi S. Freud, *Das Medusenhaupt*, G.W. XVII, p. 47–48 : « Die Deutung einzelner mythologischer Gebilde ist von uns nicht oft versucht worden. Sie liegt für das abgeschnittene, Grauen erweckende Haupt der Meduse nahe. Kopfabschneiden = Kastrieren. Der Schreck der Meduse ist also Kastrationsschreck, der an einen Anblick geknüpft ist. Aus zahlreichen Analysen kennen wir diesen Anlass, er egibt sich, wenn der Knabe, der bisher nicht an die Drohung glauben wollte, ein weibliches Genitale erblickt. Wahrscheinlich ein erwachsenes, von Haaren umsäumten, im Grunde das der Mutter. Wenn die Haare des Medusenhauptes von der Kunst so oft als Schlangen gebildet werden, so stammen diese wieder aus dem Kastrationskomplex und merkwürdig, so schrecklich sie an sich wirken, dienen sie doch eigentlich der

L'adolescent du *Goût des jeunes filles* (2005) n'a par ailleurs pas eu besoin de la sollicitude d'un Swann promettant à Marcel de contraindre Gilberte à l'emmener chaque fois qu'elle irait dans la lingerie. On se rappelle le soulagement de Marcel, à qui Swann accordait ainsi qu'elle ne disparût plus de sa vue : « Par ces derniers mots et la détente qu'ils me procurèrent, Swann supprima brusquement pour moi une de ces affreuses distances intérieures au terme desquelles une femme que nous aimons nous apparaît si lointaine » (*À l'ombre des jeunes filles en fleurs* 99). Dans le fantasme élaboré par le narrateur du *Goût des jeunes filles* (2005), Miki s'empare du mâle sans attendre qu'il ait surmonté son manque d'emprise sur les filles ou bénéficie, pour le moins, de cette jouissance indirecte que Marcel tire du pouvoir de l'Autre paternel sur la fille[417]. Et puis il y a aussi cette tendance chez Proust à reporter, sur l'homme ayant un empire direct sur la fille, l'inclination que celle-ci inspirait : « À ce moment-là, j'éprouvai pour lui [Swann] une tendresse que je crus plus profonde que ma tendresse pour Gilberte » (99). Marcel est de toute façon dépris de la fille au premier trouble : « Enfin elle, je l'aimais et ne pouvais par conséquent la voir sans ce trouble, sans ce désir de quelque chose de plus, qui ôte, auprès de l'être qu'on aime, la sensation d'aimer » (*À l'ombre des jeunes filles en fleurs* 100). Si l'auteur du *Goût des jeunes filles* (2005) épargne pareils revers à son narrateur adolescent, il arriva en réalité au temps, non pas perdu mais réversible car pour lui « circulaire » (*Je suis fatigué* 75), de lui jouer des tours inattendus au contact de la fille en chair et en os : « Adolescent, il m'arrivait, en embrassant une fille, de voir le

---

Milderung des Grauens, denn sie ersetzen den Penis, dessen Fehlen die Ursache des Grauens ist. – Eine technische Regel : Vervielfältigung der Penissymbole bedeutet Kastration, ist hier bestätigt. Der Anblick des Medusenhaupts macht starr vor Schreck, verwandelt den Beschauer in Stein. Dieselbe Abkunft aus dem Kastrationskomplex und derselbe Affektwandel! Denn das Starrwerden bedeutet die Erektion, also in der ursprünglichen Situation den Trost des Beschauers. Er hat noch einen Penis, versichert sich desseben durch sein Starrwerden. Dies Symbol des Grauens trägt die jungfräuliche Göttin Athene an ihrem Gewand. Mit Recht, sie wird dadurch zum unnahbaren, jedes sexuelle Gelüste abwehrenden Weib. Sie trägt doch das erschreckende Genitale der Mutter zur Schau. Den durchgängig stark homosexuellen Griechen konnte die Darstellung des durch seine Kastration abschreckenden Weibes nicht fehlen. [...] » (*Die infantile Genitalorganisation*, G.W. XIII, 296). En français dans Sigmund Freud, « La tête de méduse » (1922) ; https://www.psychaanalyse.com/pdf/freud_La_tete_de_Meduse.pdf

[417] « À ce moment-là, j'éprouvai pour lui [Swann] une tendresse que je crus plus profonde que ma tendresse pour Gilberte. Car maître de sa fille, il me la donnait et elle, elle se refusait parfois, je n'avais pas directement sur elle ce même empire qu'indirectement par Swann » (*À l'ombre des jeunes filles en fleurs* 99–100).

temps filer à si vive allure que je me retrouvais avec une femme, ensuite une vieille et, la minute d'après, un squelette. Suis-je seul à avoir un rapport aussi intime avec le temps ? » (*Je suis fatigué* 75–76). Si Marcel ne va pas jusqu'à en faire l'expérience, à défaut d'avoir jamais fait le pas d'embrasser une fille, le narrateur de Mishima offre davantage un point de comparaison en la matière.

Confession d'un masque (1949) fait « replonger » le narrateur de Dany Laferrière, « dans cette adolescence criblée des flèches du désir » (*Je suis fatigué* 87)[418]. Avant Mishima, dont il retiendrait le désir mais par le martyre, il avait découvert chez D. H. Lawrence le goût du sexe et des corps bien en vie : « J'ai connu [...] la pure émotion sexuelle avec *L'Amant de Lady Chatterley*. [...] Je me souviens que j'ai ressenti une étrange émotion (ma nuque étant devenue subitement raide) tandis que mon pénis se dressait brusquement, et sans me toucher, rien qu'en lisant des mots, j'ai eu un joyeux orgasme » (*J'écris comme je vis* 50). Le sexe surgit dans son œuvre avec la même nécessité que la respiration ou qu'un battement de cœur. Entre les jeux, dans l'enfance de son narrateur, de sexe dans l'encrier, la leçon de physique répétée par l'adolescent en face de la maison de Miki et des rencontres juives, à l'âge adulte dans l'appartement d'une Japonaise à Manhattan, en passant par les Miz de McGill et autres proies ou prédatrices. Il suffit d'une « robe de coton assez large dont la tendance (tendance Archimède) est de flotter » (*Éroshima* 104) au moment d'entrer dans le bain faisant partie du rituel du thé, pour que le désir s'empare du corps du narrateur : « Théorème : Tout corps plongé dans l'eau reçoit une décharge électrique égale à la somme de désirs circulant dans l'eau multipliée par le nombre de races (trois dans ce cas) et divisée par la somme de verges à froid présentes » (Laferrière 1987, 89). En lettres capitales suivent alors des considérations qui contrastent avec les inhibitions du narrateur de Mishima devant les femmes : « POUR MA PART, JE BANDE À FAIRE SAUTER LE VOLTMÈTRE » (89). À la source de cette excitation, on trouve *La Bible* et plus précisément l'Ancien Testament avec toutes ses Juives qui SAVAIENT FAIRE ÇA :

> Je ne devrais pas le dire, mais cette révélation m'a touché à un point tel que, me tournant vers Myriam et voyant en elle une de ces filles de la Bible (mon premier livre érotique), il m'est arrivé cette chose incroyable,

---

[418] C'est l'impression qu'il retire à l'issue du tournage, auquel il a assisté, du film que John Lécuyer a réalisé en 2004 d'après *Le Goût des jeunes filles* (2005).

incroyable pour ceux qui n'ont pas la foi : j'ai eu l'orgasme le plus fécond, le plus enthousiasmant, le plus excitant et le plus glorieux que jamais bipède n'ait osé rêver depuis l'HOMO ERECTUS. (90)

Henry Miller s'y référait lui aussi, bien que de façon moins concluante. Si le narrateur de *Sexus* (1949 [2015]) donne à un moment donné « le prénom des prénoms », Miriam, à « l'une de ces douces, sensuelles créatures du ghetto qui semblent émerger de l'une des pages de l'Ancien Testament » (157)[419], c'est en souvenir d'un premier amour, *pur, absolu* mais non consommé, qu'il porta à douze ans à une adolescente *inapprochable*, de quinze, seize ans, Miriam Painter. Elle n'était pas juive et n'avait rien à voir, lit-on, avec les figures de l'Ancien Testament, qu'il n'avait peut-être pas encore lu à l'époque. Si le narrateur de Miller n'a jamais éprouvé le moindre désir pour *Miriam* en dehors de l'amour *profond, complet* qu'il ressentait au point de se sentir renaître à chaque fois qu'il la voyait[420], dans *Éroshima* (1987) Myriam est juive et cause d'une satisfaction sexuelle paroxystique. La fille du grand rabbin de New York va jusqu'à inspirer au narrateur de Dany Laferrière le commentaire suivant : « Le mélange racial est une des formes vivantes qui subsiste, aujourd'hui, pratiquement sans changement depuis le Devonien et qui a des chances de survivre à la Bombe. J'imagine que nous sommes des amibes unicellulaires. Et que nous essayons, malgré tout, de tenter une sortie collective » (83). Dans *Plexus* (1952), toutefois, le narrateur de Miller déclare aimer Mona d'autant plus qu'elle est juive : « *But didn't it ever occur to you, my dear Mona, that I love you more just because you* are *a jew ?* » (Miller 1952, 26)[421]. Elle lui rappelle les femmes de l'Ancien Testament, dont il entendait parler, enfant : « *You remind me of the women I knew as a boy – in the Old Testament. Ruth, Naomi, Esther,*

---

[419] Je traduis librement à partir du passage original suivant : « *Coming home one evening, I observed out of the corner of my eye one of those soft, sensuous creatures of the ghetto who seem to emerge from the pages of the Old Testament. She was one of the Jewesses whose name must be Ruth or Esther. Or perhaps Miriam. Miriam, yes ! That was the name I was searching for. […] Miriam is the name of the names. If I could mould all women into the perfect ideal, if I could give this ideal all the qualities I seek in women, her name would be Miriam* » (Miller 2015, 157).

[420] « *I never had an impure thought about her, never desired her, never craved for a caress. I loved her so deeply, so completely, that each time I met her it was like being born again* » (158).

[421] « T'es-tu jamais rendu compte, ma chère Mona, que je t'aime d'autant plus que tu *es* juive ? » (je traduis librement à partir de l'édition originale).

Rachel, Rebecca… » (26), ce à quoi Mona objecte qu'elle est tout au plus une femme : « *I'm not a jew, I'm not anything. I'm just a woman* » (27)[422]. À vrai dire, le premier volume de la *Cruxifiction en rose* portait déjà sur la question des amours racialement orientées. Au début de *Sexus* (1945), par exemple, le narrateur de Miller participait avec l'ami peintre Ulric, doté d'un *flair extraordinaire pour la viande sombre*[423], à la *manipulation* du corps de Lucy, femme noire au *sexe couleur saumon*, qui lui servait de modèle et à qui il imposait les positions obscènes d'un fétiche sexuel tout en faisant d'elle l'objet d'un discours clinico-pornographique chosifiant : « *Observe the longitudinal vagination* » (Miller 1945, 19)[424]. Il y revient dans *Plexus* (1952) : « [...] *the only time I work with wim and vigor, with anything approaching love, is when that darkie, Lucy, poses for me* » (Miller 1952, 165)[425]. Le voltage auquel Dany Laferrière se réfère, dans *Éroshima* (1987), en parlant pour sa part de *faire sauter le voltmètre* n'est pas étranger, en tout cas, à Miller lorsqu'il expliquait dans *Tropique du Cancer* (1934) : « Quand un esprit avide et désespéré apparaît et fait couiner les cobayes, c'est parce qu'il sait où mettre le câble à hante tension du sexe, parce qu'il sait que sous la dure carapace de l'indifférence se cache la plaie hideuse, la blessure inguérissable » (*Tropique du Cancer* 347). Celle-ci renvoie, chez Dany Laferrière, au différentialisme esclavagiste, une blessure qui ne pouvait se guérir que par l'effort de dépassement de la honte infligée par le maître. C'est ce que D. H. Lawrence a mis en œuvre dans un registre comparable. Faisant parler Olivier Mellors dans le dialecte anglais – que le traducteur aurait pu rendre par du créole ou du joual selon les latitudes –, D. H. Lawrence met en place un cadre 'naïf' dotant 'l'homme du peuple', créé par l'aristocratie anglaise, de la faculté de guérir les blessures de Lady Chatterley, qu'un mari impuissant et égoïste avait momifiée avant l'heure et qu'un snob, un temps son amant, avait sexuellement paralysée de honte :

> *Burning out the shames, the deepest, oldest shames, in the most secret places. It cost her an effort to let him have his way and his will of her. She had to be a passive, consenting thing, like a slave, a physical slave. Yet the passion licked round her, consuming, and when the sensual flame of it pressed through her*

---

[422] « Je ne suis ni juive ni rien. Je suis seulement une femme » (je traduis librement).
[423] « *He had an extraordinary flair for dark meat* » (19).
[424] « Observe la vagination longitudinale » (je traduis librement).
[425] « Les seules fois où je travaille avec vigueur, avec quelque chose qui se rapproche de l'amour, c'est quand cette négresse, Lucy, pose pour moi » (je traduis librement).

bowels and breast, she really thought she was dying : yet a poignant, marvellous death[426].

Dans *Éroshima* (1987), tout résidu de honte historique est conjuré par le narrateur dans le passage à l'attaque contre les *envieux* : « Pour eux, les Nègres ne devraient baiser qu'avec des Négresses » (Laferrière 1987, 83), tandis que le renvoi aux amibes unicellulaires redimensionne les prétentions humaines. Henry Miller a connu, lui aussi, les vexations et la misère, dont le distrait une agitation sexuelle permanente. Il en découle ce que Dany Laferrière tient à signaler ensuite à son propre endroit en regroupant sous le titre de *Mythologies américaines* (2015) ses premières fictions nord-américaines[427]. Le titre se superpose en partie à « Une autobiographie américaine » et à l'influence de l'autobiographie en rose de Miller, composée de *Sexus* (1949), de *Plexus* (1953) et de *Nexus* (1960). Les deux cycles autobiographiques mériteraient un long travail comparatiste, au regard aussi du considérable impact de D. H. Lawrence sur les deux auteurs. Pour ne pas déborder de mon sujet, je m'en tiendrai à quelques passages de *Plexus* (1953) permettant de situer des aspects de l'œuvre de Dany Laferrière dont il a été question jusqu'ici. *Tropique du Cancer* (1934) retiendra pour sa part l'attention au motif, notamment, que les nom et prénom de Windsor Laferrière y apparaissent tel un présage.

---

[426] « Brûlant les hontes, les hontes les plus profondes, les plus anciennes, aux endroits les plus secrets. Il lui en coûta de le laisser faire à sa mode et suivant le désir qu'il avait d'elle. Il lui fallait être une chose passive, consentante, comme une esclave, une esclave physique. Néanmoins, la passion la léchait de toutes parts, la consumant, et lorsque la flamme sensuelle exerçait sa pression à travers ses tripes et sa poitrine, elle pensait vraiment qu'elle était en train de mourir : bien que d'une mort poignante, merveilleuse » (je traduis librement à partir du texte original en ligne).

[427] Celle-ci allant jusqu'à l'édification d'un mythe qui n'échappe pas à Dany Laferrière : « J'ai beaucoup lu Miller à une certaine époque. Il ne me touche plus autant. Je trouve son personnage un peu trop construit. L'œuvre de Miller supporte difficilement un regard attentif. On voit trop aisément les trous. Trop d'optimisme. On a l'impression que sa vie a été beaucoup moins intéressante que ce qu'il en raconte. Il a omis les moments de pur ennui. Ce que j'ai aimé chez Miller, c'est qu'il parle si longuement de ses amis, de sa passion gourmande de la vie, de Paris, du vin, de la bouffe, des femmes, de la bicyclette, de la poésie, des appartements ensoleillés et crasseux qu'il a connus à Paris, de son amitié avec Anaïs Nin, et surtout de sa lutte titanesque pour devenir Henry Miller. Mais malheureusement tout ce qu'il touche se transforme trop instantanément en mythe » (*J'écris comme je vis* 64).

Henry Miller

Vieux vient de nettoyer sa Remington et de faire le ménage pour éliminer la crasse. Il fait torride à Montréal : « Je marche sans me presser. Un peu en avant de moi », dit-il, « une fille sort de la librairie Hachette avec un Miller sous le bras et presque rien sur le corps. Ma température grimpe aussitôt à 120 degrés. Il fait 90 degrés à l'ombre. Un rien et je flambe comme une de ces baraques des favelas de Rio » (*Comment faire l'amour avec un nègre sans se fatiguer* 55). Il le lit aussi au lit avec Nathalie dans *Chronique de la dérive douce* (2012), après avoir mi-plaisanté mi-fantasmé, la veille, sur le *sandwich* qu'ils auraient pu tirer de la visite inopinée d'un voisin indien : « une Blanche entre un Nègre et un Indien » (Laferrière 2012, 104). En outre, Vieux partage avec le narrateur de Miller le statut de machine écrivante/désirante : « Je suis une machine à écrire », écrit le narrateur de Miller, ajoutant : « La dernière vis est en place. La chose vole. Entre moi et la machine, rien qui nous fasse étrangers l'un à l'autre. Je suis la machine… » (*Tropique du Cancer* 57). Et les signifiants 'Laferrière' et 'Windsor' n'étaient-ils pas réunis dans l'un de ses livres, *Tropique du Cancer* (1934), un roman qui avait fait l'effet d'une bombe à sa sortie ? Le narrateur de Miller s'en prenait à cette occasion à un Juif : « J'eus tout juste le temps de l'amener jusqu'à la rue Laferrière ; il était comme un chien, la langue pendante. Et quel pompeux, vaniteux petit salaud, par-dessus le marché ! Il s'était attifé d'un complet de velours, d'un béret, d'une canne et d'une cravate Windsor » (140). La chaîne signifiante réunissant nom de baptême et patronyme de l'auteur de *Comment faire l'amour avec un nègre sans se fatiguer* (1985) avait certes des accents racistes (antisémites), mais le narrateur de *Sexus* (1949) ne manquerait pas de souligner, après la Seconde Guerre mondiale, qu'il aime tout le monde comme Dieu, sans distinction de temps, de lieu, de race, de couleur, de sexe, etc. : « *I love like God loves – without distinction of time, place, race, color, sex and so on* » (*Sexus* 384). Qu'en était-il au juste ?

L'écriture de Miller a pu paraître d'autant plus intéressante aux yeux de Dany Laferrière, qu'elle n'éludait pas la question du 'racisme'. Au milieu des années 1930, alors que le nazisme célébrait, en Allemagne, la supériorité de ladite race aryenne, Miller s'attaque à la phrénologie à partir de Paris où il séjournera jusqu'au début de la Guerre. Voici ce qu'il rapporte tout d'abord :

Un caractère spécial des crânes américains, lisais-je l'autre jour, c'est la présence de l'os épactal, ou *os incoe*, dans l'occiput. La présence de cet os, continuait le savant, est due à la persistance de la suture occipitale transversale qui se referme habituellement dans le développement du fœtus. Donc, c'est le signe d'un arrêt dans le développement, qui indique une race inférieure. « La capacité cubique moyenne d'un crâne américain, disait la suite, est au-dessous de celle de la race blanche, mais au-dessus de celle de la race noire. […]. » (Miller 1934, 221)

On s'aperçoit avec lui que l'étude a curieusement oublié de tenir compte des Blancs d'Amérique : « De tout cela, je ne conclus rien, parce que je suis Américain, et non pas Indien » (221). On est de même étonné de voir la thèse de la supériorité des Parisiens sur les Noirs (appelés les nègres) et les Indiens d'Amérique reposer sur des considérations aussi fétichistes : « En prenant les deux sexes, les Parisiens d'aujourd'hui ont une capacité crânienne de 1448 centimètres cubes ; les nègres 1344 ; les Indiens d'Amérique 1376. Mais il est malin d'expliquer les choses de cette façon, par un os, un *os incoe*, par exemple » (221). Le narrateur n'y va pas, ensuite, de main morte : « Ça ne dérange pas du tout sa théorie, d'admettre qu'il y a des exemples isolés de crânes indiens qui ont donné 1920 centimètres cubes, capacité crânienne qu'aucune autre race ne dépasse » (221). Le reste relèvera d'une ironie plus manifeste :

Ce que je note avec satisfaction, c'est que les Parisiens des deux sexes semblent avoir une capacité crânienne normale. La suture occipitale transversale n'est évidemment pas persistante chez eux. Ils savent comment jouir d'un apéritif, et ils ne se tourmentent pas si les maisons ne sont pas peintes. Il n'y a rien d'extraordinaire dans leurs crânes, pour ce qui est des indices crâniens. Il doit y avoir une autre façon d'expliquer l'art de vivre qu'ils ont amené à un tel degré de perfection. (221-222)

Miller n'échappait pas pour autant aux préjugés de son temps, ainsi qu'on s'en aperçoit là où il écrit et parle inopinément 'petit nègre' avec un Noir en livrée à qui il demande où a filé la femme qui l'accompagnait : « Il y avait un nègre en livrée debout, là, avec un vaste sourire. Le nègre savait-il où elle avait foutu le camp ? Sourire du nègre. Nègre dit : "Moi entendu Coupole, c'est tout Mossieu !" » (318). Les Juifs font eux aussi l'objet, ici et là, de remarques désobligeantes : « ces petits merdeux de Juifs » (193). Qu'à cela ne tienne – on a vu pire et il a pour le moins publié des réflexions sur la mort de Mishima dans *Virage à 80* (1973) , Miller reste un auteur de choix. D'autant qu'après la guerre, le ton change quelque peu, voire du tout au tout en 1953, où *Plexus* célèbre, par exemple, la dignité de W. E. Burghardt Du Bois[428], avec un compte rendu imaginaire d'une conférence à laquelle il a assisté, mode sur lequel Dany Laferrière parlera en revanche, dans *Cette grenade dans la main d'une jeune nègre est-elle une arme ou un fruit* (1993), d'une rencontre avec Spike Lee qui n'a pas eu lieu en réalité. Si les Juifs ne constituent pas non plus une espèce, depuis qu'il souligne combien un Juif américain est étranger à un Juif de Russie, ce que Miller déplore en outre, à propos du traitement réservé à Du Bois en Amérique, rappelle la remarque que Dany Laferrière adresse en 1985 à Denise Bombardier lorsqu'il dit qu'étant noirs, ses deux personnages, Bouba et Vieux, restent à l'écart alors qu'ils mériteraient une place sur la scène médiatique en vertu de leur érudition. De Du Bois, qui était métis mais que la loi américaine définissait comme Noir (*one-drop rule*), Miller écrit : « *What a pity, I thought, that a man of his ability, his powers, should be obliged to narrow his range. Because of his blood he was doomed to segregate himself to restrict his horizon, his activities* » (*Plexus* 459)[429]. De Hubert Henry Harrison, du radicalisme de Harlem, il souligne la dignité et la *présence électrifiante*, faisant des Blancs qui l'entouraient des pygmées, tant physiquement que culturellement et spirituellement : « *Yes, he was a man who electrified one by his mere presence. Beside him the other speakers, the white ones, looked like pygmies, not only physically, but culturally, spiritually* » (458–459). Miller insiste sur son sang-froid en face de ses attaquants, et sur le sourire désarmant qu'il leur opposait jusqu'à renvoyer le ridicule à l'expéditeur : « *When the tumult had subsided there would come that broad smile of his, a broad, good-matured grin, and he would answer his man – always to the point, always fair and square, always full on, like a broadside. Soon everyone would be laughing, everyone but the poor imbecile who had dared to put the question…* » (459). On croit voir Dany Laferrière en action sur certaine chaîne de télévision. À ces intellectuels noirs aux allures de monarques africains, Miller oppose la figure de l'abolitionniste blanc, John Brown, dont le fiasco à Harper's Ferry – qui déclencha la Sécession (1860–1861) et la Guerre civile (1861–1865) – expliquerait l'impossibilité pour les Noirs américains de se faire respecter par l'action directe, et la nécessité d'une longue et douloureuse éducation pour qu'ils trouvent leur place au

---

[428] Que Miller orthographie 'Dubois' en un seul mot.
[429] « Quel dommage, pensais-je, qu'un homme aussi doué, aussi puissant, soit obligé de faire profil bas. En raison de son sang, il en était réduit à s'en tenir à une ségrégation qui l'amenait à restreindre son horizon, ses activités » (c'est moi qui traduis).

sein de la société américaine : « *Since John Brown's day it seems to be silently agreed that the only way to permit a Negro to take his place in our world is through a long and dolorous education* » (460). Miller le déplore, soulignant qu'il convient d'arracher sa liberté des mains de ceux qui la détiennent de façon tyrannique, plutôt que de l'attendre comme un don de leur part jusqu'à ce qu'on en soit à la hauteur, se condamnant ainsi à une attente sans fin : « *The blessing of freedom ! Are we to wait forever until we are fit for it before we receive it ? Or is freedom something to be wrested from those who tyrannically withhold it ?* » (460). Plus ferme encore, il se demande s'il existe quelqu'un qui ait suffisamment d'autorité et de sagesse pour dire combien de temps un homme doit rester esclave : « *Is there anyone great enough, wise enough, to say how long a man should remain a slave ?* » (460). Miller pointe ici une prévention dont on a eu l'occasion de voir qu'elle prévalait dans les rangs d'abolitionnistes français du XVIII siècle comme Condorcet, Diderot ou Tocqueville, pour qui l'affranchissement des esclaves ne pouvait se faire, sous peine de désordres sociaux et de déréliction pour ceux qui en bénéficieraient, qu'après une intégration à la 'civilisation', qui risquait à vrai dire de s'éterniser étant donné les intérêts économiques en jeu. Il n'en va pas, dans ce qui pousse Miller à admirer le discours d'un Du Bois, d'un encouragement à cultiver une position victimaire face au discours du maître :

> *Dubois was no rabble-rouser. No, but to a man like myself it was all too obvious that what his words implied were – 'Assume the spirit of liberty and you will be free' ! Education ? As I saw and felt it, he was saying almost bluntly : 'I am telling you that it is your own fear and ignorance which keep you in slavery. There is only one kind of education, that which leads you to assert and maintain your own freedom.' What other purpose could he have had, in citing all the marvellous examples of African culture, before the white man's intrusion, than to indicate to the Negroes's own self-sufficiency ? What need had the Negroe of the white man ? None. What difference was there between the two races, what real, fundamental, vital difference ? None. The paramount fact, the only fact worth consideration, was that the white man, despite all his grand words, all his tortuous principles was still holding the Negroe in subjection…* (460-461)[430]

La mise en exergue des valeurs africaines que Miller retire du discours de Du Bois, l'une des figures tutélaires du Mouvement de la Négro-Renaissance qui a fortement inspiré celui de la Négritude à ses débuts,

---

[430] « Dubois n'était pas un démagogue. Non, mais pour un homme comme moi, il n'était que trop évident que ce que ses paroles impliquaient se ramenait à ceci – 'Assume l'esprit de liberté et tu seras libre' ! *Éducation ?* À mon sens et à mon point

va de pair avec des invectives dont il souligne toutefois qu'elles sont le fruit de ses réactions et de ses propres interprétations. Miller lui en prête l'intention, mais pas le verbe, allant jusqu'à dire que ce qui manque à Du Bois, c'est la verve de John Brown. Et il *rougit* à l'idée qu'un homme de la trempe et de la clairvoyance de Du Bois se sente obligé de mettre un bémol à son discours : « *I blushed to think that a man of such gift, such powers, such insight, should be obliged to muffle his voice, to throttle his own true feelings. I admired him for all that he had done, for all that he was, and it was indeed much – bu if only he possessed a spark of that passionate spirit of John Brown ! If only he had a touch of the fanatic !* » (462). On pourrait croire que les chemins de Dany Laferrière et de Henry Miller se séparent ici, étant donné le peu d'entrain que le premier manifeste à l'égard de toute forme de militance, mais ce serait sans tenir compte de l'admiration que l'auteur de *Plexus* (1953) exprime aussitôt devant le sang-froid de l'orateur face à l'injustice, ce dont il précise que seul un sage s'avère capable : « *To speak of injustice and to remain cool – only a sage can act thus* » (462). On a par exemple vu dans *Chronique de la dérive douce* (2012) que, confronté à un voisin s'octroyant le droit de jouir du corps de Diana Ross au motif que *ce n'est qu'une négresse* et qu'il peut la *sauter* à son gré, le narrateur ne donne pas libre cours à sa colère, mais qu'il la garde pour en faire plus tard œuvre de culture. C'est ce qu'il admire aussi chez Miller, dont on perçoit la présence tout au long de ses premiers romans. L'auteur de *Plexus* (1953) parle de Freud, d'Otto Rank, de l'apocalypse ainsi que de livres-bombes, comme *The decline of the West* (1918 et 1923) d'Oswald Spengler dont le second tome contient un dernier chapitre de mille pages sur l'ARGENT, qui manqua d'exploser parce que l'autre bombe (la Première Guerre mondiale) avait fait fondre le fusible : « *A bomb that failed to go off because another bomb (World War One) had blown the fuse* » (510). Spengler est un philosophe dont Miller fait grand cas aussi pour les rapprochements inédits qu'il

---

de vue, il disait quasiment sans mettre de gants : 'Je vous dis que c'est votre propre peur et votre propre ignorance qui vous maintiennent dans l'esclavage. Il n'existe qu'une sorte d'éducation, celle qui vous amène à affirmer et à maintenir votre propre liberté.' Quel autre objectif aurait-il pu avoir à citer tous ces merveilleux exemples de culture africaine, *avant l'intrusion de l'homme blanc*, que de pointer l'autosuffisance nègre ? Quel besoin le Nègre avait-il de l'homme blanc ? Aucun. Quelle différence existait-il entre les deux races, quelle différence réelle, fondamentale, vitale ? Aucune. Le fait primordial, le seul fait digne de considération, c'était que l'homme blanc, en dépit de ses grands mots, de tous ses principes tortueux, continuait de maintenir le Nègre en état d'assujettissement… » (c'est moi qui traduis).

osa proposer : « *Who but Spengler, moreover, would have grouped such figures as Pythagoras, Mohammed and Cromwell ? Who other than this man would have looked for homologies in Buddhism, Stoicism and Socialism ?* » (510)[431]. Bouba en trouvera entre l'Islam et la psychanalyse, regroupant, dans sa fameuse formule, Allah et Freud.

En évoquant l'écriture à laquelle tout le monde autour de lui le disait prédestiné, l'auteur de *Plexus* (1953) peut aussi avoir rappelé à Dany Laferrière certaine prédiction qu'il attribuerait à son narrateur, enfant, dans *Le Charme des après-midi sans fin* (1998), lorsque Nozéa lui révéla qu'il devait s'attendre à un destin hors du commun. Or, avant que ne sorte de presse *Le paradis du dragueur nègre* (*alias Comment faire l'amour avec un nègre sans se fatiguer*) (1985), personne ne connaît son nom, sauf Miller précisément, qui a regroupé Windsor et Laferrière dans un roman, *Tropique du Cancer* (1934) que Vieux lit au lit, lieu de l'amour et du rêve, où la logique et la chronologie cèdent le pas à la transitivité entre auteur et lecteur, rêveur et personne rêvée : « (Miller, Cendrars, Bukowski) » (Laferrière 1985, 108). Miller a, par ailleurs, ceci d'intéressant qu'il est devenu une autorité, à la différence de Bukowski, « dans la merde jusqu'au cou » (*Comment faire l'amour avec un nègre sans se fatiguer* 109)[432]. Au moment d'acquérir sa propre machine à écrire, Vieux a également été confronté à un choix épineux, auquel le comparatiste ne restera pas indifférent : « Machine à écrire ayant appartenu à Chester Himes, James Baldwin ou Henry Miller » (Laferrière 1985, 60). Il finit par préférer Himes à ce beau monde, comptant sur son goût de la vie pour réussir là où a échoué Basquiat, cet autre artiste *underground* vivant dans une ville où, comme Windsor Klébert Laferrière *sr* en fit l'expérience, la pire des choses « c'est de ne pas être connu. À New York, on est célèbre ou on n'est RIEN ! » (*Éroshima* 95). L'idée était cependant de quitter l'orbite de la pulsion de mort : « Si vous voulez une machine suicidaire, il y a celle de Mishima. […] Comment réussir un livre qui se vendra bien ? »

---

[431] « Qui en outre, sinon Spengler, aurait regroupé des figures comme Pythagore, Mahomet et Cromwell ? Qui d'autre que cet homme aurait cherché des homologies dans le bouddhisme, le stoïcisme et le socialisme ? » (c'est moi qui traduis).

[432] « Une sirène de police. On ramasse un type en sang. C'est Bukowski » (109) rappelle notamment une scène de la nouvelle « The great Zen Wedding » de Bukowski (1967) [2009] : « *Then they* [*the cops*] *were there.* […] *The blood ran down along my throat and then toward and upon my shirt. I was very tired – of everything. "Bukowski", asked the one who had just used the flashlight, "why can't you stay out of trouble ?"* » (*Tales of Ordinary Madness* 53).

(*Comment faire l'amour avec un nègre sans se fatiguer* 60). Miller lui-même n'avait pas résisté à sa force d'attraction, ainsi que l'indiquaient tous les passages explosifs où il appelait la fin du monde. Le scandale causé par *Tropique du cancer* (1934), fut tel que le livre disparut du marché jusqu'à sa réédition au début des années 1960, tandis que *Confession d'un masque* (1949) de Mishima préfigurait le suicide de son auteur. Dany Laferrière retiendrai pour le moins l'objectif de Miller, qui était de « tirer du néant une nouvelle composition de la littérature » (*Tropique du Cancer* 54). Miller parlait, à cet effet, d'une *nouvelle Bible* qu'il serait parvenu à rédiger :

> *Le Dernier Livre.* Tous ceux qui ont quelque chose à dire le diront ici, dans *l'anonymat.* Nous épuiserons le siècle. Après nous, pas un seul livre – pas d'une génération, tout au moins. Jusqu'ici, nous avions creusé dans les ténèbres, avec rien d'autre que l'instinct pour nous guider. Maintenant, nous aurons un vaisseau pour y déverser le fluide vital, une bombe qui, lorsque nous la jetterons, incendiera le monde. Nous y mettrons assez pour donner aux écrivains de demain leurs intrigues, leurs poèmes, leurs drames, leurs mythes, leurs sciences. Le monde trouvera de quoi s'y nourrir pour un millier d'années à venir. Il est colossal dans ses prétentions. Rien que d'y penser, cela nous bouleverse. (54–55)

Mais encore :

> Depuis cent ans ou plus, le monde, *notre* monde, se meurt. Et pas un homme, dans ces cent dernières années ou à peu près, qui ait eu assez de violente folie pour mettre une bombe au trou du cul de la création et la faire sauter en l'air. Le monde s'en va en pourriture, il se meurt morceau par morceau. Mais il lui faut le *coup de grâce*, il faut qu'il soit réduit en poussière. Pas un seul de nous n'est intact, et pourtant nous avons en nous tous les continents, et toutes les mers entre les continents, et tous les oiseaux des airs. Nous allons transcrire tout ça – cette évolution du monde qui a trépassé, mais qui n'a pas été enseveli. Nous nageons sur la face du temps, et tout le reste s'est noyé, ou se noie, ou se noiera. (55)

Or, là où Miller prévoyait un *livre énorme*, Dany Laferrière, ne tapant les siens que d'un doigt sur sa Remington 22, s'en est tenu à des romans relativement courts, dont certains peuvent même être considérés comme minimalistes avant leur réédition chez Grasset, à commencer par « *Comment faire l'amour* [qui] était un livre maigre, d'un jeune auteur maigre, à l'époque, qui voulait écrire maigre, c'est vrai, c'est vrai, pour moi tout ce qui était gros était *out* [...]. C'était un sprint que je voulais faire à la première édition et là je fais un marathon » (« Si tu écoutes, j'annule tout »

07'25–08'00"). Il va sinon jusqu'à rêver péristyles vaudous et statues de Legba, là où Miller rêvait, comme Proust, de cathédrales[433] : « Il sera énorme, ce livre ! Il y aura des espaces vastes comme des océans pour s'y mouvoir [...] y faire le saut périlleux, pour y gémir, pour y violer, pour y assassiner. Une cathédrale, une véritable cathédrale, à la construction de laquelle collaboreront tous ceux qui ont perdu leur identité » (55)[434]. Or c'est malgré tout ce dont Dany Laferrière peut se targuer si l'on considère le grand ensemble mythologique qu'il a nommé « Une autobiographie américaine ». Ne passant à l'ordinateur qu'à partir du *Cri des oiseaux fous* (2002), c'est d'un seul doigt pour vingt-six lettres de l'alphabet, qu'il poursuit l'entreprise d'érection du monument à la vie dont parle Miller : « Elle durera un millénaire, au moins, cette cathédrale, et elle n'aura pas de réplique, parce que les maçons seront morts, et la formule aura péri » (55). Il s'agira d'une entreprise modeste, car, cathédrale ou pas, comme on l'a vu à partir du *Journal d'un écrivain en pyjama* (2013) et de *L'Art presque perdu de ne rien faire* (2014), Dany Laferrière est conscient de la modestie des fins de l'écriture contemporaine. Miller lui-même s'en rendait compte : « Nous n'avons pas besoin de génie – le génie est défunt ! Nous avons besoin de mains solides, d'esprits qui consentent à rendre l'âme et à revêtir la chair » (54–56). Le projet est d'autant plus attrayant que Miller, né le lendemain de l'anniversaire de la naissance de Jésus d'une mère protestante très rigide, s'était donné la peine de 'mère-sévérer' dans le projet de « présenter une résurrection des émotions » (338) dans un paysage littéraire dominé par ce qu'il appelait « une idée abstraite clouée à une croix » (339). C'est bien ce que Bukowski épingle à son tour dans « Cons comme le Christ », une nouvelle publiée dans le recueil *Contes de la folie ordinaire* (1976) qu'une libraire du Carré Saint-Louis à Montréal fit découvrir à Dany Laferrière alors qu'il travaillait encore à l'usine. Avant que la statue négligée du loa Legba n'apparaisse à l'intérieur de l'œuvre de Dany Laferrière, Charles Bukowski et Henry Miller crachent sur l'image pieuse que l'auteur dit avoir mensongeusement donnée

---

[433] On se souviendra du célèbre passage de *La recherche* où il compare son projet à une cathédrale posée sur sa pointe.

[434] « Il y aura des messes pour les morts, des prières, des confessions, des hymnes, des gémissements et des caquetages, une sorte d'insouciance meurtrière, il y aura des rosaces, des gargouilles, des acolytes et des croque-morts. Vous pourrez amener vos chevaux et galoper à travers les bas-côtés. Vous pourrez cogner votre tête contre les murs : ils ne céderont pas. Vous pourrez prier dans la langue qui vous plaira, ou vous pourrez vous y rouler pour dormir » (55–56).

de lui-même, à l'époque, à la mère en Haïti. Le *pieux* baiser de Miz Littérature porte la trace de *l'affreux paravent* (japonais) dont *les oiseaux stylisés* auraient précisément plu à la mère, qui coupait la pièce en deux en illustrant la division du sujet écrivant. Alors qu'elle le croyait en prières, non seulement il rêvait en effet de s'épivarder, mais il jouissait surtout d'en écrire au nez et à la barbe du Christ sur la Croix du Mont Royal. La métaphore qui narguait le narrateur de *Comment faire l'amour avec un nègre sans se fatiguer* (1985), trouve un contrepoids dans le blasphème de Bukowski balayant précisément tout ce que Miller invitait à écarter au profit de *l'omphalos* et de *statues négligées*.

Conclusion

Bouba dans *Comment faire l'amour avec un nègre sans se fatiguer* (1985) et Vieux (Os) dans *Pays sans chapeau* (1999) dorment les bras en croix. Le climat – l'été à Montréal, la chaleur tropicale en Haïti – motive certes leur position, mais le signifiant n'est rattaché à aucun autre personnage dans l'ensemble de l'œuvre de Dany Laferrière. Le Christ fait ainsi l'objet d'un déplacement ciblé, qui mérite d'être signalé. D'autant que Dany Laferrière se demande, dans plusieurs entretiens qui ont suivi son discours de réception à l'Académie française, pourquoi la toponymie québécoise continue d'obéir à la symbolique chrétienne. Après la grande noirceur qui a assujetti le Canada français aux intérêts du clergé, on aurait pu s'attendre à ce que la Révolution tranquille marque également de son empreinte la toponymie du territoire, rebaptisé du nom de Québec. Comme le café de Da de la bibliothèque d'Ahuntsic à Montréal qui porte le surnom de la grand-mère, les lieux-fétiches de l'auteur, la rue Saint-Denis et le carré Saint-Louis à Montréal, pourraient prendre le nom du loa Legba[435] qu'il a tenu à faire figurer, au sein d'une société laïciste, sur le pommeau de son épée d'académicien. L'islamisation de Bouba (*alias* Roland Désir) suggère en attendant qu'il avait besoin d'une religion pour en contrer (rencontrer) une autre et, plus précisément, celle de la mère et des femmes de la famille par qui Dieu avait été assez prié (s'était fait assez prier) : « Je n'ai jamais eu besoin de Dieu, parce que ma mère, ma grand-mère, mes tantes ont toujours prié assez pour moi – elles me l'ont dit : si tu ne pries pas, on priera pour toi » (« Dany Laferrière, cet écrivain qui a le monde dans sa poche » (27':28"-27':45")). S'il se passe très bien des religions : « Et puis aussi j'ai lu, dans le bouddhisme, je crois, que la religiosité est une punition » (27':46"-27':50"), ce n'est pas par manque de foi, bien au contraire, mais parce qu'il préfère au ressassement des leçons, le « présent chaud » offrant cette « immobilité dans le flux du temps » qui ressemble tant à l'éternité : « C'est parce qu'on n'est pas assez croyant, qu'on doit aller à l'église prier […] c'est comme par exemple à

---

[435] Et pourquoi pas le sien, ajouterai-je ?

l'école quand on ne fait pas ses devoirs, on vous demande de revenir le samedi, pour passer la journée à le faire, c'est ça à l'église. L'église, c'est les gens qui redoublent » (27':50"-28'-10")[436]. Les livres qu'il a écrits ne sont pas pour rien au présent de l'indicatif et en prise directe avec la vie. Chez lui, la promesse d'immortalité, liée à la langue mais dont le mythe accompagne les membres de l'Académie française, renvoie de même à une transitivité entre mondes visible et invisible dont se porte garant le loa protecteur des écrivains. Diderot, auteur que Dany Laferrière lit beaucoup[437] et qui ne fut pas élu à l'Académie française en dépit des tentatives de Voltaire, ne concluait-il pas que « le talent de s'immortaliser par les lettres n'est qu'une qualité mésavenante » (« De Terence » 101) ? Si, en 1985, il précisait à Denise Bombardier que Bouba et Vieux « sont des religieux, ce sont des types bien » (« Le fantasme selon Dany Laferrière » (03'46"-03'50") et « des garçons qui veulent être très purs, parce que ce sont des garçons bien, ils veulent être des saints » (04'10"-04'18"), trente ans plus tard Dany Laferrière retient que les lettres lui auront permis de faire de vieux os, à l'instar du narrateur qui, dans les livres, ne meurt jamais. En même temps, il est vrai que 'vieux os' est précisément ce dont sont faits les cimetières et les reliquaires, de sorte qu'on peut y voir le destin de l'être-pour-la-mort (Heidegger) et l'espoir de sainteté de l'être-au-delà-de-la-mort (Henri Corbin) réunis autour de la Résurrection du Christ. Le déplacement de la Croix et de l'espérance d'éternité va cependant plus loin.

Ses premiers romans écrits notamment sous l'influence de Miller, détourneur du symbole de la Croix[438], et de Bukowski, récidiviste de l'autocrucifixion publique, ne sont pas étrangers au contexte chrétien. De même *Pays sans chapeau* (1999), où Dante est présenté comme un auteur bénéficiant d'un substrat culturel de premier choix. Les livres suivants continuent d'interroger la culture judéo-chrétienne. À propos de la Bible, dont on a vu qu'elle contenait des récits à la source de thèses déviantes, Dany Laferrière n'en écrit pas moins, dans *L'Art presque perdu de ne rien*

---

[436] *V.* aussi les minutes qui précèdent.
[437] On a vu l'influence du *Neveu de Rameau* (1762–1773) sur les dialogues entre l'oncle et le neveu de *L'Énigme du retour* (2009). L'auteur réapparaît en force dans *Tout ce qu'on ne te dira pas, Mongo* (2015).
[438] Miller s'étend notamment, dans *Plexus* (1953) (190–192), sur son allergie à la Croix et aux insignes de la dévotion catholique, qu'il détourne de leur symbolique en les faisant converger sur sa propre jouissance.

faire (2014) : « Comme ils sont niais, ceux qui jugent ce livre sans l'avoir lu ! » (Laferrière 2014, 140). Il parle plus précisément du célèbre passage du *Cantique des cantiques*, où la Sulamite qui se définit autour d'un *mais* de trop : « Je suis noire mais je suis belle » (140), passe à l'acte en dépit d'une tradition l'assignant, en tant que femme, à la passivité : « Quel moment dans l'histoire humaine que celui où la femme enfin reconnaît son désir et part à la recherche de sa satisfaction ! » (141). Pénélope aurait-elle mieux fait d'aller rejoindre l'homme de sa vie à New York, que de remplacer celui-ci par Jésus, et ce au prix de se perdre dans le buisson ardent (laurier rose) de la galerie servant de support à ses rêveries solitaires ? Admiratif du passage à l'acte de Sulimane, il dit en tout cas de celle-ci qu'elle « se met en mouvement en écartant de son chemin, d'un coup de reins, toutes les Pénélope et autres Belles au bois dormant. Et le vieux monde de l'Ancien Testament vient de basculer. Ne serait-ce que pour ce moment-là, ce livre vaut le détour » (141). Ailleurs, il louera la déesse vaudoue Erzulie Freda Dahomey, réplique circonstancielle de la Vierge Marie[439], célébrant en vérité le désir féminin : « Une déesse comme Erzulie Freda Dahomey a peut-être trois cent mille amants. Et des deux sexes. Alors que dans le catholicisme on a une vierge qui a eu un enfant, enfin un peu des histoires à dormir debout » (Laferrière 2016ᵉ1, 01:14':50'-01:15':07"). C'est contre cet artefact, que Vieux s'est dressé, à Montréal où il est loin de la mère vouée à Jésus, en se mettant littérairement en scène avec des Miz erzuliennes au nez et à la barbe d'un Christ de croisades juché sur la Croix sommitale du Mont Royal. Il en allait à la fois du besoin de sortir de la solitude montréalaise de l'immigré et de la duplicité christo-vaudouesque haïtienne. La Croix du Christ étant aussi le signe de Baron Samedi, esprit de la mort et maître des cimetières en qui s'était déguisé, pour mieux le zombifier, l'oppresseur du peuple haïtien, François Duvalier.

Quant au Nouveau Testament, il retient son attention pour l'*Apocalypse* de Jean, là où il parle d'une « épreuve qui va fondre sur le monde entier pour éprouver les habitants de la terre » (« L'Apocalypse » 3 17, 1623). Or, comme le relève Ehrard avec Biondi, l'apocalypse relève d'un motif utilisé par les dénonciateurs de la Traite ; il rappelle ici le ton biblique sur lequel l'auteur de *Réflexions sur la traite et l'esclavage des nègres* (1787), l'affranchi

---

[439] La réplique est, comme on sait, le fruit d'un camouflage auquel les tenants du culte vaudou durent avoir recours sous le régime colonial et esclavagiste chrétien.

Ottobah Cugoano, prédit aux colons que « la colère du Tout-puissant les punira d'une vengeance terrible. Car des atrocités réfléchies et multipliées appellent la vengeance à grands pas » (*Lumières et esclavage* 193)[440]. Même ton chez un Louis-Sébastien Mercier, dont le roman d'anticipation *L'An deux mille quatre cent quarante, rêve s'il en fut jamais* (1770) « suppose l'extermination des oppresseurs, dans un massacre d'apocalypse » (202) ou chez un Jean-Antoine Roucher, qui appelle de ses vœux la punition du ciel : « Qu'un Dieu vengeur des enfants de l'Afrique, et du sang, dont le glaive inonda l'Amérique ; / Qu'un Dieu dans ces climats vous poursuive, et sur vous, Des vents, des feux, des eaux déchaîne le courroux ; / Que sous vos pas la terre ébranlée, entr'ouverte S'abyme dans la mer de vos débris couverte [...] » (*Les Mois*, Chant II, 1979, 260)[441]. C'est pour sa part de façon irrévérencieuse que Dany Laferrière ressuscite le thème de l'apocalypse vengeur. Il en fait éclater la jouissance déplacée, païenne, superlative en la mettant sur le compte de Belzébuth – se rapprochant en cela de l'interprétation nietzschéenne de l'auteur de *Apocalypse and the Writings on the Revelation* (1931) – et n'hésite pas à l'ob-scéniser sur le modèle de la bombe d'Hiroshima curieusement baptisée du nom de Rita Hayworth. Plus tard, il ne dira pas pour rien de l'Apocalypse qu'elle engendra de vrais chefs-d'œuvre : « Beaucoup de poètes puiseront plus tard dans son délire : Dante, Lautréamont, Rimbaud » (*L'Art presque perdu de ne rien faire* 143), mais qu'il inspirera aussi les « satanistes, à quoi il faut ajouter l'opéra, le ballet, le rock, le heavy métal et les cauchemars diurnes du Troisième Reich, car il serait impossible de comprendre (est-ce possible d'ailleurs ?) une pareille folie sans l'Apocalypse de Jean. Quelle révélation ! » (143). S'il a rempli son premier roman de sourates coraniques, car il trouvait que la Bible « c'est trop connu, c'est assez fripé » (« Le fantasme selon Dany Laferrière » 04'04''-04'48''), l'auteur de *L'Art presque perdu de ne rien faire* (2014) trouve désormais important qu'elle sorte des oubliettes : « Des générations d'Européens et de Nord-Américains ne l'ont jamais lu[e], ignorant de ce fait la source profonde de leur culture judéo-chrétienne. On revendique son identité, ces jours-ci, face à l'islam sans avoir lu la Bible. De jeunes judéo-chrétiens incultes font face à de scrupuleux lecteurs du Coran » (143). L'enjeu étant d'ordre cognitif : « Ce qui est plus grave c'est qu'une grande partie des

---

[440] Biondi (1979), 281.
[441] Cité par Biondi et repris par Ehrard (*Lumières et esclavages* 195) ; « Et que votre supplice épouvante à jamais / L'avare imitateur de vos lâches forfaits. »

métaphores de la culture occidentale sont devenues totalement obscures pour ces jeunes gens qui n'ont jamais pu mettre la main sur une Bible » (143). Il en va effectivement d'une approche du signifiant-maître.

Et de la chair du maître. 'Connaître', pour Vieux, c'était au départ faire l'amour avec des Miz sous le signe obsédant de la Croix colonialiste et du brouillage ontologique qui fut au cœur de l'esclavage, ce dont le Coran de Bouba parvenait à peine à le distraire. Belzébuth balayait certes l'euphémisme mais non la part biblico-cognitive de l'acte. On a parlé des réflexions que Vieux se faisait, lors d'une fellation avec Miz Littérature, sur le châtiment dont la coutume esclavagiste chrétienne frappait le Noir ayant couché avec une Blanche, ainsi que sur la menace de castration héritée des ancêtres victimes de la Traite. À cela s'ajoutent, dans les livres suivants, l'influence du vaudou – dont Dany Laferrière précise qu'il a absorbé le christianisme dans le syncrétisme qui s'est instauré à l'époque coloniale – aussi bien que la sensualité dont Haïti l'a imprégné et qu'un Japon aux prises avec la question, aussi douloureuse qu'universelle, des conditions de possibilité de la jouissance humaine. L'auteur insiste enfin sur la part joyeuse de la sexualité, dont la culture puritaine anglo-saxonne a, dit-il, peu de pratique. *Les Confessions* (397–401) de saint-Augustin, Père de l'Église chrétienne, reste un livre important, tandis que dans *Éroshima* (1987) la Bible reprend le dessus sur le Coran de Bouba, éternel assoupi. Le *Cantique des cantiques* a en effet contribué, au même titre que *L'Amant de Lady Chatterley* (1928) de D. H. Lawrence, à l'éveil des sens et à l'accès à la jouissance. J'ai enfin relevé qu'il répondait par étapes minimalistes à l'appel lancé par Miller après Proust, d'édification d'une cathédrale abritant *le grand désir incestueux*, projet que Miller décrivait comme celui de « continuer à couler, ne faire qu'un avec le temps, et fondre ensemble la grande image de l'au-delà avec "ici et maintenant" » (*Tropique du Cancer* 358). Dany Laferrière en complète l'expérience lors du premier retour vers la mère dans *Pays sans chapeau* (1999) qui lui est dédié, où, dissociant Jésus du Christ conquérant, il mêle prière au *petit Jésus* de son enfance, rite animiste et rencontre avec les loas en un syncrétisme culturel où Dieu est le Verbe et la littérature, le Verbe qui s'est fait chair.

Conclusion générale

Au fil du temps, ma vie est devenue une fiction.
Dany Laferrière, ILCF 125ᵉ (2017)

Le premier roman de Dany Laferrière portait sur l'écriture de la jouissance autant que sur la jouissance de l'écriture. Si le titre *Comment faire l'amour avec un nègre sans se fatiguer* (1985) rappelait, côté boutade, *Everything You Always Wanted to Know About Sex (But Were Afraid to Ask)* (1972) de Woody Allen, il était clair dès les premières lignes qu'on n'avait pas affaire à un remake racialement orienté mais à un jeu sur les semblances. Ainsi que le signalent *J'écris comme je vis* (2000) et maintes rencontres qui se sont tenues depuis lors[442], vie et écriture ne font cependant qu'un. Sa réticence à départager les deux sphères se confirme lorsqu'il intitule « Je vis comme j'écris » sa conférence de juin 2013 à la University of Alberta. Sur sa Remington, la chair s'est fait verbe et inversement. Chair et non peau, compte tenu du trompe-l'œil dont il a joué autour du mot 'nègre', qui signifie tout simplement 'homme' en créole. Il se souvient, quarante ans plus tard, de son étonnement face à la déferlante que le signifiant avait causée : « Je ne comprenais pas comment… Si j'avais écrit le livre *Comment faire l'amour avec un Italien sans se fatiguer*, ça aurait paru… – Pas terrible ! – Non… pas du tout » (« En sol majeur » 43"32"-43'39"). À la fin du XIXᵉ siècle, Joseph Conrad n'avait pas réussi à imposer à son premier éditeur un titre contenant le mot '*nigger*', un livre autour d'un nègre risquant, à ses yeux, de n'intéresser personne. Seule une réédition tardive, en 1914[443], fit réapparaître

---

[442] La conférence qu'il a tenue sur mon invitation à la Humboldt-Universität zu Berlin s'intitulait ainsi. La dernière rencontre sous ce titre à l'heure où j'écris, date du 28 novembre 2015 (amphithéâtre Milne Edwards en Sorbonne).

[443] « […] *the late W. E. Henley […] had the courage at that time (1897) to serialize my "nigger" in the New Review […] I am gald that this book which means so much to me is coming out again, under its proper titel of "The Nigger of the Narcissus" and under the auspices of my good friends and publishers Messrs. Doubleday, Page & Co. into the light of publicity* » (Joseph Conrad, « To my readers in America », avant-propos à la réédition de *The Nigger of the Narcissus*, Doubleday, Page & Company, 1914).

le titre *The Nigger of the Narcissus* dans son intégralité. C'est en vertu, cette fois, du politiquement correct, que le mot est réocculté en 2009 dans sa réédition par Word Bridge sous le titre de *N-Word of the Narcissus*. En 2016, la maison allemande Das Wunderhorn dira de même à la traductrice, Beate Thill, de rendre 'nègre' par '*Schwarzer*' (noir) plutôt que par '*Neger*', un mot qui risquait de passer pour irrecevable aux yeux du public germanophone. En somme, l'audace de Dany Laferrière ne fut pas moindre en 1985 que celle de Joseph Conrad en 1914, comme l'illustre aussi l'historique de la traduction anglaise où la suppression, dans la première version de 1988 de David Homel, de '*without getting tired*' en dit long sur l'idée que la société nord-américaine avait de la 'machine désirante noire' (Braziel)[444]. Le leurre figurait assurément au programme de Dany Laferrière : « Eh ! bien j'ai dit "comme un nègre", brusquement tout le monde s'excite. La mixité sexuelle est quelque chose qui marche encore et moi, j'avais besoin de ça » (43'40"-43'51"). À vrai dire, la question offrait une diversion permettant à une série de messages subliminaux savamment disposés d'exercer en sous-main leur fonction antistéréotypique, et aux tropes historiques, dont celles d'une Amérique jadis prise pour l'Asie – ce que l'auteur d'une autobiographie américaine reproduit en se proclamant japonais –, de déployer toute leur puissance (dé)mythologisante.

L'écrivain a dès le départ adopté le style de la peinture primitive, invitant à un retour à la naïveté d'une lecture au premier degré. N'était son désintérêt réitéré pour la psychanalyse, on pourrait dire avec Lacan, que pour Dany Laferrière *les non dupes errent*.[445] L'énigme serait alors liée à la nature même du discours, dont Marcel Ritter commente qu'« il

---

[444] Comme le relève Lee Skallerup, dans « *How to Make Love to a Negro* : But What if I Get Tired ? Transculturation and its (Partial) Negation In and Through Translation », « *Jana Evans Braziel goes as far as to say that the omission of the latter part of the title in the English translation reveals something profoundly significant about American (and Canadian) sexual representation of black masculinity with the American racial machine désirante ("desiring machine"): the stereotype of the violently aggressive, hypersexualized, insatiable black man... marks the exhaustion of the cultural imaginary that always frames black men* (Braziel 2003: 867–8) » (Jana Evans Braziel va jusqu'à dire que l'omission de la dernière partie du titre dans la traduction anglaise révèle quelque chose de profondément significatif sur la représentation sexuelle américaine (et canadienne) de la masculinité noire avec la machine désirante : le stéréotype de l'homme violemment agressif, hypersexué, inasatialble... marque le point d'épuisement de l'imaginaire culturel encadrant sans cesse les hommes noirs » (je traduis librement).

[445] Interrogé par Yasmine Chouaki, il repousse pour le moins le mot : « – Psychanalyse. – Non. – Vous n'aimez pas ? – Non. – Sûr ? – Oui » (40'35"-40'41"). Chouaki se pose

ne peut que se donner pour semblant, et que par ailleurs il n'y a pas de semblant de discours » étant donné que « le semblant est le signifiant en lui-même » (« Vers l'écriture de la jouissance sexuelle »)[446]. En effet, si l'on en croit Lacan au chapitre de la duperie, « la vérité, c'est de jouir à faire semblant, et de n'avouer en aucun cas que la réalité de chacune de ces deux moitiés [jouir et faire semblant] ne prédomine qu'à s'affirmer d'être de l'autre [moitié], soit à mentir à jets alternés. Tel est le mi-dit de la vérité » (« D'un discours qui ne serait pas du semblant » 151)[447]. La vérité du discours sur le rapport sexuel jaillirait moins, en ce sens, d'un pacte de transparence que d'un transport à comprendre à la fois comme émotion et comme métaphore[448]. Lui est lié en 1985 le signifiant de la fatigue, qui occupe lui aussi une position symbolique de choix et qu'on retrouve, en même position paratextuelle, à la fin du cycle d'« Une autobiographie américaine » avec *Je suis fatigué* (2005), telle qu'elle avait été proclamée à cette date. L'écrivain était-il las de *barboter dans l'encre* où il avait envoyé son personnage-narrateur, Vieux Os, tremper son sexe, enfant, en l'amenant à faire semblant de jouir ainsi que l'y incitait son camarade, sexuellement plus mûr, avec ses grimaces de plaisir ? Ou la fatigue a-t-elle davantage trait au langage ?

Il en est question dans *L'Odeur du café* (1991) lorsque Da invite l'enfant à ralentir alors que celui-ci accélère pour prouver au grand-père, apparemment inquiet pour lui, qu'il n'est pas fatigué. Or, comme le lui explique Da, il s'agit là d'une « façon de parler » (Laferrière 1991, 42), soit d'un aveu par déplacement à comprendre comme mécanisme de défense du Moi. Le grand-père décède en effet peu après : « Un soir, il avait l'air plus fatigué que d'ordinaire. Il a à peine touché à son repas,

---

la question de savoir s'il s'agit d'une résistance classique : « – Qu'est-ce qui vous dérange dans la psychanalyse ? – Ah ! bien, rien ! Je pense qu'il y a des fruits que je n'aime pas et je n'aime pas l'huile de foie de morue, que ma mère voulait que je boive, je n'aime pas la psychanalyse… ». Elle insiste : « – Mais pourquoi ? C'est une imposture pour vous ? – Ah non non non ! je n'ai aucun commentaire là-dessus. Pour moi, la vie est un buffet chinois » (40'40''-42'01'').

[446] Marcel Ritter se réfère ici à l'enseignement de Lacan.
[447] Citation mise en évidence par Marcel Ritter dans « Vers l'écriture de la jouissance sexuelle » (2009).
[448] Rappelons que, pour Aristote, la métaphore est le transport à une chose d'un nom qui en désigne une autre, transport ou du genre à l'espèce, ou de l'espèce au genre, ou de l'espèce à l'espèce ou d'après le rapport d'analogie » (Aristote, *Poétique*, 1457b 6–9). *Le Trésor de la langue française* signale toutefois que seule la *métaphore d'après le rapport d'analogie* correspond à ce que l'on entend usuellement par *métaphore*.

s'est longuement brossé les dents avant d'aller se coucher. Une dernière fois » (45). Le double langage tenu par le grand-père et que l'enfant n'est pas en mesure de saisir, lie non seulement le signifiant de la fatigue à la mort, mais aussi à une *façon de parler* qui tient bel et bien du semblant. Celui-ci n'en débouche pas moins sur du réel ainsi que sur une vérité pleine. Le renvoi à la fatigue est ce qui tendra ensuite à résumer, tel un signifiant-off, la barrière que le réel oppose tant au symbolique (écriture) qu'à l'imaginaire (fantasme). Accompagné d'une préposition privative, il en irait de son franchissement à travers une œuvre qu'ouvre le mot 'nègre', totem en Haïti mais tabou en Amérique du Nord, dont il tirerait pour sa part un souffle de vie capable de désamorcer les bombes. Le premier roman de Dany Laferrière contenait à lui seul déjà un tel nombre de messages subliminaux, qu'il demandait à être lu entre les lignes. Les autres exploitent le même plan latent. C'est là que se déploie au mieux la nuance, dont Dany Laferrière souligne qu'il n'existe rien de plus subversif.

Montesquieu en faisait grand cas, on l'a vu, dans *Défense de* L'Esprit des lois (1750) ainsi que dans l'essai lui-même, où il oscillait régulièrement sur la question de la légitimité de l'esclavage. Il pourrait avoir retenu l'attention de Dany Laferrière pour ce trait commun, au point d'accroître sa disponibilité à adhérer désormais à la thèse de l'ironie attachée, depuis le lapsus de Condorcet, au chapitre V du Livre XV de *L'Esprit des lois* (1748). Or la nuance était-elle le fort de Montesquieu à tous égards et ne fallait-il pas parler plutôt, ici ou là, de ses préventions, voire de son embarras ? Comme le relève la veuve de Mongo Beti, Odile Tobner, celui en qui Césaire voit l'un des pères du racisme scientiste français est même péremptoire à propos des Japonais : « Le caractère étonnant de ce peuple opiniâtre, capricieux, déterminé, bizarre [...] semble absoudre ses législateurs de l'atrocité de leurs lois. [...] des gens qui s'ouvrent le ventre pour la moindre fantaisie » (Tobner 2007, 107)[449]. Tobner a-t-elle pris une ganacherie pour du racisme ? et manque-t-elle de l'humour dont Beti avoue que parfois il lui fait défaut à lui-même, humour qui distingue en revanche la façon dont Dany Laferrière aborde la polémique, prédisposé en cela par la tradition haïtienne de la lodyans[450] ? Quelques mois avant sa mort, Beti, qui regrettait de ne pas avoir été

---

[449] *Cf.* Montesquieu (1748), Livre VI, chapitre XIII.
[450] Cf. Georges Anglade, *Rire Haïtien, Haitian Laughter* (2006) ; Christiane Ndiaye, *Comprendre l'énigme littéraire de Dany Laferrière* (2011).

assez virulent[451] mais que Tobner mettait en garde contre l'inefficacité de l'injure[452], précisera : « C'est vrai qu'il faut mettre de l'humour dans la polémique. S'il n'y a pas d'humour dans la polémique, je ne dis pas que c'est nécessairement mauvais, mais c'est à moitié raté. Ça veut dire qu'on a écrit avec plus de colère que de distance. Ça m'est arrivé, sûrement, car moi, je suis colérique » (*Mongo Beti parle* 132). Un tempérament, celui de Beti, que le narrateur de *Tout ce qu'on ne te dira pas, Mongo* (2015) salue en ouverture : « J'aime bien sa colère. Il ne prend rien pour acquis » (*Tout ce qu'on ne te dira pas, Mongo* 8). Beti aurait-il repéré de l'ironie dans les pointes de Montesquieu en matière de psychologie des peuples : « Le peuple japonais a un caractère si atroce que ses législateurs et ses magistrats n'ont pu avoir aucune confiance en lui » (Livre XIV, chapitre XV) ? Aurait-il trouvé qu'il plaisantait en disant que les Indiens sont, pour lui, « naturellement sans courage » (Livre XIV, chapitre III) ? On l'imagine plutôt dénonçant, lui aussi, le fait que « Montesquieu prend pour argent comptant, sans le moindre recul critique, tous les racontars de tous les voyageurs, leurs vantardises et leurs jugements régulièrement méprisants des autres peuples » (*Du racisme français* 103). La critique est fondée, mais l'optique de Dany Laferrière serait plutôt celle, ici, de l'artiste que le personnage de Capote résume en ces termes dans la nouvelle « *Unspoiled Monsters* » (1987) : « Ce n'est pas parce que c'est vrai que c'est convaincant, que ce soit dans la vie ou dans l'art » (*Answered Prayers* 39). Si Montesquieu pèche par ignorance plutôt que par racisme, là, par exemple, où il taxe de stupidité les *sauvages* de Louisiane qui coupent l'arbre au lieu de cueillir le fruit[453], il est en tout cas conscient

---

[451] « Jamais je n'ai regretté d'avoir écrit une lettre ouverte. Ce que j'ai regretté, en revanche, c'est de n'avoir pas été assez vif, assez virulent, de n'avoir pas eu la plume de Voltaire, par exemple » (*Mongo Beti parle* 131).

[452] « Je me souviens que ma femme m'a reproché [lors de l'écriture du *Dictionnaire de la Négritude*], l'autre jour quand j'ai répondu à Hogbé Nlend, le ministre de la recherche scientifique et technique, elle m'a fait le reproche de l'appeler "débile mental". Elle m'a dit : "Le lecteur doit déduire en lisant ton texte que c'est un connard, mais ce n'est pas à toi de le dire parce que c'est injurieux. C'est au lecteur de le deviner." Le mot "débile" était de trop mais je l'ai maintenu. [...] Parfois je maintiens et parfois je corrige. Et là, j'ai maintenu » (131).

[453] « Quand les sauvages de la Louisiane veulent avoir du fruit, ils coupent l'arbre au pied et cueillent le fruit » (Livre V, chapitre XIII) ; commentaire de Tobner : « Il s'agit sans doute des bananiers qui, malgré leur taille, sont des plantes herbacées produisant des rejets et non des arbres. On coupe en effet le rejet à la base pour cueillir le régime. Comment Montesquieu peut-il préjuger chez les "sauvages" une

d'un manque. Comme le relève Tobner, il croit effectivement écrire pour « faire que les hommes pussent se guérir de leurs préjugés » (*Du racisme français* 104)[454] et entend plus précisément par là « non pas ce qui fait qu'on ignore de certaines choses, mais ce qui fait qu'on s'ignore soi-même » (104). Pour elle, Montesquieu ne se dépêtre cependant pas d'une obsession climatique qui le retient de réclamer l'abolition de la Traite, voire de condamner le *Code Noir* (1685) ou pour le moins d'en parler. Les failles que Montesquieu a laissées au chapitre de l'esclavage – et surtout à celui de la Traite – arrangeront, en attendant, l'économiste antiabolitionniste Malouet dans sa critique des *Réflexions sur l'esclavage des nègres* (1781) de Condorcet[455].

La théorie du climat avait, sinon, de quoi séduire Dany Laferrière, qui a travaillé un temps à Radio-Canada en tant que Monsieur Météo et a tout d'abord détesté l'hiver canadien, au point de se réfugier douze ans à Miami. Alors que la chaleur de la Caroline du Nord avait suffi au New Yorkais Henry Miller pour qu'il perde la plume : « *But the writing... Somehow it wouldn't come. To finish a simple story, a bad one at that, took me several weeks. The heat had something to do with it* » (*Plexus* 439)[456], Dany Laferrière écrit en Floride une grande partie de son œuvre. Le fait est aussi qu'il a besoin d'une ville qu'il n'aime pas, où les distractions ne le détournent pas de l'écriture. De retour à Montréal, il invitera ensuite à tirer son parti de la longue saison froide : « Le climat s'impose. On ne peut pas l'éviter. N'en faites pas un cas. Il peut vous apprendre des choses » (*Tout ce*

---

bêtise telle qu'ils ignoreraient tout de leur environnement ? Lui, par contre, prend un rejet herbacé pour un arbre, trompé par la taille de ce rejet, singulière pour un Européen. Ou plutôt il reprend sans la critiquer l'observation tendancieuse et fausse d'un voyageur quelconque » (103–104).

[454] *Cf.* Préface de *De l'esprit des lois* (1748).

[455] Carminella Biondi le dit bien, elle aussi, dans son paragraphe sur la « Justification climatique de l'esclavage dans les colonies » : « Dans la seconde moitié du XVIIIe siècle, deux facteurs jouèrent en faveur de ce type de justification : au plan théorique, elle avait été reconnue comme valide, au moins dans certains cas, par Montesquieu même si l'auteur avait conclu son enquête sur l'esclavage en rapport avec le climat sur un doute qui constitue, en fait, la négation du rapport présumé de la nécessité entre climat et esclavage : "Il n'y a peut-être pas de climat sur la terre où l'on ne pût engager au travail des hommes libres" (*Esprit des lois*, XV, 8) » (« *Mon frère, tu es mon esclave !* » *Teorie schiaviste e dibattiti antropologico-razziali nel Settecento francese* 73).

[456] « Mais l'écriture... pour ainsi dire, cela ne me venait pas. Je mis plusieurs semaines à terminer une simple histoire, qui plus est mal écrite. La chaleur avait quelque chose à voir » (c'est moi qui traduis).

qu'on ne te dira pas, Mongo 193). Il va aussi jusqu'à lier le froid à l'éclosion de certaines œuvres : « Cette saison a développé une littérature (*L'hiver de force* de Ducharme), une peinture (les toiles de Lemelin), une cuisine (la tourtière de Jehanne Benoît), et un cinéma (*Kamouraska* de Claude Jutra) » (194). Dany Laferrière est d'avis en tout cas que le froid protège des risques de voir s'établir la dictature, là où Henry Miller insistait quant à lui pour dire que *la chaleur explique presque tout, sauf le lynchage. Tout ce qu'on ne te dira pas, Mongo* (2015) poursuit des réflexions ébauchées dans *L'Art presque perdu de ne rien faire* (2014) notamment sur le froid qui protège et le chaud qui expose, expliquant « pourquoi il ne pourrait y avoir de dictateur [au Québec]. La dictature est une plante tropicale qui ne tiendra pas longtemps sous un pareil climat » (Laferrière 2014, 185). N'était l'absence, chez Dany Laferrière, de déni de justice à l'endroit du 'Nègre' ainsi que d'arguties à double fond destinées à éclipser la question du droit de chacun à la liberté et à la dignité, son goût des températures/tempéraments modérés[457/] l'apparenterait assez bien, au-delà des réserves de Tobner et autres critiques sur les contenus du Livre XV, aux raisonnements climatiques de l'illustre élu du fauteuil n° 2. À Maya Ghandour Hert, qui l'interviewe lors du Salon du livre 2015 à Beyrouth, il se dit en accord avec la lignée des auteurs qui s'y sont assis, dont « Montesquieu [qui] a beaucoup écrit contre l'esclavage » (« Comment faire une interview avec un académicien sans se fatiguer »). On peut regretter qu'ici le nouvel élu n'ait pas fait usage de plus de nuances en envisageant, à partir de la réception du texte au XVIIIe siècle[458], l'hypothèse d'un brouillage à

---

[437] « Ce sera difficile d'implanter une dictature dans une société où le froid atteint parfois – 40° avec le facteur vent. La glace nous emprisonne dans notre individualité au point d'éteindre en nous tout rêve collectif » (186). La dictature a en effet besoin de foules « légèrement vêtues » de gens disposées à descendre spontanément dans la rue « au péril de leur vie » (186) autour d'un mot d'ordre. De « ces messes populaires, rythmées par les discours populaires », Dany Laferrière dit qu'elles sont « impossibles à organiser de manière si spontanée qu'on l'a vue dernièrement dans les capitales moyen-orientales, quand il fait trop froid et que la classe ouvrière reste encagée dans des usines d'où elle ignore s'il fait jour ou nuit dehors » (186). Il en conclut que le Canada ne connaîtra jamais « de dictature ni de révolution (les deux faces de la même médaille) » (186).

[458] Pour le *Dictionnaire portatif de commerce* (1762), tome quatrième, Liège, C. Plomteux, 1770, p. 32 (abrégé du *Dictionnaire universel de commerce* de Jacques Savary Des Bruslons) : « Il est difficile de justifier tout-à-fait le commerce des Nègres ; mais on en a un besoin indispensable pour les cultures des sucres, des tabacs, des indigos, etc. Le sucre, dit Mr. de Montesquieu, serait trop cher si l'on ne faisait travailler la plante qui le produit par des esclaves. »

l'endroit de la Traite des nègres. Pour lui Montesquieu est au contraire « un homme de droit, qui a l'esprit des lois. J'aime beaucoup », dit-il, « son point de vue sur les gouvernements modérés, la passion, c'est la chose la plus usitée. Il sait très bien ce que cela donne. Être tempéré demande une rigueur. La rigueur de Montesquieu, nous en avons grandement besoin » (Laferrière 2015, e3).

Diderot est cet autre penseur et écrivain du XVIIIe siècle que Dany Laferrière tient en haute estime. Étant donné ses revirements à la lecture des textes de l'abbé Roubaud, il aurait été intéressant d'approfondir plus avant la critique que le contributeur de l'*Histoire des deux Indes* a fini par opposer à l'idéologie esclavagiste dans l'édition de 1780, ainsi que les liens de parenté littéraire que se reconnaît l'auteur de *L'Art presque perdu de ne rien faire* (2014). Au chapitre contemporain, il aurait aussi pu être davantage question d'écrivains 'dé-penseurs' tels que Gombrowicz[459]. C'est que le premier aurait demandé, comme Bashō, qu'on lui consacre un chapitre entier, tandis que le second, ainsi que Dany Laferrière l'écrit en 2015, n'était pas aussi central dans la genèse de l'œuvre qu'il ne pouvait y paraître dans les textes de 2013 et 2014 : « Ne pas perdre la raison principale de cette discussion sur [...] Gombrowicz : si vous l'[...] avez évoqu[é], c'est pour qu'on ne voie pas en vous uniquement un intellectuel du Sud. Vous finissez par intriguer assez pour qu'on ne cherche plus à vous saisir » (*Tout ce qu'on ne te dira pas, Mongo* 198). Toujours cette nécessité chez l'écrivain paratopique de faire de lui-même une *cible mobile*, face à des critiques enclins à lui coller des étiquettes et à un monde universitaire rompu à la pratique de la taxinomie ainsi qu'à la pensée de système. L'approche comparatiste se doit d'en tenir compte. Ce n'est pas sans hésitation, par exemple, que j'ai fait intervenir la psychanalyse freudo-lacanienne, qui risquait de proposer un système de pensée là où l'auteur, proche en cela aussi de Henry Miller[460], privilégiait, selon sa propre expression, le principe du *buffet chinois*. Je me suis limitée,

---

[459] Mon objectif n'était pas d'atteindre à l'exhaustivité, raison pour laquelle manquent, par exemple, à l'appel des auteurs comme Hemingway, Cendrars, etc., et, pour le fauteuil n° 2 de l'Académie française, Bianciotti et les auteurs évoqués au passage par le nouvel élu.

[460] Miller dit avoir haï les études et se décrit comme un charmant compagnon qui, rejetant tous les systèmes de pensée, n'acquit de savoir que par osmose : « *All that this Brooklyn boy knows has been acquired through osmosis. I am the lad who hated to study. I am the charming fellow who consistently rejected all systems of thought* » (*Plexus* 507).

Conclusion générale

pour cette raison, à quelques repères que je n'ai d'ailleurs pas hésité à confronter avec l'imprévu laférrièrien.

J'ai longuement traité, en revanche, du passage que l'écrivain ne cessait d'effectuer entre la vie et la mort, le visible et l'invisible, l'ici-bas et l'au-delà, en essayant de montrer qu'il ne s'agissait jamais de sphères distinctes, mais d'un continuum où baignait l'ensemble de son œuvre. Quand Yasmine Chouaki lui demande s'il a tranché entre le monde rationnel et le monde irrationnel, il répond : « Mais c'est ça, ni l'un ni l'autre, du moment que vous êtes emmêlé complètement dans le temps… parce que le temps, le rationnel et tout ce ça c'est fait pour organiser l'esprit humain à ce que nous nous ressemblions tous et qu'ils puissent nous faire marcher en troupeaux » (« En sol majeur » 29'03''-29'23''). J'ai en outre tenu à mettre en évidence l'immanence de l'au-delà et la transcendance de l'ici-bas qui caractérise l'esthétique de Dany Laferrière, ce que confirme assez bien la réflexion sur laquelle il termine sa réponse à Chouaki : « Non, je ne vois pas pourquoi on dit de quelque chose que c'est irrationnel du moment que nous pouvons le penser, le rêver, il est déjà en nous » (29'36''). Les questions que j'ai moi-même posées à l'écrivain ont porté sur des détails et des petites choses. L'attention qu'il consacre à celles-ci est à ce point prioritaire, qu'il aurait été dommage de les perdre de vue. De même qu'il aurait été regrettable de ne pas aborder, au motif qu'ils sont réputés 'parascientifiques', des sujets tels que la métagnomie ou les NDE en vue de situer, au-delà de ce qu'il en dit lui-même notamment dans *L'Art presque perdu de ne rien faire* (2014)[461], la parole de l'écrivain, pour qui « l'homme est éternel, c'est tout à fait normal, rien de plus facile que ne pas mourir, moi je ne mourrai pas » (29'44''). On l'a vu, l'écrivain y croit sans y croire mais rien ne s'oppose, en même temps, à une lecture au premier degré.

---

[461] « La mémoire n'existe que parce que nous nous croyons mortels. L'oubli est l'affaire des dieux pour qui rien n'est étonnant. Si tout est égal, nul besoin de se rappeler de rien. L'homme ne sera immortel que s'il accepte profondément que nous sommes tous égaux. Nous deviendrons alors responsables de chaque geste posé par n'importe qui d'entre nous, et cela n'importe où sur la planète. Et à n'importe quelle époque. Les références à la race ou à la classe disparaîtront immédiatement. Comme nos noms particuliers. On dira alors l'homme ou la femme, notre nom générique, comme nous disons bien la vache ou le bœuf. On ne mourra pas puisqu'on renaîtra à chaque naissance Et celui qui tentera de se distinguer, mettant ainsi en péril le genre, sera banni de la cité » (*L'Art presque perdu de ne rien faire* 36).

On peut bien entendu y voir une conjuration du mauvais sort lié à la trame du roman *Le fauteuil hanté* (1909)[462] de Gaston Leroux, où les élus mouraient durant l'éloge de leur prédécesseur à l'Académie française, voire un clin d'œil à l'adresse de l'occupant indiscipliné du fauteuil maudit n° 32, le romancier et cinéaste François Weyergans, auteur notamment d'une fresque mémorable sur la société française traditionnelle *Françaises, Français* (1988), de *Je suis écrivain* (1989) autour d'un Japonais, et du roman, à la fois tendre et iconoclaste, *Trois jours chez ma mère* (2005)[463]. De même, il pourrait s'agir d'une simple boutade, en l'occurrence autour du célèbre syllogisme *Tous les hommes sont mortels, Socrate est un homme, donc Socrate est mortel*. Ce qui porte toutefois à considérer que par son assertion sur l'éternité de l'homme Dany Laferrière exprimait ce qui ressort pour lui d'une vérité, tient à l'hommage qu'il a rendu au *dieu des écrivains* en ouverture à l'éloge de son prédécesseur au fauteuil n° 2, l'écrivain Hector Bianciotti[464]. Non seulement dans l'optique laférrérienne du temps circulaire l'homme peut être un revenant qui s'ignore, mais il n'est pas besoin non plus de se fatiguer pour éviter de mourir. Il lui suffit en effet d'accueillir l'énergie de l'amour pour se rendre impérissable. À l'instar de Miller posant dans le dernier tome de « La cruxifiction en rose » que, « né d'un instant, l'amour vit éternellement » (*Nexus* 37)[465], Dany Laferrière montre que la pulsion de vie est plus forte que la pulsion de mort. Ainsi qu'il le signalait dès *Comment faire l'amour avec un nègre sans se fatiguer* (1985), l'amour, tenant du « miracle »[466], ne demande aucun effort, ce que Miller

---

[462] Chez Gaston Leroux, il s'agit du 40ᵉ fauteuil. La légende est retombée sur le fauteuil n° 32 aujourd'hui occupé par François Weyergans, après avoir été marqué par le décès, juste avant leur intronisation, d'Aron en 1974 et de Robbe-Grillet en 2004.

[463] Il a inspiré un roman *Le fantôme du fauteuil 32* (2011) de Nathalie Reims, en réponse à Weyergans qui avait annoncé vouloir faire de son prédécesseur, Maurice Rheims, un personnage de fiction en rupture avec la tradition de l'éloge. Il est aussi l'auteur de deux autres romans importants, *Franz et François* (1997) et *Le Pitre* (1973), portant respectivement sur le rapport père-fils et sur la figure de Lacan, qu'il tourne en dérision après une analyse manquée.

[464] « C'est Legba qui m'a permis de retracer Hector Bianciotti disparu sous nos yeux ahuris durant l'été 2012. Legba, ce dieu du panthéon vaudou dont on voit la silhouette dans la plupart de mes romans. Sur l'épée que je porte aujourd'hui il est présent par son Vèvè, un dessin qui lui est associé » (« Discours de réception à l'Académie française de M. Dany Laferrière »).

[465] « *Born of an instant, it lives eternally* » (*Nexus* 37) (la traduction française dans le texte est la mienne).

[466] Propos tenu lors d'une émission de l'été 2015.

exprimait en disant que « la Bible est pleine de miracles [mais que celui] dont il est permis à chacun de faire l'expérience à un moment donné de sa vie, le miracle qui est accessible sans intervention ni intercession ni effort suprême de volonté à l'idiot, au lâche aussi bien qu'au héros et au saint, c'est l'amour » (37)[467]. C'est cette énergie-là qui le maintenait en vie pour l'éternité : « *If energy is imperishable, how much more so is love !* » (37)[468]. Sinon, comme l'observe Dany Laferrière, « il faudra faire semblant comme tout le monde » (« 28 minutes » 20 janvier 2016, 35':55")[469]. À commencer par Miller, pour qui l'amour demandait écriture. Il ne s'agit pas pour rien, dans sa trilogie, d'une semi-autobiographie, qui plus est en rose, car si le semblant est le signifiant lui-même, ce dernier ne peut qu'avoir toutes les propriétés d'un trompe-l'œil. L'auteur de *Sexus* (1949) s'est paré d'un gai savoir-faire en la matière. Dany Laferrière, de même. L'un et l'autre ont fini par jouir du semblant, ce qui consistait à prendre, comme aussi l'auteur des *Antimémoires* (1967), un peu d'avance sur la réalité.

En attendant, leur vie a changé pour de vrai. Ainsi que le père qui s'évada de prison en mettant le pied dans le bateau dessiné sur le mur par un codétenu, Dany Laferrière a cru à la réalité de l'autre réalité. Il a osé se laisser 'mener en bateau' par Borges pour qui nul ne peut savoir s'il existe une différence entre rêver et vivre. Sa foi dans les vingt-six lettres de l'alphabet lui a en tout cas permis de quitter l'usine où, après avoir été chroniqueur culturel à Port-au-Prince, il avait été réduit à travailler à Montréal. Une *perte de temps et d'énergie*, comme il dit, qui l'a convaincu de l'urgence de créer la vie dont il ne jouissait pas, et de faire de sa jouissance œuvre de culture.

---

[467] « *The Bible is full of miracles, and they have been accepted by thinking and unthinking individuals alike. But the miracle which everyone is permitted to experience some time in his life, the miracle which demands no intervention, no intercessor, no supreme exertion of will, the miracle which is open to the fool and the coward as well as the hero and the saint, is love* » (*Nexus* 37).

[468] « Si l'énergie est impérissable, combien plus l'est encore l'amour » (c'est moi qui traduis).

[469] Remarque de l'auteur dans un passage de l'émission « La France déprime-t-elle ? ».

Annexe (1)

Entretien avec Dany Laferrière

Chroniqueur culturel sous Jean-Claude Duvalier au quotidien haïtien *Le Nouvelliste* et à l'hebdomadaire *Le Petit Samedi soir* et puis à *Radio Haïti Inter*, Dany Laferrière est venu au monde en Haïti et à la littérature au Québec. Dire qu'il s'est exilé à Montréal à vingt-trois ans reflète trop le langage de la dictature ou des ministères de l'Immigration : « Je n'ai jamais été en exil, j'étais en voyage » (« La Question n'est pas d'affronter le dictateur mais d'être heureux malgré lui »). Il avait pourtant de quoi s'inquiéter. On est en juin 1976. Le 1er du mois, on trouve le corps de son ami et collègue journaliste Gasner Raymond sur une plage proche de la capitale, une semaine après la sortie de son reportage sur la grève des ouvriers de la Cimenterie d'Haïti à Fond Mombin. L'air duvaliériste s'avère irrespirable et, à défaut de pouvoir changer le monde, Dany Laferrière décide de *changer de monde*. Il se retrouve de l'autre côté de l'eau (*lot bod lo*) et complète le voyage par la lecture. Le roman, qu'il compare à une fenêtre ouverte sur le monde, en accorde toutes les latitudes. Quand il se met lui-même à écrire, ce n'est donc pas sur la dictature qu'il se concentre, mais sur le plaisir et la vie – y compris la vie après la mort qu'il explore dans *Pays sans chapeau* (1996) – ainsi que sur lui même en tant que sujet inscrit dans la destinée universelle de l'être parlant. Dès *Comment faire l'amour avec un nègre sans se fatiguer* (1985), il met en avant une ipséité conquérante qui rend sa littérature engageante, riante, libre des poncifs de l'écriture engagée, tandis que *Je suis un écrivain japonais* (2008) clame l'incessante mouvance intrapsychique de l'être-soi. Fédérant le Canada, Haïti et la France, son élection à l'Académie française en 2013 lui ouvre de nouvelles portes – mérite aussi de Legba figurant sur son épée d'académicien – en faisant plus que jamais de lui, selon l'une de ses expressions favorites, une *cible mobile*. Il voyage beaucoup à la rencontre de ses lecteurs, dont il prend systématiquement la nationalité. Citoyen du monde, il n'oublie ni son pays d'adoption, le Québec, auquel il adresse une déclaration d'amour dans *Tout ce qu'on ne te dira pas Mongo* (2015), ni son lieu-source, Haïti, à qui, après le séisme qui a ravagé Port-au-Prince en 2010, il rend hommage dans *Tout bouge autour de moi* (2010) en en soulignant la formidable capacité de résilience.[470] En 2015, il lui apporte aussi une aide matérielle avec un don destiné à un programme d'échanges d'écrivains Québec-Haïti « de 25.000 dollars provenant du surplus des souscriptions recueillies pour son intronisation à l'Académie française » (HL 2015). *L'Énigme du retour* (2009), *Le Cri des oiseaux fous* (2002), *Cette Grenade dans la main du jeune nègre est-elle une arme ou un fruit ?* (1993) poursuivent l'œuvre de culture annoncée dans *Comment faire l'amour avec un nègre sans se fatiguer* (1985) à travers un humour et une tendresse désamorçant les hontes intimes aussi bien que les haines culturelles et historiques. Autour de *Chronique de la dérive douce* (1994) sur l'énigme de l'arrivée à Montréal, sortent des romans sur l'enfance et l'adolescence à Petit-Goâve et à Port-au-Prince, *L'Odeur du café* (1991), *Le Goût des jeunes filles* (1992) ou encore *Le Charme des après-midi sans fin* (1997), dédié à sa fille aînée, Melissa, pour lui faire connaître un « monde qu'elle ignore totalement et qui est pourtant celui de son père ». Et tandis qu'à l'issue de l'« Autobiographie américaine » qui chapeaute ses livres, trente mille exemplaires de *Je suis fatigué* (2001) sont offerts aux lecteurs – ce qu'il appelle en 2013 *la tournée du barman* –, scénarios, livres pour la jeunesse et autres récits ainsi que *Journal d'un écrivain en pyjama* (2013), *L'Art presque perdu de ne rien faire* (2015) et *Mythologies américaines* (2016) complètent une œuvre saluée par de nombreux prix ainsi que par des distinctions importantes. On en trouvera une liste complète en annexe (2). Parmi les plus récents, il convient de mentionner le Grand Prix littéraire international Metropolis bleu 2010 et le Prix international de la Haus der Kulturen der Welt à Berlin, décerné le 3 juillet 2014 à l'auteur et à sa traductrice, Beate Thill, pour *L'Énigme du retour* et la version allemande *Das Rätsel der Rückkehr* (2013). La présente entrevue a été réalisée à cette occasion, le 5 juillet 2014 à Berlin.

---

[470] Dany Laferrière adopte en la matière une position qui contraste avec celle de sa compatriote écrivaine Yannick Lahens, v. Bernadette Desorbay, « Résistances et vulnérabilités d'une île. Dany Laferrière et Yanick Lahens entre *dérive douce* et *douce déroute* », dans Kasereka Kavwahirehi (éd.), *Vulnérabilité et résistance dans les littératures francophones (Afrique, Antilles et Maghreb)*, n° spécial de *Présence Francophone*.

Bernadette Desorbay : *L'Énigme du retour* (Grasset, 2009) et sa version allemande, *Das Rätsel der Rückkehr* viennent de remporter le Prix international de la Haus der Kulturen der Welt 2014. Ce roman porte sur la décision du narrateur de rentrer au pays natal après un coup de fil qui lui a appris que son père vient de mourir. Comme son père des années avant lui, il a connu l'exil. Son retour le confronte à un neveu qui porte le même prénom et représente, par effet de miroir, une sorte d'*alter ego* littéraire permettant de remonter dans le temps jusqu'aux jeunes années du narrateur lui-même. Le livre est aussi un hommage à *Cahier d'un retour au pays natal*, à savoir un retour sur les traces d'un jeune poète, Aimé Césaire, qui avait à peu près l'âge du neveu du narrateur lorsqu'il écrivit son célèbre *Cahier*. On a l'impression d'assister ainsi à une inversion du cours générationnel. Aimé Césaire serait-il quelque part votre fils ou neveu littéraire ?

Dany Laferrière : Oui, c'est vrai, et même merci pour la question ! C'est vrai que quand on lit un écrivain, généralement on pense qu'il a écrit tous ses livres à l'âge où il est mort. Si l'écrivain a quatre-vingts ans, on pense que tout ce qu'il a dit au cours de sa vie a le poids de quatre-vingts ans, qu'il était un homme sage, et surtout, si c'est un écrivain reconnu, chaque parole est déterminante, affirmative et absente de toute angoisse ; mais la littérature, une œuvre, se fait tout le long d'une vie, avec des tâtonnements, avec aussi des retours sur elle-même, ce qui fait qu'on oublie qu'il y a une époque où l'écrivain a eu vingt-deux ans, a eu vingt-cinq ans, et que cette première œuvre n'a pas le sceau définitif qu'auront ces dernières œuvres. Et que cet écrivain-là a été critiqué en son temps, n'a pas été accepté comme maître du premier coup et que ce sont les œuvres subséquentes qui lui ont donné cette personnalité de maître et cet âge. J'ai écrit *L'Énigme du retour* en 2009, je suis né en 1953, je devais avoir cinquante-six ans quand *L'Énigme du retour* est paru. Dans ce livre, je cite le grand poète martiniquais Aimé Césaire pour la première œuvre *Cahier d'un retour au pays natal*. Il se trouve que Césaire avait entre vingt-trois et vingt-cinq ans quand il a écrit cette œuvre. Soit c'est un maître du premier coup, l'équivalent d'un Rimbaud, et l'œuvre est classique à peine sortie de ses mains, soit il s'agit d'un jeune poète. Dans les deux cas, le poète que j'ai cité dans mon livre n'est ni l'un ni l'autre, puisque la question n'était pas sur la valeur poétique de cette œuvre, mais sur la capacité d'un tout jeune homme à avoir conscience de l'exil, qui est lié à la notion du temps. On ne peut pas connaître l'exil tant qu'on n'a pas dépassé ce temps peut-être d'une dizaine ou d'une douzaine d'années qui rend, disons, ordinaire, quotidien, le nouvel espace où l'on vit et qui permet ce qu'on pourrait appeler le dépaysement absolu. Césaire ayant passé très peu de temps hors de son pays ; d'abord il n'était pas en exil, puisqu'il pouvait retourner à la Martinique quand il le voulait. Il était, disons, en voyage. L'exil ne doit pas être utilisé abusivement comme expression, c'est qu'on ne peut pas, sous peine de mort et d'emprisonnement, retourner à l'endroit originel. C'est très important. De plus en plus, les gens emploient ce terme pour dire qu'ils ne vivent pas dans leur pays et même, d'autres fois, dans leur ville natale quand ils sont encore dans leur pays de naissance. C'est un abus. L'exil suppose une dictature, une impossibilité de retourner même si on aimerait bien. Ce n'est pas un voyage. Donc Césaire n'était pas un exilé, Césaire n'avait pas connu cette frustration et ce sentiment que peut-être on mourra avant même de pouvoir retourner au pays natal, puisque pour le faire, il faut attendre la mort du dictateur qui est généralement président à vie. Donc ce sentiment-là qui est lié au temps qui passe et à l'angoisse de ne pas pouvoir revoir les endroits chéris, sa mère des fois, son père, ses cousins, ses neveux, ses amis, les paysages qui nous ont structuré, est fondamental et est lié au temps qui passe. Je dis quand même qu'un grand poète peut, par intuition poétique, dire ce qu'il n'a pas vécu, peut-être mieux que ceux qui l'ont vécu, c'est la promesse de la littérature.

B. D. : De fait, si Césaire est nommé au début de *L'Énigme* dans le contexte de l'exil et de la mort du père du narrateur, c'est pour ce vers du *Cahier* autour de l'exil de Toussaint Louverture, emprisonné au Fort de Joux dans le Jura : « La mort expire dans une blanche mare de silence »[471], et le narrateur de *L'Énigme* de remarquer : « Que peut-on savoir de l'exil et de la mort / quand on a à peine vingt-cinq ans ? »[472]. Lui-même, homme mûr pensant au père mort, autre révolutionnaire haïtien, ne pouvait que « tente[r] d'imaginer / la solitude d'un homme face à la mort / dans un lit d'hôpital d'un pays étranger »[473]. Les générations ont-elles, en poésie, un pouvoir de transmission que la vie n'offrirait pas ?

D. L. : Les choses ne sont pas uniquement en termes d'expérience et de temps, heureusement. Mais malgré tout l'homme Césaire n'a pas connu ce que l'homme Laferrière a connu, puisqu'en 2009 j'étais déjà

---

[471] Aimé Césaire, *Cahier d'un retour au pays natal* [1938], Paris, Présence africaine, 1983, p. 26.
[472] Dany Laferrière, *L'Énigme du retour*, Paris, Grasset, 2009, p. 14.
[473] *Ibidem*.

hors du pays depuis 1976. J'ai quand même voulu sublimer avec le poète Aimé Césaire, puisqu'il a écrit ce rare chef-d'œuvre qu'est le *Cahier d'un retour au pays natal*, mais je me suis dit qu'il s'agit d'une promenade d'un père avec un jeune fils qui serait né bien avant son père. Le premier Césaire est un père, il est plus âgé mais le *Cahier d'un retour au pays natal* est beaucoup plus jeune que *L'Énigme du retour*. D'ailleurs, le *Cahier* est traversé par une colère alors que dans le cas du *Retour*, il y a une sérénité qui n'est pas née de quelque chose qui serait d'un apaisement, qui est né de quelqu'un qui a fini par définir son identité, redéfinir son identité, et qui n'est pas dans la nostalgie d'un monde qui pourrait lui donner une légitimité ; et s'il revoit ce monde-là, le personnage-narrateur qui retourne en Haïti ne cherche pas à définir sa vie par rapport à ce qu'il va vivre, à ce qu'il va voir. Il le fait parce que, aussi, on a l'impression qu'il s'agit d'une expérience littéraire avant tout, c'est un écrivain. C'est-à-dire que beaucoup de choses dans sa vie vont finir en mots, en phrases, en imagination, en poésie et il a l'impression de toucher là à un des plus vieux mythes, celui du retour ; vous savez, la littérature a deux grands mythes, le voyage et le retour.

B. D. : *L'Énigme* commence par une première partie assez longue sur les préparatifs du voyage, il n'y a pas que le retour ou le voyage en soi, dans votre livre.

D. L. : Oui, la première partie s'appelle d'ailleurs « Lents préparatifs de voyage »[474] et je me souviens que mon éditeur avait trouvé le chapitre-avant trop long, parce que c'est un lecteur nord-américain qui était pressé de savoir des choses qu'il ne connaît pas, c'est-à-dire Haïti et ma présence en Haïti et j'ai réglé le problème. On a eu une longue discussion là-dessus, il m'a dit : est-ce que le premier chapitre avant le voyage n'est pas trop long ? parce que le lecteur… Finalement j'ai réglé le problème, le titre c'était « préparatif de voyage », j'ai ajouté : « lents préparatifs de voyage » et tout a été réglé. C'est magnifique de régler le problème, le problème littéraire, par la littérature et là encore c'est devenu plus fort parce que le 'lent', cette lenteur, a créé un appétit de savoir ce qui va se passer, et en même temps une sorte d'espérance que le voyage va se faire, et qu'il prendra son temps et crée la notion du temps. Et ce n'est pas un touriste qui se dépêche de faire sa valise pour partir avec une grande hâte de découvrir des mondes qui lui sont inconnus, il s'agit de quelqu'un qui

---

[474] « Lents préparatifs de départ ».

a une raison de voyager, la mort de son père, et plus que la mort du père, l'obligation d'aller dire à la mère que le père est mort ; parce que, plus que lui, il y a une femme qui attend, à Port-au-Prince, cette nouvelle depuis longtemps ; parce que, depuis cinquante ans, son mari vit en exil. Le mari, il se trouve qu'il est le père du narrateur (semble-t-il un journaliste), qu'il a été sous-secrétaire d'État, qu'il a été diplomate, et tout ça lui est arrivé assez jeune, c'est ce qu'on appelle un météore politique. Et la jeune femme sûrement était très jeune au moment du départ du mari, parce que dans le texte (il se trouve que c'est mon histoire), dans le texte il est dit qu'elle attend son mari en exil depuis cinquante ans. On suppose qu'elle était dans la jeune vingtaine et dans la vingtaine au moment du départ du mari. Donc on est dans un temps que mon éditeur nord-américain ne peut pas comprendre, on est dans des histoires d'attente de cinquante ans où, déjà, la question qui se pose c'est de se dire à un lecteur peut-être occidental – je déteste ce mot, je suis un occidental et Haïti se trouve à l'Ouest du monde –, se dire à un lecteur qui n'a pas trop connu les notions d'exil, les notions de privation aussi, et qui voit la vie parfois comme une sorte de buffet chinois où l'on peut prendre ceci, cela, ils ne comprennent pas cette idée d'attendre un homme cinquante ans, cela pose un problème d'un autre rythme. Voilà donc pour l'expression « lents préparatifs de départ ». Et le lecteur, qui se trouvait être, disons, l'éditeur dans ce cas-là, n'est pas habitué à des choses qui durent trente ans, et il n'est pas habitué à ce rythme-là. Mais le mot 'lents' est quelque chose de nouveau pour lui, il se dit que la chose la plus exotique, ce ne sera pas le paysage de Port-au-Prince mais le temps long, la lenteur, des choses que l'Occident croit avoir réglées, on n'attend pas un homme cinquante ans, qui est parti en exil, mais que faire ? quand l'homme qui est parti est un héros et qu'il ne vous a pas quittée, qu'il vous aime autant que vous l'aimez, comment peut-on éliminer le visage de l'être aimé ? et est-ce que le triomphe sur le temps n'est pas la grande promesse de l'amour ? Donc des questions se posent, comme l'écriture, l'amour, l'exil, au cœur de la notion du temps.

B. D. : Le vers sur le « galop dans la morne plaine du temps »[475] semble vouloir imposer son rythme dans la première partie sur les « lents préparatifs de départ ». Le galop ici contraste avec l'idée de lenteur.

---

[475] Dany Laferrière, *L'Énigme du retour, op. cit.*, p. 21.

D. L. : Bien sûr que la lenteur est une imposition par le temps, il n'y a pas de jeune homme de vingt-trois ans qui ne soit pas vif et fougueux. La notion d'exil n'est pas une notion préalable, c'est à partir d'un certain temps qu'on a l'impression que notre métabolisme a changé, qu'il s'est passé quelque chose dans notre vie qui fait que, quoi que l'on dise, quoi que l'on pense, on a été à l'étranger, en exil, hors de chez soi. Et qu'on ne peut pas continuer à faire le fiérot là-dessus et qu'on a été envoyé malgré soi à l'étranger. Bien sûr, on peut négocier les choses, essayer de comprendre tout ce que cela nous a rapporté mais dans mon cas, cela m'a apporté une œuvre littéraire aussi, mais – et ça n'a pas empêché qu'il s'agit d'un jeune homme de vingt-trois ans au moment où il arrive en 1976 à Montréal – il galope, mais ce temps immobile, ce temps sans paysage (parce que le paysage c'est le contraste aussi), c'est l'apparition des visages connus, ce qu'on appelle les témoins ; sans témoins le temps devient immobile, il n'y a personne, comme dit le narrateur, qui puisse dire : Je l'ai connu durant son enfance, même son adolescence. Sans témoin, il ne sait pas où il se trouve, il va le créer avec les petites pierres qu'il va semer le long de son chemin, qui sont les nombreux romans qu'il aura écrits et qui permettent, lui permettent de garder la mémoire, en la créant, en la galvanisant, en lui donnant toute sa force fantaisiste, ainsi il écrit comme les enfants, pour passer le temps. Donc c'est très important ce contraste de vitesse, d'ailleurs qui ajoute à la lenteur, cette fougue, parce qu'il n'existe pas de lenteur s'il n'y a pas d'appétit de vitesse. Il faut qu'il y ait une vitesse qui ralentit cette fougue, qui finit en beauté pour qu'on ait ce qu'on appelle l'expérience du temps qui passe, qui a passé.

B. D. : *L'Énigme de l'arrivée*, comme vous avez eu l'occasion de le dire dans des entrevues, a été une source d'inspiration, on a aussi relevé le tableau de Giorgio De Chirico. Je propose pour ma part un petit détour par la Grèce. *L'Énigme du retour* fait également penser au retour à Ithaque d'Ulysse, et puis au mythe œdipien à partir de l'énigme, du signifiant de l'énigme. Je pense à celle du Sphinx posant à Œdipe la question de ce qu'est l'homme, animal quadrupède finissant sa vie en tripède, après avoir ressemblé à la chose que Diogène, cherchant l'Homme, agita, en pleine agora, sous le nez de Platon qui dissertait sur l'Homme majuscule en le définissant comme un bipède sans plumes. Quel sens donnez-vous à l'énigme ?

D. L. : Oui, cette énigme a plusieurs sens. C'est vrai, il y a toujours dans ma tête – puisque la bibliothèque tient une place extrêmement importante dans ma formation – l'écrivain et l'être humain, puisque les deux se chevauchent pour la bonne raison que j'ai passé une bonne partie de ces trente dernières années à écrire et à lire. Et aussi à sortir, et à danser, et à manger, et à rencontrer des gens, et à voyager, et... mais une bonne partie même du reste découle de ces livres qui ont produit ces voyages, aussi par le fait que j'ai écrit des livres. Donc c'est vrai que la mythologie grecque intervient mais les autres mythologies ne découlent pas de la mythologie grecque, c'est tout simplement des choses qui arrivent partout. Il suffit que ce soit Haïti qui produise ces mythes par écrit, il y a quelques siècles on aurait dit la mythologie haïtienne et puis la Grèce, l'Allemagne, la France, la Belgique auraient été obligées de parler de la mythologie haïtienne et peut-être qu'on l'a produite tout simplement, on ne l'a pas écrite. Et si ce n'était pas Haïti, c'était l'Amérique peut-être, l'Amérique d'avant Colomb. Peut-être qu'ils l'ont produite. Je ne pense pas que personne n'ait conçu ces choses-là avant, c'est une question tout simplement de propriété, la propriété vient par ceux qui l'ont nommée avant et qui ont produit aussi des preuves, des justifications qu'ils l'avaient nommée ; c'est des territoires, comme des territoires géographiques, des territoires qui existent, c'est l'Homme ; c'est que chaque fois qu'on les nomme on crée, disons, une propriété émotionnelle, une propriété de mythologie mais tout à fait fictive, parce que, précisément, si ce n'est pas reconnu, ce n'est pas un mythe ; il faut que moi je le reconnaisse pour qu'il devienne un mythe. Comme autrefois, il y a quelques siècles, quand on veut dire qu'une peinture était universelle, on devait peindre un Noir dans le tableau, pour dire que tous les êtres humains de toutes les manières acceptent cet univers-là. C'est pour ça qu'à la naissance du Christ, il y a toujours un Noir, je ne sais pas si c'est Balthazar, ou Melchior, il faut qu'il soit présent pour dire que tous les continents, c'était simplement un simple code, ce n'était pas du tout un personnage, c'est un code, pour dire, voyez ! tout le monde était là. Tous acceptent cette mythologie comme leur et, pour qu'ils l'acceptent, il faut qu'ils l'aient déjà eue avant même et qu'on leur ait présenté cela. Donc cette mythologie existe en tout, c'était important pour moi de le dire. Et, dans *L'Énigme du retour*, ces mythologies, ces mythes sont présents, et complètement ils structurent le livre ; dans sa forme, disons, dans son mouvement spatio-temporel. La femme, la mère qui attend depuis cinquante ans son mari, parti en voyage ou en exil, à côté d'un bosquet de lauriers roses, et cette femme qui était jeune, belle, et que le temps passe, on voit bien que c'est Pénélope aussi. Et Pénélope est contemporaine, en même temps plus proche de la Pénélope de la Grèce antique, que l'image qu'on a de la femme d'aujourd'hui en Europe ou ailleurs ; ça fait étrange qu'une femme attende un homme cinquante ans, alors que dans ces pays-là, eh oui ! ça peut arriver... à cause de la disparition des hommes de l'espace et pour des raisons qui ne leur sont pas propres. Il [le père] n'a pas disparu avec une femme plus jeune, plus blonde, il a disparu pour ses idées, il est allé ailleurs et que faire d'un héros qu'on aime et qui n'est pas là ? Faut-il le punir en ne l'aimant plus ? Grande question !

B. D. : Dans *Le Cri des oiseaux fous*, le narrateur observe : « Mon père n'a pas quitté ma mère pour aller vivre avec une autre femme plus jeune et plus belle [...]. Mais non, ces deux-là s'adoraient. Alors, comment oublier un homme que vous adorez et qui ne vous a pas quittée ? C'est la question à laquelle ma mère doit faire face chaque jour »[476]. Vous insistez là-dessus. Ce n'est pas le chant des sirènes, qui a contraint le père au voyage (à l'exil), mais l'engagement politique. Quels mythes intergénérationnels avez-vous par ailleurs revisités entre père et fils ?

D. L. : Il y a aussi ce jeune homme, ce fils, c'est un jeune homme, ce fils qui va chercher ce père, qui le ramène, même s'il ramène un corps abstrait, un cadavre qu'on ne voit pas, qu'on ne peut pas voir, eh bien ! c'est Télémaque avec son père Ulysse ou bien encore c'est Énée qui porte sur son dos le corps d'Anchise, le vieil Anchise qui ne pouvait plus marcher, qui ne peut plus rentrer au pays, il faut bien que son fils, plus jeune, plus vigoureux, le porte sur son dos. Et qu'il rentre avec. Quand le narrateur arrive, il ne va pas tout de suite à la maison, il reste à l'hôtel, il s'est fait reconnaître dans la rue par un ami qui est dans une voiture, c'est le vieux chien d'Ulysse qui l'a reconnu, et qui a été le seul à le reconnaître parce que Ulysse s'était déguisé pour ne pas être reconnu, qu'on le sache ; le narrateur, lui, ne s'était pas déguisé mais il a pris un temps de tampon à l'hôtel avant d'affronter une réalité plus secrète, plus intime, celle de la rencontre avec la mère et de l'annonce de la mort du père. Donc on a plein de mythes et d'autres mythes aussi qui sont plus proches de la réalité haïtienne et, n'est-ce pas ? le narrateur prend un neveu pour se faire accompagner dans ses voyages, on connaît aussi, c'est un grand mythe de la culture occidentale, orientale, africaine et autre, c'est-à-dire le maître et le disciple. Et le maître qui a beaucoup plus besoin du disciple que le disciple n'a besoin du maître ; il n'y a pas de maître sans disciple, et un homme sans maître est un homme, mais un maître sans

---

[476] Dany Laferrière, *Le Cri des oiseaux fous*, Rocher/Motifs, 2009, p. 13.

disciple n'est pas un maître. Il faut la transmission générationnelle, il faut qu'il y ait conscience totale, sinon il va être illuminé par une expérience qu'il ne peut pas partager jusqu'à devenir cendres, littéralement. Donc il part avec son neveu, ce voyage de deux personnes, l'un plus jeune, l'autre plus vieux, vers un voyage initiatique. Et ce moment où l'oncle, le narrateur, permet au neveu de retourner dans la ville, la grande ville, et lui conseille même de retourner pour poursuivre le voyage seul, on l'a bien vu chez Dante, que Virgile amène jusqu'aux portes de l'enfer ; et on a l'impression qu'il y a une frontière, une expérience qui ne peut être qu'intime, qu'il n'y a plus possibilité de transmission là, l'Homme doit aller seul, face à son destin, pour reconnaître son visage, son propre visage, il doit poursuivre seul, c'est quand il descend du camion et qu'il est accompagné d'une poule noire, c'est-à-dire un objet d'initiation, un être d'initiation d'ailleurs qui se révèle être un dieu, Legba, celui qui ouvre la porte, la barrière, sur le monde invisible. On n'est plus dans le voyage réel. On est avec Legba qui accompagne, qui est celui qui ouvre la porte, la barrière, ou, comme on dit, dans les cérémonies vaudou, il n'y a aucune cérémonie qui ne puisse commencer si on ne chante pas, on ne fait pas le tapement da Legba, (il chante) *Legba, l'ouvri bayè pou moin*, Legba ! ouvrez-moi la barrière. Pour passer dans l'autre monde, dans un monde où, pour le narrateur, il n'y a aucun changement, sauf que c'est un monde très peu décrit.

B. D. : Le narrateur de *L'Énigme* parle aussi, vers la fin, de « l'impression que dans ce pays on ne passe pas d'une ville à une autre mais d'un monde à un autre »[477]. Entre ses deux villes, Port-au-Prince et Montréal, qui vient du latin *Mons regalis* (Mont royal), faisant de lui un prince puis un roi, le narrateur en revient souvent à cet arrière-pays haïtien. Celui-ci occupe pour le moins une place importante dans votre œuvre. L'Énigme finit même par concerner une destination inconnue du narrateur.

D. L. : Tous les observateurs, les journalistes, les écrivains aussi, se concentrent sur Port-au-Prince, la ville-lumière (même s'il y a des problèmes d'électricité), la grande ville ; très peu de gens plongent dans le monde de la province. Pour une raison très simple aussi, c'est un monde calme, immobile, avec des changements apparents. Étonnants. C'est une fausse immobilité, un faux cadre. En fait, il s'agit d'un autre monde, d'un autre mode de vie. Mais il se trouve que le narrateur, qui a

---

[477] Dany Laferrière, *L'Énigme du retour, op. cit.*, 2009, p. 230.

placé une grande partie de sa vie à Port-au-Prince, avec sa mère, son père qui était dans la politique, dans le journalisme, et dans toutes sortes de choses, connaît un autre monde. Il a passé son enfance en province. Il le décrit souvent dans des livres ; il connaît un monde que ceux qui passent, même ce pauvre et pas seulement les étrangers, ne peuvent pas connaître si on n'a pas vécu là le temps long. La même notion du temps qu'on connaît dans l'exil aussi. D'ailleurs, le narrateur l'a dit dans un livre, qu'il a connu l'exil à quatre ans. C'est parce que le père étant exilé, le fils risque d'être pris en otage. La prise en otage du fils, qui est le narrateur, c'est pour obliger le père à revenir se constituer prisonnier ou à se taire, à arrêter de comploter ou bien encore d'attaquer le gouvernement à partir de l'étranger. Donc pour éviter que le fils soit pris en otage, la mère du narrateur l'a envoyé en province pour le cacher de la vue du pouvoir. Comme dans les mythologies anciennes, où l'on envoie les enfants de roi se cacher, les princes, pour les protéger, pour que la lignée puisse continuer, c'est qui protéger ? La mère a protégé son fils. Et que le père se débrouille avec son destin ! Le fils est revenu faire le même voyage que le père, en sens inverse. Il s'en va d'abord du pays natal. Encore un grand mythe qui dit que l'homme peut partir à travers le monde mais il ne devient un homme que quand il revient, au village natal, là où ceux qui sont obligés de rester, vivent encore, ceux qui l'ont connu enfant quand il ne savait rien. Parce que tout homme a deux vies, une vie que l'on voit, une vie d'adulte, et une vie qui n'appartient qu'à ceux qui l'ont connu quand il n'avait pas encore conscience de lui-même[478]. Ces gens-là peuvent lui parler de lui. Mais le narrateur ne se contente pas de cette station, même si c'est la ville du père, il doit inventer un nouveau paysage, et c'est pour cela qu'il continue ce voyage, c'est-à-dire qu'il a passé les étapes, les funérailles du père l'ont d'abord obligé à quitter Montréal, le lieu de l'exil, les funérailles du père dans un autre lieu que celui choisi par le père lui-même, la nouvelle à la mère, la promenade, la pluie, le voyage avec le neveu, la ville du père, et maintenant enfin lui-même choisit un espace. Et lui-même choisira de par sa volonté. Ce n'est plus Petit-Goâve où sa mère l'a envoyé quand il avait quatre ans, ni Montréal où le dictateur l'a poussé à aller quand il avait vingt-trois ans, ni Baradères, où il a été obligé d'aller pour honorer la mémoire du père pour l'enterrer,

---

[478] L'auteur se réfère au passage suivant, dans *ibidem*, 264 : « Nous avons deux vies. / Une qui est à nous. / La seconde qui appartient / à ceux qui nous connaissent / depuis l'enfance. »

mais un nouveau lieu que lui ne connaissait pas encore au fin fond du pays, Les Abricots. C'est un vrai voyage initiatique, qui rassemble tous les mythes de partout et que le narrateur fait dans *L'Énigme du retour*.

B. D. : Un retour qui suit un mouvement en spirale, une suite de détours… L'idée des passages qui en est proche, est très importante dans votre œuvre, et très intéressante. J'aimerais l'aborder par une traversée de l'œuvre, notamment autour non plus des lieux mais de cet endroit du corps sur lequel vous mettez très fort l'accent, qui est, en fait, un point invisible du corps, le lieu de l'inconscient, la nuque, mais je suppose que vous avez là plusieurs niveaux d'interprétation à nous offrir.

D. L. : Oui, la nuque, elle n'est pas toujours invisible. Elle est plus visible chez l'homme que chez la femme, et elle est plus visible aussi chez… surtout dans la période de *black is beautiful*, chez les Noires américaines qui se coiffaient en afro…

B. D. : Je voulais dire le lieu le plus invisible du corps pour le sujet lui-même…

D. L. : Oui, oui ! il y a tout d'abord deux zones qui sont invisibles dans le corps et j'ai choisi la nuque. Ce n'est pas le seul mais j'ai toujours trouvé que la nuque d'une femme aimée était le centre du monde. Shakespeare a choisi le trou de cul qu'il appelle dans un poème… il a dit dans un poème : *Là où la lune ne luit jamais*[479]. Et c'est deux visions complètement différentes. Je crois que Rabelais n'est pas loin non plus, et il a fait une réforme poétique qu'il appelle tout simplement, je crois : *là où le soleil ne luit jamais* ou *la lune ne luit jamais*, et donc on a des zones invisibles ; et comme ça, c'est vrai qu'il y a une impossibilité chez la femme, chez l'homme, mais chez la femme dans ce cas-ci de voir sa nuque surtout avec un regard constant qu'elle a généralement sur elle-même. Le visage est observé attentivement et la nuque est toujours en posture d'offrande, et il y a cette obsession d'avoir un œil derrière la tête mais la réalité ce n'est pas cela. Et cette nuque, c'est vrai, traverse mon travail, mes livres et pour une raison aussi très simple, c'est que je suis capable d'aimer quelqu'un sans qu'il ne le sache, et je suis prêt à aimer la personne de dos. Et qui s'en va, aussi. C'est la personne qui s'en va. On ne voit la nuque que quand la personne nous dépasse et continue son chemin et parce que j'ai toujours été intrigué par l'obsession

---

[479] Expression que l'on trouve dans Dany Laferrière, *Chronique de la dérive douce*, Paris, Grasset, 2012, p. 143.

du visage, l'obsession même de la bouche et j'ai décrit dans *Comment faire l'amour avec un nègre sans se fatiguer* dans les conversations entre Bouba et le narrateur, il lui dit, Bouba : Pourquoi tu veux embrasser une bouche que tu ne vois pas quand tu l'embrasses ? Parce qu'en *close up* on ne voit rien. Réponds-moi ! et Vieux le narrateur, il répond qu'il ne l'embrasse pas au moment où il l'embrasse mais il l'embrasse avec le désir et le fait de l'avoir embrassée avant même qu'il ne l'embrasse. C'est un baiser différé[480]. Avec la nuque, j'ai pensé qu'il n'y a pas de participation, qu'il n'y a même pas d'arrêt. La personne peut continuer son chemin et on peut voir sa nuque qui s'éloigne et pendant longtemps, alors que du côté de la bouche ou du visage, si la personne s'approche trop, il y a aura une intimité qu'elle ne voudrait pas forcément jusque-là, elle pourrait bien s'arrêter. À un moment donné, le baiser doit être fait ou pas. Sinon il faut arrêter et reculer. Donc pour moi, au-delà même du désir, il y a aussi la notion de laisser partir. Les bras qui s'ouvrent pour accueillir et la personne... il y a le mouvement qui continue et qui n'empêche pas le désir. Qui n'empêche pas le désir. C'est une vision que j'ai toujours eue, dans mon enfance, mon adolescence surtout, je me souviens quand j'étais adolescent, ça se retrouve dans mes livres, dans *L'Odeur du café*, dans tous mes livres, le narrateur est toujours en état d'admiration d'un homme ou d'un jeune homme, adolescent comme lui, qui est aimé des femmes. Ce n'est pas qu'il ne se sent pas assez bien pour être aimé mais il aime bien regarder les gens, il pense que son ami méritait plus que lui d'être aimé des femmes, parce qu'il le trouve plus élégant, plus courtois. Dans *L'Odeur du café*, c'est le petit garçon, c'est Frantz, son ami, qu'il croit que Vava aime et, dans d'autres livres, il y a toujours cette position où le narrateur est comme invisible et projette ses sentiments et demande presque à des personnages de faire ce qu'il ne peut pas faire, ce qu'il n'a pas le courage de faire ou ce qu'il ne peut pas faire.

---

[480] L'auteur résume ici le dialogue suivant entre Bouba et Vieux, tiré de Dany Laferrière, *Comment faire l'amour avec un nègre sans se fatiguer*, Paris, Le Serpent à plumes, 1985, p. 34–35 : « [...] On rencontre une fille dans la rue. Elle a une bouche sensuelle et gourmande, ce que tu veux. Tu lui dis n'importe quoi, elle te répond n'importe quoi et vous vous embrassez deux heures plus tard : eh bien, quand tu l'embrasses, tu ne vois pas sa bouche. En *close-up*, on ne voit quasiment rien de quoi que ce soit. » À quoi Vieux répond : « – On l'embrasse avec son imagination, comme tu disais. En l'embrassant, on conserve l'image de sa bouche dans sa tête. D'ailleurs, c'est ce qui nous a poussé à l'embrasser. Au moment où on l'embrasse, le désir est quasi consommé. »

B. D. : Cela me rappelle notamment ce moment dans *Le Charme des après-midi sans fin* (1997), où le narrateur-adolescent, surnommé Vieux Os, dit de Frantz qu'« [il] a toutes les filles à ses pieds, mais [qu']il ne comprend rien aux femmes » (*Le Charme des après-midi sans fin* 44)[481]. Vieux Os n'arrive pas non plus à se croire l'objet du désir des femmes, surtout de Vava, dont il se contente de rêver : « Vava ne peut aimer que quelqu'un comme Frantz. Pas moi » (115). Ce qui frappe, c'est que l'adolescent reste en position d'observation de la jouissance de l'Autre.

D. L. : Il est toujours en situation d'admiration, ce qui est le contraire de la jalousie. Il trouve tout le monde mieux, mais pas seulement mieux que lui, mais il trouve qu'ils méritent cela mieux et finalement je me souviens d'ailleurs, pour moi personnellement, parce que mes noms sont toujours de vrais noms, c'est toujours dans la réalité, cet ami Frantz qui a été aimé des femmes à un âge où l'on aimerait bien être aimé, qui ne reviendra jamais, l'adolescence. On est timide, on est timide, on ne peut pas refaire ça, même si on a le prix Nobel. On était timide à quinze ans, on est timide. On était aimé, on était aimé. On n'était pas aimé pour mille raisons, et on ne l'était pas. Mais il est un fait précis que quand j'ai rencontré Frantz des années plus tard, très tard, il avait oublié tout cela. Et toutes ces jeunes femmes l'adoraient et il était très impressionné de lire, dans mon livre, que je parlais de cela et moi je me souvenais de tout. Je l'ai recréé et il m'a regardé presque avec une sorte de jalousie. C'est comme si tout cela m'était arrivé et non à lui. C'est parce qu'il ne s'agit pas d'être aimé, il faut le savoir. Il faut le vivre. Il faut le vivre. Et si, par exemple, on est aimé et on n'est pas capable d'apprécier cela, par exemple, on se met en mode : c'est normal qu'on m'aime, mais on est foutu, on ne va pas vivre ce sentiment. C'est la personne qui apprécie qui gagne. Et l'affaire, c'est la personne qui apprécie. Même en situation d'étranger, d'extérieur, il avait l'impression que j'avais vécu ces moments avec plus d'intensité que lui et qu'il avait perdu son adolescence parce qu'il n'avait pas vu cela. Il a simplement été aimé. Moi j'ai aimé le voir

---

[481] « Il n'a jamais été obligé d'échafauder le moindre plan pour attirer une fille dans son filet. Si ça se trouve, il ne sait même pas que ça existe. C'est simple : toutes les filles sont folles de lui. Et lui, il fait le tri. Nous, nous regardons. Parfois, il lui arrive de penser que c'est lui qui a fait le premier pas quand ça fait quatre mois que Virginie rame pour attirer son attention. Nous (Rico et moi), nous ne lui disons jamais rien. Il lui arrive (ce qui est rarissime) de soupirer après une fille quand nous avons depuis longtemps que Flore (puisque c'est d'elle qu'il s'agit) ne pense qu'à lui depuis une éternité. On n'est quand même pas là pour lui apporter la cuillère à la bouche » (44).

être aimé. Et donc j'étais dans le moment, moi, je regardais tout, toutes les jeunes filles, je regardais et des fois il m'arrivait de tomber amoureux d'une jeune fille sans qu'elle ne le sache et de les compter, même plusieurs, parmi mes amoureuses. Une fois d'ailleurs on faisait des comptes avec un ami, il me disait, tu sais, dans cette salle, j'ai trois amoureuses, une peut-être qui m'aime, une autre que j'aime qui ne le sait pas, et une troisième que je partage avec trois autres types qui l'aiment aussi même si elle ne le sait pas encore. Donc on était vraiment dans la grande fantaisie heureuse, on avait toutes les formes, donc ça a grandi la notion d'amour et nous a permis, comme moi par exemple, qui ne savais pas danser ; alors quand on ne sait pas danser, je peux danser une musique un peu rapide, on peut toujours faire ce qu'on veut, je n'écoute pas, je n'ai pas l'oreille du tout, je n'entends rien, et donc je ne sais pas le rythme. Je n'ai de rythme que quand j'écris. Alors les jeunes filles qui voyaient que je ressemble, paraît-il, à quelqu'un qui sait danser, se demandent pourquoi je ne danse pas et moi, dès qu'on jouait un slow, qui demande un exercice plus précis, je m'en allais aux toilettes, eh bien ! elles venaient jusque dans les toilettes pour me chercher ! J'étais devenu un trophée (rires). Et pourquoi il refuse de danser avec nous ? Pourquoi avec tous ces emmerdeurs qui n'arrêtent pas de nous casser les pieds pour nous demander partout à danser, tout le temps même quand on leur dit non, donc elles cherchaient celui qui ne voulait pas, qui se cachait comme elles. Comme elles. Alors je me réfugiais dans les toilettes où je trouvais toujours une nuée de jeunes filles qui étaient venues se cacher pour ne pas se faire peloter par des gens en sueur, parce qu'ils ont tellement dansé, et là elles me trouvaient tout frais, un pas dansé et là, et en plus, je résistais et ce n'est jamais facile de résister à une adolescente qui veut vraiment danser avec vous.

B. D. : La nuque, dans *La Chair du maître*, si je ne me trompe, est aussi le lieu de la peur, parce que c'est le coup de feu dans la nuque des tontons macoutes qui pourrait mettre fin à la vie du narrateur, qui a ensuite pris la fuite. Dans un autre registre, qu'on a déjà abordé, le narrateur peut aimer une femme sans qu'elle ne le sache, à partir d'une nuque qui donne donc accès à un sentiment invisible. Thanatos et Éros se logent en tout cas au même endroit. J'aimerais bien qu'on reparle un peu de cet aspect-là, de l'idée du passage de la vie à la mort, du visible à l'invisible, que la nuque représente d'une certaine façon.

D. L. : C'est la nuque de l'homme en Haïti qui est le siège de toutes les suspicions du gouvernement, c'est la nuque, la nuit port-au-princienne est chargée de revolvers, en appétit de nuques, de nuques de ces jeunes gens, ce petit groupe dont je faisais partie et qui étaient les journalistes du *Petit Samedi Soir*, de *Radio Haïti-Inter*, et qui avaient l'âge et la volonté, et la bravoure ou l'insouciance de se promener dans les rues de Port-au-Prince après avoir écrit et publié dans la journée ou raconté à la radio des choses que le gouvernement ne pourrait pas accepter. Des choses qui peuvent paraître assez banales pour un lecteur qui ne connaît pas l'ambiance du moment, mais qui sont des choses dramatiques, et pour le gouvernement, nous on ne comprenait pas ça à l'époque, on avait vingt ans, on ne comprenait pas. Il y avait des jeunes femmes là-dedans aussi, donc elles pouvaient avoir la nuque ensanglantée aussi mais je pense qu'elles étaient plus dans la situation de se faire violer. Et nous on ne comprenait pas mais le pouvoir savait que n'importe quel grain de sable pourrait le faire dérailler et qu'il ne reposait que sur une chose, la terreur. Sauf s'il y avait des gens qui montraient qu'ils n'avaient pas peur, ça pourrait inciter les plus âgés à pouvoir se révolter, à organiser peut-être même des choses plus graves. Donc on avait cette nuque exposée dans cette jungle qu'est Port-au-Prince, une ville où il y avait le *black out*, c'est-à-dire l'obscurité la nuit, le gouvernement coupant le courant et le soir aussi, et des ombres armées qui circulaient dans la ville et qui savaient, et qui voyaient les jeunes gens en train de discuter et que c'étaient des gens qui n'avaient pas peur, parce que les tontons macoutes voulaient donner l'impression qu'ils avaient aussi des pouvoirs dans la nuit et qu'ils se confondaient avec les peurs d'avant la dictature, parce que la peur qui existait c'était la peur des diables, des loups-garous, des êtres humains qui se changent en vaches, en chiens, et cette peur-là a été substituée par une peur qui pouvait se révéler être aussi comme une peur de jour. Une peur diurne et nocturne à la fois, qui est la peur du tonton macoute, qui est un homme à lunettes le jour, qui est peut-être une ombre menaçante la nuit, donc cette nuque ensanglantée était l'obsession des mères beaucoup plus que de nous, parce que nous n'avions pas peur. Nous étions trop jeunes pour subir la grande propagande duvaliérienne. Je suis né en 1953, il est arrivé au pouvoir en 1957, donc il n'était pas conscient quand il mettait en place sa machine et, intellectuel qui avait lu et qui ne pouvait croire à des histoires de diables, il n'avait pas connu, disons, ce temps antéhistorique, où tout finissait par le diable en Haïti. Personne n'était mort de mort naturelle, tout le monde a été mangé, comme on dit. D'ailleurs les enfants, on boit leur sang. Tout cela parce que les pauvres n'ont pas assez d'argent pour se permettre d'être malades, donc ils meurent. Et comme on a honte de dire qu'on est mort parce qu'on n'a pas assez d'argent pour aller à l'hôpital, acheter des médicaments, on dit : c'est un diable, c'est une mauvaise, une malfaisance, c'est un sorcier, c'est un vaudouisant, c'est un diable aussi et ils sont (l'un n'est pas forcément l'autre), ce qui fait en sorte qu'on soit mort. Et Duvalier a introduit la mort par des êtres humains.

B. D. : C'est là une réflexion du plus grand intérêt.

D. L. : C'est comme dans l'Antiquité, au moment où la fin du règne des dieux pour entrer dans le règne des maîtres des humains, des empereurs, des rois, des gens qui tuent pour des raisons politiques, et ça c'était quelque chose vraiment comme un passage d'une ère à une autre. D'un temps à un autre, la dictature a introduit la mort. Il y avait déjà eu des dictatures en Haïti mais elles n'étaient pas, ne pouvaient pas être comptabilisées comme dictatures, puisque la machine n'était pas bien installée, aucun gouvernement ne couvrait tout le territoire national, Duvalier est le premier président à être vraiment connu sur tout le territoire national, la machine, les photos, la musique, la radio s'étant développés avec les discours de Duvalier, et donc il a couvert pour la première fois et ensuite la grande machine de la milice d'une armée faite de civils qui étaient des gens qui venaient soutenir, disons, le pouvoir établi, au nom de la révolution qu'il fallait faire. Il faut se rappeler que Duvalier a imposé, enfin a gagné ses élections avec le discours de faire sortir la paysannerie de son état léthargique, de sa situation, en disant que ces gens-là supportent tout le pays, il faut que les masses paysannes sortent de l'arrière-pays, du *pays en deyò* comme on dit en Haïti, *moun* – qui veut dire gens – en dehors, qui ne sont pas dans la condition de la loi mais subissent seulement la loi, qui paient des taxes, qui paient des impôts fonciers, qui paient tout ce qu'il y a à payer, mais qui ne reçoivent rien et qui sont, peuvent être frappés par n'importe qui, donc presque une place d'intouchables. Donc il fallait faire sortir ces gens et les faire rentrer dans l'État, dans la loi, c'est-à-dire avec des devoirs et des droits. Bon ! ces discours étaient importants, modernes, et auraient permis peut-être à Duvalier, si on n'avait pas acheté les votes, je ne sais pas, de rentrer dans la politique et de gagner les élections. Mais après, comme tous ces discours-là, il s'est révélé un discours démagogique, naturellement, et pour protéger cette avancée, le fait qu'il soit président, il a fallu quand même, après, quand les gens ont compris qu'il les avait trompés, il fallait quand même les mater.

B. D. : J'aimerais bien, pour terminer, et si vous êtes d'accord, qu'on parle du motif du passage de la vie à la mort, du visible à l'invisible, à partir cette fois de *Pays sans chapeau*.

D. L. : Oui ! alors, *Pays sans chapeau*, c'est un roman que j'ai écrit à Port-au-Prince, où le roman commence d'ailleurs, le narrateur dit : Je suis à Port-au-Prince et je suis en train d'écrire ce roman[482]. J'ai voulu écrire un livre en Haïti, qui parle d'Haïti, lentement, tranquillement, en prenant mon temps, cette fois-ci, pour parler longuement d'Haïti. Alors ce roman, son titre, vient du fait que les Haïtiens ont observé qu'on n'a jamais enterré quelqu'un avec son chapeau, ce qui donne la plus jolie, la plus tranquille, la plus sereine métaphore sur l'après-mort, c'est tout simplement un univers où personne ne porte de chapeau. On est là dans les grandes mythologies extraordinaires, magnifiques, et on se souvient même, dans *Alice au pays des merveilles*, le chapeau c'est le chef. C'est le chef, le couvre-chef. Donc c'est un pays sans chef. Et aussi, et c'était l'obsession de la reine qui voulait couper la tête de ses sujets, dans *Alice au pays des merveilles*, on est là dans les grandes rêveries, aussi littéraires et je pense que cette idée de faire des sujets sans tête est liée à une histoire du pouvoir aussi. Il y a en Haïti la notion des zombis, c'est-à-dire quelqu'un qui garde son énergie mais qui ne peut plus penser, qui n'a pas la force, quelque chose qu'on lui a pris, la vigueur de penser, donc qui n'est pas sorti de sa condition, qui ne peut produire l'énergie de ses muscles sans pouvoir penser à se révolter. Les zombis. Ce livre donne tout ça, il est construit comme des territoires, un territoire visible et un territoire invisible. Chaque chapitre se nomme « Pays réel », « Pays rêvé ». Le seul problème, c'est qu'il n'y a pas une très grande différence entre le pays réel et le pays rêvé. Et le pays rêvé n'est pas le pays de l'espoir, du rêve ; c'est un pays qui est légèrement à côté, il est pareil sauf qu'il y a des différences à peine perceptibles, il faut être intuitif. L'hypo-idée que des gens vivent dans des mondes parallèles et ne le savent pas. C'est un peu comme mon ami Frantz qui a été aimé des adolescentes et ne le savait pas. Donc ce qui est étonnant, par exemple, dans *Pays sans chapeau*, il y a un personnage qui s'appelle Lucrèce et ce Lucrèce, qu'on peut comparer avec le grand poète des *Métamorphoses*, je crois, ce Lucrèce, il est capable de nous faire traverser d'un monde à un autre, parce que c'est une sorte de représentant sur terre du grand dieu Legba. Et il a promis au narrateur-écrivain qui écrivait un livre sur la mort, il lui a dit : mais comment ça se fait que tu

---

[482] « Il y a longtemps que j'attends ce moment : pouvoir me mettre à ma table de travail (une petite table bancale sous un manguier, au fond de la cour) pour parler d'Haïti tranquillement, longuement. Et ce qui est encore mieux : parler d'Haïti en Haïti » (*Pays sans chapeau* 11).

oses écrire sur la mort sans avoir été mort, c'est-à-dire avoir changé de monde, tout simplement, et dit : si je te faisais passer de l'autre côté pour voir, peut-être que tu parlerais en connaissance de cause ; tu vois, des choses de base. On dit ce qu'on sait, et est-ce qu'on sait ? Et le narrateur, pour s'amuser, plus qu'autre chose, ne croyant pas, a dit : oui. Et il lui a dit simplement : OK, je te ferai signe quand ce sera prêt. Et puis c'est comme ça, et finalement un jour il apparaît. Il dit : c'est aujourd'hui, on y va, et ils sortent. Et ils franchissent la petite barrière de la maison, et en franchissant la barrière il sent qu'il n'y a rien de spécial, mais c'est lui-même qui dit : je franchis une barrière, là. Et il y a cette impression d'écrivain, je franchis une barrière, et puis ils sortent, il n'y a rien de différent, les gens qui sont là, toujours là, la maison, les trucs, le vent, la poussière, il n'y a rien, il n'y a pas d'éclair, il n'y a rien du tout, il est un peu déçu, et il y a une première chose d'abord qui arrive dans l'espace. Le problème avec Lucrèce, c'est que Lucrèce n'a pas de chemin.

B. D. : Cette idée qu'il n'y a pas de chemin est très intrigante. En attendant, votre narrateur est, pour ainsi dire, livré à lui-même et prisonnier de l'idée que Lucrèce lui réserve une destination précise.

D. L. : Et il ne comprend pas que quelqu'un veuille l'emmener quelque part, et il n'a pas de chemin, parce que s'il tourne à gauche, Lucrèce tourne à gauche aussi, et quand il dit : mais euh… eh ! où est-ce qu'on va, puisque vous faites comme je fais en tout comme ça, Lucrèce lui dit : c'est le chemin que tu choisis qui compte. Et là, il est devant une situation où il y a un chemin qui passe le long d'une petite rivière magnifique, où ne poussent que des arbres feuillus, il y a un chemin extrêmement malaisé, il voit d'autres gens, des gens prennent le chemin malaisé et puis finalement sur un coup de tête, mais pourquoi je dois prendre ce chemin-là ? Sur quoi il prend l'autre chemin le long de la rivière. Et Lucrèce va pour lui faire comprendre que tous les chemins sont bons, mais les gens croient plus, quand c'est malaisé, que c'est le bon chemin, puisqu'il est difficile, ça pourrait être le chemin. Mais il n'y a pas de chemin. Il n'y a pas de chemin, et ça il n'arrive pas à saisir cette notion qu'il n'y a pas de chemin. On ne peut pas se faire conduire par quelqu'un qui a l'air de vous suivre partout où vous allez, et ça c'est sur l'espace. Sur la notion du temps, à un moment donné, il voit que les hommes ne bougent pas, et c'est là qu'il comprend que dans ce nouveau territoire, il fait toujours midi. Donc c'est simplement un détail qui change, c'est toujours midi, mais à part ça tout se fait comme pareil. Donc, il ne conclut rien, il ne pense rien, il n'opine pas, mais je pourrais comprendre, moi, comme lecteur, peut-être que ce monde invisible est d'autant plus invisible qu'il est trop visible. Ce n'est pas qu'il soit invisible, c'est parce qu'il est là, qu'on est là-dedans, mais on le cherche ailleurs parce qu'on invente des initiations, on invente des choses, qui devraient nous permettre… on croit, disons, on a été instruits dès notre enfance avec l'idée qu'il faut rencontrer un dragon, Cerbère, un truc et on ne voit pas qu'on est déjà dans l'autre monde et qu'on essaie de traverser d'un monde à un autre sans cesse. Et tout cela revient au titre *Pays sans chapeau*, voyez je suis là en ce moment ; il n'y a personne qui porte de chapeau mais peut-être que je suis au pays sans chapeau.

B. D. : Et vous dites aussi, dans *L'Énigme du retour* : « il n'y a dans cette vie ni nord ni sud / ni père ni fils / et [que] personne / ne sait vraiment où aller. Je vous remercie beaucoup de cette entrevue.

D. L. : Merci !

Annexe (2)

L'œuvre

Par Dany Laferrière

Romans et récits :
- *Comment faire l'amour avec un nègre sans se fatiguer*, VLB, 1985 ; P. Belfond, 1989
- *Éroshima*, VLB, 1987 ; Typo, 1998
- *L'Odeur du café*, VLB, 1991; Typo, 1999; Serpent à plumes, 2001; Zulma, 2016
- *Le Goût des jeunes filles*, VLB, 1992 ; Nouvelle édition, VLB, 2004 ; Grasset, 2005
- *Cette Grenade dans la main du jeune nègre est-elle une arme ou un fruit ?* VLB, 1993 ; Typo, 2000, Nouvelle édition, Serpent à Plumes, 2002 / VLB, 2002
- *Chronique de la dérive douce*, VLB, 1994 ; Nouvelle édition, Boréal, 2012
- *Pays sans chapeau*, Lanctôt, 1996 ; Serpent à plumes, 1999 ; Serpent à plumes, 2004 ; Boréal compact, 2006
- *La Chair du maître*, Lanctôt, 1997 ; Serpent à plumes, 2000
- *Le Charme des après-midi sans fin*, Lanctôt, 1997, Serpent à plumes, 1998 ; Boréal compact, 2010 ; Zulma, 2016
- *Le Cri des oiseaux fous*, Lanctôt, 2000 ; Serpent à plumes, 2000 ; Boréal compact 2010 ; Zulma, 2015
- *Je suis fatigué*, Les Librairies Initiales, 2000; Lanctôt, 2001
- *Les années 80 dans ma vieille Ford*, Mémoire d'encrier, 2005
- *Vers le sud*, Grasset, 2006 ; Boréal, 2006
- *Je suis un écrivain japonais*, Grasset, 2008 ; Boréal compact, 2008

- *L'Énigme du retour*, Grasset, 2009 ; Boréal, 2009 ; Boréal compact 2010
- *Un art de vivre par temps de catastrophe*, Presse de l'Université d'Alberta, 2009
- *Comment conquérir l'Amérique en une nuit*, Lanctôt, 2004 ; Boréal compact, 2010
- *Tout bouge autour de moi*, Mémoire d'encrier, 2010 ; Nouvelle édition, Mémoire d'encrier, 2011 ; Grasset, 2011
- *L'Art presque perdu de ne rien faire*, Boréal, 2011 ; Boréal compact, 2013 ; Grasset, 2014
- *Journal d'un écrivain en pyjama*, Mémoire d'encrier, 2013 ; Grasset, 2013
- *Dany Laferrière à l'Académie française*, Boréal, 2015
- *Tout ce qu'on ne te dira pas, Mongo*, Mémoire d'encrier, 2015
- *Mythologies américaines*, Grasset, 2016
- *Autoportrait de Paris avec chat*, 2018
- *Vers d'autres rives*, 2019
- *L'exil vaut le voyage*, 2020

Littérature pour la jeunesse :

- *Je suis fou de Vava*, texte de Dany Laferrière, illustrations de Frédéric Normandin, La Bagnole, 2006
- *La fête des morts*, texte de Dany Laferrière, illustrations de Frédéric Normandin, La Bagnole, 2009
- *L'Odeur du café*, texte de Dany Laferrière, illustrations de Francesc Rovira, La Bagnole, 2014
- *Le baiser mauve de Vava*, texte de Dany Laferrière, illustrations de Frédéric Normandin La Bagnole, 2014 ; Mémoire d'encrier, 2014 (Haïti)

Films :

- *Haïti (Québec)*, Tahani Rached, réalisation, Dany Laferrière, narration, Office National du Film du Canada, 1985.
- *Comment faire l'amour avec un nègre sans se fatiguer (How to Make Love to a Negro without Getting Tired)*, Jacques W. Benoît, réalisation, Dany Laferrière, scénario, 1989

- *Le Goût des jeunes filles (On the Verge of a Fever)*, John L'Écuyer, réalisation, Dany Laferrière, scénario, 2004, Westmount (Québec), Christal Films, 2004 (DVD), 88 min.
- *Voodoo Taxi*, Réalisé par Carlos Ferrand, écrit par Dany Laferrière
- *Comment conquérir l'Amérique en une nuit*, Dany Laferrière, réalisation et scénario, Équinoxe Films, 2005 (DVD), 96 min.
- *Vers le Sud (Heading South)*, avec Charlotte Rampling (dans le rôle-titre), Laurent Cantet, réalisation sur un scénario inspiré par trois nouvelles de Dany Laferrière, 2005, 105 min.
- *La dérive douce d'un enfant de Petit-Goâve*, Documentaire sur Dany Laferrière réalisé par Pedro Ruiz, Faits Divers Média, 2009, 90 min.

Entretiens :

- *J'écris comme je vis, Entretien avec Bernard Magnier*, Lanctôt, 2000 ; La Passe du vent, 2000 ; Boréal compact, 2010
- *Conversations avec Dany Laferrière. Entrevue de Ghila Sroka*, La Parole Métèque, 2010

Enregistrements sonores :

- *Comment faire l'amour avec un nègre sans se fatiguer*, Montréal, CNIB, 1986 ; INCA, 1986
- *Éroshima*, Montréal, CNIB, 1988
- *L'Odeur du café*, Montréal, INCA, 1991
- *Le Goût des jeunes filles*, Montréal, INCA, 1993
- *Cette Grenade dans la main du jeune nègre est-elle une arme ou un fruit ?* Montréal, INCA, 1994
- *L'Énigme du retour*, 2010

Prix et distinctions :

1991 Prix Carbet de la Caraïbe, pour *L'Odeur du café*

1993 Prix Edgar-l'Espérance, pour *Le Goût des jeunes filles*

2000 Prix Carbet des Lycéens, pour *Le Cri des oiseaux fous*

2001 Prix Gouverneur de la Rosée du Livre et de la Littérature, représentant de la diaspora. Ministère de la Culture, Haïti

2002 Prix RFO du Livre, *Cette grenade dans la main du jeune nègre est-elle une arme ou un fruit ?*

2006 Prix du Gouverneur général, *Je suis fou de Vava*
2009 Prix du roman français
2009 Prix Médicis pour *L'Énigme du retour*
2009 Prix des Libraires du Québec pour *L'Énigme du retour*
2009 Grand Prix du livre de la Ville de Montréal
2009 Prix des étudiants pour *L'Énigme du retour*
2010 Prix de la Personnalité internationale de l'année, Cérium
2010 Prix de la Personnalité de l'année, La Presse
2010 Grand Prix littéraire international Métropolis bleu
2010 Honoris Causa, Université du Québec à Rimouski
2010 Honoris Causa, École normale supérieure de Lyon
2013 Officier dans l'Ordre des Arts et des lettres
2013 Honoris Causa, Université du Québec à Montréal
2013 Élu membre de l'Académie français
2014 Citoyen d'honneur de la Ville de Montréal
2014 Officier de l'Ordre national du Québec
2014 Prix International de Littérature, décerné par la Maison des Cultures du Monde (Haus der Kulturen der Welt), Berlin, pour *L'Énigme du retour*
2015 Commandeur de l'ordre de la Pléiade
2015 Commandeur de la Légion d'honneur
2015 Réception à l'Académie française
2015 Compagnon des Arts et des Lettres du Québec
2015 Grand Prix Ludger-Duvernay
2016 Ordre du Canada
2016 Honoris Causa de Middlebury College
2016 Honoris Causa de l'Université Paris-Sorbonne et de l'Université Pierre et Marie Curie
2017 Officier de l'Ordre de Montréal (17 mai)
2017 Honoris Causa de l'Université d'Ottawa
2018 Honoris Causa de l'Université McGill
2018 Membre d'honneur de l'Académie de Nîmes
2019 Gardien du Livre en Haïti

Annexe (3)

Kettly Mars, écrivain – C'est une veillée littéraire, comme on n'en a jamais connu dans nos lettres. Une attente dans un silence trompeur, chargé de mots qu'on n'ose penser, qu'on a peur de se dire pour ne pas compromettre la chance ni contrarier les petits dieux qui habitent les feuilles blanches. C'est comme si l'Histoire retenait son souffle, retenait sa mémoire, retenait un grand rire, un rire qui veut gicler sur tous les parchemins froissés du temps. Dany Laferrière à l'Académie française, finalement ce n'est pas grand-chose, mais ce serait foutre bien si ce grand rire pouvait gicler et éclabousser de vraie joie les pages de notre Histoire.

Rodney Saint-Éloi, écrivain – Dany Laferrière à l'Académie française. Quel est le sens d'un tel hommage ? Je me suis posé la question. La réponse : une œuvre forte et cohérente, constituée d'une trentaine d'ouvrages. L'œuvre restitue une présence humaine, dans la chaleur trépidante des relations. Dany nous a appris qu'« écrire est une fête intime ». Il est fidèle à cette élégance et à cette poétique des gens et gestes simples qui peuplent son univers. J'imagine les jeunes Noirs du monde entier célébrant l'événement. Le fils de Da accueilli en prince au Quai de Conti. De jeunes Haïtiens, Sénégalais, Québécois, Algériens, Marocains dansent cette danse de mots. Dany est notre héros à tous. Il faut des fois que les dieux naissent et grandissent pour « pouvoir rallumer les étoiles ». Dany est un ami. Dany est un frère. L'Académie française est désormais une maison habitée. Jean-Euphèle Milcé, écrivait il y a très longtemps que les luttes sans noms, les cyclones, le pouvoir de l'assistance, le président V, le sénateur W, le chef de base X, le voisin Y, le tribunal constitutionnel Z et enfin un tremblement de terre nous ont confisqué le droit de rêver de notre contribution digne à la marche du monde. Ils sont nombreux, Haïtiens de tous âges, subissant ce qui ressemble fortement à un échec collectif ; qu'ils soient enfants abrutis devant les avenues lumineuses de la télé ou adultes prenant la pause qui dure dans tous les espaces assez grands pour contenir frustrations et détestations. Dany à l'Académie française est (sera) une heureuse et bonne nouvelle. Point. Qu'il soit d'Haïti, du Québec ou des deux, c'est fort du café de Da. Incontestablement, il s'agit d'une des meilleures et mieux achevées aventures de notre pays. Bon vent au premier Haïtien qui a compris qu'en voyageant, il n'est pas de trop de tracer des chemins.

Marcus Garcia, journaliste – Élection assurée si notre Dany promet de faire entrer Da dans les noms propres du prochain dictionnaire. Emmelie Prophète, écrivain Dany Laferrière a le don de nous mettre dans la lumière. En 2009, quand il a reçu le prix Femina pour *L'Énigme du retour*, c'est toute la littérature haïtienne, tous les écrivains haïtiens, tout Haïti qui se sont retrouvés auréolés. L'élection de l'enfant de Petit-Goâve, dont la grande partie de l'œuvre est inspirée de la terre natale, envoie encore une fois le message que la culture peut porter notre pays, peut l'imposer de manière positive dans les médias du monde entier ; que la littérature peut ouvrir un certain dialogue entre l'extérieur et nous, entre nous-mêmes à l'intérieur, entretenir notre mémoire qui flanche trop souvent, nous aider à nous reconstruire. L'arrivée de Dany dans cette prestigieuse institution, je l'ai compris dès que l'information a été publique, n'est pas et ne sera pas une aventure personnelle. L'intérêt, la ferveur du public haïtien en attestent. C'est la première République noire du monde, avec son bilinguisme, son lot d'accidents, de ratés, de faits glorieux, d'espoirs dans l'avenir qui salue la francophonie, le monde des lettres et du savoir.

Louis-Philippe Dalembert, écrivain – J'ai passé une partie de l'après-midi du mercredi 11 décembre, entre 16 h 45 et 18 h, avec Dany. Je l'ai retrouvé à l'hôtel Royal Oasis, à Pétion-Ville. À mon arrivée, il m'a rejoint à l'accueil, et m'a traîné avec lui à la cuisine à la recherche d'un couteau et du pain. Il n'y en avait pas dans sa chambre. Dany avait reçu deux beaux avocats de sa mère, il tenait à tout prix à en manger avec du pain. La manager a été un peu surprise de sa demande, mais elle lui a tout de même trouvé le couteau et du pain baguette qu'elle a pris soin d'envelopper dans une serviette en papier avant de le glisser dans un sac en plastique. On est monté dans la chambre de Dany. Tandis que je sirotais du rhum, lui mangeait son pain et son avocat en commentant le reportage d'une journaliste de Radio Canada qu'il avait téléchargé sur son ordi à propos de l'élection... et en répondant aux premières demandes d'interview...

(*Le Nouvelliste* 11-12-2013)

Gary Victor – L'élection de l'écrivain Dany Laferrière au sein de l'Académie française montre combien cette institution a cessé d'être un lieu clos pour devenir de plus en plus un champ ouvert au métissage culturel et à l'universalisme. Bravo Dany.

Frankétienne – Avec Dany Laferrière, l'Histoire entre à l'Académie française de manière singulière et belle.

Kettly Mars – Dany à l'Académie française ? L'itinéraire, depuis les premières tentations d'écriture au *Petit Samedi Soir*, d'un ton léger, d'une prose alerte, désinvolte, pleine d'humour, qui n'a cessé d'être une particulière histoire de style dans notre littérature pour dire la trame d'une vie et... enchanter une expérience d'Homme.

Jean-Claude Fignolé – Quelle bonne nouvelle ! Du Carré Saint-Louis en passant par Petit-Goâve, la francophonie se réjouit de l'élection de Dany. Depuis plus d'une trentaine d'années, Dany Laferrière travaille à bâtir des ponts. Entre l'Amérique, l'Europe et l'Afrique. Entre le Québec et la francophonie des Amériques, particulièrement Haïti. La contribution exceptionnelle de l'homme de lettres québécois est à la hauteur de cette reconnaissance. Montréal salue aujourd'hui l'un de ses enfants chéris. À titre de président du Conseil municipal de Montréal et poète, je tiens à féliciter l'auteur du *Journal d'un écrivain en pyjama*.

Franz Benjamin – Ah, le dernier titre de l'immortel Dany Laferrière *Journal d'un écrivain en pyjama* ! Quelle heureuse prémonition ! Il y a là une vraie litote, un euphémisme caché. Il fallait carrément dire *Journal d'un écrivain en habit vert*.

Jean-Robert Léonidas – Sacré Dany ! Tu seras comme un poisson dans l'eau, je le sais. Merci d'être une fierté pour nous.

Anaïse Chavenet (Communication Plus, Haïti) – Dany Laferrière : bayaond, chou-palmist, zaboka, diriakdyondyon, kenskof, fursy, citadel-laferièr, peyipam, koté m'fèt, kalite, elegans, umanite, espwa, grandè, diyite... Lespri li se tambou kap bat ! Se pipirit chantan ! Se demon kap leve ! Kenbe Dany, kenbe fèm ! Ou toujou ap fèm sonje kamarad Jak Alexi. Mèsi pou peyi a. / Dany Laferrière, une part immense de mes rêves pour Haïti. Dès que j'entrevois sa silhouette, dès que j'entends le son de sa voix, je suis dans le pays, en charge de sa désespérance et de ses espoirs mêlés. Dany, tambour dont les rythmes descendent des mornes, empruntent les ravines et inondent les pages de nos rêves, de nos espoirs, de notre Histoire. Je mêle ton nom à ceux de mes guides proches, Roumain, Alexis...

Gérald Bloncourt – Je viens d'entendre la confirmation de la bonne nouvelle, notre Dany Laferrière à nous, fait son entrée triomphale à l'Académie française. Quelle belle consécration ! Et je ne veux pas laisser cette journée se terminer sans adresser mes félicitations à Dany. En saluant son œuvre, son intelligence, son parcours, son courage ; de ce beau cadeau qu'il nous fait. En effet, je suis très heureux et je place beaucoup d'espoir en Dany qui va certainement faire notre fierté à tous et à toutes. Le premier académicien en pyjama.

Thélyson Orélien – J'ai beaucoup pensé à toi ces temps derniers : *Au cri des oiseaux fous*, à *l'énigme*, aux petites touches, à tous les chatouillements de cette écriture sobre, empreinte de tendres émotions, alliant la lucidité du soleil à la douceur enveloppante de la lune. Dans ces contrées du Nord, l'automne se déroule dans la douceur avant de s'ouvrir sur la mélancolie ; l'hiver, le temps du retrait, du repliement est aussi celui de l'intimité ; le printemps ravive l'espérance tout en anticipant la folie ; l'été bascule dans l'effervescence et la démesure ; mais en toute saison la poésie ne perd pas ses droits.

Claude Moïse – Dany c'est d'abord et avant tout l'enfant de Petit-Goâve qui, entre odeur du café, tendresse et légendes, sourit encore sous la peau du nègre prêt à faire l'amour sans se fatiguer pour exister, traverse l'Amérique avec une légèreté feinte, quand il ne s'alanguit pas auprès de jeunes filles dévoreuses au cœur de Port-au-Prince et de ses faubourgs. C'est encore l'enfant espiègle qui se fera japonais pour nous rappeler que l'encre est la plus belle demeure d'un écrivain avant de marquer une pause érudite et tranquille en pyjama. Et puis, il y a l'énigme de celui qui revient, subtil miroir pour moi qui entre allers et retours vit l'énigme d'habiter.

Yanick Lahens – Il n'y a pas longtemps tout un collier d'enfants a fait le tour d'une ville pour couronner le roi Dany. L'Académie française a compris le message. Une bande d'enfants entoure la grand-mère Da pour lui dire que son garçon est une citadelle. La littérature est déverrouillée par la joie, Haïti a décrété une fois pour toutes que monsieur Laferrière est une citadelle.

James Noël – L'élection de Dany Laferrière à l'Académie française est une bonne nouvelle pour cette merveilleuse littérature qui persiste à provoquer la rencontre des humanités francophones, d'Haïti à la France en passant par le Québec.

Jean-Euphèle Milcé – Sacré Dany ! C'est une créature des sommets. Ce n'est pas pour rien qu'il porte fièrement le nom de cette place forte, Laferrière, que le roi bâtisseur a perchée comme un défi au sommet du

Annexe (3)

Bonnet à l'Évêque. De sommet en sommet, le voilà parmi les immortels qui veillent sur la prestigieuse langue française. Après avoir fui la terreur de Duvalier pour sauver sa peau, immortalisé sa grand-mère Da et le village de ses premiers pas, Petit-Goâve, pouvait-on attendre moins de ce citoyen du monde ?

Verly Dabel – J'ai reçu l'information concernant la candidature de Dany à l'Académie française alors que j'animais un débat à la FOKAL. J'ai l'ai partagée avec la salle. Un monsieur s'est mis debout, la main sur le cœur et a répété plusieurs fois « Map priye pou li ». Ce monsieur avait su traduire toute l'émotion qui me traversait alors, moi qui ne prie jamais. La salle aussi a dû ressentir la même chose, le public a applaudi pendant plusieurs minutes. C'est avec la même ferveur que j'accueille son acceptation à l'Académie. Dany est un miracle de générosité, de talent, d'amitié. Son succès est toujours celui de nous tous…

Emmelie Prophète – Dany Laferrière à l'Académie française. C'est un moment heureux et inattendu dans une relation vieille de plus de six siècles avec les peuples nés de la première implantation française sur le continent américain. Les nations haïtienne et québécoise dont se réclame Dany Laferrière ont maintenu et cultivent un rapport amoureux, frondeur et décalé, donc original, à la langue et à la culture française. Dany Laferrière les représentera excellemment dans la vieille maison du quai de Conti.

Hérard Jadotte (Éditeur, Port-au-Prince, Haïti) – Felisitasyon vye frè mwen. Mwen konnen anpil moun pral di : *sa se yon gwo onè pou ou*. Men pou mwen, se yon gwo onè pou Akademi yan. Ak men m lanmou an, kenbe la, pa lage.

Edwidge Danticat – Nous n'avons pas seulement porté un cercueil ensemble (Gasner Raymond), le premier exemplaire de *Comment faire l'amour avec un nègre sans se fatiguer*, je l'ai donné à un inconnu curieux dans un vol entre Montréal et Mexico, sans oublier la bonne soupe de Maggie, les dimanches d'exil en regardant Eisenstein et Fellini.

Michel Soukar – Dany, tu es notre boussole. Honneur et respect, cher maître.

Fouad André – Je suis très heureux pour Dany. Son élection à l'Académie française vient couronner le travail de toute une vie. À travers lui, c'est aussi, d'une certaine façon, Haïti qui est distinguée. Bravo Dany.

Louis-Philippe Dalembert – En partant pour l'exil un jour sombre des années 1970, Dany Laferrière emporte pour tout bagage un imaginaire tropical nourri de souvenirs, source inépuisable d'une écriture féconde, et une intelligence du cœur ouverte à tous les vents froids des bourrasques d'hiver. Et voilà qu'en quarante ans, son « autobiographie américaine », mélange de tendresse, d'humour, de culture et d'ouverture sur le monde, ses publications diverses, ses prix prestigieux et autres distinctions lui ouvrent les portes de l'Académie française. Comment ne pas en être fière et le dire au nom de tous ceux, toutes celles qui l'ont lu et le liront désormais.

(Le blogue de Thélison Orélien, 18 décembre 2013)

Bibliographie

Références à l'œuvre de Dany Laferrière

1985(f) *Haïti (Québec)* – scénario, réalisation Tahami Rached, https://www.onf.ca/film/haiti_quebec (dernière consultation le 10 août 2015)

1985 *Comment faire l'amour avec un nègre sans se fatiguer* (VLB Éditeur) [Le serpent à plumes 1985]

1987 *Éroshima* (VLB Éditeur)

1991 *L'Odeur du café* (VLB Éditeur) [Le serpent à plumes 2001]

1992 *Le Goût des jeunes filles* (VLB Éditeur) [Grasset 2005]

1993 *Cette grenade dans la main du jeune Nègre est-elle une arme ou un fruit ?* (VLB Éditeur) [VBL 2002][Le serpent à plumes 2002, 2003] [Rocher 2009]

1994 *Chronique de la dérive douce* (VLB Éditeur) [Boréal 2012] [Grasset 2012]

1996 *Pays sans chapeau* (VLB Éditeur) [Lanctôt 1997] [Le serpent à plumes 1999, 2001] [Groupe Privat/Le Rocher 2007] [Groupe DDB 2013]

1997 *La Chair du maître* (VLB Éditeur) [Le serpent à plumes 2000] [Rocher 2012]

1997 *Le Charme des après-midi sans fin* (Lanctôt Éditeur) [VLB Éditeur] [Le serpent à plumes 1998] [Rocher 2009]

2000 *J'écris comme je vis* – entretien avec Bernard Magnier (VLB Éditeur) [Éditions la passe du vent et Dany Laferrière 2000]

2000 *Je suis fatigué* (Lanctôt Éditeur) [Éditions Typo et Dany Laferrière 2005]

2000 *Le Cri des oiseaux fous* (Lanctôt Éditeur) [Le serpent à plumes 2002]

2003 (a) Dany Laferrière, « Je sentais la solitude de Blanchot. Et aussi cette gaîté sans bruit », dans « Maurice Blanchot », *Le Magazine littéraire*, mensuel n° 424, octobre 2003

2004(f) *Comment conquérir l'Amérique en une nuit* – Production : Daniel Morin, Jean-Roch Marcotte, Michael Mosca, Boréal Films, réalisation Dany Laferrière, scénarisation Dany Laferrière, direction photo, http://cinemaquebecois.telequebec.tv/#/Films/185/Clips/903/Default.aspx (dernière consultation le 13 novembre 2015)

2005 *Les années 1980 dans ma vieille Ford* (Mémoire d'encrier)

2006 *Vers le sud* (Boréal) [Grasset 2006]

2006(j) *Je suis fou de Vava* – illustrations de Frédéric Normandin (Éditions de la Bagnole)

2007 « Je voyage en français », dans *Pour une littérature-monde*, sous la direction de Michel Le Bris et Jean Rouaud, Paris, Gallimard, 2007

2009 (j) *La Fête des morts* – illustrations de Frédéric Normandin (Éditions de la Bagnole)

2009 (c) Dany Laferrière, *Un art de vivre par temps de catastrophe* (University of Alberta Press)

2009^a *Je suis un écrivain japonais* (Boréal) [Grasset 2008]

2009^b *L'Énigme du retour* (Boréal) [Grasset 2009]

2010 *Tout bouge autour de moi* (Mémoire d'encrier) [Grasset 2011]

2010 (e) *Conversations avec Dany Laferrière* – interviews de Ghila Sroka (La Parole métèque)

2011 *L'Art presque perdu de ne rien faire* (Boréal) [Grasset 2014]

2012 « La poignée de main », *Labyrinthe*, 39 | 2012

2013 *Journal d'un écrivain en pyjama* (Mémoire d'encrier) [Grasset 2013]

2013 *Le Baiser mauve de Vava*, La Bagnole, 2014 [Mémoire d'encrier (Haïti)]

2014 « Notes sur un discours », Préface à *De l'universalité de la langue française* de Rivarol (Flammarion 2014)

2015 *Tout ce qu'on ne te dira pas, Mongo*, Montréal, Mémoire d'encrier, 2015

2015 « Dany Laferrière à l'Académie française », Montréal, Boréal, 2015

2016 *Mythologies américaines*, Paris, Grasset, 2016

2018 *Autoportrait de Paris avec chat*, Paris, Grasset/Montréal, Boréal, 2018

2019 *Vers d'autres rives*, Paris, Éditions de l'Aube, 2019

2020 *L'Exil vaut le voyage*, Paris, Grasset, 2020

Causeries, documentaires, entretiens, émissions et films

1985 (e) « Le fantasme selon Dany Laferrière », entretien avec Dany Laferrière par Denise Bombardier, diffusé le 8 novembre 1985, http://archives.radio-canada.ca/arts_culture/litterature/clips/14084/ (dernière consultation le 7 octobre 2015)

1989 (f) *Comment faire l'amour avec un nègre sans se fatiguer* (1989), un film de Jacques Benoît tiré du roman éponyme de Dany Laferrière

1989 (é) « Êtes-vous raciste ? », diffusé sur Télévision Quatre-saisons dans l'émission Caméra 88, produite par René Ferron, https://www.youtube.com/watch?v=Dur_VHRPkBo (dernière consultation le 19 juillet 2016)

1990 (e) Dany Laferrière en 1990 – Julie Snyder – entrevue, https://www.youtube.com/watch?v=uV0zYF6kJ-c (dernière consultation le 22 mars 2017)

1991 (d) Dany Laferrière, René Ferron producteur. 1991. *Comment faire l'amour à un nègre sans se fatiguer. Débuts difficiles à Montréal. Le Livre*, https://www.youtube.com/watch?v=izv6_5Wtz-I (page consultée le 9 mars 2015)

1997 (e) « *La Chair du maître*. Entrevue avec Dany Laferrière », 14 mai 1997, par Ghila Sroka, http://www.lehman.cuny.edu/ile.en.ile/paroles/laferriere_chair.html

1997 (é) Dany Laferrière_Le poing J de Julie Snyder (émission en direct de Boucherville Québec 1997), http://www.taptapmag.com/Dany-Laferriere-et-Julie-Snyder-a-l-emission-Le-poing-J-en-1997_a235.html (dernière consultation le 21 novembre 2015)

1999 (e) « De la Francophonie et autres considérations… ». « Entrevue avec Dany Laferrière » par Ghila SROKA pour *La Tribune juive*, 1999, http://www.lehman.cuny.edu/ile.en.ile/paroles/laferriere_francophonie.html (dernière consultation le 30 juillet 2015)

2004 (é) « Franc-parler », une émission du CIRTEF et de TV5 Afrique avec Dany Laferrière et la journaliste Katy Lena Ndiaye, https://www.youtube.com/watch?v=Sj4Oc9AaPZM (dernière consultation le 4 juin 2016)

2005 (e) http://archives.radio-canada.ca/arts_... mise en ligne le 18 novembre 2009 (dernière consultation le 4 mars 2005)

2006 (f) « Vers le sud » de Laurent Cantet, scénario s'inspirant du roman éponyme, de *La Chair du maître* et de *Pays sans chapeau* de Dany Laferrière

2006 (e) « Je veux entendre le chant du monde », propos de Dany Laferrière recueillis par Jean-Luc Douin, *Le Monde des livres*, 2 février 2006, p. 12, http://www.ddooss.org/libros/737066_sup_livres_060202.pdf

2011 Dany Laferrière, « Entretien avec Dany Laferrière », Jean Morency et Jimmy Thibeault, *Voix et Images*, vol. 36, n° 2, (107) 2011, p. 15–23, http://www.erudit.org/revue/vi/2011/v36/n2/1002439ar.pdf (dernière consultation le 17 octobre 2015)

2012 (c) « Dany Laferrière raconte l'histoire d'Haïti », causerie de Dany Laferrière au Café de DA de la bibliothèque d'Ahuntsic à Montréal le 25 février 2012, https://www.youtube.com/watch?v=6hcxHideeQc (dernière consultation le 22 mars 2015)

2012 (c2) « Dany Laferrière et Rodney Saint-Éloi : la littérature et la peinture haïtiennes », causerie au café de DA de la bibliothèque d'Ahuntsic à Montréal le 18 février 2012, https://www.youtube.com/watch?v=6ALy9Fvz5G8 (dernière consultation le 10 juin 2017)

2013 (d) « Je ne me souviens pas du visage de mon père. Dany Laferrière », entrevue du 10 avril 2013 intitulée *Cinq questions pour île en île*, https://www.youtube.com/watch?v=RHs-Sbv037k (page consultée le 31 décembre 2014)

2013 (é) « La grande table », émission de Caroline Broué diffusée par *France Culture* le 13 décembre 2013 avec Dany Laferrière, http://www.franceculture.fr/emission-la-grande-table-1ere-partie-dany-laferriere-2013-12-13 (dernière consultation le 7 juin 2015)

2014 (c) « Présentation de Dany Laferrière » du 24 janvier 2014 à l'Université de Québec en Outaouais, https://www.youtube.com/watch?v=xL6BlizYdFY (page consultée le 31 décembre 2014)

2014 (e) « Dany Laferrière, un académicien pas comme les autres », entretien avec Dany Laferrière publié par *Le Nouvel Observateur*, http://bibliobs.nouvelobs.com/la-video-boite/20141125.OBS6029/dany-laferriere-depuis-50-ans-on-nous-emmerde-avec-l-identite.html (page consultée le 15 mars 2015)

2014 (r/d) « Dany Laferrière et Mario Benjamin », Rencontre/Débat dans le cadre des « Rendez-vous du mercredi » du 26 novembre 2014 à l'Auditorium du Grand Palais à Paris, http://www.grandpalais.fr/fr/evenement/dany-laferriere-et-mario-benjamin (dernière consultation le 6 octobre 2015)

2014 (d) Dany Laferrière – Hommage surprise à Donald Jean lors du 2e gala des Grands Prix Mosaïques : Les Lys de la Diversité du Québec, mai 2014, http://www.crrf-fcrr.ca/fr/150-histoires/item/25406-8-150-media-mosaique-25406 (dernière consultation le 21 décembre 2015)

2015 (e1) Entretien avec Dany Laferrière par Rodney Saint-Éloi, http://www.africultures.com/php/?nav=article&no=11665 (page consultée le 2 mars 2015)

2015 (é1) « Internationales – Dany Laferrière », avec Philippe Dessaint, Sophie Malibeaux et Christophe Ayad du *Monde*, pour le numéro

Causeries, documentaires, entretiens, émissions et films 413

« Internationales » du 24 mai 2015, diffusé par TV5Monde et RFI, https://www.youtube.com/watch?v=XzvJ7R3Hkmo (dernière consultation le 25 mai 2015)

2015 (c) « La bibliothèque idéale de Dany Laferrière » du 3 mars 2015 à la Bibliothèque de l'hôtel de ville de Paris, https://www.youtube.com/watch?v=tT1snL_OEko (dernière consultation le 8 septembre 2015)

2015 (é2) Émission de Jean-Michel Djan, « À voix nue », 2/5 du 26 mai 2015 sur France Culture « L'enracinement dans le présent et les mots », consacrée à Dany Laferrière, http://www.franceculture.fr/emission-a-voix-nue-dany-laferriere-25-2015-05-26 (dernière consultation le 13 novembre 2015)

2015 (é3) Émission de « À voix nue » de Jean-Michel Djan épisode 3/5 du 27 mai 2015 sur France Culture « écrivain de nulle part et de petites choses », consacrée à Dany Laferrière, http://www.franceculture.fr/emission-a-voix-nue-dany-laferriere-35-2015-05-27 (dernière consultation le 13 novembre 2015)

2015 (d) « Discours de réception à l'Académie française de M. Dany Laferrière », le 28 mai 2015, http://www.academie-francaise.fr/discours-de-reception-de-dany-laferriere (dernière consultation le 19 juin 2015)

2015 (é4) « A'Live » par Pascale Clark, lors d'une entrevue diffusée en direct sur les ondes de *France Inter* le 3 juin 2015, http://www.franceinter.fr/emission-a-live-paroles-dapiculteurs-dany-laferriere (dernière consultation le 13 novembre 2015)

2015 (é5) « Vie rapide », Arte, 4 juin 2015 (mise en ligne le 16 juin 2015), https://www.youtube.com/watch?v=Lk7hPsqr4Hw (dernière consultation le 12 septembre 2015)

2015 (e2) « Un livre est fait de rien », discussion du 23 juillet 2015 dans le cadre de la rencontre « À cœur ouvert » qui s'est tenue avec Dany Laferrière lors du Festival Haïti en folie 2015, https://www.youtube.com/watch?v=rYIP2oTILLM (dernière consultation le 29 juillet 2015), https://www.youtube.com/watch?v=6uGNP5Ki7bU (dernière consultation le 29 juillet 2015)

2015 (é6) « Journée spéciale sur les routes de l'exil : souvenirs du pays natal avec Bruno Boudjelal, Dany Laferrière & Hakim Hamadouche », de l'émission *Ping Pong* du 25 septembre 2015 diffusée sur France Culture

2015 (e3) « Comment faire l'amour avec un académicien sans se fatiguer », entretien avec Dany Laferrière réalisé par Maya Ghandour Hert pour le journal *L'Orient Le jour* du 24 octobre 2015, http://www.lorientlejour.com/article/951073/comment-faire-une-interview-avec-un-academicien-sans-se-fatiguer.html (dernière consultation le 21 décembre 2015)

2015 (é7) « En sol majeur », Dany Laferrière par Yasmine Chouaki, diffué sur RFI le 8 novembre 2015, http://www.rfi.fr/emission/20151108-dany-laferriere (page consultée le 10 novembre 2015)

2016 (é) « 28 minutes » de Sandrine Le Calvez, émission spéciale avec Dany Laferrière diffusée sur Arte le 20 janvier 2016, http://sites.arte.tv/28minutes/fr/emission-speciale-avec-dany-laferriere-28minutes (dernière consultation le 20 août 2016)

2016 (é1) « La grande librairie », entretien avec Dany Laferrière de François Busnel diffusé sur France 5 le 18 février 2016, http://www.france5.fr/emissions/la-grande-librairie (dernière consultation le 19 février 2016)

2016 (e1) « Dany Laferrière : "La question n'est pas d'affronter le dictateur mais d'être heureux malgré lui" », propos recueillis par Annick Cojean pour *Le Monde* du 20 mars 2016, http://www.lemonde.fr/culture/article/2016/03/20/dany-laferriere-la-question-n-est-pas-d-affronter-le-dictateur-mais-d-etre-heureux-malgre-lui_4886530_3246.html (dernière consultation le 12 septembre 2016)

2016 (e) « Le Grand débat », entretien avec Dany Laferrière, qui s'est tenu le 2 avril 2016 à 18 h 30 au Palais des Congrès de la ville de Vichy, 2/2 : https://www.youtube.com/watch?v=NvdTGo4Ztzw et 1/2 : https://www.ville-vichy.fr/decouvrir-et-sortir/grands-evenements/le-grand-debat (dernière consultation le 13 mai 2016)

2016 (é2) « Le 9.5 reçoit Dany Laferrière », émission satirique québécoise diffusée à Canal Vox avec Didier Lucien et Angelo Cadet, https://www.youtube.com/watch?v=B1MniY5RaNY (dernière consultation le 24 juin 2016)

2016 (d2) « Le discours de Dany Laferrière avant de recevoir son épée d'académicien » publié le 1er juin par *Le Nouvelliste*, http://lenouvelliste.com/lenouvelliste/article/145623/Le-discours-de-Dany-Laferriere-avant-de-recevoir-son-epee-dacademicien (dernière consultation le 20 août 2016)

2016 (é3) « Émission spéciale. Le marathon des mots avec Alain Mabanckou et Dany Laferrière » diffusée le 25 juin 2016 sur France-Culture dans le magazine littéraire « Le temps des écrivains » proposé par Christophe-Diot-Dit-Biot,

Causeries, documentaires, entretiens, émissions et films 415

http://www.franceculture.fr/emissions/le-temps-des-ecrivains/emission-speciale-marathon-des-mots-avec-alain-mabanckou-et-dany (dernière consultation le 1er juillet 2016)

2016 (c) « Un après-midi d'été avec Dany Laferrière », causerie de Dany Laferrière au Café de Da, Bibliothèque d'Ahuntsic, le 9 juillet 2016, https://www.youtube.com/watch?v=k5VN3DykMHQ (dernière consultation le 14 août 2016)

2016 (é4) « Dany Laferrière. Cet écrivain qui a le monde dans sa poche », entretien réalisé par Dangelo Néard pour l'émission « Koze Kilti », diffusée le 7 août 2016 sur RFI, http://www.rfi.fr/emission/20160807-laferriere-ecrivain-haitien-academie-francaise (dernière consultation le 17 août 2016)

2016 (d) « À la recherche de la question secrète », leçon inaugurale 2016 du Collège universitaire tenue le 26 août par Dany Laferrière, https://www.youtube.com/watch?v=ATLVXhzOHnI (dernière consultation le 20 septembre 2016)

2016 (e2) « C'est un long tissu, c'est comme un ruban de Möbius », dans *Dany Laferrière : mythologies de l'écrivain, énergie du roman*, Yolaine Parisot (dir.), *Interculturel Francophonies*, n° 30, nov.-déc. 2016

2017 (c) « Au fil du temps, ma vie est devenue une fiction », titre de la conférence de Dany Laferrière au programme de la cérémonie officielle prévue dans le cadre du 125e anniversaire de l'Institut de langue et civilisation françaises (ILCF) de l'Université de Neuchâtel

2017 (e) « Dany Laferrière : "Écrire permet de mieux lire" », entretien avec Dany Laferrière dans le cadre des 150es Correspondances d'Eastman qui se sont tenues du 10 au 13 août 2017, Ma Presse, 6 août 2017, http://www.lapresse.ca/arts/livres/201708/04/01-5121996-dany-laferriere-ecrire-permet-de-mieux-lire.php (dernière consultation le 10 août 2017)

2018 (c) « Dany Laferrière » Chiassoletteraria 5 mai 2018, https://www.youtube.com/watch?v=f0a6qBf9wIg (dernière consultation le 10 août 2018)

2018 (é1) « Moi, un noir » avec Dany Laferrière et Tania de Montaigne, Livres & Vous du 13 juillet 2018, https://www.youtube.com/watch?v=fj97Yl9rkgc (dernière consultation le 14 juillet 2018)

2018 (é2) « Henri Dès et Dany Laferrière », Radio France « Faites le livre », novembre 2018, https://www.franceinter.fr/emissions/la-librairie-francophone/la-librairie-francophone-23-juin-2018 (dernière consultation le 14 juillet 2018)

2018 (e) « Les beaux jours de Dany Laferrière », grand entretien avec Dany Laferrière, le 25 mai 2018 au Théâtre La Criée (Marseille), http://marseille.carpediem.cd/events/6600545-les-beaux-jours-de-dany-laferri-re-at-th-tre-la-cri-e/ (dernière consultation le 31 juillet 2018)

Bibliographie générale

Abraham, Nicolas et Török, Maria, *L'Écorce et le noyau*, Paris, Aubier-Flammarion, 1978

Achidie, Chimamanda Ngozi, *Americanah*, New York, Anchor Books, 2014

Adélaïde-Merlande, Jacques, « L'ascension de Toussaint Louverture (1794–1798) », dans Jacques Adélaïde-Merlande, *La Caraïbe et la Guyane au temps de la Révolution et de l'Empire, 1789–1804*, chapitre V, Paris, Karthala, 1992

Adorno, Theodor, *Dialectique négative*, Paris, Payot, 2003

AHP, « L'annulation de la dette d'Haïti : avantages et inconvénients », *Le Nouvelliste*, 21 mai 2009, http://lenouvelliste.com/lenouvelliste/article/70421/Lannulation-de-la-dette-dHaiti-avantages-et-inconvenients (dernière consultation le 21 août 2016)

Aït-Aarab, Mohamed, *Mongo Beti : un écrivain engagé*, Paris, Karthala, 2013

Albertan-Coppola, Sylvaine, « Réécriture dans *L'Encyclopédie* à partir de quelques exemples », dans Chantal Foucrier et Daniel Mortier (dir.), *L'Autre et le Même. Pratiques de réécritures*, Publications de l'Université de Rouen Havre, 2001

Alexis, Jacques Stephen, *Prolégomènes à un manifeste du réalisme merveilleux des Haïtiens*, numéro spécial 1er Congrès International des Écrivains et artistes Noirs, Paris, *Présence africaine*, 8–10, 1956, p. 245–271

Alighieri, Dante, *Divina Commedia*, Roma, Newton Compton editori, 2006 [1993]

Alighieri, Dante, *Divina Commedia*, traduit par Louise Espinasse-Mongenet, *La Divine Comédie, Le Purgatoire*, tome 2, Roma, Newton Compton editori, 2006

Andrieu, Jacques, « Aux sources du maoïsme occidental. Mais que se sont donc dit Mao et Malraux ? », *Perspectives chinoises*, n° 37, 1996

Anglade, Georges, *Rire Haïtien, Haitian Laughter*, Coconut Creek FL, Educa Vision Inc., 2006

Apraxine, Pierre, *Haitian Painting : The Naive Tradition*, Amer Federation of Arts, June 1973

Aristote, *Poétique*, traduit par J. Hardy, Paris, Les Belles Lettres, 1932

Arthus, Wien Weibert, « De l'affrontement à la réconciliation. François Duvalier et l'Église catholique (1957-1971) », dans Lewis Ampidu Clorméus (dir.), *État, religions et politique en Haïti (XVIIIe-XXe s.). Histoire, Monde & Cultures religieuses*, n° 29, Paris, Karthala, 2014

Augustin d'Hippone (saint), *La Cité de Dieu*, Livre XII, chapitre XVII, http://palimpsestes.fr/textes_divers/p/augustin/citededieu/livre12.htm#_Toc510342217 (dernière consultation le 11 août 2015)

Bach, Marcus, *Vaudou, religion, sorcellerie, magie*, Paris, Hachette, 1955

Baldwin, James, *Nobody knows my Name. More Notes of a Native*, New York, Laurel Edition, 1978, trad. en français par Jean Autret sous le titre de *Personne ne sait mon nom*, Paris, Gallimard, 1963

Baldwin, James, *La prochaine fois, le feu*, Paris, Gallimard, 1963, http://blogs.mediapart.fr/edition/les-mains-dans-les-poches/article/190812/la-prochaine-fois-le-feu (dernière consultation le 7 août 2015)

Balzac, Honoré, préface à la 1re édition de *Peau de chagrin* (1831)

Barthes, Roland, *Œuvres complètes*, tome III 1968-1971, Paris, Seuil, 2002

Roland Barthes, *Leçon*, Leçon inaugurale de la chaire de sémiologie littéraire du Collège de France, prononcée le 7 janvier 1977, http://lev ertparadisdesamoursenfantines.over-blog.com/2014/01/roland-barthes-extrait-de-la-le%C3%A7on-inaugurale-au-coll%C3%A8ge-de-france-le-/-janvier-1977.html (dernière consultation le 15 juillet 2018)

Baumann, Gerd, « Identität vs. Identifikation – terminologische Abgrenzungen », dans Svetlana Brajtigam-Gensicke (dir.), *Die Bedeutung der Geschitserinnerung in Umbruchgesellschaften am Beispiel von Jugendlichen aus Serbien*, Münster, Waxmann, 2012, https://books.google.fr/books?id=PkBnNHe-U1QC&pg=PA44&lpg=PA44&dq=identifikat ion+baumann&source=bl&ots=lH93sCXKRV&sig=B2UiHueBrTXeg u6NIhTnFUAZJwg&hl=de&sa=X&ei=GO39VLfVL8zdPbPJgNgN& ved=0CDEQ6AEwAw#v=onepage&q=identifikation%20baumann&f=false (page consultée le 9 mars 2015)

Bayard, Pierre, *Le Paradoxe du menteur. Sur Laclos*, Paris, Minuit, 1993

Baziel, Jana Evans, « Trans-Americain Constructions of Black Masculinity : Dany Laferrière, le Nègre, and the Late Capitalist American Racial Machine-désirante », *Callaloo*, vol. 26, n° 3

Bélisle, Suzanne, *Facebook*, https://www.facebook.com/suzanne.belisle.77 (dernière consultation le 19 juin 2016)

Ben Jelloun, Tahar, *Le racisme expliqué à ma fille*, Paris, Seuil, 1998

Benalil, Mounia[a], « La fictionnalisation de la négritude dans *Comment faire l'amour avec un nègre sans se fatiguer* de Dany Laferrière : ses au-delàs et ses limites », *Studies in Canadian Literatrue / Études en littérature canadienne*, vol. 32, n° 1 (2007), https://journals.lib.unb.ca/index.php/SCL/article/viewFile/5819/6824 (dernière consultation le 13 novembre 2015)

Benalil, Mounia[b], « La carnavalisation du religieux dans la littérature migrante au Québec. L'islamisme de Dany Laferrière », *Protée*, vol. 35, n° 2, 2007, p. 95–104, http://www.erudit.org/revue/pr/2007/v35/n2/017472ar.pdf (dernière consultation le 13 novembre 2015)

Berville, Saint-Albin et Barrière, François (dir.), *Collection des mémoires relatifs à la Révolution française (1828) Papiers inédits trouvés chez Robespierre, Saint-Just, Payan, etc., supprimés ou omis par Courtois ; précédés du rapport de ce député à la convention nationale ; avec un grand nombre de fac-similés et les signatures des principaux personnages de la Révolution*, tome II, Paris, Baudouin frères, 1828

Beti, Mongo, « *Mongo Beti parle*, interview réalisée et éditée par Ambroise Kom », dans *Bayreuth African Studies Series 54*, Eckhard Breitinger Vg, 2002

Beti, Mongo et Tobner, Odile, *Dictionnaire de la négritude*, Paris, L'Harmattan, 1989

Bettelheim, Bruno, *Psychanalyse des contes de fées*, traduction de Théo Carlier, Paris, Robert Laffont, 1976 ; traduction française de [*The Uses of Enchantment* (1976)]

Biondi, Carminella, « *Mon frère, tu es mon esclave !* » *Teorie schiaviste e dibattiti antropologico-razziali nel Settecento francese*, Pisa, Editrice Libreria Goliardica, 1973

Blanchot, Maurice, « Oublieuse mémoire », dans *L'Entretien infini*, Paris, Gallimard, 1969

Bodin, Jean, *La méthode de l'histoire*, Paris, Mesnard, 1941

Bordas, Éric, *Balzac, discours et détours. Pour une stylistique de l'énonciation romanesque*, Toulouse, Presses universitaires du Mirail, 2003

Borges, Jorge Luis, *Ficciones*, trad. par Roger Caillois, Nestor Ibarra et Paul Verdevoye, sous le titre de *Fictions. La bibliothèque de Babel*, Paris, Gallimard, 1951

Borges, Jorge Luis, *Le livre de sable*, Paris, Gallimard, 1978 (éd. or. 1975)

Bourdieu, Pierre, *La Noblesse d'État*, Paris, Minuit, 1989

Brown, Anne, « Le Parcours identitaire de Dany Laferrière », *Studies in Canadian Literature/Études de littérature canadienne*, vol. 28, n° 2

Brune, François (père), *Les Morts nous parlent*, tome 1, Oxus 2005

Buisson, Sylvie, Catalogue général de l'œuvre de Foujita

Bukowski, Henry Charles, « Ces choses », dans *Les Jours s'en vont comme des chevaux sauvages dans les collines*, Paris, Point, novembre 2011

Bukowski, Henry Charles, *Women*, London, Virgin Books, 1981 [2009]

Bukowski, Henry Charles, *Notes of a Dirty Old Man*, London, Virgin Books, 2009, trad. en français sous le titre de *Journal d'un vieux dégueulasse* (1969) [Paris, Poche, 1998]

Bukowski, Henry Charles, *Tales of Ordinary Madness*, London, Virgin Books, 2009

Bukowski, Henry Charles, « En marge de la société. Apostrophes1 », entretien avec Bernard Pivot du 22 septembre 1978, http://www.dailymotion.com/video/xak48y_bukowski-charles-apostrophes1_webcam (dernière consultation le 21 novembre 2015)

Bukowski, Henry Charles, *Charles Bukowski et l'écriture*, Vauvert, Au Diable Vauvert, 2017

Calderón, Jorge Antonio « L'ekphrasis dans les romans de Dany Laferrière : analyse d'un système d'interaction textuelle » 493), www.revue-analyses.org, vol. 9, n° 1, hiver 2014 (dernière consultation le 29 janvier 2015)

Camus, Marcel, *L'Orphée noir* [*Orfeu negru*], adaptation cinématographique de *Orfeu da corceicao*, pièce de théâtre de Vinicius de Moraes, scénario de Jacques Viot (1958)

Capote, Truman, *Answered Prayers*, New York, Second Vintage International Edition, 2012

Carroll, Lewis, *Through the Looking-Glass and What Alice Found There* (1871), Macmillan, 1872, traduit en français par Paul Gilson, Paris, Denoël & Steele, 1931

Carroll, Lewis, *Aventures d'Alice au pays des merveilles*, traduit en français par Paul Bue, Macmillan, 1869 ; texte intégral en ligne http://fr.wikisource.org/wiki/Alice_au_pays_des_merveilles/Texte_entier

Castillo Durante, Daniel, *Du stéréotype à la littérature*, Montréal, XYZ, coll. « Théorie et littérature », 1994

Curtils Cate, *Malraux*, Paris, Flammarion, 1994

Cazzadori, Chantal, http://www.chantalcazzadori.com/la-paranoia/ [page consultée le 30 décembre 2014]

Céline, Louis-Ferdinand, *Mea Culpa*, Paris, Denoël, 1936, http://www.pourlhistoire.com/docu/mea%20culpa.pdf (dernière consultation le 8 octobre 2015)

Céline, Louis-Ferdinand, *Bagatelles pour un massacre*, Paris, Denoël, 1937

Céline, Louis-Ferdinand, *L'école des cadavres*, Paris, Denoël, 1938

Céline, Louis-Ferdinand, *Les beaux draps*, Paris, Nouvelles Éditions françaises, 1941

Céline, Louis-Ferdinand, « Voyage au bout de la haine… avec Louis-Ferdinand Céline », entretien avec Albert Zbinden réalisé par *L'Express*, publié le 14 juin 1957 et repris dans Madeleine Chapsal, *Envoyez la petite musique*, Paris, Grasset, 1984

Céline, Louis-Ferdinand, « Entretien avec Albert Zbinden » (1957) pour Radio Télé Suisse Romande, https://www.youtube.com/watch?v=MjvX3jjZM-E (dernière consultation le 13 novembre 2015)

Certeau, Michel de, *Histoire et psychanalyse*, Paris, Gallimard, 1987

Césaire, Aimé, *Cahier d'un retour au pays natal* [1938], Paris, Présence africaine, 1983

Césaire, Aimé, *Discours sur le colonialisme*, Paris, Réclame, 1950 [rééd., Présence africaine, 1989]

Chamoiseau, Patrick, *Écrire en pays dominé*, Paris, Gallimard, 1997

Chapsal, Madeleine, « Voyage au bout de la haine… avec Louis-Ferdinand Céline », entretien réalisé par *L'Express*, publié le 14 juin 1957 et repris dans Madeleine Chapsal, *Envoyez la petite musique*, Paris, Grasset, 1984, http://www.lexpress.fr/informations/voyage-au-bout-de-la-haine-avec-louis-ferdinand-celine_590832.html (dernière consultation le 8 octobre 2015)

Charles, Christophe, http://www.lehman.cuny.edu/ile.en.ile/paroles/charles_christophe.html [page consultée le 2 mars 2015]

Charles, Christophe, *L'Aventure humaine*, Port-au-Prince, Choucoune, 1971

Charles, Christophe, *Magloire Saint-Aude : griot et surréaliste*, Port-au-Prince, Choucoune, 1982

Charles, Jean-Claude, *Le Corps noir*, Paris, Hachette / P.O.L, 1980 [rééd. : Montréal, Mémoire d'encrier, 2017]

Charles, Jean-Claude, *Manhattan Blues*, Paris, Barrault, 1885 [rééd : Montréal, Mémoire d'encrier, 2015]

Charrak, André, *Contingence et nécessité des lois de la Nature au XVIIIe siècle. La philosophie seconde des Lumières*, Paris, Vrin, 2006

Chemla, Yves, « La Confidence de l'arrivée », dans *Dany Laferrière : mythologies de l'écrivain, énergie du roman*, Yolaine Parisot (dir.), *Interculturel Francophonies*, n° 30, nov.-déc. 2016

Clitandre, Pierre, « La tradition de la mort en Haïti Littérature et sociologie du deuil et de la catastrophe », http://lenouvelliste.com/lenouvelliste/article/164954/La-tradition-de-la-mort-en-Haiti#sthash.tBEMnkRf.dpuf (dernière consultation le 10 novembre 2016)

Code Noir concernant les esclaves de l'Amérique avec un recueil de règlements, concernant la police des Îles Françaises de l'Amérique et les engagés, Paris, Libraires Associés, M. DCC. XLIII

Cohen-Solal, Annie, *Sartre*, Paris, Gallimard, 1985

Condorcet, Nicolas de Caritat, *Réflexions sur l'esclavage des Noirs*, Neufchâtel, La Société typographique, 1781, http://classiques.uqac.ca/classiques/condorcet/reflexions_esclavage_negres/condorcet_reflexions_esclavage.pdf (dernière consultation le 13 novembre 2015)

Conrad, Joseph, *The Nigger of the Narcissus*, Doubleday, Page & Company, 1914

Courcy, Nathalie, « Le goût des jeunes filles de Dany Laferrière : du chaos à la reconstruction du sens », *Présence francophone* 63 (2004), dans Lee Skallerup Bessette, « Telling Stories from Haïti. Dany Laferrière and Authenticity and Authority in Autobiography », *disclosure : A Journal of Social Theory*, vol. 21, Self/Story, 2012

Courlander, Harold et Bastien, Remy, *Religion and Politics in Haiti*, Washington, D.C., Institute for Cross Cultural Research, 1966

Cugoano, *Réflexions sur la traite et l'esclavage des nègres traduites de l'anglais d'Ottobah Cugoano, Africain, esclave à la Grenade et libre en Angleterre* par Antoine Diannyère, Londres et Paris, Royer, 1788 [repr. *La Révolution française et l'abolition de l'esclavage*, http://gallica.bnf.fr/ark:/12148/bpt6k9334m/f169.item.zoom]

Cyrulnik, Boris, « Entretien avec Jean-François Duval, *Construire*, 3 janvier 2001

Dällenbach, Lucien, *Le récit spéculaire. Essai sur la mise en abyme*, Paris, Seuil, 1977

Dalembert, Louis-Philippe, « Haïti, la dette originelle », *Libération*, 25 mars 2010, http://www.liberation.fr/planete/2010/03/25/haitila-dette-originelle_617159 (dernière consultation le 21 Août 2016)

Dash J Michael, *The Other America : Caribbean Literature in a New World Context*, Charlottesville and London, University Press of Virginia, 1998

David, Hélène, « Le *Rêve de d'Alembert :* les lumières de d'Alembert à l'ombre du songe, ou comment d'Alembert perdit la raison et conquit le cosmos », dans *The Dark Side of Diderot / Le Diderot des ombres*, Oxford, Peter Lang, 2016

Davis, Wade, *Passage of Darkness : The Ethnobiology of the Haitian Zombie*, Chapel Hill, University of North Carolina Press, 1988

Deeh Segallo, Gabriel, *Lire* Ville cruelle *d'Eza Boto*, Paris, L'Harmattan, 2010

Dennis F. Essar, « Time and Space in Dany Laferrière's Autobiographical Haitian Novels », dans Callao, Vol. 22, n° 4, Autumn 1999, The John Hopkins Universtiy Press, p. 930–946

Derrida, Jacques, *La forme et la façon*, préface à Alain David, *Racisme et antisémitisme. Essai de philosophie sur l'avenir des concepts*, Paris, Ellipses 2001, n° 2

Derrida, Jacques, *L'Écriture et la Différence*, Paris, Seuil, 1967

Descourtilz, Michel Étienne, *Un naturaliste en Haïti. Aux côtés de Toussaint-Louverture*, Paris, Éditions Cartouche, 2009

Desorbay, Bernadette, « Les inattendus d'une trajectoire romanesque contemporaine : l'art de Dany Laferrière », Actes du colloque international *Penser le roman francophone contemporain* organisé par Romuald Fonkoua, Lise Gauvin et Florian Alix, Université Paris-Sorbonne / Université de Montréal, 16-17-18 novembre 2017, Montréal, Presses universitaires de Montréal, 2020, p. 212–222

Desorbay, Bernadette, « Brachylogia ou l'art du dépouillement : Dany Laferrière entre haïku et peinture primitive haïtienne », dans *Entre-deux et Nouvelle Brachylogie : Convergences et divergences de deux concepts*, Mansour M'Henni *et al.* (dir.), Naples, *Conversations* n° 8, second semestre 2019, p. 61–69

Desorbay, Bernadette, « Résistances et vulnérabilités d'une île. Dany Laferrière et Yanick Lahens entre *dérive douce* et *douce déroute* », dans Kasereka Kavwahirehi (éd.), *Vulnérabilité et résistance dans les littératures francophones (Afrique, Antilles et Maghreb)*, n° spécial de *Présence Francophone*, « Présence Francophone », 94 (2020), p. 143–159

Desorbay, Bernadette, « Stratégies de la résilience. Jean Bofane et Dany Laferrière face aux avatars de la modernité », dans Marc Quaghebeur (dir.), *Résilience et modernité dans les littératures francophones*, Bruxelles, PIE Peter Lang, coll. « Documents pour l'Histoire des Francophonies », Bruxelles, PIE Peter lang (sous presse)

Des Rosiers, Joël, « Au jardin des plantains », *Le Devoir*, 23 janvier 2010

Diderot, Denis, « De Terence », dans François Arnaud, *Variétés littéraires ou recueil de pièces tant originales que traduites, concernant la Philosophie, la Littérature & les Arts*, tome IV, Paris, Lacombe, Librairie, Quai de Conti, 1769

Diderot, Denis, *Jacques le fataliste*, Montréal, Éditions du Béliere, coll. « Ariès » ; dans la Bibliothèque électronique du Québec, coll. « À tous les vents », vol. 824 : version 1.0

Diderot, Denis, *Le Neveu de Rameau*, Bibliothèque électronique du Québec, coll. « À tous les vents », vol. 236, version 1.01

Diderot, Denis, *Le Rêve d'Alembert* [1769], dans *Œuvres complètes de Diderot* – DPV, tome XVII

Diederich, Bernard et Burt, Al, *Papa Doc & the Tontons macoute*, Princeton, Markus Wiener publishers, 2009

Donatien-Yssa, Patricia, *L'exorcisme de la blès*, Paris, Éditions Le Manuscrit, 2006

Doucet, Louis, *Quand les Français cherchaient fortune aux Caraïbes*, Paris, Fayard, 1981

Douyon, Emerson, « La notion de paternité en Haïti », *Interprétation*, vol. 3, 1–2, 1969, p. 276–278, http://bsf.spp.asso.fr/index.php?lvl=notice_display&id=27478 (dernière consultation le 13 novembre 2015)

Dubois, Laurent, *Avengers of the New World. The Story of the Haitian Revolution*, Cambridge, The Belknap Press of Harvard University Press, 2004

Dufourcq, Annabelle, *La Dimension imaginaire du réel dans la philosophie de Husserl*, Springer Science+Business Media B.V.

Duvalier, François, *Mémoires d'un leader du tiers monde*, Paris, Hachette, 1969

Egger, Victor, « Le moi des mourants », *Revue philosophique* 1896, XLI

Ehrard, Jean, *L'Idée de nature en France à l'aube des Lumières*, Paris, Flammarion, 1970

Ehrard, Jean (a), « *L'Encyclopédie* et l'esclavage : deux lectures de Montesquieu », dans *Enlightenment Essays in memory of Robert Shackleton*, Oxford, Voltaire Foundation, 1988, repris sous le titre « Deux lectures de l'esclavage » dans J. Ehrard, *L'Esprit des mots. Montesquieu en lui-même et parmi les siens*, Genève, Droz, 1998, p 247–250

Erhard, Jean (b), « L'esclavage devant la conscience morale des Lumières françaises », dans Giles Barber et C. P. Courtney (dir.), *Englightenment Essays in Memory of R. Shackleton*, Oxford, Voltaire Foundation, 1988, p. 121–129 [rééd. sous le titre de « Deux lectures de l'esclavage », dans Jean Ehrard, *L'Esprit des mots. Montesquieu en lui-même et parmi les siens*, Genève, Droz, 1998, p. 247–256]

Ehrard, Jean, *Lumières et esclavage. L'esclavage et l'opinion publique en France au XVIIIe siècle*, Bruxelles, André Versaille éditeur, 2008

Farnese, A., *Franchezzo, mes aventures dans l'autre vie*, Kremlin-Bicêtre, Éditions Pierre d'Angle, 1996

Faulkner, William, *Absalom, Absalom !* Vintage International Edition, 1990

Flaubert, lettre du 24 janvier 1868 à Mlle Leroyer de Chantepie. Site Gallica, « Gustave Flaubert, Correspondance 1859–1871 »

Fleischer, Alain, *Sade scénario*, Paris, Le Cherche-Midi, coll. « Styles », 2013

Florence, Jean, *L'Identification dans la théorie freudienne*, Bruxelles, Publications des Facultés universitaires de Saint-Louis, 1984

Florival, Jean, *Haiti : Duvalier, la face cachée de Papa Doc*, Montréal, Mémoire d'encrier, 2007

Fondation du Champ freudien, *Traits de perversion dans les structures cliniques*, Paris, Navarin éditeur, 1990

Fonkoua, Romuald, « Dany Laferrière et la peinture », *Revue de littérature comparée*, n° 358, 2016/2

Frankétienne, *Ultravocal*, Port-au-Prince, Imprimerie Gaston, 1972 [Paris, Hoëbeke, 2004]

Freda, Gustavo, « Borges, sa mère et la littérature. Et son père », http://www.lacan-universite.fr/wp-content/uploads/2014/06/GABARIT-Borges.pdf (dernière consultation le 11 août 2015)

Freud, Sigmund, *Die Traumdeutung. Über den Traum*, G.W., Frankfurt am Main, Fischer, 1999

Freud, Sigmund, *Massenpsychologie und Ich*-Analyse, G.W. XIII, Frankfurt am Main, Fischer, 1999 [trad. française par S. Jankélévitch (1921) *Psychologie collective et analyse du Moi* ; rééd. Paris, Payot, 1968], http://classiques.uqac.ca/classiques/freud_sigmund/essais_de_psychanalyse/Essai_2_psy_collective/Freud_Psycho_collective.pdf (dernière consultation le 13 novembre 2015)

Freud, Sigmund, *La vie sexuelle*, Paris, PUF, 1923

Freud, Sigmund, *Trois essais sur la théorie de la sexualité*, Paris, Gallimard, 1962

Freud, Sigmund, « Dostoïevski et le parricide », http://www.psychaanalyse.com/pdf/Dostoievski_et_le_parricide.pdf (dernière consultation le 13 novembre 2015)

Freud, Sigmund, *Un souvenir d'enfance de Léonard de Vinci*, Paris, Gallimard, 1977

Freud, Sigmund, « *La question de l'analyse profane* », *Œuvres complètes* xviii, Paris, PUF, 2002

Freud, Sigmund, « Réalisations des désirs », dans *Introduction à la psychanalyse*, Paris, Payot, 1922 [1961]

Freud, Sigmund, « La tête de méduse » (1922) ; https://www.psychaanalyse.com/pdf/freud_La_tete_de_Meduse.pdf (dernière consultation le 13 novembre 2015)

Freud, Sigmund, *Totem et tabou*, Paris, Payot, 1923 [1965]

Freud, Sigmund, « *Die infantile Genitalorganisation* », G.W. XIII, Frankfurt am Main, Fischer, 1999

Garcia, Marcus, « Lutte pour la liberté de la presse. Gasner Raymond, tombé un 1er juin… », article qui a paru le 4 juin 2015 dans le numéro de *Haïti en Marche* du mercredi 10 juin 2015 dans la rubrique « Devoir de mémoire »

Glissant, Edouard, *Le quatrième siècle*, Paris, Seuil, 1964

Glissant, Édouard, *Pays rêvé, pays réel*, Paris, Seuil, 1985

Glissant, Édouard, *L'Intention poétique*, Paris, Gallimard, 1997

Glissant, Édouard, « Solitaire et solidaire. Entretien avec Édouard Glissant », dans Jean Rouaud et Michel Le Bris, *Pour une Littérature-Monde*, Paris, Gallimard, 2007

Goethe, Johann Wolfgang von, « Diderot et son ouvrage : *Le Neveu de Rameau* », Paris, édition J.-L.-J. Brière, 1821 ; extrait tiré de l'ouvrage de

Goethe (Leipzig 1805) qui a paru en français sous le titre de *Des Hommes célèbres de la France au dix-huitième siècle, et de l'état de la Littérature et des Arts à la même époque*, http://gallica.bnf.fr/ark:/12148/bpt6k63754120

Gombrowicz, Witold, *Journal* (1953–1969) sur le site Gombrowicz, http://www.gombrowicz.net/Journal-1953-1969.html (dernière consultation le 28 septembre 2015)

Green, André, *Pourquoi les pulsions de destruction ou de mort ?* Paris, Éditions du Panama, 2007

Grégoire (Abbé), « Notre langue et nos cœurs doivent être à l'unisson », http://www.assemblee-nationale.fr/histoire/Abbe-Gregoire1794.asp (dernière consultation le 17 avril 2015)

Haïti libre (site), « Haïti – Littérature : Pluie de félicitations à l'académicien Dany Laferrière », 29/05/2015 10:01:52, http://www.haitilibre.com/article-14032-haiti-litterature-pluie-de-felicitations-a-l-academicien-dany-laferriere.html (dernière consultation le 23 mars 2017)

Hani, Jean, « Le Mythe de Timarque chez Plutarque et la structure de l'extase », *Revue des études grecques*, 1975, n° 88-419-423, p. 105–120

Hanrahan, James, « Diderot on Origins, a zone d'ombre of Enlightment Thought », dans *The Dark Side of Diderot / Le Diderot des ombres*, Oxford, Peter Lang, 2016

Hanus, Michel, « Freud et Prométhée, un abord psychanalytique de la résilience », dans Boris Cyrulnik et Philippe Duval (dir.), *Psychanalyse et résilience*, Paris, Odile Jacob, 2006

Hérard, Jn-Robert, « Les dates qui parlent », *Le Petit Samedi Soir*, semaine du 8 au 4 janvier 1977

Himes, Chester, *If he hollers let him go* (1945), https://books.google.it/books?id=kbAsAQAAQBAJ&pg=PA77&lpg=PA77&dq=Himes,+Chester,+If+he+hollers+let+him+go+text+online&source=bl&ots=5OcSKgoTNU&sig=qpijPICkUviqUG9I6JS3_8iG3_E&hl=fr&sa=X&ved=0CEgQ6AEwBTgKahUKEwjwwrn7j47JAhUGFiwKHQYaDDQ#v=onepage&q=Himes%2C%20Chester%2C%20If%20he%20hollers%20let%20him%20go%20text%20online&f=false (dernière consultation le 13 novembre 2015)

HL, « Haïti – Littérature : Dany Laferrière fait un don au programme d'échanges d'écrivains Québec-Haïti », *HaïtiLibre*, 29 novembre 2015, http://www.haitilibre.com/article-15911-haiti-litterature-dany-laferriere-fait-un-don-au-programme-d-echanges-d-ecrivains-quebec-haiti.html (dernière consultation le 12 septembre 2016)

Hoffmann, Léon-François, *Haïti : couleurs, croyances, créole*, L'Université de Virginie, Henri Deschamps, 1990

Homère, *Odyssée*, trad. française par Charles-René-Marie Leconte de L'Isle ; édition du groupe « Ebooks libres et gratuits », http://www.ebooksgratuits.com/pdf/homere_odyssee.pdf (dernière consultation le 13 novembre 2015)

Husserliana, vol. I, *Cartesianische Meditationen und Pariser Vorträge* (Méditations cartésiennes), La Haye, Nijhoff, 1963

Hyvert, Giselle, « Conservation et restauration de la citadelle Laferrière, du palais de Sans Souci et du Site des Ramiers », Rapport technique PP/1977-78§4.121.8, *Haïti. Aide aux États membres pour la préservation du patrimoine culturel et naturel et le développement des musées*, n° de série : FMR/CC/CH/79/170, Paris, Unesco, 1979

Jaspers, Karl, *Les Grands Philosophes*, tome 2, Paris, Plon, 1967

Jean, Michaelle, « La secrétaire générale de la Francophonie félicite Dany Laferrière pour son entrée à l'Académie française », https://www.francophonie.org/La-Secretaire-generale-de-la-45924.html (dernière consultation le 30 mars 2017)

Jeangène Vilmer, Jean-Baptiste, *Sade moraliste*, Genève, Droz, 2005

Joachim, Benoît, « La reconnaissance d'Haïti par la France (1825) : naissance d'un nouveau type de rapports internationaux », *Revue d'histoire moderne et contemporaine*, vol. 22, n° 3, juillet-septembre 1975

Joint, Gasner, *Libération du vaudou dans la dynamique d'inculturation en Haïti*, Roma, Editrice Pontificia Università Gregoriana, 1999

Klammer, Martin, *Whitman, Slavery, and the Emergence of Leaves of Grass*, University Park, Pennsylvania State UP, 1995

Klein, Mélanie et al., *Développements de la psychanalyse*, trad. W. Baranger, Paris, PUF, 1966

Klossowski, Pierre, *Sade, mon prochain*, Paris, Seuil, 1947

Krafft-Ebing, Richard von, *Tableau des névroses sexuelles. Psychopathia Sexualis : III. Neuro-Psychopathologie générale*. Texte établi par Psychanalyse-paris.com d'après l'ouvrage de Richard von Krafft-Ebing, *Études médico-légales : Psychopathia Sexualis. Avec recherche spéciale sur l'inversion sexuelle*, traduit sur la 8ᵉ édition allemande par Émile Laurent et Sigismond Csapo, Paris, Georges Carré, 1895, http://psychanalyse-paris.com/1160-Tableau-des-nevroses.html (dernière consultation le 16 septembre 2015)

Labat (Père), *Nouveau voyage aux îles d'Amérique*, tome IV, 1722 et *Voyage du chevalier Des Marchais*

Labou Tansi, Sony, « Lettre à Françoise Ligier du 8 février 1978 », dans *Correspondance*, Paris, Revue Noire édition, 2005

Labou Tansi, Sony, *La vie et demie*, Alger, LAPHOMIC, 1988

Lacan, Jacques, « Propos sur la causalité psychique », *L'Évolution psychiatrique*, 1947, fascicule I, p. 123–165 ; discours prononcé aux Journées psychiatriques à Bonneval le 28 septembre 1946, http://aejcpp.free.fr/lacan/1946-09-282.htm (page consultée le 19 mars 2015)

Lacan, Jacques, *Séminaire. Livre I. Les Écrits techniques de Freud*, Paris, Seuil, 1975

Lacan J., *Le Séminaire. Livre VI. Le désir et son interprétation*, Paris, La Martinière – Le Champ freudien, 2014, citation commentée et mise en relief sur le site de la Nouvelle école lacanienne de psychanalyse (NLS), « "Que veux-tu ?", rivalité, amour, désir, IVes Journées de la Société bulgare de psychanalyse lacanienne », 29 et 30 novembre 2014, http://www.amp-nls.org/page/fr/49/nls-messager/0/2014-2015/1659 (page consultée le 11 janvier 2015)

Lacan, Jacques, *Le Séminaire. Livre XVII. L'Envers de la psychanalyse*, Paris, Seuil, 1991

Lacan, Jacques, *Le Séminaire. Livre III. Les psychoses*, Paris, Seuil, 1981

Lacan, Jacques, *Des Noms-du-Père*, Paris, Seuil, 1963 [2005]

Lacan, Jacques, « D'un discours qui ne serait pas du semblant », dans *Le Séminaire. Livre XVIII*, Paris, Seuil, 2006

Lagarde, André et Michard, Laurent, *XVIIIe siècle. Les grands auteurs français du programme*, Paris, Bordas, 1967

Lahens, Weber, « Dieudonné Fardin dans la construction d'une nouvelle classe d'hommes en Haïti », *Livres en folie 2018* (source : *Le Nouvelliste*), https://rtvc.radiotelevisioncaraibes.com/culture/dieudonne-fardin-la-construction-dune-nouvelle-classe-dhommes-haiti.html (dernière consultation le 10 juillet 2018)

Lahens, Yanick, *Failles*, Paris, Sabine Wespieser, 2010

Laplanche, Jean et Pontalis, Jean-Bertrand, *Vocabulaire de la psychanalyse*, Paris, PUF, 1967

La Sainte Bible, Paris, Cerf, 1955

Lawrence, David Herbert, *Lady Chatterley's Lover* (1928), http://gutenberg.net.au/ebooks01/0100181h.html (dernière consultation le 20 septembre 2015)

Lawrence, David Herbert, *Apocalypse and the Writings on the Revelation* (1931), https://books.google.de/books?id=qpIqaYHpQj0C&printsec=frontcover &hl=fr#v=onepage&q&f=false (dernière consultation le 23 janvier 2016)

Lebris, Michel, « Pour une littérature-monde en français », dans Jean Rouaud et Michel Le Bris, *Pour une Littérature-Monde*, Paris, Gallimard, 2007

Le Nouvelliste, « En attendant l'élection de Dany Laferrière à l'Académie française », 11 décembre 2013, http://lenouvelliste.com/article/125118/en-attendant-lelection-de-dany-laferriere-a-lacademie-francaise (dernière consultation le 23 mars 2017)

Lerebours, Michel Philippe, *Haïti et ses peintres, de 1804 à 1980. Souffrances & espoirs d'un peuple*, tomes I et II, Port-au-Prince, Haïti : L'imprimeur II, 1989

Lévesque, Robert, « Dany Laferrière : Le talent, ça m'irait ! », *Le Devoir*, 10 octobre 1987

Lucrèce, *De la nature*, trad. française par Henri Clouard, deuxième édition revue et corrigée, Paris, Garnier frères, http://remacle.org/bloodwolf/philosophes/Lucrece/table.htm (dernière consultation le 16 mars 2015)

Luste-Boulbina, Seloua, « Tocqueville et les colonies : Amérique, Antilles, Algérie », *Sens public. Revue weg*, 2 mars 2006, http://www.sens-public.org/spip.php?article231&lang=fr (dernière consultation le 6 mars 2015)

Maalouf, Amin, « Réponse de M. Amin Maalouf au discours de réception de Dany Laferrière », 28 mai 2015, http://www.academie-francaise.fr/reponse-au-discours-de-reception-de-dany-laferriere (dernière consultation le 29 mai 2015)

Mabanckou, Alain, « Le chant de l'oiseau migrateur », dans Jean Rouaud et Michel Le Bris, *Pour une Littérature-Monde*, Paris, Gallimard, 2007

Mabanckou, Alain, « *Tintin au Congo*, le procès continue !!! », propos recueillis par David Caviglioli pour *Le Nouvel Observateur*, 6 mai 2010, http://blackbazar.blogspot.com/2010/08/ferdinand-oyono-la-mort-du-pere-du.html (dernière consultation le 28 avril 2016)

Mabanckou, Alain, *Le Sanglot de l'Homme Noir*, Paris, Fayard, 2012

Mabanckou, Alain, « Émission spéciale. Le marathon des mots avec Alain Mabanckou et Dany Laferrière » diffusée le 25 juin 2016 sur France-Culture dans le magazine littéraire « Le temps des écrivains » proposé par Christophe Ono-Dit-Biot, http://www.franceculture.fr/emissions/le-temps-des-ecrivains/emission-speciale-marathon-des-mots-avec-alain-mabanckou-et-dany (dernière consultation le 1er juillet 2016)

Maison de la Culture du Japon à Paris, « COSMOS/INTIME – La collection Takahashi », http://www.mcjp.fr/fr/cosmos-intime/cosmos-intime/bibliographie-sur-l-art-contemporain-japonais/cosmos-intime (dernière consultation le 27 mars 2017)

Makarius, Laura et Makarius, Raoul, « Ethnologie et structuralisme de la main gauche », *L'Homme et la société*, 1968, vol. 9, n° 9, p. 195–211

Mallarmé, Stéphane, *Poésies*, Paris, NRF, 1914 (8ᵉ éd.)

Malraux, André, *La métamorphose des dieux. L'Intemporel.*, Paris, Gallimard, 1976

Malraux, André, *L'intemporel*, Paris, Gallimard, 1976

Marin La Meslée, Valérie, *Chérir Port-au-Prince*, Montréal, Mémoire d'encrier, 2016

Márquez, Gabriel Marcia, *Cent'anni di solitudine*, Milano, Mondadori, 1982

Martelly, Michel, « Le Président de la République rend un vibrant hommage à l'Immortel Dany Laferrière, reçu solennellement sous la coupole », Martelly News, May 28 2015, 11:35, http://www.martellyhaiti.com/martellyblog/8758 (dernière consultation le 23 mars 2017)

Martelly, Stéphane, *Le Sujet opaque, une lecture de l'œuvre poétique de Magloire-Saint-Aude*, Paris, L'Harmattan, 2001

Mathis-Moser, Ursula, *Dany Laferrière. La dérive américaine*, Montréal, VLB, 2003

Maupertuis, Pierre-Louis Moreau (de), *Vénus physique* (1742), https://fr.wikisource.org/wiki/V%C3%A9nus_physique/page_6#cite_ref-2 (dernière consultation le 19 août 2015)

Mbembe, Achille, « La république désœuvrée : la France à l'ère postcoloniale », *Le Débat*, 137, 2005

Mbembe, Achille et Bancel, Nicolas, « De la pensée postcoloniale », *Cultures du Sud*, 165, 2007

Mbembe, Achille, *Sortir de la grande nuit*, Paris, La Découverte, 2010 [2013]

Meng, Zi, *Die Lehrgespräche des Meisters Meng K'o* (les enseignements du maître Meng K'o) livre VI, section A, chapitre 20, note 1, http://www.zeno.org/Philosophie/M/Meng+Zi/Mong+Ds%C3%AF%3A+Die+Lehrgespr%C3%A4che+des+Meisters+Meng+K%27o/Buch+VI/Abschnitt+A/20.+Der+Sch%C3%BCtze+und+der+Maurer (dernière consultation le 7 juin 2015)

Méheust, Bertrand, *Les miracles de l'esprit*, Paris, La Découverte, 2011

Mercier, Louis Sébastien, *L'An deux mille quatre cent quarante, rêve s'il en fut jamais*, Amstedam, Van-Harrevelt, 1770 [édition Raymond Trousson, Bordeaux, 1971]

Miller, Henry, *Tropique du cancer*, Obelisk Press, 1934 [trad. française, Paris, Denoël, 1945]

Miller, Henry, http://www.gutenberg.net.au/ebooks01/0100181.txt (dernière consultation le 2 octobre 2015) ; http://www.livres-online.com/Tropique-du-Capricorne.html (dernière consultation le 4 octobre 2015)

Miller, Henry, *Sexus*, Paris, Obelisk Press, 1949 [rééd. Penguin Classics, Random House, 2015]

Miller, Henry, *Plexus*, Paris, Olympia Press, 1953 [rééd. Penguin Classics, Random House, 2015]

Miller, Henry, *Nexus*, Obelisk Press, 1960 [rééd. Penguin Classics, Random House, 2015]

Mishima, Yukio, *Confessioni di una maschera*, Milano, Feltrinelli, 2013

Moï, Anna, « L'Autre », dans Jean Rouaud et Michel Le Bris, *Pour une Littérature-Monde*, Paris, Gallimard, 2007

Montaigne, Michel de, *Essais*, Paris, Firmin Didot frères & Cie, Librairies, imprimeurs de l'Institut de France, 1588, https://fr.wikisource.org/wiki/Essais/%C3%A9dition_Michaud,_1907 (dernière consultation le 13 novembre 2015)

Montesquieu, Charles de Secondat, *Lettres persanes* (1721), https://fr.wikisource.org/wiki/Lettres_persanes (dernière consultation le 13 novembre 2015)

Montesquieu, Charles de Secondat, *L'Esprit des lois* (1748) ; Paris, Gallimard, 1995 (vol. I, p. 1–604 ; vol. II, p. 605–1628), coll. « Folio Essais », http://classiques.uqac.ca/classiques/montesquieu/de_esprit_des_lois/de_esprit_des_lois_rdm.html (dernière consultation le 13 novembre 2015)

Montesquieu, Charles de Secondat, *Défense de* De l'esprit des lois, Genève, Badillot & fils, 1750, http://classiques.uqac.ca/classiques/montesquieu/defense_esprit_des_lois/defense_esprit_lois.html (dernière consultation le 13 novembre 2015)

Montesquieu, Charles de Secondat, *Histoire véritable*, éd. cr. R. Caillois, Lilla-Ginevra, 1948, https://archive.org/details/histoirevritab00mont (dernière consultation le 13 novembre 2015)

Moody, Raymond, *Life After Live* (1975), trad. française : *La Vie après la vie. Lumières nouvelles sur la vie après la vie*, Paris, Robert Laffont, 1977–1978

Morin, Françoise, « Entre visibilité et invisibilité : les aléas identitaires des Haïtiens de New York et Montréal », *Revue européenne des migrations internationales*, vol. 9, n° 3, 1993

Moulinier, Didier, *Études lacaniennes. Psychanalyse, science, philosophie*, Maroeuil, Les Contemporains favoris, coll. « Bleue », 2013

Moura, Jean-Claude, *Littératures francophones et théorie postcoloniale*, Paris, Presses universitaires de France, 2007

Munro, Martin, *Exile and Post-1946 Haitian Literature : Alexis, Depestre, Ollivier, Laferrière, Danticat*, Liverpool University Press, 2007 [2013]

Musset, Alfred, *La Confession d'un enfant du siècle*, Paris, Flammarion, 1993

Navarro, Pascale, « Dany Laferrière : La communauté ne m'intéresse pas ! », *Voir*, vol. 13, n° 5, 4 février 1999

Ndiaye, Christiane, *Comprendre l'énigme littéraire de Dany Laferrière*, Québec, CIDIHCA, 2011

Ngũgĩ wa, Thiong'o, *Something Torn and New : An African Renaissance*, New York, Basic Civitas Books, 2009

Orélien, Thélison, « Des écrivains haïtiens saluent Dany Laferrière l'immortel », Mondo rfi Blog « Le Port d'Attache », 18 décembre 2013, http://portdattache.mondoblog.org/archives/1519 (dernière consultation le 23 mars 2017)

Osis, Karlis et Haraldsson, Erlendur, *Ce qu'ils ont vu... au seuil de la mort*, Paris, Rocher, 1977

Ouologuem, Yambo, *Les Mille et une bible du sexe*, Paris, Vents d'ailleurs, 2015

Paul (saint), *I**r** Épître aux Corinthiens* (12, 2), http://www.universalis.fr/encyclopedie/apocalypse-de-paul/# (page consultée le 21 mars 2015)

Pavese, Cesare, *Il mestiere di vivere*, Torino, Einaudi, 1999

Péan, Leslie, « La dette de l'indépendance », dans Leslie Péan, *Haïti, économie politique de la corruption. De Saint-Domingue à Haïti 1791–1870*, Paris, Maisonneuve & Larose, 2003

Péan, Leslie, *L'État marron 1870–1915*, Paris, Maisonneuve et Larose, 2005

Péan, Leslie, « Haïti-Histoire : De Vertières à ce jour en passant par le Pont Rouge (1 de 4) », *AlterPresse*, 11 novembre 2013, http://www.alterpresse.org/spip.php?article15461#.VctOOPmmBAU (dernière consultation le 12 août 2015)

Péan, Leslie, « Marasme économique, transmission des savoirs et langue » (3 de 6), 23 mai 2013, dans *Tout-Haïti. Le trait d'union entre les Haïtiens*, http://touthaiti.com/economie/2377-leslie-pean-marasme-economique-transmission-des-savoirs-et-langues-3-de-6 (dernière consultation le 21 août 2016)

Péan, Leslie, « Haïti-1915/100 ans : L'occupation américaine et les Volontaires de la Servitude Nihiliste », *Alter Presse*, 2 janvier 2015, http://www.alterpresse.org/spip.php?article17525#.VRUnH-EmtAU (page consultée le 27 mars 2015)

Perelman, Chaïm, *Rhétoriques*, Bruxelles, Éditions de l'ULB, 2012

Phelps, Anthony, *Mémoire en colin-maillard*, Paris, Le Temps des cerises, 2015

Piché, Victor et Laroche, Dominique, *Rapport préparé pour la Commission de consultation sur les pratiques d'accommodement reliées aux différences culturelles* de mai 2007, révisé décembre 2007, dossier 1, https://www.mce.gouv.qc.ca/publications/CCPARDC/rapport-11-piche-victor.pdf (dernière consultation le 25 juin 2016)

Piquet, Jean-Daniel, « Robespierre et la liberté des noirs en l'an II d'après les archives des comités et les papiers de la commission Courtois », *Annales historiques de la Révolution française*, 323, janvier-mars 2001

Pivot, Bernard, « L'Académie française a évolué, estime Bernard Pivot », Radio-Canada.ca du 29 mai 2015, http://ici.radio-canada.ca/nouvelle/722970/bernard-pivot-dany-laferriere-academie-francaise (dernière consultation le 30 mars 2017)

Platon, *République. Livre X*, traduction française d'E. Chambry, Paris, Les Belles Lettres, 1948 ; *v.* traduction française de Bernard Suzanne, 1999, http://plato-dialogues.org/fr/tetra_4/republic/er.htm (dernière consultation le 30 mars 2015)

Platon, *République. Livre VII*, traduction E. Chambry, Paris, Les Belles Lettres, 1948 ; *v.* aussi *République*, X, 613e6–621d3, traduction Bernard Suzanne, 1999, http://plato-dialogues.org/fr/tetra_4/republic/er.htm (dernière consultation le 30 mars 2015)

Pluchon, Pierre, *Nègres et juifs au XVIIIe siècle. Le racisme au Siècle des Lumières*, Paris, Tallandier, 1984

Poliakov, Léon, « Les idées anthropologiques des philosophes du Siècle des Lumières », *Revue française d'histoire d'outre-mer*, 1971, vol. 58, n° 212

Pradel, Jacques et Casgha, Jean-Yves, *Haïti, la République des morts vivants*, Monaco, Éditions du Rocher, 1983

Prat, Michel, *Gouverneurs de la rosée, Jacques Roumain : anaylse critique*, Paris, Hatier, 1986

Price-Mars, *La vocation de l'élite*, Port-au-Prince, Edmond Chenet, 1919

Price-Mars, *Ainsi parla l'oncle. Essais d'ethnographie*, New York, Parapsychology Foundation Inc., 1928 [1954], http://classiques.uqac.ca/classiques/price_mars_jean/ainsi_parla_oncle/ainsi_parla_oncle.html (dernière consultation le 14 novembre 2015)

Proust, Marcel, *À l'ombre des jeunes filles en fleurs*, Paris, Gallimard, 1918 [rééd. Paris, Garnier Flammarion, 1997 ; Le livre de poche, 2010]

Quaghebeur, Marc, « Le Rejet des Francophonies. Une approche du Manifeste "Pour une littérature-monde" », dans Actes du colloque *La francophonie et l'Europe* organisé par l'Université Roma Tre en mai 2010, édité par Marina Geat, Beïda Chikhi, Sara Concato, Stefania Clubeddu, Priska Degras, Susanne Heiler, Marc Quaghebeur et Sez Yilancioglu, Roma, Artemide (Proteo), 2011

Quaghebeur, Marc, « Comparatisme intrafrancophone et réinvestissement de la Littérature », Les ouvrages du CRASC, 2018, p. 29–49

Radio Canada, « Dany Laferrière entre à l'Académie française », jeudi 12 décembre 2013 16 h 12, mis à jour le 13 décembre 2013 à 3 h 02, http://ici.radio-canada.ca/nouvelle/645578/dany-laferriere-academie-francaise (dernière consultation le 23 mars 2017)

Ransom, Amy J., *La gamme du fantastique : l'éclatement des genres et l'écriture migrante haïtiano-québécoise* (1979–2001), www.revue-analyses.org, vol. 8, n° 2, printemps-été 2013 (page consultée le 14 mars 2015)

Ratzinger, Joseph, *Jesus von Nazareth*, Freiburg im Brisgau, Herder, 2012

Raymond, Gasner, *Rosita* (Fardin, 1978)

Ring, Kenneth, *Sur les frontières de la vie*, Paris, Laffont, 1982

Ritchie, George, *Retour de l'au-delà*, Paris, Laffont, 1986

Ritter, Marcel, « Vers l'écriture de la jouissance sexuelle », dans *La jouissance au fil de l'enseignement de Lacan*, Toulouse, Erès, 2009, http://www.lacanchine.com/L_Ritter_files/Ritter-Vers%20l'ecriture%20de%20la%20jouissance%20sexuelle.pdf (dernière consultation le 28 novembre 2015)

Robert, Arnaud, « Legba, un dieu vaudou sur l'épée de Dany Laferrière », 29 mai 2015, http://www.letemps.ch/Page/Uuid/9dc0efdc-05c5-11e5-883a-295842283e6e/Legba_un_dieu_vaudou_sur_l%C3%A9p%C3%A9e_de_Dany_Laferri%C3%A8re (dernière consultation le 12 juin 2015)

Romain, Jean-Baptiste, *Quelques mœurs et coutumes des paysans haïtiens*, Port-au-Prince, Imprimerie de l'État, 1959

Romain, Jean-Baptiste, *À propos de la campagne « antisuperstitieuse »*, Port-au-Prince, Imprimerie de l'État, 1942

Rouaud, Jean, « Mort d'une certaine idée », dans Jean Rouaud et Michel Le Bris, *Pour une Littérature-Monde*, Paris, Gallimard, 2007

Roudinesco, Élisabeth et Plon, Marcel, *Dictionnaire de la psychanalyse*, Paris, Fayard, 1997

Roth, Philip, *Portnoy's Complaint*, London, Vintage Books, 2005

Roth, Philip, *Deception*, London, Vintage Books, 1990 [2006]

Roumain, Jacques, *Gouverneurs de la rosée*, Port-au-Prince, Imprimerie de l'État, 1944 [1995]

Rudel, Christian, *Haïti, les chaînes d'Aristide*, Paris, Les Éditions de l'atelier, 1994

Sabom, Michaël, *Souvenirs de la mort*, Paris, Laffont, 1983

Sagan, Françoise, *Bonjour tristesse*, Paris, Julliard 1954

Saint-Aude, Magloire, *Dialogue de mes lampes* suivi de *Tabou* et de *Déchu*, Paris, Première Personne, 1970

Saint-Aude, Magloire, « Le surréalisme ce qu'il est », *Le Nouvelliste*, Port-au-Prince s.e., lundi 26 janvier 1942

Saint-Aude, Magloire, *Parias*, documentaire, Port-au-Prince, Imprimerie de l'État, p. 100 [FIC : M2a44]

Saint-Aude, Magloire, *Le Nouvelliste*, 27 janvier 1942

Saint-Éloi, Rodney, *La vie secrète de Magloire-Saint-Aude entretien de Rodney Saint-Éloi avec Dany Laferrière*, Mémoire d'encrier, 2013, http://www.africultures.com/php/?nav=article&no=11665 [page consultée le 2 mars 2015]

Sala-Molins, Louis, *Le Code Noir ou le calvaire de Canaan*, Paris, PUF, 1987

Sala-Molins, Louis, *Les misères de Lumières, sous la raison l'outrage*, Paris, Robert Laffont, 1992, http://www.une-autre-histoire.org/

esclavage-reparations-louis-sala-molins-dynamite-largument-de-l-anachronisme/ (dernière consultation le 21 juin 2015)

Saliot, Anne-Gaëlle, « *Le Cri des oiseaux fous* et *Pays sans chapeau* de Dany Laferrière : départ, retour, rabordaille », dans *Écrits d'Haïti. Perspectives sur la littérature haïtienne contemporaine* (1986–2006), Paris, Karthala, 2011

Sartre, Jean-Paul, *Carnets de la drôle de guerre*, Paris, Gallimard, 1983

Savary Des Bruslons, Jacques, *Dictionnaire universel de commerce* [abrégé posthume : *Dictionnaire portatif de commerce*, vol. 4, Liège, C. Plomteux, 1770]

Schiebeler, Werner, *La Vie après la mort terrestre*, Paris, Robert Laffont, coll. « La vie et au-delà », 1992

Schützenberger, A.-A., *Aïe, mes aïeux*, Paris, La Méridienne/Desclée de Brouwer, 1993

Seel, Martin, *Ästhetik des Erscheinens*, München, Hanser, 2000

Silverman, Maxim, *Deconstructing the nation : Immigration, racism and citizenship in Modern France*, New York, Routledge, 1992

Siméons, Jean-Louis, *Actualité des mythes de la mort chez Platon et Plutarque*, http://www.revue3emillenaire.com/blog/actualite-des-mythes-de-la-mort-chez-platon-et-plutarque-par-jean-louis-siemons-biophysicien-dr-es-sciences/ (page consultée le 30 mars 2015)

Skallerup Bessette, Lee, *Telling Stories from Haiti : Dany Laferrière and Authenticity and Authority in Autobiography*, http://uknowledge.uky.edu/cgi/viewcontent.cgi?article=1002&context=disclosure (dernière consultation le 8 février 2015)

Skallerup Bessette, Lee, « *How to Make Love to a Negro* : But What if I Get Tired ? Transculturation and its (Partial) Negation In and Through Translation », http://www.academia.edu/203687/How_to_Make_love_to_a_negro_but_what_if_I_get_tired_transculturation_and_its_partial_negation_in_and_through_translation (dernière consultation le 14 mars 2016)

Sorel, Albert, « Chapitre premier : Caractère de Montesquieu », dans *Montesquieu*, Paris, Hachette, 1887, http://gallica.bnf.fr/ark:/12148/bpt6k295180 (dernière consultation le 20 juin 2015)

Starobinski, Jean, Préface à *Hamlet et Œdipe* (1949) d'Ernest Jones, trad. par Anne-Marie Le Gall, Paris, Gallimard, 1980

Supervielle, Jules, « Le miroir », dans *Gravitations*, Paris, Gallimard, 1966

Suzuki, Sadami, « Tanizaki Uni'ichirō as cultural critic », *Japan Review*, n° 7, 1996

Tachibana, Hidehiro, « Dany Laferrière, masque d'un romancier », dans *Dany Laferrière : mythologies de l'écrivain, énergie du roman*, Yolaine Parisot (dir.), *Interculturel Francophonies*, n° 30, nov.-déc. 2016

Takahashi, Ryûtarô, « Réflexions de Ryûtarô Takahashi sur quelques œuvres exposées », dans « COSMOS/INTIME – La collection Takahashi », « Dossier de presse », http://www.mcjp.fr/fr/cosmos-intime/cosmos-intime/bibliographie-sur-lart-contemporain-japonais/cosmos-intime (dernière consultation le 28 mars 2017)

Tanizaki, Junichirô, *Lob des Schattens*, Zürich, Manesse, 1987

Tanizaki, Junichirô, *La gatta*, Milano, Bompiani, 2000

Tanizaki, Junichirô, *Liebe und Sinnlichkeit*, Zürich, Manesse, 2011

Tanizaki, Junichirô, *La clef. La confession d'un impudique*, Paris, Gallimard, 2003

Tanizaki, Junichirô, *Diario di un vecchio pazzo*, Milano, Bompiani, 2009

Tanizaki, Junichirô, *Nostalgia della madre*, Torino, Einaudi, 2004

Thibeault, Jimmy, « "Je suis un individu". Le projet d'individualité dans l'œuvre romanesque de Dany Laferrière », dans « Le Regard du soi dans l'espace nord-américain : le sujet à la conquête de son identité », *Érudit*, http://www.erudit.org/revue/vi/2011/v36/n2/1002440ar.pdf (dernière consultation 20 juillet 2015)

Thomas, Dominic, « La Littérature-Monde », dans *Littératures noires* (« Les actes »), mis en ligne le 26 avril 2011, http://actesbranly.revues.org/505 (dernière consultation le 8 mai 2016)

Thomson, Ann, « Diderot, Roubaud et l'esclavage », *Varia* 35/2003, https://ide.revues.org/179 (dernière consultation le 10 août 2017)

Tobner, Odile, *Du racisme français. Quatre siècles de négrophobie*, Paris, Les Arènes, 2007

Trousson, Raymond, « Diderot lecteur de Platon », *Revue internationale de philosophie*, vol. 38, n° 148–149 (1–2), Diderot et l'encyclopédie (1784–1984) (1984), p. 79–90

Vaugelas, Claude Favre de, *Remarques sur la langue française utiles à ceux qui veulent bien parler et bien écrire*, Paris, 1647 [rééd. Paris, Champ Libre, 1981]

Verschueren, Jan, *Le culte du Vaudoux, Ophiolâtrie et animisme*, Wetteren, éditions Scaldis/Paris, P. Lethielleux éd., 1948

Wackenheim, Michel (dir.), *Missel communautaire*, Paris, Bayard-Centurion, 1995

Walter, Henriette, *Le français dans tous les sens*, Paris, Robert Laffont, 1988

Watzlawick, Paul, Helmick Beavin, Janet et deAvila Jackson, Donald. *Une logique de la communication*. Paris, Seuil, 1972

Whitman, Walt, « Song of myself », dans *Leafs of Grass* (1855), http://www.mcpshs.net/ourpages/auto/2014/5/28/30055908/Song%20of%20Myself%20Whitman%20text.pdf

Wickland, Carl, *Thirty years among the dead*, Newcasle Pub Co Inc, 1974

Widlöcher, Daniel (dir.), *Traité de psychopathologie*, Paris, PUF, 1994

Wilentz, Amy, *The Rainy Season, Haiti since Duvalier*, New York, Simon and Schuster, 1989

Zahid, Elias, *Possédé par un djinn*, Paris, La Boîte à Pandore, 2013

Zbinden, Louis-Albert, « Tout Céline ? », *Bulletin célinien*, n° 25 (nov. 1984), http://louisferdinandceline.free.fr/pamphlet/pamphlet.htm (dernière consultation le 8 octobre 2015)

Ressources générales :

http://www.haiti-reference.com/histoire/notables/necrologie-1990.php (page consultée le 21 mars 2015)

http://mongobeti.arts.uwa.edu.au/issues/pnpa53_54/pnpa53_54_07.html (dernière consultation le 19 juin 2015)

http://data.bnf.fr/12104549/jean-baptiste_kleber (dernière consultation le 24 juin 2015)

http://www.larousse.fr/encyclopedie/personnage/Jean-Baptiste_Kl%C3%A9ber/127625 (dernière consultation le 24 juin 2015)

http://fr.wikipedia.org/wiki/Bouba (dernière consultation le 29 mars 2014)

http://www.rawstory.com/2015/02/this-is-the-charred-body-of-jesse-washington-and-whites-from-waco-not-isis-burned-him-alive/ (dernière consultation le 20 août 2015)

http://classiques.uqac.ca/classiques/condorcet/reflexions_esclavage_negres/condorcet_reflexions_esclavage.pdf (dernière consultation le 5 octobre 2015)

https://perspectivesgeopolitiques.wordpress.com/2008/05/27/orfeu-negro-de-marcel-camus-1959/ (dernière consultation le 15 septembre 2015)

http://cinemaquebecois.telequebec.tv/#/Films/185/Clips/903/Default.aspx (dernière consultation le 19 septembre 2015)

Index

A

Abellard, Ezéchiel: 45, 51
Abraham, Nicolas: 18, 38, 416
Adélaïde-Merlande, Jacques: 416
Adichie, Chimamanda Ngozi: 65, 416
Adler, Alfred: 70
Adorno, Theodor W.: 13, 416
AHP: 416
Aït-Aarab, Mohamed: 261, 416
Albertan-Coppola, Sylvaine: 293, 416
Alembert, Jean Le Rond d': 289, 290, 423
Alexis, Jacques-Stephen: 16, 139, 163, 185, 186, 217, 405, 416, 432
Ali, Muhammad (*alias* Cassius Clay): 129
Alix, Florian: 422
Alighieri, Dante: 15, 63, 160, 177, 182, 188, 194, 202, 203, 204, 207, 208, 225, 226, 362, 364, 388, 416
Allan, Lewis (*alias* Abel Meeropol): 315
Allen, Woody: 288, 367
Almodóvar, Pedro: 113
Amado, Jorge: 217
Amis, Martin: 149
Andrieu, Jacques: 283, 284, 417
Anglade, Georges: 370, 417

Apollinaire, Guillaume: 216
Apraxine, Pierre: 221, 417
Aquin, Thomas d' (S^t): 217
Arc, Jeanne d' : 337
Aristide, Jean-Bertrand: 435
Aristote: 369, 417
Arnaud, François: 423
Arthus, Wien Weibert: 77, 417
Asturias, Michel Ángel: 217
Atwood, Margaret: 217
Aube, Richard d' : 256
Aubray, Thérèse: 79
Augustin d'Hippone (S^t): 16, 79, 138, 260, 319, 320, 324, 365, 417
Autret, Jean: 417
Ayad, Christophe: 282, 412

B

Bach, Marcus: 212, 417
Baldwin, James: 16, 26, 28, 78, 216, 217, 315, 316, 317, 318, 321, 357, 417
Balthus (*alias* Balthasar Klossowski): 151
Balzac, Honoré (de): 260, 417
Bancel, Nicolas: 273, 430
Bankolé, Isaac de: 64
Barber, Giles: 424
Barrière, François: 142, 418
Barthes, Roland: 245, 263, 265, 417

Bashō, Matsuo: 16, 17, 111, 112, 263, 331, 336, 341, 374, 417
Basquiat, Jean-Michel: 24, 357
Bastien, Rémy: 76, 421
Bataille, Frantz: 171
Bateson, Gregory: 29, 238
Baumann, Gerd: 76, 417
Bayard, Pierre: 326, 417
Baziel, Jana Evans: 417
Beaulieu, Victor-Lévy: 217
Beauvoir, François-Jean de (*alias* François-Jean de Chastellux): 235
Beckett, Samuel: 270
Bède le Vénérable: 191
Bélisle, Susanne: 142, 408
Benalil, Mounia: 15, 262, 276, 279, 288, 418
Benjamin, Franz: 405
Benjamin, Mario: 121, 306, 412
Ben Jelloun, Tahar: 65, 408
Benoît, Jehanne: 373
Benoît W., Jacques: 18, 64, 92, 400, 411
Berouët, Maggie: 21, 40, 113, 150, 407
Berville, Saint-Albin: 142, 418
Beti, Mongo (*alias* Alexandre Biyidi Awala ; Eza Boto): 64, 71, 175, 247, 252, 279, 370, 371, 416, 418, 422, 438
Bettelheim, Bruno: 164, 418
Bianciotti, Hector: 235, 245, 324, 374, 376
Biondi, Carminella: 301, 304, 363, 364, 372, 418
Blanchard, Pascal: 66
Blanchot, Maurice: 13, 69, 409, 418

Bloncourt, Gérald: 405
Blondin, Antoine: 58
Bodin, Jean: 307
Bofane, Jean In Koli: 243, 423
Bolívar, Simón: 236
Bombardier, Denise: 61, 62, 63, 244, 299, 310, 354, 362, 410
Bonaparte, Napoléon: 13, 14, 32, 70, 93, 96, 98, 99, 166, 233, 235, 242, 243, 260
Bonneval, René de: 248
Bordas, Éric: 63, 419
Borges, Jorge Luis: 16, 25, 141, 175, 216, 232, 235, 245, 318, 319, 320, 321, 322, 323, 324, 329, 341, 377, 419, 424
Boudjelal, Bruno: 57, 413
Boulgakov, Mikhaïl: 146, 290
Bourdieu, Pierre: 277, 419
Bowlby, John: 244
Boyer, Jean-Pierre: 66, 70, 96, 171, 280
Brajtigam-Genzicke, Svetlana: 417
Braziel, Jana Evans: 368
Breton, André: 221
Brière, Éric: 82
Brisson, Richard: 45
Bronfman, Edgar: 68
Brouard, Carl: 25, 102, 168, 186
Broué, Caroline: 34, 412
Brown, Anne: 164, 419
Brown, John: 354, 355, 356
Brune, François (P^r): 162, 193, 215, 419
Buckman, Dutty: 166
Buisson, Sylvie: 264, 419
Bukowski, Henry Charles: 16, 89, 127, 128, 129, 147, 201, 216, 217, 218, 298, 306, 321, 331, 332,

335, 336, 343, 357, 359, 360, 362, 419
Burt, Al: 58, 59, 82, 275, 280, 423
Busnel, François: 124, 414

C

Cadet, Angelo: 414
Caillois, Roger: 419, 431
Calderón, Jorge Antonio: 25, 419
Camus, Albert: 290
Camus, Marcel: 333, 334, 419, 439
Cantet, Laurent: 18, 401, 411
Capote, Truman: 18, 335, 371, 419
Carlier, Théo: 418
Carpentier, Alejo: 139, 217, 312
Carrère d'Encausse, Hélène: 269
Carroll, Lewis (*alias* Charles Lutwidge Dodgson): 16, 25, 165, 175, 176, 177, 178, 180, 420
Cartier, Jacques: 57
Casares, Adolfo Bioy: 235
Casgha, Jean-Yves: 163, 433
Cassou, Jean: 312
Castillo Durante, Daniel: 420
Cate, Curtis: 285, 420
Caviglioli, David: 429
Cazzadori, Chantal: 122, 420
Célestin-Méjie, Émile: 268
Céline, Louis-Ferdinand (*alias* Louis-Ferdinand Destouches): 16, 24, 289, 294, 295, 296, 297, 298, 299, 341, 420, 438
Cendrars, Blaise: 147, 216, 217, 218, 357, 374
Certeau, Michel de: 99, 261, 279, 420
Cervantès, Miguel de: 216

Césaire, Aimé: 16, 27, 34, 41, 42, 71, 72, 74, 75, 175, 235, 237, 242, 370, 381, 382, 383, 420
Chambry, Émile: 433
Chamoiseau, Patrick: 72, 420
Chantrel, Maëtte: 189
Chapsal, Madeleine: 24, 289, 294, 295, 296, 297, 420
Charles, Christophe: 21, 33, 36, 292, 421
Charles, Dany: 33, 35, 36
Charles, Jean-Claude: 129, 130, 421
Charles X (roi): 173
Charrak, André: 248, 421
Chauvet, Marie: 185
Chavenet, Anaïse: 405
Chemla, Yves: 246, 279, 421
Chevalier, Marc-Patrick: 242
Chikhi, Beïda: 434
Chouaki, Yasmine: 17, 130, 336, 368, 375, 414
Christophe, Henri (roi): 31, 70, 77, 78, 280
Cioran, Emil: 270
Clark, Pascale: 413
Claudel, Paul: 332
Clitandre, Pierre: 33, 421
Clouard, Henri: 161, 429
Clubeddu, Stefania: 434
Cocteau, Jean: 293, 298, 341
Cohen: 216
Cohen-Solal, Annie: 300, 421
Cojean, Annick: 414
Coleridge, Samuel Taylor: 146
Colette, Sidonie Gabrielle: 341
Concato, Sara: 434
Condorcet, Nicolas de: 16, 253, 254, 259, 290, 299, 304, 315,

326, 327, 328, 329, 355, 370, 372, 421, 439
Conrad, Joseph: 13, 367, 368, 421
Corbin, Henri: 362
Corneille, Pierre: 236
Corso, Gregory: 217
Cortázar, Julio: 216, 290
Couillard, Philippe: 241
Courcy, Nathalie: 106, 421
Courlander, Harold: 76, 421
Courtney, Cecil P.: 423
Courtois, Edme-Bonaventure: 418, 433
Cromwell: 357
Cross, James: 262
Csapo, Sigismond: 427
Cugoano, Ottobah (*alias* John Stuart): 303, 364, 421
Curtiz, Michael: 138
Cyrulnik, Boris: 244, 422, 426

D

Da (*alias* Amélie Jean-Marie): 17, 21, 28, 31, 37, 54, 113, 146, 148, 177, 180, 188, 189, 190, 194, 197, 208, 210, 220, 275, 344, 361, 369, 403, 404, 406, 407
Dabel, Verly: 407
Dabit, Eugène: 296
Dällenbach, Lucien: 88, 422
Dalembert, Louis-Philippe: 66, 241, 404, 407, 422
Daniel, Jean: 174
Danticat, Edwidge: 185, 407, 432
Danzig, Charles: 18
Dash, J. Michael: 185, 422
Davertige (*alias* Villard Denis): 15
David, Alain: 257, 422
David, Hélène: 291, 422

Davis, Wade: 163, 422
Dawn, Marpessa: 333
De Chirico, Giorgio: 385
De Decker, Jacques: 241
Deeh Segallo, Gabriel: 247, 422
Degras, Priska: 434
De Lattre, Alain: 422
Deleuze, Fanny: 79
Delon, Alain: 336
Delteil, Joseph: 147
Denis, Lorimer: 98, 102, 168, 186
Depestre, René: 15, 16, 168, 185, 235, 432
Derrida, Jacques: 257, 422
Dès, Henri: 415
Désir, Luc: 82
Désir, Roland: 14, 43, 62, 265, 361
Des Marchais, Reynaud : 428
Dessaint, Philippe: 282, 412
Dessalines, Jacques (Jgén): 67, 77, 78, 93, 95, 98, 99, 166, 280
Descourtilz, Michel Étienne: 99, 100, 422
Desorbay, Bernadette: 243, 279, 282, 380, 381, 382, 383, 384, 385, 387, 388, 390, 392, 393, 395, 397, 398, 422, 423
Des Rosiers, Joël: 170, 171, 321, 423
Diannyère, Antoine: 421
Dickinson, Emily: 102
Diderot, René: 16, 33, 41, 101, 254, 289, 290, 291, 292, 293, 294, 298, 299, 321, 326, 355, 362, 374, 423, 425, 426, 437
Diederich, Bernard: 57, 58, 59, 82, 275, 280, 423
Diouf, Abdou: 241
Djan, Jean-Michel: 33, 39, 413

Dominique, Jean L.: 39, 45
Dominique, Max: 260
Donatien-Yssa, Patricia: 14, 423
Dongala, Emmanuel: 276
Dorval, Gérald: 33
Dos Passos, John: 216
Dostoïevski, Fiodor: 103, 182, 425
Doucet, Louis: 66, 423
Douin, Jean-Luc: 15, 411
Douyon, Emmerson: 76, 423
Dubois, Laurent: 66, 423
Du Bois, W.E. Burghardt: 354, 355, 356
Ducharme, Réjean: 216, 373
Dufourcq, Annabelle: 138, 423
Dukes, Tommy: 344
Dumarsais Estimé, Léon: 77, 78
Dumas, Alexandre *jr* : 235, 240, 244
Dumas, Alexandre *sr* : 240, 305
Dumas, Marie Louise Césette: 240
Duras, Marguerite: 24
Duval, Jean-François: 244, 422, 426
Duvalier, François (*alias* Papa Doc): 16, 28, 31, 35, 44, 50, 57, 58, 59, 75, 76, 77, 78, 80, 81, 82, 84, 97, 98, 101, 102, 103, 107, 110, 111, 112, 122, 124, 127, 141, 149, 155, 159, 168, 169, 173, 178, 179, 180, 186, 205, 220, 239, 244, 274, 275, 280, 310, 312, 394, 395
Duvalier, Jean-Claude (*alias* Baby Doc): 16, 28, 33, 34, 35, 39, 43, 44, 45, 46, 47, 50, 75, 76, 77, 78, 81, 82, 84, 111, 122, 130, 131, 145, 152, 159, 173, 205, 239, 244, 274, 284, 312, 363, 379, 407, 423, 424, 438

E

Egger, Victor: 191, 423
Ehrard, Jean: 255, 256, 257, 292, 304, 327, 363, 364, 414, 424
Eisenstein, Sergueï Mikhaïlovitch: 407
Éluard, Paul: 346
Épicure: 160
Érasme, Didier: 290
Espinosa, Leo: 333, 334
Essar, Dennis F.: 106
Éthier-Blais, Jean: 62

F

Fanon, Frantz: 237, 288
Fardin, Dieudonné: 33, 39, 47, 428
Farnese A.: 215, 424
Farnham, Roger: 172
Fatima, Cécile: 166
Faulkner, William: 16, 303, 314, 315, 316, 317, 329, 424
Fellini, Federico: 407
Fennario, David: 217
Ferenczi, Sándor: 346
Ferrand, Carlos: 401
Ferron, René: 18, 141, 411
Fignolé, Jean-Claude: 405
Flaubert, Gustave: 260, 261, 336
Fleischer, Alain: 151, 244
Florence, Jean: 110, 424
Florival, Jean: 98, 155, 424
Farnese A.: 215
Fife: 298
Fonkoua, Romuald: 281, 422, 424
Fouad, André: 407

Foucrier, Chantal: 416
Foujita, Edouard Tsuguharu: 264, 419
Forbonnais, François Véron Duverger de: 257
François 1er (le roi): 57
Franchezzo: 215
Frankétienne (*alias* Jean-Pierre Basilic Dantor Franck Etienne d'Argent): 15, 18, 42, 268, 310, 405, 424
Freda, Gustavo: 321, 424
Freud, Sigmund: 15, 27, 43, 45, 84, 85, 103, 107, 109, 120, 121, 131, 132, 144, 154, 165, 166, 178, 209, 212, 216, 221, 287, 319, 324, 338, 339, 340, 346, 356, 357, 374, 424, 425, 426, 428
Fuentes, Carlos: 217

G

Gaillard, Roger: 39
Galilée (*alias* Galileo Galilei): 183
Ghandour Hert, Maya: 373, 413
Garcia, Léa: 333
Garcia, Marcus: 39, 46, 47, 404, 425
Garnier, Xavier: 278
Gaulle, Charles de: 278, 284
Gauvin, Lise: 422
Géat, Marina: 434
Gilson, Paul: 420
Glissant, Édouard: 13, 37, 72, 137, 237, 270, 272, 311, 313, 316, 317, 318, 425
Goethe, Johann Wolfgang von: 293, 294, 425, 426

Gombrowicz, Witold: 16, 289, 293, 295, 297, 298, 299, 321, 374, 426
Gourmont, Rémy de: 341
Grass, Günter: 266
Green, André: 70, 131, 155, 206
Green, Graham: 161, 426
Grégoire, l'abbé (*alias* Henri Jean-Baptiste Grégoire): 237, 426
Guèvremont, Germaine: 64, 302
Guiteau, Carl-Henri: 33, 45, 48

H

Haley, Jay: 238
Hamadouche, Hakim: 57, 413
Handke, Peter: 217
Hani, Jean: 191, 426
Hanus, Michel: 426
Hanrahan, James: 291, 426
Haraldsson, Erlendur: 191, 432
Harrison, Hubert Henry: 354
Hayworth, Rita: 364
Head, Robert: 298
Heidegger, Martin: 302, 362
Heiler, Susanne: 434
Helmick Beavin, Janet: 238, 438
Hemingway, Ernest: 178, 216, 266, 374
Hénaff, Marcel: 151
Henley, William Ernest: 367
Héraclite: 331
Hérard, Jn-Robert (*alias* Jean-Robert Hérard): 33, 45, 47, 48, 279, 426
Hergé (*alias* Georges Remi): 248
Himes, Chester: 63, 216, 217, 218, 357, 426
Hitler, Adolf: 102, 300

Hoffmann, Léon-François: 171, 212, 214, 215, 427
Hoki (*alias* Hiroko Tokuda): 17
Hollande, François: 173, 241
Holliday, Billie: 287, 315
Homel, David: 368
Homère: 15, 29, 49, 63, 160, 188, 225, 226, 427
Horace (*alias* Quintus Horatius Flaccus): 321
Hrabal, Bohumil: 290
Husserl, Edmund: 138, 423, 427
Hyppolite, Hector: 221
Hyvert, Gisèle: 32, 425
Hurbon, Laënnec: 240
Huxley, Aldous: 341

I

Ibarra, Nestor: 419
Isaac, Jules: 247

J

Jacourt, Élie de: 252
Jackson, Donald deAvila: 238, 438
Jadotte, Hérard: 407
Jankélévitch, Samuel: 425
Janov, Arthur: 90
Jaspers, Karl: 226, 427
Jean, l'apôtre, fils de Zébédée (S^t): 80, 182, 363, 364
Jean de Patmos (S^t): 80, [363], [364]
Jean, Donald: 64, 412
Jean, Michaëlle: 236, 241, 427
Jeangène Vilmer, Jean-Baptiste: 151, 427
Jésus de Nazareth (*alias* le Christ): 49, 77, 79, 80, 115, 124, 157, 159, 161, 169, 182, 184, 196, 197, 217, 226, 235, 359, 360, 361, 362, 363, 365, 386
Joachim, Benoît: 171, 427
Joint, Gasner: 166, 211, 214, 427
Jones, Ernest: 43
Jong, Erica: 217
Joseph de Nazareth (S^t): 114, 115, 187
Judas (*alias* Judas Iscariote): 196, 198, 205
Jung, Carl Gustav: 239, 319
Jutra, Claude: 373

K

Kafka, Franz: 112, 113
Kant, Emmanuel: 304, 305, 322
Kardec, Allan: 215
Katô, Izumi: 264
Kavwahirehi, Kasereka: 380, 423
Kawabata, Yasunari: 336
Kerouac, Jack: 217, 272
Kimes, Sante: 48
Kimes, Kenny: 48
Klammer, Martin: 30, 427
Kléber, Jean-Baptiste: 32, 438, 439
Klein, Mélanie: 155, 427
Klossowski, Pierre: 151, 427
Kom, Ambroise: 247, 418
Kotto, Maka: 241
Krafft-Ebing, Richard von: 340, 427
Kundera, Milan: 270
Kübler-Ross, Elisabeth: 193

L

Labat, Jean-Baptiste (P^r): 254, 428
Labossière, Eddy: 67

Labou Tansi, Sony: 277, 278, 294, 428
La Bruyère, Jean de: 259
Lacan, Jacques: 18, 43, 53, 54, 90, 92, 101, 105, 106, 112, 120, 122, 138, 154, 155, 165, 167, 286, 368, 369, 374, 428, 434
Laclos, Pierre Choderlos de: 16, 92, 233, 305, 324, 325, 326, 329, 343, 344, 417
Lafayette, Mme (*alias* Marie-Madeleine Pioche de La Vergne): 236
Laferrière, Alexandra: 21, 113
Laferrière, Dany (*alias* Windsor Klébert Laferrière *jr*): 13, 14, 15, 16, 17, 18, 19, 21, 23, 24, 25, 26, 27, 28, 29, 30, 31, 32, 33, 35, 37, 39, 41, 42, 43, 44, 45, 46, 47, 48, 49, 50, 53, 54, 55, 56, 57, 58, 59, 61, 62, 63, 64, 65, 67, 68, 69, 70, 71, 72, 73, 74, 75, 76, 78, 80, 81, 82, 83, 86, 87, 88, 92, 93, 94, 97, 100, 101, 105, 106, 110, 111, 113, 114, 115, 116, 117, 121, 122, 123, 126, 127, 128, 129, 131, 132, 137, 141, 146, 147, 148, 149, 150, 151, 154, 157, 158, 163, 164, 167, 170, 173, 174, 175, 177, 181, 184, 185, 187, 188, 192, 201, 204, 212, 213, 215, 216, 221, 222, 223, 227, 231, 232, 233, 235, 236, 237, 238, 239, 240, 241, 242, 243, 244, 245, 246, 247, 248, 250, 258, 259, 260, 261, 262, 263, 264, 265, 268, 269, 270, 271, 272, 273, 274, 275, 276, 277, 278, 279, 281, 282, 283, 284, 287, 288, 289, 290, 291, 293, 294, 295, 296, 297, 298, 299, 301, 304, 305, 306, 307, 310, 311, 312, 313, 314, 315, 316, 317, 318, 319, 320, 321, 322, 323, 324, 325, 326, 329, 331, 332, 334, 335, 336, 339, 341, 342, 343, 344, 345, 348, 350, 351, 352, 354, 356, 357, 358, 359, 360, 361, 362, 363, 364, 365, 367, 368, 369, 370, 371, 372, 373, 374, 375, 376, 377, 379, 380, 381, 382, 383, 385, 387, 388, 390, 392, 393, 395, 396, 397, 398, 399, 400, 401, 403, 404, 405, 406, 407, 409, 410, 411, 412, 413, 414, 415, 416, 418, 419, 421, 422, 423, 424, 426, 427, 429, 430, 432, 434, 435, 436, 437
Laferrière, Ketty: 21, 35, 113
Laferrière, Melissa: 21, 113
Laferrière, Sarah Hélène: 21, 113
Laferrière, Windsor Klébert *sr* (*alias* Windsor K.): 16, 36, 38, 54, 58, 75, 81, 101, 111, 112, 113, 127, 141, 143, 149, 154, 168, 179, 218, 219, 275, 357, 379
Laforest, Edmond: 236
Lagarde, André: 251, 252, 256, 428
Laget, Annette: 45
Lahens, Yanick: 100, 380, 406, 422, 428
Lahens, Weber: 428
Laleau, Léon: 36
Lamartine, Alphonse de: 66
Lambert, Mme de (*alias* Anne-Thérsèe de Marguenat de Courcelles): 258

Lampedusa, Tommaso di: 235
Lanctôt, Jacques: 18, 89, 279, 318
Lao, She: 284
Laplanche, Jean: 107, 120, 121, 154, 166, 167, 428
Laporte, Pierre: 262
Laroche, Dominique: 262, 433
Laurent, Émile: 427
Laure, Carole: 282
Laurin, Camille: 265
Lautréamont, Comte de (*alias* Isidore Ducasse): 364
Lavoisier, Antoine: 297
Law, John (*alias* John Law de Lauriston): 250
Lawrence, D.H.: 13, 16, 79, 80, 86, 89, 92, 155, 305, 333, 343, 344, 345, 346, 348, 350, 351, 365, 428, 429
Léautaud, Paul: 341
Le Bris, Michel: 410, 425, 429
Leclerc, Charles Victoire Emmanuel (gén): 70, 99, 166
Le Calvez, Sandrine: 414
Leconte de L'Isle, Charles-René-Marie: 427
L'Ecuyer, John: 18, 107, 348, 401
Lee, Spike: 354
Legrand Bijoux: 213
Lemelin: 373
Lénine, Vladimir Ilitch: 80
Léonidas, Jean-Robert: 405
Lerebours, Michel Phililppe: 221, 429
Leroux, Gaston: 376
Leroyer de Chantepie, Marie Sophie: 261, 424
Lévesque, Robert: 63, 429
Lévi-Strauss, Claude: 240, 279

Lewis Ampidu, Clorméus: 438
Ligier, Françoise: 277
Limonov, Edouard: 217
Littée, Janvier: 142
Loayza, Daniel: 324
Locke, John: 256
Locklin, Gerald: 298
Lopès, Henri: 278
Louis III: 239
Louis XIV: 13, 237
Louis XV: 14, 258, 260
Lucien, Didier: 414
Lucrèce (*alias* Titus Lucretius Carus): 41, 160, 161, 396, 429
Luste Boulbina, Seloua: 66, 429

M

Maalouf, Amin: 31, 37, 243, 260, 429
Mabanckou, Alain: 157, 241, 248, 270, 274, 276, 414, 429
Mackau, Ange-Ferdinand-Armand de: 171
Macmillan, Paul Blue: 419
Magloire, Paul Eugène: 83, 111
Magnier, Bernard: 28, 31, 40, 59, 68, 69, 88, 189, 231, 296, 297, 318, 401, 409
Magritte, René: 18, 68
Mahomet: 357
Makarius Laura: 195, 430
Makarius Raoul: 195, 430
Malet, Albert: 247
Malherbe, François de: 236
Malibeaux, Sophie: 282, 412
Mallarmé, Stéphane: 312, 430
Mallouk, Susanne: 24
Malouet, Pierre-Victor: 372

Malraux, André: 16, 23, 24, 137, 170, 221, 222, 283, 284, 290, 299, 301, 326, 339, 341, 417, 430
Manguel, Alberto: 319, 321, 323
Mao, Tsé Toung: 282, 283, 284, 285, 299, 301, 417
Marcotte, Gilles: 62
Marcotte, Jean-Roch: 409
Marie (S^{te}) (*alias* Vierge Marie ; Immaculée Conception): 79, 80, 115, 124, 177, 187, 189, 197, 217, 363
Marin La Meslée, Valérie: 241, 306, 430
Marois, Pauline: 241
Márquez, Gabriel María: 16, 83, 217, 235, 430
Mars, Kettly: 403, 405
Martel, Réginald: 62
Martelly, Michel: 173, 240, 430
Martelly, Stéphane: 232, 310, 311, 313, 430
Marx, Karl: 87, 96
Mathias (S^t) (*alias* Saint Mathieu): 205
Mathis-Moser, Ursula: 40, 63, 81, 142, 430
Matisse, Henri: 23, 24, 288, 305, 306, 308, 309
Maupertuis, Pierre Louis Moreau de: 248, 300, 430
Mauriac, François: 266
Maurois, André: 16, 87, 88
Mbembe, Achille: 65, 66, 167, 169, 184, 272, 273, 430
McCullers, Carson (*alias* Lula Carson Smith): 341
Méheust, Bertrand: 201, 430
Mello, Breno Higino de: 333, 334

Melon, Jean-François: 257
Meng, Zi: 31, 430
Mercier, Louis-Sébastien: 364, 431
Merton, Robert: 301
Métraux, Alfred: 214
Merceron, Pierre: 82
Merlande, Jacques-Adélaïde: 243
M'Henni, Mansour: 422
Michard, Laurent: 251, 252, 256, 428
Michel-Ange (*alias* Michelangelo Buonarotti): 183
Milcé, Jean-Euphèle: 403, 406
Miller, Henry: 16, 17, 23, 24, 90, 93, 147, 155, 216, 217, 218, 235, 288, 305, 306, 307, 308, 314, 333, 343, 349, 350, 351, 352, 354, 355, 356, 357, 358, 359, 360, 362, 365, 372, 373, 374, 376, 377, 431
Miron, Gaston: 235, 268
Mishima, Yukio: 16, 17, 24, 97, 111, 126, 216, 297, 333, 334, 336, 337, 338, 343, 344, 346, 348, 353, 357, 358, 431
Moï, Anna: 270, 431
Moïse, Claude: 406
Molière (*alias* Jean-Baptiste Poquelin): 236
Monique (S^{te}): 79, 320
Montaigne, Michel de: 312, 321, 431
Montaigne, Tania de: 415
Montesquieu, Charles Louis de (*alias* Charles Louis de Secondat): 100, 235, 238, 244, 246, 247, 248, 249, 250, 251, 252, 253, 254, 255, 256, 257,

Index

258, 259, 260, 275, 290, 291, 292, 298, 299, 300, 301, 304, 315, 328, 329, 332, 370, 371, 372, 373, 374, 424, 431
Moody, Raymond: 191, 192, 193, 431
Moraes, Vinicius de: 333
Morency, Jean: 55, 411
Morin, Daniel: 409
Morin, Françoise: 168, 175, 432
Morisseau-Leroy, Félix: 44
Mortier, Daniel: 416
Mosca, Michael: 409
Moulinier, Didier: 74, 432
Moura, Jean-Claude: 273, 432
Mozart, Wolfgang Amadeus: 304, 305
Mtubu Mondondo, Bienvenu: 248
Munro, Martin: 185, 432
Musset, Alfred de: 97, 246, 432
Mwanz Mujila, Fiston: 276

N

Navarro, Pascale: 62, 432
Ndiaye, Christiane: 370, 432
Ndiaye, Katy Lena: 13, 411
Néard, Dangelo: 414
Nelson, Daniel: 32
Nelson, Gilberte: 21, 113, 116
Nelson, Horatio: 32
Nelson, Marie: 21, 54, 55, 113, 116, 128, 132, 148, 184
Nelson, Ninine: 21, 113
Nelson, Raymonde: 21, 113
Nelson, Renée: 21, 69, 113, 116, 132, 133, 159, 181, 184, 189, 197
Nelson, Roger: 31, 35
Nelson, Yves: 21, 35, 40, 111
Nicolas, Allrich: 33

Nietzsche, Friedrich: 13, 80, 292, 364
Nlend, Hogbé: 371
Ngùgì wa, Thiong'o: 272, 273, 432
Noël, James: 406
Normandin, Frédéric: 400, 410
Nin, Anaïs: 91, 147, 351

O

Ocampo, Victoria: 235
Okuni, Izumo no (prêtresse)
Oliveira, Lourdes de: 333
Ollivier, Émile: 185, 235, 432
Ono-Dit-Biot, Christophe: 270, 272, 274, 414, 429
Orban, Jean-Pierre: 155
Orélien, Thélyson: 406, 407, 432
Orléans, Philippe d': 250
Ormesson d', Jean: 57, 233, 269
Orsel, Makenzy: 276
Osis, Karlis: 191, 432
Ouologuem, Yambo (*alias* Utto Rodolph): 155, 432
Ousmane, Sembène: 217

P

Pailleterie, Alexandre Antoine Davy de: 240
Panaïté, Oana: 266
Parisot, Yolaine: 266, 268, 414, 421, 436
Pasteur, Louis: 297
Paul de Tarse (S^t): 80, 177, 432
Pavese, Cesare: 63, 86, 217, 336, 432
Payan, Claude-François de: 418
Paz, Octavio: 235
Péan, Leslie J.-R.: 66, 67, 70, 71, 76, 96, 172, 173, 432, 433

Peck, Raoul: 87
Perelman, Chaïm: 261, 433
Pétion, Alexandre: 77, 78, 280
Phelps, Anthony: 16, 37, 433
Piché, Victor: 262, 433
Piquet, Jean-Daniel: 142, 433
Pivot, Bernard: 236, 265, 269, 294, 419, 433
Platon: 101, 191, 225, 226, 433, 436, 437
Plon, Michel: 131, 165, 435
Pluchon, Pierre: 251, 257, 433
Plutarque: 191, 251, 426, 436
Poitras, Jean-Claude: 242
Poliakov, Léon: 248, 249, 251, 433
Pompidou, Georges: 67, 171
Pontalis, Jean-Bertrand: 107, 120, 121, 167, 428
Pradel, Jacques: 163, 433
Prat, Michel: 181, 433
Price, Sammy: 287, 315
Price-Mars, Jean: 98, 206, 214, 434
Prophète, Emmelie: 404, 407
Proust, Marcel: 16, 216, 232, 307, 308, 347, 359, 365
Pufendorf, Samuel von: 256
Pythagore: 357

Q

Quaghebeur, Marc: 243, 269, 270, 272, 273, 423, 434
Quevedo, Francisco de: 217
Quincey, Thomas de: 217

R

Rabelais, François: 299, 307, 390
Rached, Tahani: 18, 28, 400, 409
Rampling, Charlotte: 401

Rank, Otto: 356
Ransom, Amy J.: 163, 165, 434
Raphaël, (*alias* Raffaelo Sanzio ; Raffaelo Santi, Raffaelo da Urbino): 137
Raton, Dithny Joan: 240
Ratzinger, Joseph: 115, 434
Raymond, Gasner: 33, 39, 43, 44, 45, 46, 47, 48, 50, 141, 143, 180, 232, 233, 284, 379, 407, 425, 434
Read, Herbert: 312
Reims, Maurice: 376
Reims, Nathalie: 376
Renoir, Auguste: 344
Resnais, Alain: 24
Richelieu, le cardinal: 240, 243
Rilke, Rainer-Maria: 235
Rimbaud, Arthur: 364, 381
Ring, Kenneth: 191, 434
Ritchie, George: 191, 434
Ritter, Marcel: 368, 369, 434
Rivarol, Antoine de: 204, 205, 259, 301, 410
Robbe-Grillet, Alain: 376
Robert, Arnaud: 239, 434
Robespierre, Maximilien de: 142, 418, 433
Rochambeau, Donatien de: 70, 98, 235
Romain, Jean-Baptiste: 183, 184, 186, 187, 188, 192, 225, 226, 435
Rossetti, Dante Gabriel: 85
Ross, Diana: 61, 356
Roth, Philip: 16, 73, 74, 123, 146, 147, 155, 297, 435
Rouaud, Jean: 410, 425, 429, 435
Roubaud, Pierre-Joseph-André (dit l'Abbé) : 293, 374, 437

Index

Roucher, Jean-Antoine: 364
Roudinesco, Élisabeth: 131, 165, 435
Roumain, Jacques: 16, 64, 168, 181, 185, 186, 217, 272, 311, 345, 405
Rousseau, Henri (*alias* le Douanier Rousseau): 137, 325
Rousseau, Jacques: 254, 299, 304, 305, 326
Rovira, Francesc: 400
Roy, Claude: 341
Roy, Gabrielle: 217
Rudel, Christian: 166, 167, 435
Ruiz, Pedro: 18, 401
Rutebeuf: 190

S

Sabato, Ernesto: 235
Sabom, Michaël: 191, 435
Sade, Donatien Alphonse François: 108, 145, 150, 151, 154, 155, 244, 427
Sagan, Françoise: 326, 345, 435
Saint-Amand, Pierre: 292
Saint-Aude, Magloire (*alias* Clément Magloire-Saint-Aude): 15, 25, 33, 36, 74, 75, 101, 102, 103, 109, 111, 112, 148, 149, 150, 179, 180, 181, 183, 217, 232, 310, 311, 312, 313, 314, 336, 341, 430, 435
Saint-Éloi, Rodney: 36, 102, 148, 241, 403, 412, 435
Saint-Just, Louis Antoine de: 418
Saint-Méry, Moreau de: 206
Saint-Victor, France: 155
Sala-Molins, Louis: 233, 253, 254, 255, 257, 304, 307, 435

Salinger, Jerome David: 290
Saliot, Anne-Gaëlle: 185, 436
Santonax, Léger-Félicité: 66
Sarkozy, Nicolas: 67
Sartre, Jean-Paul: 277, 299, 421, 436
Sauvage, Danielle: 242
Savary Des Brûlons, Jacques: 254, 257, 373, 436
Savinio, Alberto: 235
Sébastien (S^t): 337
Selao, Ching: 278
Senatus, Jean-Louis: 264
Senghor, Léopold Sédar: 235, 242, 244, 276
Schiebeler, Werner: 162, 436
Schnitzler, Arthur: 131
Schoelcher, Victor: 66
Schützenberger, Anne Ancelin: 211, 436
Seel, Martin, 322, 346
Selby, Hubert: 290
Sévigné, Mme (*alias* Marie de Rabutin-Chantal): 236
Shakespeare, William: 15, 50, 131, 187, 188
Silverman, Maxim: 66, 436
Siméons, Jean-Louis: 191, 436
Skallerup Bessette, Lee: 106, 107, 368, 421, 436
Smerdt, Juliette Edith: 314
Smith, Denis: 264
Snow, Edgar: 283
Snyder, Julie: 124, 277, 411
Socrate: 376
Sophocle: 15, 43, 49, 55, 131, 318, 319, 324
Sorel, Albert: 259, 436
Soukar, Michel: 29, 33, 407

Soumes, Howard: 298
Soleyman el-Halaby (*alias* Soleyman ben Mouhammad Amine el-Halaby): 32
Spengler, Oswald: 356, 357
Sroka, Ghila: 64, 150, 152, 232, 266, 273, 401, 410, 411
Staline, Joseph: 299
Starobinski, Jean: 43, 436
Supervielle, Jules: 157, 436
Suzanne, Bernard: 433
Suzuki, Sadami: 342, 436
Swinburne: 85

T

Tachibana, Hidehiro: 129, 276, 436
Takahashi, Ryûtarô,: 264, 430, 437
Tanizaki, Jun'ichirō: 16, 17, 54, 93, 232, 321, 331, 333, 334, 335, 336, 338, 339, 340, 341, 342, 343, 344, 345, 437
Tchak, Sami: 155
Térence (*alias* Publius Terencius Afer): 262, 423
Thibeault, Jimmy: 55, 310, 311, 411, 437
Thill, Beate: 368
Thomas, Dominic: 271, 272, 273, 347
Thomson, Ann: 293, 347
Thomson Seton, Ernest: 282
Tiga (*alias* Jean-Claude Garoute): 16, 137, 222, 227
Tillemont, Louis-Sébastien Le Nain de: 205

Tobner, Odile: 64, 242, 252, 253, 257, 301, 370, 371, 372, 373, 418, 437
Tocqueville, Alexis de: 66, 355, 429
Tomoko Konoike: 264
Török, Maria: 18, 38, 416
Toussaint Louverture, François-Dominique (gén) (*alias* Toussaint Breda): 77, 99, 166, 242, 243, 260, 382, 416, 422
Trousson, Raymond: 101, 437

U

Updike, John: 50, 149, 155

V

Valéry, Paul: 235, 320, 346
Vallières, Pierre: 62
Valmé, Jean: 47
Vaugelas, Claude Favre de: 236, 438
Verdevoye, Paul: 419
Verlaine, Paul: 321
Verschueren, Jan: 214, 438
Victor, Gary: 404
Vilaire, Patrick: 239, 240
Vilfort, Lyonel: 33
Villon, François: 217
Vinci, Léonard de: 131, 137, 183, 186, 425
Virgile (*alias* Publius Vergilius Maro): 160, 177, 388
Volpilhac-Auger, Catherine: 247
Voltaire (*alias* François-Marie Arouet): 205, 235, 253, 278, 299, 326, 362, 371

W

Waberi, Adourahman: 276
Wackenheim, Michel: 77, 438
Waltari, Mika: 138
Walter, Henriette: 236, 438
Washington, Jesse : 287, 315
Watzlawicz, Paul: 238, 326, 438
Weakland, John: 238
Weber, Max: 94
Weyergans, François: 376
Whitman, Walt: 16, 29, 30, 281, 290, 438
Wickland, Carl: 162, 438
Wilde, Oscar: 321

Wildlöcher, Daniel: 237, 438
Wilentz, Amy: 166, 438
Williams, Sheldon: 221
Willy, Lionel (*alias* Ti Je): 47
Woolf, Virginia: 290
Wright, Richard: 216, 217

Y

Yilancioglu, Sez: 434
Yourcenar, Marguerite: 217

Z

Zahid, Elias: 214, 438
Zbinden, Albert: 420, 438
Zhou, Enlai: 282

Dans la collection

N° 50 – Bernadette Desorbay, *Dany Laferrière. La vie à l'œuvre*, 2020, ISBN 978-2-8076-1692-9, série « Amériques ».

N° 49 – Benedetta de Bonis, *Métamorphoses de l'image des Tartares dans la littérature européenne du XXe siècle*, 2020, ISBN 978-2-8076-1404-8, série « Europe ».

N° 48 – Marc QUAGHEBEUR (dir.), *Écritures de femmes en Belgique francophone après 1945*, 2019, ISBN 978-2-8076-1323-2, série « Europe ».

N° 47 – Marc QUAGHEBEUR (dir.), *Sagesse et Résistance dans les littératures francophones*, 2018, ISBN 978-2-8076-0927-3, série « Théorie ».

N° 46 – Léonor Lourenço de ABREU et Ana Maria BICALHO (dir.), *Reconstructions du Brésil dans les imaginaires français et francophones*, à paraître, série « Amériques ».

N° 45 – Marc QUAGHEBEUR, *Histoire, Forme et Sens en Littérature. La Belgique francophone. Tome 2 : L'ébranlement (1914-1944)*, 2017, ISBN 978-2-8076-0457-5, série « Théorie ».

N° 44 – Flora AMABIAMINA, *Femmes et parole dans l'espace public au Cameroun. Une analyse de textes des littératures écrite et populaire*, 2017, ISBN 978-2-8076-0368-4, série « Afrique ».

N° 43 – Jean de Dieu ITSIEKI PUTU BASEY, *De la mémoire de l'Histoire à la refonte des encyclopédies. Hubert Aquin, Henry Bauchau, Rachid Boudjedra, Driss Chraïbi et Ahmadou Kourouma*, 2017, ISBN 978-2-8076-0379-0, série « Théorie ».

N° 42 – Jean-François CAPARROY, *Poésie francophone de Louisiane à la fin du XXe siècle. Complexité linguistique et clandestinité dans les œuvres de Jean Arceneaux, David Cheramie et Déborah Clifton*, 2016, ISBN 978-2-8076-0080-5, série « Amériques ».

N° 41 – Marc QUAGHEBEUR et Judyta ZBIERSKA-MOSCICKA (dir.), *Entre belgitude et postmodernité. Textes, thèmes et styles*, 2015, ISBN 978-2-87574-014-4, série « Théorie ».

N° 40 – Marc QUAGHEBEUR (dir.), *Histoire, Forme et Sens en Littérature. La Belgique francophone. Tome 1 : L'engendrement (1815-1914)*, 2015, ISBN 978-2-87574-276-6, série « Théorie ».

N° 39 – Dominique NINANNE, *L'éclosion d'une parole de théâtre. L'œuvre de Michèle Fabien, des origines à 1985*, 2014, ISBN 978-2-87574-211-7, série « Europe ».

N° 38 – Isabelle MOREELS, *Jean Muno. La subversion souriante de l'ironie*, 2015, ISBN 978-2-87574-199-8, série « Europe ».

N° 37 – Juvénal NGORWANUBUSA, *Le regard étranger. L'image du Burundi dans les littératures belge et française*, 2014, ISBN 978-2-87574-162-2, série « Afriques ».

N° 36 – Marc QUAGHEBEUR (dir.), *Les Sagas dans les littératures francophones et lusophones au XXe siècle*, 2013, ISBN 978-2-87574-110-3, série « Théorie ».

N° 35 – Kasereka KAVWAHIREHI, *Le prix de l'impasse. Christianisme africain et imaginaires politiques*, 2013, ISBN 978-2-87574-104-2, série « Afriques ».

N° 34 – Ana Paula COUTINHO, Maria DE FÁTIMA OUTEIRINHO et José DOMINGUES DE ALMEIDA (dir.), *Nos & leurs Afriques. Constructions littéraires des identités africaines cinquante ans après les décolonisations / Áfricas de uns e de outros. Construções literárias das identidades africanas cinquenta anos após as descolonizações*, 2012, ISBN 978-2-87574-218-6, série « Afriques ».

N° 33 – Marc QUAGHEBEUR (dir.), *Francophonies d'Europe, du Maghreb et du Machrek. Littératures & libertés*, 2013, ISBN 978-2-87574-096-0, série « Théorie ».

N° 32 – Olivier DARD, Étienne DESCHAMPS et Geneviève DUCHENNE (dir.), *Raymond De Becker (1912-1969). Itinéraire et facettes d'un intellectuel réprouvé*, 2013, ISBN 978-2-87574-097-7, série « Europe ».

N° 31 – Marc QUAGHEBEUR (dir.), *Violence et Vérité dans les littératures francophones*, 2013, ISBN 978-2-87574-089-2, série « Théorie ».

N° 30 – José Domingues DE ALMEIDA, *De la belgitude à la belgité. Un débat qui fit date*, 2013, ISBN 978-2-87574-082-3, série « Théorie ».

N° 29 – Jean-Christophe DELMEULE, *Les mots sans sépulture. L'écriture de Raharimanana*, 2013, ISBN 978-2-87574-070-0, série « Afriques ».

N° 28 – Samir MARZOUKI (dir.), *Littérature et jeu*, 2013, ISBN 978-2-87574-039-7, série « Théorie ».

N° 27 – Maria Clara PELLEGRINI, *Le théâtre mauricien de langue française. Du XVIIIe siècle au XXe siècle*, 2013, ISBN 978-90-5201-036-6, série « Afriques ».

N° 26 – Alexandre DESSINGUÉ, *Le polyphonisme du roman. Lecture bakhtinienne de Simenon*, 2012, ISBN 978-90-5201-844-7, série « Europe ».

N° 25 – Cécile KOVACSHAZY et Christiane SOLTE-GRESSER (dir.), *Relire Madeleine Bourdouxhe. Regards croisés sur son oeuvre littéraire*, 2011, ISBN 978-90-5201-794-5, série « Europe ».

N° 24 – Emilia SURMONTE, *Antigone, la Sphinx d'Henry Bauchau. Les enjeux d'une création*, 2011, ISBN 978-90-5201-773-0, série « Europe ».

N° 23 – Émilienne AKONGA EDUMBE, *De la déchirure à la réhabilitation. L'itinéraire littéraire d'Henry Bauchau*, 2012, ISBN 978-90-5201-771-6, série « Afriques ».

N° 22 – Claude MILLET, *La circonstance lyrique*, 2012, ISBN 978-90-5201-759-4, série « Théorie ».

N° 21 – Jean-Pierre DE RYCKE, *Africanisme et Modernisme. La Peinture et la Photographie d'inspiration coloniale en Afrique centrale (1920-1940)*, 2010, ISBN 978-90-5201-687-0, série « Afriques ».

N° 20 – Valentina BIANCHI, *Nougé et Magritte. Les Objets bouleversants*, 2015, ISBN 978-28-7574-242-1, série « Europe ».

N° 19 – Geneviève MICHEL, *Paul Nougé. La poésie au cœur de la révolution*, 2011, ISBN 978-90-5201-618-4, série « Europe ».

N° 18 – Kasereka KAVWAHIREHI, *L'Afrique, entre passé et futur. L'urgence d'un choix public de l'intelligence*, 2009, ISBN 978-90-5201-566-8, série « Afriques ».

N° 17 – Geneviève HAUZEUR, *André Baillon. Inventer l'Autre. Mise en scène du sujet et stratégies de l'écrit*, 2009, ISBN 978-90-5201-540-8, série « Europe ».

N° 16 – Marc QUAGHEBEUR (dir.), *Analyse et enseignement des littératures francophones. Tentatives, réticences, responsabilités*, 2008, ISBN 978-90-5201-478-4, série « Théorie ».

N° 15 – Annamaria LASERRA, Nicole LECLERCQ et Marc QUAGHEBEUR (dir.), *Mémoires et Antimémoires littéraires au XXᵉ siècle. La Première Guerre mondiale*, 2008, ISBN 978-90-5201-470-8, série « Théorie ».

N° 14 – Bernadette DESORBAY, *L'excédent de la formation romanesque. L'emprise du Mot sur le Moi à l'exemple de Pierre Mertens*, 2008, ISBN 978-90-5201-381-7, série « Europe ».

N° 13 – Marc QUAGHEBEUR (dir.), *Les Villes du Symbolisme*, 2007, ISBN 978-90-5201-350-3, série « Europe ».

N° 12 – Agnese SILVESTRI, *René Kalisky, une poétique de la répétition*, 2006, ISBN 978-90-5201-342-8, série « Europe ».

N° 11 – Giuliva MILÒ, *Lecture et pratique de l'Histoire dans l'œuvre d'Assia Djebar*, 2007, ISBN 978-90-5201-328-2, série « Afriques ».
N° 10 – Beïda CHIKHI et Marc QUAGHEBEUR (dir.), *Les Écrivains francophones interprètes de l'Histoire. Entre filiation et dissidence*, 2006 (2ᵉ tirage 2007), ISBN 978-90-5201-362-6, série « Théorie ».
N° 9 – Yves BRIDEL, Beïda CHIKHI, François-Xavier CUCHE et Marc QUAGHEBEUR (dir.), *L'Europe et les Francophonies. Langue, littérature, histoire, image*, 2006 (2ᵉ tirage 2007), ISBN 978-90-5201-376-3, série « Théorie ».
N° 8 – Lisbeth VERSTRAETE-HANSEN, *Littérature et engagements en Belgique francophone*, 2006, ISBN 978-90-5201-075-5, série « Europe ».
N° 7 – Annamaria LASERRA (dir.), *Histoire, mémoire, identité dans la littérature non fictionnelle. L'exemple belge*, 2005, ISBN 978-90-5201-298-8, série « Théorie ».
N° 6 – Muriel LAZZARINI-DOSSIN (dir.), *Théâtre, tragique et modernité en Europe (XIXᵉ & XXᵉ siècles)*, 2004 (2ᵉ tirage 2006), ISBN 978-90-5201-271-1, série « Théorie ».
N° 5 – Reine MEYLAERTS, *L'aventure flamande de la* Revue Belge, 2004, ISBN 978-90-5201-219-3, série « Europe ».
N° 4 – Sophie DE SCHAEPDRIJVER, *La Belgique et la Première Guerre mondiale*, 2004 (3ᵉ tirage 2006), ISBN 978-90-5201-215-5, série « Europe ».
N° 3 – Bérengère DEPREZ, *Marguerite Yourcenar. Écriture, maternité, démiurgie*, 2003 (2ᵉ tirage 2005), ISBN 978-90-5201-220-9, série « Europe ».
N° 2 – Marc QUAGHEBEUR et Laurent ROSSION (dir.), *Entre aventures, syllogismes et confessions Belgique, Roumanie, Suisse*, 2003 (2ᵉ tirage 2006), ISBN 978-90-5201-209-4, série « Europe ».
N° 1 – Jean-Pierre BERTRAND et Lise GAUVIN (dir.), *Littératures mineures en langue majeure. Québec / Wallonie-Bruxelles*, 2003, ISBN 978-90-5201-192-9, série « Théorie ».

www.peterlang.com